Ordnance Survey

STREET ATLAS
Hertfordshire

Contents

- **III** Key to map symbols
- **IV** Key to map pages
- **VI** Route planning
- **VIII** Administrative and Postcode boundaries
- **1** Street maps
- **177** Index
  - **177** Abbreviations used in index
  - **177** Town and village index
  - **178** Index of hospitals, industrial estates, railway stations, schools, shopping centres, street names and universities

PHILIP'S

First edition published 1986
Fourth edition published 1994
First colour edition published 1996
Second colour edition published 2000 by

George Philip Ltd, a division of
Octopus Publishing Group Ltd
2-4 Heron Quays, London E14 4JP

ISBN 0-540-07681-3 (hardback)
ISBN 0-540-07682-1 (spiral)

© Crown copyright 2000
© George Philip Ltd 2000

All rights reserved. No part of this publication may be reproduced, stored in a retrieval system or transmitted, in any form or by any means, electronic, mechanical, photocopying, recording or otherwise, without the permission of the Publishers and the copyright owner.

To the best of the Publishers' knowledge, the information in this atlas was correct at the time of going to press. No responsibility can be accepted for any errors or their consequences.

The representation in this atlas of a road, track or path is no evidence of the existence of a right of way.

The mapping between pages 1 and 176 (inclusive) in this atlas is derived from Ordnance Survey® OSCAR® and Land-Line® data and Landranger® mapping.

Ordnance Survey, OSCAR, Land-Line and Landranger are registered trade marks of Ordnance Survey, the national mapping agency of Great Britain.

Printed and bound in Spain by Cayfosa

Digital Data

The exceptionally high-quality mapping found in this book is available as digital data in TIFF format, which is easily convertible to other bit-mapped (raster) image formats. The data can be provided as pages or, in some regions, as larger extracts of up to 200 sq km. The larger extracts can also be supplied on paper.

The index is also available in digital form as a standard database table. It contains all the details found in the printed index together with the National Grid reference for the map square in which each entry is named.

For further information and to discuss your requirements, please contact Philip's on 020 7531 8440 or george.philip@philips-maps.co.uk

Key to map symbols

22a (motorway shield)	**Motorway** with junction number
(green bar)	**Primary route** - dual carriageway and single
(red bar)	**A road** - dual carriageway and single
(orange bar)	**B road** - dual carriageway and single
(yellow bar)	**Minor road** - dual carriageway and single
(black lines)	**Other minor road** - dual carriageway and single
(dashed)	**Road under construction**
(stippled)	**Pedestrianised area**
DY7	**Postcode boundaries**
(dash-dot)	**County and Unitary Authority boundaries**
(line)	**Railway**
(line)	**Tramway, miniature railway**
(line)	**Rural track, private road or narrow road in urban area**
—⊢—	**Gate or obstruction to traffic** (restrictions may not apply at all times or to all vehicles)
(dashed)	**Path, bridleway, byway open to all traffic, road used as a public path**

The representation in this atlas of a road, track or path is no evidence of the existence of way

| 126 / 94 | **Adjoining page indicators** |

Allot Gdns	Allotments
Acad	Academy
Cemy	Cemetery
C Ctr	Civic Centre
CH	Club House
Coll	College
Crem	Crematorium
Ent	Enterprise
Ex H	Exhibition Hall
Ind Est	Industrial Estate
Inst	Institute
Ct	Law Court
L Ctr	Leisure Centre
LC	Level Crossing
Liby	Library
Mkt	Market
Meml	Memorial
Mon	Monument
Mus	Museum
Obsy	Observatory
Pal	Royal Palace
PH	Public House
Recn Gd	Recreation Ground
Resr	Reservoir
Ret Pk	Retail Park
Sch	School
Sh Ctr	Shopping Centre
TH	Town Hall/House
Trad Est	Trading Estate
Univ	University
Wks	Works
YH	Youth Hostel

≷ Walsall	**Railway station**
⊖	**London Underground station**
(loco)	**Private railway station**
(bus)	**Bus, coach station**
♦ (green)	**Ambulance station**
♦ (orange)	**Coastguard station**
♦ (red)	**Fire station**
♦ (blue)	**Police station**
✚ (green)	**Accident and Emergency entrance to hospital**
H	**Hospital**
✚	**Places of worship**
i	**Information Centre** (open all year)
P	**Parking**
P&R	**Park and Ride**
PO	**Post Office**
⛺	**Camping site**
(caravan)	**Caravan site**
▶	**Golf course**
✕	**Picnic site**
Prim Sch (pink)	**Important buildings, schools, colleges, universities and hospitals**
River Medway	**Water name**
——	**Stream**
(blue bar)	**River or canal** - minor and major
(light blue)	**Water**
(outlined blue)	**Tidal water**
(green)	**Woods**
(beige)	**Houses**
House	**Non-Roman antiquity**
VILLA	**Roman antiquity**

■ The dark grey border on the inside edge of some pages indicates that the mapping does not continue onto the adjacent page

■ The small numbers around the edges of the maps identify the 1 kilometre National Grid lines

The scale of the maps is 5.52 cm to 1 km
3½ inches to 1 mile 1: 18103

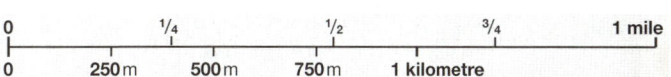

Scale: 0 – ¼ – ½ – ¾ – 1 mile / 0 – 250 m – 500 m – 750 m – 1 kilometre

IV

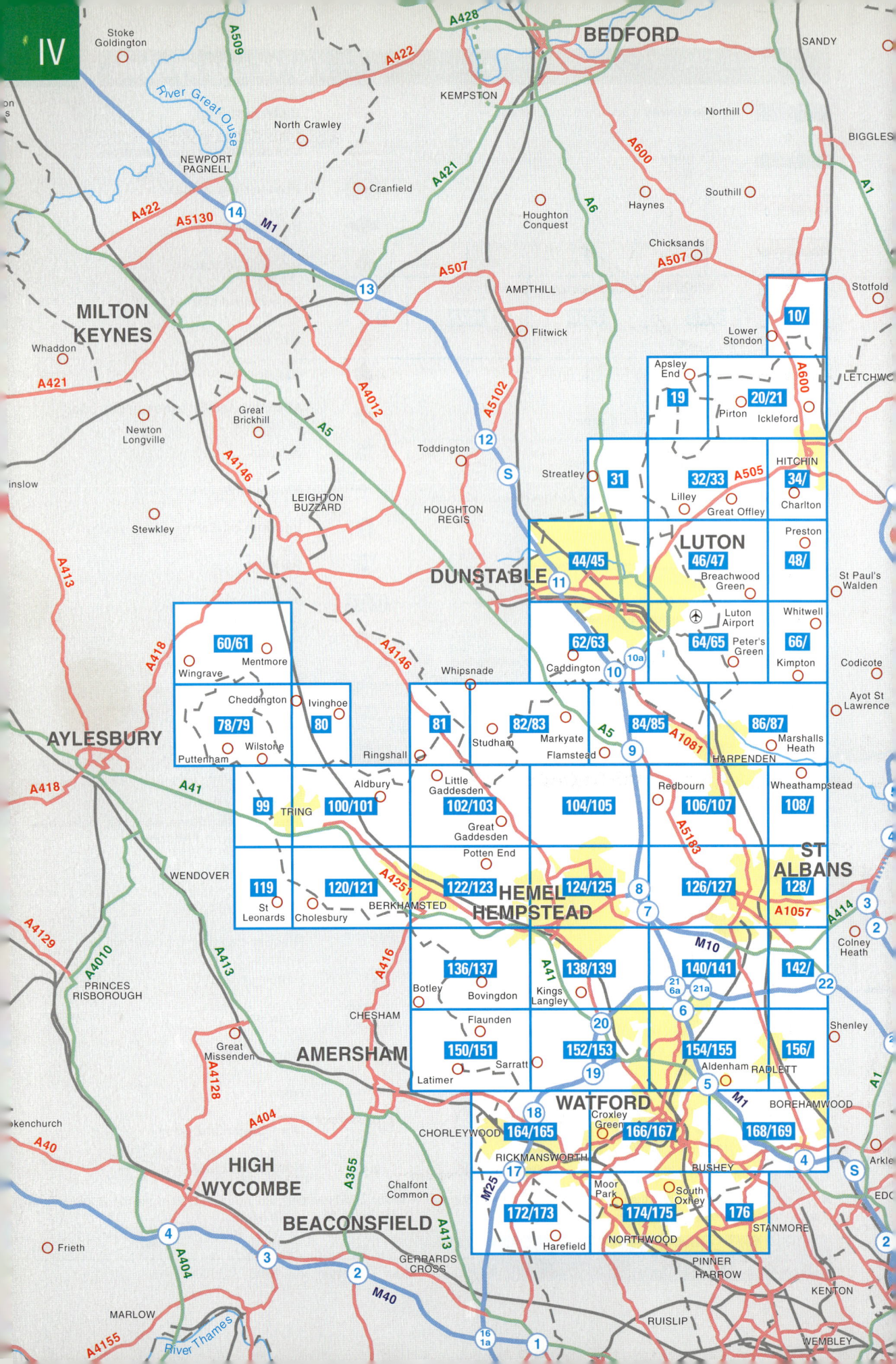

Key to map pages

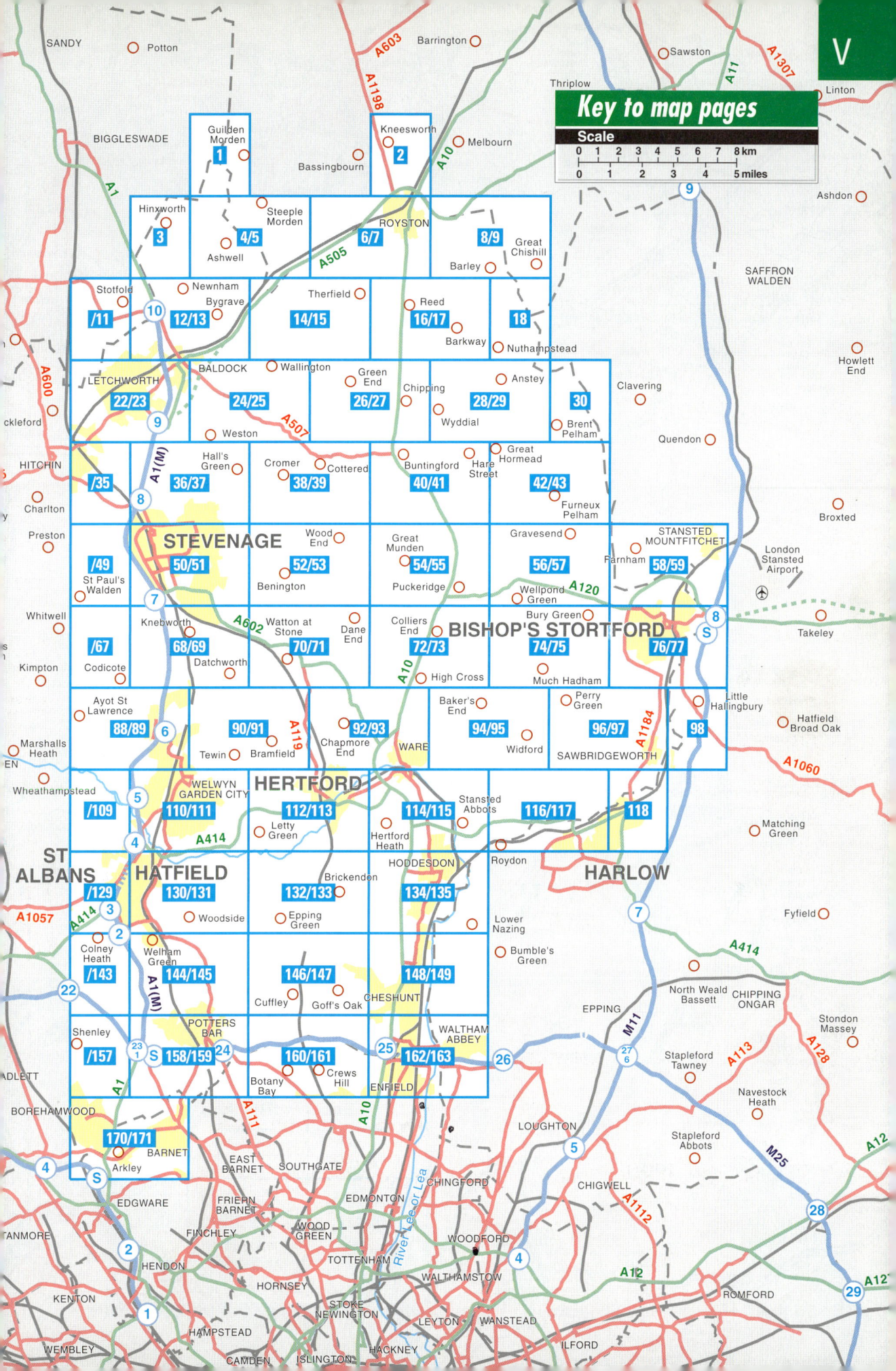

Scale
0 1 2 3 4 5 6 7 8 km
0 1 2 3 4 5 miles

VI

Route planning
Scale
0 1 2 3 4 5 6 7 8 km
0 1 2 3 4 5 miles
SANDY
BIGGLESWADE
Potton
Gamlingay
ROYSTON
Melbourn
SAFFRON WALDEN
BALDOCK
LETCHWORTH
HITCHIN
STEVENAGE
BISHOP'S STORTFORD
STANSTED MOUNTFITCHET
London Stansted Airport
WELWYN GARDEN CITY
HERTFORD
WARE
SAWBRIDGEWORTH
HARLOW
HATFIELD
ST ALBANS
HODDESDON
CHESHUNT
WALTHAM ABBEY
EPPING
POTTERS BAR
BOREHAMWOOD
BARNET
ENFIELD
LOUGHTON
CHIGWELL
CHINGFORD
EDMONTON
SOUTHGATE
EDGWARE
FINCHLEY
HENDON
TOTTENHAM
WALTHAMSTOW
WOODFORD
WANSTEAD
HORNSEY
ROMFORD
HORNCHURCH
CHIPPING ONGAR
North Weald Bassett
Great Shelford
Sawston
Linton
Kelvedon Hatch

VIII

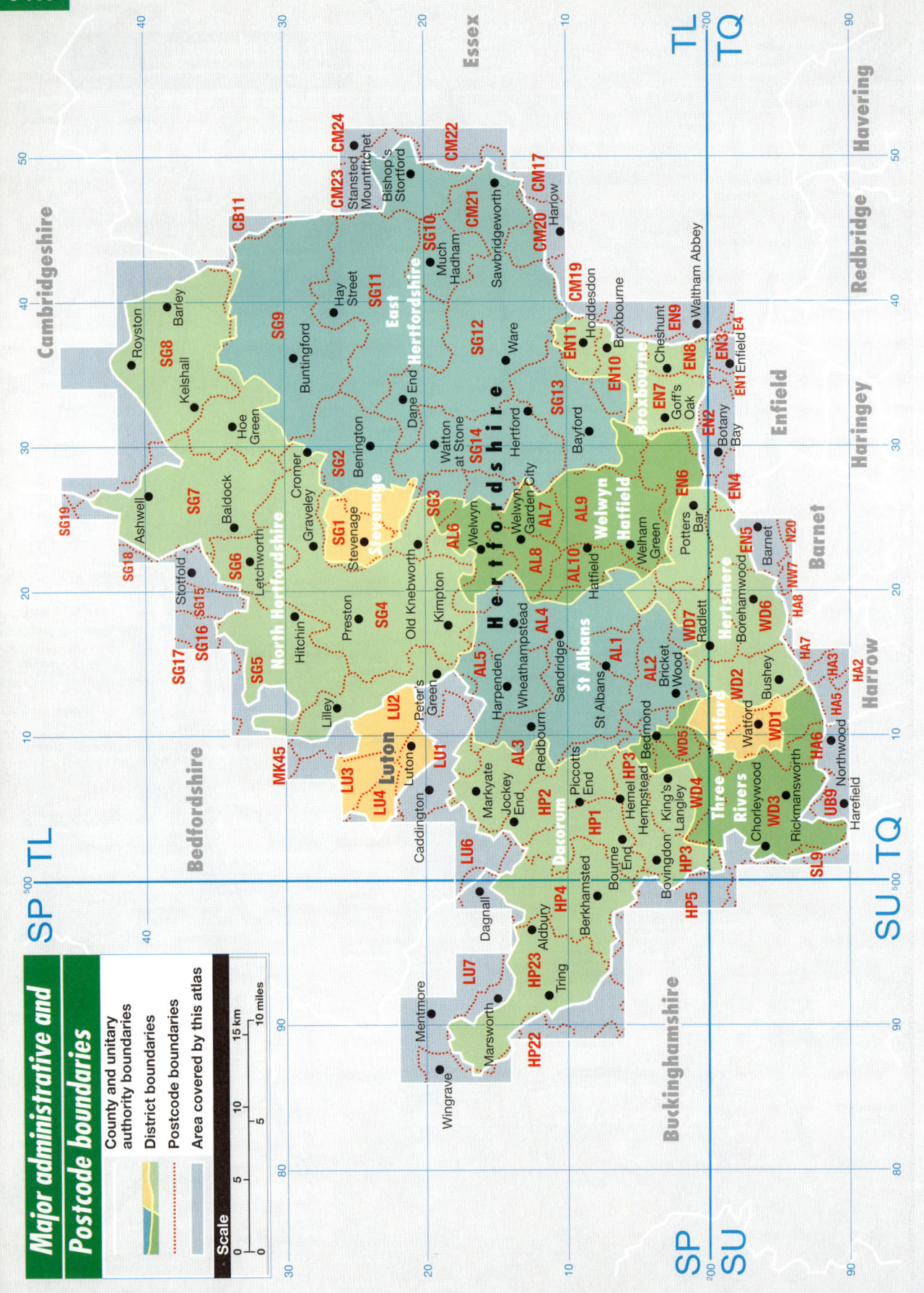

Major administrative and Postcode boundaries

Legend:
- County and unitary authority boundaries
- District boundaries
- Postcode boundaries
- Area covered by this atlas

Scale: 0–15 km / 0–10 miles

Postcode areas shown

CB11, SG8, SG9, SG10, SG11, SG12, SG13, SG14, SG1, SG2, SG3, SG4, SG5, SG6, SG7, SG15, SG16, SG17, SG18, SG19

CM17, CM19, CM20, CM21, CM22, CM23, CM24

EN1, EN2, EN3, EN4, EN5, EN6, EN7, EN8, EN9, EN10, EN11

AL1, AL2, AL3, AL4, AL5, AL6, AL7, AL8, AL9, AL10

HP1, HP2, HP3, HP4, HP5, HP22, HP23

WD1, WD2, WD3, WD4, WD5, WD6, WD7

HA2, HA3, HA5, HA6, HA7, HA8

LU1, LU2, LU3, LU4, LU6, LU7

MK45, N20, NW7, UB9, SL9, E4

Districts / areas labelled

- North Hertfordshire
- East Hertfordshire
- Stevenage
- Welwyn Hatfield
- Broxbourne
- Hertsmere
- Watford
- Three Rivers
- Dacorum
- St Albans
- Luton

Surrounding counties/boroughs

Cambridgeshire, Bedfordshire, Buckinghamshire, Essex, Havering, Redbridge, Haringey, Enfield, Barnet, Harrow

Places labelled

Royston, Barley, Kelshall, Hoe Green, Ashwell, Baldock, Letchworth, Hitchin, Stotfold, Preston, Lilley, Buntingford, Cromer, Graveley, Stevenage, Kimpton, Old Knebworth, Peter's Green, Caddington, Luton, Markyate, Harpenden, Wheathampstead, Sandridge, Redbourn, Jockey End, Piccotts End, Hemel Hempstead, Bourne End, Bovingdon, Dagnall, Aldbury, Tring, Berkhamsted, Mentmore, Marsworth, Wingrave, Hay Street, Bengington, Dane End, Watton at Stone, Welwyn, Welwyn Garden City, Hatfield, Hertford, Ware, Bayford, Welham Green, St Albans, Bricket Wood, Radlett, Potters Bar, Borehamwood, Bushey, Watford, Chorleywood, Rickmansworth, Northwood, Harefield, King's Langley, Much Hadham, Sawbridgeworth, Stansted Mountfitchet, Bishop's Stortford, Harlow, Hoddesdon, Broxbourne, Cheshunt, Goff's Oak, Waltham Abbey, Enfield, Botany Bay, Barnet

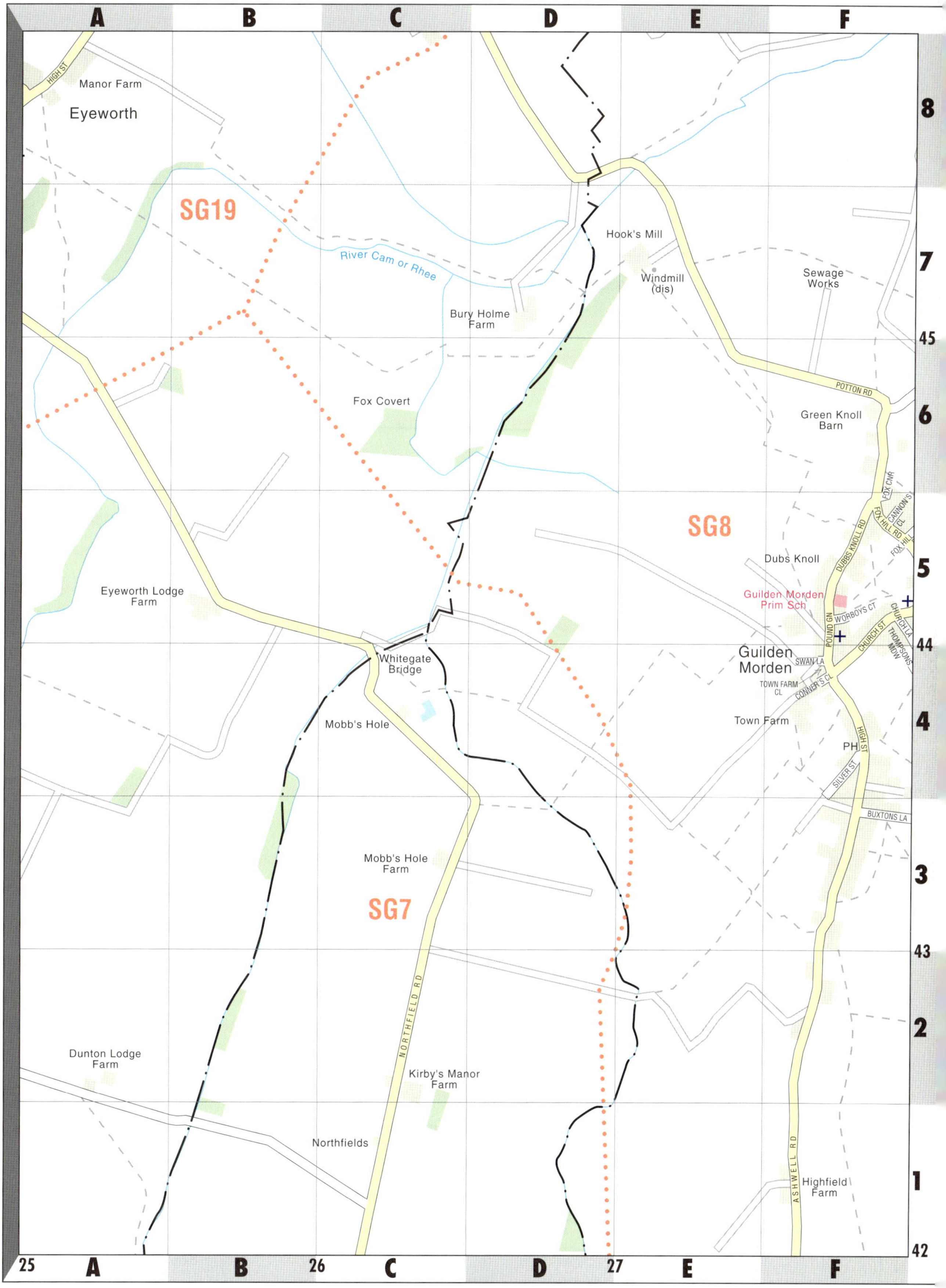
A
B
C
D
E
F
8
7
45
6
5
44
4
3
43
2
1
42
25
26
27
HIGH ST
Manor Farm
Eyeworth
SG19
River Cam or Rhee
Hook's Mill
Windmill
(dis)
Sewage
Works
Bury Holme
Farm
POTTON RD
Fox Covert
Green Knoll
Barn
FOX CNR
CANNONS CL
FOX HILL RD
FOX HILL
DUBBS KNOLL RD
SG8
Dubs Knoll
Eyeworth Lodge
Farm
Guilden Morden
Prim Sch
WORBOYS CT
POUND GN
CHURCH LA
CHURCH ST
THOMPSONS MDW
Whitegate
Bridge
Guilden
Morden
SWAN LA
TOWN FARM
CL
CONNER'S CL
Mobb's Hole
Town Farm
PH
HIGH ST
SILVER ST
BUXTONS LA
Mobb's Hole
Farm
SG7
NORTHFIELD RD
Dunton Lodge
Farm
Kirby's Manor
Farm
Northfields
ASHWELL RD
Highfield
Farm

4

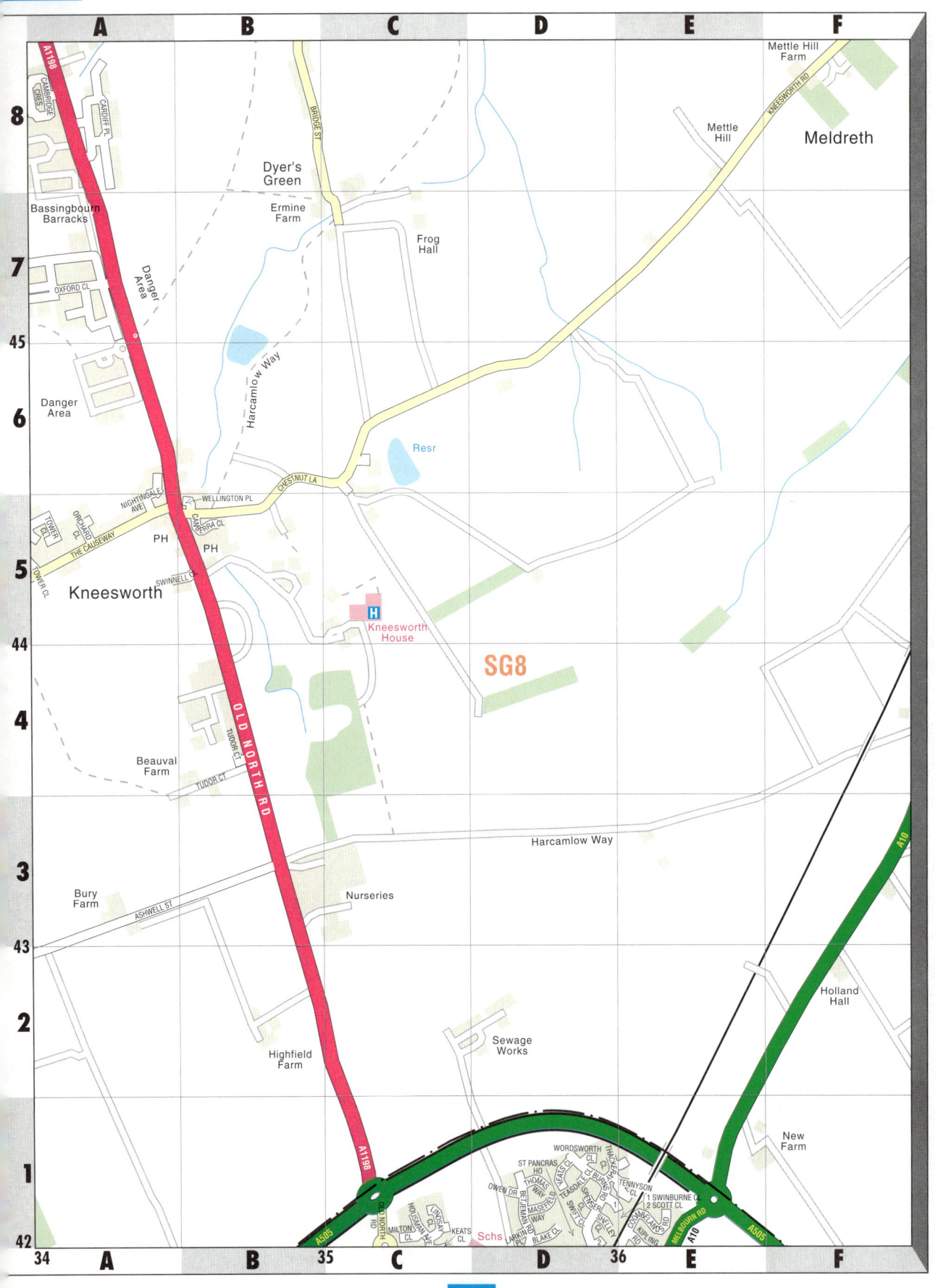

2

Grid A–F, 8–1

A8–B8: A1198, Cambridge Cres, Cardiff Pl
C8: Bridge St
B8–C7: Dyer's Green, Ermine Farm
D7: Frog Hall
E8: Mettle Hill, Kneesworth Rd
F8: Mettle Hill Farm, Meldreth

A7: Bassingbourn Barracks, Oxford Cl
B7–B6: Danger Area
A6: Danger Area
B6: Harcamlow Way

D6: Resr
C6: Chestnut La

A5: Tower Cl, The Causeway, Orchard Cl
B5: Nightingale Ave, Wellington Pl, Canberra Cl, PH, PH, Swinnell Cl
A5: Kneesworth

C5: Kneesworth House, H
D4: SG8

B4: Old North Rd, Tudor Ct
A4: Beauval Farm

C3: Harcamlow Way
A3: Bury Farm, Ashwell St
C3: Nurseries

F3: A10

F2: Holland Hall

B2: Highfield Farm
D2: Sewage Works
F1: New Farm

C1–D1: Wordsworth Cl, St Pancras Ho, Thomas Way, Teasdale Ct, Owen Dr, Betjeman Rd, Masefield Way, Larkin Cl, Keats Cl, Houseman Ave, Milton Cl, Blake Cl, Spenser Cl, Shelley Cl, Swift Cl, Burns Rd, Thackeray Cl, Tennyson Cl, Scott Cl, Swinburne Cl, Coleridge Rd, Kipling Cl
C1: Schs
B1: A1198, Old North Rd
C1–F1: A505, Melbourn Rd, A10

4

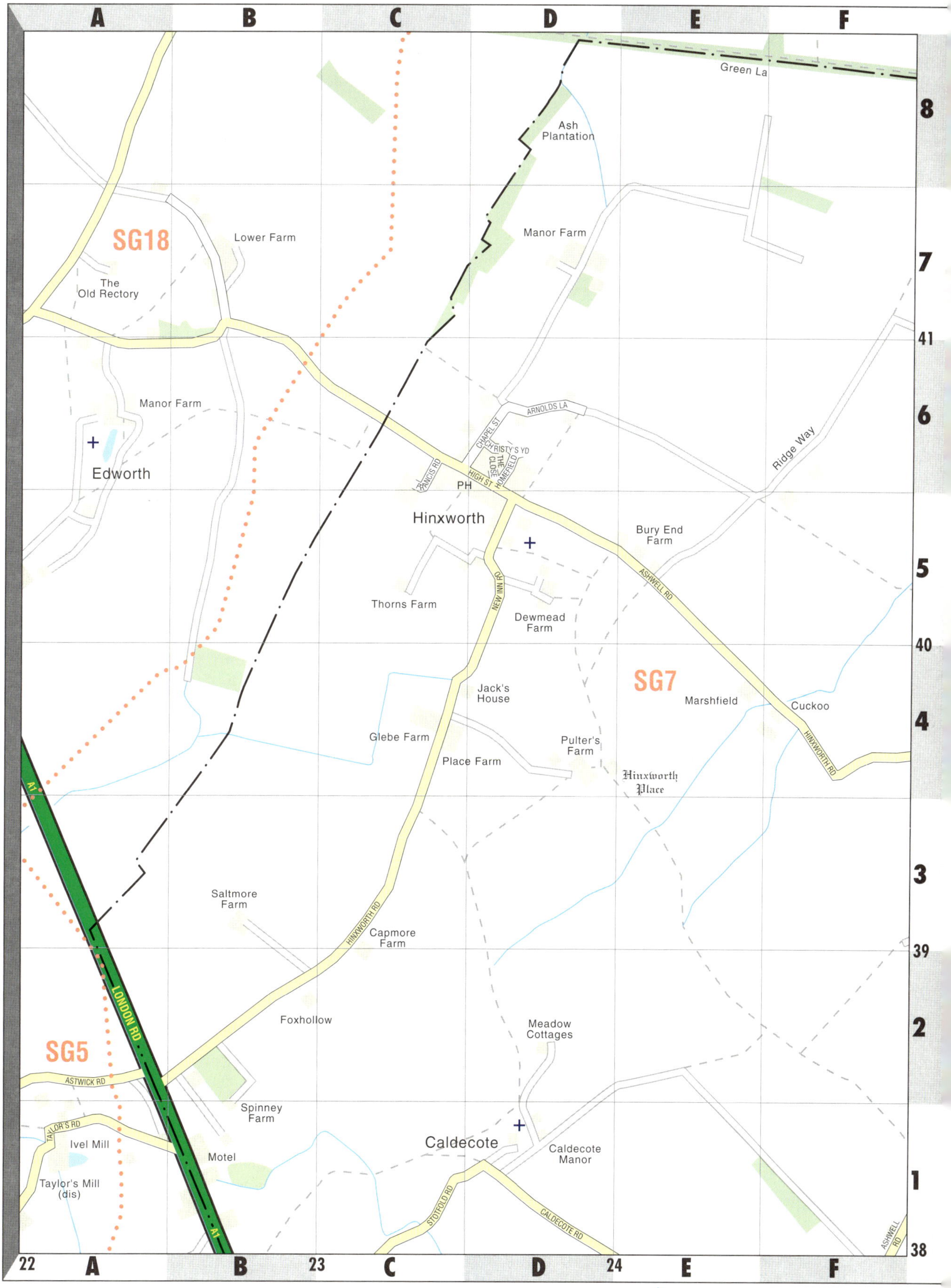
A
B
C
D
E
F
8
7
41
6
5
40
4
3
39
2
1
38
22
23
24
Green La
Ash Plantation
Manor Farm
Lower Farm
SG18
The Old Rectory
Manor Farm
Edworth
ARNOLDS LA
CHAPEL ST
CHRISTY'S YD
THE CLOSE
HOMEFIELD
FRANCIS RD
HIGH ST
PH
Hinxworth
Ridge Way
Bury End Farm
ASHWELL RD
Thorns Farm
NEW INN RD
Dewmead Farm
SG7
Jack's House
Marshfield
Cuckoo
Glebe Farm
Pulter's Farm
Place Farm
HINXWORTH RD
Hinxworth Place
A1
Saltmore Farm
Capmore Farm
HINXWORTH RD
LONDON RD
Foxhollow
Meadow Cottages
SG5
ASTWICK RD
Spinney Farm
TAYLOR'S RD
Ivel Mill
Motel
Caldecote
Caldecote Manor
Taylor's Mill (dis)
STOTFOLD RD
CALDECOTE RD
ASHWELL RD
A1

12
4

3
1

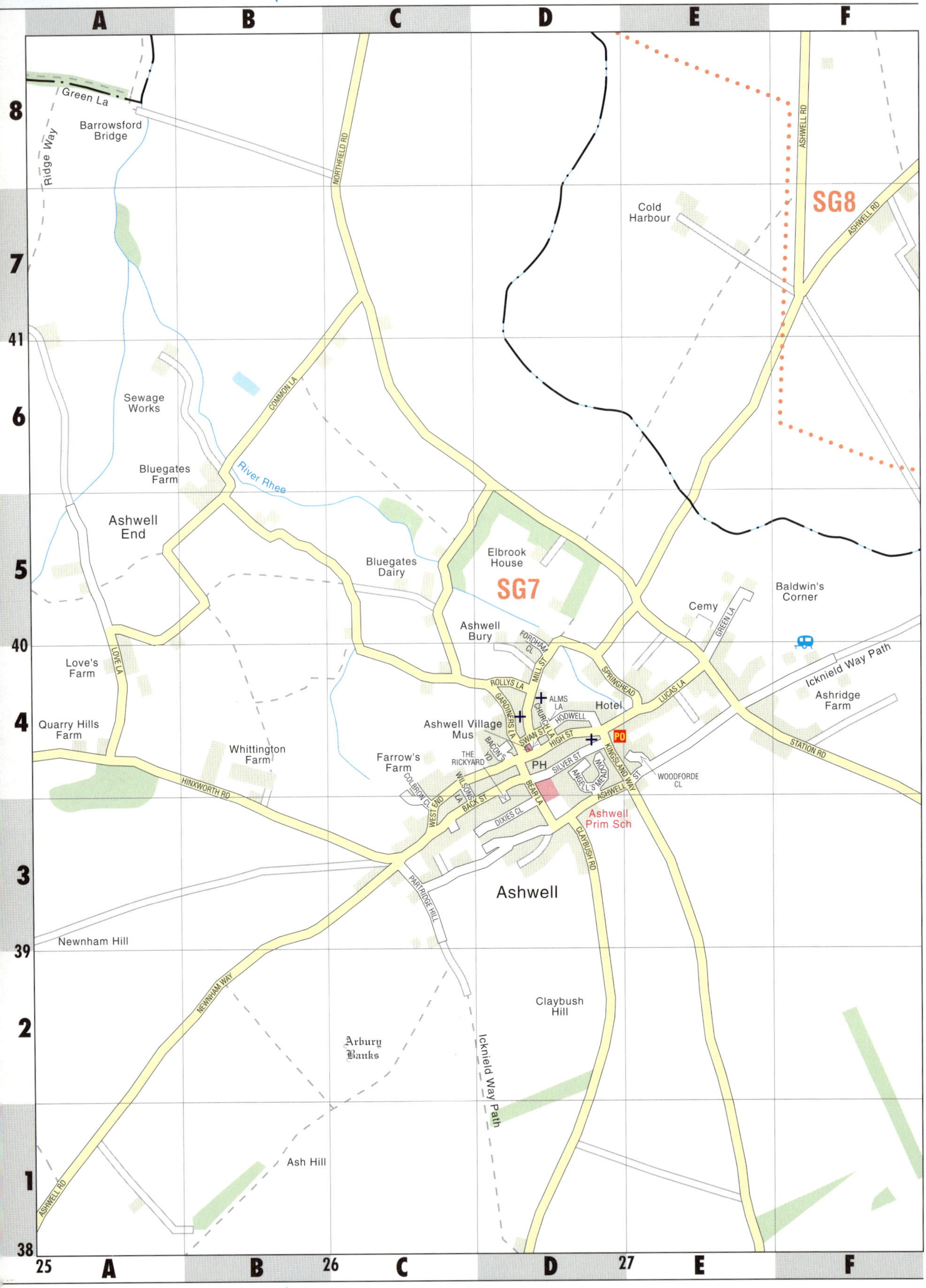
A
B
C
D
E
F
8
7
41
6
5
40
4
3
39
2
1
38
25
26
27
Green La
Barrowsford Bridge
Ridge Way
NORTHFIELD RD
ASHWELL RD
SG8
Cold Harbour
Sewage Works
COMMON LA
Bluegates Farm
River Rhee
Ashwell End
Bluegates Dairy
Elbrook House
SG7
Baldwin's Corner
Cemy
Ashwell Bury
FORDHAM CL
GREEN LA
Icknield Way Path
Love's Farm
LOVE LA
MILL ST
ROLLYS LA
ALMS LA
SPRINGHEAD
LUCAS LA
Ashridge Farm
Hotel
HODWELL
GARDINERS LA
CHURCH LA
Quarry Hills Farm
Ashwell Village Mus
SWAN ST
HIGH ST
PO
STATION RD
Whittington Farm
BACON'S YD
Farrow's Farm
THE RICKYARD
PH
SILVER ST
KINGSLAND WAY
ANGELL'S MEADOW
WOODFORDE CL
HINXWORTH RD
COLBRON CL
WILSONS LA
BEAR LA
ASHWELL ST
WEST END
BACK ST
DIXIES CL
Ashwell Prim Sch
CLAYBUSH RD
PARTRIDGE HILL
Ashwell
Newnham Hill
NEWNHAM WAY
Claybush Hill
Arbury Banks
Icknield Way Path
Ash Hill
ASHWELL RD

3
13

Steeple Morden

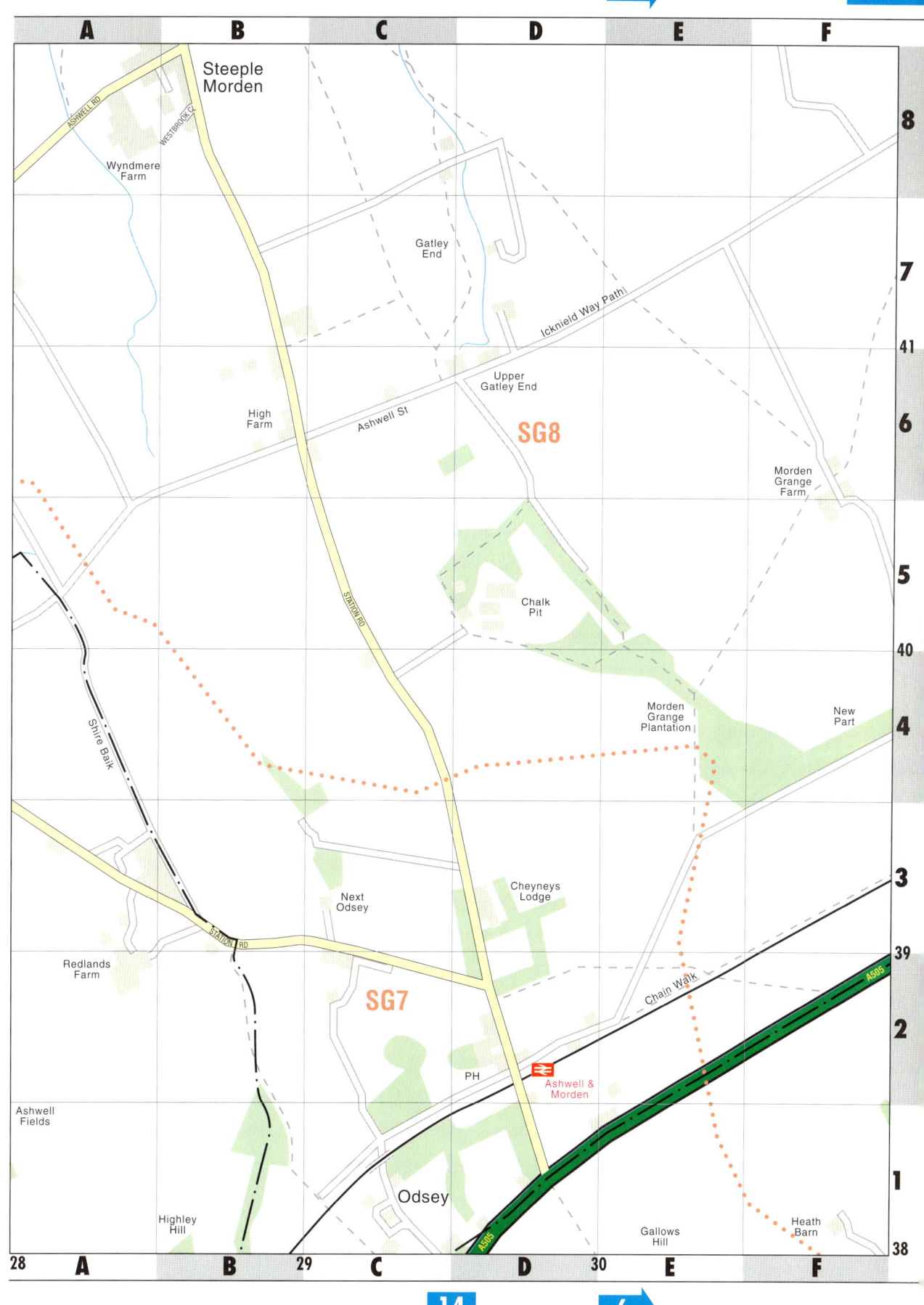

Wyndmere Farm

ASHWELL RD
WESTBROOK C.

Gatley End

Icknield Way Path

High Farm

Upper Gatley End

Ashwell St

SG8

Morden Grange Farm

STATION RD

Chalk Pit

Morden Grange Plantation

New Part

Shire Balk

Next Odsey

Cheyneys Lodge

Chain Walk

A505

Redlands Farm

SG7

STATION RD

PH

Ashwell & Morden

Ashwell Fields

Highley Hill

Odsey

Gallows Hill

Heath Barn

A505

5

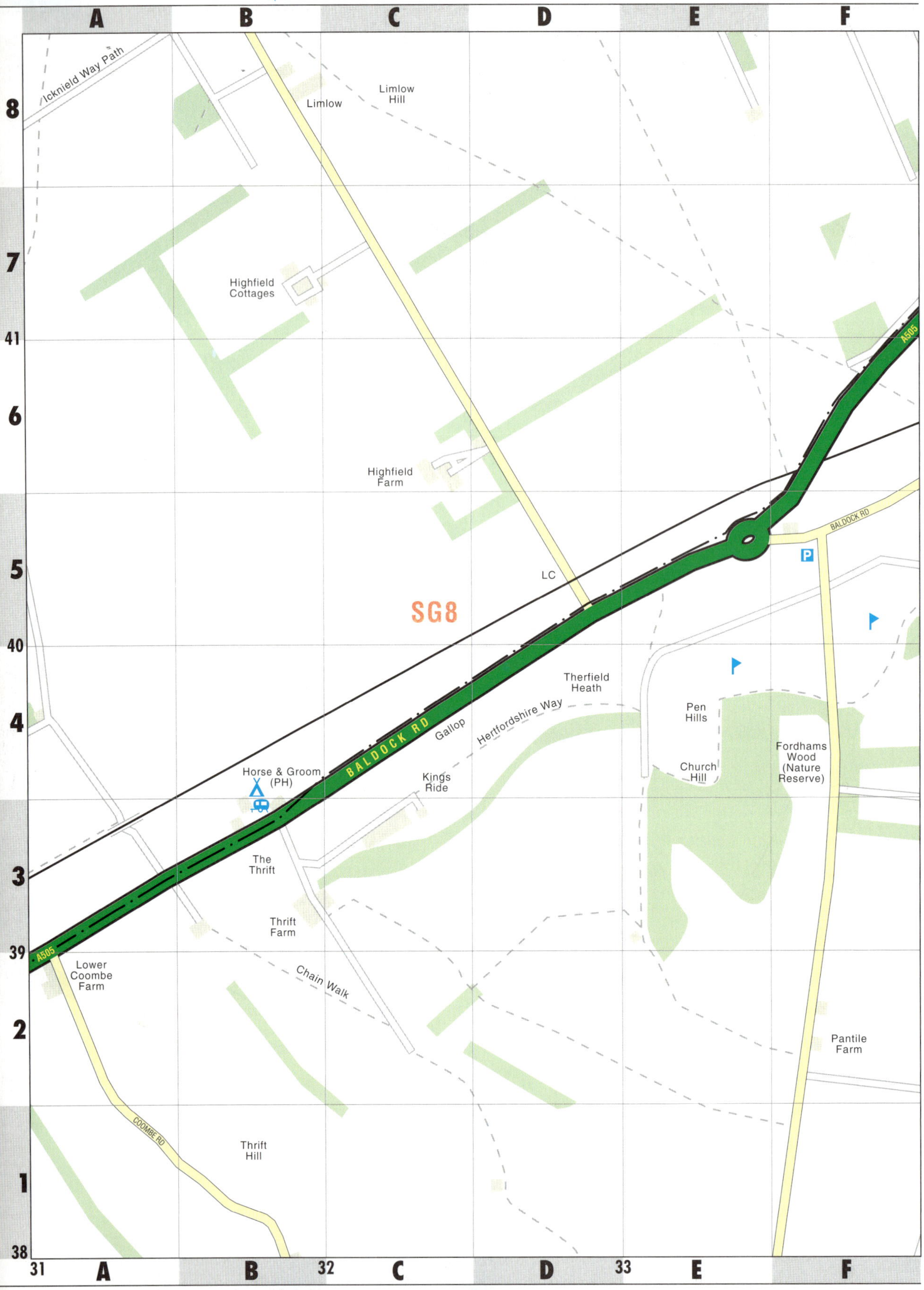

A
B
C
D
E
F
8
7
41
6
5
40
4
3
39
2
1
38
31
32
33
Icknield Way Path
Limlow
Limlow Hill
Highfield Cottages
Highfield Farm
LC
SG8
A505
BALDOCK RD
BALDOCK RD
P
Therfield Heath
Hertfordshire Way
Gallop
Pen Hills
Church Hill
Fordhams Wood (Nature Reserve)
Horse & Groom (PH)
Kings Ride
The Thrift
Thrift Farm
Chain Walk
Lower Coombe Farm
A505
COOMBE RD
Thrift Hill
Pantile Farm

5

15

2
8

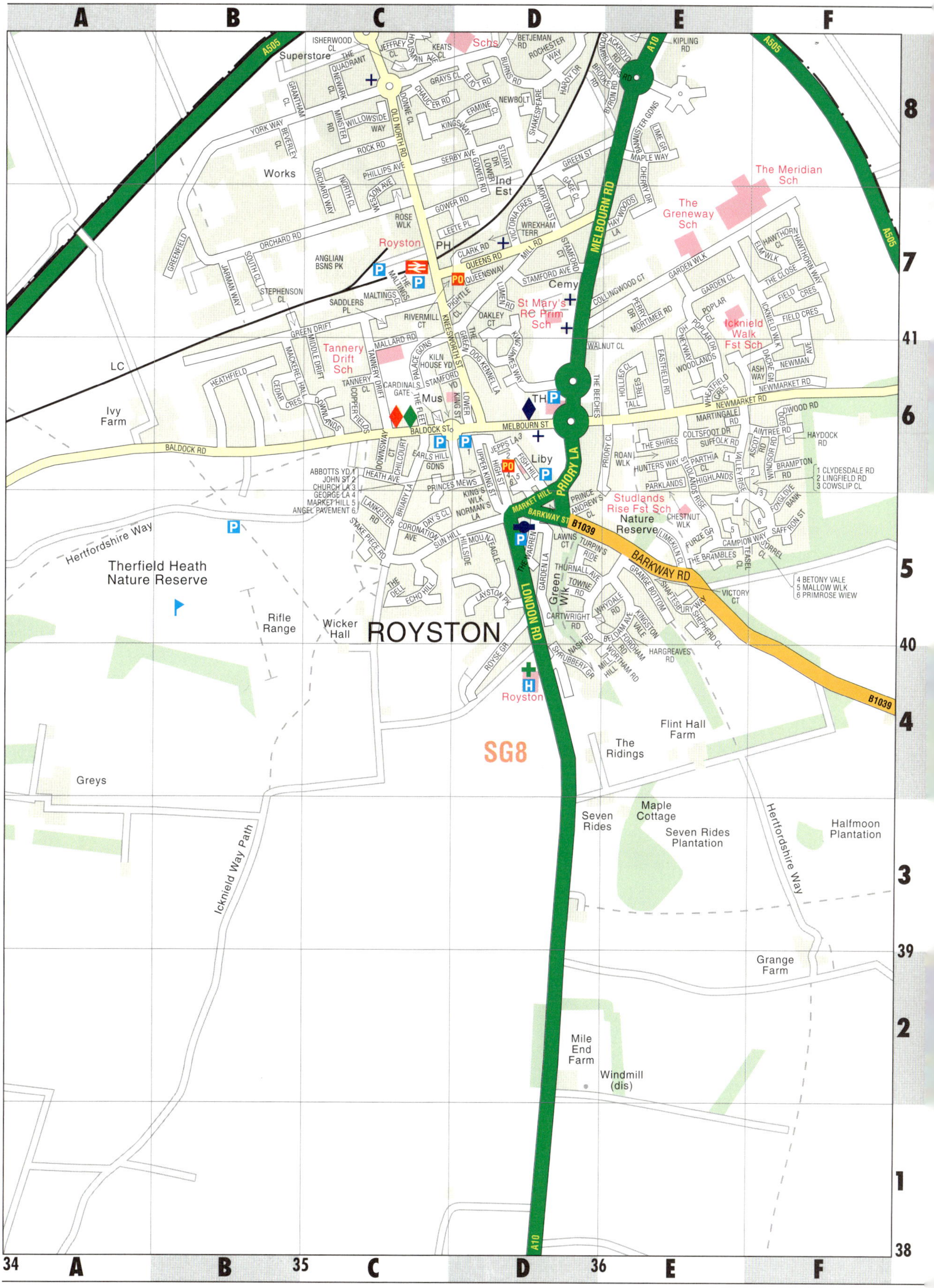
A
B
C
D
E
F
8
7
41
6
5
40
4
3
39
2
1
38
34
35
36
A505
A10
Superstore
Works
Schs
The Meridian Sch
The Greneway Sch
Royston
PH
Ind Est
ANGLIAN BSNS PK
Cemy
St Mary's RC Prim Sch
Icknield Walk Fst Sch
Tannery Drift Sch
LC
Ivy Farm
Mus
TH
Liby
Studlands Rise Fst Sch
Nature Reserve
Hertfordshire Way
Therfield Heath Nature Reserve
Rifle Range
Wicker Hall
ROYSTON
Royston
SG8
Flint Hall Farm
The Ridings
Greys
Seven Rides
Maple Cottage
Seven Rides Plantation
Halfmoon Plantation
Icknield Way Path
Grange Farm
Mile End Farm
Windmill (dis)
BALDOCK RD
BALDOCK ST
MELBOURN ST
MELBOURN RD
PRIORY LA
LONDON RD
BARKWAY RD
BARKWAY ST
MARKET HILL
NEWMARKET RD
OLD NORTH RD
KNEESWORTH ST
B1039
ABBOTTS YD 1
JOHN ST 2
CHURCH LA 3
GEORGE LA 4
MARKET HILL 5
ANGEL PAVEMENT 6
1 CLYDESDALE RD
2 LINGFIELD RD
3 COWSLIP CL
4 BETONY VALE
5 MALLOW WLK
6 PRIMROSE WIEW

16
8

7

A
B
C
D
E
F
8
7
41
6
5
40
4
3
39
2
1
38
37
38
39
A505
Heath Farm
Hyde Hill Farm
Hillside Farm
Noon's Folly Farm
Cumberton Bottom
Icknield Way Path
NEWMARKET RD
Burloes Plantation
Burloes Hall
Burloes Farm
Wardington Bottom
Lowerfield
SG8
Poor's Land
Cow Plantation
B1039
Works
Eagle Tavern
New Stud Farm
Heath Farm
Whiteley Hill
ROYSTON RD
BAKERS LA
B1368
HIGH ST
Newsells Park Stud
Barley
HANAPER DR
GREENBURY CL
LONDON RD
CROSSWAYS
CHURCH END
THE MOUNT
Newsells Barn Farm
Horeshoe Farm
SMITH'S END LA
Smith End Farm
Duck's Nest
CAMBRIDGE RD
STOCK BANK

7
17

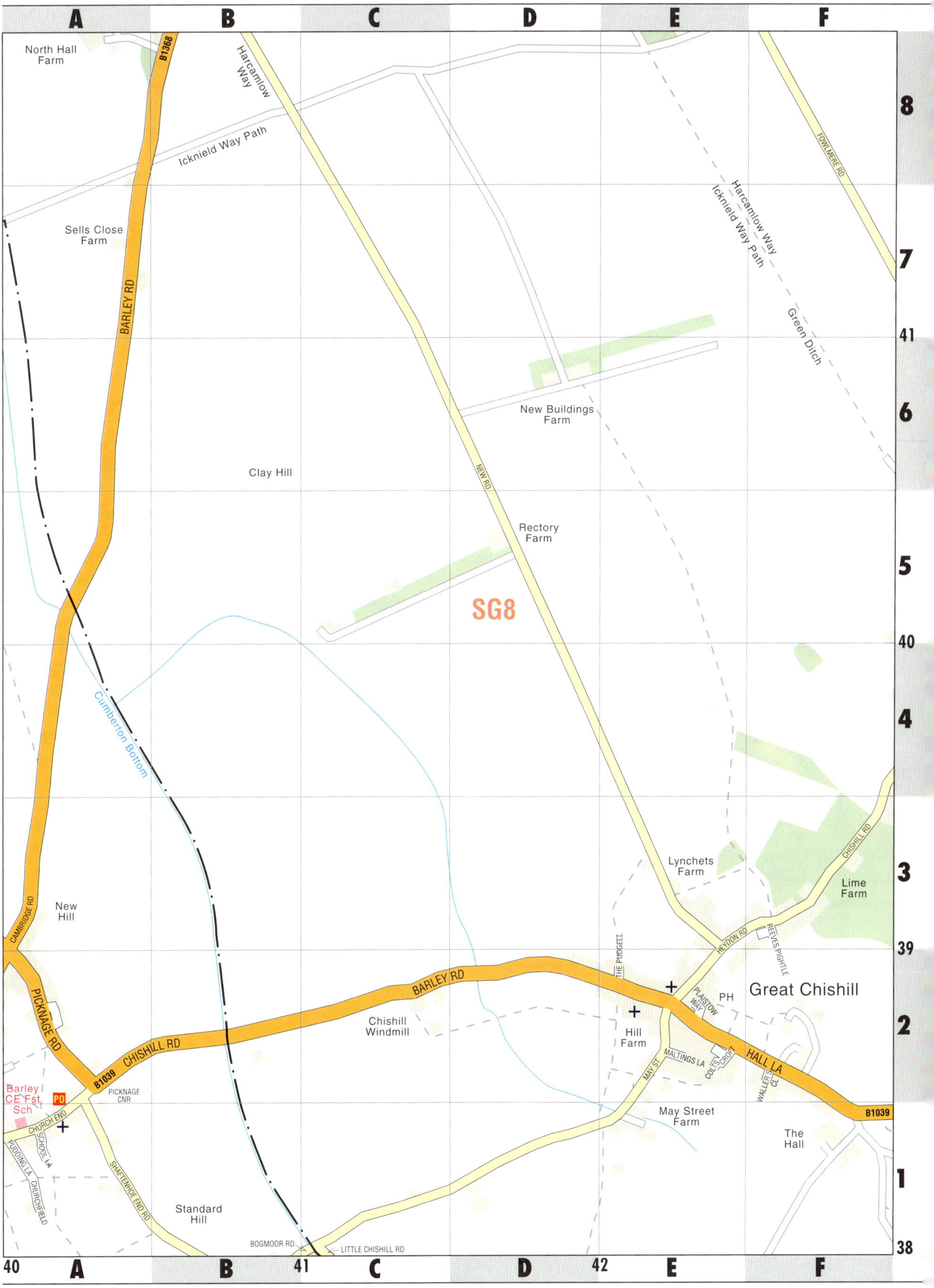
A
B
C
D
E
F
8
7
41
6
5
40
4
3
39
2
1
38
40
41
42
North Hall
Farm
B1368
Harcamlow
Way
Icknield Way Path
Sells Close
Farm
BARLEY RD
FOWLMERE RD
Harcamlow Way
Icknield Way Path
Green Ditch
New Buildings
Farm
Clay Hill
NEW RD
Rectory
Farm
SG8
Cumberton Bottom
Lynchets
Farm
CHISHILL RD
Lime
Farm
New
Hill
CAMBRIDGE RD
HEYDON RD
REEVES PIGHTLE
THE PUDGELL
PICKNAGE RD
BARLEY RD
PLAISTOW
WAY
PH
Great Chishill
Chishill
Windmill
Hill
Farm
CHISHILL RD
MALTINGS LA
COLTS CROFT
HALL LA
MAY ST
WALLERS CL
B1039
Barley
CE Fst
Sch
PO
PICKNAGE
CNR
May Street
Farm
B1039
CHURCH END
SCHOOL LA
The
Hall
PUDDING LA
CHURCHFIELD
SHAFTENHOE END RD
Standard
Hill
BOGMOOR RD
LITTLE CHISHILL RD

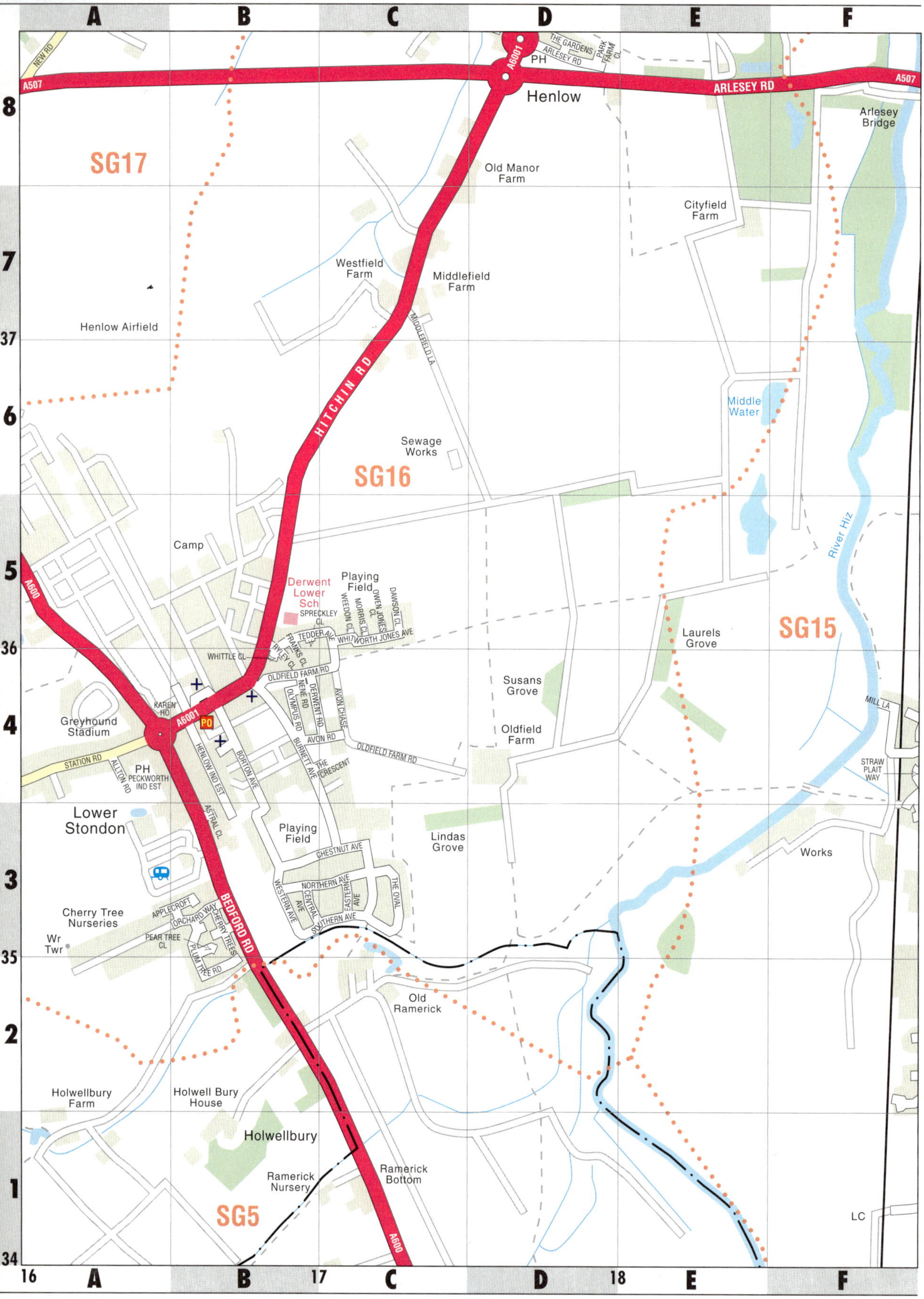

A
B
C
D
E
F
8
7
37
6
5
36
4
3
35
2
1
34
16
17
18
NEW RD
A507
A507
ARLESEY RD
A6001
THE GARDENS
ARLESEY RD
PARK FARM CL
PH
Henlow
Arlesey Bridge
SG17
Old Manor Farm
Cityfield Farm
Westfield Farm
Middlefield Farm
Henlow Airfield
MIDDLEFIELD LA
HITCHIN RD
Middle Water
Sewage Works
SG16
Camp
A600
Derwent Lower Sch
Playing Field
SPRECKLEY CL
WEEDON CL
MORRIS CL
OWEN JONES CL
DAWSON CL
WHITWORTH JONES AVE
TEDDER AVE
WHITTLE CL
RYLEY CL
FRANKS CL
OLDFIELD FARM RD
Laurels Grove
SG15
River Hiz
Susans Grove
KAREN HO
A6001
PO
NENE RD
OLYMPUS RD
DERWENT RD
AVON CHASE
Greyhound Stadium
Oldfield Farm
MILL LA
AVON RD
OLDFIELD FARM RD
STATION RD
ALLTON RD
PH
PECKWORTH IND EST
HENLOW IND EST
BORTON AVE
BURNETT AVE
THE CRESCENT
STRAW PLAIT WAY
Lower Stondon
ASTRAL CL
Playing Field
Lindas Grove
CHESTNUT AVE
Works
NORTHERN AVE
CENTRAL AVE
EASTERN AVE
WESTERN AVE
THE OVAL
SOUTHERN AVE
APPLECROFT
ORCHARD WAY
CHERRY TREES
BEDFORD RD
Cherry Tree Nurseries
PEAR TREE CL
PLUM TREE RD
Wr Twr
Old Ramerick
Holwellbury Farm
Holwell Bury House
Holwellbury
Ramerick Nursery
Ramerick Bottom
SG5
A600
LC

21

12

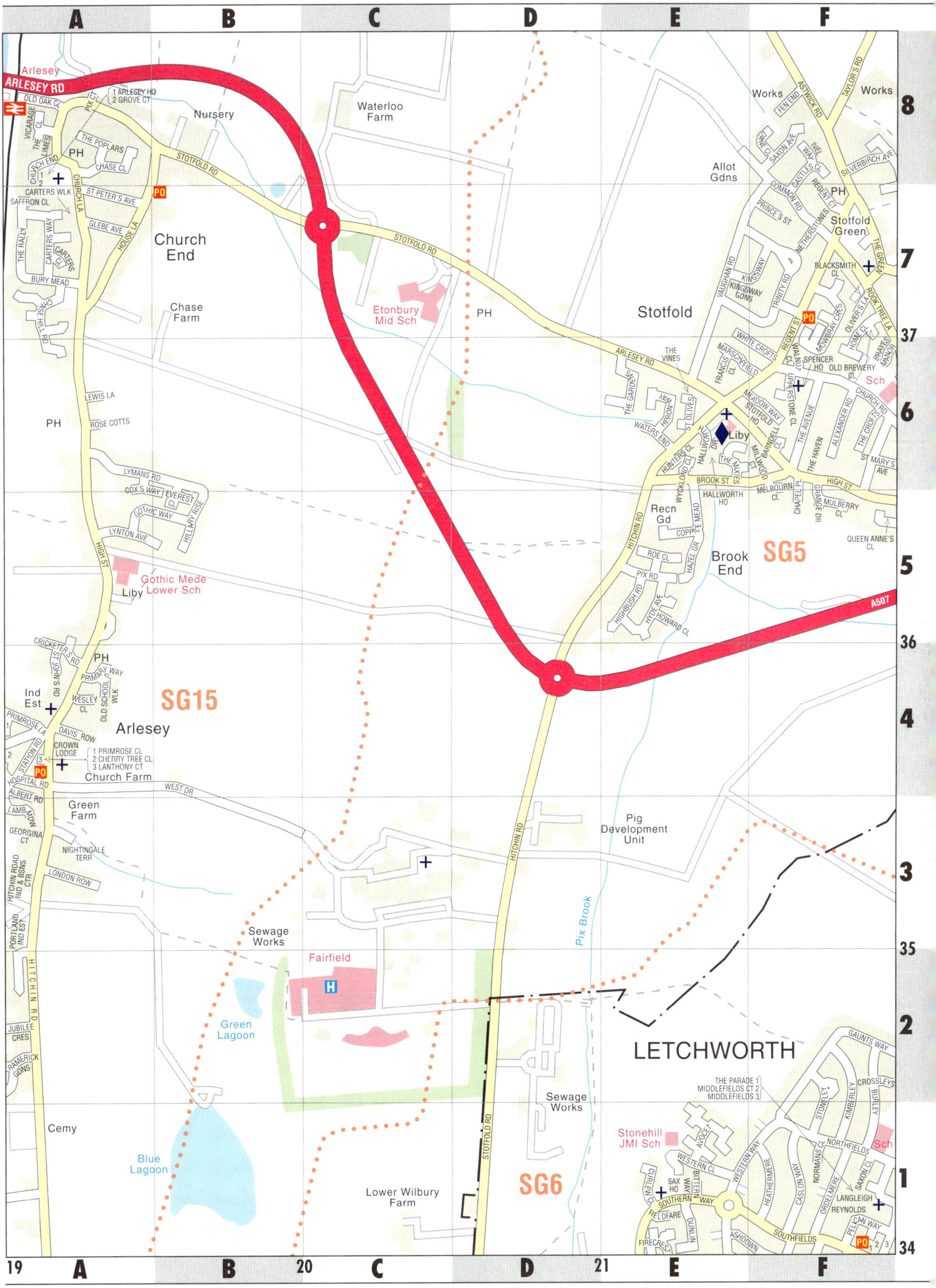
A
B
C
D
E
F
8
7
37
6
5
36
4
3
35
2
1
34
19
20
21
Arlesey
ARLESEY RD
OLD OAK CL
1 ARLESEY HO
2 GROVE CT
PIX CT
VICARAGE CL
THE LIMES
THE POPLARS
CHASE CL
CHURCH END
CARTERS WLK
SAFFRON CL
ST PETER'S AVE
GLEBE AVE
HOUSE LA
CHURCH LA
THE RALLY
CARTERS WAY
CARTERS CL
BURY MEAD
CHASE HILL RD
Nursery
STOTFOLD RD
Church End
Chase Farm
Waterloo Farm
Etonbury Mid Sch
PH
PO
LEWIS LA
ROSE COTTS
LYMANS RD
COX'S WAY
EVEREST CL
GOTHIC WAY
HILLARY RISE
LYNTON AVE
HIGH ST
Gothic Mede Lower Sch
Liby
CRICKETERS RD
ST JOHN'S RD
PRIMARY WAY
OLD SCHOOL WLK
WESLEY CL
Ind Est
SG15
Arlesey
PRIMROSE LA
DAVIS' ROW
CROWN LODGE
STATION RD
1 PRIMROSE CL
2 CHERRY TREE CL
3 LANTHONY CT
Church Farm
HOSPITAL RD
ALBERT RD
WEST DR
Green Farm
LAMB MDW
GEORGINA CT
NIGHTINGALE TERR
LONDON ROW
HITCHIN ROAD IND & BSNS CTR
PORTLAND IND EST
HITCHIN RD
JUBILEE CRES
RAMERICK GDNS
Cemy
Sewage Works
Green Lagoon
Fairfield
H
Blue Lagoon
Lower Wilbury Farm
STOTFOLD RD
HITCHIN RD
Pig Development Unit
Pix Brook
Sewage Works
SG6
LETCHWORTH
Works
Allot Gdns
FEN END
ASTWICK RD
TAYLOR'S RD
SAXON AVE
IVEL WAY
CASTLES CL
SILVERBIRCH AVE
COMMON RD
REGENT CT
PRINCE'S ST
NETHERSTONES
Stotfold Green
THE GREEN
BLACKSMITH CL
KINGSWAY
KINGSWAY GDNS
VAUGHAN RD
TRINITY RD
Stotfold
REGENT ST
MOWBRAY CRES
OLIVER'S LA
ROOK TREE LA
HOME CL
BRAYES MANOR
THE VINES
ARLESEY RD
WHITE CROFTS
MARSCHEFIELD
FRANCIS CL
WALNUT CL
SPENCER HO
OLD BREWERY CL
Sch
THE GARDENS
HERON WAY
ST OLIVES
WATERS END
UPPERSTONE CL
MEADOW WAY
STOTFOLD HO
THE AVENUE
ALEXANDER RD
CHURCH RD
THE CROFTS
Liby
HUNTERS CL
WYCKLOND CL
HALLWORTH DR
THE MIXIES
MILLWOOD CT
BARNDELL CL
THE HAVEN
ST MARY'S AVE
BROOK ST
HALLWORTH HO
MELBOURN CL
CHAPEL PL
GRANGE DR
HIGH ST
MULBERRY CL
Recn Gd
COPPICE MEAD
HITCHIN RD
QUEEN ANNE'S CL
ROE CL
HAZEL GR
Brook End
SG5
PIX RD
HIGHBUSH RD
HYDE AVE
HOWARD CL
A507
GAUNTS WAY
CROSSLEYS
BURLEY
KIMBERLEY
STONELEY
THE PARADE 1
MIDDLEFIELDS CT 2
MIDDLEFIELDS 3
NORTHFIELDS
Sch
Stonehill JMI Sch
AVOCET
WESTERN CL
WESTERN WAY
HEATHERMERE
CASLON WAY
NORMANS CL
ORDELMERE
SAXON CL
LANGLEIGH
REYNOLDS
PELICAN WAY
CURLEW CL
SAX HO
BITTERN WAY
SOUTHERN WAY
FIELDFARE
DUNLIN
FIRECREST
ASHDOWN
SOUTHFIELDS
PO

22
12

11
3

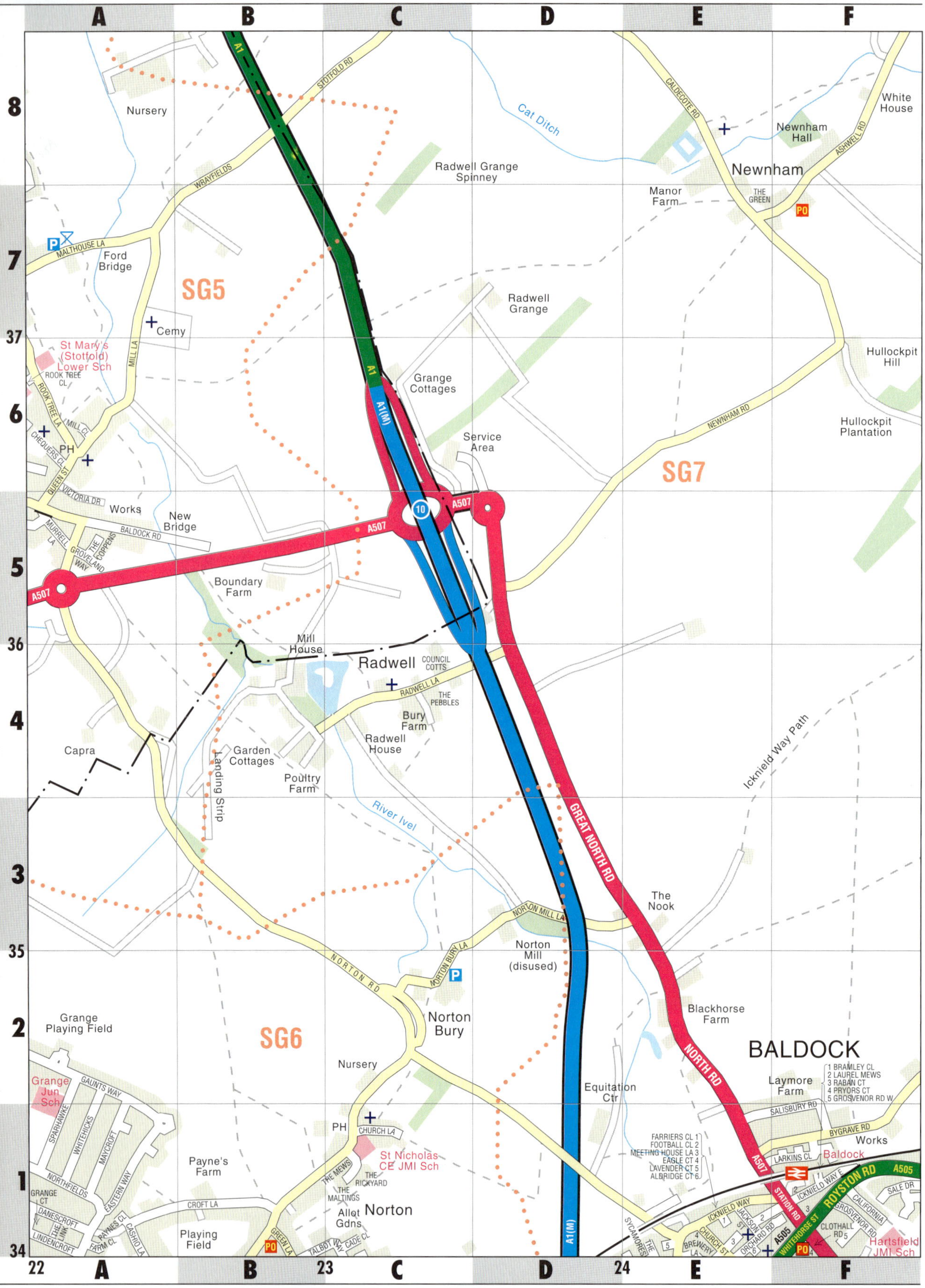
A
B
C
D
E
F
8
7
37
6
5
36
4
3
35
2
1
34
22
23
24
A1
STOTFOLD RD
Nursery
WRAYFIELDS
Cat Ditch
Radwell Grange
Spinney
CALDECOTE RD
Newnham
Hall
White
House
ASHWELL RD
Newnham
Manor
Farm
THE
GREEN
PO
MALTHOUSE LA
Ford
Bridge
SG5
Radwell
Grange
Cemy
MILL LA
St Mary's
(Stotfold)
Lower Sch
ROOK TREE
CL
Hullockpit
Hill
Grange
Cottages
A1(M)
NEWNHAM RD
Hullockpit
Plantation
CHEQUERS CL
MILL CL
PH
QUEEN ST
Service
Area
SG7
VICTORIA DR
Works
New
Bridge
BALDOCK RD
A507
10
MURRELL LA
GROVELAND WAY
THE COPPENS
Boundary
Farm
Mill
House
Radwell
COUNCIL
COTTS
RADWELL LA
THE
PEBBLES
Bury
Farm
Radwell
House
Capra
Garden
Cottages
Landing Strip
Poultry
Farm
Icknield Way Path
River Ivel
GREAT NORTH RD
The
Nook
NORTON MILL LA
NORTON RD
NORTON BURY LA
P
Norton
Mill
(disused)
Grange
Playing Field
Norton
Bury
Blackhorse
Farm
SG6
Nursery
NORTH RD
BALDOCK
Grange
Jun
Sch
GAUNTS WAY
SPARHAWKE
WHITEHICKS
MAYCROFT
Laymore
Farm
1 BRAMLEY CL
2 LAUREL MEWS
3 RABAN CT
4 PRYORS CT
5 GROSVENOR RD W
Equitation
Ctr
SALISBURY RD
BYGRAVE RD
PH
CHURCH LA
Works
FARRIERS CL 1
FOOTBALL CL 2
MEETING HOUSE LA 3
EAGLE CT 4
LAVENDER CT 5
ALDRIDGE CT 6
Baldock
LARKINS CL
A505
ROYSTON RD
St Nicholas
CE JMI Sch
Payne's
Farm
NORTHFIELDS
EASTERN WAY
GRANGE
CT
THE MEWS
THE
RICKYARD
THE
MALTINGS
ICKNIELD WAY E
SALE DR
CALIFORNIA
GROSVENOR RD
DANESCROFT
THE LINK
LINDENCROFT
FARM CL
PAYNES CL
CASHIO LA
CROFT LA
Allot
Gdns
Norton
Playing
Field
GREEN LA
TALBOT WAY
CADE CL
ICKNIELD WAY
THE SYCAMORES
BREWERY LA
CHURCH ST
JACKSON ST
ORCHARD RD
STATION RD
WHITEHORSE ST
CLOTHALL
RD
Hartsfield
JMI Sch

11
23

4
14

A
B
C
D
E
F
8
7
37
6
5
36
4
3
35
2
1
34
25
26
27
The Knoll
Cat Ditch
Pembroke Farm
Pembroke Cottages
Icknield Way Path
Gravelpit Hill
Bygrave Plantation
Mitchell Hill
Sewage Works
SG7
Manor Farm
Park Wood
Bygrave
Old Rectory
Manor House
A505
ASHWELL RD
Red Cottages
WEDON WAY
Bygrave Common
ROYSTON RD
The Firs
BYGRAVE RD
Half Way Farm
Warren Farm
WALLINGTON RD
ASHVILLE WAY
Warehouses
SALE DR
RHEE SPRING
EISENBERG CL
SAXON WAY
VIEW
ORWELL
CONSTANTINE PL
STANE ST
HURST CL
RIVETT CL
IREDALE VIEW
JEVE CL
RYE GDNS
RINGTALE PL
ALEYN WAY
MERCHANTS WLK
DOWNLANDS
YEOMANRY DR
WYNN CL
BUSH SPRING
MALTINGS CL
CHAUNCY GDNS

24
14

13
5

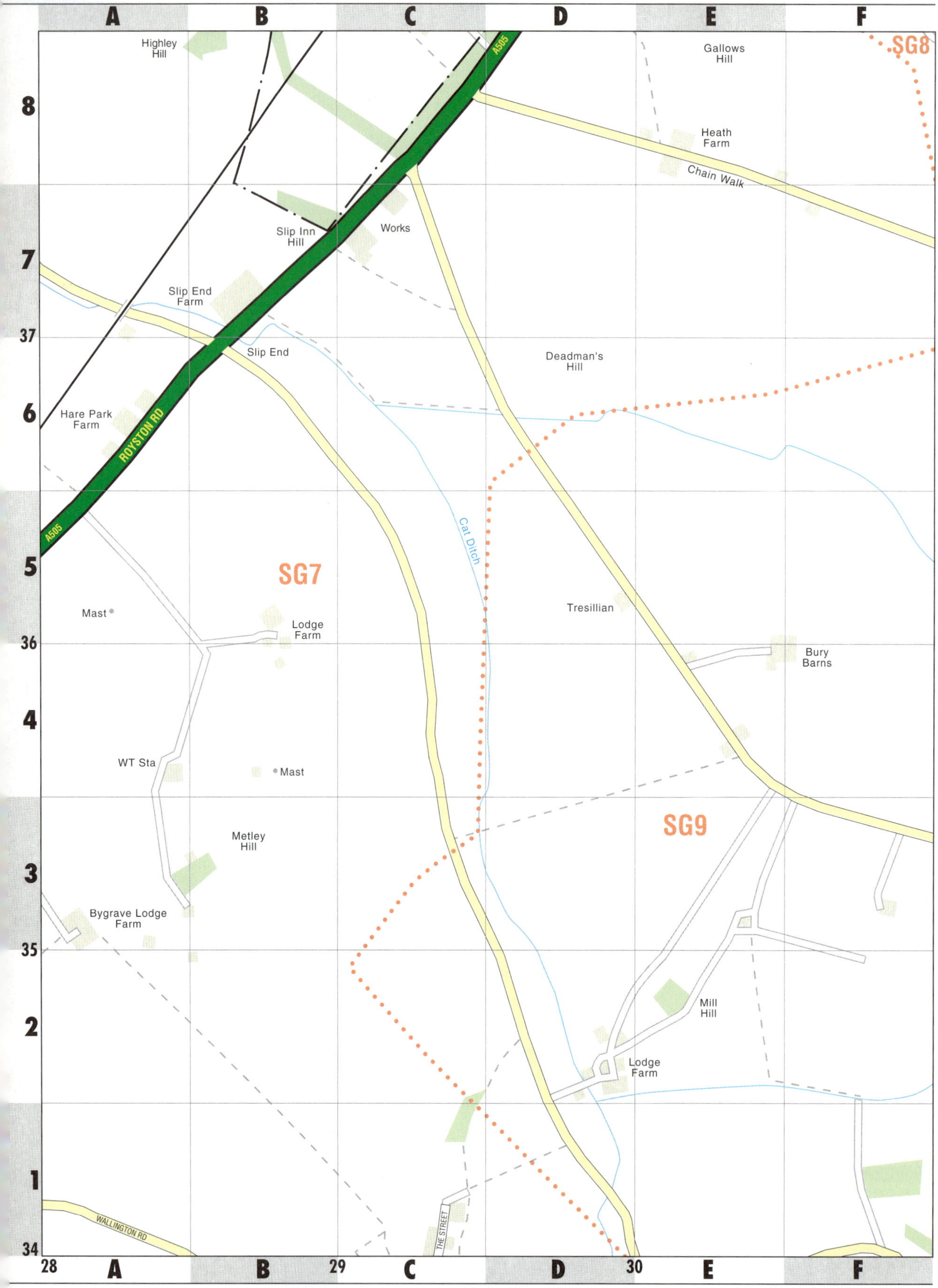
A
B
C
D
E
F
8
7
37
6
5
36
4
3
35
2
1
34
28
29
30
Highley Hill
Gallows Hill
SG8
A505
Heath Farm
Chain Walk
Slip Inn Hill
Works
Slip End Farm
Slip End
Deadman's Hill
Hare Park Farm
ROYSTON RD
Cat Ditch
SG7
Mast
Lodge Farm
Tresillian
Bury Barns
WT Sta
Mast
Metley Hill
SG9
Bygrave Lodge Farm
Mill Hill
Lodge Farm
WALLINGTON RD
THE STREET

13
25

6
16
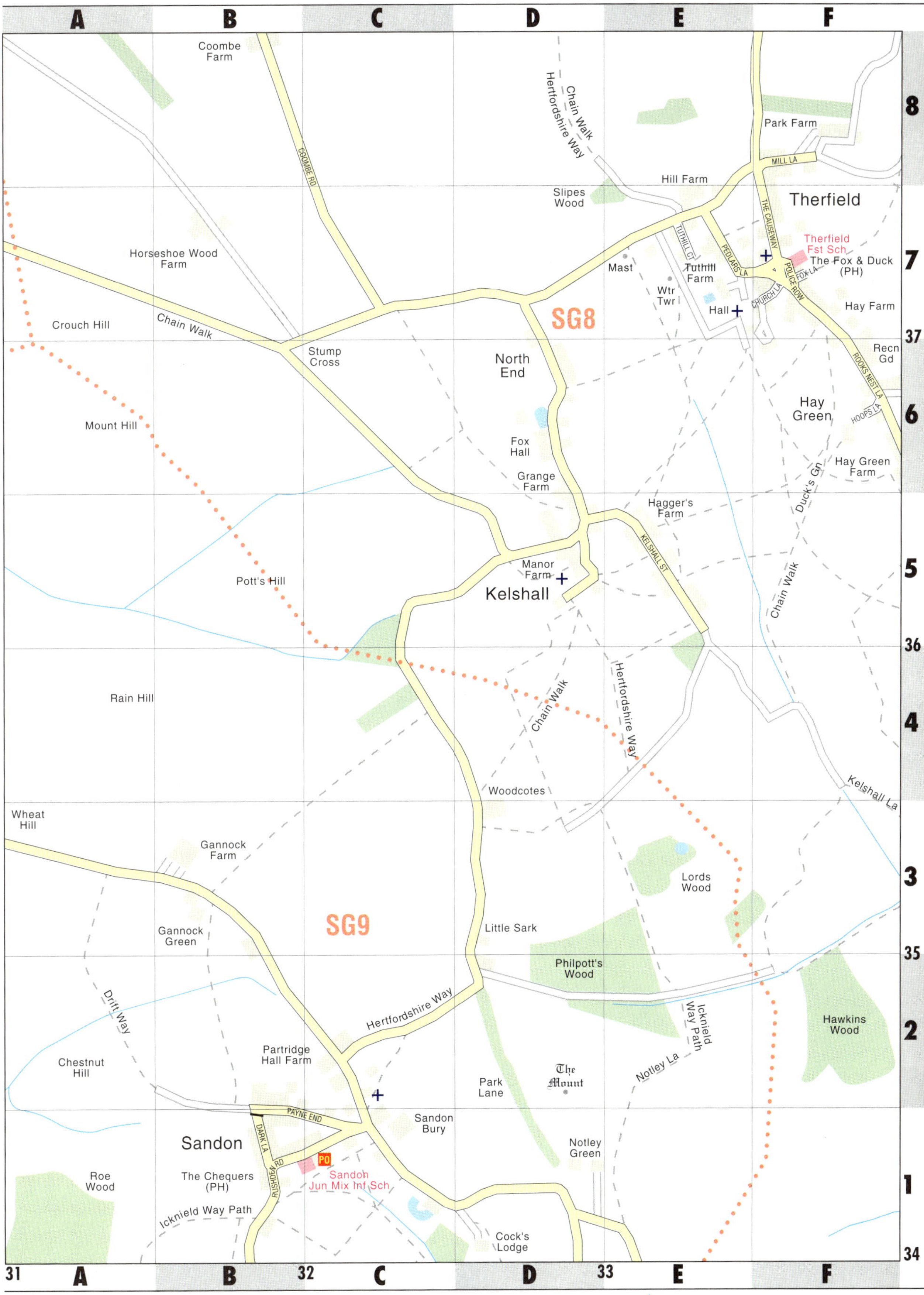
A
B
C
D
E
F
8
7
37
6
5
36
4
3
35
2
1
34
31
32
33
Coombe Farm
COOMBE RD
Chain Walk
Hertfordshire Way
Park Farm
MILL LA
Hill Farm
Slipes Wood
Therfield
THE CAUSEWAY
TUTHILL CT
PEDLARS LA
Therfield Fst Sch
The Fox & Duck (PH)
FOX LA
POLICE ROW
Mast
Tuthill Farm
Wtr Twr
CHURCH LA
Hall
Hay Farm
SG8
Horseshoe Wood Farm
Crouch Hill
Chain Walk
Stump Cross
North End
Recn Gd
ROOKS NEST LA
Hay Green
HOOPS LA
Mount Hill
Fox Hall
Grange Farm
Hay Green Farm
Duck's Gn
Hagger's Farm
KELSHALL ST
Manor Farm
Kelshall
Pott's Hill
Chain Walk
Rain Hill
Chain Walk
Hertfordshire Way
Kelshall La
Woodcotes
Wheat Hill
Gannock Farm
Lords Wood
SG9
Gannock Green
Little Sark
Philpott's Wood
Drift Way
Icknield Way Path
Hawkins Wood
Hertfordshire Way
Chestnut Hill
Partridge Hall Farm
Park Lane
The Mount
Notley La
PAYNE END
DARK LA
Sandon Bury
Sandon
Notley Green
RUSHDEN RD
PO
Roe Wood
The Chequers (PH)
Sandon Jun Mix Inf Sch
Icknield Way Path
Cock's Lodge
26
16

15
7

A
B
C
D
E
F
8
7
37
6
5
36
4
3
35
2
1
34
35
36
A10
Icknield Way Path
Hatchpen
Hertfordshire Way
Washingditch
Green
MEADOW WAY
HAYWOOD LA
River Rib
Mardleybury
Mast
THE JOINT
HOBBS HAYES
JACKSON'S LA
WILLOW CL
BLACKSMITH'S LA
CROWN LA
Reed
End
SG8
Reed
Fst Sch
Wisbridge
Farm
Holborn
Farm
Mast
Reed
ROOKS NEST LA
Southview
CHURCH LA
HIGH ST
The Cabinet
(PH)
DRIFTWAY
Dane
End
Queenbury
Mast
Rooksnest
Farm
Reed
Hall
Kelshall La
Gannock
Grove
Chapel
Green
Reed
Wood
River Rib
Sewage
Works
Hilly
Wood
Southfield
Grove
Brandish
Wood
SG9
Slate Hall
Farm

15
27

8
18

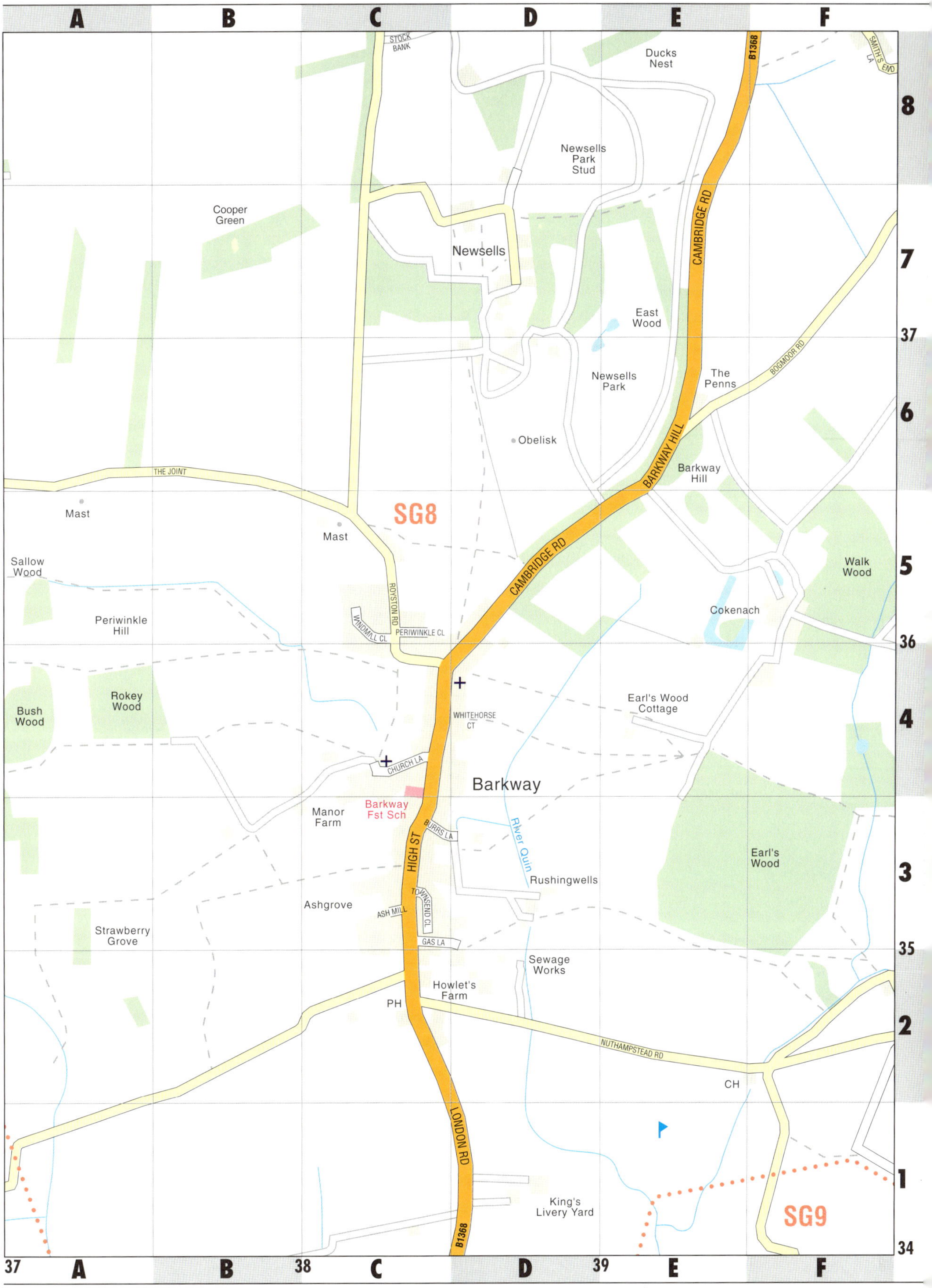
A
B
C
D
E
F
8
7
37
6
5
36
4
3
35
2
1
34
37
38
39
STOCK BANK
Ducks Nest
B1368
SMITH'S END LA
Newsells Park Stud
Cooper Green
Newsells
CAMBRIDGE RD
East Wood
Newsells Park
The Penns
BOGMOOR RD
Obelisk
THE JOINT
BARKWAY HILL
Barkway Hill
Mast
Mast
SG8
Sallow Wood
CAMBRIDGE RD
Walk Wood
ROYSTON RD
Periwinkle Hill
WINDMILL CL
PERIWINKLE CL
Cokenach
Bush Wood
Rokey Wood
WHITEHORSE CT
Earl's Wood Cottage
CHURCH LA
Barkway
Manor Farm
Barkway Fst Sch
BURRS LA
River Quin
HIGH ST
Earl's Wood
Rushingwells
Ashgrove
TOWNSEND CL
ASH MILL
Strawberry Grove
GAS LA
Sewage Works
Howlet's Farm
PH
NUTHAMPSTEAD RD
CH
LONDON RD
King's Livery Yard
SG9
B1368

28
18

18

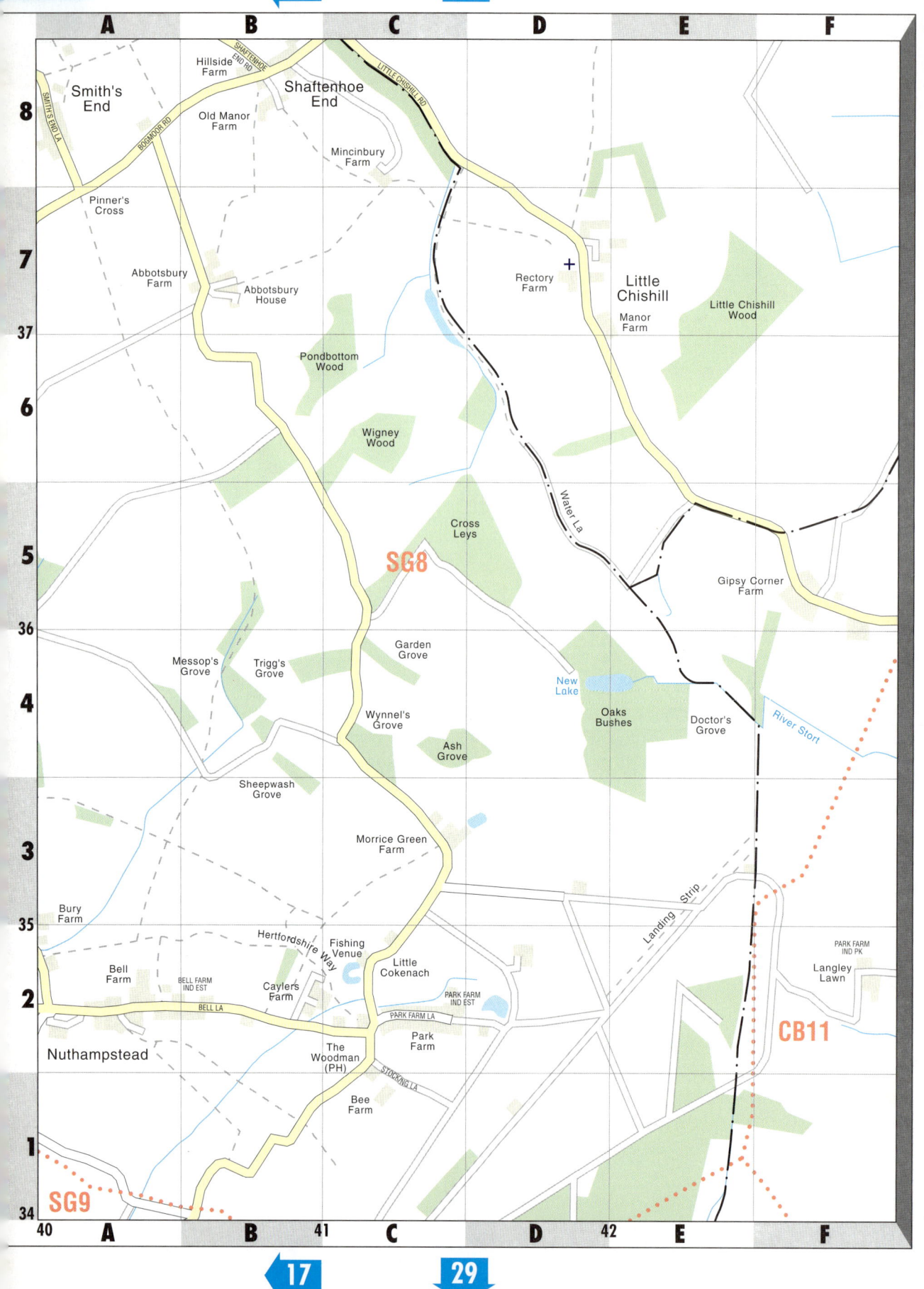

Smith's End, Hillside Farm, Shaftenhoe End, Old Manor Farm, Mincinbury Farm, Pinner's Cross, Abbotsbury Farm, Abbotsbury House, Rectory Farm, Little Chishill, Manor Farm, Little Chishill Wood, Pondbottom Wood, Wigney Wood, Water La, Cross Leys, Gipsy Corner Farm, Messop's Grove, Trigg's Grove, Garden Grove, New Lake, Wynnel's Grove, Oaks Bushes, Doctor's Grove, River Stort, Ash Grove, Sheepwash Grove, Morrice Green Farm, Landing Strip, Bury Farm, Hertfordshire Way, Fishing Venue, Park Farm Ind Pk, Bell Farm, Bell Farm Ind Est, Caylers Farm, Little Cokenach, Park Farm Ind Est, Langley Lawn, Nuthampstead, Bell La, The Woodman (PH), Park Farm, Stocking La, Park Farm La, Bee Farm

SG8

CB11

SG9

Smith's End La, Bogmore Rd, Shaftenhoe End Rd, Little Chishill Rd

20

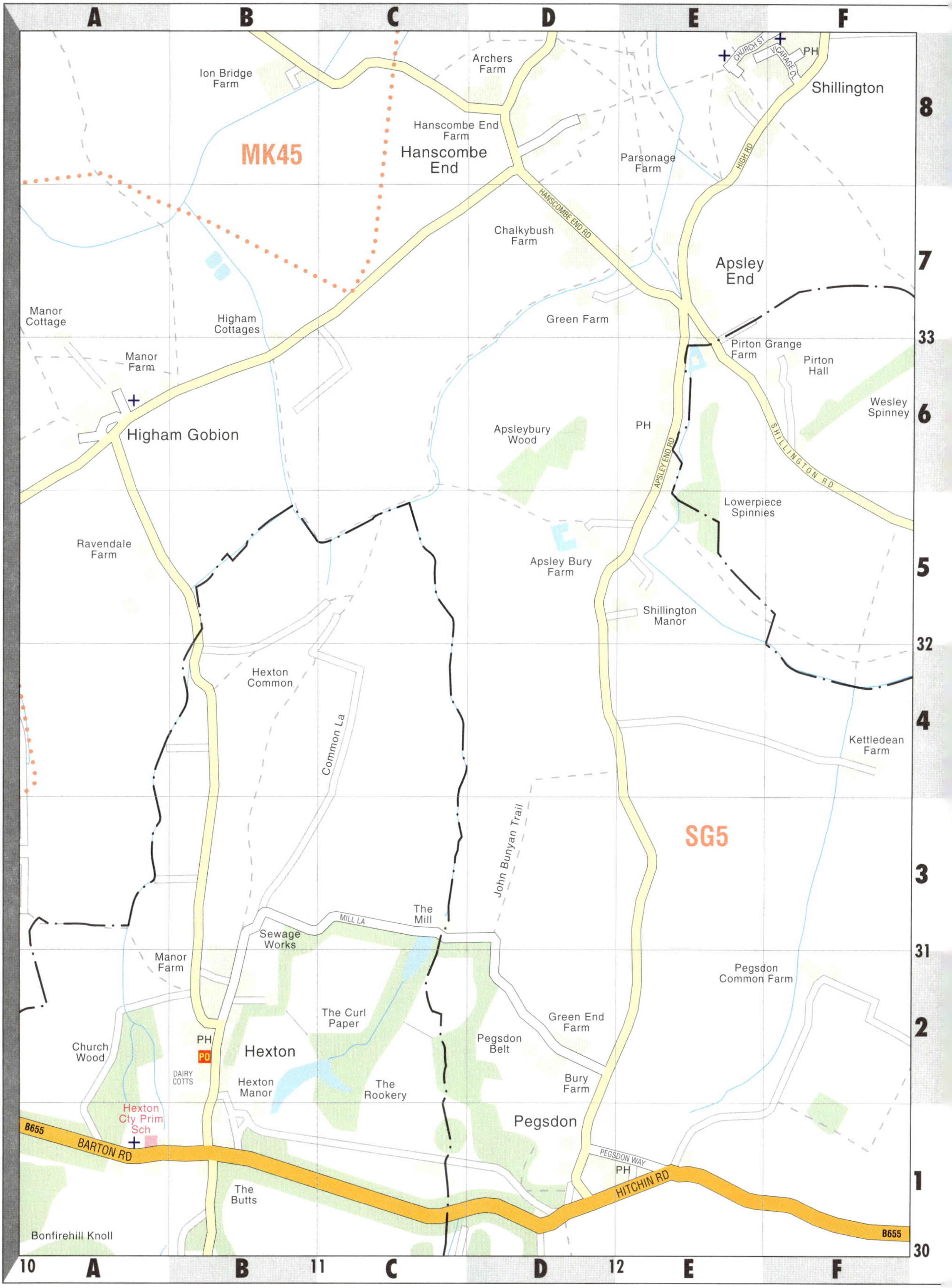

A
B
C
D
E
F
8
7
33
6
5
32
4
3
31
2
1
30
10
11
12
Ion Bridge Farm
Archers Farm
Shillington
CHURCH ST
VICARAGE CL
PH
MK45
Hanscombe End Farm
Hanscombe End
Parsonage Farm
HIGH RD
HANSCOMBE END RD
Chalkybush Farm
Apsley End
Manor Cottage
Higham Cottages
Green Farm
Pirton Grange Farm
Pirton Hall
Manor Farm
Wesley Spinney
Higham Gobion
PH
Apsleybury Wood
APSLEY END RD
SHILLINGTON RD
Lowerpiece Spinnies
Ravendale Farm
Apsley Bury Farm
Shillington Manor
Hexton Common
Common La
Kettledean Farm
John Bunyan Trail
SG5
The Mill
MILL LA
Sewage Works
Manor Farm
Pegsdon Common Farm
The Curl Paper
Green End Farm
Church Wood
PH
PO
Hexton
Pegsdon Belt
DAIRY COTTS
Hexton Manor
The Rookery
Bury Farm
Hexton Cty Prim Sch
Pegsdon
B655
BARTON RD
PEGSDON WAY
PH
HITCHIN RD
The Butts
B655
Bonfirehill Knoll

32

20

19

A
B
C
D
E
F
8
7
33
6
5
32
4
3
31
2
1
30
13
14
15
Rosehill Farm
SG16
New Wrights Farm
HOLWELL RD
Burge End Farm
Burge End
Hammonds Farm
West Lane Farm
BURGE END LA
SHILLINGTON RD
Rectory Farm
WEST LA
LITTLE LA
DAVIS CRES
COLEMANS CL
BUNYAN CL
FRANKLIN CL
CROMWELL WAY
ROYAL OAK LA
Pirton Jun Mix Inf Sch
HIGH ST
PO
ST MARY'S CL
Pirton
DOCKLANDS
CRAB TREE LA
HAMBRIDGE WAY
POLLARDS WAY
Wr Twr
PRIORS HILL
DANEFIELD RD
Toot Hill
Hill Farm
THREE CLOSES
GREAT GN
BURY END
WALNUT TREE RD
Hill Farm
MALTINGS ORCH
Icknield Way Path
Walnut Tree Farm
Icknield Way Path
Wood La
SG5
Knocking Knoll
HITCHIN RD
Highdown Farm
High Down House
Lower Plantation
Tingley Wood
Highdown Plantation
Hanginghill Plantation
Tingley Field Platation
Punch's Cross
Shrub Wood
B655
B655

19
33

10
22

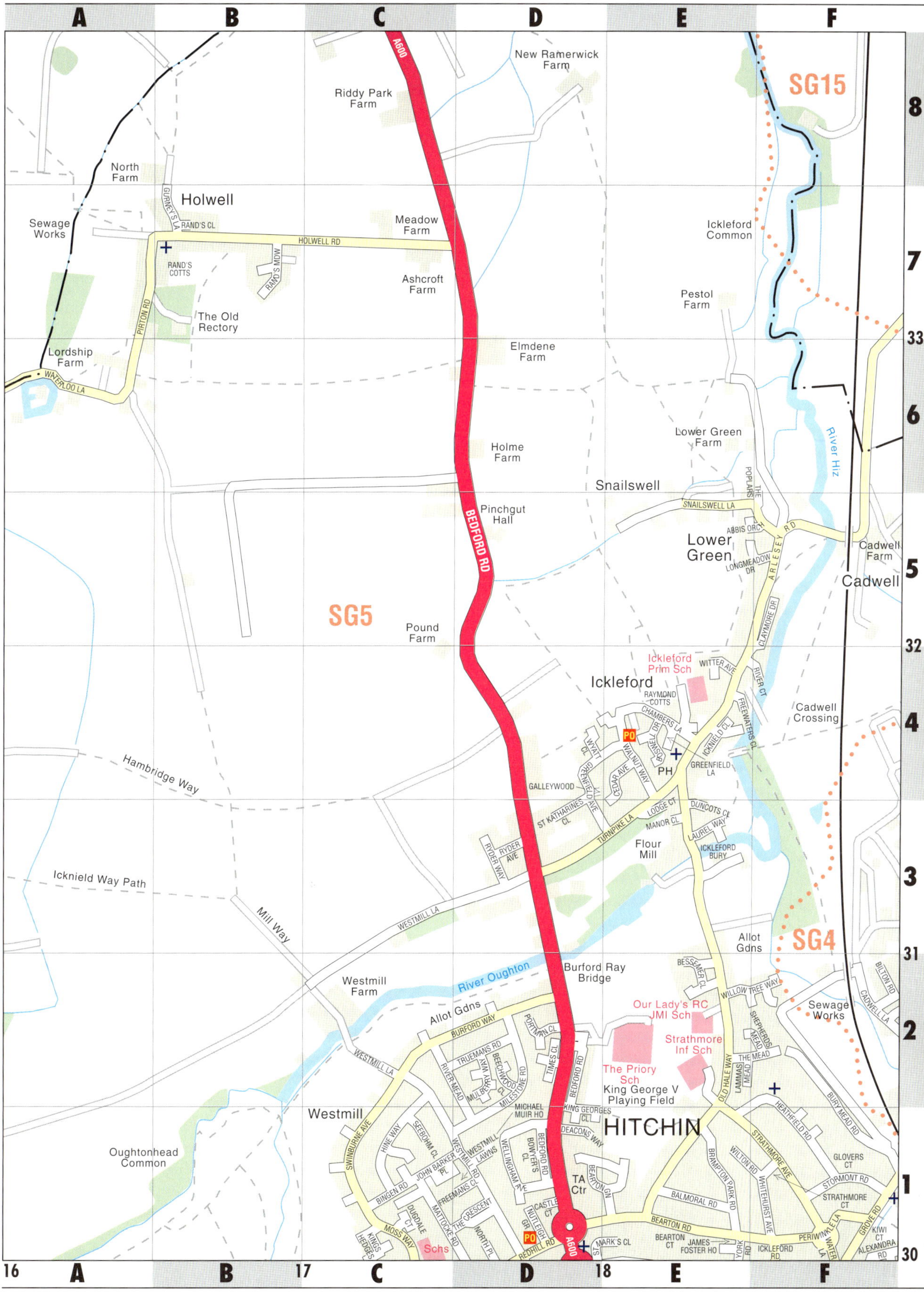
A
B
C
D
E
F
8
7
6
5
4
3
2
1
33
32
31
30
16
17
18
A600
New Ramerwick Farm
Riddy Park Farm
SG15
North Farm
Holwell
Sewage Works
GURNEY'S LA
RAND'S CL
HOLWELL RD
Meadow Farm
Ickleford Common
RAND'S COTTS
RAND'S MDW
Ashcroft Farm
Pestol Farm
PIRTON RD
The Old Rectory
Lordship Farm
Elmdene Farm
WATERLOO LA
Lower Green Farm
Holme Farm
River Hiz
Snailswell
POPLARS
THE
SNAILSWELL LA
Pinchgut Hall
ABBIS ORCH
ARLESEY RD
BEDFORD RD
Lower Green
Cadwell Farm
LONGMEADOW DR
Cadwell
SG5
Pound Farm
CLAYMORE DR
Ickleford Prim Sch
WITTER AVE
Ickleford
RIVER CT
RAYMOND COTTS
FREEWATERS CL
Cadwell Crossing
CHAMBERS LA
ICKNIELD CL
WYATT CL
PO
PH
GREENFIELD LA
WALNUT WAY
Hambridge Way
GALLEYWOOD
GREENFIELD AVE
CEDAR AVE
DUNCOTS CL
LODGE CT
ST KATHARINES CL
MANOR CL
LAUREL WAY
TURNPIKE LA
RYDER AVE
Flour Mill
ICKLEFORD BURY
RYDER WAY
Icknield Way Path
Mill Way
WESTMILL LA
Allot Gdns
SG4
BESSEMER CL
Burford Ray Bridge
Westmill Farm
River Oughton
WILLOW TREE WAY
Sewage Works
BILTON RD
CADWELL LA
Allot Gdns
BURFORD WAY
Our Lady's RC JMI Sch
PORTMAN CL
SHEPHERDS MEAD
WESTMILL LA
TRUEMANS RD
BEECHWOOD CL
Strathmore Inf Sch
THE MEAD
RIVER MEAD
MULBERRY CL
MILESTONE RD
TIMES CL
BEDFORD RD
The Priory Sch
King George V Playing Field
LAMMAS MEAD
OLD HALE WAY
HEATHFIELD RD
BURYMEAD RD
Westmill
MICHAEL MUIR HO
KING GEORGES CL
HITCHIN
DEACONS WAY
SWINBURNE AVE
HINE WAY
SEEBOHM CL
WESTMILL LAWNS
WELLINGHAM AVE
BOWYER'S CL
STRATHMORE AVE
WILTON RD
BRAMPTON PARK RD
GLOVERS CT
Oughtonhead Common
JOHN BARKER PL
WESTMILL RD
BEDFORD RD
TA Ctr
BEARTON GN
WHITEHURST AVE
STORMONT RD
BINGEN RD
FREEMANS CL
BALMORAL RD
STRATHMORE CT
DUGDALE CT
MATLOCK RD
THE CRESCENT
NORTH PL
CASTLE CT
NUTLEIGH GR
BEARTON RD
GROVE RD
MOSS WAY
KINGS HEDGES
Schs
REDHILL RD
ST MARK'S CL
BEARTON CT
JAMES FOSTER HO
YORK RD
ICKLEFORD RD
PERIWINKLE LA
WATER LA
KIWI CT
ALEXANDRA RD

34
22

21
11

A B C D E F

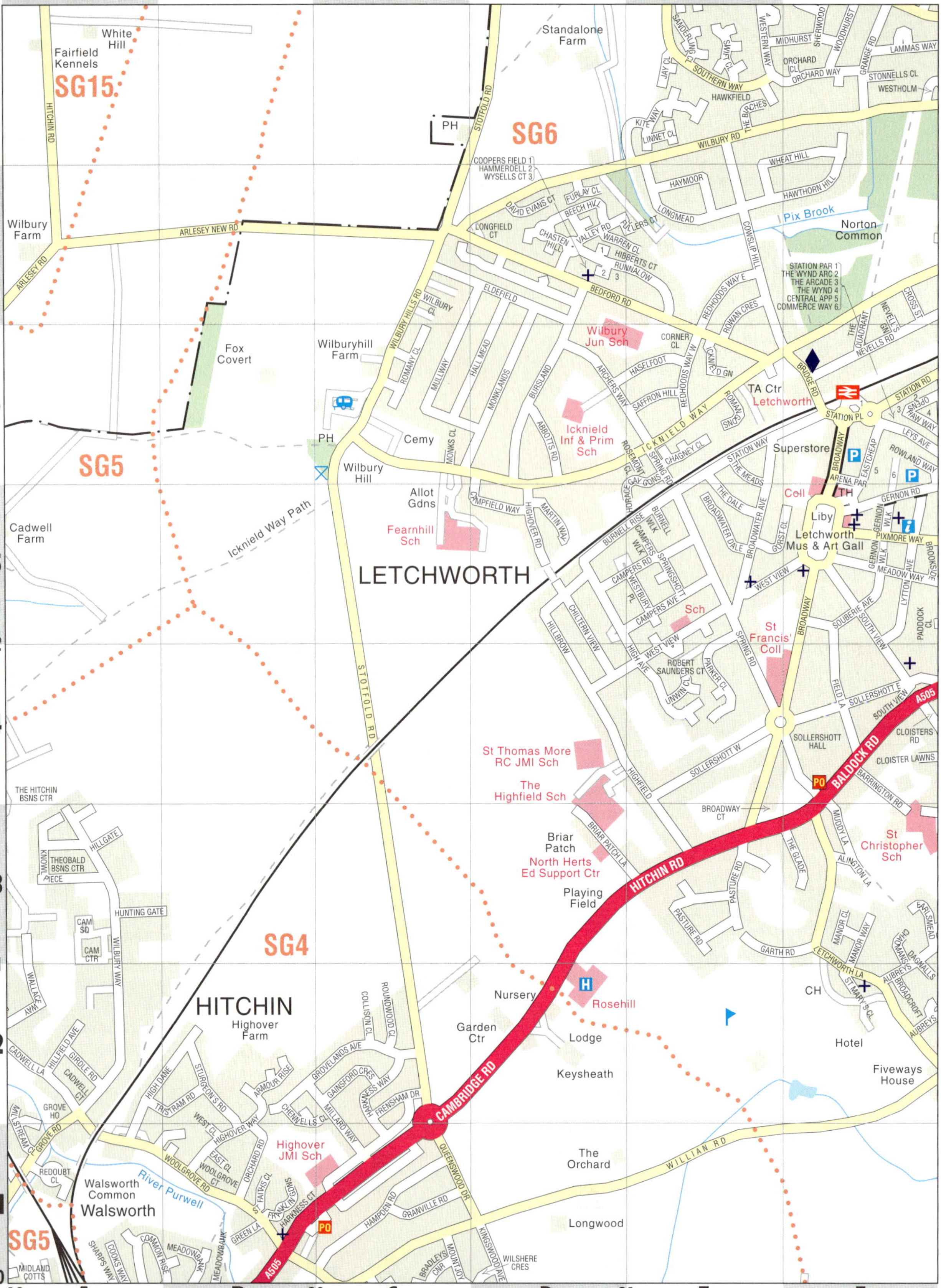

8 7 33 6 5 32 4 3 31 2 1 30

19 20 21

21
35

12
24

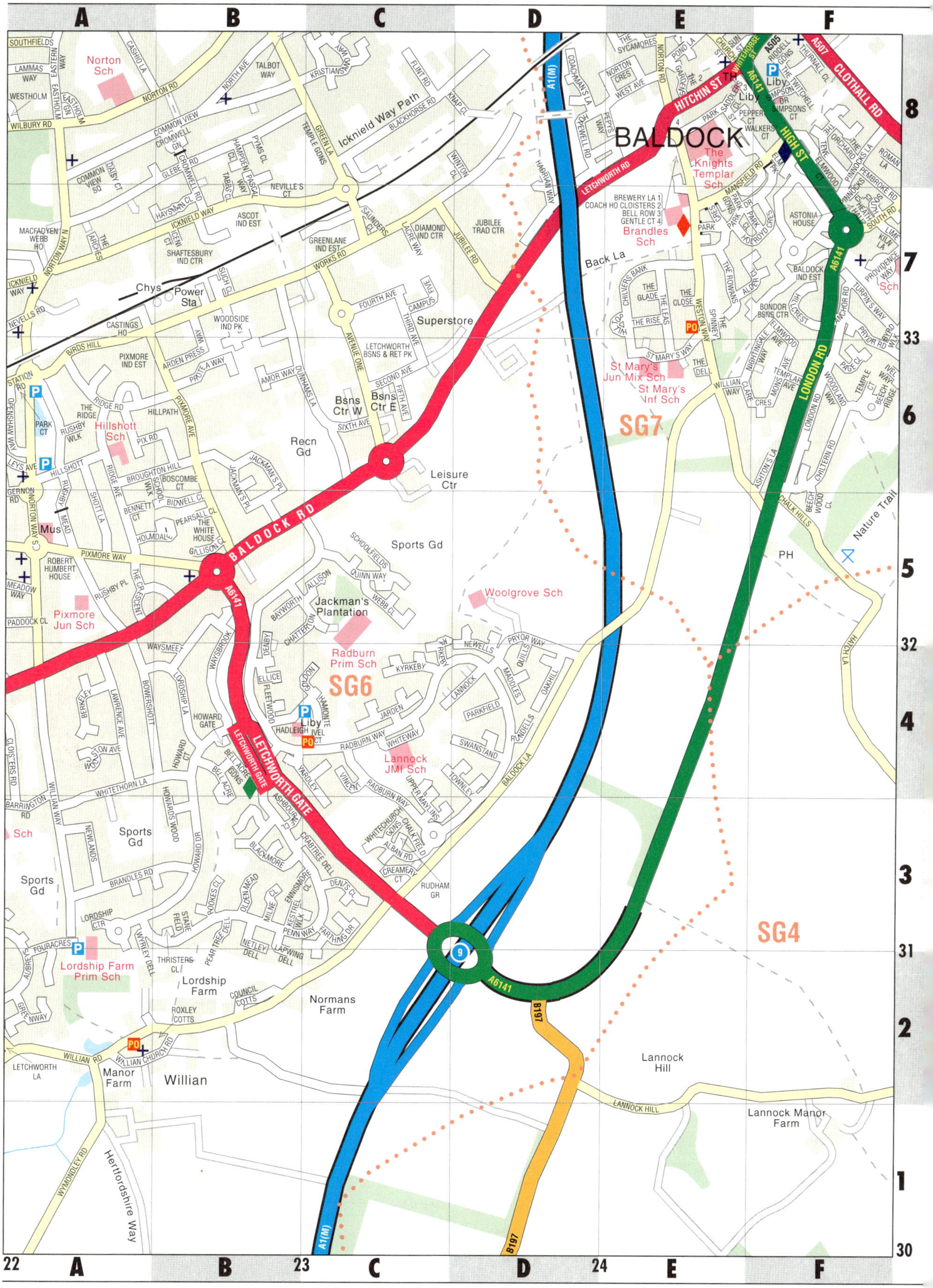
A
B
C
D
E
F
8
7
33
6
5
32
4
3
31
2
1
30
22
23
24
BALDOCK
SG7
SG6
SG4
Norton Sch
Hillshott Sch
Pixmore Jun Sch
Lordship Farm Prim Sch
Radburn Prim Sch
Lannock JMI Sch
Woolgrove Sch
St Mary's Jun Mix Sch
St Mary's Inf Sch
Brandles Sch
The Knights Templar Sch
Sch
Power Sta
Chys
Superstore
Leisure Ctr
Recn Gd
Sports Gd
Jackman's Plantation
Bsns Ctr W
Bsns Ctr E
Mus
Liby
PO
TH
PH
Normans Farm
Lordship Farm
Manor Farm
Willian
Lannock Hill
Lannock Manor Farm
Nature Trail
Hertfordshire Way
Icknield Way Path
Back La
BALDOCK RD
LETCHWORTH RD
LETCHWORTH GATE
HITCHIN ST
HIGH ST
LONDON RD
CLOTHALL RD
WHITEHORSE ST
A1(M)
A6141
A505
A507
B197
LANNOCK HILL
PIXMORE WAY
NORTON RD
NORTON WAY S
ICKNIELD WAY
WORKS RD
BIRDS HILL
PIXMORE AVE
AVENUE ONE
RADBURN WAY
BALDOCK LA
WILLIAN RD
WILLIAN CHURCH RD
WYMONDLEY RD
LETCHWORTH LA
HITCH LA
CHALK HILLS
MANSFIELD RD
WESTON WAY
NORTON RD
PIXMORE IND EST
SHAFTESBURY IND CTR
ASCOT IND EST
GREENLANE IND EST
DIAMOND IND CTR
JUBILEE TRAD CTR
WOODSIDE IND PK
LETCHWORTH BSNS & RET PK
BALDOCK IND EST
BONDOR BSNS CTR
ASTONIA HOUSE
ROBERT HUMBERT HOUSE
MACFADYEN WEBB HO
CASTINGS HO
THE WHITE HOUSE
RUDHAM GR
COUNCIL COTTS
ROXLEY COTTS
BREWERY LA 1
COACH HO CLOISTERS 2
BELL ROW 3
GENTLE CT 4

36
24

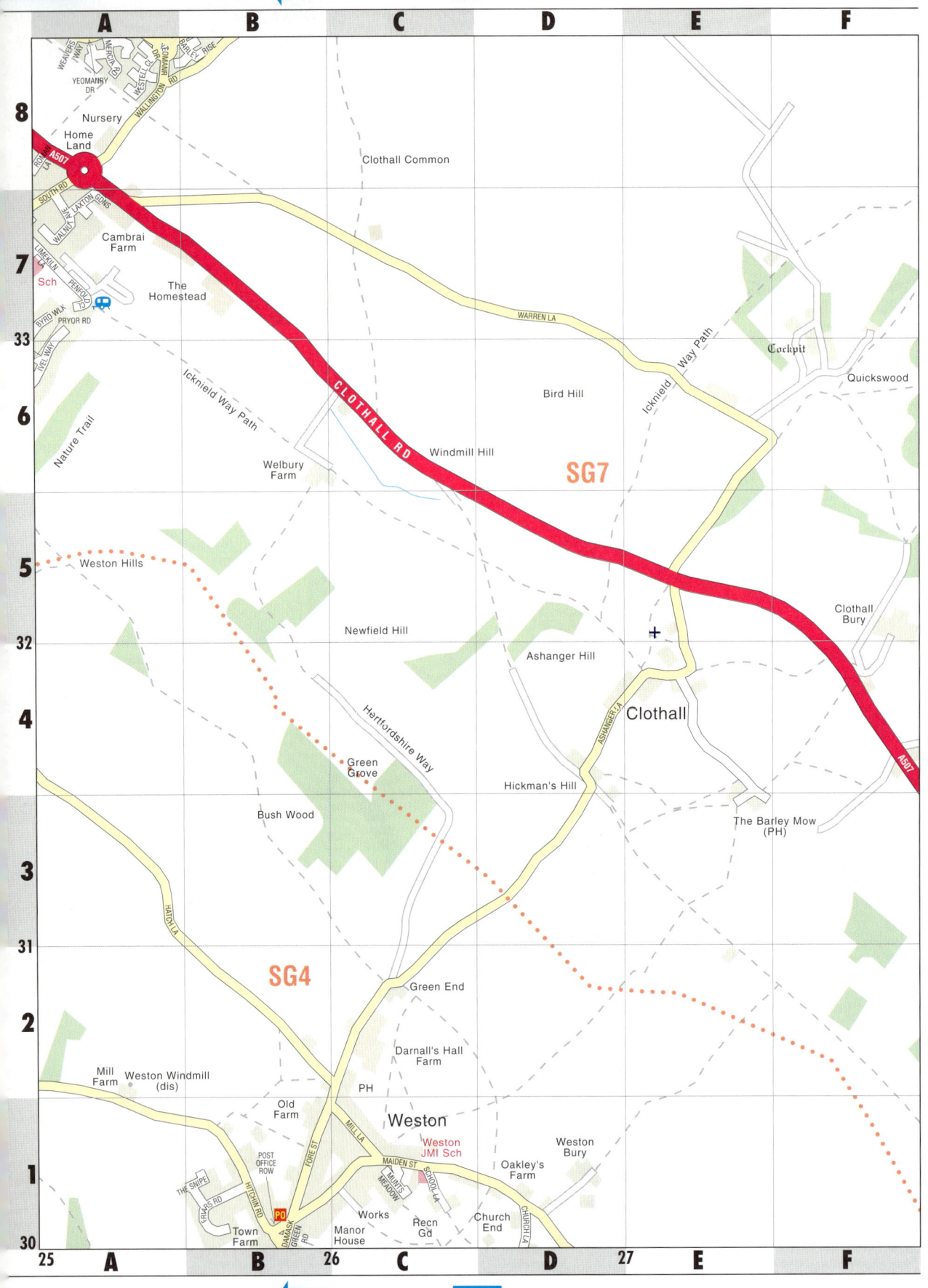

24

Grid references around map:
- Top: ← 23, ↑ 13
- Bottom: ← 23, ↓ 37
- Columns: A B C D E F
- Rows (left): 8, 7, 33, 6, 5, 32, 4, 3, 31, 2, 1, 30
- Bottom coordinates: 25, 26, 27

Places and features:

Yeomanry Dr, Weavers Way, Mercia Rd, Yeomanry Dr, Barley Rise, Jeomahr Cl, Ickleton Cl, Walington Dr, Nursery, Home Land, Clothall Common, A507, South Rd, Layton Gdns, Walnut Av, Limekiln La, Sch, Cambrai Farm, Penfold, The Homestead, Byrd Wlk, Pryor Rd, Tweh Way, Warren La, Cockpit, Quickswood, Ickneild Way Path, Nature Trail, Ickneild Way Path, CLOTHALL RD, Welbury Farm, Windmill Hill, Bird Hill, SG7, Weston Hills, Newfield Hill, Ashanger Hill, Clothall Bury, Hertfordshire Way, Ashanger La, Clothall, Green Grove, Hickman's Hill, Bush Wood, The Barley Mow (PH), A507, SG4, Hatch La, Green End, Mill Farm, Weston Windmill (dis), Darnall's Hall Farm, Old Farm, PH, Mill La, Weston, Weston Bury, Fore St, Maiden St, Weston JMI Sch, Oakley's Farm, School La, The Snipe, Friars Rd, Hitchin Rd, Post Office Row, St Mary's Meadow, Church La, Town Farm, Damask Green Rd, PO, Manor House, Works, Recn Gd, Church End

14
26

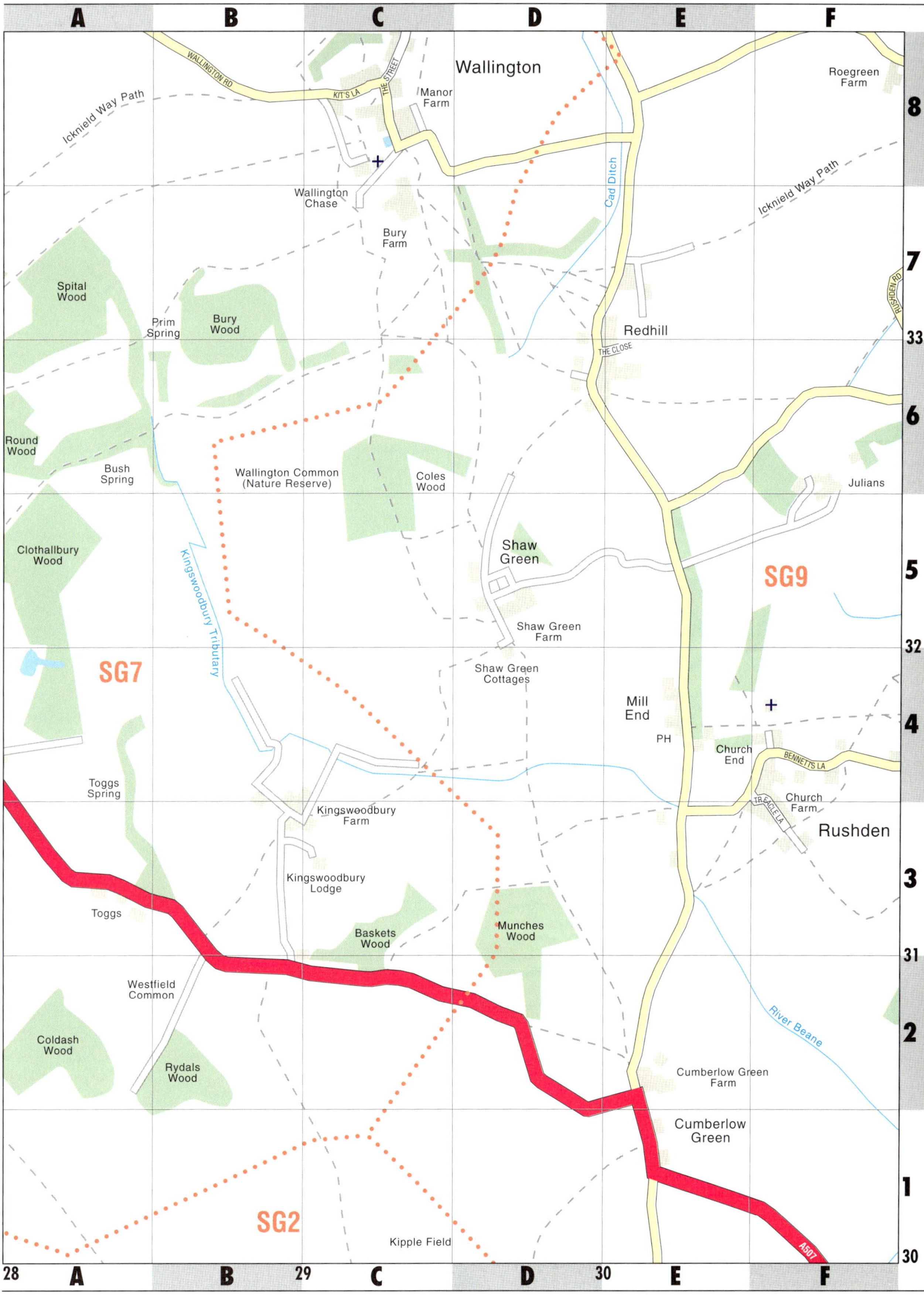
A
B
C
D
E
F
Wallington
WALLINGTON RD
KIT'S LA
THE STREET
Manor Farm
Roegreen Farm
Icknield Way Path
Wallington Chase
Cad Ditch
Icknield Way Path
Bury Farm
Spital Wood
Prim Spring
Bury Wood
Redhill
THE CLOSE
RUSHDEN RD
Round Wood
Bush Spring
Wallington Common (Nature Reserve)
Coles Wood
Julians
Clothallbury Wood
Kingswoodbury Tributary
Shaw Green
SG9
Shaw Green Farm
SG7
Shaw Green Cottages
Mill End
PH
Church End
BENNETT'S LA
Toggs Spring
Church Farm
TREACLE LA
Kingswoodbury Farm
Rushden
Kingswoodbury Lodge
Toggs
Baskets Wood
Munches Wood
Westfield Common
River Beane
Coldash Wood
Rydals Wood
Cumberlow Green Farm
Cumberlow Green
SG2
Kipple Field
A507
8
7
33
6
5
32
4
3
31
2
1
30
28
29
30

38
26

25
15

A
B
C
D
E
F
8
7
33
6
5
32
4
3
31
2
1
30
31
32
33
Icknield Way Path
Killogs Farm
RUSHDEN RD
Roe Green
Tichney Wood
Rockells Jersey Farm
Five House Farm
SG8
West Wood
BECKFIELD LA
Green End
Green End Farm
Beckfield Farm
Chain Walk
Nursery
River Beane
Doebridge Farm
Friars La
Friars Grange
Friars Wood
Bird's Nest Farm
Mill End
Offley Green
Chain Walk
Wood Farm
Mill End Farm
Bachelor's Wood
Chain Walk
Lye End Farm
Little Manor Farm
Southern Green Farm
Whitehall
Southern Green
SG9
Burgess La
Broadfield Lodge Farm
Park Wood
Ellen Green
Bush Wood
Middle Wood
Great Wood
Steward's Ley
Chain Walk
Lodge Farm
Chapel Wood
Chain Walk
Hall Farm
Needle Spring
Broadfield Hall
Foxholes Wood
Boldero's Wood
Southfields Farm
Little Wood
Horneywood La
Throcking
Water Tower
COTTERED RD
Throcking Hall

25
39

16
28

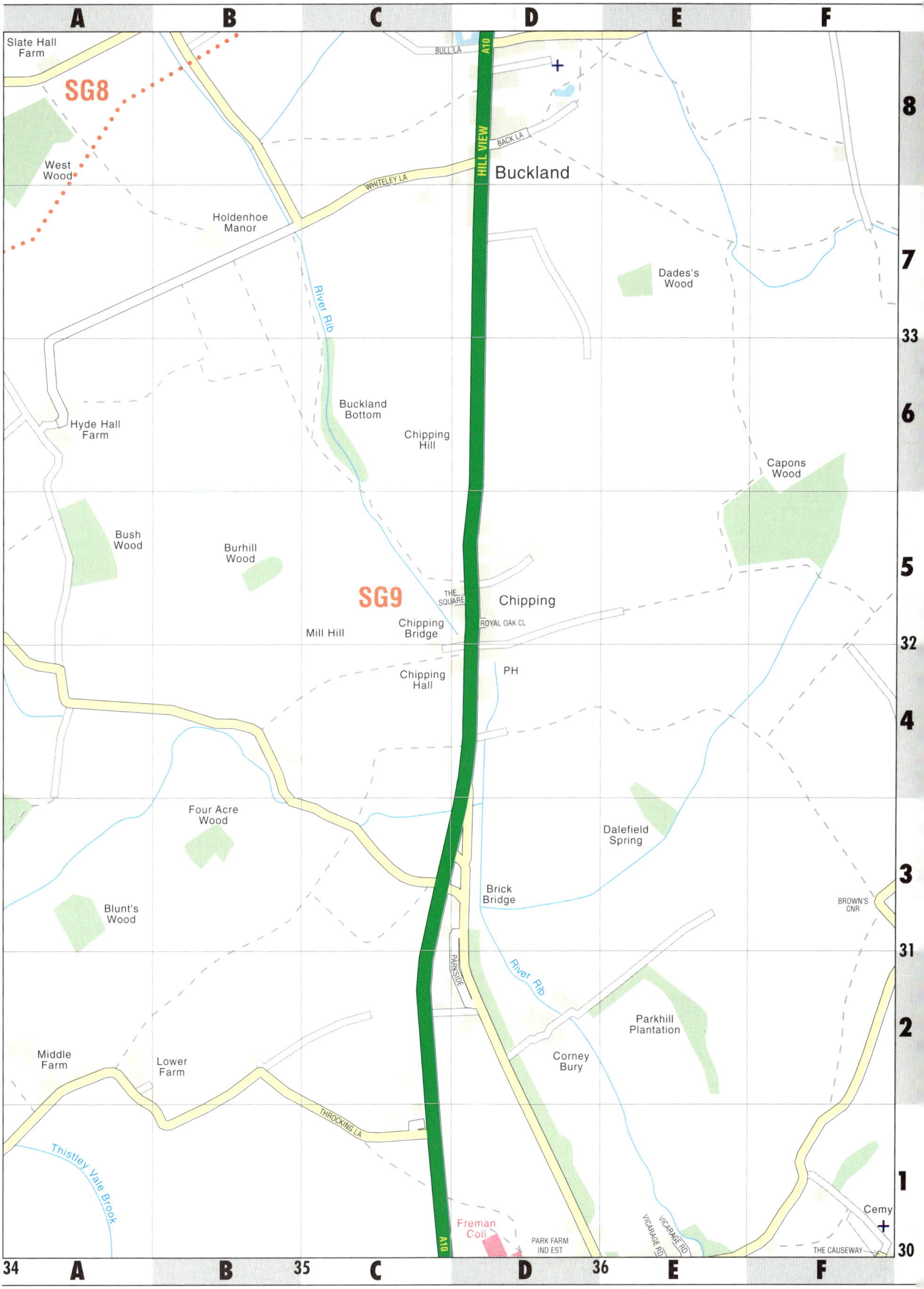
A
B
C
D
E
F
Slate Hall Farm
SG8
West Wood
BULL LA
A10
BACK LA
HILL VIEW
Buckland
WHITELEY LA
Holdenhoe Manor
Dades's Wood
River Rib
Buckland Bottom
Chipping Hill
Hyde Hall Farm
Capons Wood
Bush Wood
Burhill Wood
SG9
THE SQUARE
Chipping
ROYAL OAK CL
Mill Hill
Chipping Bridge
Chipping Hall
PH
Four Acre Wood
Dalefield Spring
Brick Bridge
Blunt's Wood
BROWN'S CNR
PARKSIDE
River Rib
Parkhill Plantation
Middle Farm
Lower Farm
Corney Bury
THROCKING LA
Thistley Vale Brook
Freman Coll
PARK FARM IND EST
VICARAGE RD
VICARAGE RD
Cemy
THE CAUSEWAY
8
7
33
6
5
32
4
3
31
2
1
30
34
35
36

40
28

27
17
A
B
C
D
E
F
SG8
B1368
LONDON RD
North End Farm
Biggin Bridge
Biggin Manor
River Quin
BIGGIN HILL
Northey Wood
Cave Gate
Cave Bridge
Stapleton Bridge
Lincoln Hill
Forty Acre Plantation
Cavehall Plantation
Cherry Orchard Plantation
SG9
Wyddial Hall
Peartree Field Wood
Bushleys Grove
New Barns
Fox Hill
ROSE COTTS
SOUTHSIDE
Wyddial
Home Farm
Beauchamps
MOLES LA
Silkmead Farm
River Quin
Flint Cottages
Moles Farm
Beauchamp's Wood
Beauchamp's Plantation
Bradbury Farm
Works
B1368
8
7
33
6
5
32
4
3
31
2
1
30
37
38
39
27
41

Map page 29

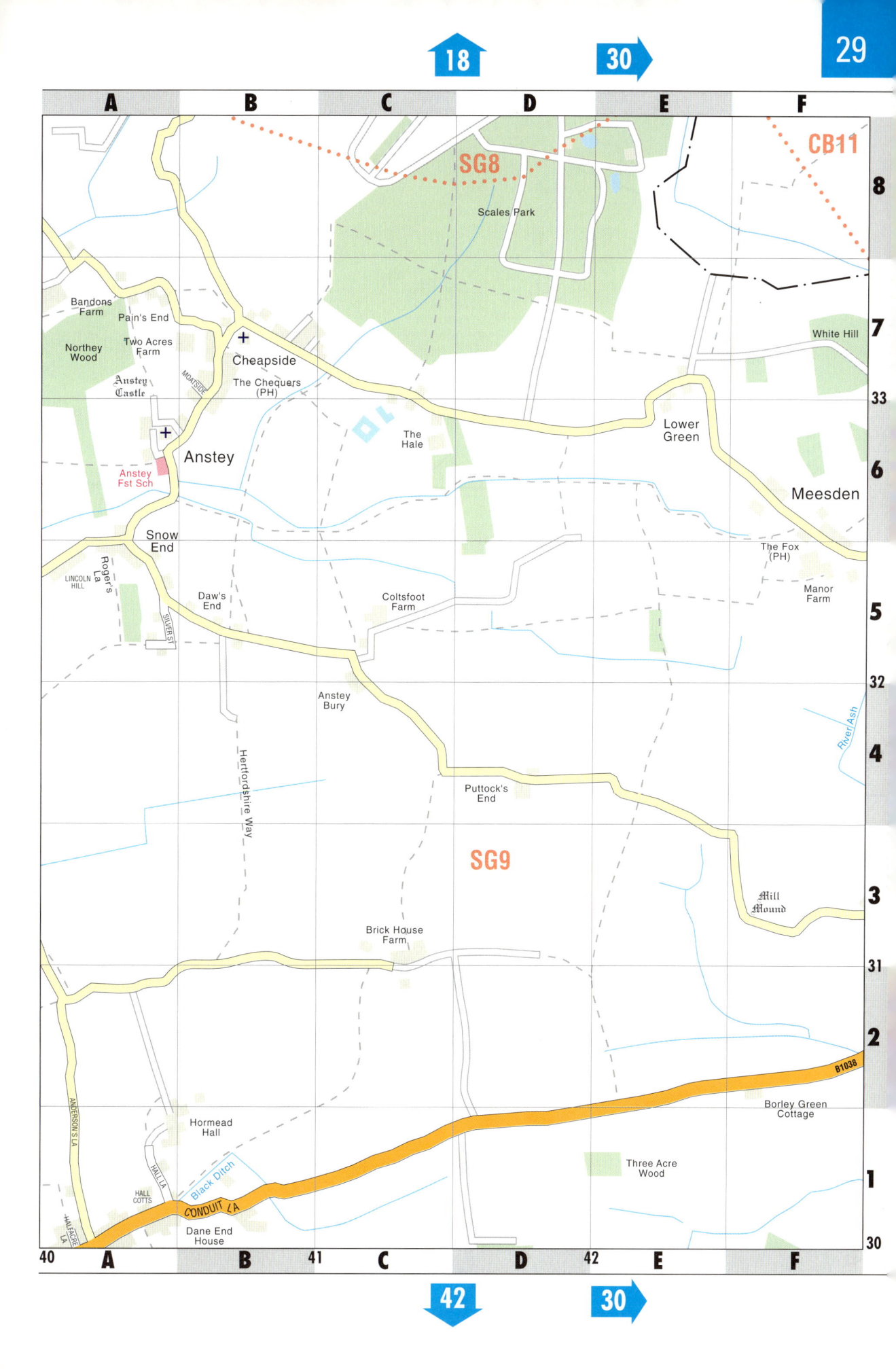

Grid references: A–F (columns), 1–8 (rows)

Navigation arrows: 18 (north to page 18), 30 (east to page 30), 42 (south to page 42), 30 (south-east to page 30)

Postcode areas: SG8, CB11, SG9

Place names and features:
- Bandons Farm
- Pain's End
- Northey Wood
- Two Acres Farm
- Anstey Castle
- Cheapside
- The Chequers (PH)
- Scales Park
- White Hill
- Anstey Fst Sch
- Anstey
- The Hale
- Lower Green
- Meesden
- Snow End
- Roger's La
- Lincoln Hill
- Silver St
- Moatside
- Daw's End
- Coltsfoot Farm
- The Fox (PH)
- Manor Farm
- Hertfordshire Way
- Anstey Bury
- River Ash
- Puttock's End
- Mill Mound
- Brick House Farm
- Anderson's La
- Hall La
- Hall Cotts
- Halfacre La
- Hormead Hall
- Black Ditch
- Conduit La
- Dane End House
- Three Acre Wood
- Borley Green Cottage
- B1038

Grid easting numbers: 40, 41, 42
Grid northing numbers: 30, 31, 32, 33

29

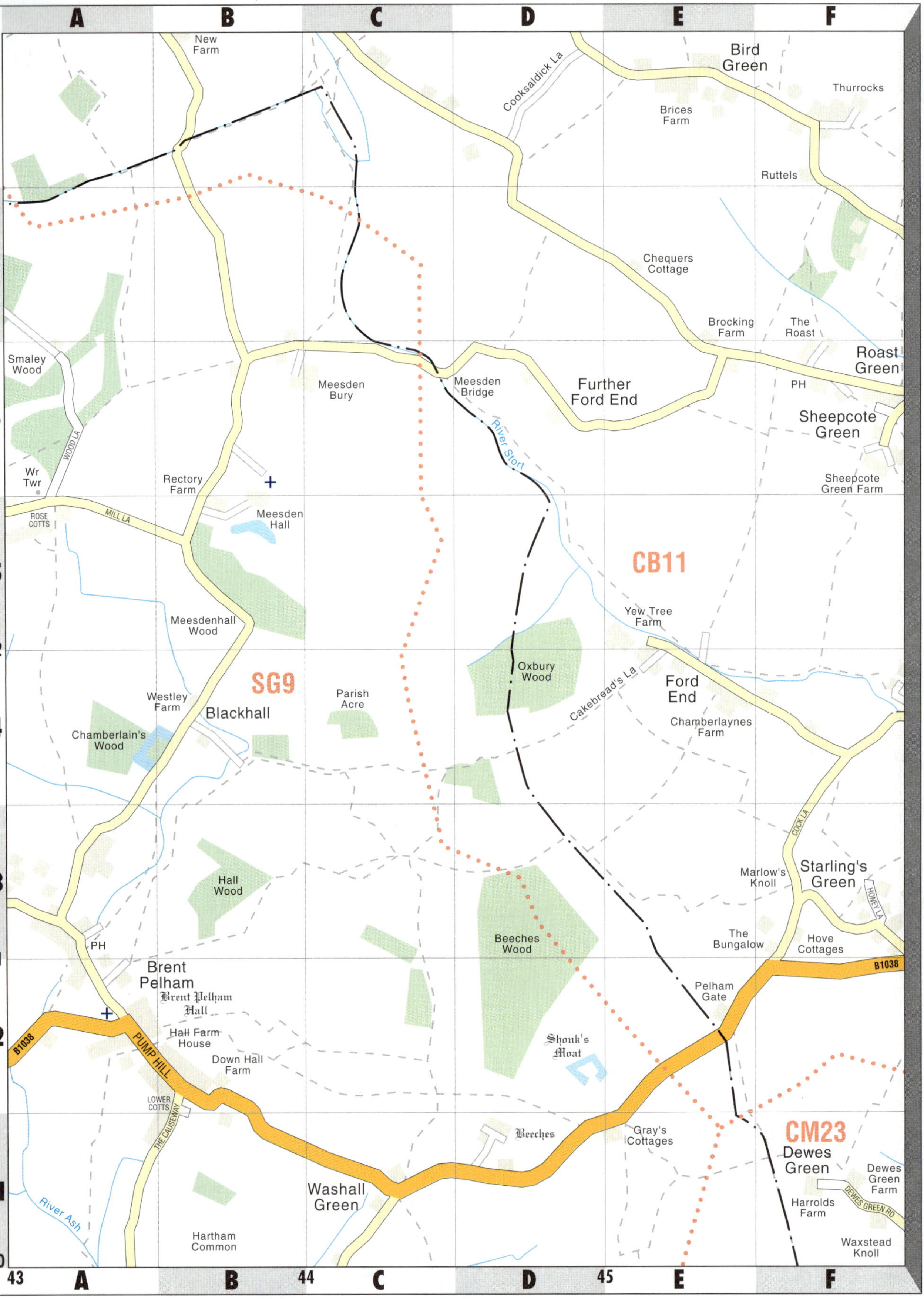
A
B
C
D
E
F
8
7
6
5
4
3
2
1
33
32
31
30
43
44
45
New Farm
Bird Green
Thurrocks
Cooksaldick La
Brices Farm
Ruttels
Chequers Cottage
Brocking Farm
The Roast
Roast Green
PH
Sheepcote Green
Sheepcote Green Farm
Smaley Wood
WOOD LA
Wr Twr
Meesden Bury
Meesden Bridge
Further Ford End
River Stort
Rectory Farm
Meesden Hall
ROSE COTTS
MILL LA
CB11
Meesdenhall Wood
Yew Tree Farm
Oxbury Wood
SG9
Westley Farm
Blackhall
Parish Acre
Cakebread's La
Ford End
Chamberlaynes Farm
Chamberlain's Wood
COCK LA
Hall Wood
Marlow's Knoll
Starling's Green
HONEY LA
PH
Beeches Wood
The Bungalow
Hove Cottages
Brent Pelham
Brent Pelham Hall
B1038
Pelham Gate
B1038
PUMP HILL
Hall Farm House
Down Hall Farm
Shonk's Moat
LOWER COTTS
THE CAUSEWAY
Beeches
Gray's Cottages
CM23
Dewes Green
Dewes Green Farm
DEWES GREEN RD
Harrolds Farm
River Ash
Washall Green
Hartham Common
Waxstead Knoll

29
43

32

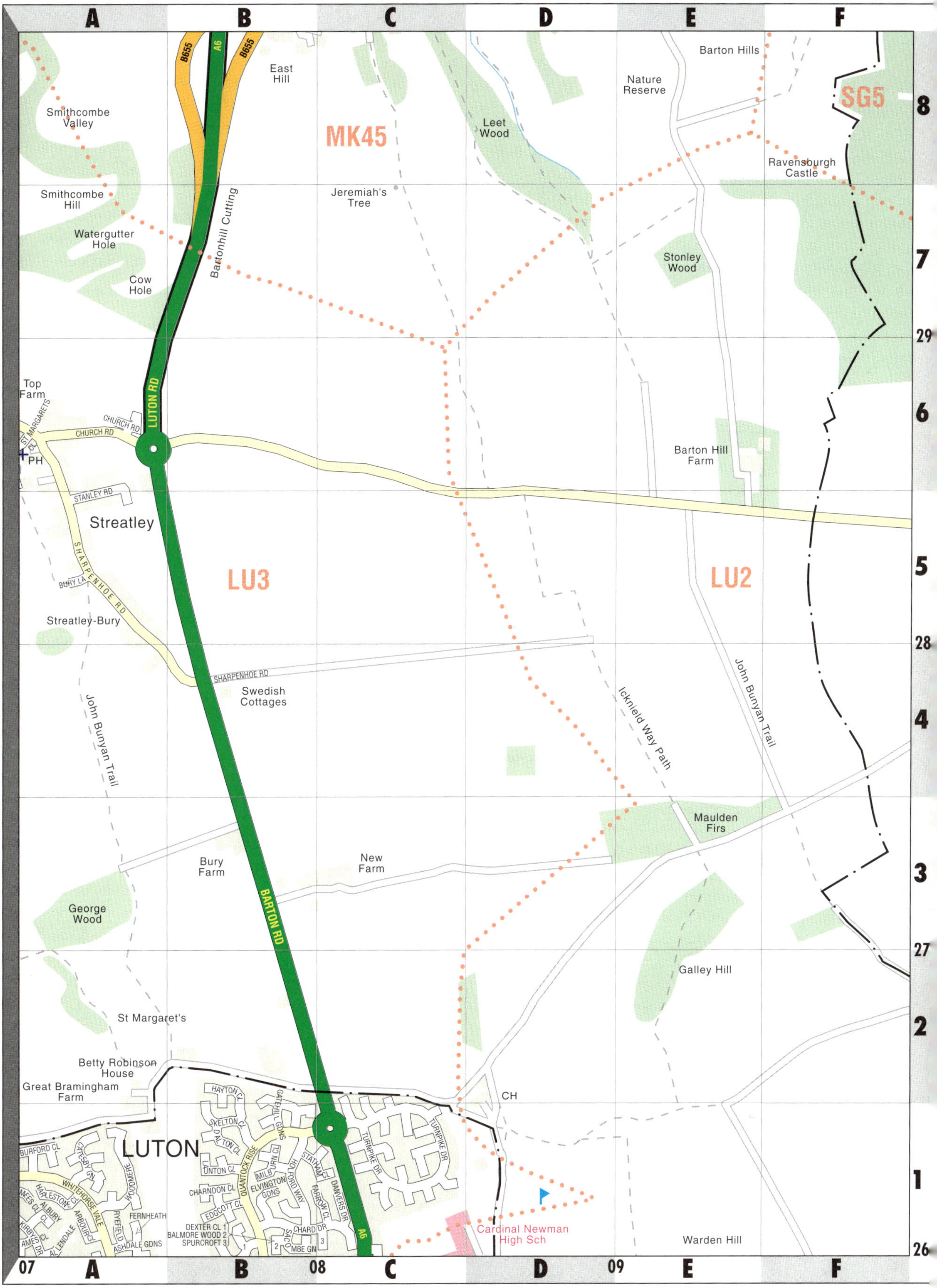
A
B
C
D
E
F
B655
A6
B655
East Hill
Smithcombe Valley
MK45
Leet Wood
Nature Reserve
Barton Hills
SG5
8
Ravensburgh Castle
Smithcombe Hill
Jeremiah's Tree
Bartonhill Cutting
Watergutter Hole
Stonley Wood
7
Cow Hole
29
Top Farm
ST MARGARETS CL
CHURCH RD
CHURCH RD
LUTON RD
6
PH
Barton Hill Farm
STANLEY RD
Streatley
SHARPENHOE RD
BURY LA
LU3
LU2
5
Streatley-Bury
28
SHARPENHOE RD
Swedish Cottages
Icknield Way Path
John Bunyan Trail
John Bunyan Trail
4
Maulden Firs
Bury Farm
New Farm
BARTON RD
3
George Wood
27
Galley Hill
St Margaret's
2
Betty Robinson House
Great Bramingham Farm
CH
HAYTON CL
SKELTON CL
DALTON CL
GATEHILL GDNS
LUTON
BURFORD CL
CATESBY GN
WOODMERE
UNTON CL
QUANTOCK RISE
MILBURN CL
HOLFORD WAY
STATHAM CL
TURNPIKE DR
TURNPIKE DR
DANVERS DR
FARROW CL
ELVINGTON GDNS
CHARNDON CL
EDGCOTT CL
WHITEHORSE VALE
HARLESTONE CL
ALBURY CL
ARBOUR CL
RYEFIELD
FERNHEATH
ASHDALE GDNS
ALLENDALE
KIRBY DR
DEXTER CL 1
BALMORE WOOD 2
SPURCROFT 3
CHARD DR
A6
1
Cardinal Newman High Sch
Warden Hill
26
07
08
09

45

32

31
19

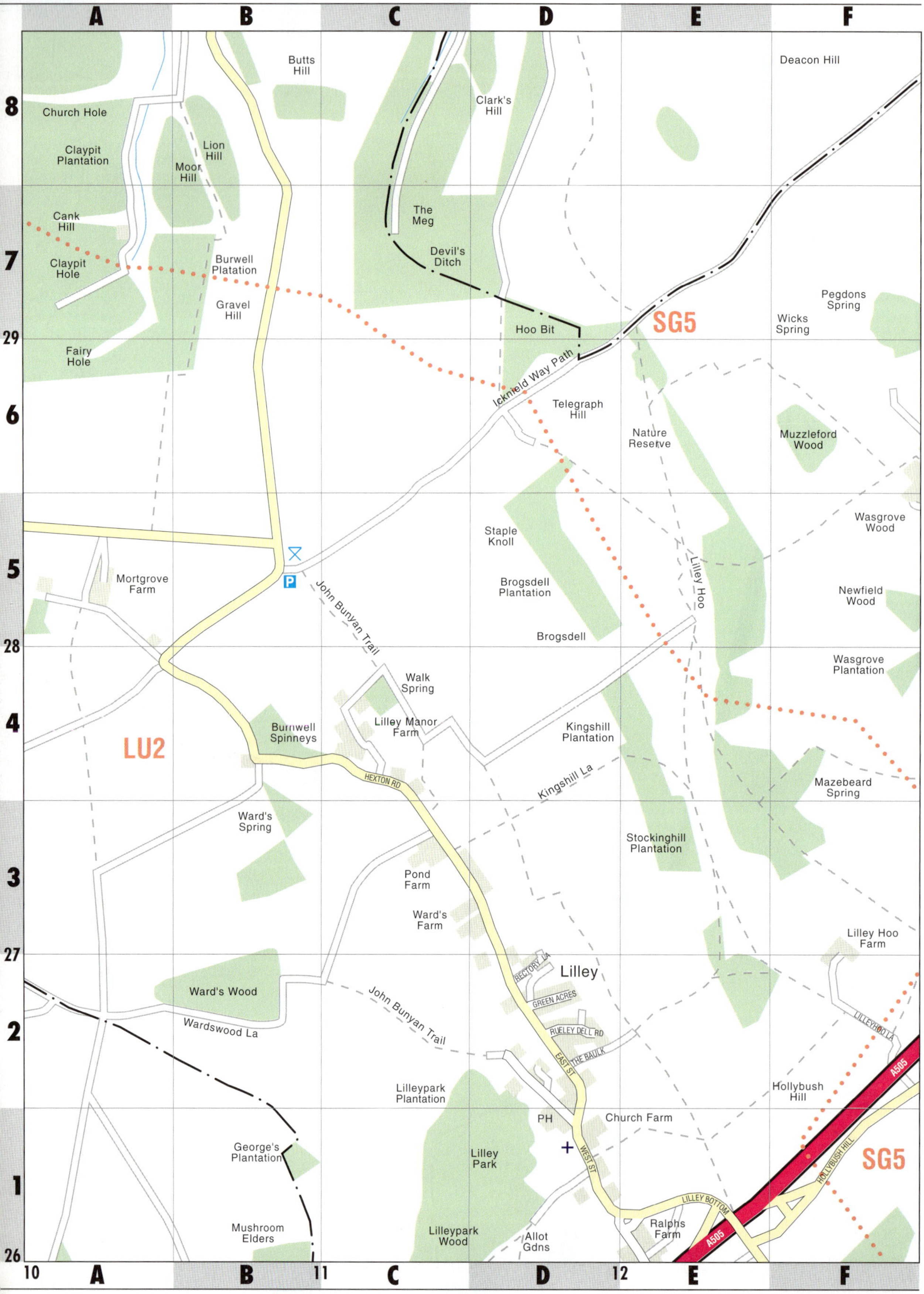
A B C D E F
8
7
29
6
5
28
4
3
27
2
1
26
10 11 12
Butts Hill
Deacon Hill
Church Hole
Claypit Plantation
Lion Hill
Moor Hill
Clark's Hill
Cank Hill
The Meg
Devil's Ditch
Claypit Hole
Burwell Platation
Gravel Hill
Hoo Bit
SG5
Pegdons Spring
Wicks Spring
Fairy Hole
Icknield Way Path
Telegraph Hill
Nature Reserve
Muzzleford Wood
Staple Knoll
Wasgrove Wood
Lilley Hoo
Mortgrove Farm
John Bunyan Trail
Brogsdell Plantation
Newfield Wood
Brogsdell
Wasgrove Plantation
Walk Spring
Lilley Manor Farm
Burnwell Spinneys
Kingshill Plantation
LU2
HEXTON RD
Kingshill La
Mazebeard Spring
Ward's Spring
Stockinghill Plantation
Pond Farm
Ward's Farm
Lilley Hoo Farm
RECTORY LA
Lilley
Ward's Wood
GREEN ACRES
John Bunyan Trail
Wardswood La
RUELEY DELL RD
LILLEYHOO LA
THE BAULK
EAST ST
A505
Lilleypark Plantation
Hollybush Hill
PH
Church Farm
George's Plantation
Lilley Park
WEST ST
SG5
HOLLYBUSH HILL
LILLEY BOTTOM
Mushroom Elders
Lilleypark Wood
Allot Gdns
Ralphs Farm
A505

31
46

20
34

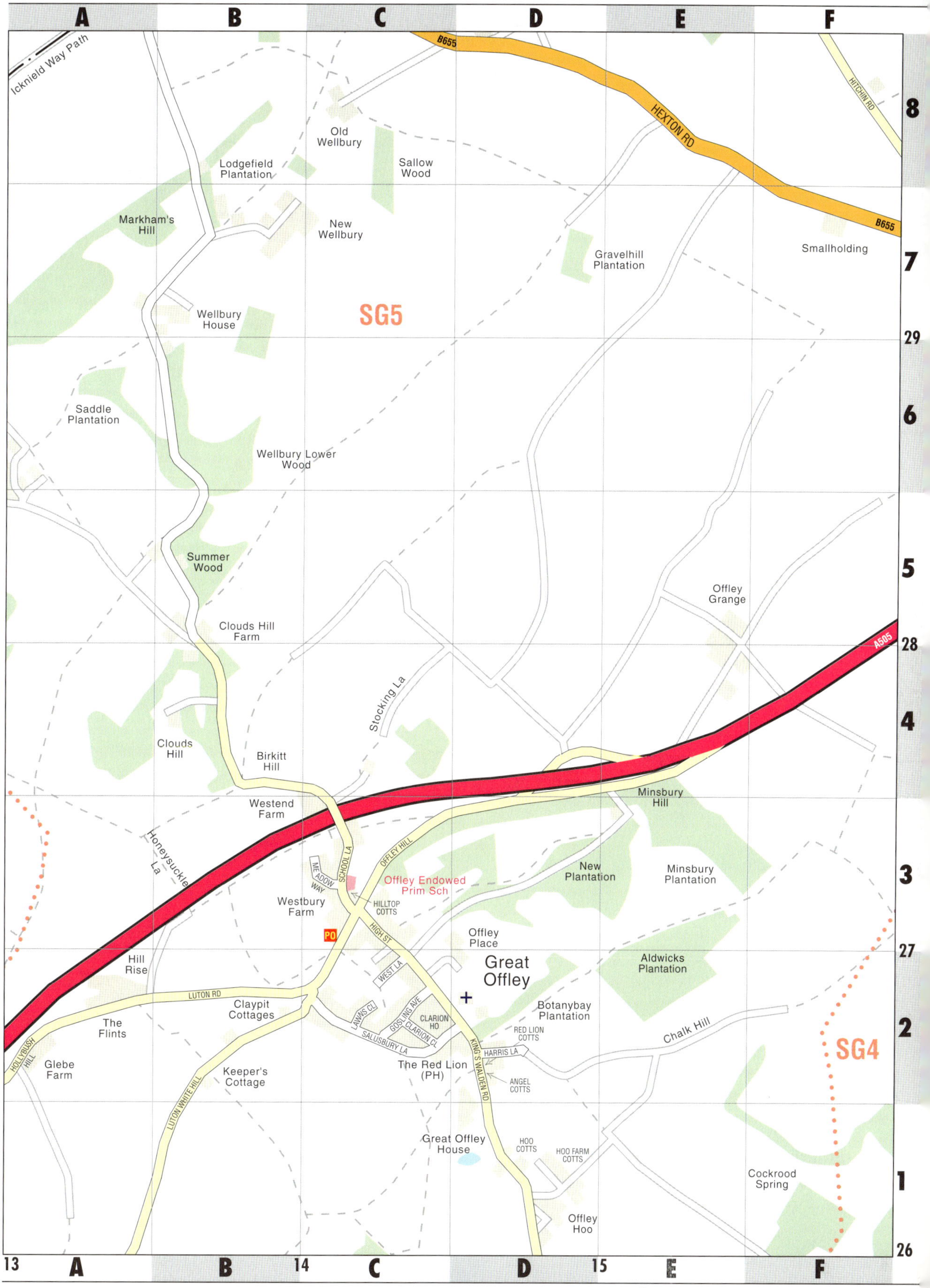
A
B
C
D
E
F
8
7
29
6
5
28
4
3
27
2
1
26
13
14
15
Icknield Way Path
B655
HEXTON RD
HITCHIN RD
Old
Wellbury
Lodgefield
Plantation
Sallow
Wood
Markham's
Hill
New
Wellbury
Gravelhill
Plantation
Smallholding
Wellbury
House
SG5
Saddle
Plantation
Wellbury Lower
Wood
Summer
Wood
Offley
Grange
Clouds Hill
Farm
A505
Stocking La
Clouds
Hill
Birkitt
Hill
Westend
Farm
Minsbury
Hill
Honeysuckle
La
SCHOOL LA
MEADOW
WAY
OFFLEY HILL
Offley Endowed
Prim Sch
New
Plantation
Minsbury
Plantation
Westbury
Farm
HILLTOP
COTTS
PO
HIGH ST
Offley
Place
Great
Offley
Aldwicks
Plantation
Hill
Rise
WEST LA
LUTON RD
Claypit
Cottages
The
Flints
LAWNS CL
GOSLING AVE
CLARION
HO
CLARION CL
Botanybay
Plantation
RED LION
COTTS
SALUSBURY LA
KING'S WALDEN RD
HARRIS LA
Chalk Hill
SG4
HOLLYBUSH
HILL
Glebe
Farm
Keeper's
Cottage
The Red Lion
(PH)
ANGEL
COTTS
LUTON WHITE HILL
Great Offley
House
HOO
COTTS
HOO FARM
COTTS
Cockrood
Spring
Offley
Hoo

47
34

33
21

D8
1 MATTOCKE RD
2 NORTH PL
3 BEAUMONT CL
4 CHESTNUT CT
5 SPELLBROOKE
6 BERKELEY CL
7 FOSMAN CL
8 CHALKDELL PATH

E7
1 MAPLES CT
2 BRAHAM CT
3 WEST ALLEY
4 ARCADE WLK
5 ARCADE
6 CHURCHYARD WLK
7 CHURCHGATE

F5
1 DOWER CT
2 TRAHERNE CL

F6
1 CANNON HO
2 ST ANDREW'S PL
3 KENDALE RD
4 WALTHAM RD

F7
1 WOODCOTE HO
2 GARRISON CT

F8
1 ST AUGUSTINE CL
2 WATER LA
3 ANDERSON'S HO
4 REGAL CT
5 FORGE CL
6 GARDEN ROW
7 ST ANNE'S CT

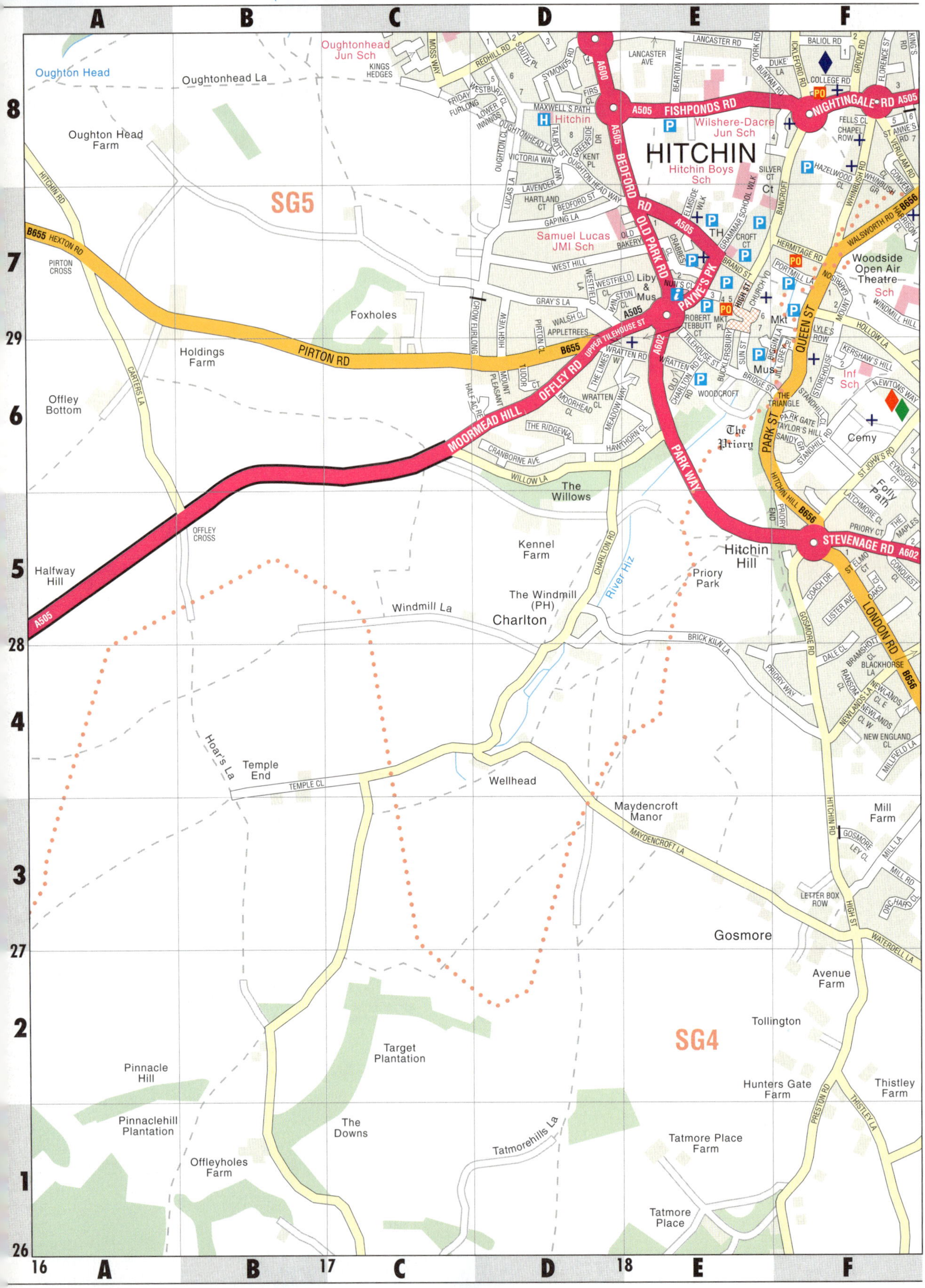

33
48

22
36

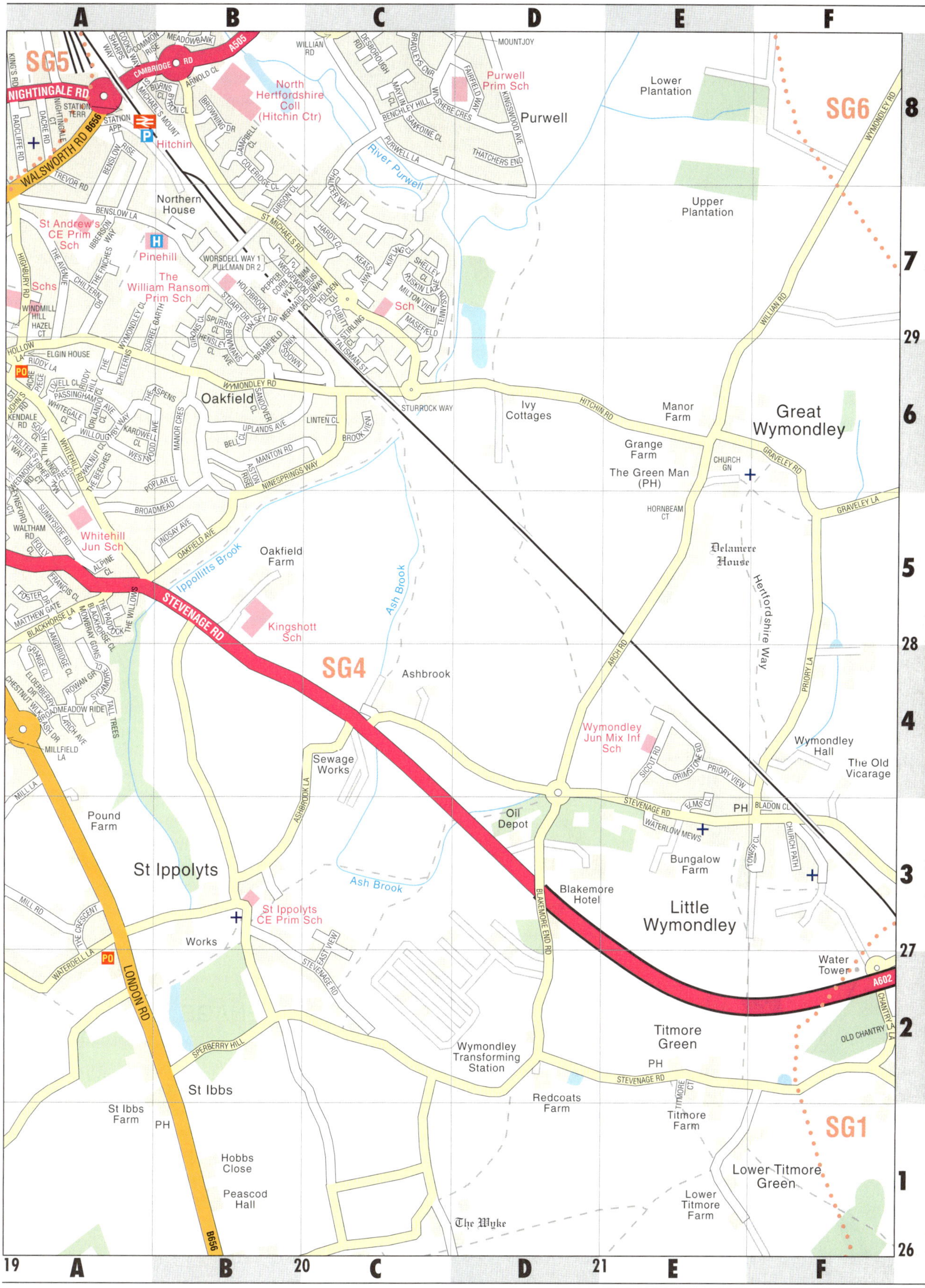
A
B
C
D
E
F
8
7
29
6
5
28
4
3
27
2
1
26
19
20
21
SG5
SG6
SG4
SG1
NIGHTINGALE RD
CAMBRIDGE RD
A505
WALSWORTH RD B656
STATION TERR
STATION APP
Hitchin
North Hertfordshire Coll (Hitchin Ctr)
Purwell Prim Sch
Purwell
Lower Plantation
Upper Plantation
WYMONDLEY RD
River Purwell
Northern House
St Andrew's CE Prim Sch
Pinehill
The William Ransom Prim Sch
Schs
Sch
BENSLOW LA
HIGHBURY RD
ST MICHAELS RD
WORSDELL WAY 1
PULLMAN DR 2
MOUNTJOY
WILLIAN RD
Oakfield
STURROCK WAY
Ivy Cottages
HITCHIN RD
Manor Farm
Great Wymondley
Grange Farm
The Green Man (PH)
CHURCH GN
GRAVELEY RD
GRAVELEY LA
HORNBEAM CT
Delamere House
Hertfordshire Way
WILLIAN RD
ARCH RD
PRIORY LA
Whitehill Jun Sch
BROADMEAD
NINESPRINGS WAY
OAKFIELD AVE
Ippollitts Brook
Oakfield Farm
Kingshott Sch
Ash Brook
Ashbrook
STEVENAGE RD
Sewage Works
ASHBROOK LA
Wymondley Jun Mix Inf Sch
Wymondley Hall
The Old Vicarage
Oil Depot
PH
BLADON CL
Bungalow Farm
Blakemore Hotel
BLAKEMORE END RD
Little Wymondley
Water Tower
A602
Pound Farm
St Ippolyts
St Ippolyts CE Prim Sch
Works
LONDON RD
MILL RD
THE CRESCENT
WATERDELL LA
PO
SPERBERRY HILL
Wymondley Transforming Station
Titmore Green
Redcoats Farm
Titmore Farm
OLD CHANTRY LA
CHANTRY LA
St Ibbs
St Ibbs Farm
Hobbs Close
Peascod Hall
The Wyke
Lower Titmore Green
Lower Titmore Farm
B656

49
36

35
23

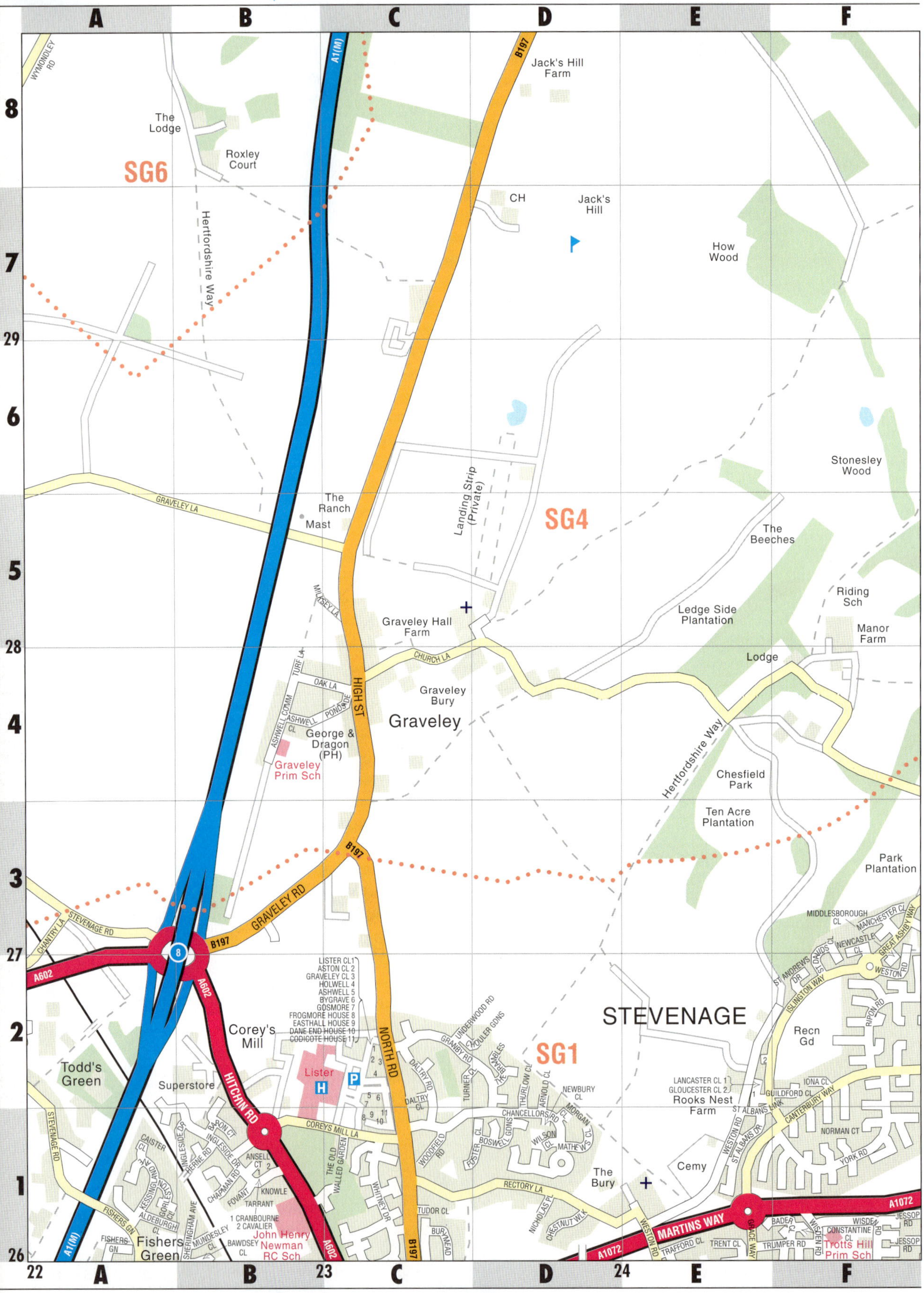
A
B
C
D
E
F
8
7
29
6
5
28
4
3
27
2
1
26
22
23
24
WYMONDLEY RD
A1(M)
B197
Jack's Hill Farm
The Lodge
Roxley Court
SG6
Hertfordshire Way
CH
Jack's Hill
How Wood
Landing Strip (Private)
Stonesley Wood
GRAVELEY LA
The Ranch
Mast
SG4
The Beeches
MILKSEY LA
Graveley Hall Farm
Ledge Side Plantation
Riding Sch
Manor Farm
Lodge
CHURCH LA
TURF LA
OAK LA
HIGH ST
Graveley Bury
Graveley
ASHWELL COMM
ASHWELL CL
PONDS SIDE
George & Dragon (PH)
Graveley Prim Sch
Chesfield Park
Ten Acre Plantation
Park Plantation
GRAVELEY RD
STEVENAGE RD
CHANTRY LA
A602
MIDDLESBOROUGH CL
MANCHESTER CL
GREAT ASHBY WAY
NEWCASTLE CL
ST DAVIDS CL
ST ANDREWS DR
ISLINGTON WAY
WESTON RD
LISTER CL 1
ASTON CL 2
GRAVELEY CL 3
HOLWELL 4
ASHWELL 5
BYGRAVE 6
GOSMORE 7
FROGMORE HOUSE 8
EASTHALL HOUSE 9
DANE END HOUSE 10
CODICOTE HOUSE 11
UNDERWOOD RD
FOWLER GDNS
STEVENAGE
RIPON RD
Corey's Mill
NORTH RD
GRANBY RD
THE BRAMBLES
SG1
Recn Gd
Todd's Green
Lister
H
P
DALTRY RD
DALTRY CL
TURNER CL
THURLOW CL
ARNOLD CL
NEWBURY CL
LANCASTER CL 1
GLOUCESTER CL 2
Rooks Nest Farm
IONA CL
GUILDFORD CL
CANTERBURY WAY
Superstore
HITCHIN RD
CHANCELLORS RD
MORGAN CL
ST ALBANS LINK
BARON CT
COREYS MILL LA
WILSON CL
MATHEWS CL
NORMAN CT
STEVENAGE RD
CAISTER CL
INGLESIDE DR
HERNE RD
ANSELL CT
THE OLD WALLED GARDEN
WOODFIELD RD
FOSTER CL
BOSWELL GDNS
WESTON RD
ST ALBANS DR
YORK RD
The Bury
Cemy
CHAPMAN RD
KNOWLE
FOVANT
TARRANT
WHITNEY DR
RECTORY LA
A1072
1 CRANBOURNE
2 CAVALIER
ALDEBURGH CL
GORLESTON CL
KESSINGLAND
SHERINGHAM AVE
MUNDESLEY CL
BAWDSEY CL
John Henry Newman RC Sch
TUDOR CL
BURYMEAD
NICHOLAS PL
CHESTNUT WLK
MARTINS WAY
TRAFFORD CL
TRENT CL
GRACE WAY
BADER CL
TRUMPER RD
WISDEN RD
CONSTANTINE CL
Trotts Hill Prim Sch
JESSOP RD
FISHERS GN
Fishers Green

35
50

24
38

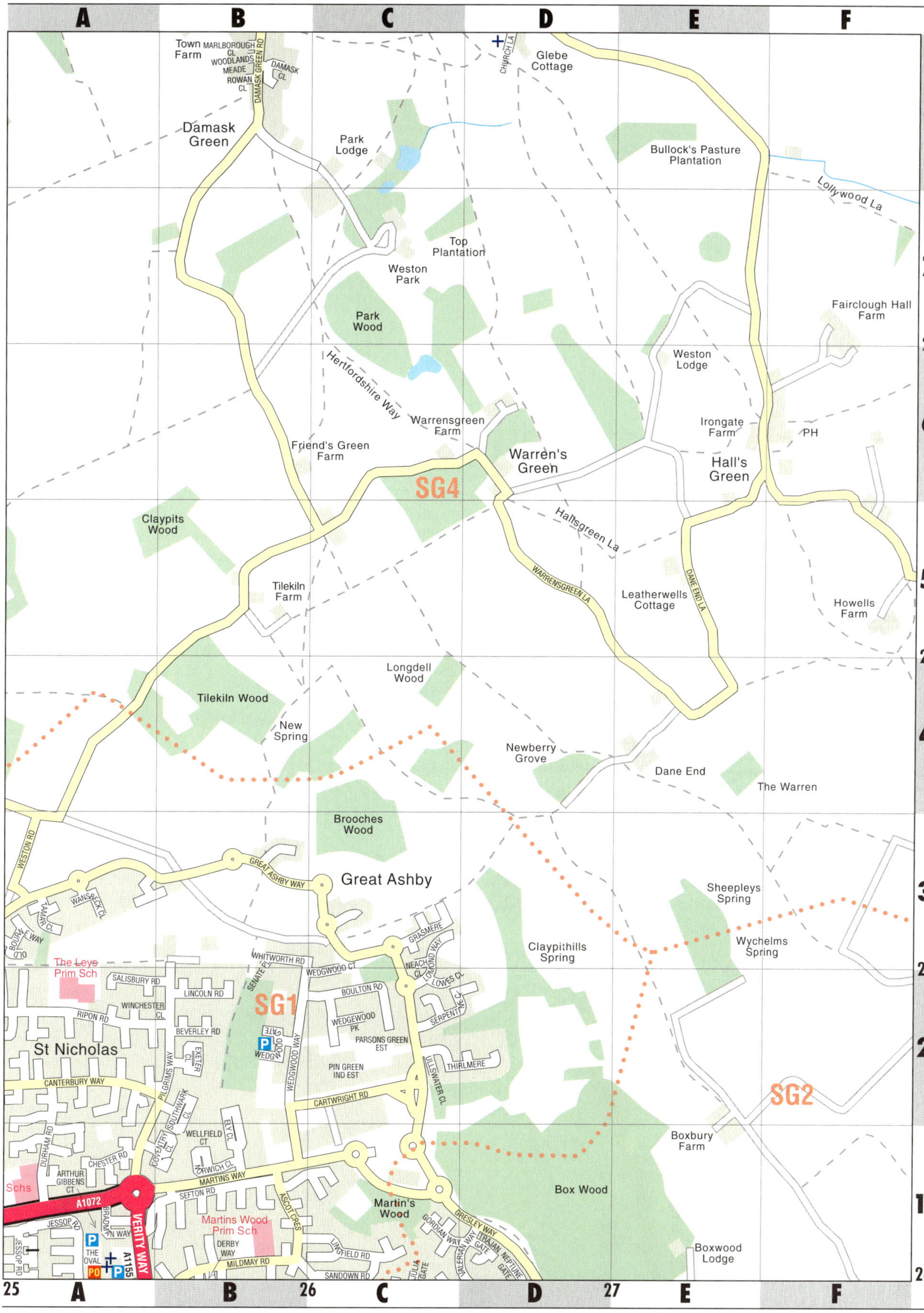
A
B
C
D
E
F
8
7
29
6
5
28
4
3
27
2
1
26
25
26
27
Town Farm
MARLBOROUGH CL
WOODLANDS
MEADE
ROWAN CL
DAMASK GREEN RD
DAMASK CL
CHURCH LA
Glebe Cottage
Damask Green
Park Lodge
Bullock's Pasture Plantation
Lollywood La
Top Plantation
Weston Park
Park Wood
Fairclough Hall Farm
Weston Lodge
Hertfordshire Way
Warrensgreen Farm
Irongate Farm
PH
Friend's Green Farm
Warren's Green
Hall's Green
SG4
Claypits Wood
Hallsgreen La
Tilekiln Farm
WARRENSGREEN LA
Leatherwells Cottage
DANE END LA
Howells Farm
Longdell Wood
Tilekiln Wood
New Spring
Newberry Grove
Dane End
The Warren
Brooches Wood
WESTON RD
GREAT ASHBY WAY
Great Ashby
WANSBECK CL
TAMAR CL
OLD BOURNE WAY
Sheepleys Spring
GRASMERE
Wychelms Spring
Claypithills Spring
The Leys Prim Sch
WHITWORTH RD
SENATE PL
WEDGWOOD CT
NEACH CL
LOMOND WAY
LOWES CL
SALISBURY RD
LINCOLN RD
BOULTON RD
WINCHESTER CL
SG1
RIPON RD
BEVERLEY RD
WEDGEWOOD PK
SERPENTINE CL
EXETER CL
PARSONS GREEN EST
St Nicholas
WEDGWOOD GATE
WEDGWOOD WAY
PIN GREEN IND EST
THIRLMERE
ULLSWATER CL
PILGRIMS WAY
CANTERBURY WAY
SOUTHWARK CL
CARTWRIGHT RD
SG2
COVENTRY CL
WELLFIELD CT
ELY CL
DURHAM RD
CHESTER RD
NORWICH CL
Boxbury Farm
ARTHUR GIBBENS CT
MARTINS WAY
Box Wood
Schs
A1072
SEFTON RD
ASCOT CRES
Martin's Wood
GRESLEY WAY
JESSOP RD
BRADMAN WAY
Martins Wood Prim Sch
GORDIAN WAY
TRAJAN GATE
VALERIAN WAY
NEPTUNE GATE
THE OVAL
DERBY WAY
LINGFIELD RD
Boxwood Lodge
JESSOP RD
A1155
VERITY WAY
MILDMAY RD
SANDOWN RD
JULIA GATE
PO

51
38

38

Walkern / Cromer / Ardeley area map

Grid references: A–F (columns), 1–8 (rows)

Page connections:
- ← 37 (west, top)
- ↑ 25 (north)
- ← 37 (south-west)
- ↓ 52 (south)

Postcode areas shown: **SG4**, **SG2**, **SG9**

Places and features

- Barnacks Hill Wood
- Weston Tributary
- Kipple Field
- Dolls Field
- Lolleywood La
- Harveyshill Farm
- Luffenhall
- Luffenhall Common
- Swamstey Common
- NEWELL LA
- Church Farm
- Newell Common
- Cromer Windmill
- Whitehall Farm
- Manor Farm
- Walnut Tree Farm
- Cromer
- Cromerfield Common
- Hare Street
- Bancroft Farm
- BLIND LA
- B1037
- Hick's Grove Cottages
- Hick's Grove
- Cromerhill Common
- Cromer Farm
- The Ainage (Pearson's Charity)
- Howell's Wood
- Sloggar's Wood
- Brookfield Comomon
- Cornhill Common
- Bury Grange
- Ardeley Brook
- Markham's Wood
- River Beane
- Ardeley
- Churchend Common
- The Bungalow
- Ardeley Bury
- Ardeley St Lawrence CE Prim Sch
- SCHOOL LA
- THE CRESCENT
- The Old Rectory
- Dovehouse La
- BEECROFT LA
- Manor Farm
- CHURCH END
- Bridgefoot Farm
- Squitmore Spring
- WHITE HILL
- Nursery
- KITCHENERS LA
- BROCKWELL SHOTT
- N'BBIES
- CHERRY TREE RISE
- WINTERS LA
- BUCKMISS
- TOT IS LA
- Chancey Hall
- Walkern Bury Farm
- Walkern
- HIGH ST
- FROGWALL LA
- MOORS LEY
- The Yew Tree (PH), PO
- B1037
- A507

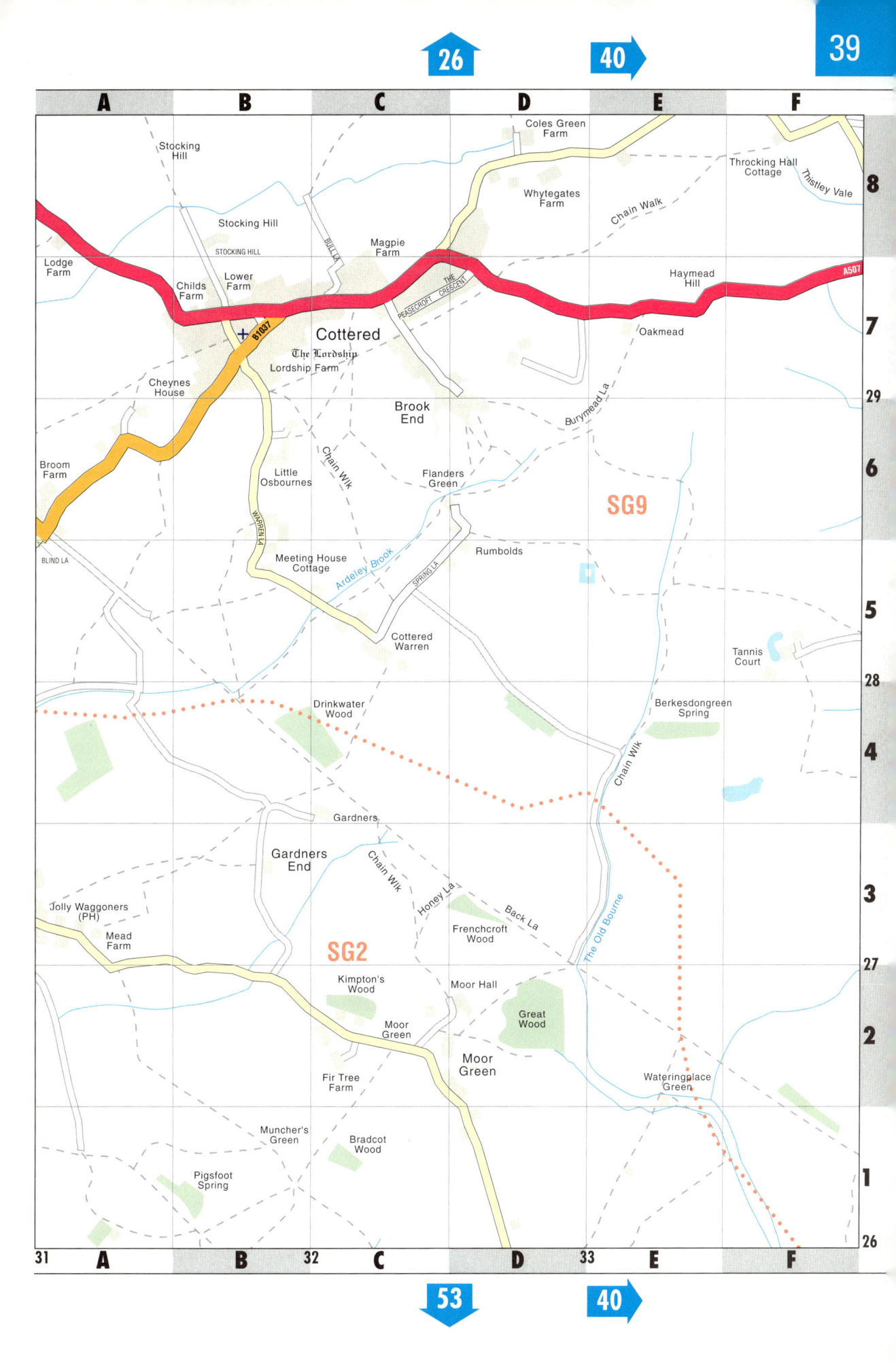

Map of Cottered and surrounding area (Hertfordshire, SG9 / SG2), showing locations including:

- Stocking Hill, Lodge Farm, Childs Farm, Lower Farm, Magpie Farm, Coles Green Farm, Whytegates Farm, Throcking Hall Cottage, Thistley Vale
- Cottered, The Lordship, Lordship Farm, Cheynes House, Haymead Hill, Oakmead, Chain Walk
- Broom Farm, Little Osbournes, Brook End, Flanders Green, Burymead La, Warren La, Blind La
- Meeting House Cottage, Ardeley Brook, Spring La, Rumbolds, Cottered Warren, Tannis Court, Berkesdongreen Spring
- Drinkwater Wood, Chain Wlk
- Gardners, Gardners End, Honey La, Back La, Frenchcroft Wood, The Old Bourne
- Jolly Waggoners (PH), Mead Farm, Kimpton's Wood, Moor Green, Moor Hall, Great Wood, Wateringplace Green
- Fir Tree Farm, Muncher's Green, Bradcot Wood, Pigsfoot Spring

Roads: A507, B1037, Peasecroft, The Crescent, Bull La

39
27

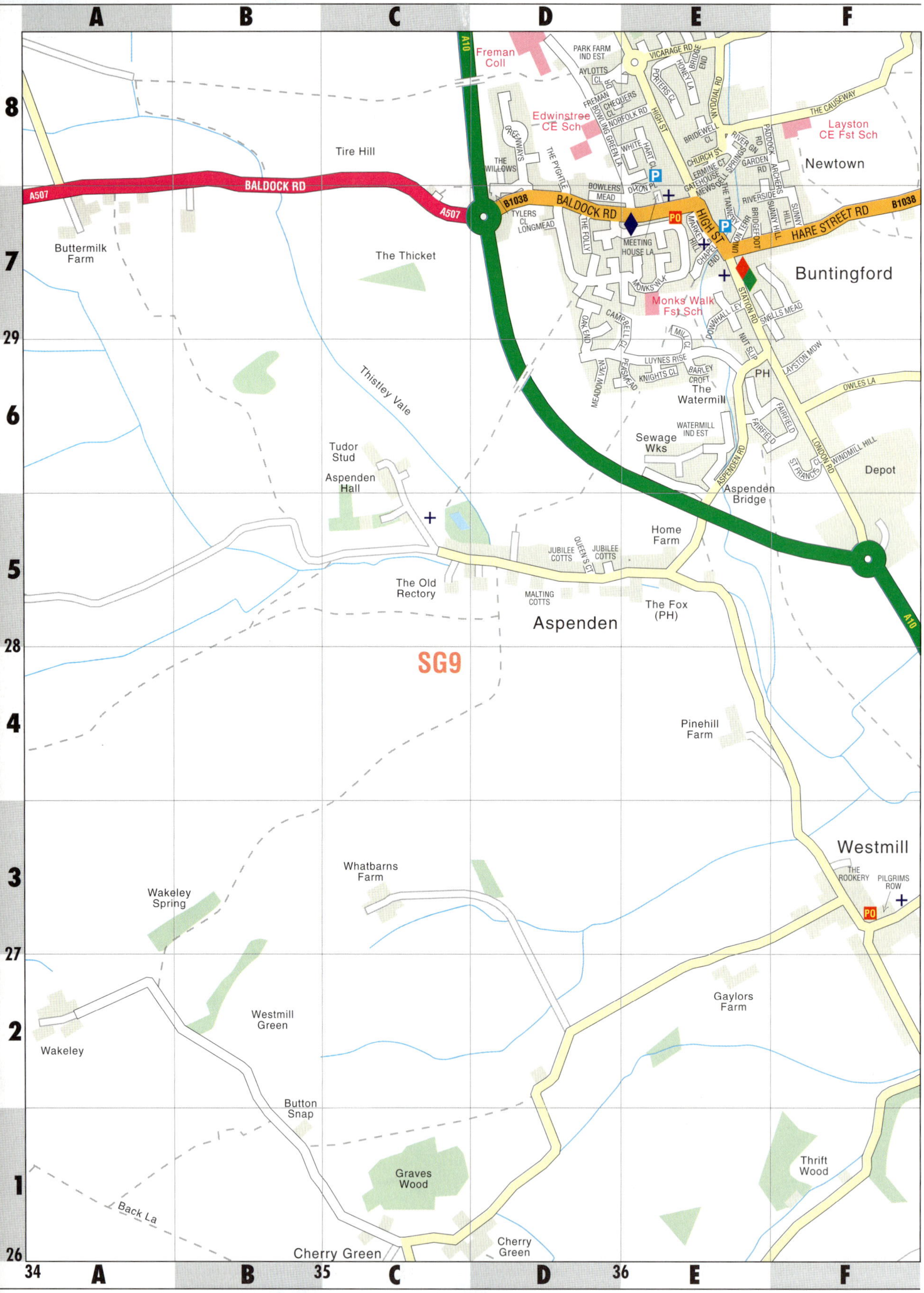
A
B
C
D
E
F
8
7
29
6
5
28
4
3
27
2
1
26
34
35
36
A10
Freman Coll
PARK FARM IND EST
AYLOTTS CL
VICARAGE RD
BRIDGE END
HONEY LA
PORTERS CL
WYDDIAL RD
THE CAUSEWAY
Layston CE Fst Sch
Edwinstree CE Sch
FREMAN
CHEQUERS CL
NORFOLK RD
BOWLING GREEN LA
GREENWAYS
THE WILLOWS
THE PYGHTLE
WHITE HART CL
HIGH ST
BRIDEWELL CL
RIVER GN
PADDOCK RD
GARDEN RD
ARCHERS
Newtown
Tire Hill
A507
BALDOCK RD
BOWLERS MEAD
DIXON PL
CHURCH ST
ERMINE CT
GATEHOUSE MEWS
WELL SPRINGS
THE TANNERY
RIVERSIDE
SUNNY HILL
B1038
HARE STREET RD
TYLERS CL
LONGMEAD
THE FOLLY
MEETING HOUSE LA
MARKET HILL
CHAPEL END
BRIDGEFOOT
PO
Buttermilk Farm
The Thicket
Buntingford
MONKS WALK
Monks Walk Fst Sch
CAMPBELL CL
OAK END
MILL CL
DOWNHALL LEY
STATION RD
SNELLS MEAD
NUT SLIP
LUYNES RISE
BARLEY CROFT
KNIGHTS CL
PEASMEAD
MEADOW VIEW
PH
LAYSTON MDW
OWLES LA
Thistley Vale
The Watermill
WATERMILL IND EST
Sewage Wks
FAIRFIELD
LONDON RD
WINDMILL HILL
ST FRANCIS CL
Depot
Tudor Stud
Aspenden Hall
ASPENDEN RD
Aspenden Bridge
Home Farm
JUBILEE COTTS
QUEEN'S CT
The Old Rectory
MALTING COTTS
The Fox (PH)
Aspenden
SG9
Pinehill Farm
Westmill
THE ROOKERY
PILGRIMS ROW
Whatbarns Farm
Wakeley Spring
Gaylors Farm
Westmill Green
Wakeley
Button Snap
Thrift Wood
Graves Wood
Back La
Cherry Green

39
54

28
42

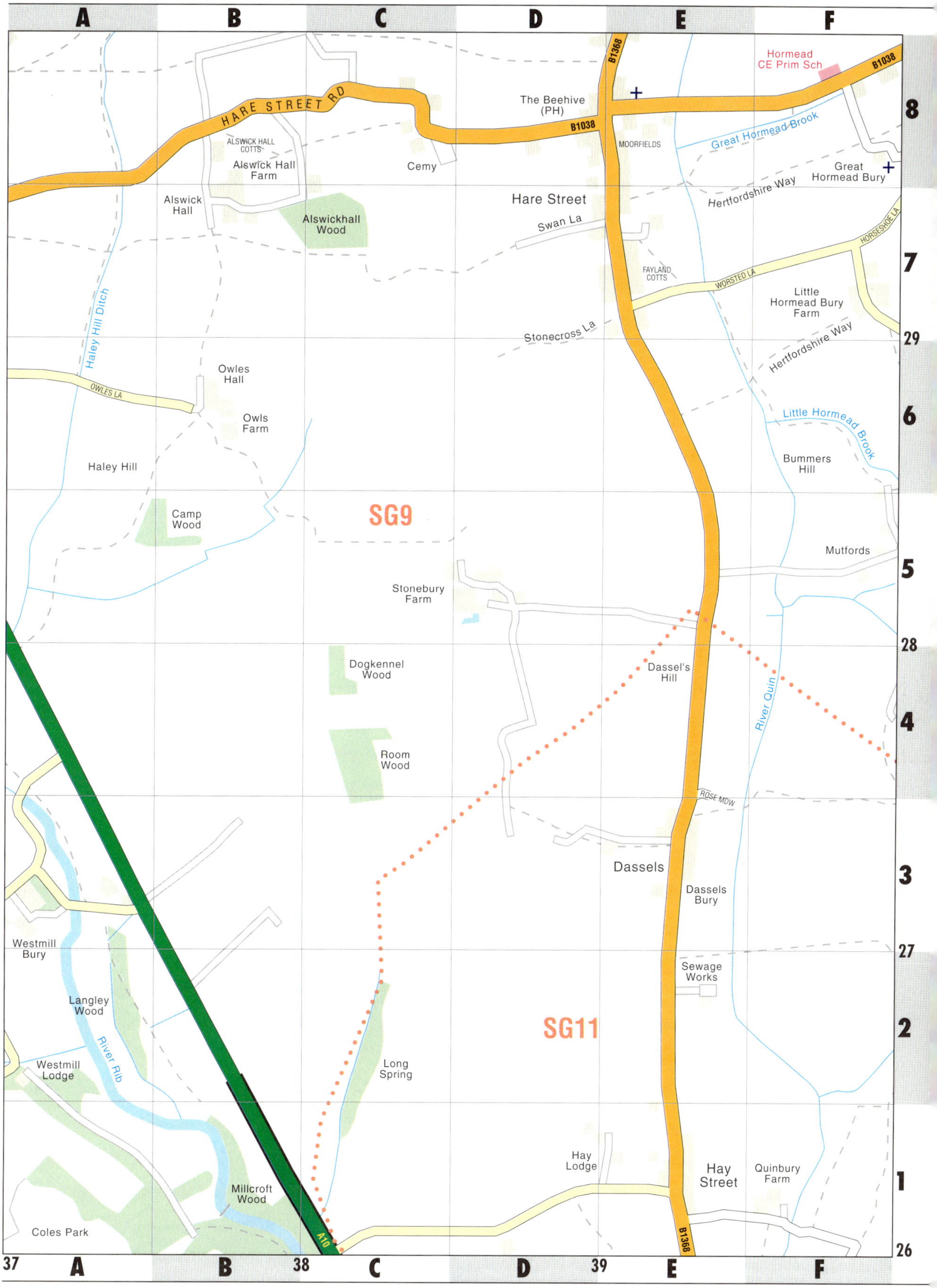
A
B
C
D
E
F
8
7
29
6
5
28
4
3
27
2
1
26
37
38
39
HARE STREET RD
B1038
B1368
Hormead CE Prim Sch
The Beehive (PH)
MOORFIELDS
ALSWICK HALL COTTS
Alswick Hall Farm
Alswick Hall
Alswickhall Wood
Cemy
Great Hormead Brook
Great Hormead Bury
Hertfordshire Way
Hare Street
Swan La
HORSESHOE LA
FAYLAND COTTS
WORSTED LA
Little Hormead Bury Farm
Stonecross La
Haley Hill Ditch
Owles Hall
OWLES LA
Owls Farm
Little Hormead Brook
Bummers Hill
Haley Hill
Camp Wood
SG9
Mutfords
Stonebury Farm
Dogkennel Wood
Dassel's Hill
River Quin
Room Wood
ROSE MDW
Dassels
Dassels Bury
Westmill Bury
Sewage Works
Langley Wood
River Rib
SG11
Westmill Lodge
Long Spring
Hay Lodge
Millcroft Wood
Hay Street
Quinbury Farm
Coles Park
A10

55
42

42

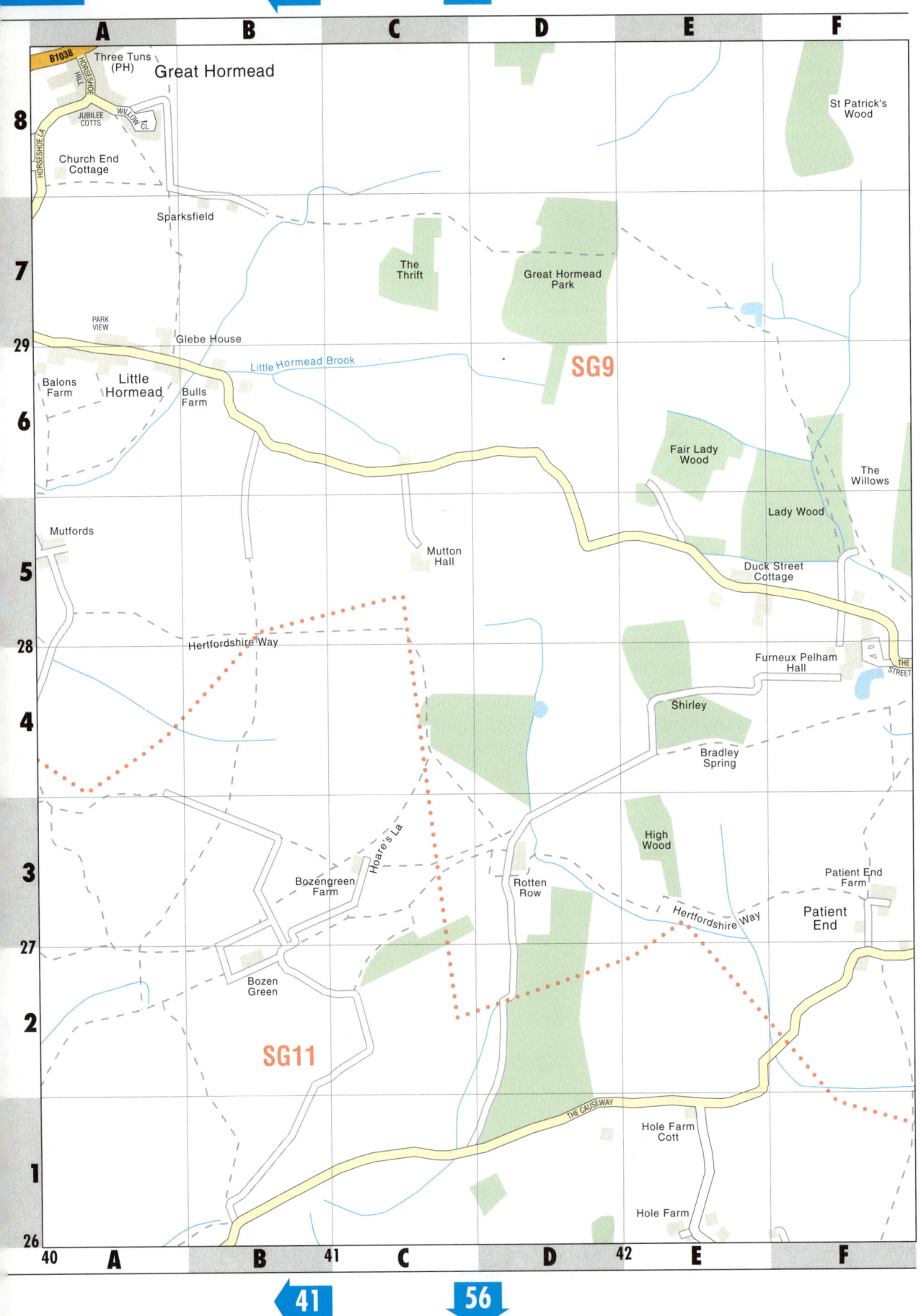

Great Hormead

- Three Tuns (PH)
- B1038
- HORSESHOE HILL
- JUBILEE COTTS
- WILLOW CL
- Church End Cottage
- HORSESHOE LA
- Sparksfield
- PARK VIEW
- Glebe House
- Little Hormead Brook
- Balons Farm
- Little Hormead
- Bulls Farm
- The Thrift
- Great Hormead Park
- SG9
- Fair Lady Wood
- The Willows
- Lady Wood
- St Patrick's Wood
- Mutfords
- Mutton Hall
- Duck Street Cottage
- Hertfordshire Way
- Furneux Pelham Hall
- THE STREET
- Shirley
- Bradley Spring
- Bozengreen Farm
- Hoare's La
- Rotten Row
- High Wood
- Hertfordshire Way
- Patient End Farm
- Patient End
- Bozen Green
- SG11
- THE CAUSEWAY
- Hole Farm Cott
- Hole Farm

30

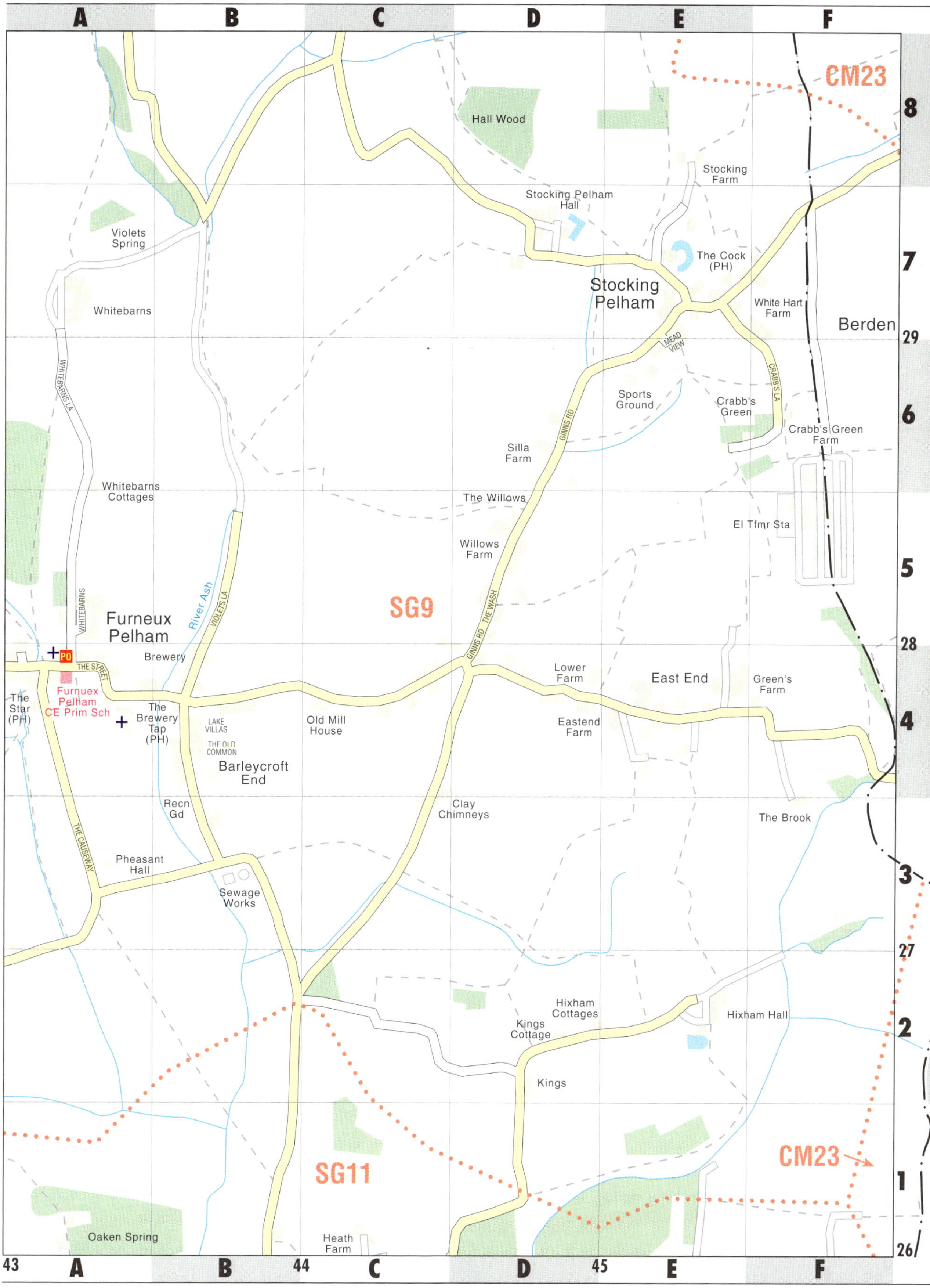
A
B
C
D
E
F
8
7
29
6
5
28
4
3
27
2
1
26
43
44
45
CM23
Hall Wood
Stocking Farm
Stocking Pelham Hall
The Cock (PH)
Stocking Pelham
White Hart Farm
Berden
MEAD VIEW
CRABB'S LA
Sports Ground
Crabb's Green
Crabb's Green Farm
GINNS RD
Silla Farm
The Willows
El Tfmr Sta
Willows Farm
Violets Spring
Whitebarns
WHITEBARNS LA
Whitebarns Cottages
WHITEBARNS
Furneux Pelham
River Ash
VIOLETS LA
SG9
THE WASH
GINNS RD
Brewery
PO
THE STREET
Furneux Pelham CE Prim Sch
The Star (PH)
The Brewery Tap (PH)
LAKE VILLAS
THE OLD COMMON
Barleycroft End
Old Mill House
Lower Farm
East End
Green's Farm
Eastend Farm
Recn Gd
Clay Chimneys
The Brook
THE CAUSEWAY
Pheasant Hall
Sewage Works
Hixham Cottages
Kings Cottage
Hixham Hall
Kings
SG11
CM23
Oaken Spring
Heath Farm

57

44

C5
1 CHAWORTH GN
2 ACWORTH CT
3 MOSSDALE CT
4 WOLFSBURG CT
5 THORNTONDALE
6 GREEN CT
7 WHARFDALE

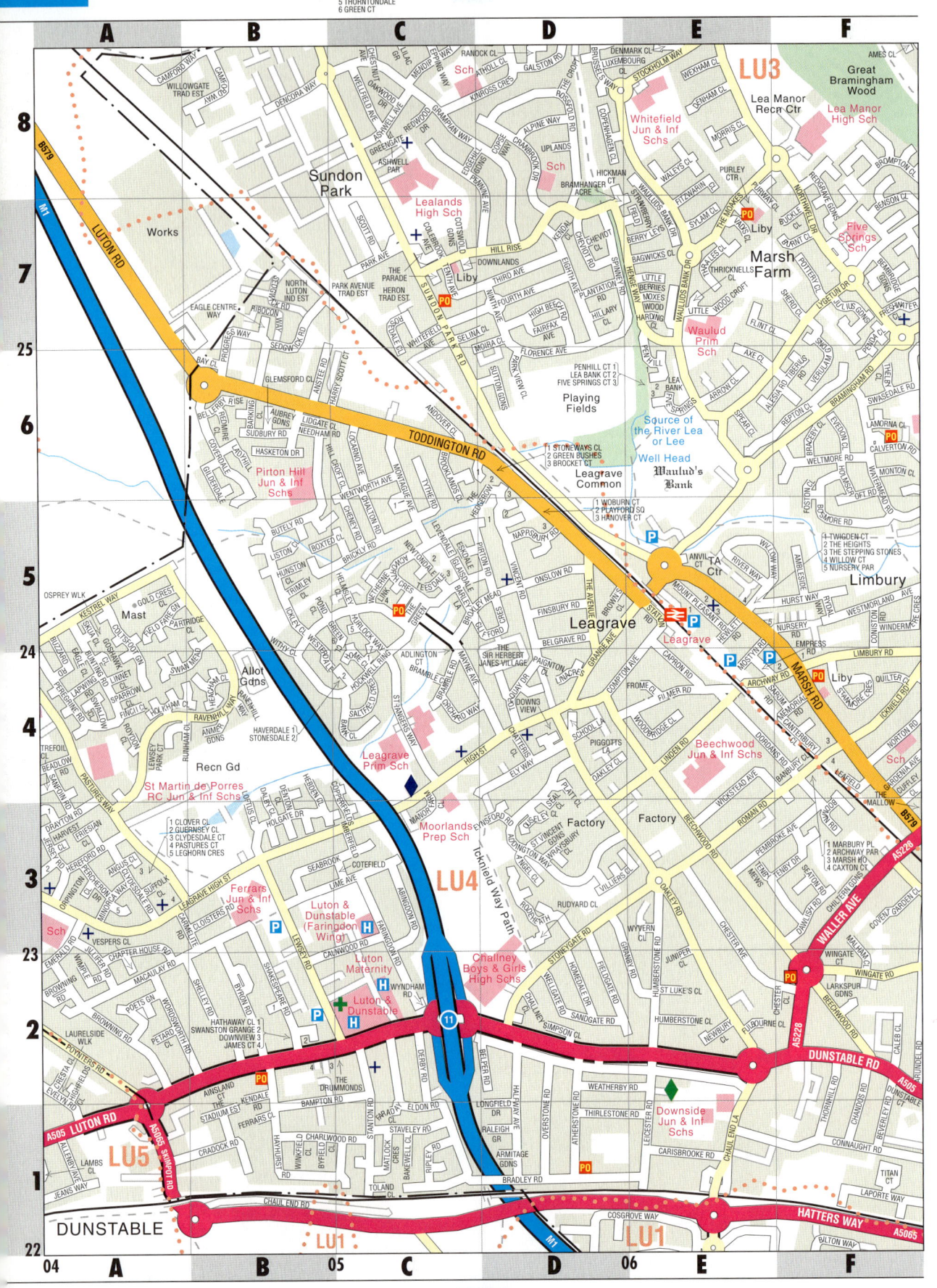

A7
1 SNOWFORD CL
2 BRIGHTMAN COTTS
3 CROXTON CL

31
46

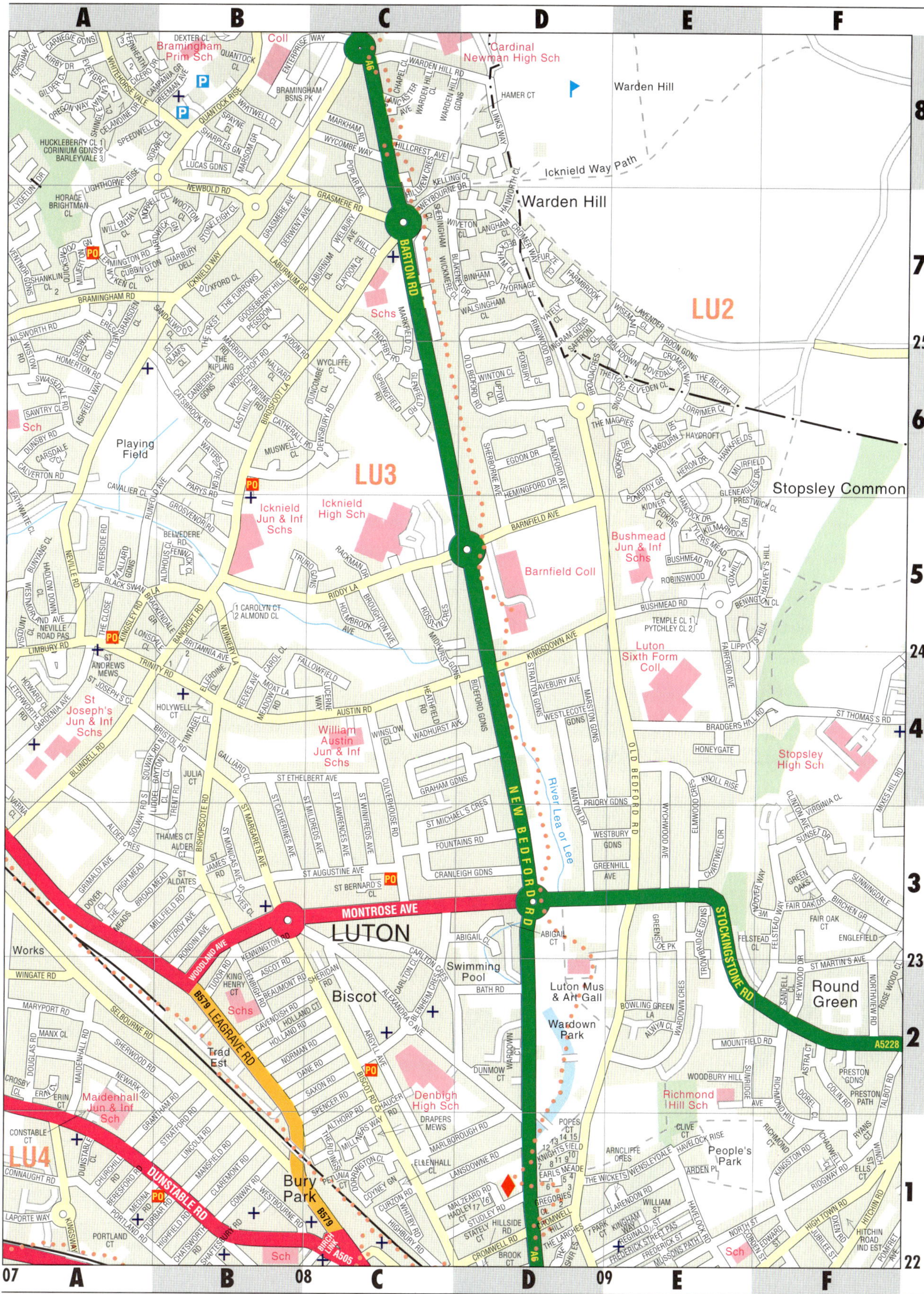

D1
1 THE OLD HAT FACTORY
2 RYE HILL
3 CARDINAL CT
4 COUNTESS CT
5 DAUPHIN CT
6 BISHOPS CT
7 BARONS CT
8 ERMINE PL
9 MARQUIS CT

D1
10 GARTER CT
11 VISCOUNT CT
12 LORDS PL
13 DUKES RIDE
14 QUEENS CT
15 PRINCES PL
16 BRAITHWAITE CT
17 MALZEARD CT

63
46

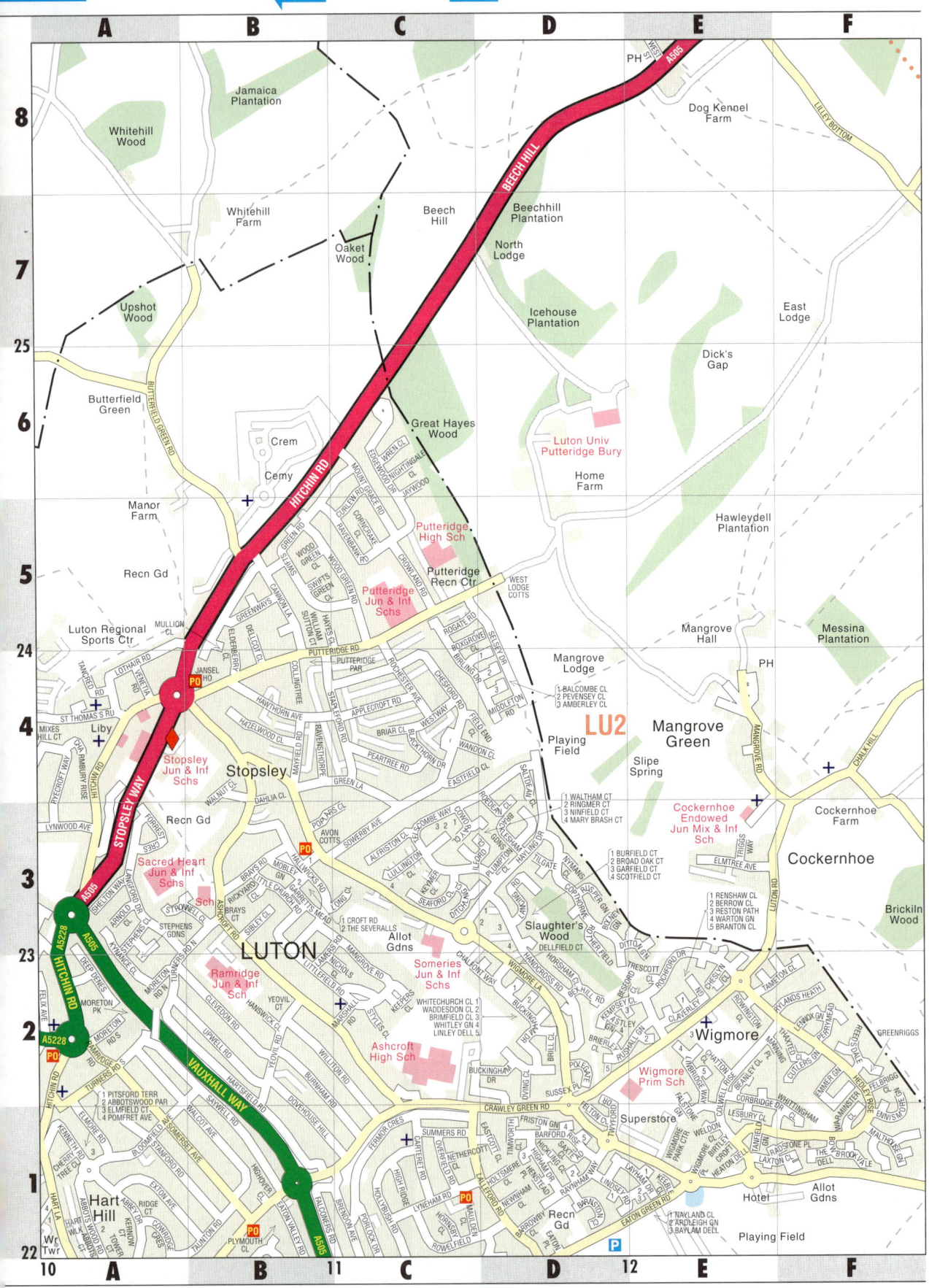

D1
1 CHELSWORTH CL
2 MUTFORD CROFT
3 MELFORD CL
4 PINFORD DELL
5 ALDERTON CL

33
48

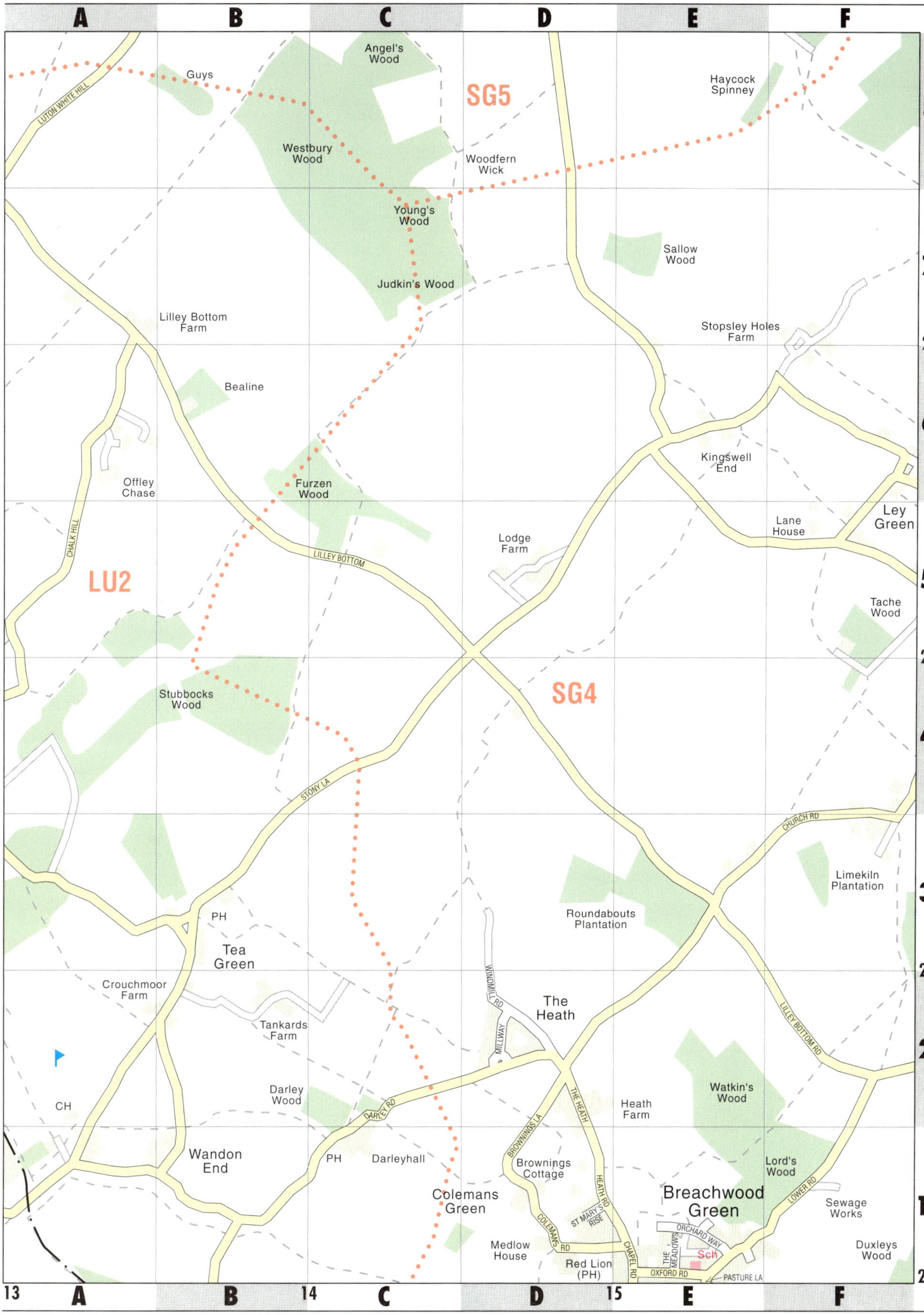
A
B
C
D
E
F
8
7
25
6
5
24
4
3
23
2
1
22
13
14
15
Angel's Wood
Guys
SG5
Haycock Spinney
LUTON WHITE HILL
Westbury Wood
Woodfern Wick
Young's Wood
Sallow Wood
Judkin's Wood
Lilley Bottom Farm
Stopsley Holes Farm
Bealine
Kingswell End
Offley Chase
Furzen Wood
Lane House
Ley Green
CHALK HILL
LU2
Lodge Farm
LILLEY BOTTOM
Tache Wood
SG4
Stubbocks Wood
STONY LA
CHURCH RD
Limekiln Plantation
PH
Tea Green
Roundabouts Plantation
Crouchmoor Farm
WINDMILL RD
The Heath
Tankards Farm
MILLWAY
LILLEY BOTTOM RD
Darley Wood
CH
DARLEY RD
Watkin's Wood
THE HEATH
Heath Farm
BROWNINGS LA
Wandon End
PH
Darleyhall
Brownings Cottage
Lord's Wood
HEATH RD
Breachwood Green
LOWER RD
Sewage Works
Colemans Green
ST MARY'S RISE
COLEMANS RD
ORCHARD WAY
Medlow House
THE MEADOWS
Sch
Duxleys Wood
Red Lion (PH)
CHAPEL RD
OXFORD RD
PASTURE LA

65
48

47
34

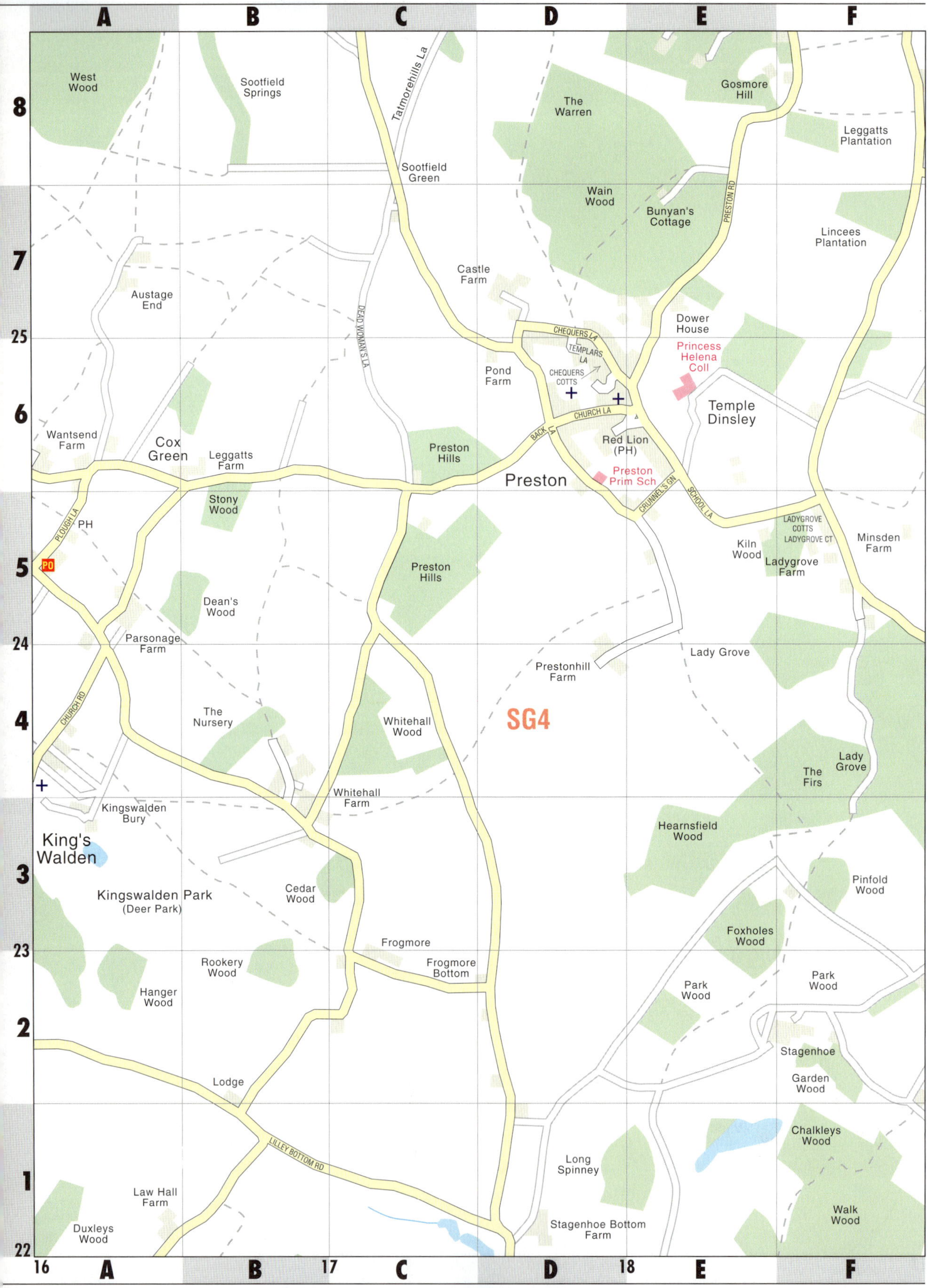
A
B
C
D
E
F
8
7
25
6
5
24
4
3
23
2
1
22
16
17
18
West Wood
Sootfield Springs
Tatmorehills La
Sootfield Green
The Warren
Gosmore Hill
Leggatts Plantation
Wain Wood
Bunyan's Cottage
PRESTON RD
Lincees Plantation
Austage End
DEAD WOMAN'S LA
Castle Farm
CHEQUERS LA
TEMPLARS LA
Dower House
Princess Helena Coll
Pond Farm
CHEQUERS COTTS
Temple Dinsley
CHURCH LA
BACK LA
Red Lion (PH)
Wantsend Farm
Cox Green
Leggatts Farm
Preston Hills
Preston
Preston Prim Sch
CRUNNELL'S GN
SCHOOL LA
Stony Wood
PLOUGH LA
PH
PO
LADYGROVE COTTS
LADYGROVE CT
Kiln Wood
Ladygrove Farm
Minsden Farm
Preston Hills
Dean's Wood
Parsonage Farm
Lady Grove
Prestonhill Farm
CHURCH RD
The Nursery
Whitehall Wood
SG4
Lady Grove
The Firs
Whitehall Farm
Kingswalden Bury
King's Walden
Hearnsfield Wood
Kingswalden Park
(Deer Park)
Cedar Wood
Pinfold Wood
Foxholes Wood
Frogmore
Rookery Wood
Frogmore Bottom
Park Wood
Park Wood
Hanger Wood
Stagenhoe
Lodge
Garden Wood
Chalkleys Wood
LILLEY BOTTOM RD
Long Spinney
Law Hall Farm
Walk Wood
Duxleys Wood
Stagenhoe Bottom Farm

47
66

49

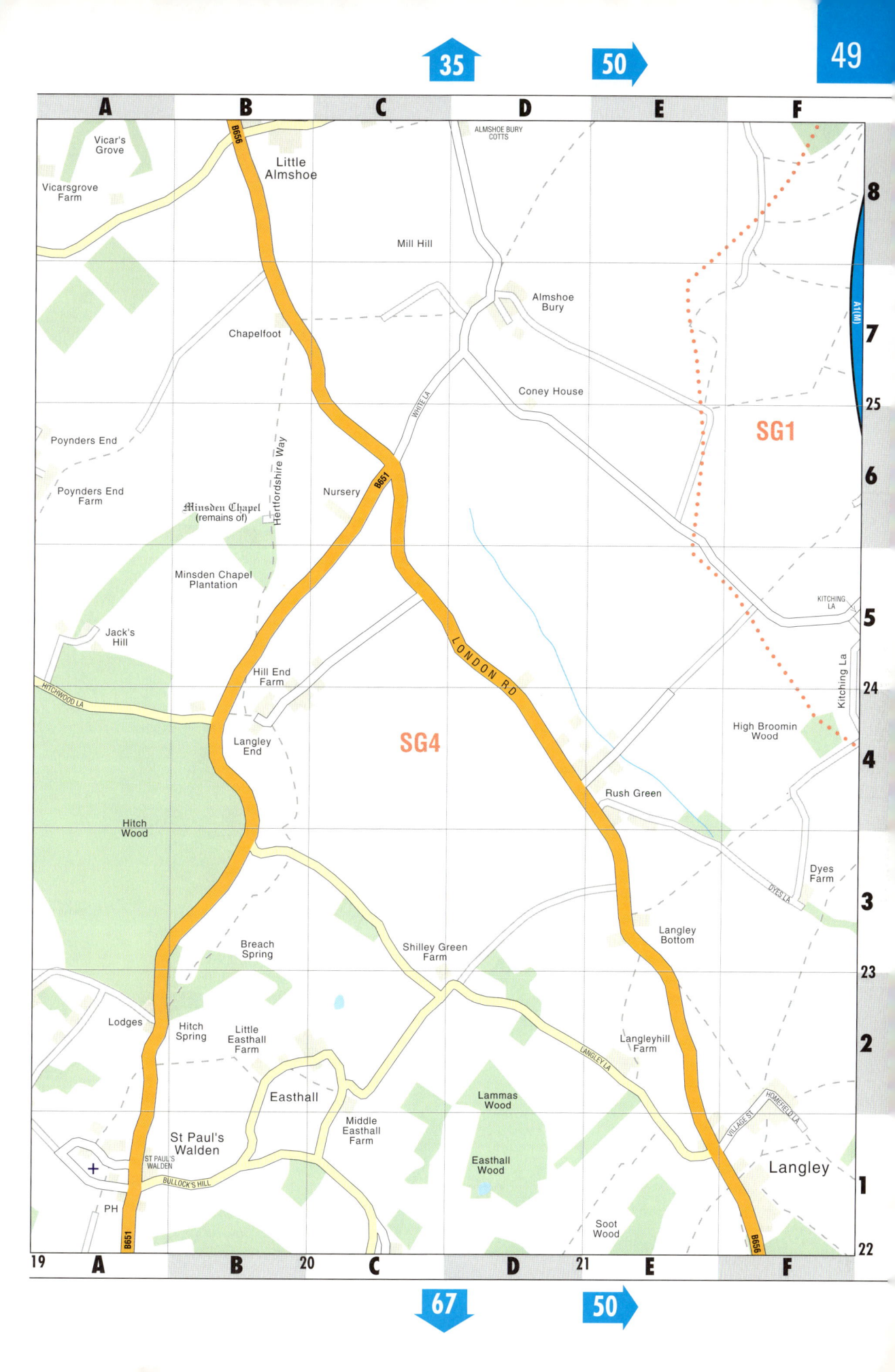

Locations

- Vicar's Grove
- Vicarsgrove Farm
- Little Almshoe
- Almshoe Bury Cotts
- Mill Hill
- Almshoe Bury
- Chapelfoot
- Coney House
- Poynders End
- Poynders End Farm
- Minsden Chapel (remains of)
- Nursery
- Hertfordshire Way
- Minsden Chapel Plantation
- Kitching La
- Jack's Hill
- Hill End Farm
- High Broomin Wood
- Langley End
- Rush Green
- Hitch Wood
- Dyes Farm
- Breach Spring
- Shilley Green Farm
- Langley Bottom
- Lodges
- Hitch Spring
- Little Easthall Farm
- Langleyhill Farm
- Easthall
- Middle Easthall Farm
- Lammas Wood
- St Paul's Walden
- Easthall Wood
- Langley
- Bullock's Hill
- Soot Wood
- PH

Roads
- B656
- B651
- White La
- London Rd
- Hitchwood La
- Dyes La
- Langley La
- Village St
- Homefield La
- Kitching La

Grid references
- SG1
- SG4
- A1(M)

Grid: A B C D E F / 19 20 21 / 22 23 24 25 / 1 2 3 4 5 6 7 8

Page links: 35, 50, 67, 50

49
36

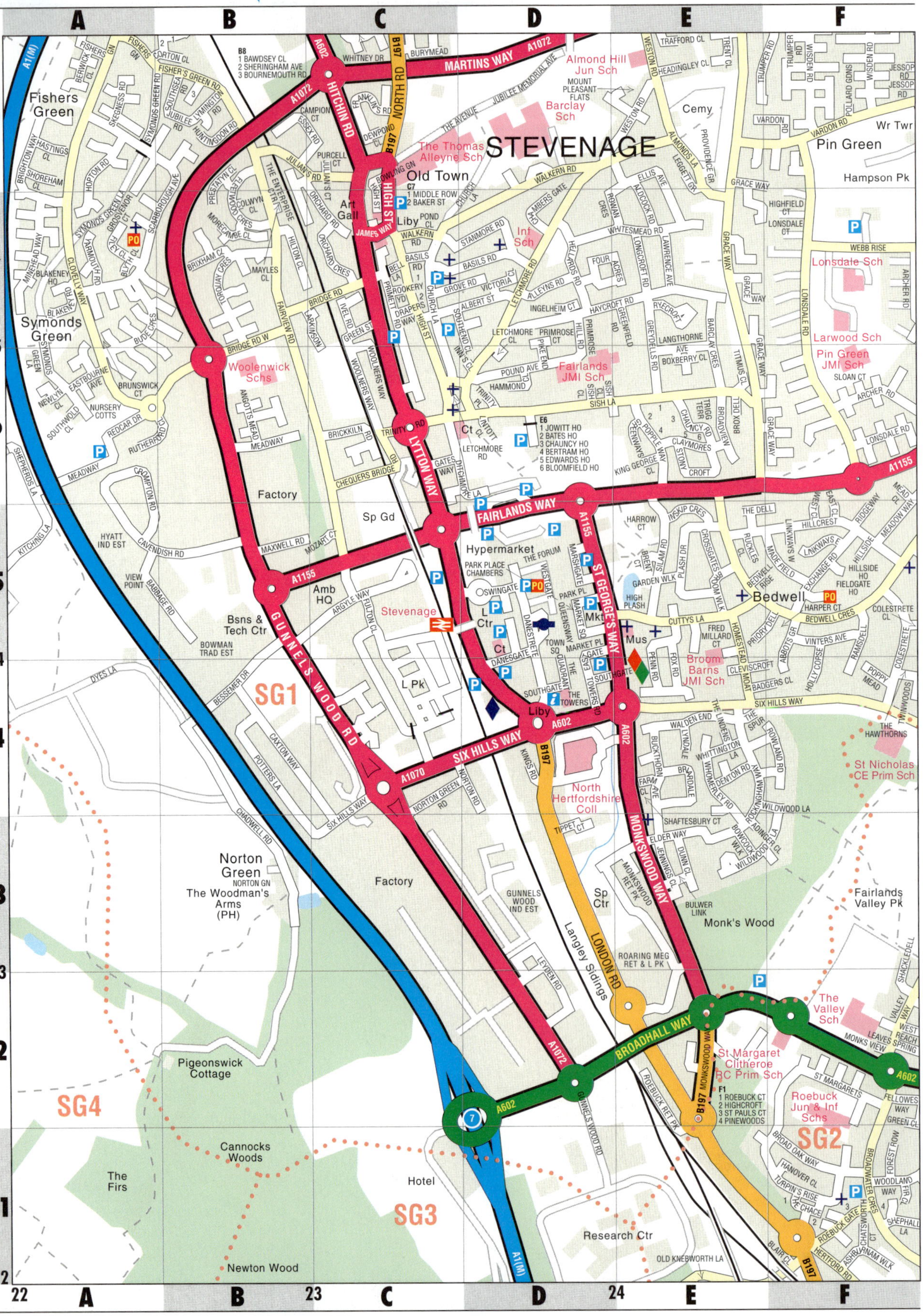
A
B
C
D
E
F
8
7
25
6
5
24
4
3
23
2
1
22
22
23
24
STEVENAGE
Fishers Green
Symonds Green
Old Town
Pin Green
Wr Twr
Hampson Pk
Cemy
Bedwell
Norton Green
NORTON GN
The Woodman's Arms (PH)
Pigeonswick Cottage
Cannocks Woods
The Firs
Newton Wood
Hotel
Research Ctr
Monk's Wood
Fairlands Valley Pk
SG1
SG2
SG3
SG4
Almond Hill Jun Sch
Barclay Sch
The Thomas Alleyne Sch
Inf Sch
Lonsdale Sch
Larwood Sch
Pin Green JMI Sch
Fairlands JMI Sch
Woolenwick Schs
Broom Barns JMI Sch
St Nicholas CE Prim Sch
North Hertfordshire Coll
The Valley Sch
St Margaret Clitheroe RC Prim Sch
Roebuck Jun & Inf Schs
Stevenage
Hypermarket
Factory
Sp Gd
Amb HQ
Bsns & Tech Ctr
BOWMAN TRAD EST
HYATT IND EST
VIEW POINT
L Pk
Liby
Mkt
Mus
HIGH PLASH
Sp Ctr
GUNNELS WOOD IND EST
Langley Sidings
ROARING MEG RET & L PK
MONKSWOOD RET PK
Art Gall
A1(M)
A602
A1072
A1155
A1070
B197
MARTINS WAY
HITCHIN RD
NORTH RD
HIGH ST
LYTTON WAY
FAIRLANDS WAY
ST GEORGE'S WAY
GUNNELS WOOD RD
SIX HILLS WAY
MONKSWOOD WAY
LONDON RD
BROADHALL WAY
B8
1 BAWDSEY CL
2 SHERINGHAM AVE
3 BOURNEMOUTH RD
C7
1 MIDDLE ROW
2 BAKER ST
E6
1 JOWITT HO
2 BATES HO
3 CHAUNCY HO
4 BERTRAM HO
5 EDWARDS HO
6 BLOOMFIELD HO
F1
1 ROEBUCK CT
2 HIGHCROFT
3 ST PAULS CT
4 PINEWOODS
7

49
68

C8
1 MARCUS CL
2 TACITUS CL
3 MINERVA CL

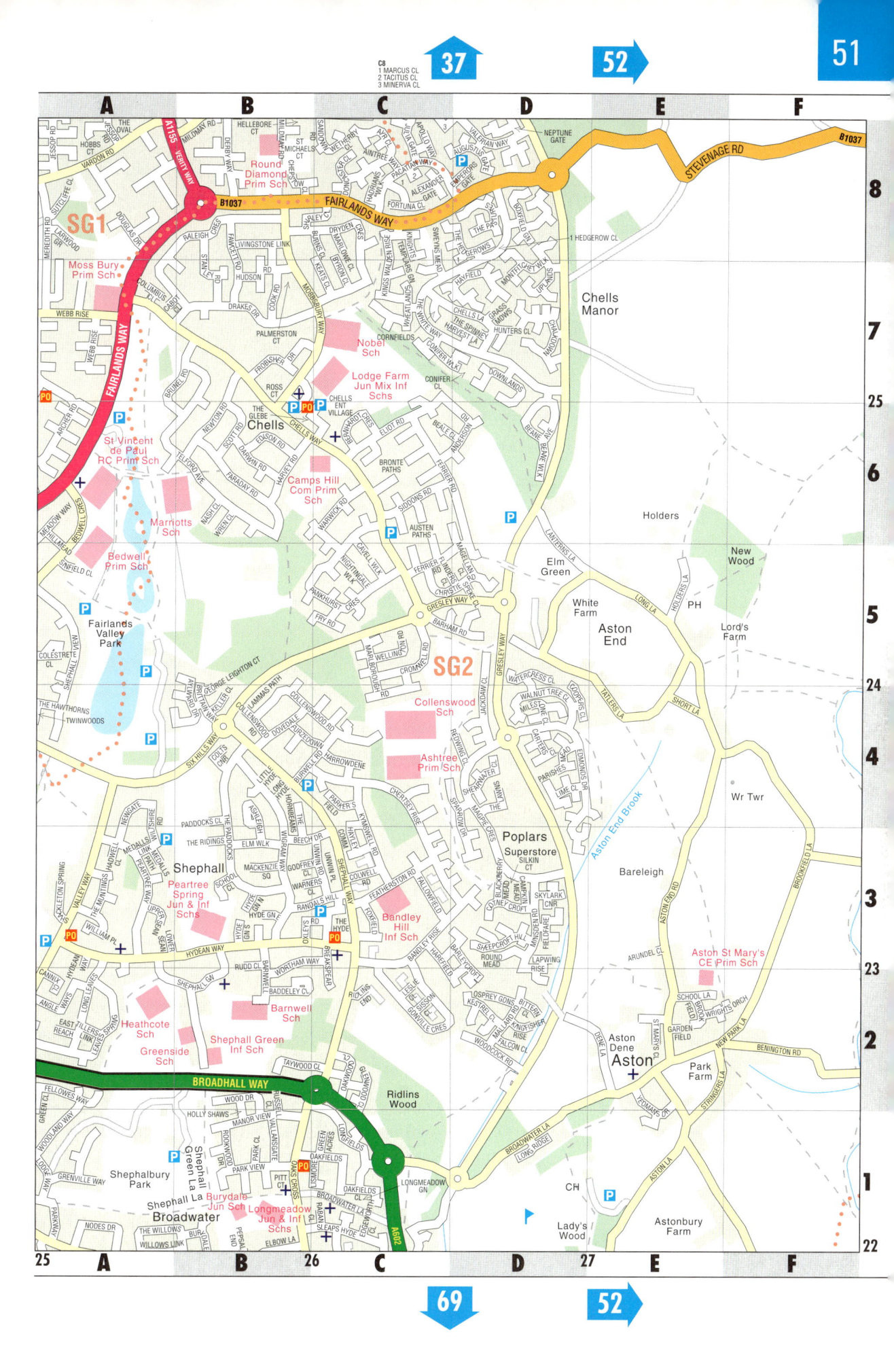

51
38

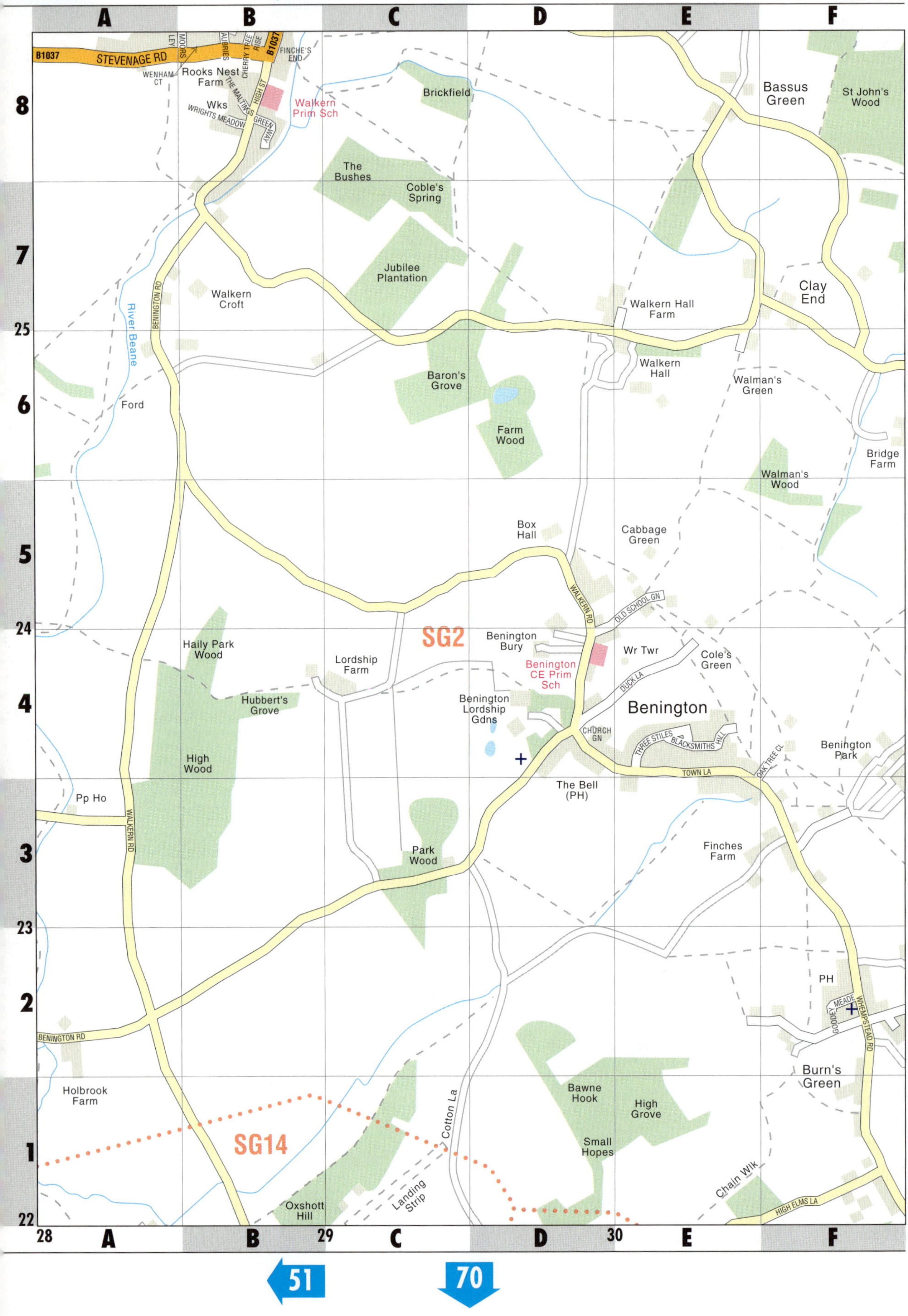
A
B
C
D
E
F
8
7
25
6
5
24
4
3
23
2
1
22
28
29
30
B1037
STEVENAGE RD
WENHAM CT
LEY
MOORS
AUBRIES
CHERRY TREE RISE
B1037
FINCHE'S END
Rooks Nest Farm
THE MALTINGS
HIGH ST
Wks
WRIGHTS MEADOW
GREENWAY
Walkern Prim Sch
Brickfield
Bassus Green
St John's Wood
The Bushes
Coble's Spring
Jubilee Plantation
Walkern Croft
River Beane
BENINGTON RD
Clay End
Walkern Hall Farm
Walkern Hall
Walman's Green
Baron's Grove
Ford
Farm Wood
Bridge Farm
Walman's Wood
Box Hall
Cabbage Green
WALKERN RD
OLD SCHOOL GN
SG2
Benington Bury
Haily Park Wood
Lordship Farm
Benington CE Prim Sch
Wr Twr
Cole's Green
DUCK LA
Hubbert's Grove
Benington Lordship Gdns
Benington
CHURCH GN
THREE STILES
BLACKSMITHS HILL
OAK TREE CL
Benington Park
High Wood
TOWN LA
The Bell (PH)
Pp Ho
WALKERN RD
Finches Farm
Park Wood
PH
GOODEY MEADE
WHEMPSTEAD RD
BENINGTON RD
Burn's Green
Holbrook Farm
Bawne Hook
High Grove
Cotton La
SG14
Small Hopes
Chain Wlk
Landing Strip
Oxshott Hill
HIGH ELMS LA

51
70

39
54

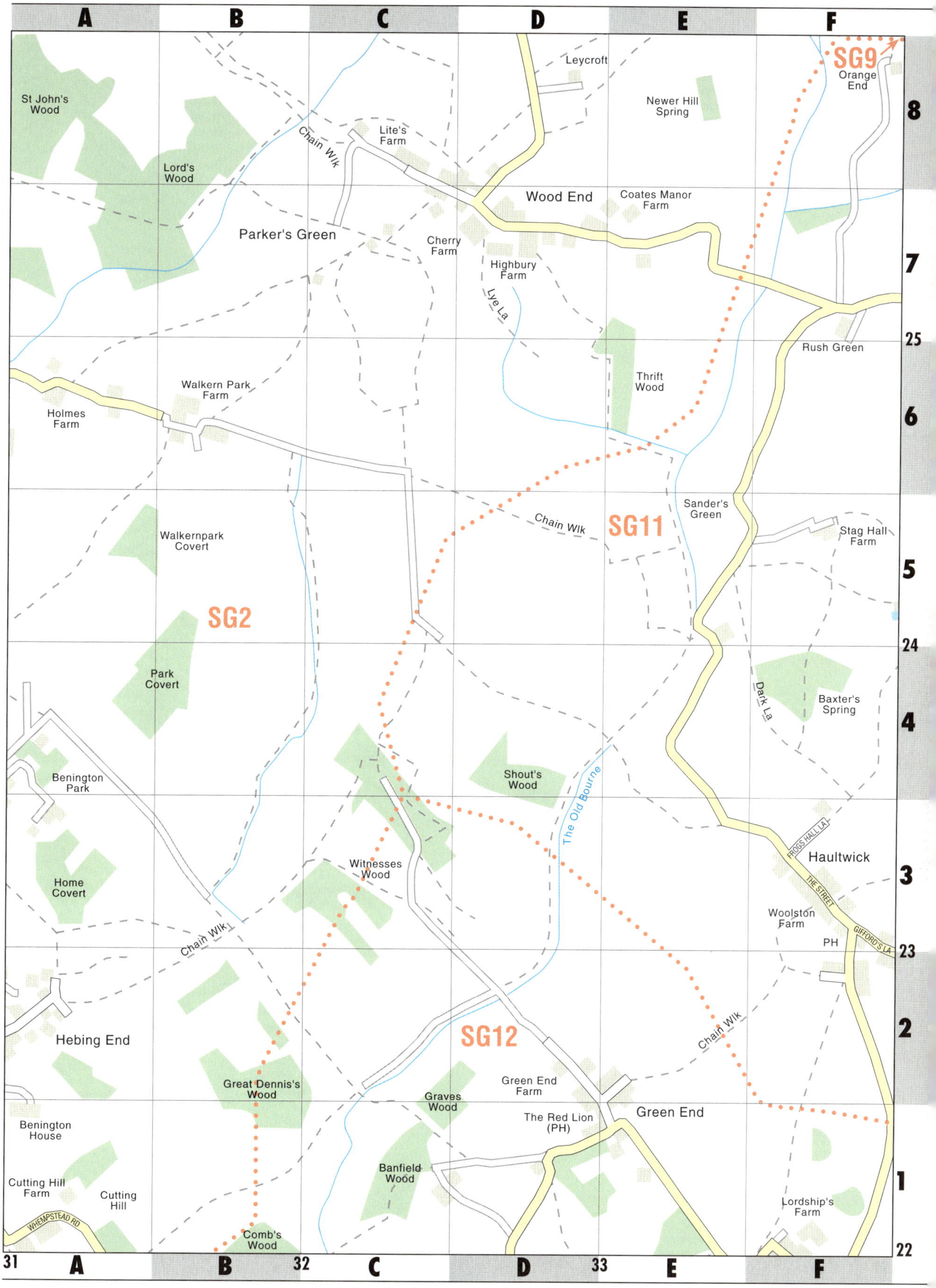
A
B
C
D
E
F
St John's Wood
Lord's Wood
Chain Wlk
Lite's Farm
Leycroft
Newer Hill Spring
SG9
Orange End
8
Wood End
Coates Manor Farm
Parker's Green
Cherry Farm
Highbury Farm
7
Lye La
25
Rush Green
Thrift Wood
Walkern Park Farm
Holmes Farm
6
Chain Wlk
SG11
Sander's Green
Walkernpark Covert
Stag Hall Farm
5
SG2
24
Park Covert
Dark La
Baxter's Spring
4
Benington Park
Shout's Wood
The Old Bourne
FROGS HALL LA
Haultwick
Witnesses Wood
Home Covert
THE STREET
3
Woolston Farm
GIFFORD'S LA
Chain Wlk
PH
23
Hebing End
SG12
Chain Wlk
2
Green End Farm
Great Dennis's Wood
Graves Wood
Green End
The Red Lion (PH)
Benington House
Banfield Wood
1
Cutting Hill Farm
Cutting Hill
Lordship's Farm
WHEMPSTEAD RD
Comb's Wood
22
31
32
33

71
54

Map page 54 — Great Munden area (SG9, SG11, SG12)

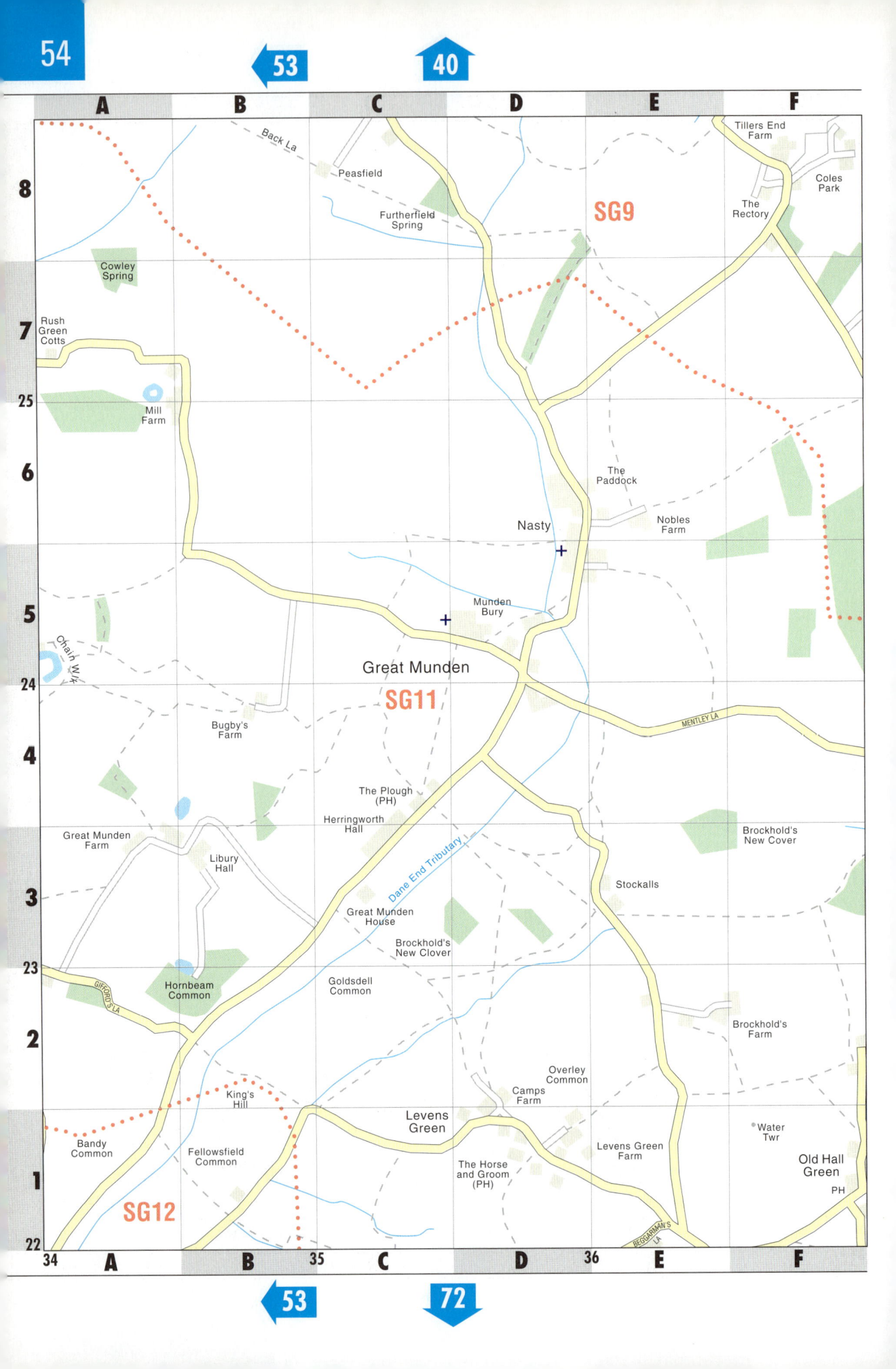

Grid references: A–F (columns), 1–8 / 22–25 (rows)

Adjacent pages: 53 (west), 40 (north), 72 (south)

Labelled features:
- Back La
- Peasfield
- Furtherfield Spring
- Tillers End Farm
- Coles Park
- The Rectory
- Cowley Spring
- Rush Green Cotts
- Mill Farm
- The Paddock
- Nasty
- Nobles Farm
- Chalk Wk
- Munden Bury
- Great Munden
- Bugby's Farm
- Mentley La
- Great Munden Farm
- Libury Hall
- The Plough (PH)
- Herringworth Hall
- Brockhold's New Cover
- Dane End Tributary
- Great Munden House
- Stockalls
- Hornbeam Common
- Gifford's La
- Brockhold's New Clover
- Goldsdell Common
- Brockhold's Farm
- Overley Common
- Camps Farm
- Levens Green Farm
- Bandy Common
- King's Hill
- Fellowsfield Common
- Levens Green
- The Horse and Groom (PH)
- Water Twr
- Old Hall Green PH
- Beggarman's La

41
56

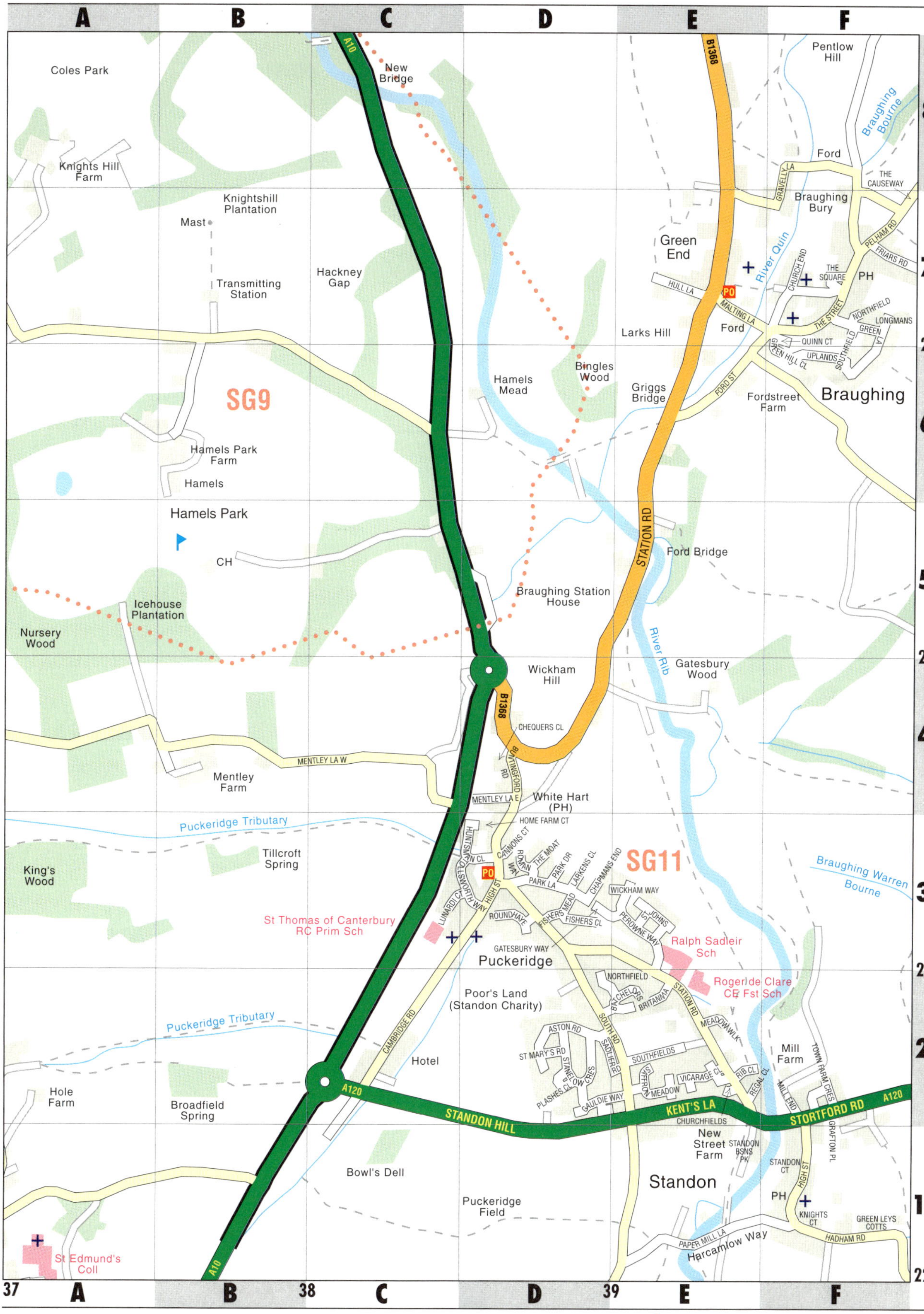

A
B
C
D
E
F
8
7
25
6
5
24
4
3
23
2
1
22
37
38
39
Coles Park
New Bridge
A10
B1368
Pentlow Hill
Braughing Bourne
Knights Hill Farm
Ford
THE CAUSEWAY
Knightshill Plantation
Braughing Bury
Mast
Green End
River Quin
PELHAM RD
FRIARS RD
CHURCH END
THE SQUARE
PH
Hackney Gap
Transmitting Station
HULL LA
PO
MALTING LA
THE STREET
NORTHFIELD
LONGMANS
GREEN
Larks Hill
Ford
QUINN CT
UPLANDS
SOUTHFIELD
GREEN HILL CL
GRAVELLY LA
SG9
Hamels Mead
Bingles Wood
Griggs Bridge
FORD ST
Fordstreet Farm
Braughing
Hamels Park Farm
Hamels
Hamels Park
STATION RD
Ford Bridge
CH
Braughing Station House
Icehouse Plantation
Nursery Wood
River Rib
Wickham Hill
Gatesbury Wood
CHEQUERS CL
BUNTINGFORD RD
MENTLEY LA W
Mentley Farm
MENTLEY LA E
White Hart (PH)
HOME FARM CT
Puckeridge Tributary
Tillcroft Spring
King's Wood
HUNTSMAN CL
CANNONS CT
ROMAN WAY
THE MOAT
PARK DR
LARKENS CL
CHAPMANS END
SG11
Braughing Warren Bourne
ELLESWORTH WAY
PARK LA
WICKHAM WAY
LUNARDI CT
HIGH ST
ROUNDHAYE
FISHERS MEAD
FISHERS CL
PEROWNE WAY
ST JOHNS
St Thomas of Canterbury RC Prim Sch
GATESBURY WAY
Ralph Sadleir Sch
Puckeridge
NORTHFIELD
Roger de Clare CE Fst Sch
Poor's Land (Standon Charity)
BATCHELORS
BRITANNIA
STATION RD
MEADOW WLK
Puckeridge Tributary
CAMBRIDGE RD
ASTON RD
SOUTH RD
Mill Farm
Hotel
ST MARY'S RD
STANELOW CRES
SADLEIR RD
SOUTHFIELDS
SAFFRON
VICARAGE CL
RIB CL
REGAL CL
TOWN FARM CRES
MILL END
Hole Farm
A120
PLASHES CL
GAULDIE WAY
MEADOW
KENT'S LA
Broadfield Spring
STANDON HILL
CHURCHFIELDS
STORTFORD RD
GRAFTON PL
New Street Farm
STANDON BSNS PK
STANDON CT
Bowl's Dell
Standon
Puckeridge Field
PH
KNIGHTS CT
GREEN LEYS COTTS
PAPER MILL LA
Harcamlow Way
HADHAM RD
St Edmund's Coll

73
56

56

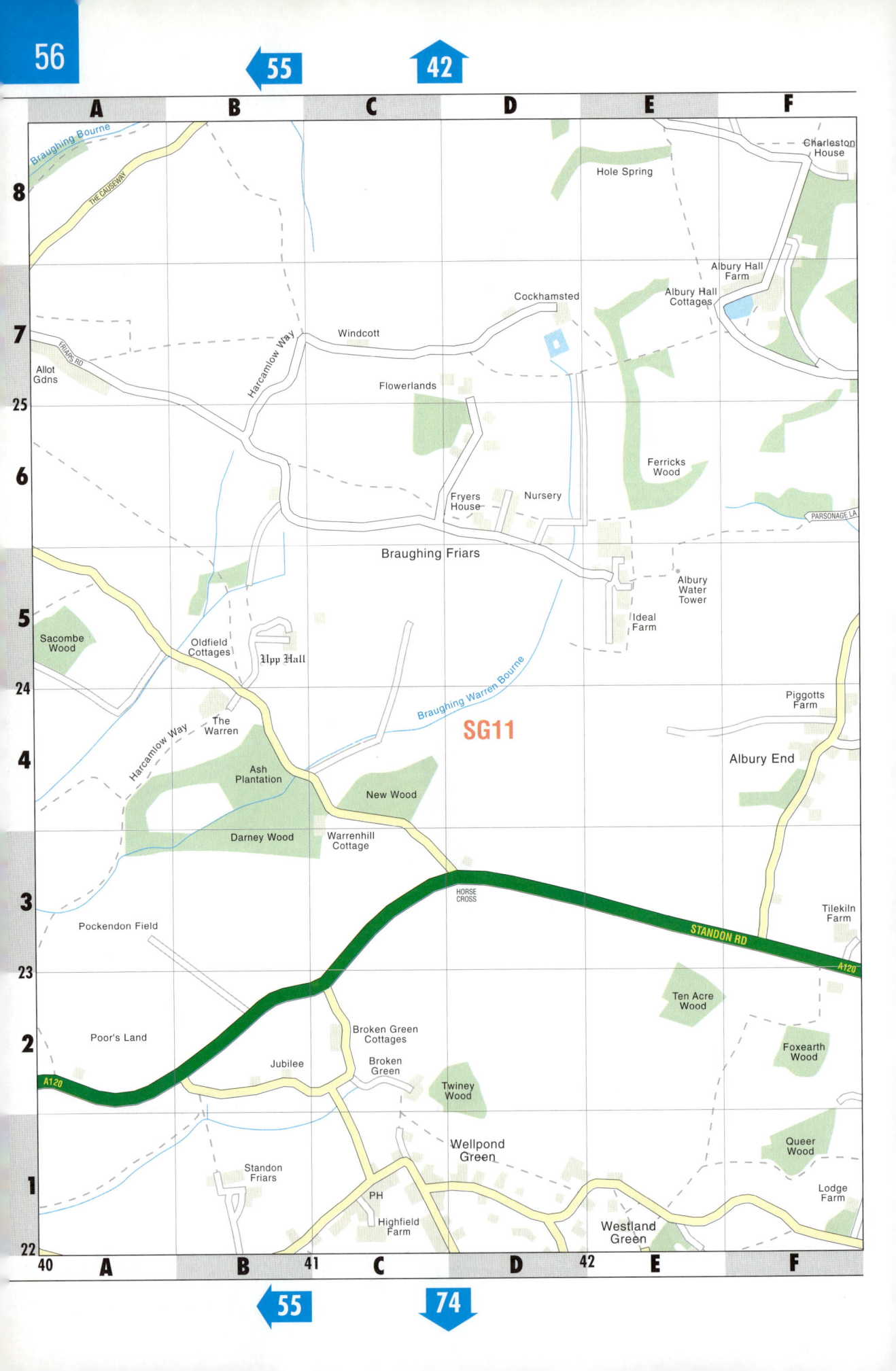

Map grid references: A–F horizontal, 22–25 and 1–8 vertical.

Labels on map:

- Braughing Bourne
- THE CAUSEWAY
- FRIARS RD
- Allot Gdns
- Charleston House
- Hole Spring
- Albury Hall Farm
- Albury Hall Cottages
- Cockhamsted
- Windcott
- Harcamlow Way
- Flowerlands
- Ferricks Wood
- PARSONAGE LA
- Fryers House
- Nursery
- Braughing Friars
- Albury Water Tower
- Ideal Farm
- Sacombe Wood
- Oldfield Cottages
- Upp Hall
- Piggotts Farm
- Braughing Warren Bourne
- SG11
- The Warren
- Harcamlow Way
- Ash Plantation
- Albury End
- New Wood
- Darney Wood
- Warrenhill Cottage
- HORSE CROSS
- STANDON RD
- A120
- Tilekiln Farm
- Pockendon Field
- Ten Acre Wood
- Poor's Land
- Broken Green Cottages
- Jubilee
- Broken Green
- Foxearth Wood
- Twiney Wood
- A120
- Standon Friars
- Wellpond Green
- PH
- Highfield Farm
- Westland Green
- Queer Wood
- Lodge Farm

Adjacent pages: 55 (left/bottom), 42 (top), 74 (bottom).

43
58

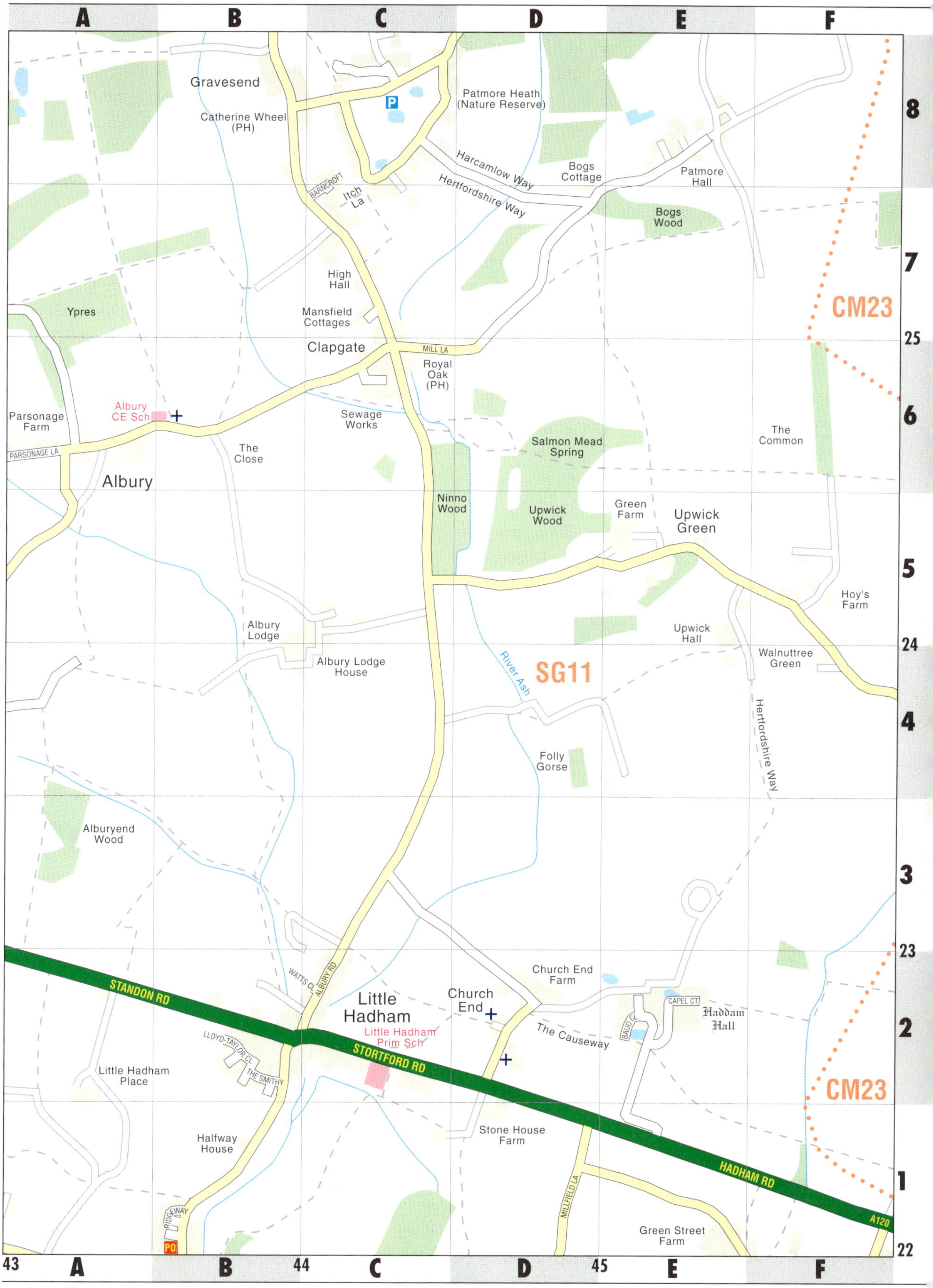
A
B
C
D
E
F
8
7
25
6
5
24
4
3
23
2
1
22
43
44
45
Gravesend
Catherine Wheel (PH)
Patmore Heath (Nature Reserve)
P
Harcamlow Way
Hertfordshire Way
Bogs Cottage
Patmore Hall
Bogs Wood
BARNCROFT
Itch La
High Hall
Mansfield Cottages
Ypres
Clapgate
MILL LA
Royal Oak (PH)
CM23
Parsonage Farm
Albury CE Sch
PARSONAGE LA
Albury
The Close
Sewage Works
Salmon Mead Spring
The Common
Ninno Wood
Upwick Wood
Green Farm
Upwick Green
Hoy's Farm
Albury Lodge
Albury Lodge House
Upwick Hall
Walnuttree Green
River Ash
SG11
Hertfordshire Way
Folly Gorse
Alburyend Wood
STANDON RD
WATTS CL
ALBURY RD
Little Hadham
Church End
Church End Farm
CAPEL CT
Haddam Hall
BAUD CL
The Causeway
Little Hadham Prim Sch
LLOYD-TAYLOR CL
THE SMITHY
STORTFORD RD
Little Hadham Place
CM23
Halfway House
Stone House Farm
HADHAM RD
MILLFIELD LA
RIDGEWAY
PO
Green Street Farm
A120

75
58

58

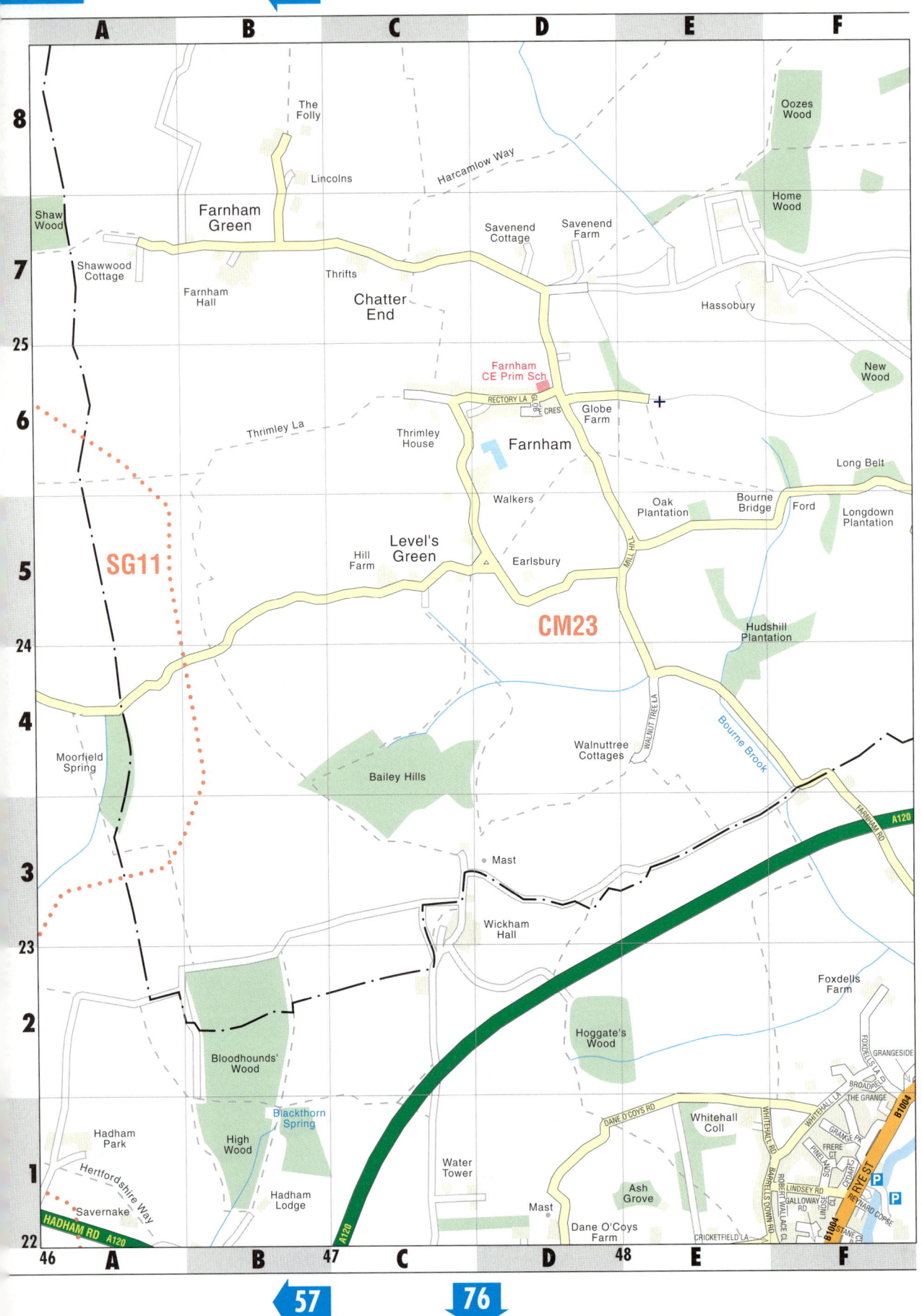

SG11 / CM23

Labels and features visible on map:

- Shaw Wood
- Shawwood Cottage
- The Folly
- Lincolns
- Farnham Green
- Farnham Hall
- Harcamlow Way
- Oozes Wood
- Savenend Cottage
- Savenend Farm
- Home Wood
- Thrifts
- Chatter End
- Hassobury
- New Wood
- Farnham CE Prim Sch
- Rectory La
- Globe Cres
- Globe Farm
- Thrimley La
- Thrimley House
- Farnham
- Long Belt
- Walkers
- Oak Plantation
- Bourne Bridge
- Ford
- Longdown Plantation
- Hill Farm
- Level's Green
- Earlsbury
- Mill Hill
- Hudshill Plantation
- Moorfield Spring
- Walnut Tree La
- Walnuttree Cottages
- Bourne Brook
- Bailey Hills
- Farnham Rd
- A120
- Mast
- Wickham Hall
- Foxdells Farm
- Bloodhounds' Wood
- Hoggate's Wood
- Grangeside
- Broadpst
- The Grange
- Blackthorn Spring
- High Wood
- Dane D'Coys Rd
- Whitehall Coll
- Whitehall La
- Whitehall Rd
- Grange Pk
- Frere Ct
- Pinelands
- B1004
- Hadham Park
- Hertfordshire Way
- Hadham Lodge
- Water Tower
- Ash Grove
- Robert Wallace Rd
- Lindsey Rd
- Galloway Rd
- Barrells Down Rd
- Cedar Ct
- Rye St
- Reynard Corse
- Savernake
- Hadham Rd A120
- Mast
- Dane O'Coys Farm
- Cricketfield La

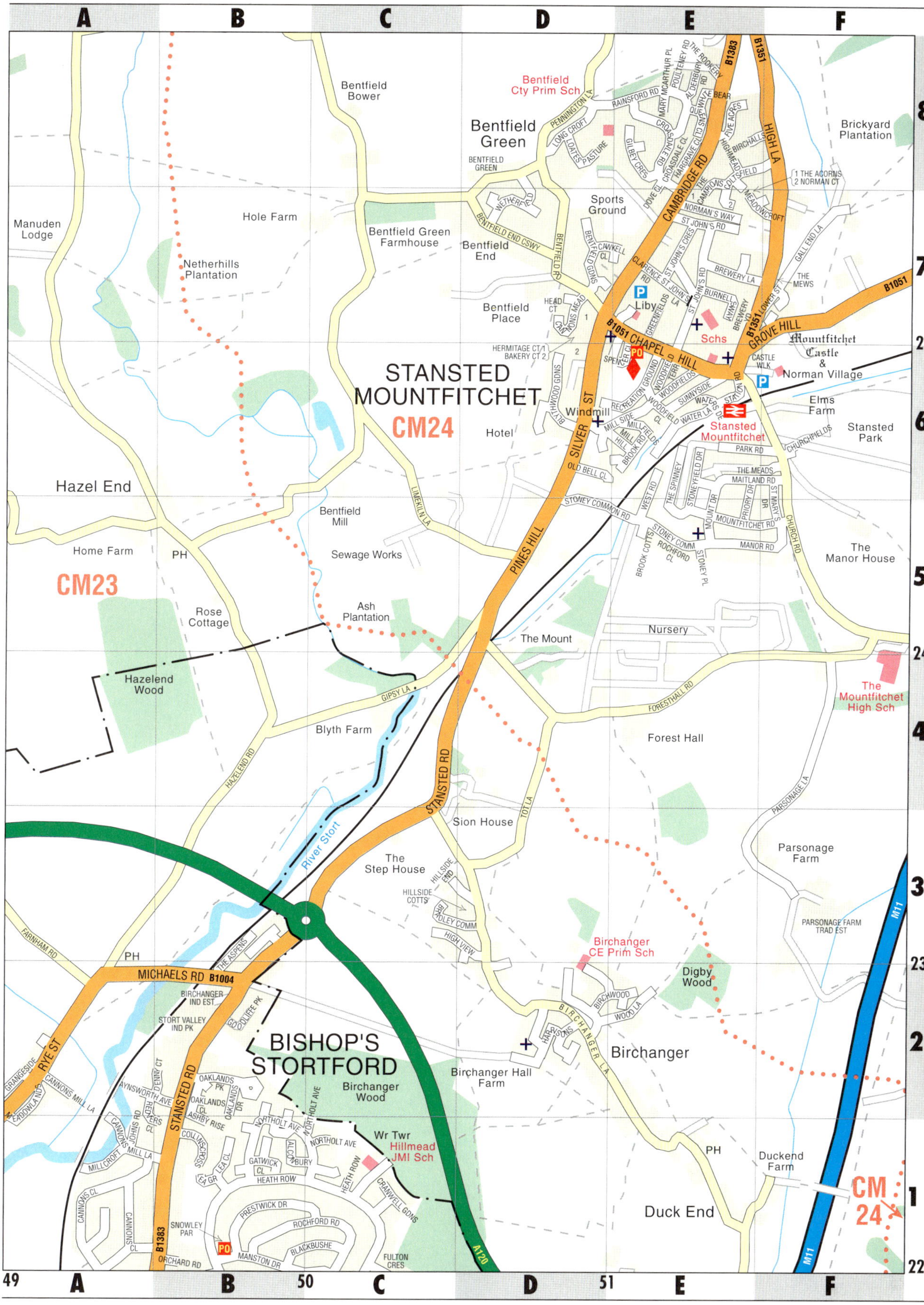
A
B
C
D
E
F
8
7
25
6
5
24
4
3
23
2
1
22
49
50
51
Bentfield Bower
Bentfield Cty Prim Sch
Bentfield Green
BENTFIELD GREEN
PENNINGTON LA
LONG CROFT
LOATES PASTURE
RAINSFORD RD
MARY MCARTHUR PL
POULTENEY RD
THE ROOKERY
B1383
B1351
WHITE BEAR
GILBEY CRES
CROSSDALE RD
HARGRAVE CL
CAMBRIDGE RD
HIGH LA
FIVE ACRES
HIGHMEAD
BIRCHALLS
COLTSFIELD
1 THE ACORNS
2 NORMAN CT
Brickyard Plantation
Manuden Lodge
Hole Farm
Bentfield Green Farmhouse
Bentfield End
BENTFIELD END CSWY
WETHERFIELD
Sports Ground
NORMAN'S WAY
ST JOHN'S RD
MEADOWCROFT
DOVE CL
BENTFIELD RD
BENTFIELD GDNS
CAWKELL CL
CLARENCE RD
BREWERY LA
BURNELL WALK
GALL END LA
THE MEWS
LOWER ST
Netherhills Plantation
Bentfield Place
HEAD CT
MONS MEAD
Liby
GREENFIELDS
B1051 CHAPEL HILL
GROVE HILL
B1051
Schs
PO
HERMITAGE CT 1
BAKERY CT 2
STANSTED MOUNTFITCHET
CM24
Mountfitchet Castle & Norman Village
CASTLE WLK
STATION RD
Windmill
RECREATION GROUND
WOODFIELDS
SUNNYSIDE
WATERS
WATER LA
MILL SIDE
MILL HILL
MILLFIELDS
BROOK RD
Stansted Mountfitchet
Elms Farm
Stansted Park
CHURCHFIELDS
PARK RD
Hotel
SILVER ST
OLD BELL CL
BLYTHWOOD GDNS
THE MEADS
MAITLAND RD
STONEYFIELD DR
THE SPINNEY
WEST RD
Hazel End
STONEY COMMON RD
MOUNT DR
PRIORY DR
ST MARY'S DR
MOUNTFITCHET RD
CHURCH RD
LIMEKILN LA
Bentfield Mill
Home Farm
PH
STONEY COMM
ROCHFORD CL
BROOK COTTS
STONEY PL
MANOR RD
The Manor House
Sewage Works
PINES HILL
CM23
Rose Cottage
Ash Plantation
Nursery
The Mount
Hazelend Wood
GIPSY LA
FORESTHALL RD
The Mountfitchet High Sch
Blyth Farm
Forest Hall
HAZELEND RD
STANSTED RD
TOTT LA
PARSONAGE LA
Sion House
River Stort
Parsonage Farm
The Step House
HILLSIDE END
HILLSIDE COTTS
BRADLEY COMM
HIGH VIEW
PARSONAGE FARM TRAD EST
M11
FARNHAM RD
PH
THE ASPENS
Birchanger CE Prim Sch
MICHAELS RD B1004
Digby Wood
BIRCHANGER IND EST
STORT VALLEY IND PK
GOODLIFFE PK
BIRCHWOOD
WOOD LA
BIRCHANGER LA
HARRISONS
RYE ST
BISHOP'S STORTFORD
Birchanger
GRANGESIDE
MEADOWLANDS
CANNONS MILL LA
DENNY CT
AYNSWORTH AVE
OAKLANDS PK
OAKLANDS CL
OAKLANDS DR
Birchanger Wood
Birchanger Hall Farm
REDVERS CL
ASHBY RISE
NORTHOLT AVE
Wr Twr
COLLINS CRES
JOHNS RD
CANNONS MILL LA
MILLCROFT
LEA CL
GATWICK CL
ALCONBURY
Hillmead JMI Sch
HEATH ROW
PH
Duckend Farm
CANNONS CL
CANNONS CL
PRESTWICK DR
CRANWELL GDNS
ROCHFORD RD
Duck End
CM 24
SNOWLEY PAR
BLACKBUSHE
B1383
MANSTON DR
FULTON CRES
ORCHARD RD
A120

60

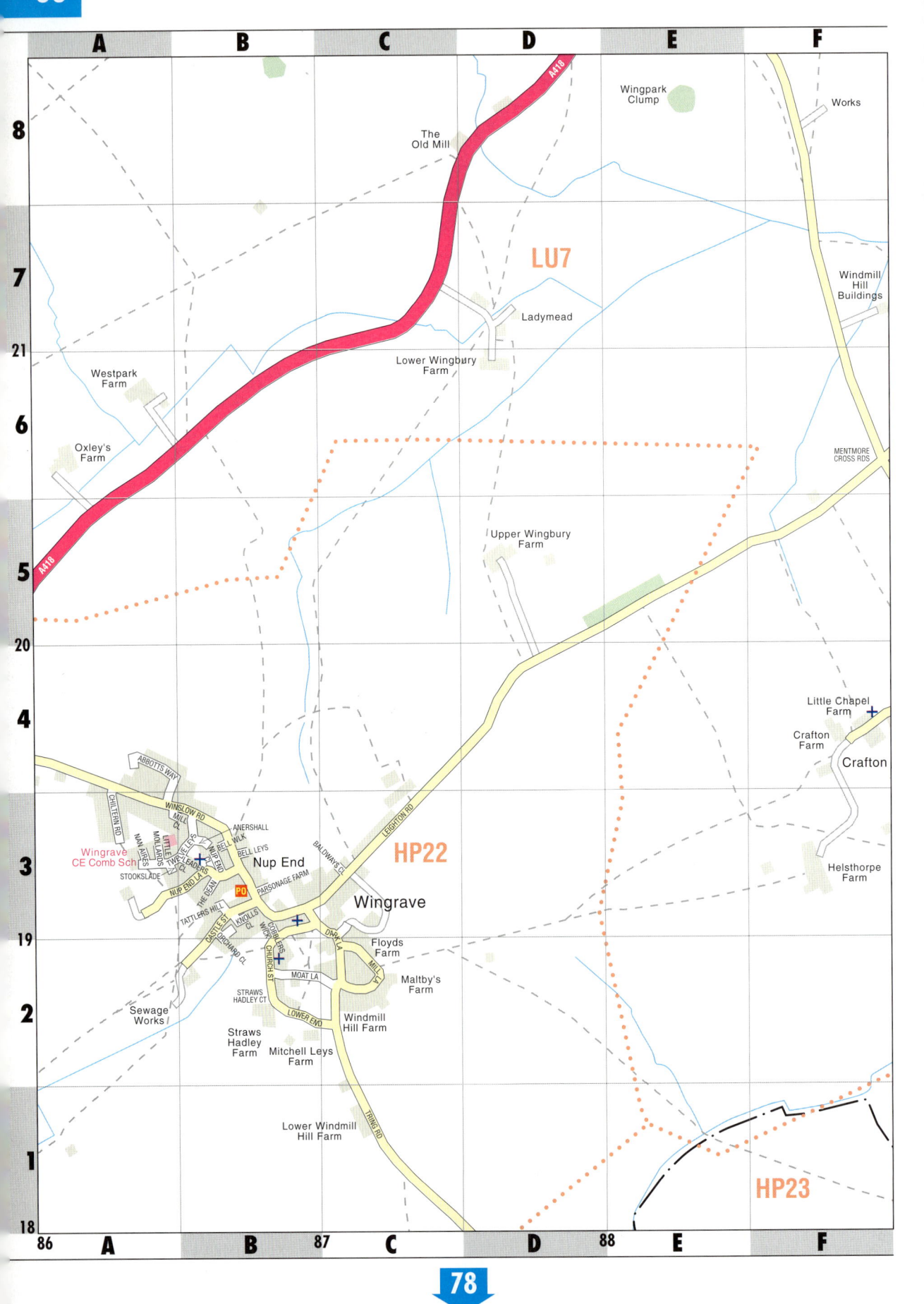

	A	B	C	D	E	F

LU7

- Wingpark Clump
- Works
- The Old Mill
- Windmill Hill Buildings
- Ladymead
- Westpark Farm
- Lower Wingbury Farm
- Oxley's Farm
- Mentmore Cross Rds
- Upper Wingbury Farm
- Little Chapel Farm
- Crafton Farm
- Crafton

HP22

- Wingrave CE Comb Sch
- Nup End
- Wingrave
- Parsonage Farm
- Helsthorpe Farm
- Floyds Farm
- Maltby's Farm
- Sewage Works
- Straws Hadley Farm
- Mitchell Leys Farm
- Windmill Hill Farm
- Lower Windmill Hill Farm

Streets/Roads: Abbotts Way, Winslow Rd, Chiltern Rd, Mill Cl, Nan Aires, Little Mollards, Anershall Wlk, Bell Leys, Twelve Leaders Cl, Nup End, Stookslade, Nup End La, The Dean, Tattlers Hill, Castle St, Orchard Cl, Knolls Cl, Cobblers, Wick Rd, Church St, Moat La, Straws Hadley Ct, Lower End, Dims La, Mill Rd, Tring Rd, Baldways Cl, Leighton Rd

HP23

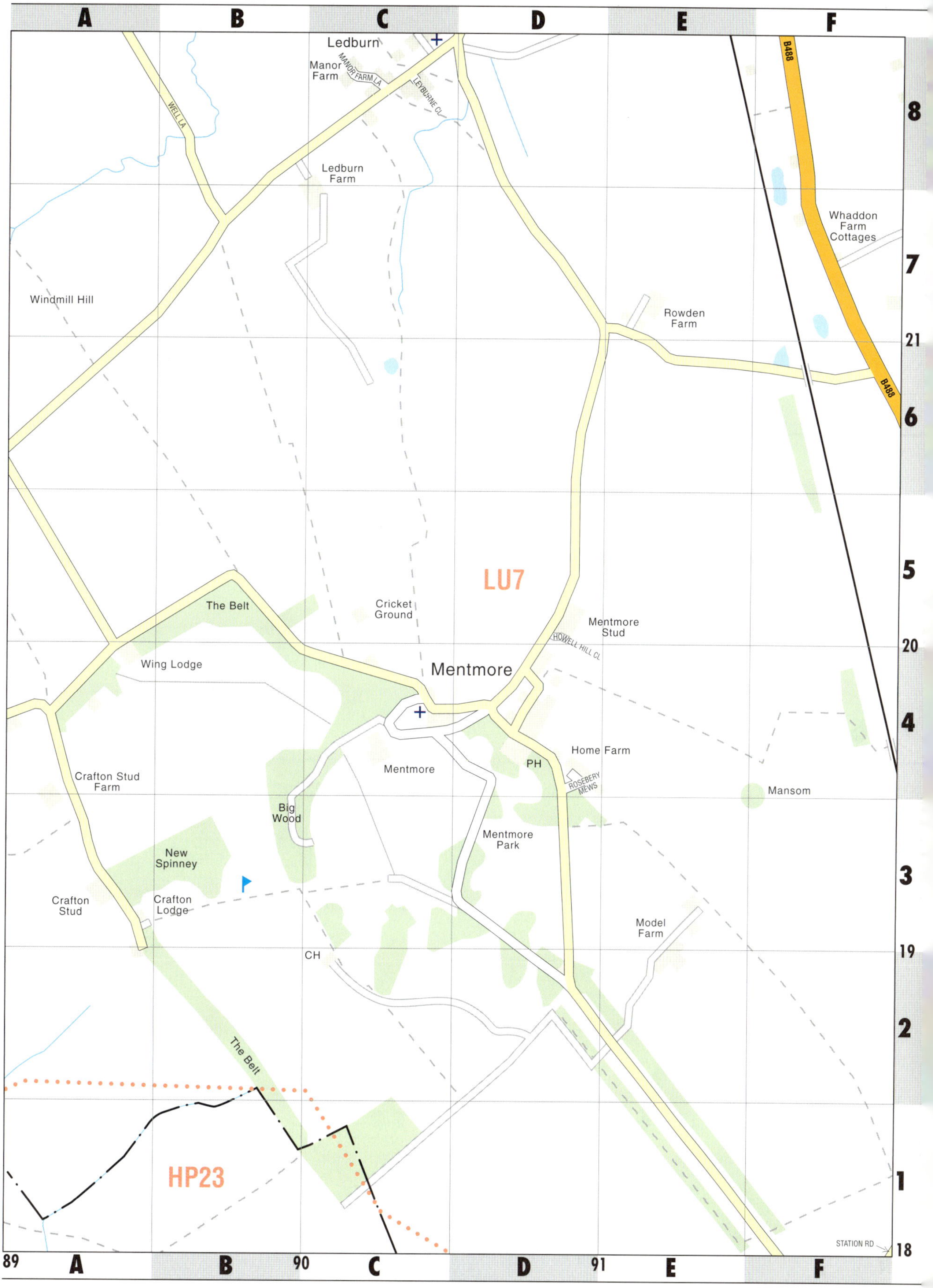
A
B
C
D
E
F
Ledburn
Manor Farm
MANOR FARM LA
LEYBURNE CL
WELL LA
B488
8
Ledburn Farm
Whaddon Farm Cottages
7
Windmill Hill
Rowden Farm
21
B488
6
5
LU7
Cricket Ground
The Belt
Mentmore Stud
HOWELL HILL CL
20
Wing Lodge
Mentmore
4
Home Farm
PH
Mentmore
Crafton Stud Farm
ROSEBERY MEWS
Mansom
Big Wood
Mentmore Park
New Spinney
3
Crafton Stud
Crafton Lodge
Model Farm
19
CH
2
The Belt
1
HP23
STATION RD
18
89
A
B
90
C
D
91
E
F

79

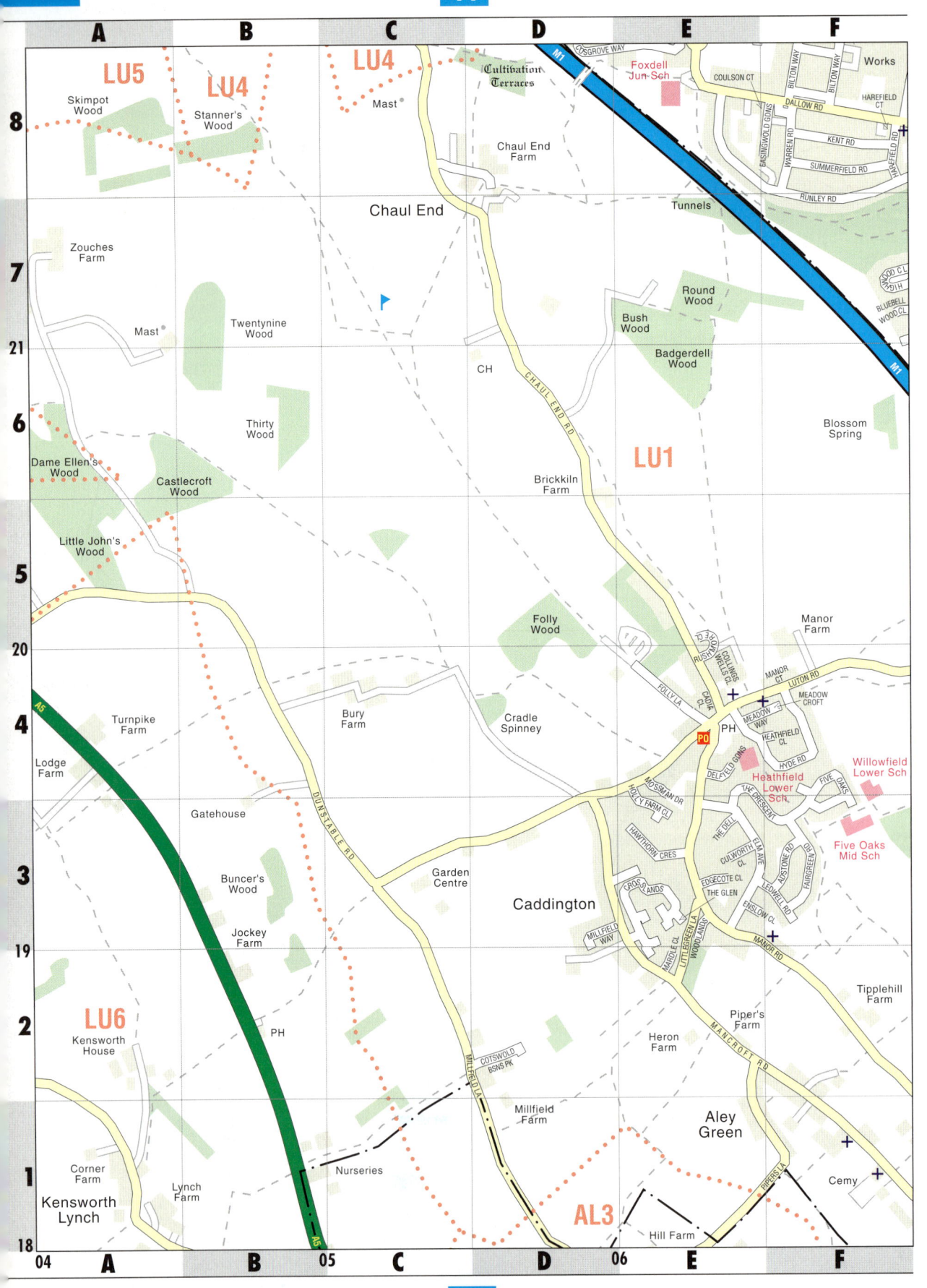

Map page showing the area around Caddington, Chaul End, Kensworth Lynch and Aley Green.

Grid references: A–F (columns), 1–8 / 18–21 (rows). Easting 04–06.

Postcode areas labelled: LU5, LU4, LU1, LU6, AL3.

Notable features and labels:
- Skimpot Wood, Stanner's Wood, Mast, Cultivation Terraces
- Foxdell Jun Sch, Works, Coulson Ct, Bilton Way, Dallow Rd, Harefield Ct, Basingwold Gdns, Warren Rd, Kent Rd, Summerfield Rd, Harefield Rd, Runley Rd, Wood Cl, Bluebell Wood Cl
- Chaul End, Chaul End Farm, Chaul End Rd, Tunnels, M1
- Zouches Farm, Mast, Twentynine Wood, CH, Round Wood, Bush Wood, Badgerdell Wood
- Thirty Wood, Dame Ellen's Wood, Castlecroft Wood, Little John's Wood, Brickkiln Farm, Blossom Spring
- Folly Wood, Manor Farm, Collins Wells Cl, Rushmere Cl, Folly La, Cauk Cl, Manor Ct, Luton Rd, Meadow Croft, Meadow Way, PH, PO, Heathfield Cl, Hyde Rd, Willowfield Lower Sch, Delfield Gdns, Heathfield Lower Sch, Five Oaks, Five Oaks Mid Sch
- Turnpike Farm, Lodge Farm, Dunstable Rd, Gatehouse, Bury Farm, Cradle Spinney, Mossman Dr, Holly Farm Cl, Hawthorn Cres, Culworth Cl, The Dell, Elm Ave, Adstone Rd, The Glen, Edgecote Cl, Ledwell Rd, Fairgreen Rd, Enslow Cl
- Buncer's Wood, Jockey Farm, Garden Centre, Caddington, Crosslands, Mardle La, Littlegreen La, Woodlands, Millfield Way, Manor Rd
- Kensworth House, Piper's Farm, Heron Farm, Mancroft Rd, Tipplehill Farm
- Cotswold Bsns Pk, Millfield Farm, Aley Green
- Corner Farm, Lynch Farm, Kensworth Lynch, Nurseries, Hill Farm, Piper's La, Cemy
- A5 (green dual carriageway)

Adjacent page indicators: 62 (top-left), 44 (top, arrow up), 83 (bottom, arrow down).

63

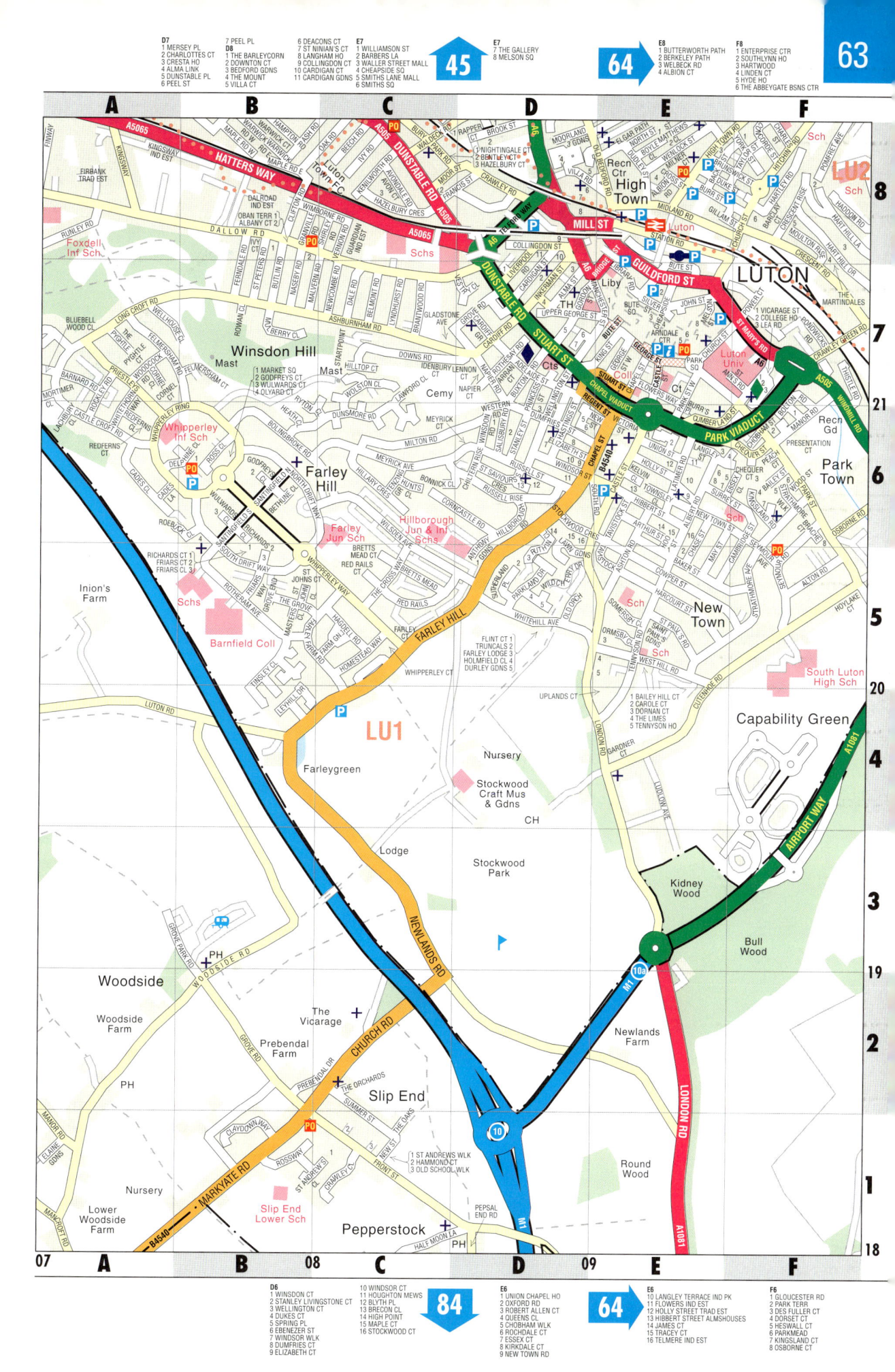

D7
1 MERSEY PL
2 CHARLOTTES CT
3 CRESTA HO
4 ALMA LINK
5 DUNSTABLE PL
6 PEEL ST

A7
7 PEEL PL
1 THE BARLEYCORN
2 DOWNTON CT
3 BEDFORD GDNS
4 THE MOUNT
5 VILLA CT

B7
6 DEACONS CT
7 ST NINIAN'S CT
8 LANGHAM HO
9 COLLINGDON CT
10 CARDIGAN CT
11 CARDIGAN GDNS

C7
1 WILLIAMSON ST
2 BARBERS LA
3 WALLER STREET MALL
4 CHEAPSIDE SQ
5 SMITHS LANE MALL
6 SMITHS SQ

E7
7 THE GALLERY
8 MELSON SQ

E8
1 BUTTERWORTH PATH
2 BERKELEY PATH
3 WELBECK RD
4 ALBION CT

F8
1 ENTERPRISE CTR
2 SOUTHLYNN HO
3 HARTWOOD
4 LINDEN CT
5 HYDE HO
6 THE ABBEYGATE BSNS CTR

← 45   64 →

← 84   64 →

D6
1 WINSDON CT
2 STANLEY LIVINGSTONE CT
3 WELLINGTON CT
4 DUKES CT
5 SPRING PL
6 EBENEZER ST
7 WINDSOR WLK
8 DUMFRIES CT
9 ELIZABETH CT
10 WINDSOR CT
11 HOUGHTON MEWS
12 BLYTH PL
13 BRECON CL
14 HIGH POINT
15 MAPLE CT
16 STOCKWOOD CT

E6
1 UNION CHAPEL HO
2 OXFORD CT
3 ROBERT ALLEN CT
4 QUEENS CL
5 COBHAM WLK
6 ROCHDALE CT
7 ESSEX CT
8 KIRKDALE CT
9 NEW TOWN RD
10 LANGLEY TERRACE IND PK
11 FLOWERS IND EST
12 HOLLY STREET TRAD EST
13 HIBBERT STREET ALMSHOUSES
14 JAMES CT
15 TRACEY CT
16 TELMERE IND EST

F6
1 GLOUCESTER RD
2 PARK TERR
3 DES FULLER CT
4 DORSET CT
5 HESWALL CT
6 PARKMEAD
7 KINGSLAND CT
8 OSBORNE CT

64

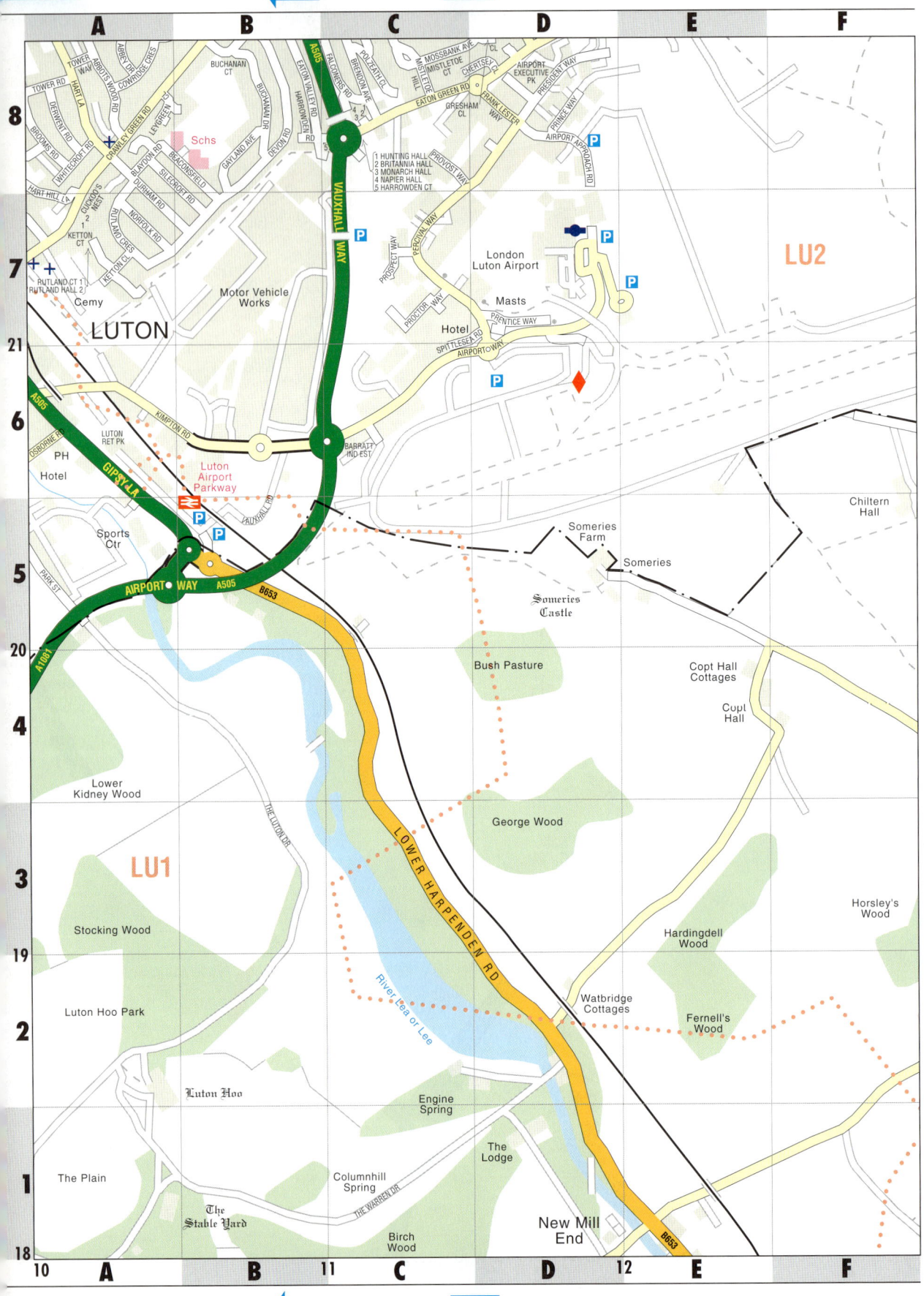

Map grid references: A–F columns, 1–8 and 18–21 rows.

Adjacent pages: 63 (west), 46 (north), 85 (south-east).

Key locations and features:

- LUTON
- LU1, LU2 (postcode districts)
- London Luton Airport
- Luton Airport Parkway (station)
- Airport Executive Pk
- Motor Vehicle Works
- Someries Castle, Someries Farm, Someries
- Copt Hall, Copt Hall Cottages
- Chiltern Hall
- Hardingdell Wood, Horsley's Wood, Fernell's Wood, George Wood, Bush Pasture
- Lower Kidney Wood, Stocking Wood, Birch Wood
- Luton Hoo, Luton Hoo Park, The Stable Yard, The Plain
- New Mill End, The Lodge, Engine Spring, Columnhill Spring
- Watbridge Cottages
- River Lea or Lee
- Sports Ctr, Hotel, PH
- Cemy
- Schs
- Luton Ret Pk
- Barratt Ind Est
- Masts

Halls (numbered key):
1. Hunting Hall
2. Britannia Hall
3. Monarch Hall
4. Napier Hall
5. Harrowden Ct

Roads:
- A505 (Vauxhall Way, Gipsy La, Airport Way)
- A1081
- B653 (Lower Harpenden Rd)
- Tower Way, Hart Rd, Hart Hill La, Derwent Rd, Brooms Rd, Whitecroft Rd, Abbots Wood Rd, Abbey Dr, Conisure Cres, Cranley Green Rd, Leygreen, Blaydon Rd, Gayland Ave, Beaconsfield, Silecroft Rd, Devon Rd, Buchanan Dr, Harrowden Rd, Eaton Valley Rd, Falconers Rd, Brendon Ave, Eaton Green Rd, Crawley Hill, Mistletoe Cl, Chertsey Cl, Mossbank Ave, Gresham Cl, Crown Lester Way, President Way, Prince Way, Airport Approach Rd, Airport Executive Pk, Provost Way, Percival Way, Prospect Way, Proctor Way, Prentice Way, Spittlesea Rd, Airport Way, Kimpton Rd, Vauxhall Rd, Osborne Rd, Park St, The Luton Dr, The Warren Dr
- Ducksey's Nest, Ketton Ct, Ketton Cl, Rutland Ct 1, Rutland Hall 2, Rutland Motors, Norfolk Rd, Durham Cres, Buchanan Ct

47
66

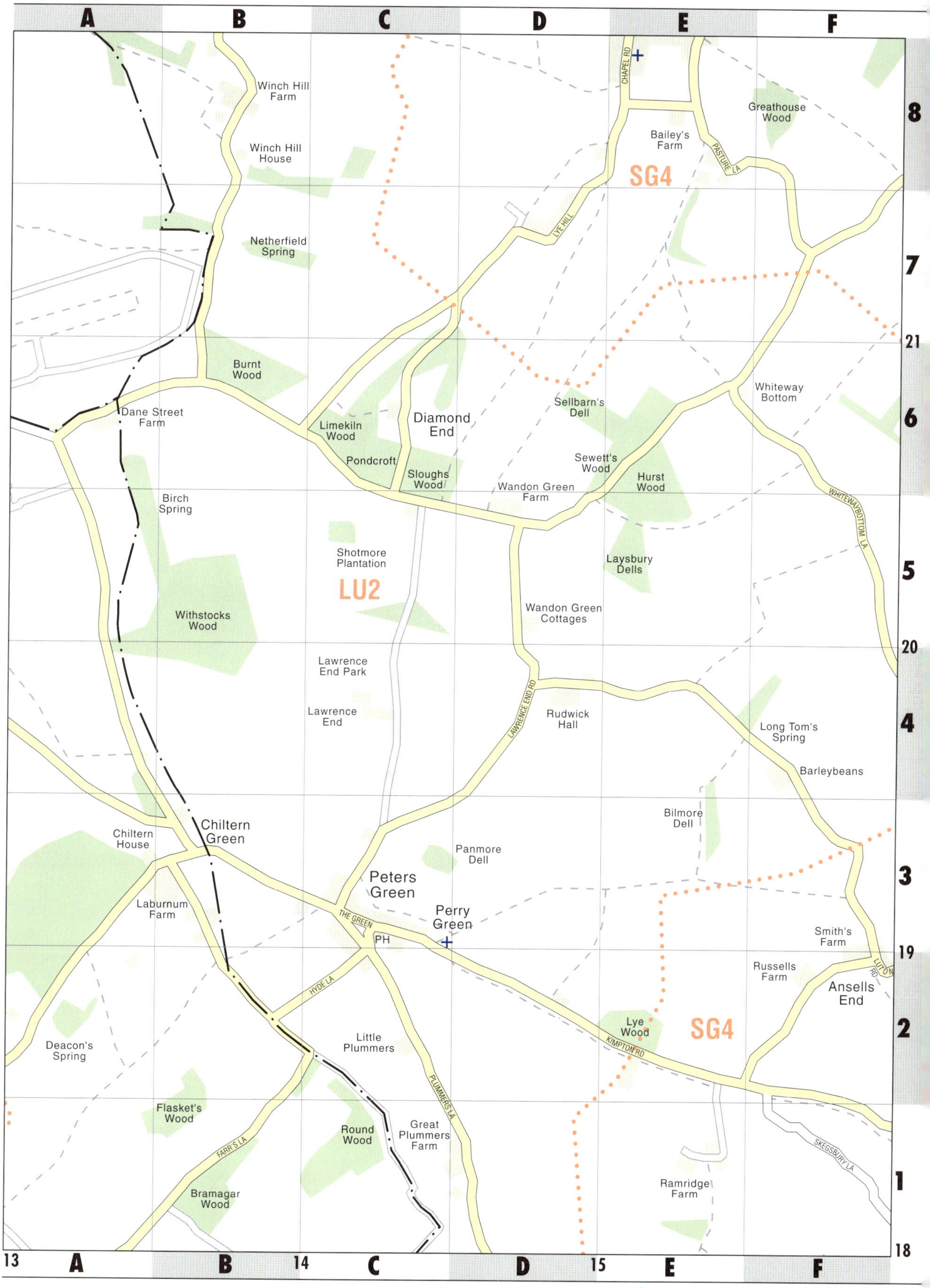
A
B
C
D
E
F
8
7
21
6
5
20
4
3
19
2
1
18
13
14
15
Winch Hill
Farm
Winch Hill
House
Netherfield
Spring
Burnt
Wood
Dane Street
Farm
Birch
Spring
Withstocks
Wood
Chiltern
House
Chiltern
Green
Laburnum
Farm
Deacon's
Spring
Flasket's
Wood
Bramagar
Wood
FARR'S LA
Limekiln
Wood
Pondcroft
Sloughs
Wood
Diamond
End
Shotmore
Plantation
LU2
Lawrence
End Park
Lawrence
End
Peters
Green
Perry
Green
PH
THE GREEN
HYDE LA
Little
Plummers
Round
Wood
Great
Plummers
Farm
PLUMMERS LA
Panmore
Dell
CHAPEL RD
Bailey's
Farm
SG4
PASTURE LA
Greathouse
Wood
LYE HILL
Sellbarn's
Dell
Sewett's
Wood
Wandon Green
Farm
Hurst
Wood
Laysbury
Dells
Wandon Green
Cottages
LAWRENCE END RD
Rudwick
Hall
Whiteway
Bottom
WHITEWAYBOTTOM LA
Long Tom's
Spring
Barleybeans
Bilmore
Dell
Smith's
Farm
Russells
Farm
LUTON RD
Ansells
End
Lye
Wood
SG4
KIMPTON RD
Ramridge
Farm
SKEGSBURY LA

86
66

65
48

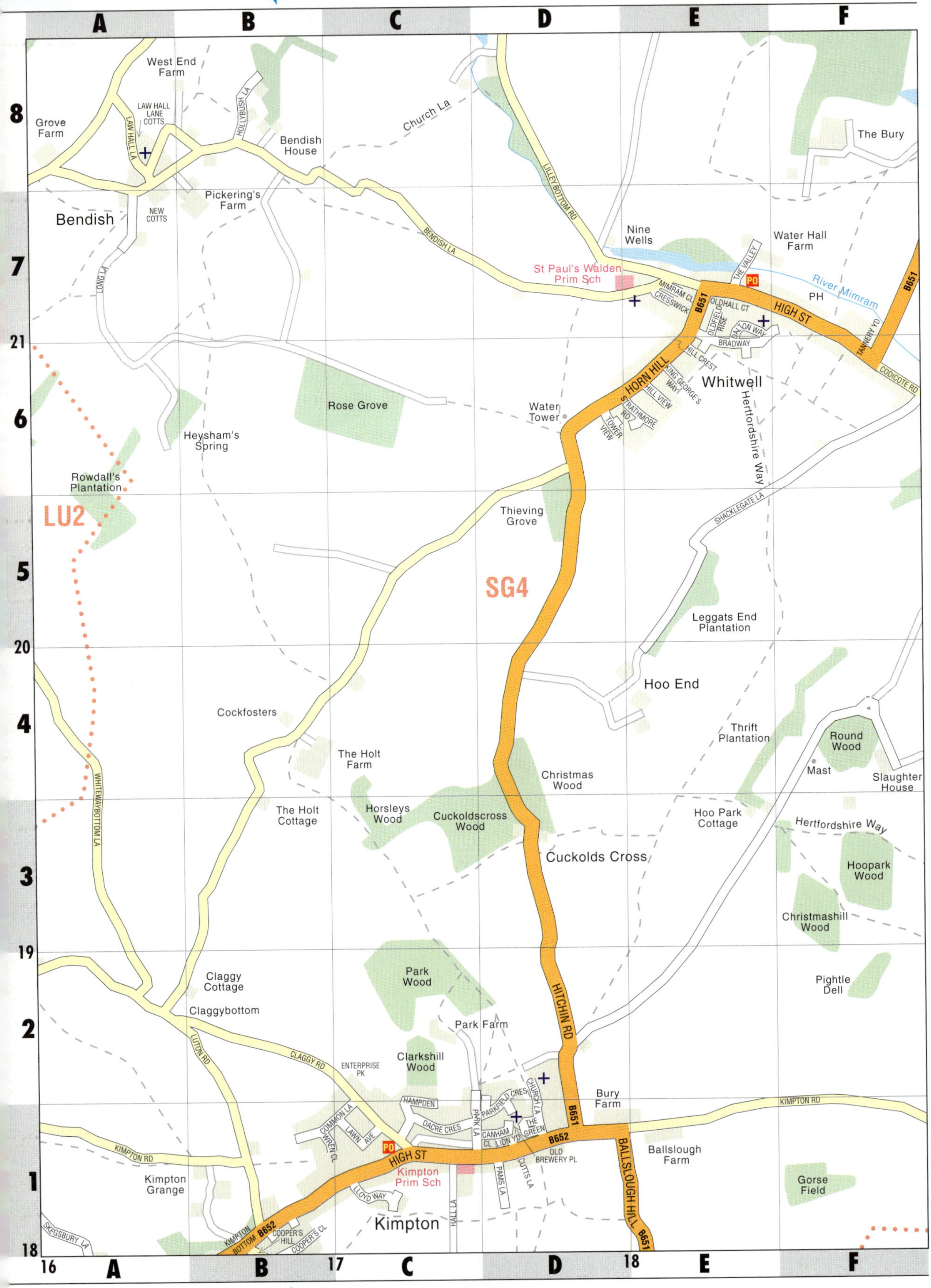
A
B
C
D
E
F
8
7
21
6
5
20
4
3
19
2
1
18
16
17
18
West End Farm
Grove Farm
LAW HALL LANE COTTS
LAW HALL LA
HOLLYBUSH LA
Bendish House
Church La
LILLEY BOTTOM RD
The Bury
Pickering's Farm
Bendish
NEW COTTS
BENDISH LA
Nine Wells
Water Hall Farm
THE VALLEY
PO
River Mimram
St Paul's Walden Prim Sch
MIMRAM CL
CRESSWICK
B651
OLDHALL CT
OLDFIELD RISE
DALTON WAY
BRADWAY
HIGH ST
PH
TANNERY YD
CODICOTE RD
LONG LA
HORN HILL
HILL CREST
KING GEORGE'S WAY
HILL VIEW
STRATHMORE RD
TOWER VIEW
Whitwell
Hertfordshire Way
Rose Grove
Water Tower
Heysham's Spring
Rowdall's Plantation
LU2
Thieving Grove
SHACKLEGATE LA
SG4
Leggats End Plantation
Hoo End
Cockfosters
Thrift Plantation
Round Wood
Mast
Slaughter House
The Holt Farm
Christmas Wood
WHITEWAYBOTTOM LA
The Holt Cottage
Horsleys Wood
Cuckoldscross Wood
Hoo Park Cottage
Hertfordshire Way
Cuckolds Cross
Hoopark Wood
Christmashill Wood
Pightle Dell
Claggy Cottage
Park Wood
Claggybottom
HITCHIN RD
Park Farm
LUTON RD
CLAGGY RD
ENTERPRISE PK
Clarkshill Wood
Bury Farm
KIMPTON RD
HAMPDEN
PARKFIELD CRES
CHURCH LA
COMMON LA
LAWN AVE
WREN CL
DACRE CRES
PARK LA
CANHAM CL
LIDN YD
THE GREEN
B652
OLD BREWERY PL
BALLSLOUGH HILL
Ballslough Farm
KIMPTON RD
HIGH ST
Kimpton Prim Sch
PAMS LA
CUTTS LA
Kimpton Grange
Gorse Field
LLOYD WAY
HALL LA
Kimpton
SKEGSBURY LA
KIMPTON BOTTOM
COOPER'S HILL
COOPER'S CL

65
87

49
68

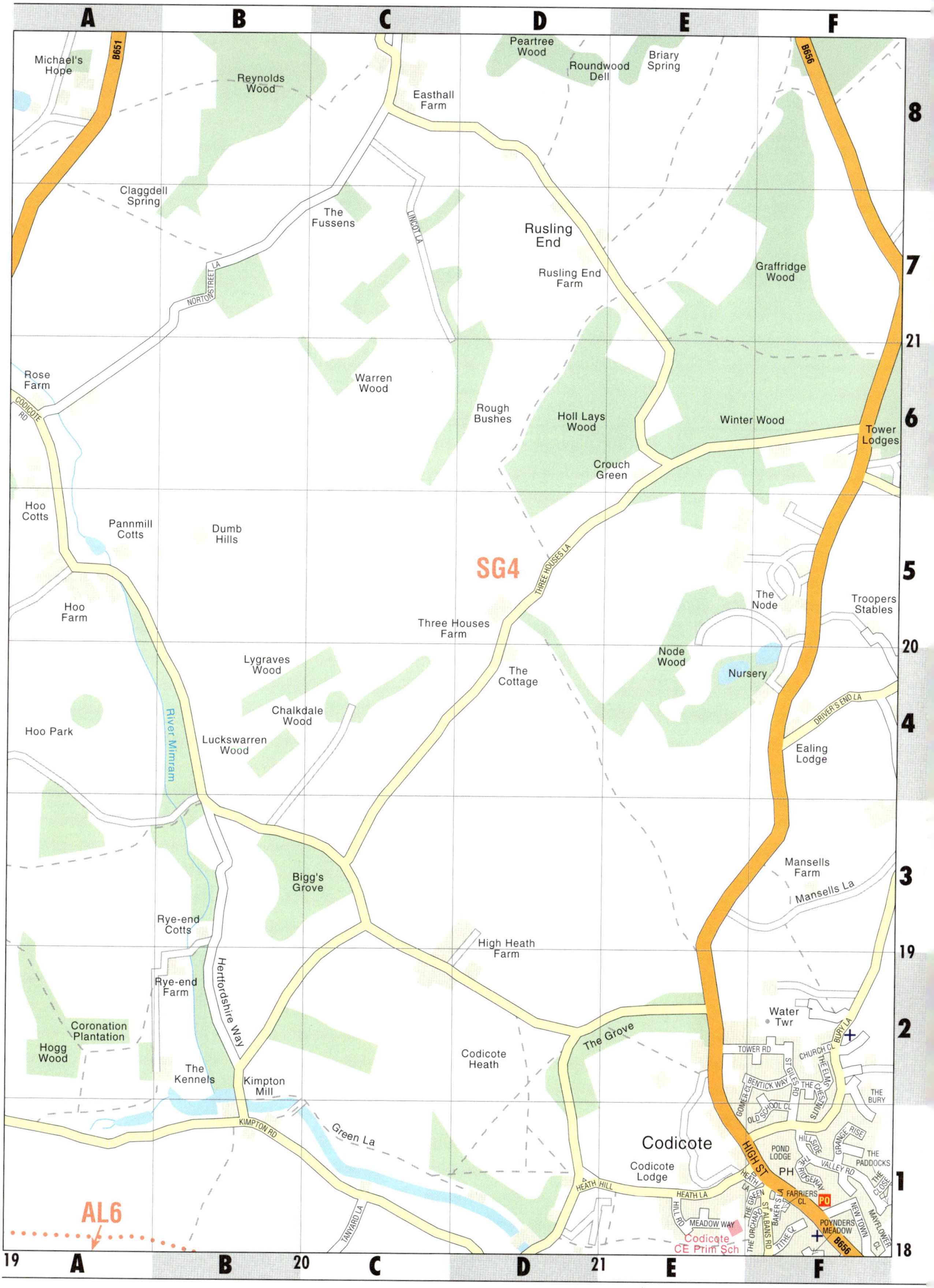
A
B
C
D
E
F
Michael's Hope
B651
Reynolds Wood
Peartree Wood
Roundwood Dell
Briary Spring
B656
Easthall Farm
8
Claggdell Spring
The Fussens
LINCOT LA
Rusling End
Rusling End Farm
Graffridge Wood
7
NORTON STREET LA
21
Warren Wood
Rose Farm
CODICOTE RD
Rough Bushes
Holl Lays Wood
Winter Wood
Tower Lodges
6
Crouch Green
Hoo Cotts
Pannmill Cotts
Dumb Hills
SG4
THREE HOUSES LA
5
Hoo Farm
The Node
Troopers Stables
Three Houses Farm
20
Lygraves Wood
Node Wood
The Cottage
Nursery
River Mimram
Chalkdale Wood
DRIVER'S END LA
Hoo Park
Luckswarren Wood
4
Ealing Lodge
Bigg's Grove
Mansells Farm
3
Mansells La
Rye-end Cotts
High Heath Farm
19
Hertfordshire Way
Rye-end Farm
Water Twr
Coronation Plantation
2
Hogg Wood
The Grove
TOWER RD
BURY LA
CHURCH CL
Codicote Heath
THE ELMS
ST GILES RD
BENTICK WAY
The Kennels
Kimpton Mill
THE CHESTNUTS
GOMER CL
OLD SCHOOL CL
THE BURY
KIMPTON RD
Green La
HILLSIDE
GRANGE RISE
Codicote
POND LODGE
THE PADDOCKS
HIGH ST
THE RIDGEWAY
VALLEY RD
Codicote Lodge
PH
THE CLOSE
1
HEATH HILL
HEATH LA
FARRIERS CL
PO
AL6
HILL RD
MEADOW WAY
BAKERS LA
NEW TOWN
TANYARD LA
THE GREEN
ST ALBANS RD
PONYDERS MEADOW
Codicote CE Prim Sch
THE ORCHARD
TITHE CL
MAYFLOWER CL
18
19
20
21

88
68

67
50

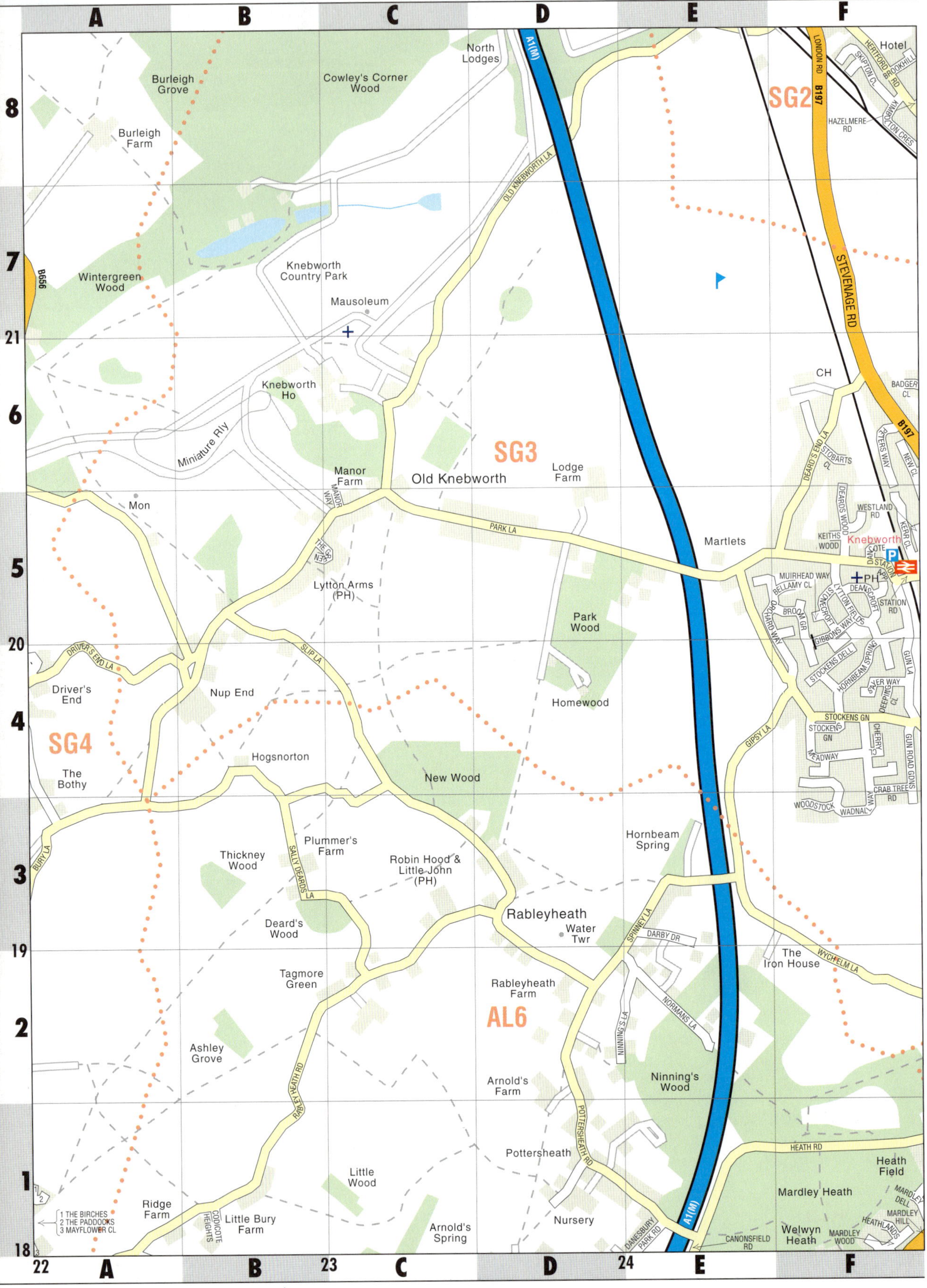
A
B
C
D
E
F
8
7
21
6
5
20
4
3
19
2
1
18
22
23
24
North Lodges
A1(M)
Hotel
Burleigh Grove
Cowley's Corner Wood
SG2
LONDON RD
B197
HERTFORD RD
SKIPTON CL
BROOKHILL
KIMBOLTON CRES
HAZELMERE RD
Burleigh Farm
OLD KNEBWORTH LA
B656
Wintergreen Wood
Knebworth Country Park
STEVENAGE RD
Mausoleum
CH
BADGER CL
Knebworth Ho
B197
Miniature Rly
SG3
STOBARTS CL
DEARD'S END LA
PYTERS WAY
NEW CL
Manor Farm
Old Knebworth
Lodge Farm
MANOR WAY
DEARDS WOOD
WESTLAND RD
Mon
PARK LA
KERR CL
KEITHS WOOD
Knebworth
Martlets
Lytton Arms (PH)
MUIRHEAD WAY
BELLAMY CL
PH
STATION RD
ORCHARD WAY
BROOM GR
Park Wood
GIBBONS WAY
SLIP LA
DRIVER'S END LA
GUN LA
STOCKENS DELL
HORNBEAM SPRING
Driver's End
Nup End
Homewood
STOCKENS GN
GIPSY LA
CHERRY CL
SG4
GUN ROAD GDNS
Hogsnorton
MEADWAY
The Bothy
New Wood
CRAB TREE RD
WOODSTOCK
WADNAL
Hornbeam Spring
BURY LA
Plummer's Farm
Thickney Wood
Robin Hood & Little John (PH)
SALLY DEARDS LA
Rableyheath
Deard's Wood
Water Twr
SPINNEY LA
DARBY DR
The Iron House
WYCHELM LA
Tagmore Green
Rableyheath Farm
NORMANS LA
AL6
NINNING'S LA
Ashley Grove
Ninning's Wood
RABLEY HEATH RD
Arnold's Farm
POTTERSHEATH RD
HEATH RD
Pottersheath
Heath Field
Little Wood
Mardley Heath
MARDLEY DELL
MARDLEY HILL
HEATHLANDS
Ridge Farm
1 THE BIRCHES
2 THE PADDOCKS
3 MAYFLOWER CL
CODICOTE HEIGHTS
Little Bury Farm
Arnold's Spring
Nursery
DANESBURY PARK RD
A1(M)
CANONSFIELD RD
Welwyn Heath
MARDLEY WOOD

67
89

51
70

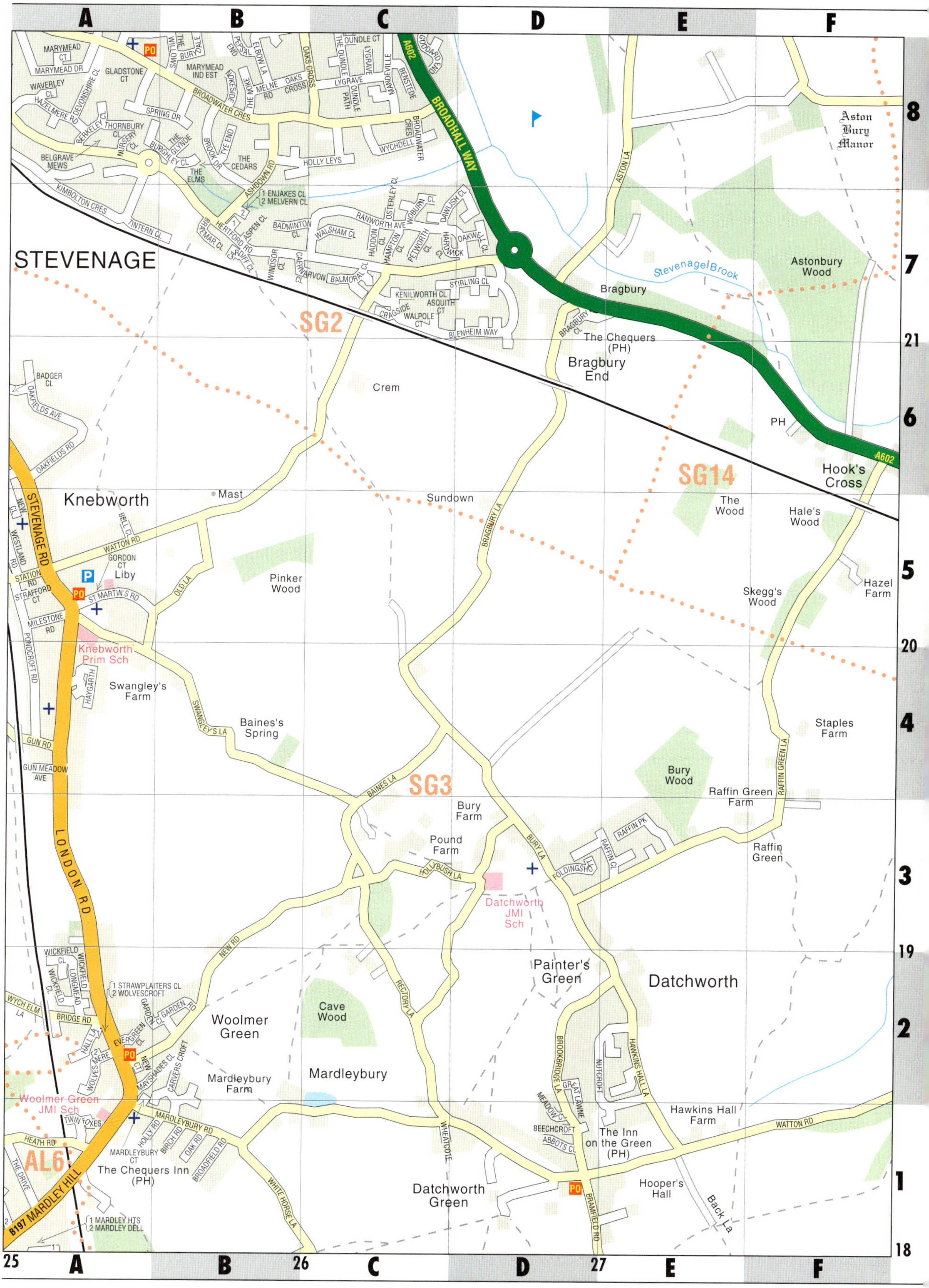

A
B
C
D
E
F
8
7
21
6
5
20
4
3
19
2
1
18
25
26
27
STEVENAGE
SG2
SG14
SG3
AL6
BROADHALL WAY
A602
Aston Bury Manor
Astonbury Wood
Stevenage Brook
Bragbury
The Chequers (PH)
Bragbury End
BRAGBURY CL
ASTON LA
Crem
PH
Hook's Cross
The Wood
Hale's Wood
Hazel Farm
Skegg's Wood
Sundown
BRAGBURY LA
Mast
Knebworth
Pinker Wood
WATTON RD
GORDON CT
Liby
OLD LA
BELL CL
STATION RD
STRAFFORD CT
ST MARTIN'S RD
MILESTONE RD
Knebworth Prim Sch
PONDCROFT RD
HAYGARTH
Swangley's Farm
SWANGLEY'S LA
Baines's Spring
GUN RD
GUN MEADOW AVE
STEVENAGE RD
NEW CL
WESTLAND RD
BADGER CL
OAKFIELDS AVE
OAKFIELDS RD
Staples Farm
Bury Wood
Raffin Green Farm
RAFFIN GREEN LA
Raffin Green
RAFFIN PK
RAFFIN CL
FOLDINGS HO
BAINES LA
Bury Farm
Pound Farm
HOLLYBUSH LA
BURY LA
Datchworth JMI Sch
LONDON RD
NEW RD
Painter's Green
Datchworth
WICKFIELD CL
WICKFIELD
LONGMEAD
1 STRAWPLAITERS CL
2 WOLVESCROFT
WYCH ELM LA
BRIDGE RD
GARDEN RD
Woolmer Green
Cave Wood
RECTORY LA
HALL LA
WOLVES MERE
EVERGREEN CL
NEW CT
MAYSHADES CL
CARVERS CROFT
Mardleybury Farm
Mardleybury
BROOKBRIDGE LA
GREAT LAWNE
NUTCROFT
HAWKINS HALL LA
MEADOW CL
BEECHCROFT
ABBOTS CL
The Inn on the Green (PH)
Hawkins Hall Farm
WATTON RD
Woolmer Green JMI Sch
TWIN FOXES
HEATH RD
MARDLEYBURY RD
HOLLY RD
BIRCH RD
OAK RD
BROADFIELD RD
MARDLEYBURY CT
The Chequers Inn (PH)
THE DRIVE
B197 MARDLEY HILL
1 MARDLEY HTS
2 MARDLEY DELL
WHITE HORSE LA
WHEATCOTE
Datchworth Green
BRAMFIELD RD
Hooper's Hall
Back La
MARYMEAD CT
MARYMEAD DR
GLADSTONE CT
WAVERLEY CL
DEVONSHIRE CL
HAZELMERE RD
BERKELEY CL
THORNBURY CL
NURSERY CL
BELGRAVE MEWS
KIMBOLTON CRES
TINTERN CL
SPRING DR
MARYMEAD IND EST
BROADWATER CRES
THE WILLOWS
BURYDALE
NOKESIDE
THE NOKE
PEPSAL END
ELBOW LA
MELNE RD
OAKS CROSS
OUNDLE CT
THE OUNDLE
LYGRAVE
OUNDLE PATH
MANDEVILLE
BENSTEDE
GODDARD END
BROADWATER CRES
WYCHDELL
HOLLY LEYS
THE GLYNDE
BURGHLEY CL
BROOK DR
TYE END
THE CEDARS
THE ELMS
ASHDOWN RD
1 ENJAKES CL
2 MELVERN CL
BRAEMAR CL
HERTFORD RD
ASPEN CL
CARDIFF CL
BADMINTON CL
WALSHAM CL
RANWORTH AVE
OSTERLEY CL
WOBURN CL
DAWLISH CL
HADDON CL
HAMPTON CL
PETWORTH CL
HARDWICK CL
OAKWELL CL
WINDSOR CL
CARNARVON CL
BALMORAL CL
STIRLING CL
KENILWORTH CL
ASQUITH CT
CRAGSIDE
WALPOLE CT
BLENHEIM WAY

90
70

69
52

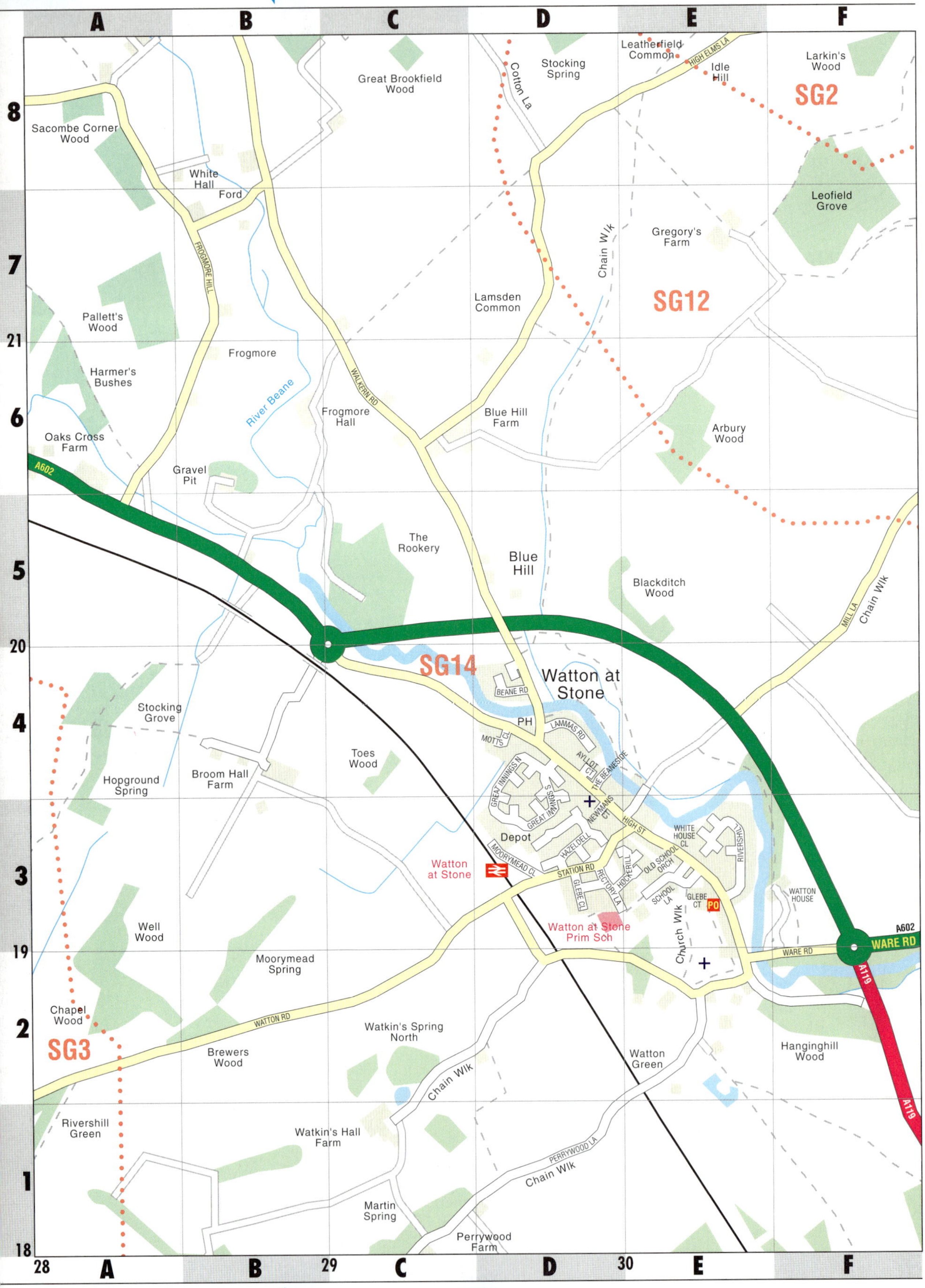
A
B
C
D
E
F
8
7
21
6
5
20
4
3
19
2
1
18
28
29
30
Sacombe Corner Wood
White Hall
Ford
Great Brookfield Wood
Cotton La
Stocking Spring
Leatherfield Common
HIGH ELMS LA
Idle Hill
Larkin's Wood
SG2
Leofield Grove
Gregory's Farm
Chain Wlk
FROGMORE HILL
SG12
Lamsden Common
Pallett's Wood
Frogmore
Harmer's Bushes
River Beane
WALKERN RD
Frogmore Hall
Blue Hill Farm
Arbury Wood
Oaks Cross Farm
A602
Gravel Pit
The Rookery
Blue Hill
Blackditch Wood
MILL LA
Chain Wlk
SG14
Watton at Stone
BEANE RD
Stocking Grove
PH
LAMMAS RD
MOTTS CL
AYLLOT CT
THE BEANESIDE
Toes Wood
Hopground Spring
Broom Hall Farm
GREAT INNINGS N
GREAT INNINGS S
NEWMANS CT
HIGH ST
WHITE HOUSE CL
RIVERSHILL
Depot
HAZELDELL
MOORYMEAD CL
OLD SCHOOL ORCH
Watton at Stone
STATION RD
RECTORY LA
HOCKERILL
GLEBE CL
SCHOOL LA
GLEBE CT
PO
WATTON HOUSE
Watton at Stone Prim Sch
Well Wood
Church Wlk
A602
WARE RD
WARE RD
A119
Moorymead Spring
Chapel Wood
WATTON RD
Watkin's Spring North
Watton Green
Hanginghill Wood
SG3
Brewers Wood
Chain Wlk
A119
Rivershill Green
Watkin's Hall Farm
PERRYWOOD LA
Chain Wlk
Martin Spring
Perrywood Farm

69
91

53
72

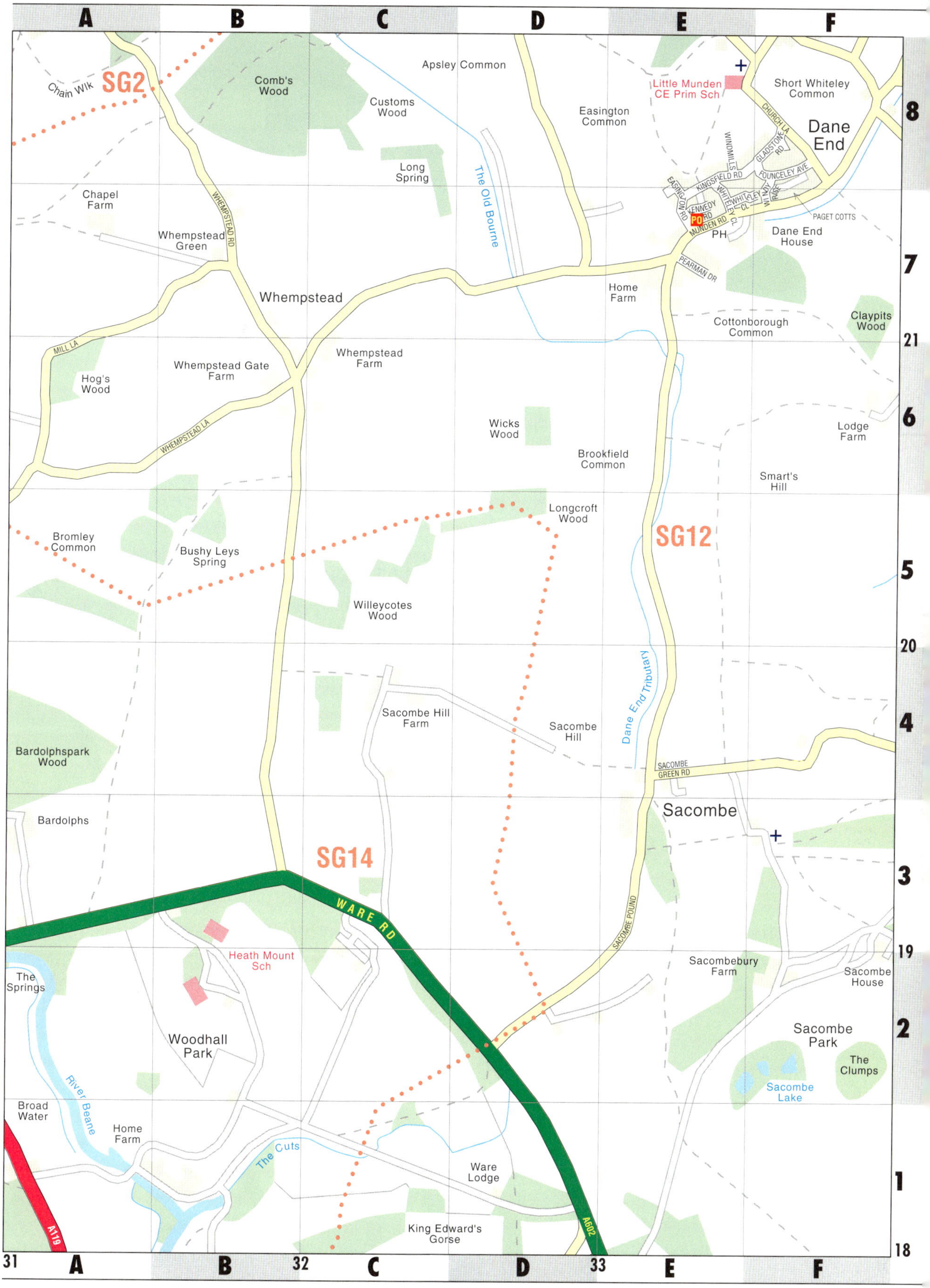
A
B
C
D
E
F
SG2
Chain Wlk
Comb's Wood
Customs Wood
Apsley Common
Little Munden CE Prim Sch
Short Whiteley Common
Easington Common
Dane End
Long Spring
The Old Bourne
Chapel Farm
WHEMPSTEAD RD
CHURCH LA
WINDMILLS
GLADSTONE RD
KINGSFIELD RD
FOUNCELEY AVE
EASINGTON RD
KENNEDY RD
WHITELEY CL
WHITELEY LA
WINDY RISE
MUNDEN RD
PO
PH
PAGET COTTS
Whempstead Green
Dane End House
PEARMAN DR
Whempstead
Home Farm
Cottonborough Common
Claypits Wood
MILL LA
Whempstead Farm
Whempstead Gate Farm
Hog's Wood
WHEMPSTEAD LA
Wicks Wood
Lodge Farm
Brookfield Common
Smart's Hill
Longcroft Wood
SG12
Bromley Common
Bushy Leys Spring
Willeycotes Wood
Dane End Tributary
Sacombe Hill Farm
Sacombe Hill
Bardolphspark Wood
SACOMBE GREEN RD
Sacombe
Bardolphs
SG14
WARE RD
SACOMBE POUND
Heath Mount Sch
Sacombebury Farm
Sacombe House
The Springs
Woodhall Park
Sacombe Park
The Clumps
Sacombe Lake
River Beane
Broad Water
Home Farm
The Cuts
Ware Lodge
King Edward's Gorse
A119
A602
8
7
21
6
5
20
4
3
19
2
1
18
31
32
33

92
72

71
54

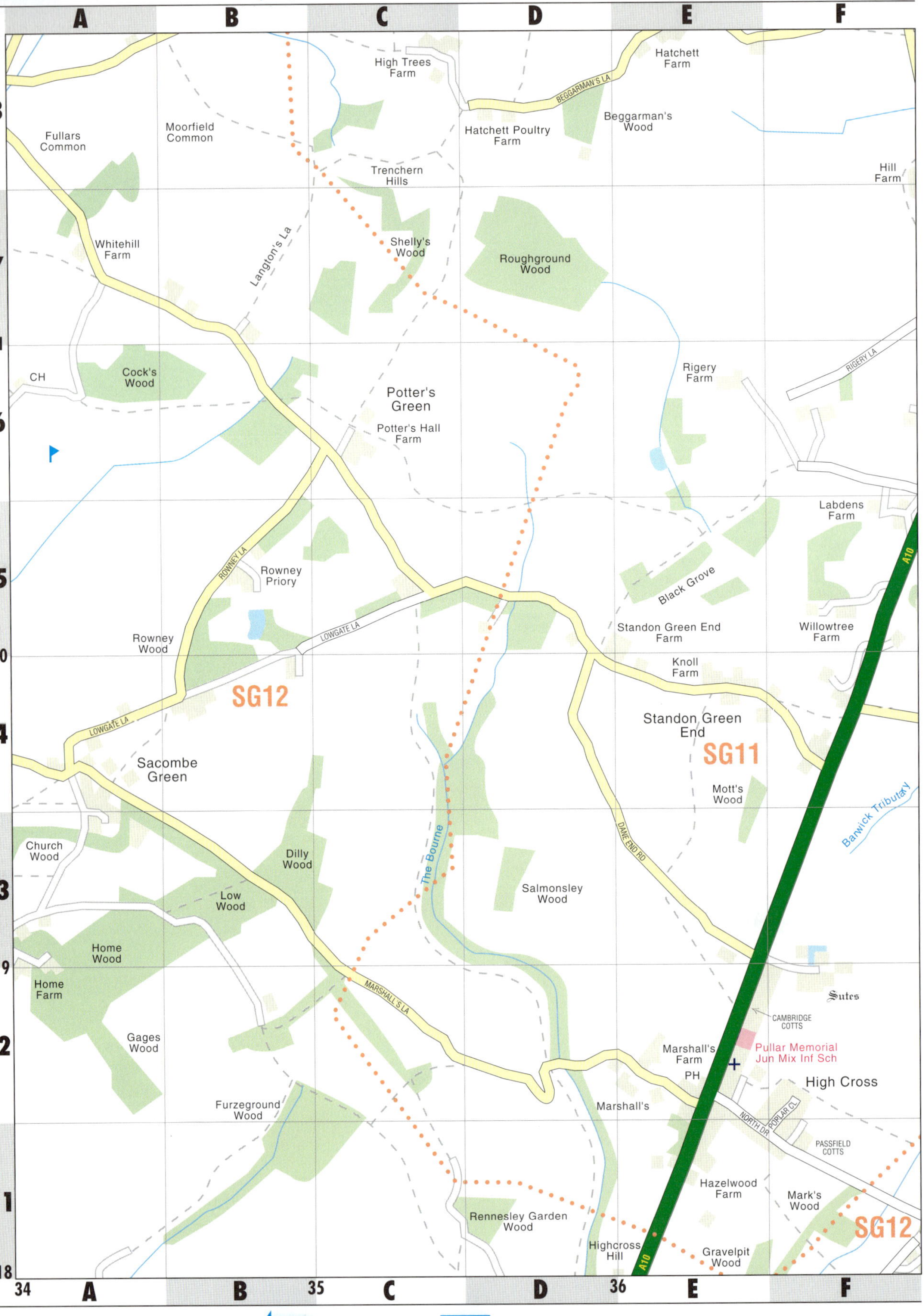
A
B
C
D
E
F
8
7
21
6
5
20
4
3
19
2
1
18
34
35
36
High Trees Farm
Hatchett Farm
BEGGARMAN'S LA
Beggarman's Wood
Fullars Common
Moorfield Common
Hatchett Poultry Farm
Trenchern Hills
Hill Farm
Whitehill Farm
Langton's La
Shelly's Wood
Roughground Wood
CH
Cock's Wood
Potter's Green
Potter's Hall Farm
Rigery Farm
RIGERY LA
Labdens Farm
A10
ROWNEY LA
Rowney Priory
Black Grove
LOWGATE LA
Standon Green End Farm
Willowtree Farm
Rowney Wood
Knoll Farm
SG12
Standon Green End
SG11
LOWGATE LA
Sacombe Green
Mott's Wood
Barwick Tributary
DANE END RD
Church Wood
Dilly Wood
The Bourne
Low Wood
Salmonsley Wood
Home Wood
Home Farm
MARSHALL'S LA
Sutes
CAMBRIDGE COTTS
Gages Wood
Marshall's Farm
Pullar Memorial Jun Mix Inf Sch
PH
High Cross
Furzeground Wood
Marshall's
NORTH DR
POPLAR CL
PASSFIELD COTTS
Hazelwood Farm
Mark's Wood
Rennesley Garden Wood
SG12
Highcross Hill
Gravelpit Wood
A10

71
93

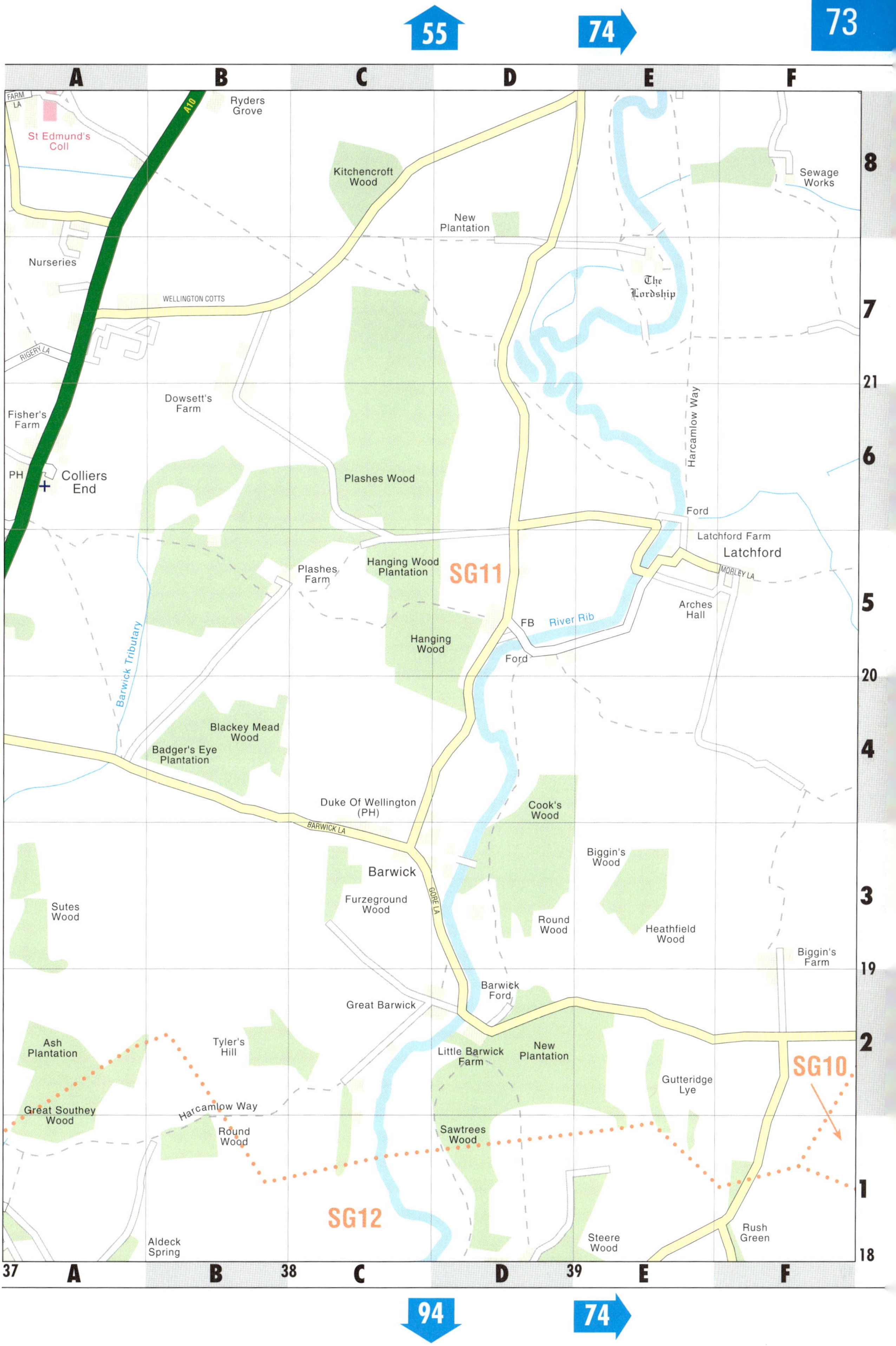
55
74
A
B
C
D
E
F
FARM LA
St Edmund's Coll
A10
Ryders Grove
Kitchencroft Wood
New Plantation
Sewage Works
The Lordship
Nurseries
WELLINGTON COTTS
RIGERY LA
Dowsett's Farm
Fisher's Farm
PH
Colliers End
Plashes Wood
Harcamlow Way
Ford
Latchford Farm
Latchford
MORLEY LA
Plashes Farm
Hanging Wood Plantation
SG11
Arches Hall
FB
River Rib
Hanging Wood
Ford
Barwick Tributary
Blackey Mead Wood
Badger's Eye Plantation
Duke Of Wellington (PH)
BARWICK LA
Cook's Wood
Biggin's Wood
Barwick
Furzeground Wood
GORE LA
Sutes Wood
Round Wood
Heathfield Wood
Biggin's Farm
Barwick Ford
Great Barwick
Ash Plantation
Tyler's Hill
Little Barwick Farm
New Plantation
SG10
Gutteridge Lye
Great Southey Wood
Harcamlow Way
Round Wood
Sawtrees Wood
SG12
Aldeck Spring
Steere Wood
Rush Green
8
7
21
6
5
20
4
3
19
2
1
18
37
38
39
94
74

73
56

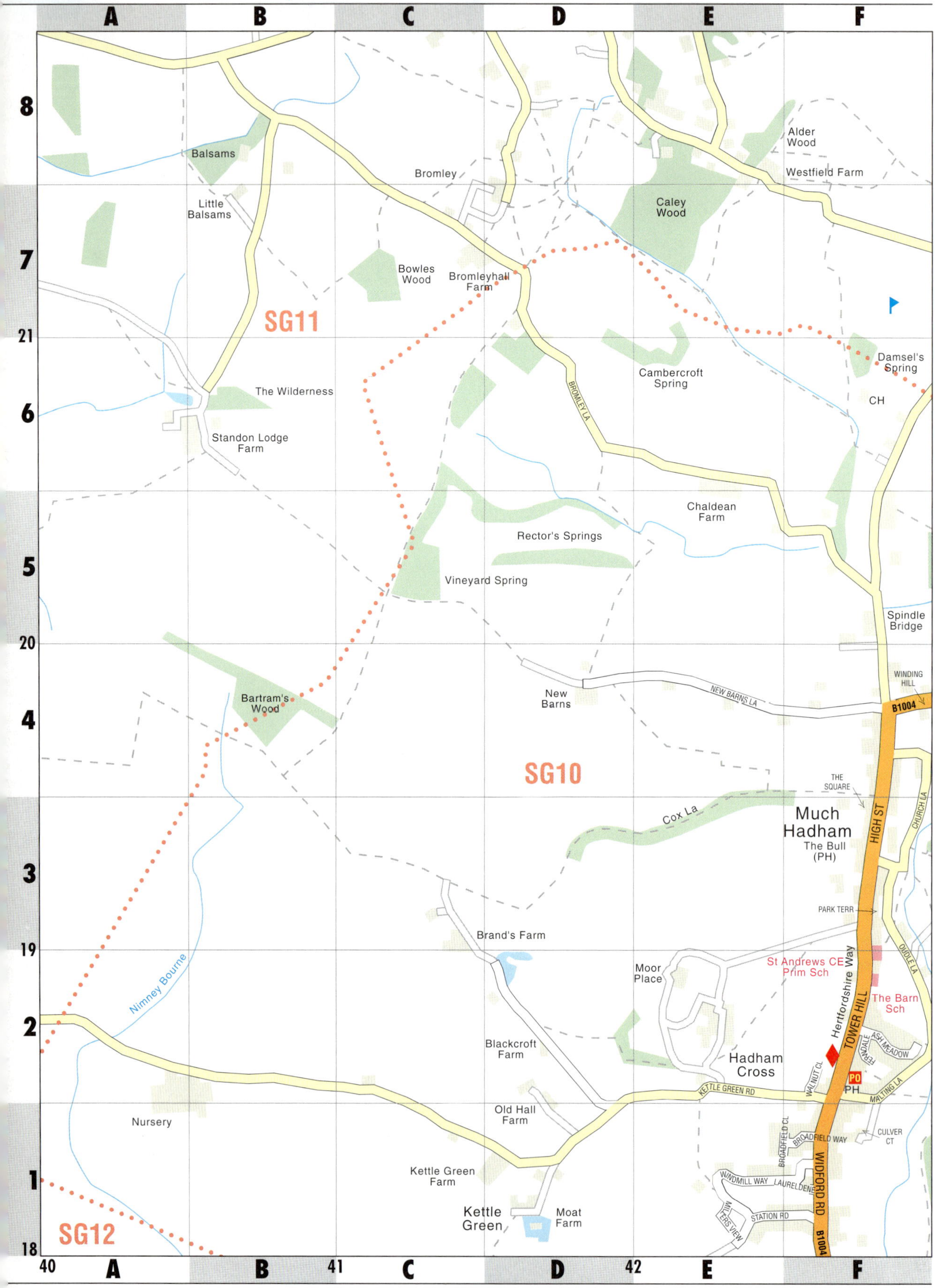
A
B
C
D
E
F
8
7
21
6
5
20
4
3
19
2
1
18
40
41
42
Balsams
Little Balsams
Bromley
Bowles Wood
Bromleyhall Farm
Caley Wood
Alder Wood
Westfield Farm
SG11
The Wilderness
Standon Lodge Farm
Cambercroft Spring
Damsel's Spring
CH
BROMLEY LA
Chaldean Farm
Rector's Springs
Vineyard Spring
Spindle Bridge
WINDING HILL
B1004
New Barns
NEW BARNS LA
Bartram's Wood
SG10
THE SQUARE
Cox La
Much Hadham
The Bull (PH)
HIGH ST
CHURCH LA
PARK TERR
Brand's Farm
Moor Place
St Andrews CE Prim Sch
Hertfordshire Way
OUDLE LA
The Barn Sch
Nimney Bourne
TOWER HILL
ASH MEADOW
FERNDALE
Blackcroft Farm
Hadham Cross
WALNUT CL
PO
PH
KETTLE GREEN RD
MALTING LA
Nursery
Old Hall Farm
BROADFIELD CL
BROADFIELD WAY
CULVER CT
Kettle Green Farm
WINDMILL WAY
LAURELDENE
WIDFORD RD
MILLERS VIEW
STATION RD
Kettle Green
Moat Farm
SG12
B1004

73
95

75

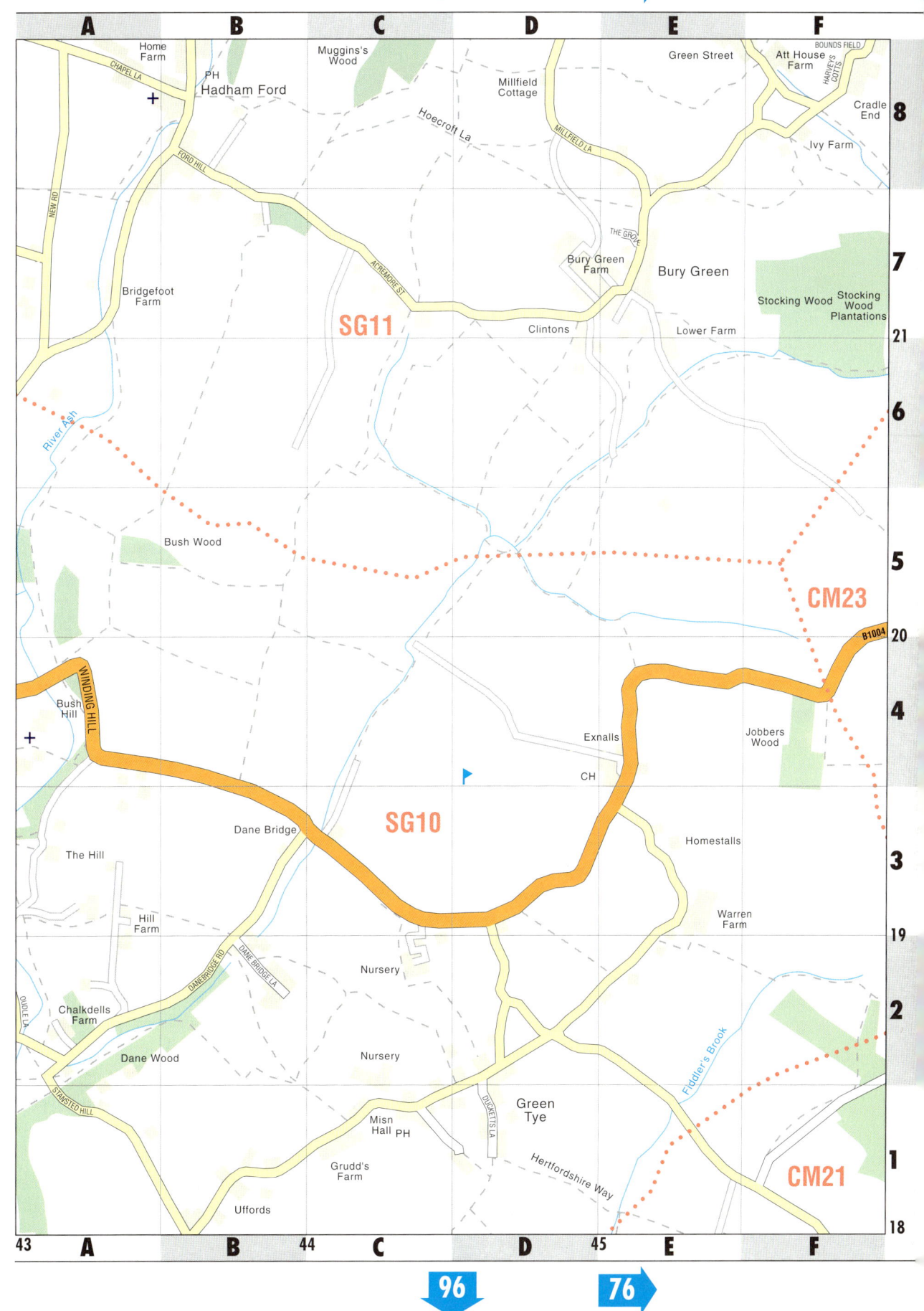

Grid Column A (top)
- Home Farm
- CHAPEL LA
- NEW RD

Grid Column B (top)
- PH Hadham Ford
- FORD HILL

Grid Column C (top)
- Muggin's Wood
- Hoecroft La
- ACREMORE ST

Grid Column D (top)
- Millfield Cottage
- MILLFIELD LA
- Bury Green Farm
- THE GROVE
- Clintons

Grid Column E (top)
- Green Street
- Bury Green
- Lower Farm

Grid Column F (top)
- BOUNDS FIELD
- Att House Farm
- HARVEY'S COTTS
- Cradle End
- Ivy Farm
- Stocking Wood
- Stocking Wood Plantations

SG11

Labels (middle/lower)
- River Ash
- Bush Wood
- CM23
- B1004
- WINDING HILL
- Bush Hill
- Exnalls
- CH
- Jobbers Wood
- Dane Bridge
- SG10
- Homestalls
- The Hill
- Hill Farm
- Warren Farm
- DANEBRIDGE RD
- DANE BRIDGE LA
- Chalkdells Farm
- OUDLE LA
- Dane Wood
- Nursery
- Nursery
- STANSTED HILL
- Misn Hall PH
- DUCKETTS LA
- Green Tye
- Fiddler's Brook
- Grudd's Farm
- Hertfordshire Way
- CM21
- Uffords

Grid references: A 43, B 44, C, D 45, E, F

Page links: 57, 76, 96, 76

76

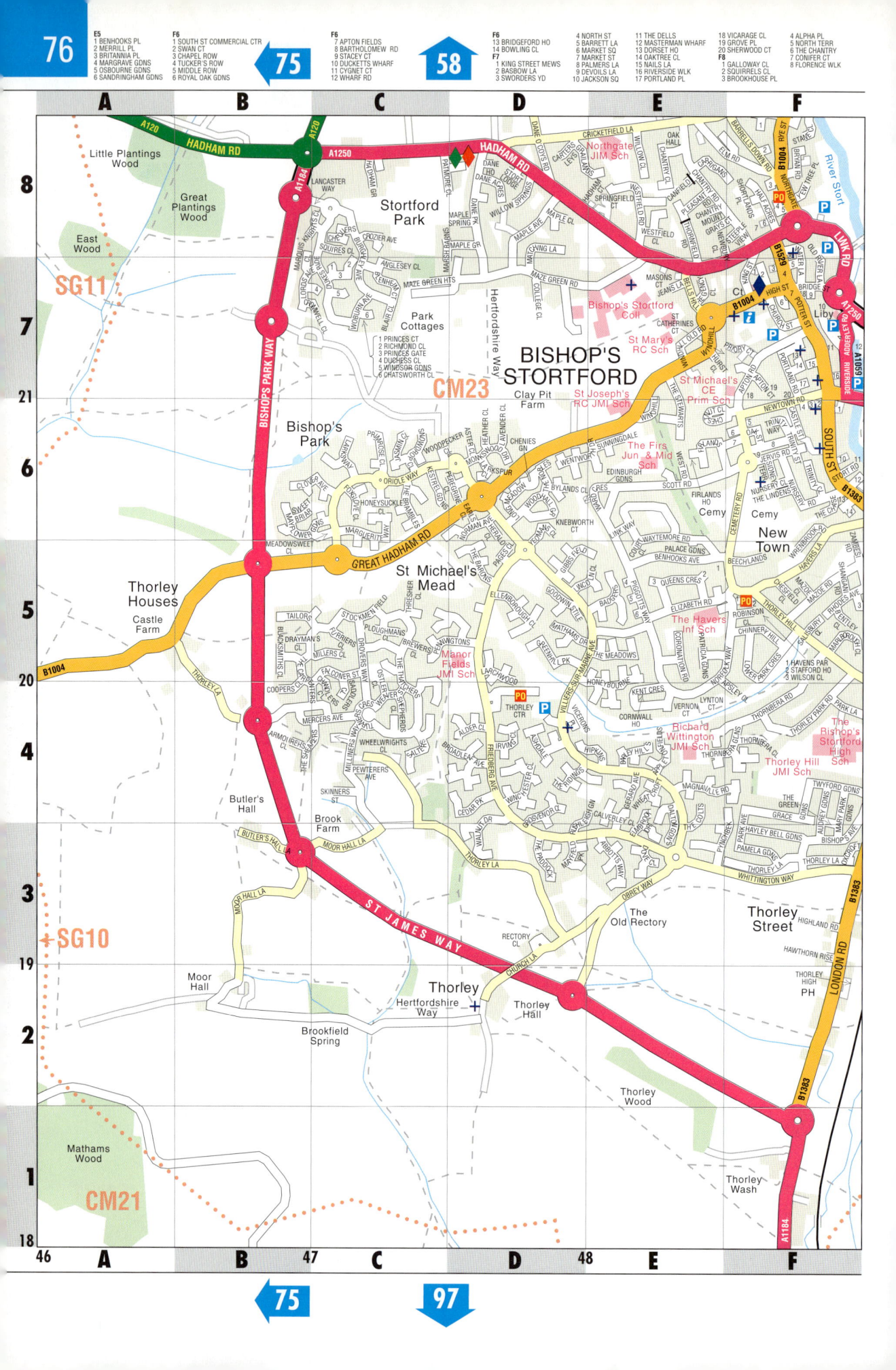

E5
1 BENHOOKS PL
2 MERRILL PL
3 BRITANNIA PL
4 MARGRAVE GDNS
5 OSBOURNE GDNS
6 SANDRINGHAM GDNS

F5
1 SOUTH ST COMMERCIAL CTR
2 SWAN CT
3 CHAPEL ROW
4 TUCKER'S ROW
5 MIDDLE ROW
6 ROYAL OAK GDNS

F6
7 APTON FIELDS
8 BARTHOLOMEW RD
9 STACEY CT
10 DUCKETTS WHARF
11 CYGNET CT
12 WHARF RD

F6
13 BRIDGEFORD HO
14 BOWLING CL

F7
1 KING STREET MEWS
2 BASBOW LA
3 SWORDERS YD

F6
4 NORTH ST
5 BARRETT LA
6 MARKET SQ
7 MARKET ST
8 PALMERS LA
9 DEVOILS LA
10 JACKSON SQ

F6
11 THE DELLS
12 MASTERMAN WHARF
13 DORSET HO
14 OAKTREE CL
15 NAILS LA
16 RIVERSIDE WLK
17 PORTLAND PL

F6
18 VICARAGE CL
19 GROVE PL
20 SHERWOOD CT

F8
1 GALLOWAY CL
2 SQUIRRELS CL
3 BROOKHOUSE PL

F6
4 ALPHA PL
5 NORTH TERR
6 THE CHANTRY
7 CONIFER CT
8 FLORENCE WLK

A7		
1 THE CAUSEWAY	7 HOCKERILL CT	
2 THE OLD MALTINGS	8 HARRINGTON CL	
3 FULLER CT	9 PRIORS	
4 LIMES CRES	10 CLIFFORD CT	
5 RED LION CT	11 THOMAS HESKIN CT	
6 BAKERS CT	12 MASTERMAN WHARF	

B8	
1 BOYD CL	
2 HEATH ROW	
3 STORTFORD HALL RD	
4 GROSVENOR HO	
5 EATON HO	
6 BELGRAVE HO	

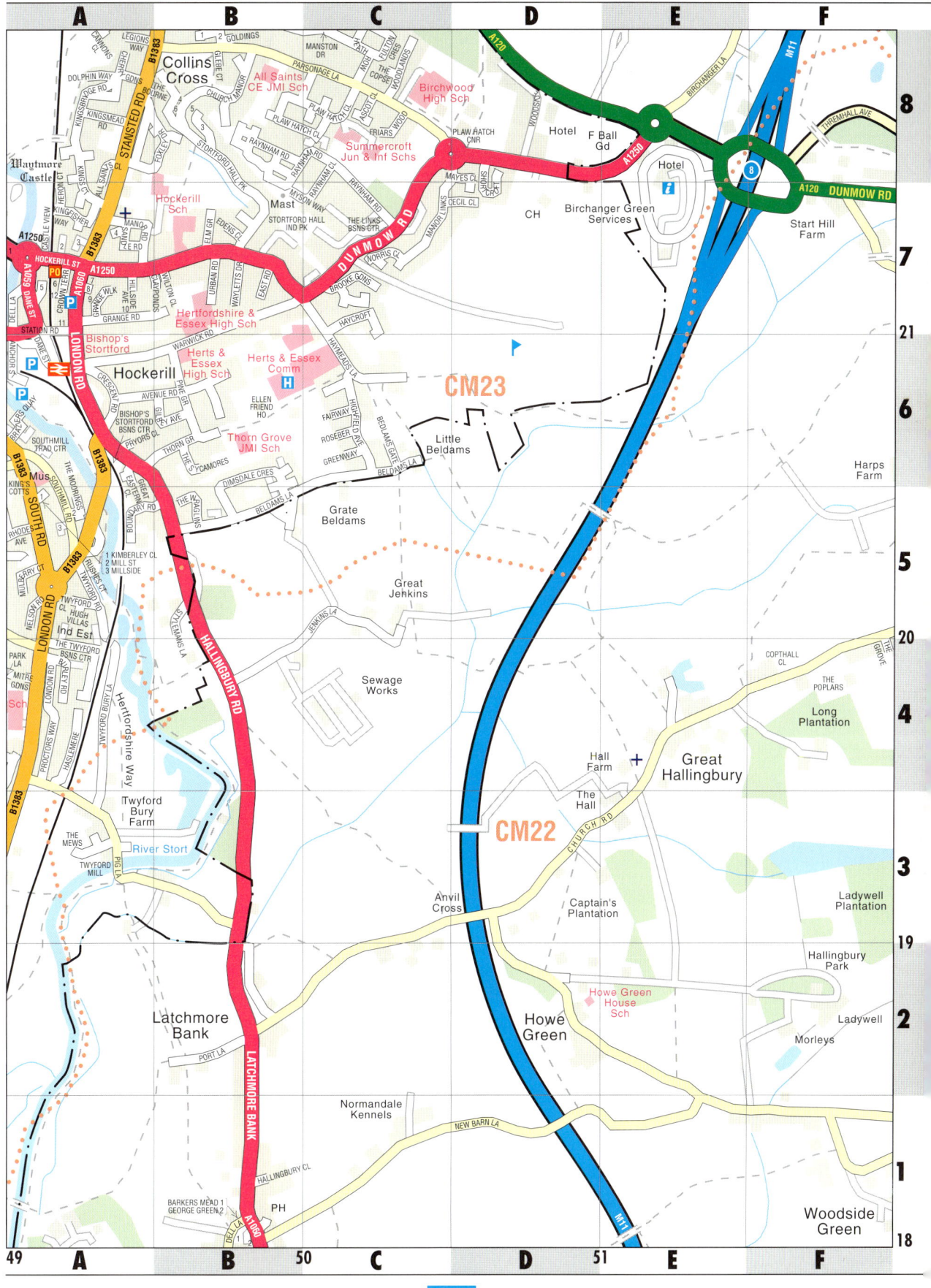

78

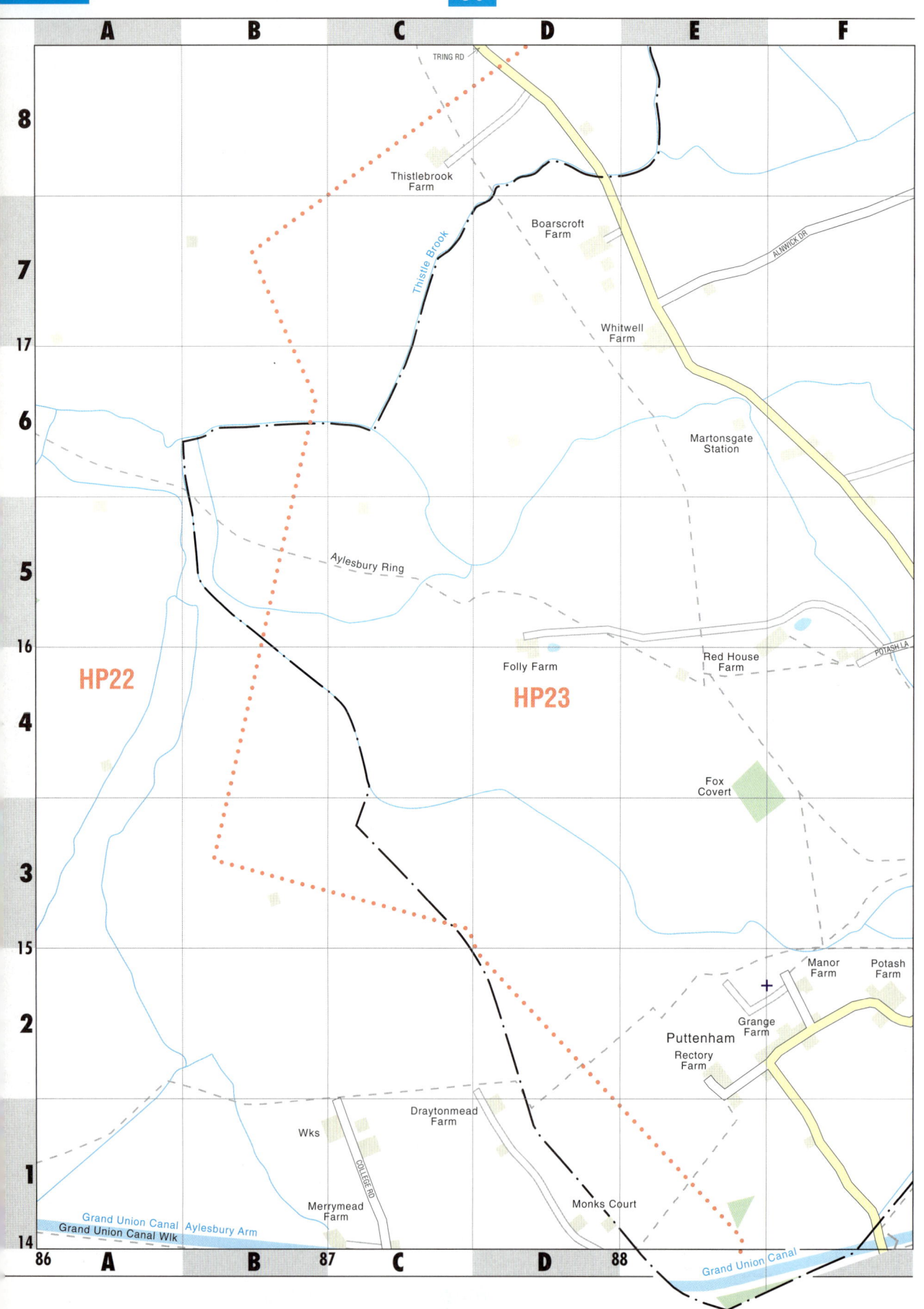

60

| | A | B | C | D | E | F |

8

TRING RD

Thistlebrook Farm

Boarscroft Farm

ALNWICK DR

7

Thistle Brook

Whitwell Farm

17

6

Martonsgate Station

5

Aylesbury Ring

16

HP22

Folly Farm

Red House Farm

POTASH LA

HP23

4

Fox Covert

3

15

Manor Farm

Potash Farm

2

Grange Farm

Puttenham

Rectory Farm

1

Wks

Draytonmead Farm

COLLEGE RD

Monks Court

Merrymead Farm

14

Grand Union Canal Aylesbury Arm
Grand Union Canal Wlk

Grand Union Canal

| 86 | A | B | 87 | C | D | 88 |

61
80

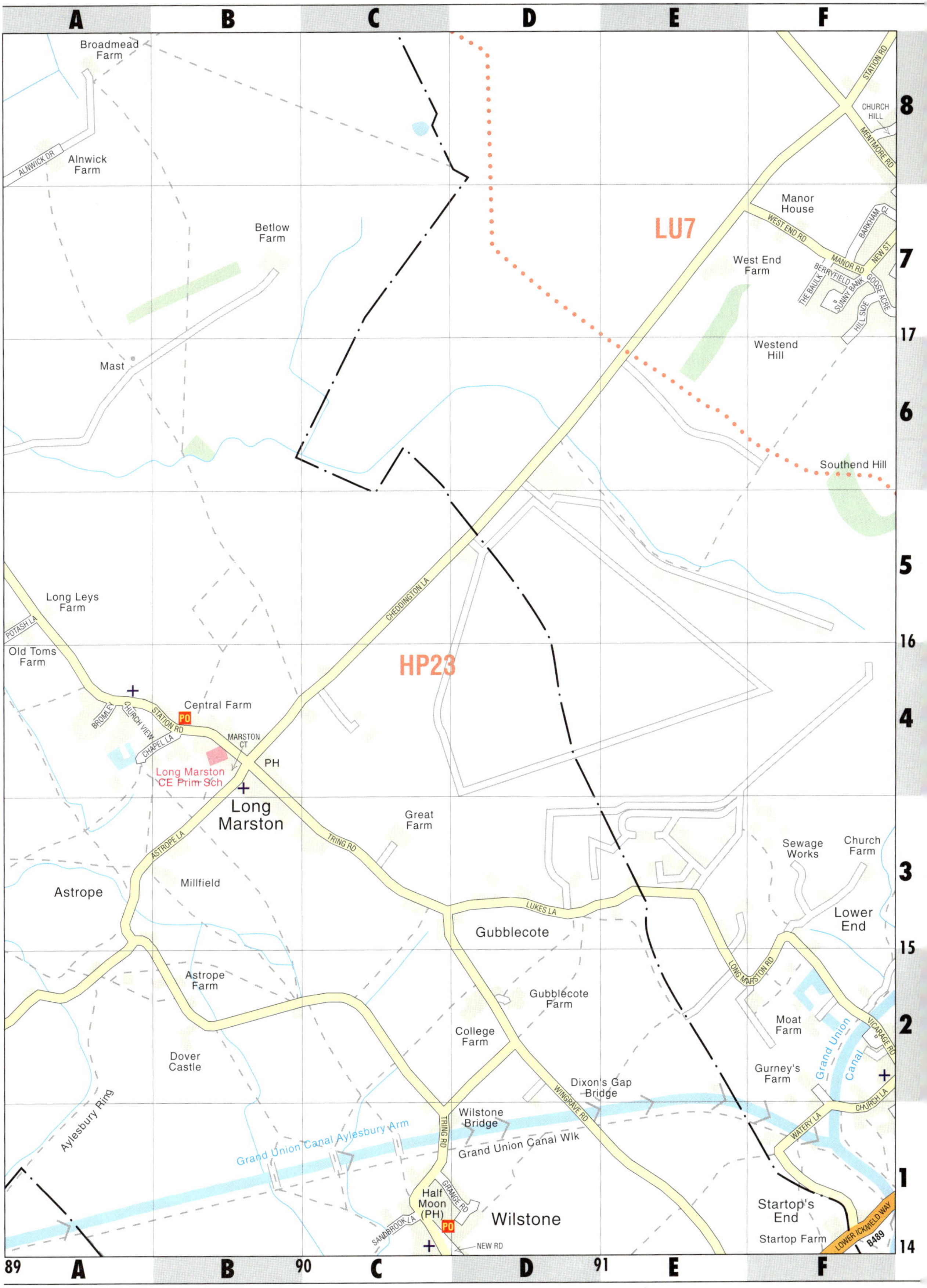
A
B
C
D
E
F
8
7
17
6
5
16
4
3
15
2
1
14
89
90
91
Broadmead Farm
Alnwick Farm
ALNWICK DR
Betlow Farm
Mast
STATION RD
CHURCH HILL
MENTMORE RD
Manor House
WEST END RD
BARKHAM CL
MANOR RD
NEW ST
West End Farm
BERRYFIELD
THE BAULK
SUNNY BANK
GOOSE ACRE
HILL SIDE
LU7
Westend Hill
Southend Hill
Long Leys Farm
POTASH LA
Old Toms Farm
CHEDDINGTON LA
HP23
Central Farm
BROMLEY
CHURCH VIEW
STATION RD
PO
MARSTON CT
CHAPEL LA
PH
Long Marston CE Prim Sch
Long Marston
ASTROPE LA
TRING RD
Great Farm
Sewage Works
Church Farm
Astrope
Millfield
LUKES LA
Gubblecote
Lower End
LONG MARSTON RD
Astrope Farm
Gubblecote Farm
Moat Farm
VICARAGE RD
College Farm
Dover Castle
Grand Union Canal
Gurney's Farm
Dixon's Gap Bridge
WINGRAVE RD
Aylesbury Ring
Wilstone Bridge
TRING RD
Grand Union Canal Aylesbury Arm
Grand Union Canal Wlk
CHURCH LA
WATERY LA
Half Moon (PH)
GRANGE RD
SANDBROOK LA
PO
NEW RD
Wilstone
Startop's End
Startop Farm
LOWER ICKNIELD WAY
B489

99
80

79

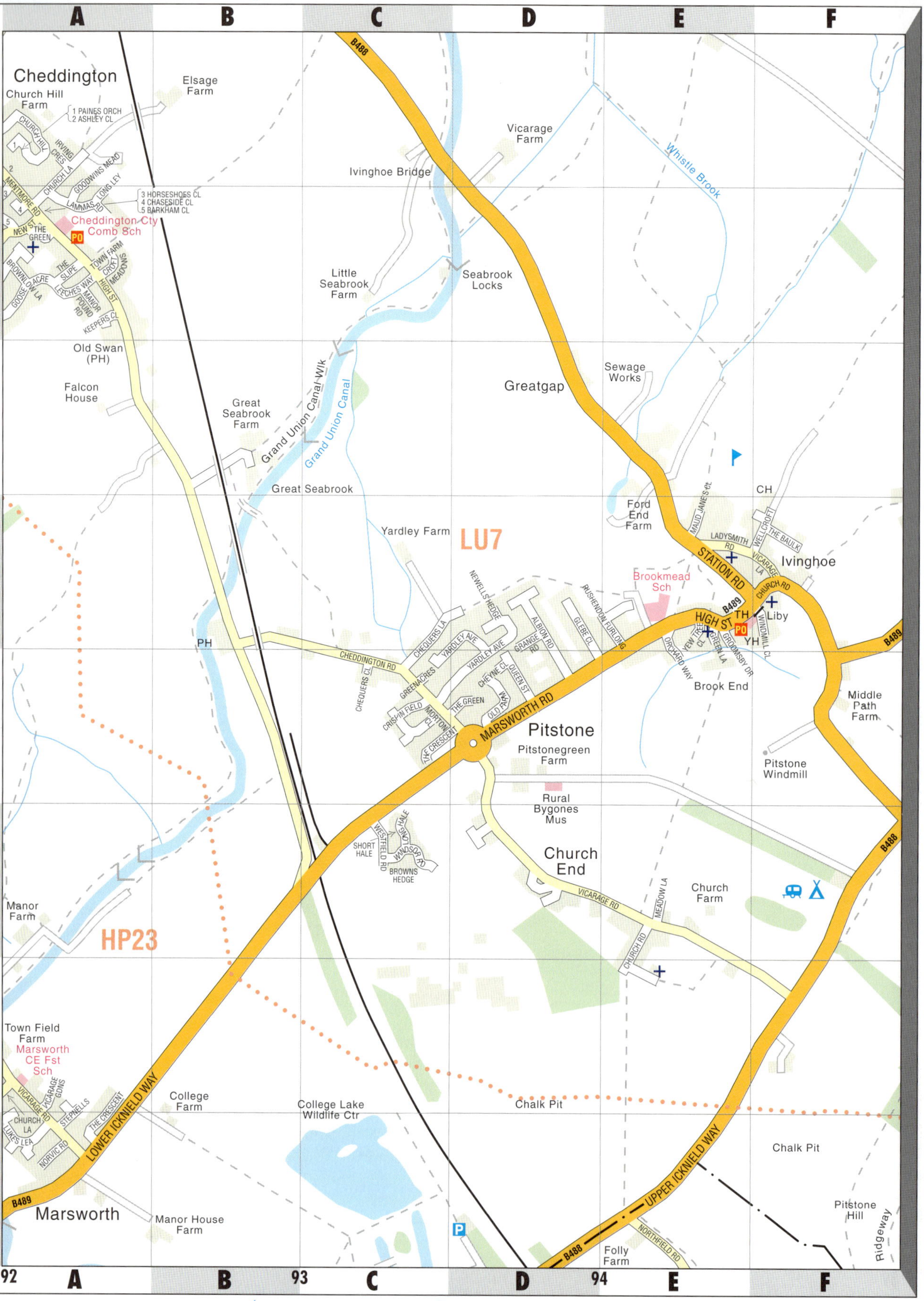
Cheddington
Church Hill Farm
1 PAINES ORCH
2 ASHLEY CL
3 HORSESHOES CL
4 CHASESIDE CL
5 BARKHAM CL
Cheddington Cty Comb Sch
Elsage Farm
Vicarage Farm
Ivinghoe Bridge
Whistle Brook
Little Seabrook Farm
Seabrook Locks
Old Swan (PH)
Falcon House
Great Seabrook Farm
Grand Union Canal Wlk
Grand Union Canal
Greatgap
Sewage Works
Great Seabrook
Yardley Farm
LU7
Ford End Farm
CH
Ivinghoe
Brookmead Sch
Liby
TH
YH
Brook End
PH
CHEDDINGTON RD
MARSWORTH RD
HIGH ST
STATION RD
CHURCH RD
Pitstone
Pitstonegreen Farm
Middle Path Farm
Pitstone Windmill
Rural Bygones Mus
Church End
VICARAGE RD
Church Farm
Manor Farm
HP23
Town Field Farm
Marsworth CE Fst Sch
College Farm
College Lake Wildlife Ctr
Chalk Pit
Chalk Pit
LOWER ICKNIELD WAY
UPPER ICKNIELD WAY
Marsworth
Manor House Farm
Folly Farm
Pitstone Hill
Ridgeway
B488
B489
92
93
94
14
15
16
17
A B C D E F
1 2 3 4 5 6 7 8

79
100

82

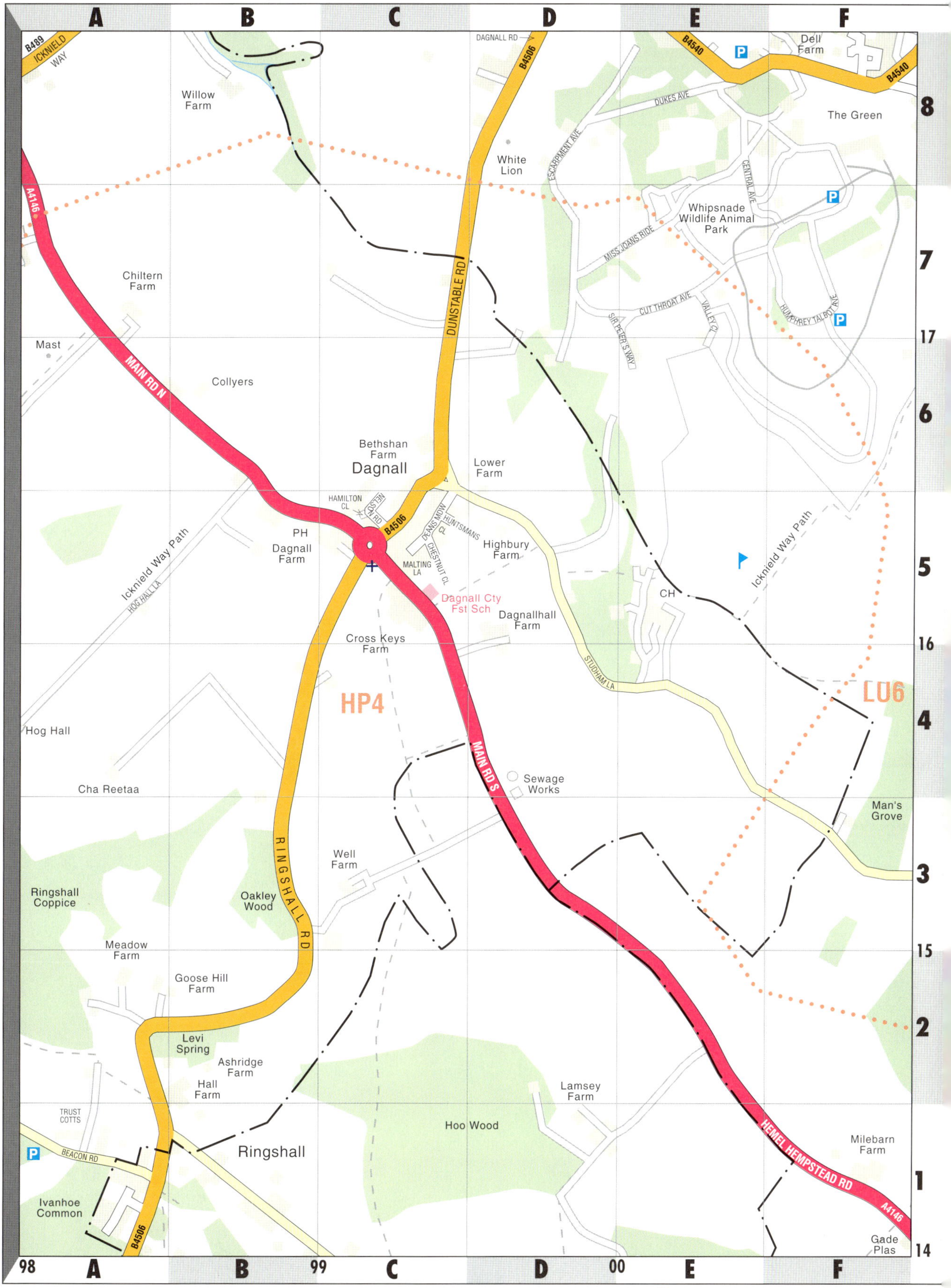
A
B
C
D
E
F
8
7
17
6
5
16
4
3
15
2
1
14
98
99
00
B489
ICKNIELD WAY
Willow Farm
DAGNALL RD
B4506
Dell Farm
B4540
The Green
DUKES AVE
White Lion
ESCARPMENT AVE
CENTRAL AVE
Whipsnade Wildlife Animal Park
MISS JOANS RIDE
A4146
Chiltern Farm
DUNSTABLE RD
CUT THROAT AVE
VALLEY CL
SIR PETER'S WAY
HUMPHREY TALBOT AVE
Mast
MAIN RD N
Collyers
Bethshan Farm
Dagnall
Lower Farm
HAMILTON CL
NELSON RD
DEANS MDW
HUNTSMANS CL
CHESTNUT CL
Highbury Farm
PH
Dagnall Farm
MALTING LA
Icknield Way Path
HOG HALL LA
Dagnall Cty Fst Sch
Dagnallhall Farm
CH
Cross Keys Farm
STUDHAM LA
HP4
LU6
Hog Hall
MAIN RD S
Sewage Works
Cha Reetaa
Man's Grove
Well Farm
RINGSHALL RD
Ringshall Coppice
Oakley Wood
Meadow Farm
Goose Hill Farm
Levi Spring
Ashridge Farm
Hall Farm
Lamsey Farm
TRUST COTTS
Hoo Wood
HEMEL HEMPSTEAD RD
Milebarn Farm
BEACON RD
Ringshall
Ivanhoe Common
Gade Plas

102
82

81

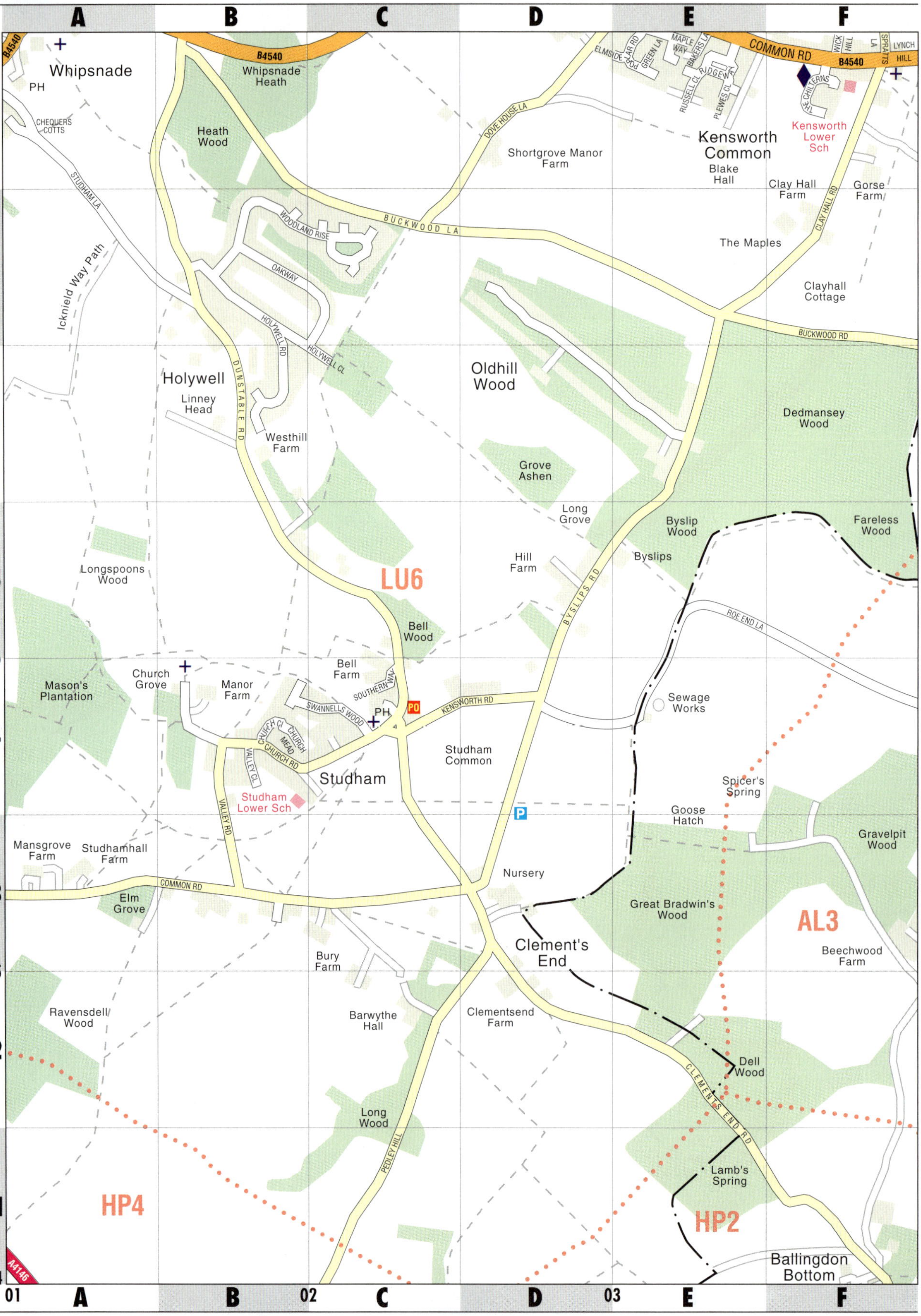
A
B
C
D
E
F
8
7
17
6
5
16
4
3
15
2
1
14
01
02
03
Whipsnade
PH
B4540
CHEQUERS COTTS
STUDHAM LA
Icknield Way Path
Whipsnade Heath
Heath Wood
WOODLAND RISE
OAKWAY
HOLYWELL RD
HOLYWELL CL
DUNSTABLE RD
Holywell
Linney Head
Westhill Farm
BUCKWOOD LA
DOVE HOUSE LA
Shortgrove Manor Farm
ELMSIDE
POPLAR RD
GREEN LA
MAPLE WAY
BAKERS LA
RIDGEWAY
RUSSELL CL
PLEWES CL
WICK HILL
LA
SPRATTS
LYNCH HILL
COMMON RD
THE CHILTERNS
Kensworth Common
Blake Hall
Kensworth Lower Sch
Clay Hall Farm
Gorse Farm
CLAY HALL RD
The Maples
Clayhall Cottage
BUCKWOOD RD
Oldhill Wood
Dedmansey Wood
Grove Ashen
Long Grove
Byslip Wood
Fareless Wood
Byslips
Hill Farm
BYSLIPS RD
Longspoons Wood
LU6
Bell Wood
ROE END LA
Bell Farm
SOUTHERN WAY
Church Grove
Manor Farm
SWANNELLS WOOD
PH
PO
KENSWORTH RD
Mason's Plantation
CHURCH CL
CHURCH MEAD
CHURCH RD
VALLEY CL
Sewage Works
Studham
Studham Common
Studham Lower Sch
Spicer's Spring
Goose Hatch
P
VALLEY RD
Mansgrove Farm
Studhamhall Farm
Gravelpit Wood
Nursery
COMMON RD
Elm Grove
Great Bradwin's Wood
AL3
Bury Farm
Clement's End
Beechwood Farm
Ravensdell Wood
Barwythe Hall
Clementsend Farm
Dell Wood
CLEMENTS END RD
Long Wood
PEDLEY HILL
Lamb's Spring
HP4
HP2
A4146
Ballingdon Bottom

81
103

62
84

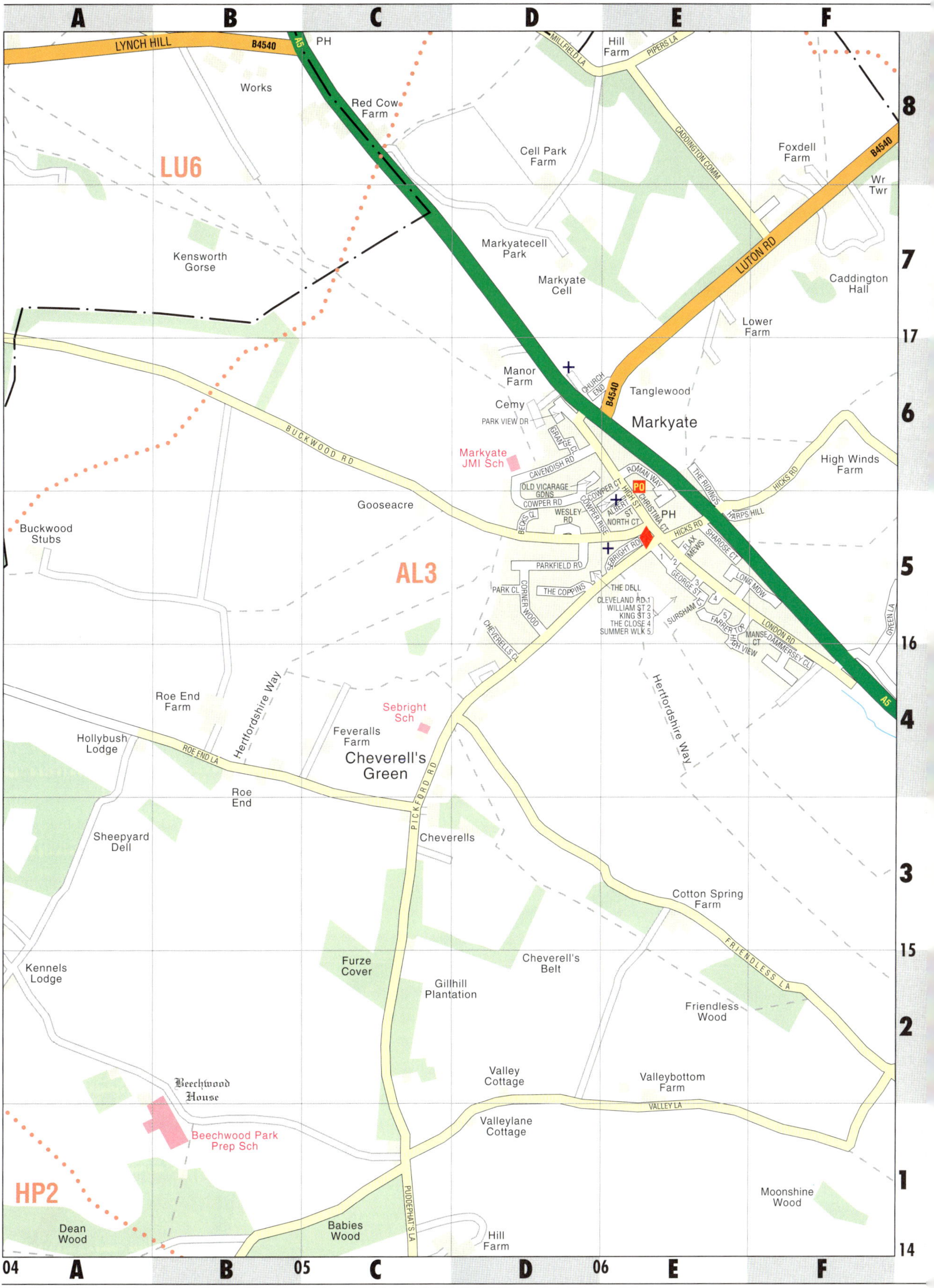
A
B
C
D
E
F
LYNCH HILL
B4540
A5
PH
MILLFIELD LA
Hill Farm
PIPERS LA
Works
Red Cow Farm
8
LU6
Cell Park Farm
CADDINGTON COMM
Foxdell Farm
B4540
Wr Twr
Kensworth Gorse
Markyatecell Park
LUTON RD
Markyate Cell
7
Caddington Hall
Lower Farm
17
Manor Farm
CHURCH END
B4540
Tanglewood
Cemy
PARK VIEW DR
Markyate
6
GRANGE CL
Markyate JMI Sch
CAVENDISH RD
High Winds Farm
ROMAN WAY
THE RIDINGS
HICKS RD
OLD VICARAGE GDNS
COWPER CT
PO
HIGH ST
COWPER RD
CHRISTINA CT
Gooseacre
BUCKWOOD RD
WESLEY RD
COWPER RISE
ALBERT ST
NORTH CT
PH
HARPS HILL
Buckwood Stubs
BECKS CL
HICKS RD
SHARDSE CT
FLAX MEWS
SEBRIGHT RD
PARKFIELD RD
AL3
5
PARK CL
CORNER WOOD
THE COPPINS
GEORGE ST
LONG MDW
THE DELL
CLEVELAND RD 1
WILLIAM ST 2
KING ST 3
THE CLOSE 4
SUMMER WLK 5
SURSHAM CT
FARRIER CT
MANSE CT
LONDON RD
DAMMERSEY CL
HIGH VIEW
GREEN LA
16
CHEVERELLS CL
Hertfordshire Way
Roe End Farm
Hertfordshire Way
Sebright Sch
A5
4
Hollybush Lodge
Feveralls Farm
ROE END LA
Cheverell's Green
Roe End
PICKFORD RD
Sheepyard Dell
Cheverells
3
Cotton Spring Farm
15
FRIENDLESS LA
Kennels Lodge
Furze Cover
Cheverell's Belt
Gillhill Plantation
Friendless Wood
2
Valley Cottage
Valleybottom Farm
Beechwood House
VALLEY LA
Valleylane Cottage
Beechwood Park Prep Sch
1
HP2
Moonshine Wood
PUDDEPHAT'S LA
Dean Wood
Babies Wood
Hill Farm
14
04
A
B
05
C
D
06
E
F

104
84

83 63

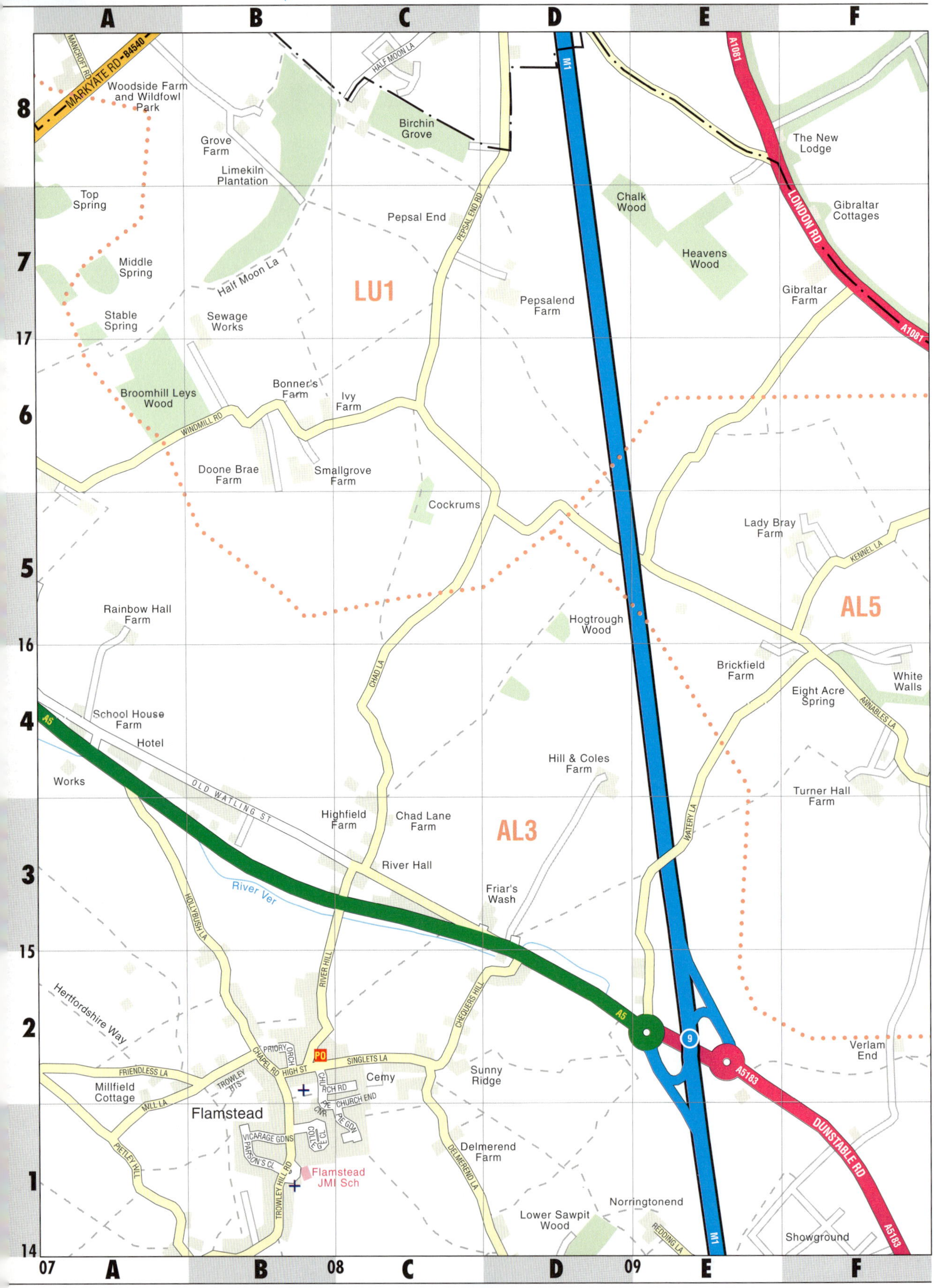
A B C D E F
8
7
17
6
5
16
4
3
15
2
1
14
07 08 09
MANCROFT RD
MARKYATE RD B4540
Woodside Farm and Wildfowl Park
HALF MOON LA
Birchin Grove
M1
A1081
The New Lodge
Grove Farm
Limekiln Plantation
Top Spring
Pepsal End
PEPSAL END RD
Chalk Wood
LONDON RD
Gibraltar Cottages
Heavens Wood
Middle Spring
Half Moon La
LU1
Pepsalend Farm
Gibraltar Farm
Stable Spring
Sewage Works
A1081
Broomhill Leys Wood
Bonner's Farm
Ivy Farm
WINDMILL RD
Doone Brae Farm
Smallgrove Farm
Cockrums
Lady Bray Farm
KENNEL LA
Rainbow Hall Farm
Hogtrough Wood
AL5
Brickfield Farm
White Walls
CHAD LA
Eight Acre Spring
ANNABLES LA
A5
School House Farm
Hotel
Hill & Coles Farm
Works
OLD WATLING ST
Turner Hall Farm
Highfield Farm
Chad Lane Farm
AL3
WATERY LA
River Hall
Friar's Wash
River Ver
HOLLYBUSH LA
RIVER HILL
Hertfordshire Way
CHEQUERS HILL
A5
9
PRIORY
ORCH
PO
SINGLETS LA
FRIENDLESS LA
CHAPEL RD
HIGH ST
Verlam End
A5183
Sunny Ridge
Cemy
TROWLEY HTS
CHURCH RD
CHURCH END
Millfield Cottage
MILL LA
Flamstead
VICARAGE GDNS
DUNSTABLE RD
PARSON'S CL
Delmerend Farm
PIETLEY HILL
DELMEREND LA
Flamstead JMI Sch
TROWLEY HILL RD
Norringtonend
Lower Sawpit Wood
REDDING LA
M1
Showground
A5183

83 105

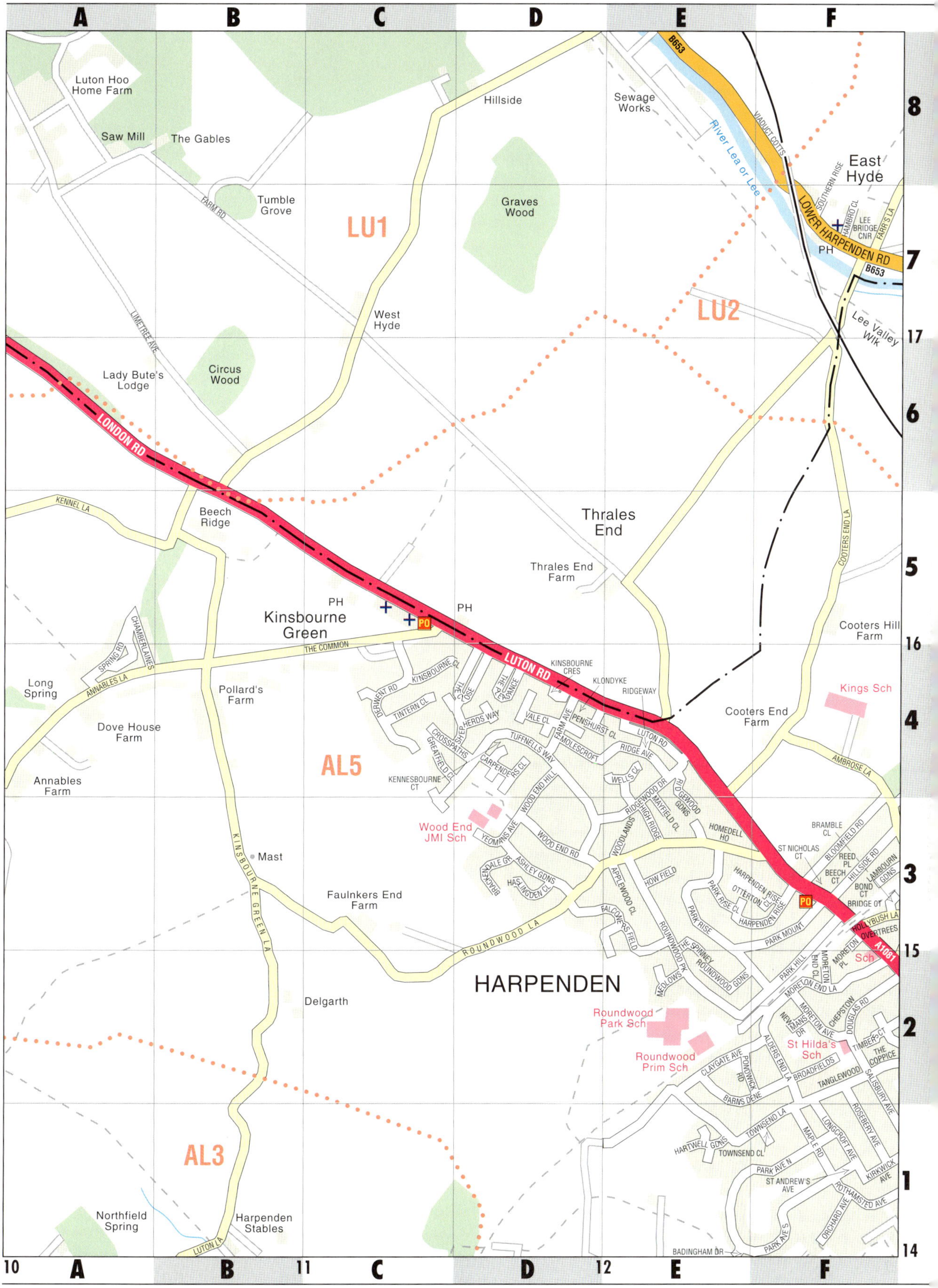
A
B
C
D
E
F
8
7
17
6
5
16
4
3
15
2
1
14
10
11
12
Luton Hoo Home Farm
Saw Mill
The Gables
Tumble Grove
FARM RD
Hillside
Graves Wood
LU1
Sewage Works
B653
River Lea or Lee
VIADUCT COTTS
East Hyde
SOUTHERN RISE
HAMBRO CL
LEE BRIDGE CNR
FARR'S LA
LOWER HARPENDEN RD
PH
LU2
West Hyde
LIMETREE AVE
Lee Valley Wlk
Lady Bute's Lodge
Circus Wood
LONDON RD
KENNEL LA
Beech Ridge
Thrales End
Thrales End Farm
COOTERS END LA
PH
Kinsbourne Green
PH
PO
CHAMBERLAINES
SPRING RD
THE COMMON
ANNABLES LA
Long Spring
Pollard's Farm
Cooters Hill Farm
LUTON RD
KINSBOURNE CRES
KLONDYKE
RIDGEWAY
Kings Sch
Dove House Farm
Cooters End Farm
AL5
Annables Farm
KENNESBOURNE CT
AMBROSE LA
Wood End JMI Sch
HOMEDELL HO
BRAMBLE CL
ST NICHOLAS CT
Mast
KINSBOURNE GREEN LA
Faulnkers End Farm
ROUNDWOOD LA
PO
A1081
HARPENDEN
Delgarth
Roundwood Park Sch
Roundwood Prim Sch
St Hilda's Sch
Sch
AL3
Northfield Spring
Harpenden Stables
LUTON LA
BADINGHAM DR

86

Map of Harpenden area

Grid references: A–F (columns), 1–8 and 14–17 (rows)

Postcode areas shown: **LU2**, **SG4**, **AL5**, **AL4**

Key locations and features

Northern area (rows 6–8):
- Garden Wood, The Hyde, Home Wood, Hyde Home Farm
- East Hyde Park, Little Cutts Farm
- Hill Farm, Dane Farm, Plummers La
- Bishey Wood, Tallents Farm
- Ladies Spring, Dane Spring
- Kimpton Bottom, Animal Welfare Centre
- B653, B652

Central area (rows 4–6):
- Hyde Mill Farm, Broadlands
- River Lea or Lee, Lea Valley Wlk
- Wall Wood, Bower Heath, Bower Heath Farm
- Holly Farm, Old Raisins Farm
- Bower Heath La, Sauncey Wood La, Holly La, The Slype
- Cold Hartbour, Sauncey Wood
- Turners Hall Farm
- Mackerye End, Mackerye End Farm
- Common La

Harpenden town (rows 1–4):
- Westfield Wood, Lea Prim Sch, Harpenden (private) H, Cemy
- Sir John Lawes Sch, Batford JMI Sch
- St George's Sch, Harpenden Memorial H
- HARPENDEN, Batford
- Station Rd, Luton Rd, High St
- A1081, B652, B653
- Crabtree Inf Sch, High Beeches JMI Sch
- Lea Valley, Sewage Works, Piggottshill Wood
- Leasey Bridge La
- Harpenden Central (rail)

Streets (small numbered references visible on map)

Cold Hartbour area:
1. Riverbanks Cl
2. Barley Rise
3. St Martins Cl

Piggottshill area:
1. Dalewood
2. Fairfield Cl
3. Englehurst

Index

A2
1. LYDEKKER MEWS
2. GERARD CT
3. CORNELIA CT
4. HARDENWICK CT
5. SOUTHGATE CT
6. BERKELEY CT
7. FERNDALE
8. ANVIL HO

B1
1. CARLTON CT
2. CARLTON BANK
3. THE MEWS
4. CROFT CT
5. DEVONSHIRE RD
6. KINLOCH CT
7. VICTORIA RD
8. HARDING PAR
9. COLERIDGE CT

B1
10. BEAUMONT CT
11. COPPER BEECHES
12. MILTON CT
13. THE CEDARS
14. YARDLEY CT
15. KEATS HO
16. SHELLEY CT
17. AVON CT
18. FURZEDOWN

C1
19. CHILTERN CT
20. HADDON CT

66
88

A
B
C
D
E
F
8
7
17
6
5
16
4
3
15
2
1
14
16
17
18
Nursery
SKEGSBURY LA
B652
KIMPTON BOTTOM
Cottage
Farm
COOPER'S HILL
COOPER'S CL
HALL LA
SG4
B651
BALLSLOUGH HILL
Kimpton Hall
Farm
Gunn's Lodge
Cottages
Claggbottom
Wood
The Dell
Porter's End
KIMPTON RD
LIME AVE
THE DRIVE
Prior's Wood
BEECH WAY
BLACKMORE MANOR
Blackmore
End
Hall Wood
BIBBS HALL LA
BLACKMORE WAY
BROWNFIELD WAY
THE PADDOCKS
Bibbsworth Hall
Farm
Cross Keys
(PH)
Hog's
Plough
THE BROADWAY
FIRS DR
Lamer
Wood
Nursery
AL6
DALE AVE
BURTON CL
THE SLYPE
Lamer House
Astridge
Farm
P
AL5
Gustardwood
Common
Gustard Wood
Lamer
Park
Hertfordshire Way
Heron's Farm
AL4
MARSHALLS HEATH LA
CH
Home
Farm
LAMER LA
CH
Delaport House
Lamer Farm
Cromwell
Piggeries
Marshalls
Heath
Dairy
Cottage
CODICOTE RD
P
PH
FOLLY FIELDS
The Folly
PH
Cherry Trees
CHERRY TREE LA
LEASEY DELL DR
LOWER LUTON RD
ROSE LA
SHEPCOTE LA
GARDEN CT
CODICOTE RD
CORY-WRIGHT WAY
Leasey
Bridge
LEASEY BRIDGE LA
ABBOT JOHN MEWS
Lea Valley Wlk
KINGFISHER CL
STATION RD
MOUNT RD
PO
River Lea or Lee
Leasey Bridge
Farm
Lea Valley Wlk
ASH GR
P
MEADS LA
Sewage
Works
B651
HIGH ST
CANONS FIELD
EAST LA
1 OLD RECTORY GDNS
2 EAST MOUNT
3 BROCKET VIEW
B653

108
88

Map page 88 — Ayot St Lawrence / Ayot St Peter area (Hertfordshire)

Grid columns: A, B, C, D, E, F
Grid rows: 8, 7, 6, 5, 4, 3, 2, 1 (with reference numbers 17, 16, 15, 14 along the left edge; 19, 20, 21 along the bottom)

Adjoining page arrows:
- Top: 87 (left), 67 (right)
- Bottom: 87 (left), 109 (right)

Postcode areas shown: SG4, AL6, AL4

Labelled features:

- Abbotshay
- Tanyard La
- Hollowdane Spring
- Codicote Bottom
- Bottom Farm
- Ayot Lodge
- Three Hills
- Poynders Meadow 1
- The Opening 2
- New Town 3
- Cowards La
- Winch Cl
- High St
- Dark La
- The Rudry
- B656
- Brimstone Wood
- Hertfordshire Way
- Long Valley
- St Albans Rd
- Ayot Park
- Ayot House
- Lord Mead La
- Kimpton Rd
- River Mimram
- Bibbs Hall La
- PH
- Ayot Farm
- Shaw's Corner
- Ayot St Lawrence
- Pulmer Water
- Harepark Spring
- Norfolk Cottages
- Bride Hall
- Bride Hall La
- Hill Farm La
- Hill Farm
- Ryefield Farm
- Hurstling's Wood
- Linces Spring
- Little Norfolk Wood
- Great Norfolk Wood
- Round Spring
- Stocking Springs
- Codicote Rd
- Dowdell's Wood
- Ayot Bury
- Scratching Grove
- Threegroves Wood
- Fish Wood
- Ayot St Peter Rd
- Ayot St Peter
- War Meml
- Cherrytree Spring
- Coneydell Spring
- Warren Wood
- Ayot Mountfitchet
- Ayot Place
- Saul's Wood
- Bladder Wood
- Ayot Greenway
- Robinson's Wood
- Hunter's Bridge
- Bowle's Wood
- Manor Farm
- Ayot Little Green La
- Ayot Little Green
- River Lea or Lee
- Lea Valley Wlk
- Sparrowhall Bridge
- Waterend La
- Sparrowhall Farm
- James's Wood

68
90

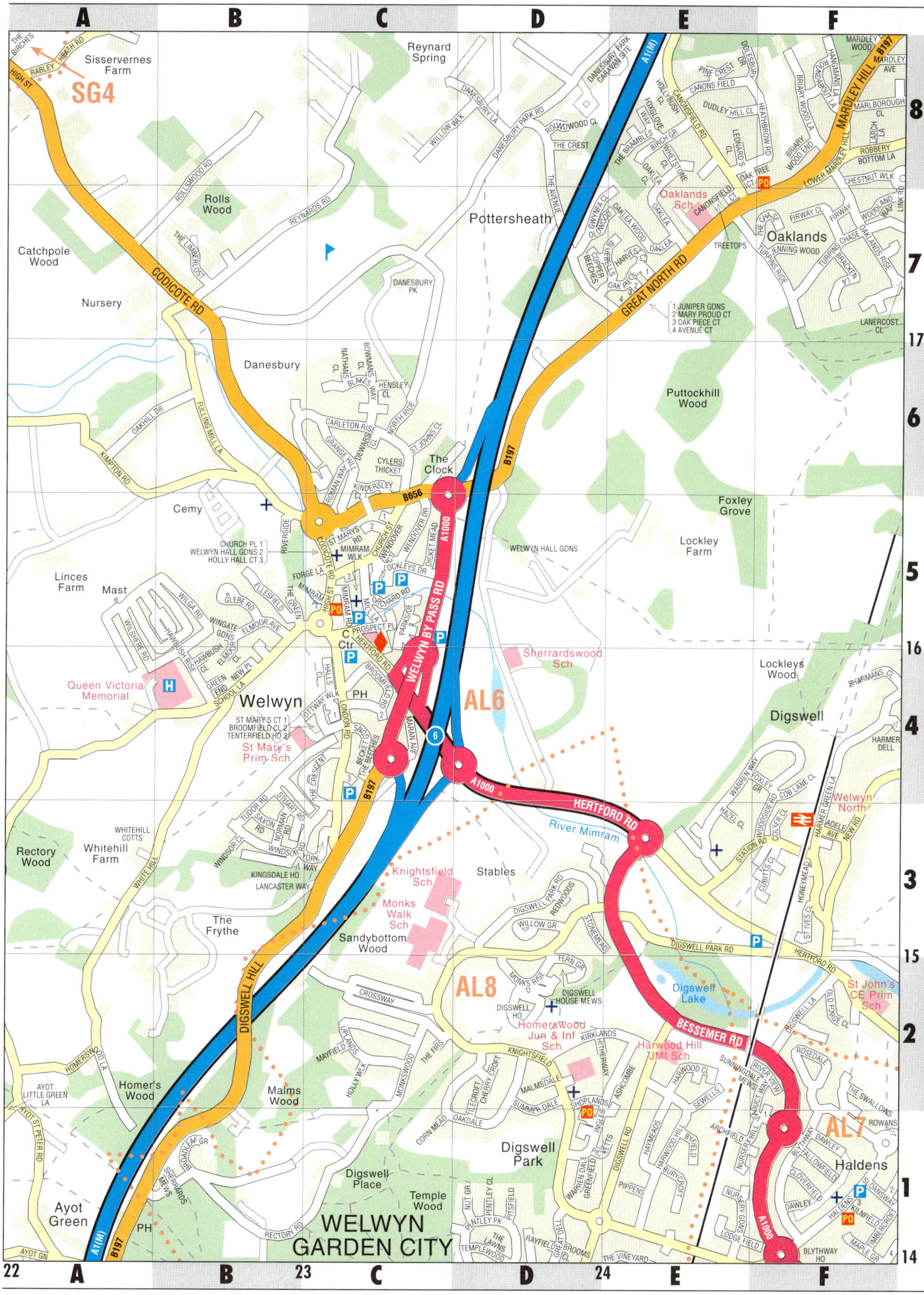

110
90

F1
1 NORTHWAY
2 FLEXLEY WOOD
3 HALDENS HOUSE
4 RUNSLEY

89
69

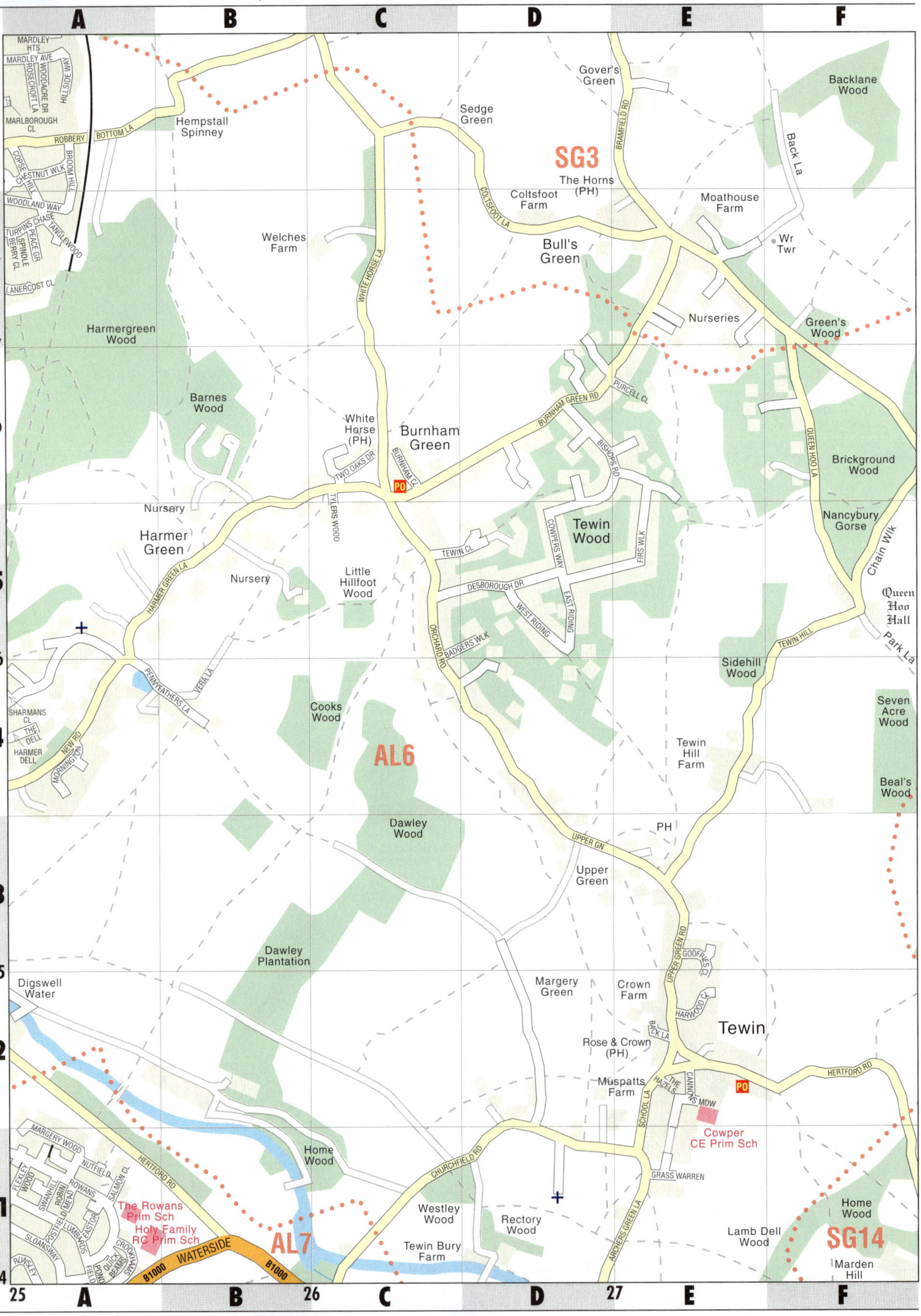
A
B
C
D
E
F
8
7
17
6
5
16
4
3
15
2
1
14
25
26
27
MARDLEY HTS
MARDLEY AVE
ROSECROFT LA
WOODACRE DR
HILLSIDE WAY
MARLBOROUGH CL
ROBBERY
BOTTOM LA
COPSE HILL
CHESTNUT WLK
BROOM HILL
WOODLAND WAY
TURPINS CHASE
PEACE GR
SPINDLE BERRY CL
TANGLEWOOD
LANERCOST CL
Hempstall Spinney
Sedge Green
Gover's Green
Backlane Wood
Back La
BRAMFIELD RD
SG3
The Horns (PH)
Coltsfoot Farm
COLTSFOOT LA
Moathouse Farm
Wr Twr
Welches Farm
Bull's Green
WHITE HORSE LA
Nurseries
Green's Wood
Harmergreen Wood
Barnes Wood
PURCELL CL
BURNHAM GREEN RD
White Horse (PH)
Burnham Green
TWO OAKS DR
BURNHAM CL
PO
BISHOPS RD
QUEEN HOO LA
Brickground Wood
Nursery
TYLERS WOOD
Tewin Wood
COWPERS WAY
FIRS WLK
Nancybury Gorse
Harmer Green
TEWIN CL
Chain Wlk
Nursery
Little Hillfoot Wood
DESBOROUGH DR
Queen Hoo Hall
HARMER GREEN LA
WEST RIDING
EAST RIDING
ORCHARD RD
BADGERS WLK
TEWIN HILL
Park La
Sidehill Wood
PENNYFATHERS LA
VERA LA
Seven Acre Wood
SHARMANS CL
THE DELL
HARMER DELL
NEW RD
MORNINGTON
Cooks Wood
AL6
Tewin Hill Farm
Beal's Wood
Dawley Wood
PH
UPPER GN
Upper Green
UPPER GREEN RD
GODFREYS CL
Dawley Plantation
Digswell Water
Margery Green
Crown Farm
HARWOOD CL
BACK LA
Tewin
Rose & Crown (PH)
HERTFORD RD
Muspatts Farm
THE HAZELS
CANNONS MDW
SCHOOL LA
Cowper CE Prim Sch
MARGERY WOOD
NUTFIELD
FLEXLEY WOOD
SWANHILL
ROBIN MEAD
ROWANS
POSTFIELD
SALMON CL
HERTFORD RD
Home Wood
CHURCHFIELD RD
GRASS WARREN
The Rowans Prim Sch
Holy Family RC Prim Sch
EASTOR
LUMBARDS
SLOANSWAY
CROOKHAMS
QUICK BEAMS
POND FIELD
RUMSLEY
B1000
WATERSIDE
AL7
B1000
Westley Wood
Rectory Wood
Tewin Bury Farm
ARCHERS GREEN LA
Lamb Dell Wood
Home Wood
SG14
Marden Hill

89
111

70
92

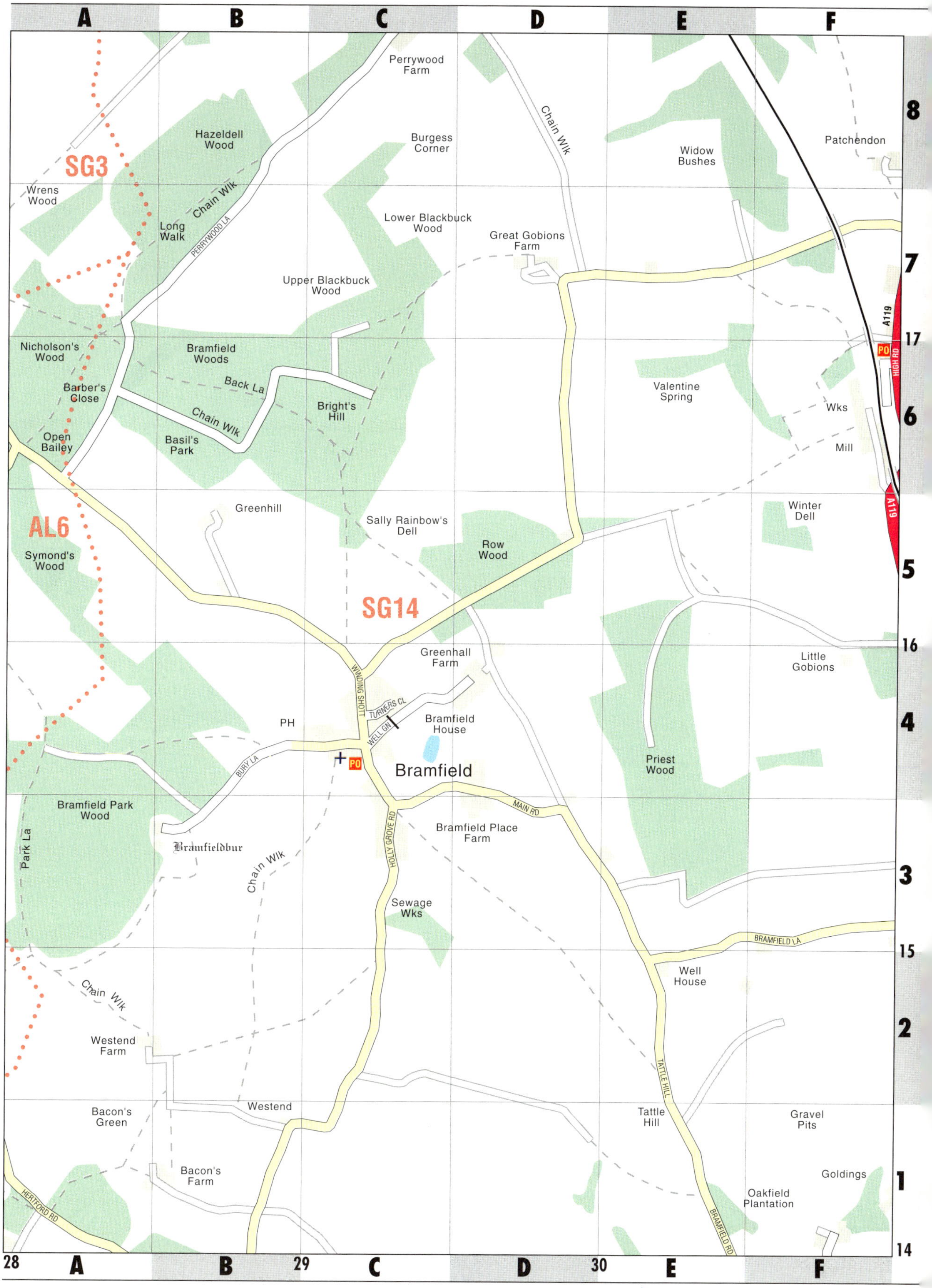
A
B
C
D
E
F
8
7
17
6
5
16
4
3
15
2
1
14
28
29
30
SG3
AL6
SG14
Perrywood Farm
Hazeldell Wood
Burgess Corner
Chain Wlk
Widow Bushes
Patchendon
Wrens Wood
Long Walk
PERRYWOOD LA
Lower Blackbuck Wood
Great Gobions Farm
Upper Blackbuck Wood
A119
PO
HIGH RD
Nicholson's Wood
Bramfield Woods
Back La
Valentine Spring
Barber's Close
Bright's Hill
Wks
Open Bailey
Basil's Park
Mill
Greenhill
Sally Rainbow's Dell
Winter Dell
Symond's Wood
Row Wood
Greenhall Farm
Little Gobions
WINDING SHOTT
TURNERS CL
WELL GN
PH
Bramfield House
Bramfield
BURY LA
Priest Wood
MAIN RD
Bramfield Park Wood
Bramfield Place Farm
Park La
Bramfieldbur
Chain Wlk
HOLLY GROVE RD
Sewage Wks
BRAMFIELD LA
Well House
Chain Wlk
Westend Farm
TATTLE HILL
Bacon's Green
Westend
Tattle Hill
Gravel Pits
Bacon's Farm
Goldings
Oakfield Plantation
HERTFORD RD
BRAMFIELD RD

112
92

91
71

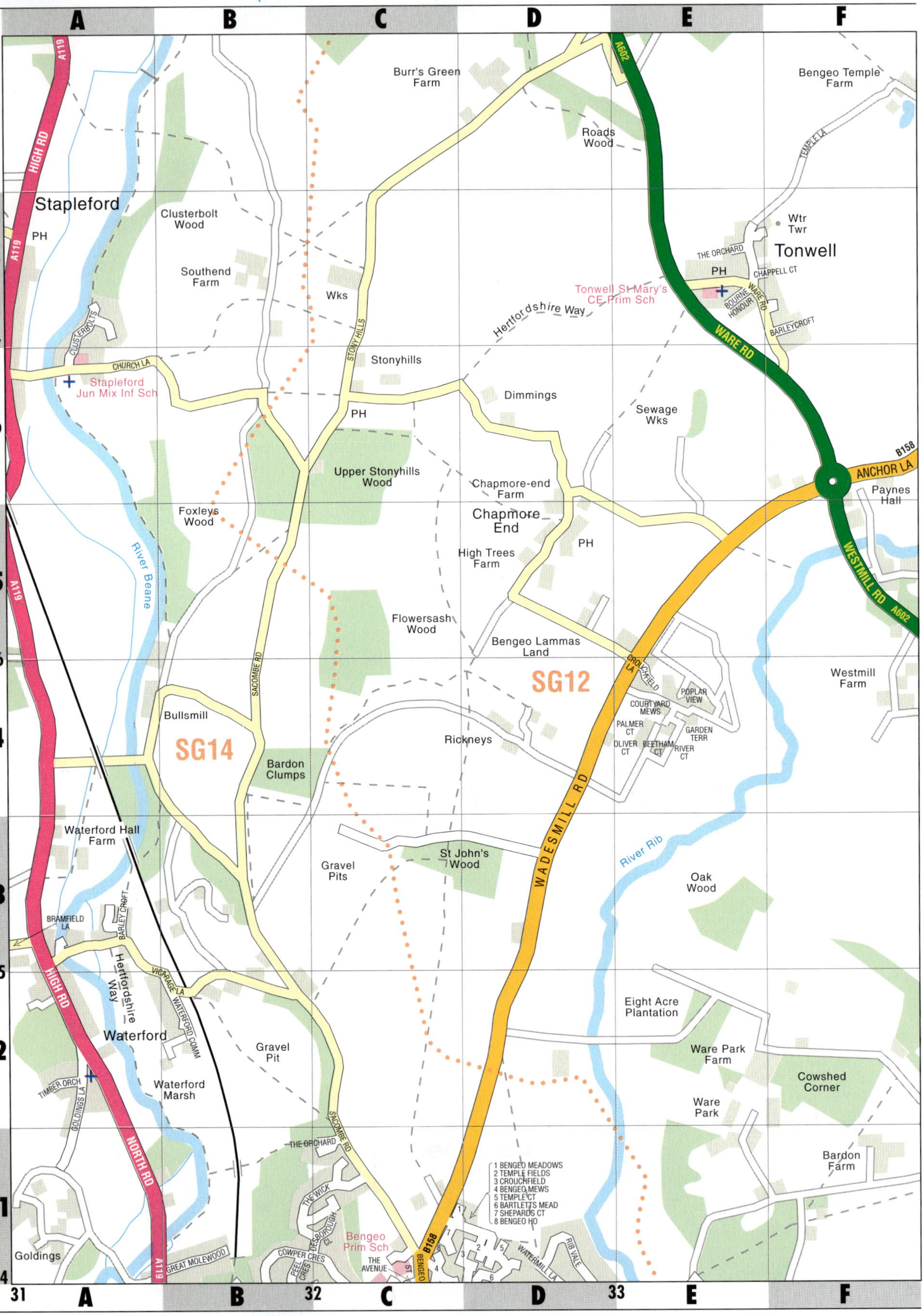
A
B
C
D
E
F
8
7
17
6
5
16
4
3
15
2
1
14
31
32
33
A119
HIGH RD
Stapleford
PH
Clusterbolt
Wood
Southend
Farm
CLUSTERBOLTS
CHURCH LA
Stapleford
Jun Mix Inf Sch
Burr's Green
Farm
Wks
STONY HILLS
Stonyhills
PH
Upper Stonyhills
Wood
Foxleys
Wood
River Beane
Roads
Wood
A602
Bengeo Temple
Farm
TEMPLE LA
Wtr
Twr
Tonwell
THE ORCHARD
PH
CHAPPELL CT
Tonwell St Mary's
CE Prim Sch
BOURNE HONOUR
WARE RD
BARLEYCROFT
Hertfordshire Way
WARE RD
Dimmings
Sewage
Wks
B158
ANCHOR LA
Paynes
Hall
Chapmore-end
Farm
Chapmore
End
PH
High Trees
Farm
WESTMILL RD
A602
Flowersash
Wood
Bengeo Lammas
Land
Westmill
Farm
SG12
CROUCHFIELD LA
POPLAR VIEW
COURTYARD MEWS
PALMER CT
GARDEN TERR
OLIVER CT
BEETHAM CT
RIVER CT
SACOMBE RD
Bullsmill
SG14
Rickneys
Bardon
Clumps
WADESMILL RD
Waterford Hall
Farm
Gravel
Pits
St John's
Wood
River Rib
Oak
Wood
BRAMFIELD LA
BARLEY CROFT
Hertfordshire Way
VICARAGE LA
WATERFORD COMM
Eight Acre
Plantation
Waterford
Gravel
Pit
Ware Park
Farm
Cowshed
Corner
TIMBER ORCH
GOLDINGS LA
Waterford
Marsh
NORTH RD
Ware
Park
THE ORCHARD
SACOMBE RD
Bardon
Farm
1 BENGEO MEADOWS
2 TEMPLE FIELDS
3 CROUCHFIELD
4 BENGEO MEWS
5 TEMPLE CT
6 BARTLETTS MEAD
7 SHEPARDS CT
8 BENGEO HO
THE WICK
DESBOROUGH CL
Bengeo
Prim Sch
Goldings
GREAT MOLEWOOD
COWPER CRES
PEEL CRES
THE AVENUE
ST
BENGEO
B158
WATERMILL LA
RIB VALE

91
113

93

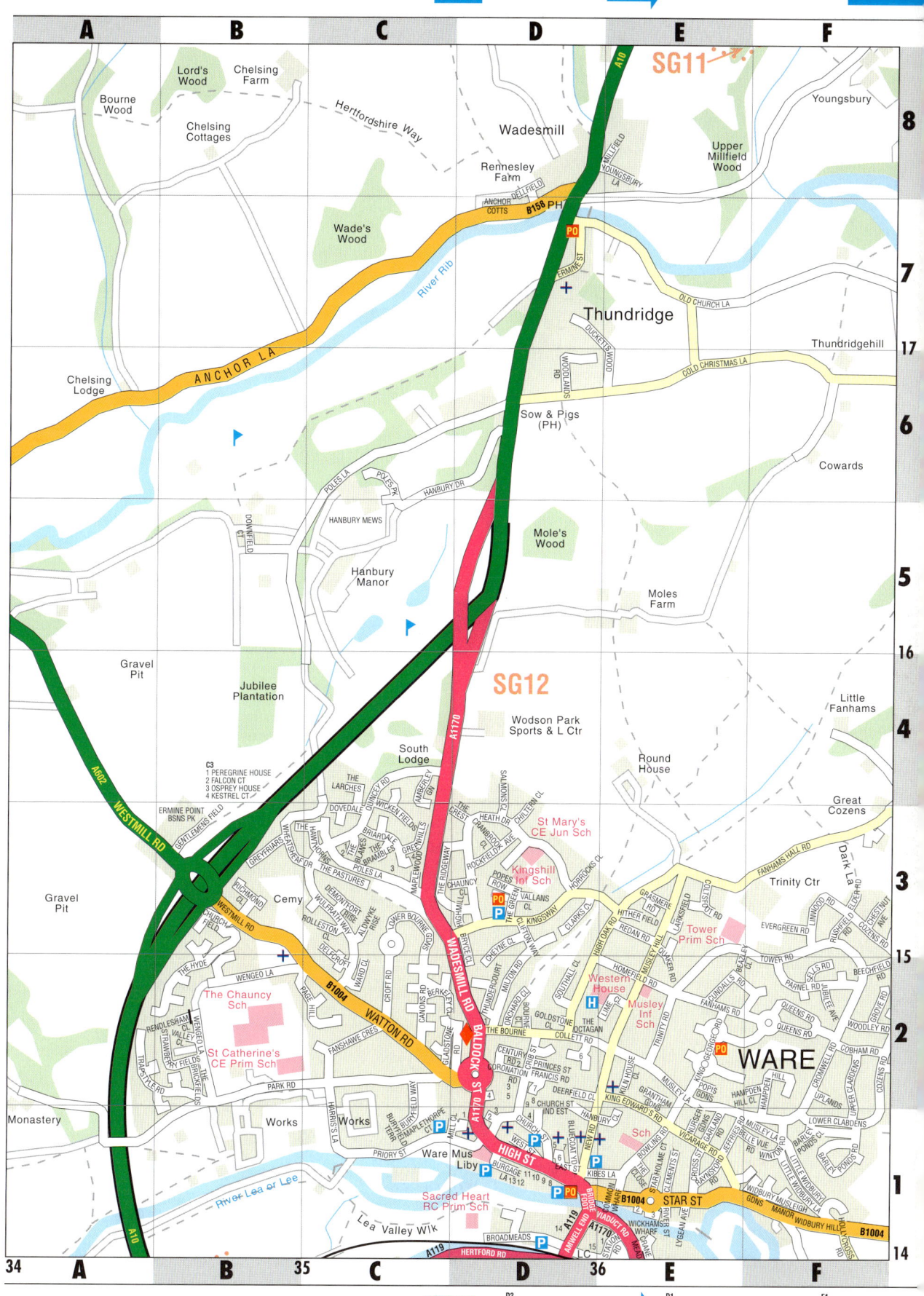

Map of Ware area (SG11, SG12) including Thundridge, Wadesmill, Hanbury Manor, and surrounding areas.

C3
1. PEREGRINE HOUSE
2. FALCON CT
3. OSPREY HOUSE
4. KESTREL CT

D2
1. THUNDER HALL
2. THE BAKERY
3. ROKEWOOD MEWS
4. WAGGONERS YD
5. ST EVROUL CT
6. HARTFIELD CT
7. MONKS ROW
8. CAMERON CT
9. THE ALBION

D1
1. BLACK SWAN CT
2. CHURCH ROW MEWS
3. ST MARY'S CTYD
4. OMEGA CT
5. FRENCH HORN CT
6. LEASIDE WLK
7. DOLPHIN YD
8. WELLS YD
9. GEORGE WLK
10. RIVERSIDE MEWS
11. WATER ROW
12. BURGAGE CT
13. CHRISTOPHER CT
14. BECKETS WLK
15. STATION CT

E1
1. MILLACRES
2. OMEGA MALTINGS
3. ALBANY MEWS

93
73

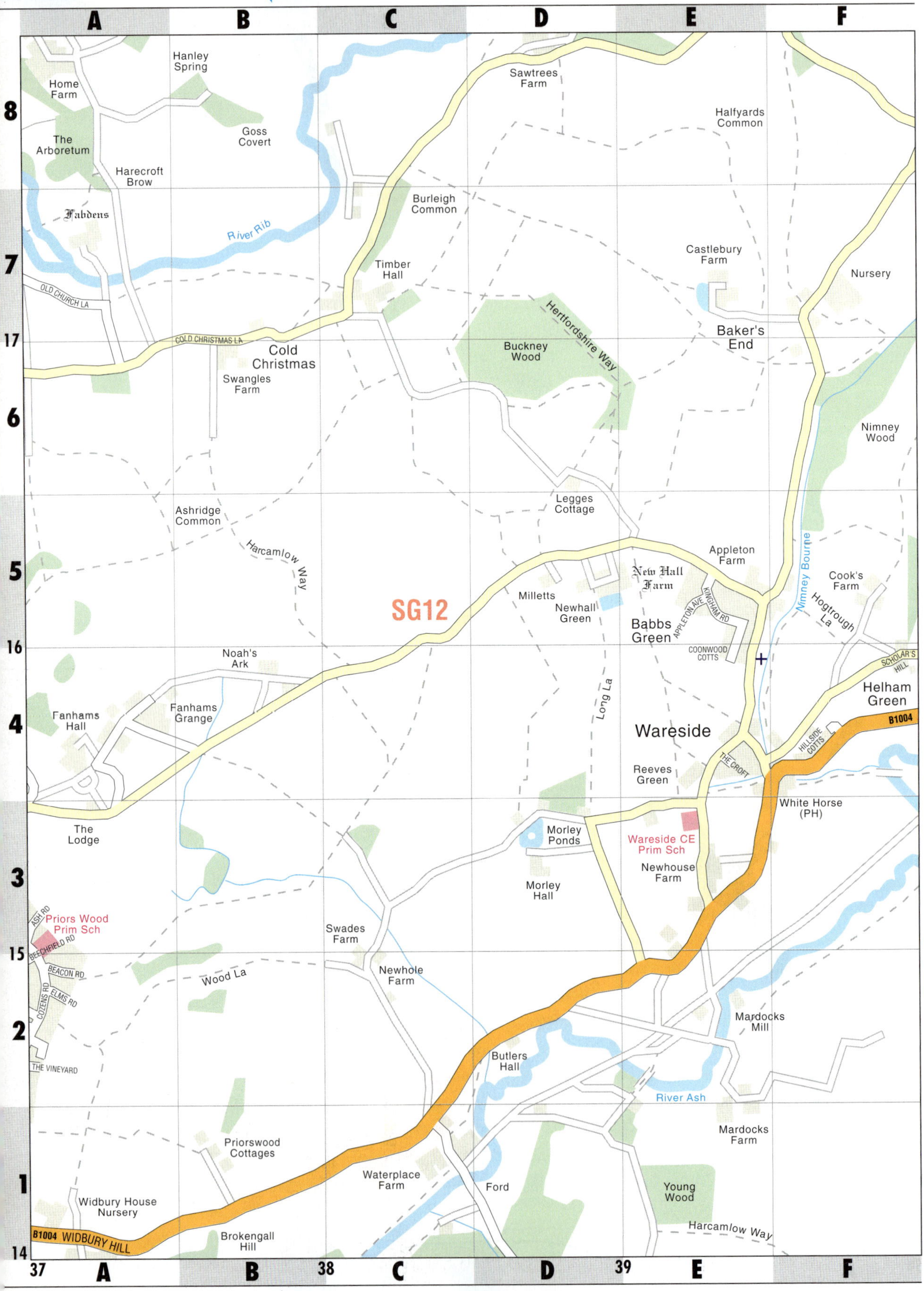
A
B
C
D
E
F
8
7
17
6
5
16
4
3
15
2
1
14
37
38
39
Hanley Spring
Home Farm
The Arboretum
Goss Covert
Harecroft Brow
Fabdens
River Rib
OLD CHURCH LA
COLD CHRISTMAS LA
Cold Christmas
Swangles Farm
Sawtrees Farm
Halfyards Common
Burleigh Common
Timber Hall
Castlebury Farm
Nursery
Hertfordshire Way
Buckney Wood
Baker's End
Nimney Wood
Legges Cottage
Ashridge Common
Harcamlow Way
Appleton Farm
New Hall Farm
Cook's Farm
Milletts
Newhall Green
Babbs Green
APPLETON AVE
KINGHAM RD
Nimney Bourne
Hogtrough La
SG12
COONWOOD COTTS
SCHOLAR'S HILL
Helham Green
Noah's Ark
Fanhams Hall
Fanhams Grange
Long La
Wareside
B1004
HILLSIDE COTTS
THE CROFT
Reeves Green
White Horse (PH)
The Lodge
Morley Ponds
Wareside CE Prim Sch
Newhouse Farm
Morley Hall
ASH RD
Priors Wood Prim Sch
BEECHFIELD RD
BEACON RD
Swades Farm
Newhole Farm
Wood La
ELMS RD
COZENS RD
Mardocks Mill
Butlers Hall
THE VINEYARD
River Ash
Mardocks Farm
Priorswood Cottages
Waterplace Farm
Ford
Young Wood
Widbury House Nursery
Harcamlow Way
B1004 WIDBURY HILL
Brokengall Hill

93
115

74
96

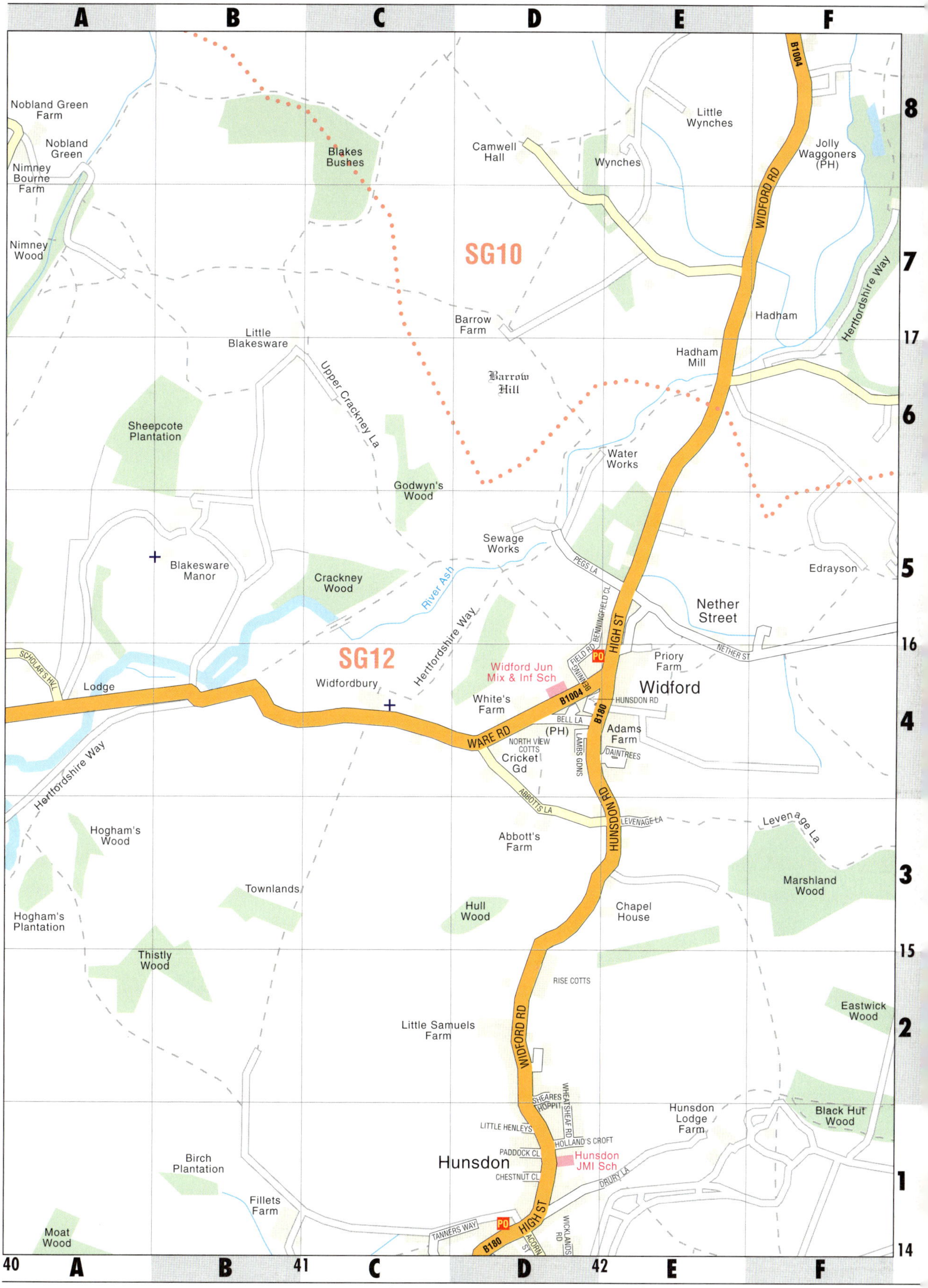
A
B
C
D
E
F
Nobland Green Farm
Nobland Green
Nimney Bourne Farm
Nimney Wood
Blakes Bushes
Camwell Hall
Wynches
Little Wynches
Jolly Waggoners (PH)
B1004
WIDFORD RD
SG10
Hertfordshire Way
Hadham
Barrow Farm
Little Blakesware
Hadham Mill
Barrow Hill
Upper Crackney La
Sheepcote Plantation
Water Works
Godwyn's Wood
Sewage Works
Blakesware Manor
Crackney Wood
River Ash
PEGS LA
Edrayson
Nether Street
NETHER ST
BENNINGFIELD CL
HIGH ST
FIELD RD
PO
SCHOLAR'S HILL
SG12
Widford Jun Mix & Inf Sch
Priory Farm
Lodge
Widfordbury
White's Farm
B1004
HUNSDON RD
Widford
B180
BELL LA
WARE RD
(PH)
Adams Farm
NORTH VIEW COTTS
LAMBS GDNS
DAINTREES
Cricket Gd
Hertfordshire Way
ABBOTTS LA
HUNSDON RD
LEVENAGE LA
Levenage La
Hogham's Wood
Abbott's Farm
Townlands
Marshland Wood
Hull Wood
Chapel House
Hogham's Plantation
Thistly Wood
RISE COTTS
Eastwick Wood
Little Samuels Farm
WIDFORD RD
SHEARES HOPPIT
WHEATSHEAF RD
Hunsdon Lodge Farm
Black Hut Wood
LITTLE HENLEYS
HOLLAND'S CROFT
PADDOCK CL
Hunsdon JMI Sch
Birch Plantation
Hunsdon
CHESTNUT CL
DRURY LA
Fillets Farm
TANNERS WAY
PO
HIGH ST
Moat Wood
B180
ACORN ST
WICKLANDS RD
8
7
17
6
5
16
4
3
15
2
1
14
40
41
42

116
96

95
75

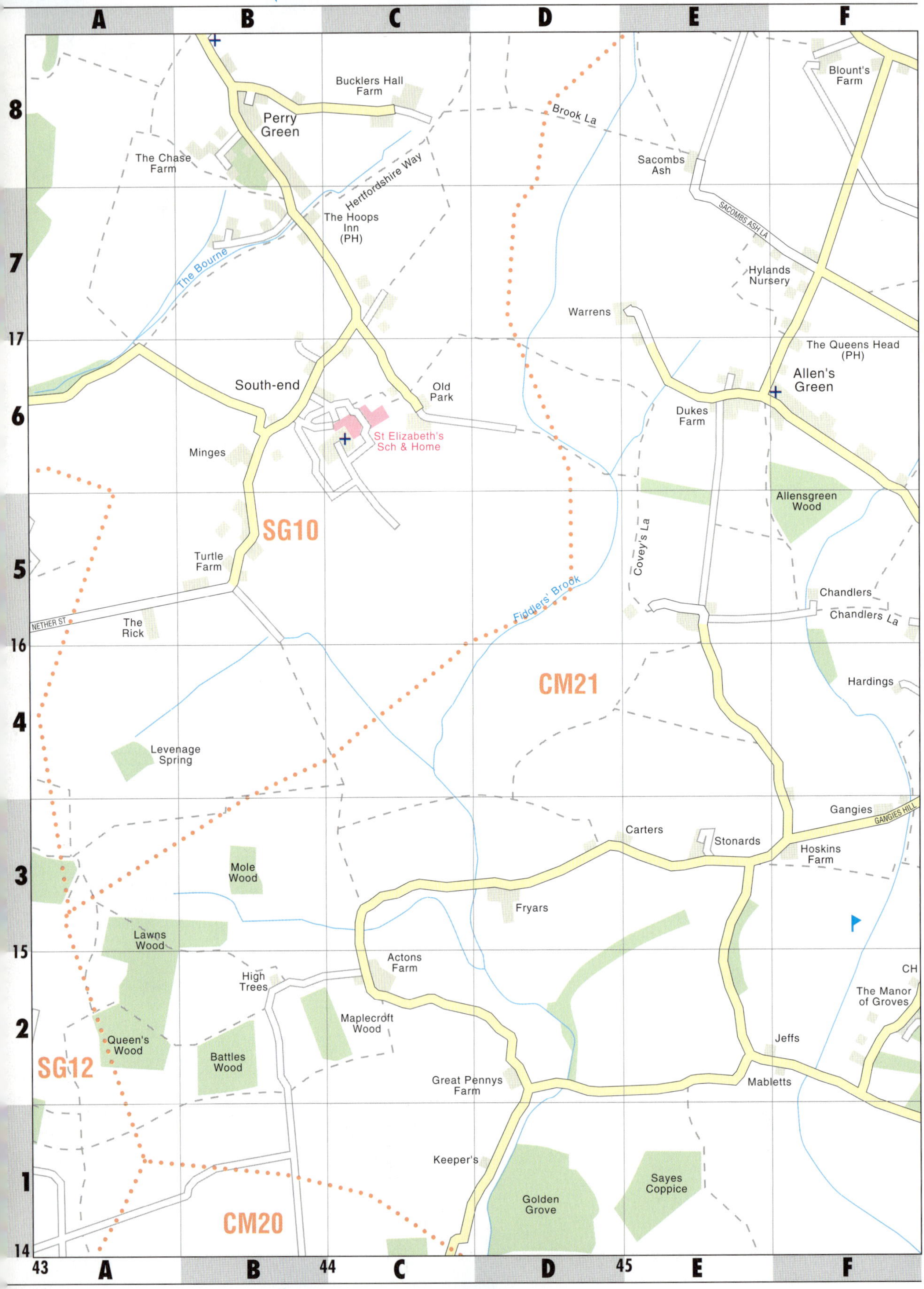
A
B
C
D
E
F
8
7
17
6
5
16
4
3
15
2
1
14
43
44
45
Bucklers Hall Farm
Perry Green
Brook La
Blount's Farm
The Chase Farm
Hertfordshire Way
Sacombs Ash
SACOMBS ASH LA
The Hoops Inn (PH)
The Bourne
Hylands Nursery
Warrens
The Queens Head (PH)
Allen's Green
South-end
Old Park
Dukes Farm
St Elizabeth's Sch & Home
Minges
Allensgreen Wood
SG10
Covey's La
Turtle Farm
Fiddlers' Brook
Chandlers
Chandlers La
NETHER ST
The Rick
CM21
Hardings
Levenage Spring
Gangies
GANGIES HILL
Carters
Stonards
Hoskins Farm
Mole Wood
Fryars
Lawns Wood
Actons Farm
High Trees
CH
The Manor of Groves
Maplecroft Wood
Jeffs
Queen's Wood
Battles Wood
SG12
Great Pennys Farm
Mabletts
Keeper's
Sayes Coppice
Golden Grove
CM20

95
117

76
98
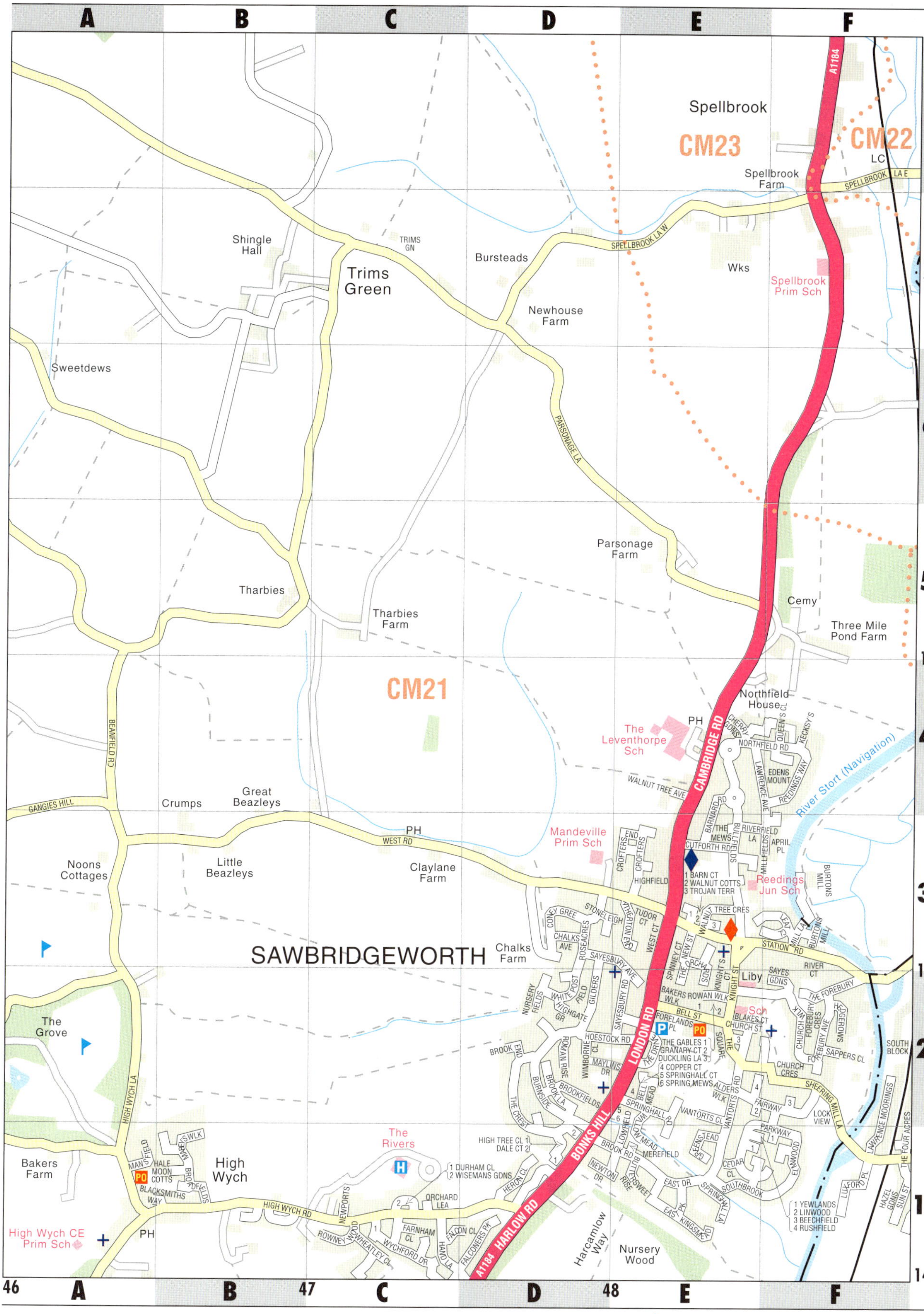
A
B
C
D
E
F
8
7
17
6
5
16
4
3
15
2
1
14
46
47
48
Spellbrook
CM23
CM22
LC
Spellbrook Farm
SPELLBROOK LA E
A1184
Shingle Hall
TRIMS GN
Trims Green
Bursteads
SPELLBROOK LA W
Wks
Spellbrook Prim Sch
Newhouse Farm
Sweetdews
PARSONAGE LA
Parsonage Farm
Tharbies
Tharbies Farm
Cemy
Three Mile Pond Farm
CM21
BEANFIELD RD
Northfield House
PH
The Leventhorpe Sch
CAMBRIDGE RD
NORTHFIELD RD
EDENS MOUNT
REEDINGS WAY
KECKSY'S
QUEEN'S CL
CHERRY GDNS
LAWRENCE AVE
River Stort (Navigation)
WALNUT TREE AVE
GANGIES HILL
Crumps
Great Beazleys
WEST RD
Mandeville Prim Sch
BARNARD RD
THE MEWS
CUTFORTH RD
BULLFIELDS
RIVERFIELD LA
MILLFIELDS
APRIL PL
Noons Cottages
Little Beazleys
Claylane Farm
CROFTERS END
CROFTERS
HIGHFIELD
1 BARN CT
2 WALNUT COTTS
3 TROJAN TERR
Reedings Jun Sch
BURTONS MILL
STONELEIGH
TUDOR CT
WEST CT
WALNUT TREE CRES
MILL LA
STATION RD
SAWBRIDGEWORTH
Chalks Farm
CHALKS AVE
ROSEACRES
SAYESBURY AVE
SPINNEY CT
THE ORCHARDS
KNIGHT'S CT
KNIGHT ST
Liby
SAYES GDNS
RIVER CT
THE FOREBURY
The Grove
NURSERY FIELDS
WHITEPOST FIELD
GILDERS
HIGHGATE GR
SAYESBURY RD
BAKERS WLK
ROWAN WLK
BELL ST
FORELANDS PL
Sch
BLAKES CT
CHURCH ST
FOREBURY CRES
FOREBURY AVE
HEDGEROWS
CHURCH WLK
SAPPERS CL
SOUTH BLOCK
BROOK END
HOESTOCK RD
ROMAN RISE
WIMBORNE CL
MAYLINS DR
THE DRIVE
LONDON RD
1 THE GABLES
2 GRANARY CT
3 DUCKLING LA
4 COPPER CT
5 SPRINGHALL CT
6 SPRING MEWS
SQUARE
THE SQUARE
CHURCH CRES
SHEERING MILL LA
BROOK LA
BROOKFIELDS
BURNSIDE
THE CREST
ALDERS WLK
VANTORTS RD
VANTORTS CL
FAIRWAY
LOCK VIEW
SPRINGHALL RD
BELL MEAD
MEREFIELD
PARKWAY
LAWRENCE MOORINGS
THE FOUR ACRES
ELMWOOD
CEDAR CL
HIGH WYCH LA
Bakers Farm
MANSFIELD
HALF MOON COTTS
BLACKSMITHS WAY
BROADFIELDS
High Wych
HIGH TREE CL 1
DALE CT 2
The Rivers
1 DURHAM CL
2 WISEMANS GDNS
HERON CL
BONKS HILL
NEWTON DR
BROOK RD
LOWFIELD
BUTTERSWEET RISE
EAST DR
SOUTHBROOK
SPRINGHALL LA
EAST PK
KINGSMEAD
LUXFORD PL
HAZEL GDNS
SUN ST
1 YEWLANDS
2 LINWOOD
3 BEECHFIELD
4 RUSHFIELD
HIGH WYCH RD
NEWPORTS
ORCHARD LEA
FARNHAM CL
WYCHFORD DR
FALCON CL
FALCONERS PK
HAND LA
ROWNEY WOOD
WHEATLEY CL
HARLOW RD
High Wych CE Prim Sch
Harcamlow Way
Nursery Wood
PO
H
P
118
98

97
77

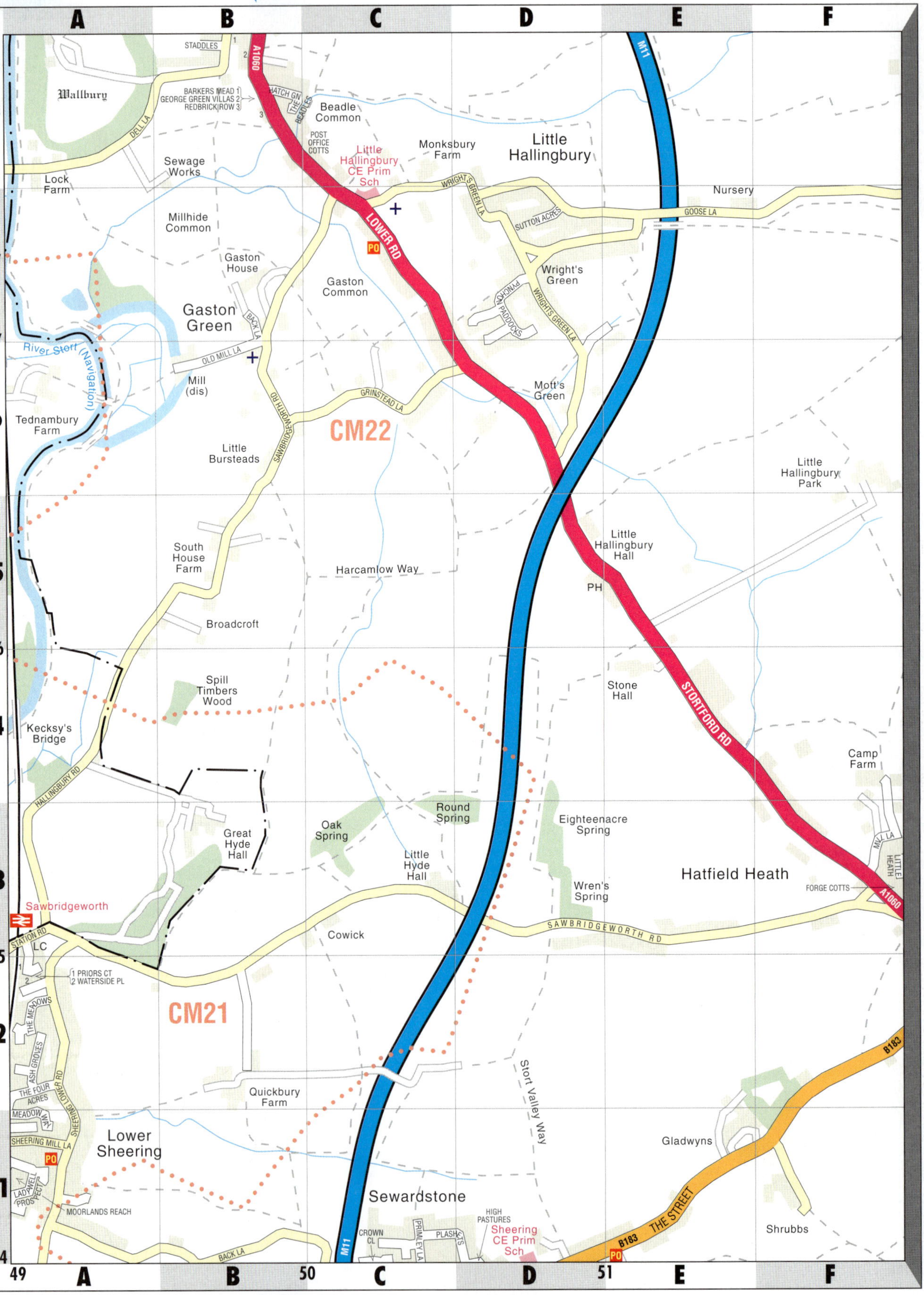
A
B
C
D
E
F
8
7
17
6
5
16
4
3
15
2
1
14
49
50
51
Wallbury
STADDLES
BARKERS MEAD 1
GEORGE GREEN VILLAS 2
REDBRICK ROW 3
A1060
HATCH GN
THE BEADLES
Beadle Common
POST OFFICE COTTS
Little Hallingbury CE Prim Sch
Monksbury Farm
Little Hallingbury
M11
DELL LA
Sewage Works
Lock Farm
WRIGHT'S GREEN LA
Nursery
GOOSE LA
SUTTON ACRES
LOWER RD
PO
Millhide Common
Gaston House
Gaston Common
Wright's Green
Gaston Green
BACK LA
PYNCHON PADDOCKS
WRIGHTS GREEN LA
River Stort (Navigation)
OLD MILL LA
Mill (dis)
Mott's Green
GRINSTEAD LA
Tednambury Farm
CM22
SAWBRIDGEWORTH RD
Little Bursteads
Little Hallingbury Park
Little Hallingbury Hall
South House Farm
Harcamlow Way
PH
Broadcroft
Stone Hall
Spill Timbers Wood
STORTFORD RD
Kecksy's Bridge
Camp Farm
HALLINGBURY RD
Round Spring
Oak Spring
Eighteenacre Spring
Great Hyde Hall
Little Hyde Hall
MILL LA
LITTLE HEATH
Hatfield Heath
Wren's Spring
FORGE COTTS
Sawbridgeworth
SAWBRIDGEWORTH RD
STATION RD
LC
Cowick
1 PRIORS CT
2 WATERSIDE PL
CM21
THE MEADOWS
ASH GROVES
THE FOUR ACRES
MEADOW WAY
LOWER RD
SHEERING
Stort Valley Way
B183
Quickbury Farm
SHEERING MILL LA
Lower Sheering
Gladwyns
THE STREET
LADYWELL
PROSPECT
MOORLANDS REACH
Sewardstone
HIGH PASTURES
Sheering CE Prim Sch
CROWN CL
PRIMLEY LA
PLASHETS
BACK LA
Shrubbs

97

79
100

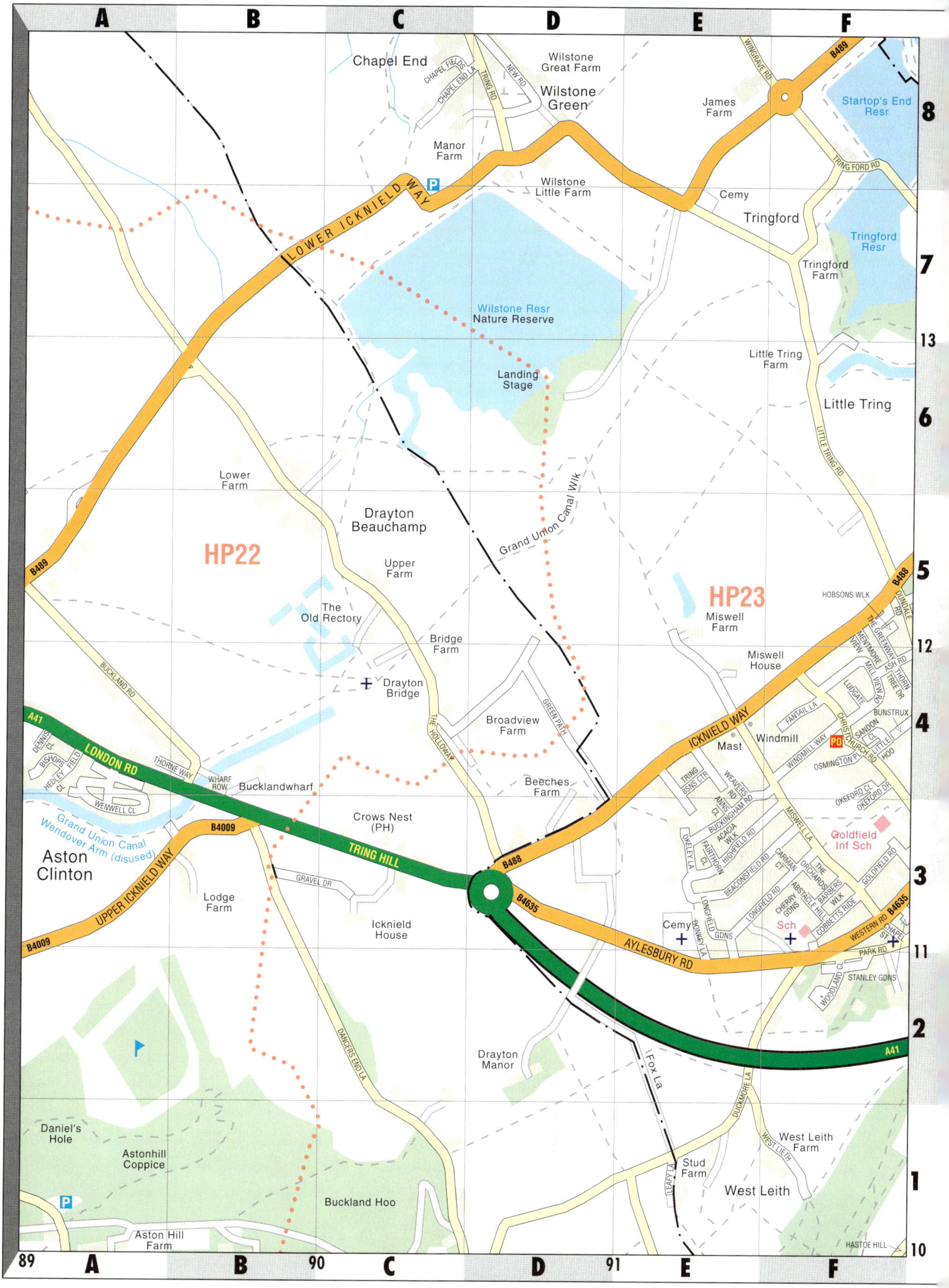

119
100

99
80

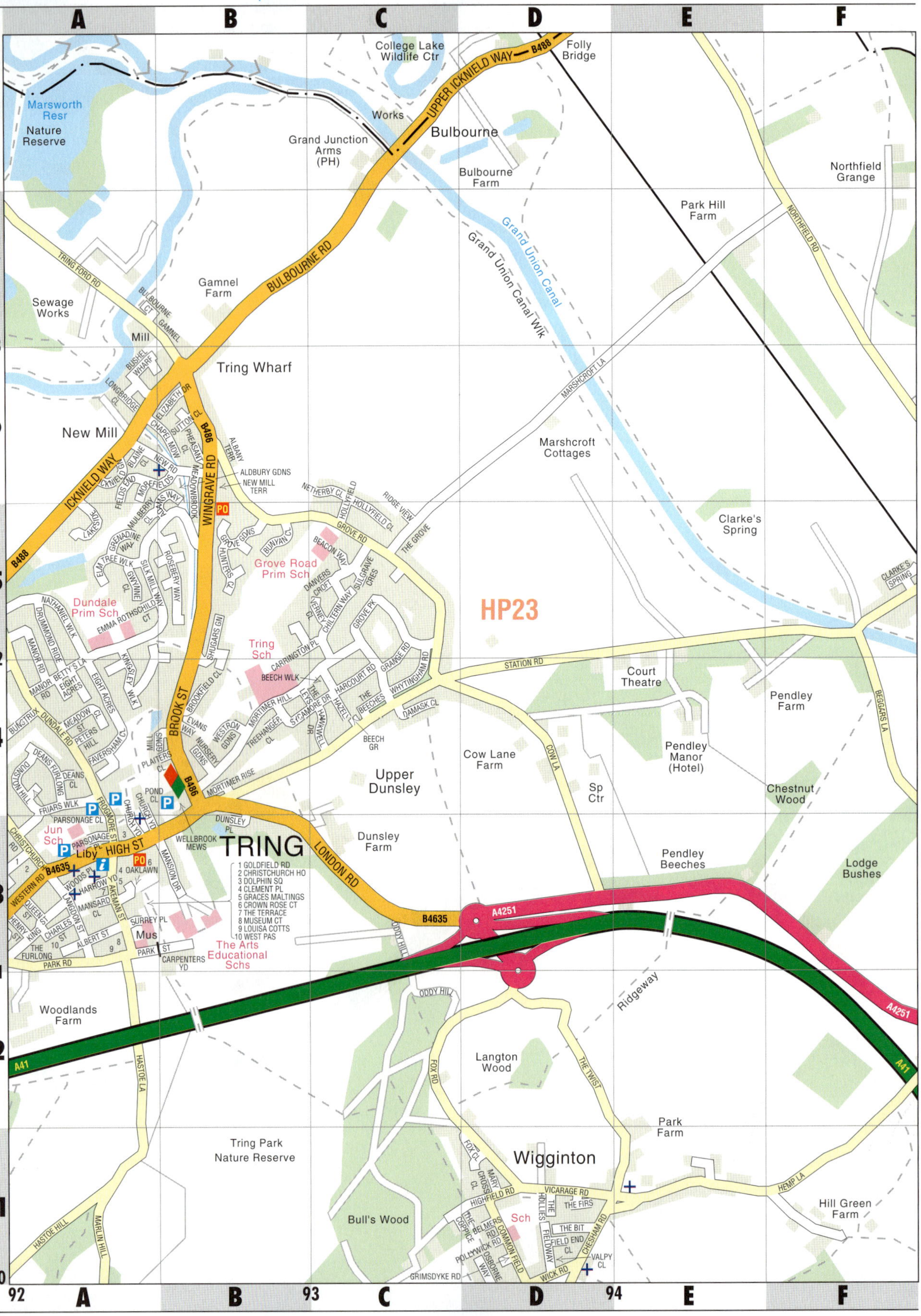
A
B
C
D
E
F
8
7
13
6
5
12
4
3
11
2
1
10
92
93
94
Marsworth Resr
Nature Reserve
College Lake Wildlife Ctr
Folly Bridge
B488
UPPER ICKNIELD WAY
Works
Bulbourne
Grand Junction Arms (PH)
Bulbourne Farm
Northfield Grange
Park Hill Farm
NORTHFIELD RD
Grand Union Canal
Grand Union Canal Wlk
TRING FORD RD
Sewage Works
Gamnel Farm
BULBOURNE RD
BULBOURNE CT
GAMNEL
Mill
Tring Wharf
BUSHEL WHARF
LONGBRIDGE CL
New Mill
ELIZABETH DR
SUTTON CL
CHAPEL MDW
PHEASANT CL
B486
ALBANY TERR
MARSHCROFT LA
Marshcroft Cottages
ICKNIELD WAY
NEW RD
MEADOWBROOK
WINGRAVE RD
ALDBURY GDNS
NEW MILL TERR
NETHERBY CL
HOLLYFIELD
HOLLYFIELD CL
RIDGE VIEW
Clarke's Spring
PO
GROVE GDNS
BUNYAN CL
GROVE RD
THE GROVE
LAKESIDE
GRENADINE WAY
MULBERRY CL
BEACON WAY
HUNTERS CL
B488
ELM TREE WLK
SILK MILL WAY
ROSEBERY WAY
Grove Road Prim Sch
DANVERS CROFT
SULGRAVE CRES
CLARKE'S SPRING
Dundale Prim Sch
EMMA ROTHSCHILD CT
VERNEY CL
CHILTERN WAY
GROVE PK
HP23
NATHANIEL WLK
DRUMMOND RIDE
SHUGARS GN
Tring Sch
CARRINGTON PL
MANOR RD
BETTY'S LA
EIGHT ACRES
KINGSLEY WLK
BROOKFIELD CL
BEECH WLK
HARCOURT RD
GRANGE RD
WHYTINGHAM RD
STATION RD
Court Theatre
Pendley Farm
MEADOW CL
ST PETERS HILL
FAVERSHAM CL
EVANS WAY
WESTRON GDNS
MORTIMER HILL
THE BEECHES
DAMASK CL
BEGGARS LA
BUNSTRUX
DUNDALE RD
DEANS FURLONG
MILL VIEW RD
PLAITERS CL
BROOK ST
NURSERY GDNS
TREEHANGER CL
BEECH GR
Cow Lane Farm
COW LA
Pendley Manor (Hotel)
DUNSTON HILL
DEANS CL
MORTIMER RISE
Upper Dunsley
Sp Ctr
Chestnut Wood
FRIARS WLK
FROGMORE ST
CHURCH YD
POND CL
PARSONAGE CL
DUNSLEY PL
Jun Sch
PARSONAGE PL
HIGH ST
Liby
WELLBROOK MEWS
TRING
LONDON RD
Dunsley Farm
Pendley Beeches
Lodge Bushes
CHRISTCHURCH RD
B4635
OAKLAWN
MANSION DR
1 GOLDFIELD RD
2 CHRISTCHURCH HO
3 DOLPHIN SQ
4 CLEMENT PL
5 GRACES MALTINGS
6 CROWN ROSE CT
7 THE TERRACE
8 MUSEUM CT
9 LOUISA COTTS
10 WEST PAS
WESTERN RD
WOODS PL
HARROW YD
AKEMAN ST
QUEEN ST
KING ST
CHARLES ST
MANSARD CL
LANGDON ST
HENRY ST
ALBERT ST
SURREY PL
Mus
THE FURLONG
PARK RD
PARK ST
CARPENTERS YD
The Arts Educational Schs
B4635
A4251
ODDY HILL
Ridgeway
Woodlands Farm
A41
HASTOE LA
Langton Wood
FOX RD
THE TWIST
A4251
A41
Park Farm
Tring Park Nature Reserve
Wigginton
FOX CL
MARY CROSS CL
HIGHFIELD RD
VICARAGE RD
THE HOLLIES
THE FIRS
HEMP LA
Hill Green Farm
Bull's Wood
Sch
THE COPPICE
BELMERS RD
THE BIT
FIELD END CL
FIELDWAY
CHESHAM RD
POLLYWICK RD
OSBORNE WAY
COMMON FIELD
WICK RD
VALPY CL
GRIMSDYKE RD
HASTOE HILL
MARLIN HILL

99
120

102

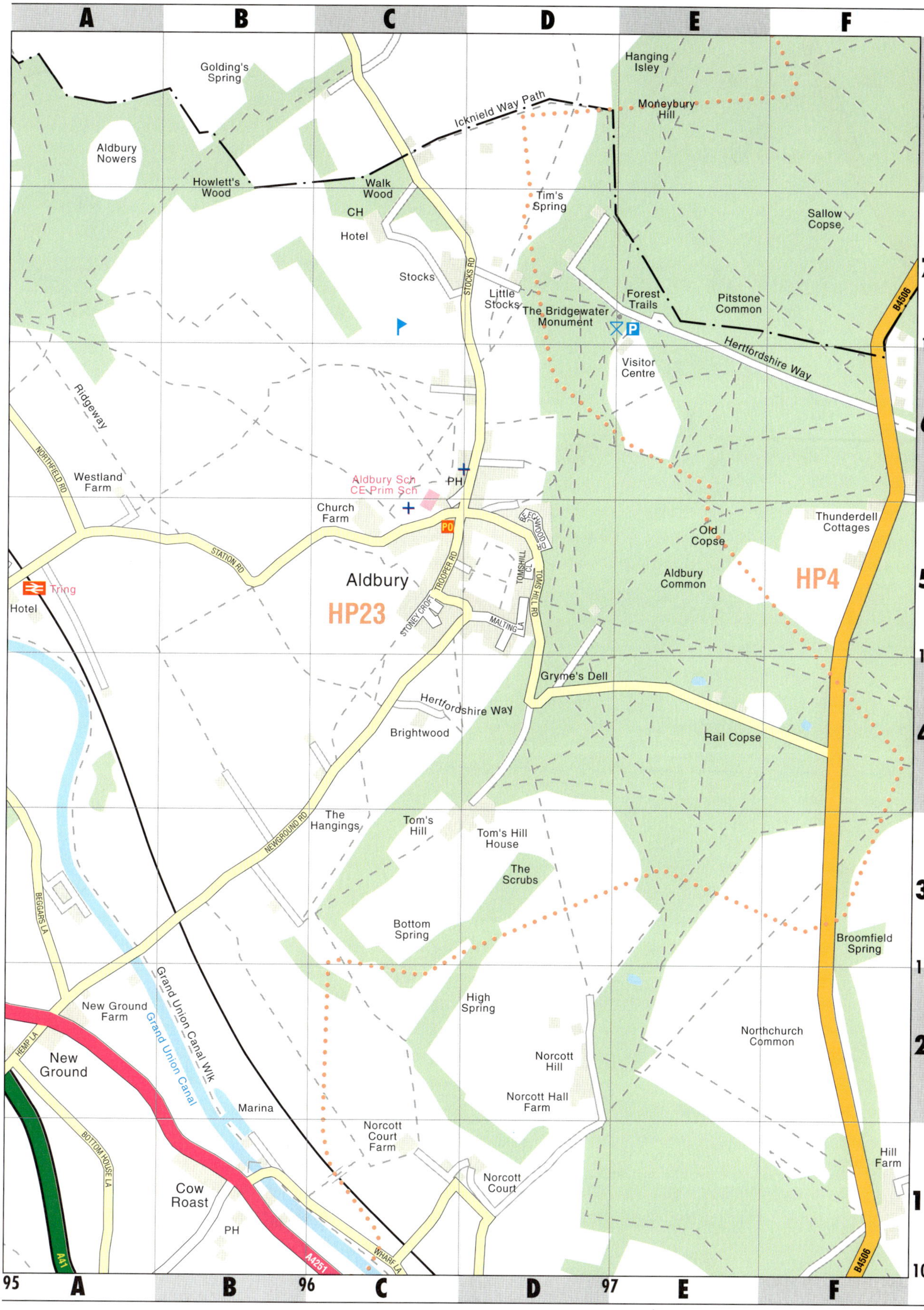
A
B
C
D
E
F
Golding's Spring
Aldbury Nowers
Howlett's Wood
Icknield Way Path
Walk Wood
CH
Hotel
Stocks
STOCKS RD
Little Stocks
The Bridgewater Monument
Hanging Isley
Moneybury Hill
Tim's Spring
Forest Trails
Visitor Centre
Sallow Copse
Pitstone Common
Hertfordshire Way
B4506
Ridgeway
NORTHFIELD RD
Westland Farm
Aldbury Sch CE Prim Sch
PH
Church Farm
PO
STATION RD
BEECHWOOD DR
TOMSHILL CL
TOMS HILL RD
TROOPER RD
STONEY CROFT
MALTING LA
Aldbury
HP23
Tring
Hotel
Old Copse
Aldbury Common
Thunderdell Cottages
HP4
Gryme's Dell
Hertfordshire Way
Brightwood
Rail Copse
NEWGROUND RD
The Hangings
Tom's Hill
Tom's Hill House
The Scrubs
Bottom Spring
BEGGARS LA
Broomfield Spring
High Spring
New Ground Farm
Grand Union Canal Wlk
Grand Union Canal
HEMP LA
New Ground
Norcott Hill
Northchurch Common
Norcott Hall Farm
Marina
Norcott Court Farm
BOTTOM HOUSE LA
Cow Roast
PH
Norcott Court
Hill Farm
A41
A4251
WHARF LA
8
7
13
6
5
12
4
3
11
2
1
10
95
96
97

121
102

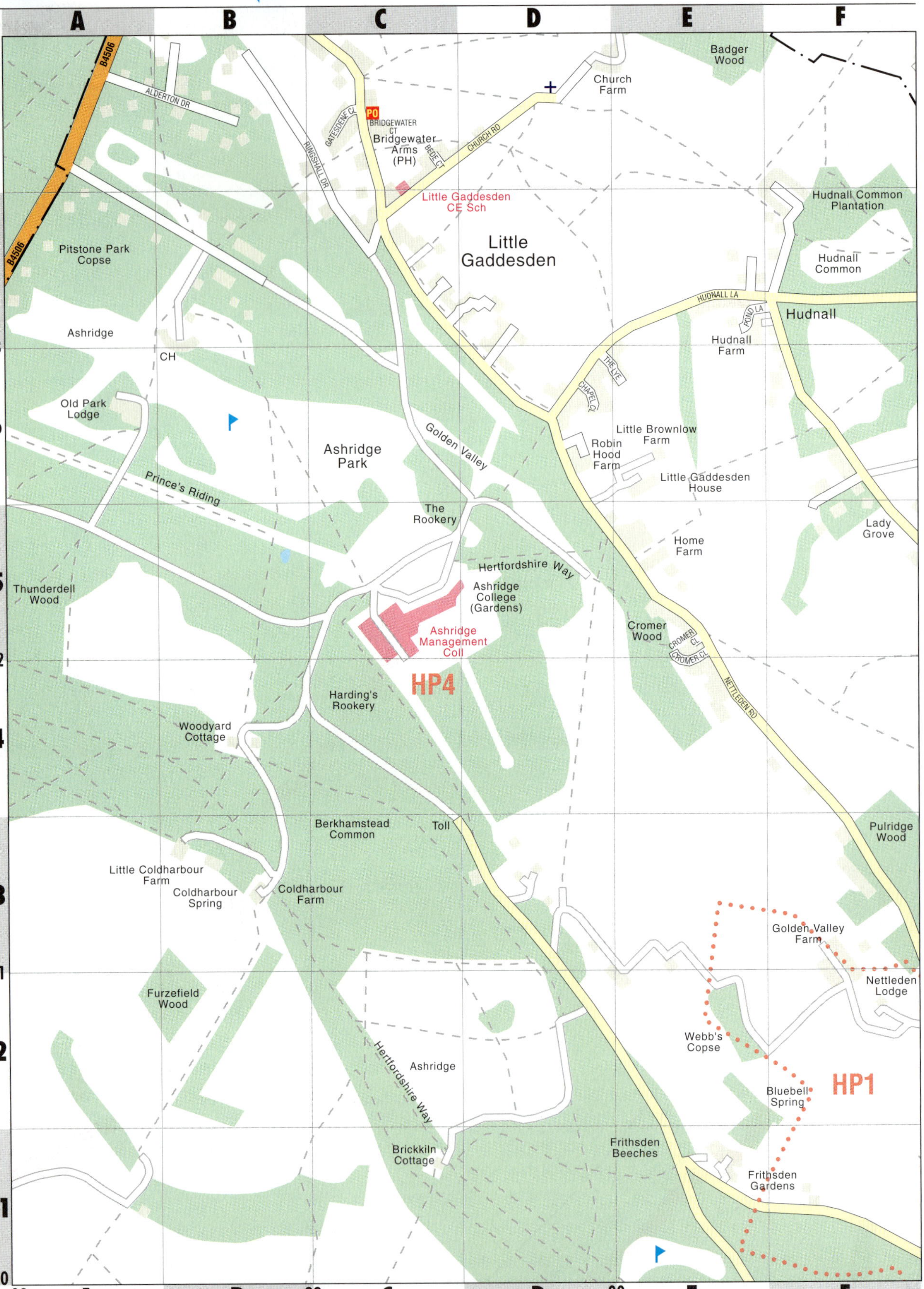
A
B
C
D
E
F
8
7
13
6
5
12
4
3
11
2
1
10
98
99
00
B4506
ALDERTON DR
RINGSHALL DR
GATESDENE CL
PO
BRIDGEWATER CT
Bridgewater Arms (PH)
BEDE CT
CHURCH RD
Church Farm
Badger Wood
Little Gaddesden CE Sch
Little Gaddesden
Hudnall Common Plantation
Hudnall Common
HUDNALL LA
POND LA
Hudnall
Hudnall Farm
Pitstone Park Copse
Ashridge
CH
Old Park Lodge
THE LYE
CHAPEL CL
Little Brownlow Farm
Robin Hood Farm
Little Gaddesden House
Ashridge Park
Golden Valley
Prince's Riding
The Rookery
Lady Grove
Home Farm
Hertfordshire Way
Ashridge College (Gardens)
Thunderdell Wood
Ashridge Management Coll
Cromer Wood
CROMER CL
NETTLEDEN RD
HP4
Harding's Rookery
Woodyard Cottage
Berkhamstead Common
Toll
Pulridge Wood
Little Coldharbour Farm
Coldharbour Spring
Coldharbour Farm
Golden Valley Farm
Nettleden Lodge
Furzefield Wood
Webb's Copse
Ashridge
Hertfordshire Way
HP1
Bluebell Spring
Brickkiln Cottage
Frithsden Beeches
Frithsden Gardens

82
104

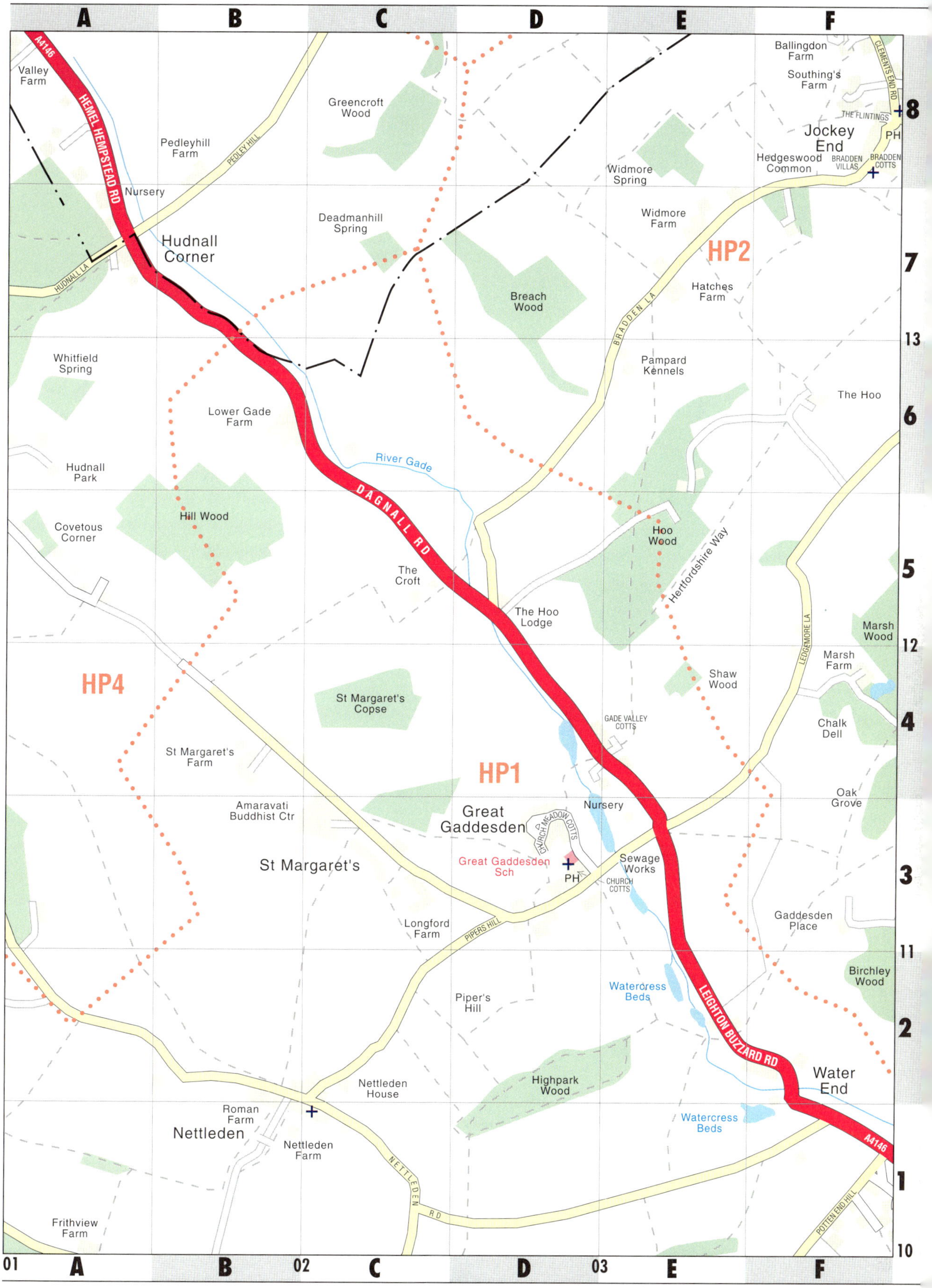

123
104

104

Grid references and labels

Column A (row 8–1):
- Dean La
- WEST DENE
- Hertfordshire Way
- Six Tunnels Farm
- Gaddesden Hoo Cottages
- Ledgemore Farm
- LEDGEMORE LA
- Marsh Wood
- Home Farm
- Stable Wood
- Birchley Wood
- Hogstrough Dell
- Red Lion (PH)
- LEIGHTON BUZZARD RD
- A4146
- **HP1**

Column B:
- Babies Wood
- Newland's Wood
- Whitehouse Farm
- Water Twr
- Gaddesden Row JMI Sch
- The Lane House
- New Gorse
- London Wood
- Big Wood
- Crown & Sceptre (PH)
- Briden's Camp
- Millhill Farm
- Chalkpit Dell

Column C:
- Prior's Spring
- Abel's Grove
- Gaddesden Row
- Golden Parsonage
- Ye Olde Chequers (PH)
- Elmtree Farm
- Threecraft Wood
- Thomas's Wood
- Millhill Gorse
- Varney's Wood
- Wood Farm
- **HP2**

Column D:
- Little Woodend Cottages
- Teakettle Wood

Column E:
- Yewtree Spring
- Wood End Farm
- WOOD END LA
- PUDDEPHAT'S LA
- Upper Wood Farm
- Round Spring Wood
- Long Wood
- Hawbush Farm
- Corner Farm
- Lovetts End Farm
- Little Lovetts End Farm
- DODDS LA
- **AL3**

Column F:
- Scratch Wood
- Puddephats Farm
- Green La
- Greenlane Wood
- Stags End
- CADDESDEN LA
- CUPID GREEN LA
- Eastbrookhay Farm
- ESSEX MEAD 1
- ST AGNELLS LA 2
- THE DEE 3
- OLD MAPLE 4
- SQUIRES RD
- WOOTTON DR

Edge references:
- 103 (left, top and bottom)
- 83 (top)
- 124 (bottom)

84
106

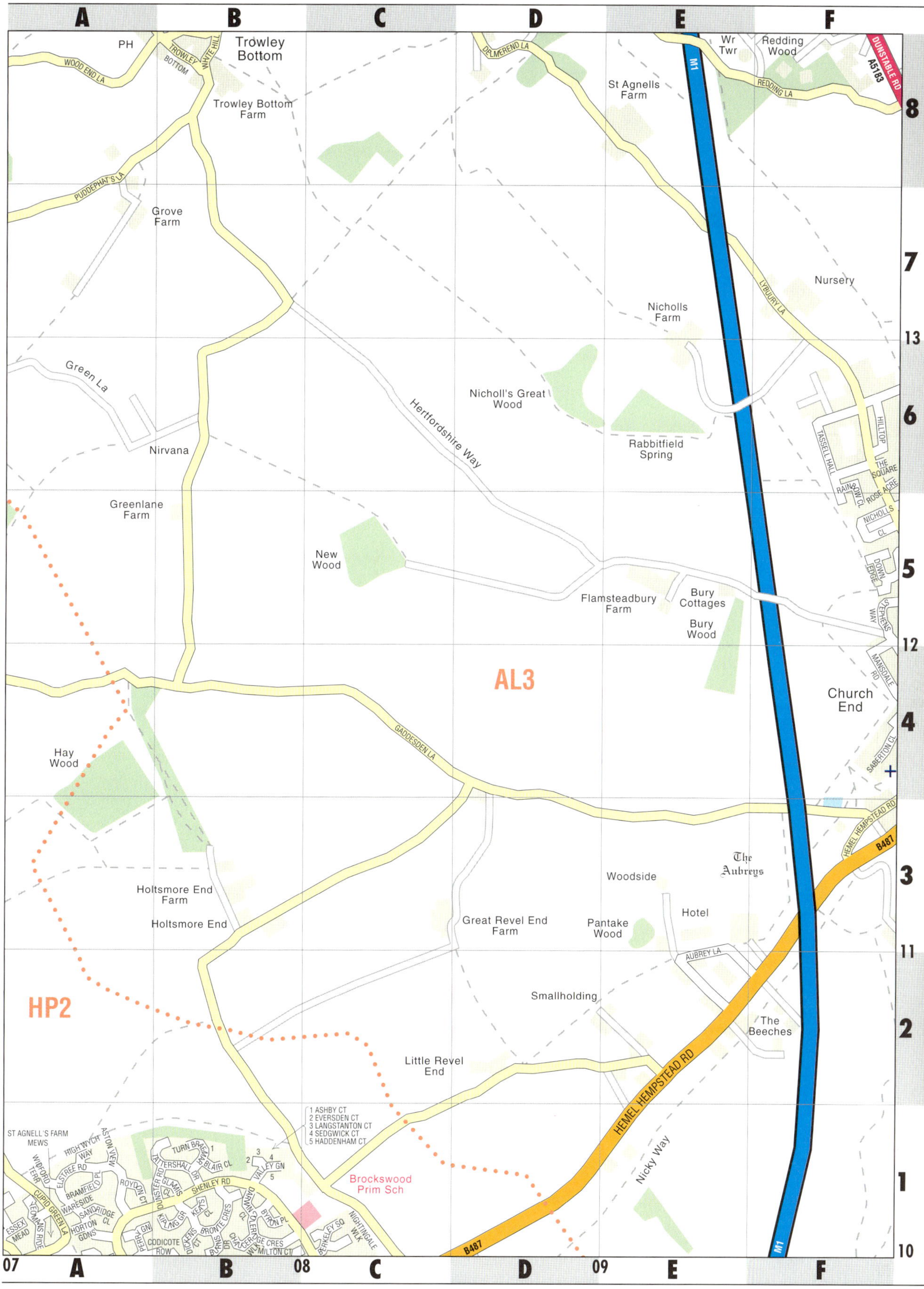

125
106

105
85

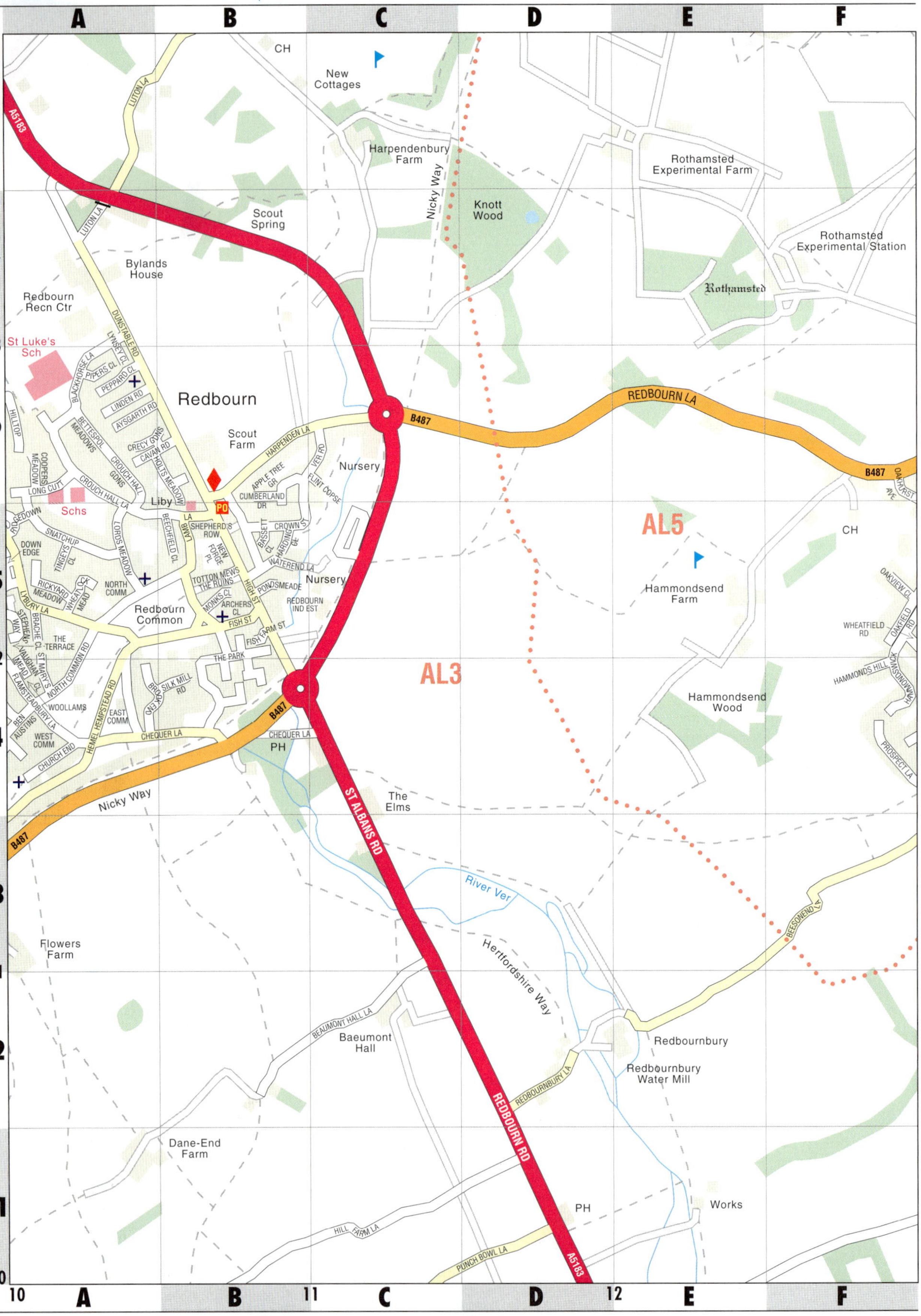

105
126

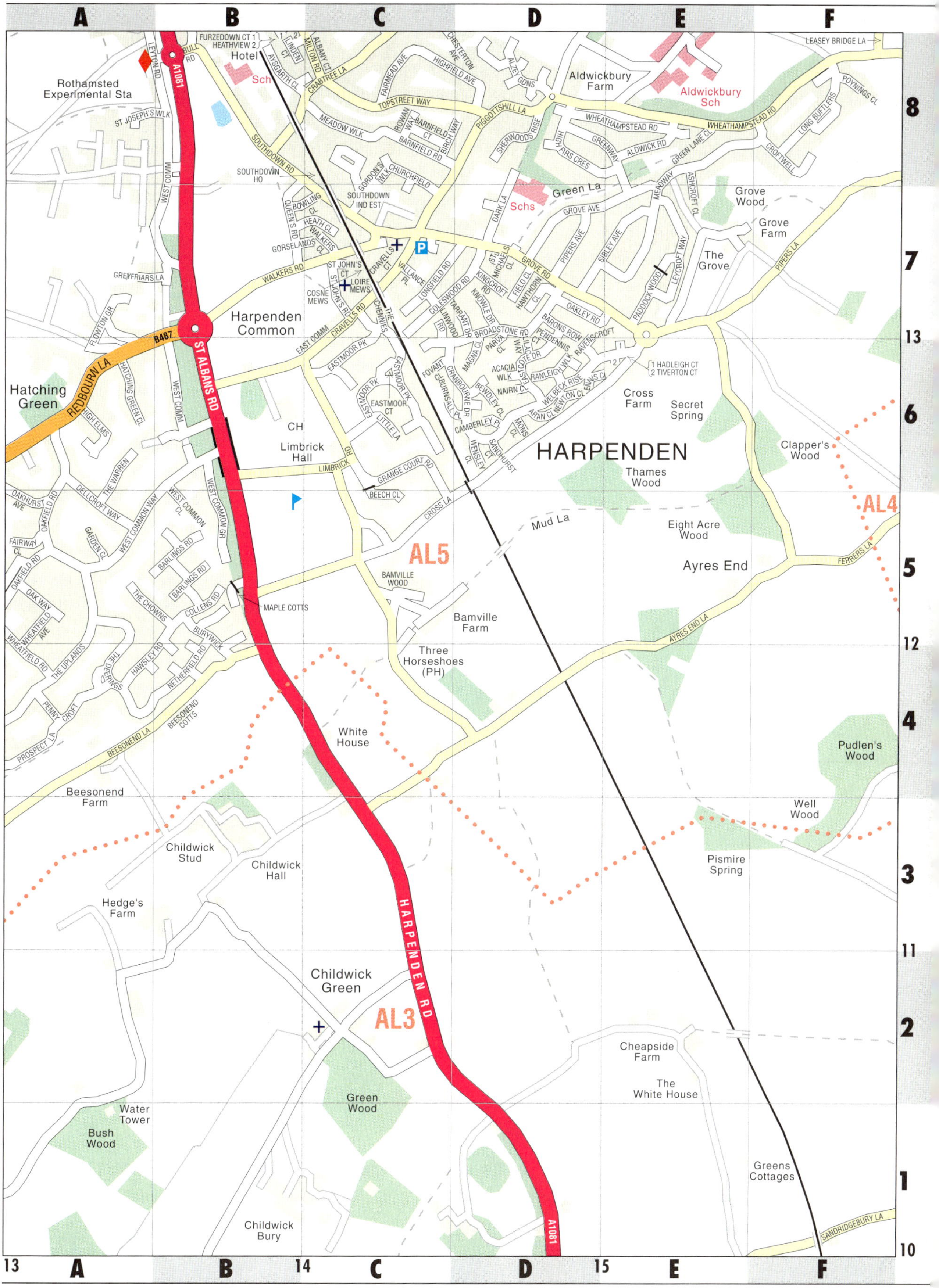

86
108
127
108

107
87

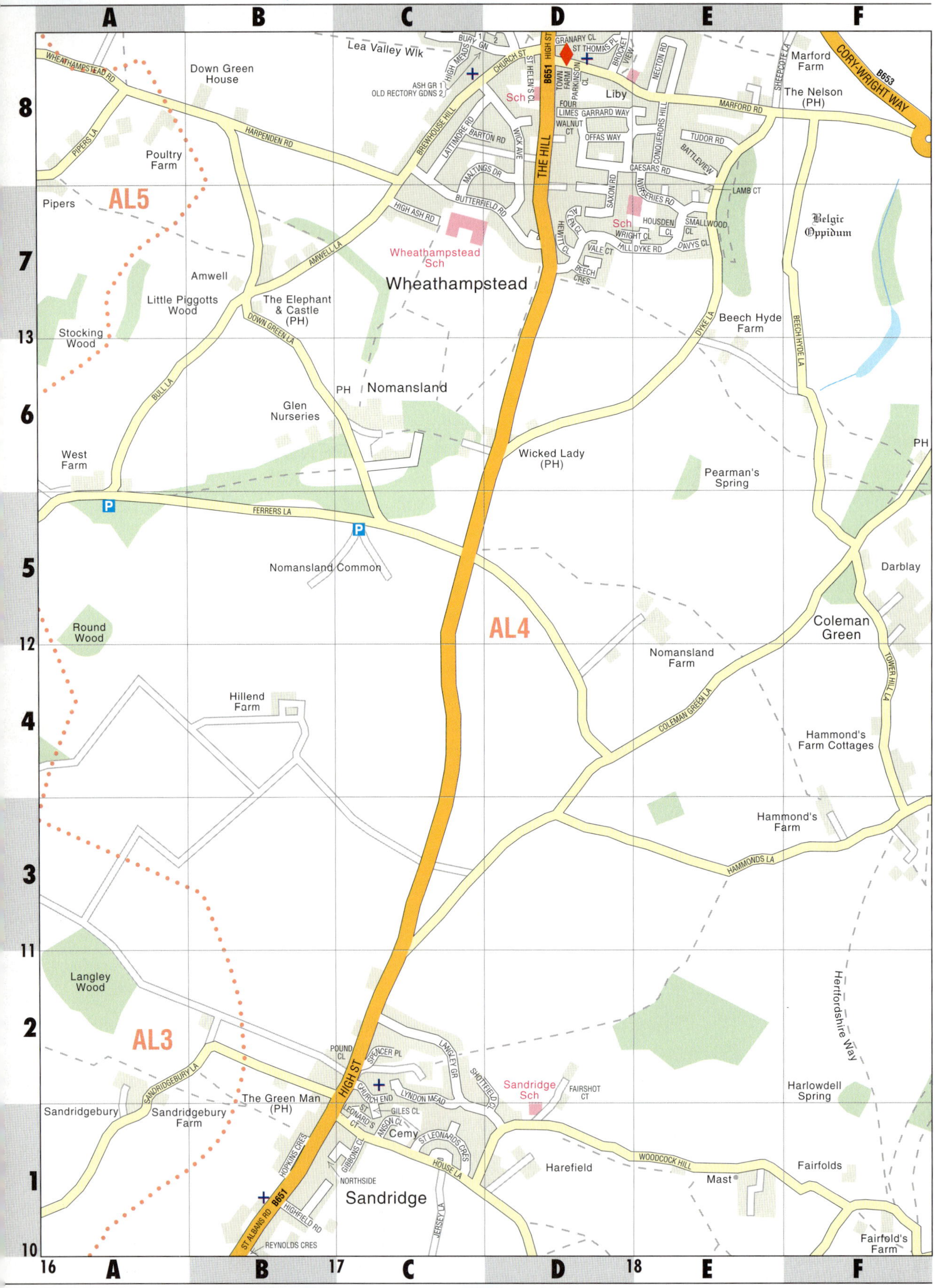

107
128

88
110

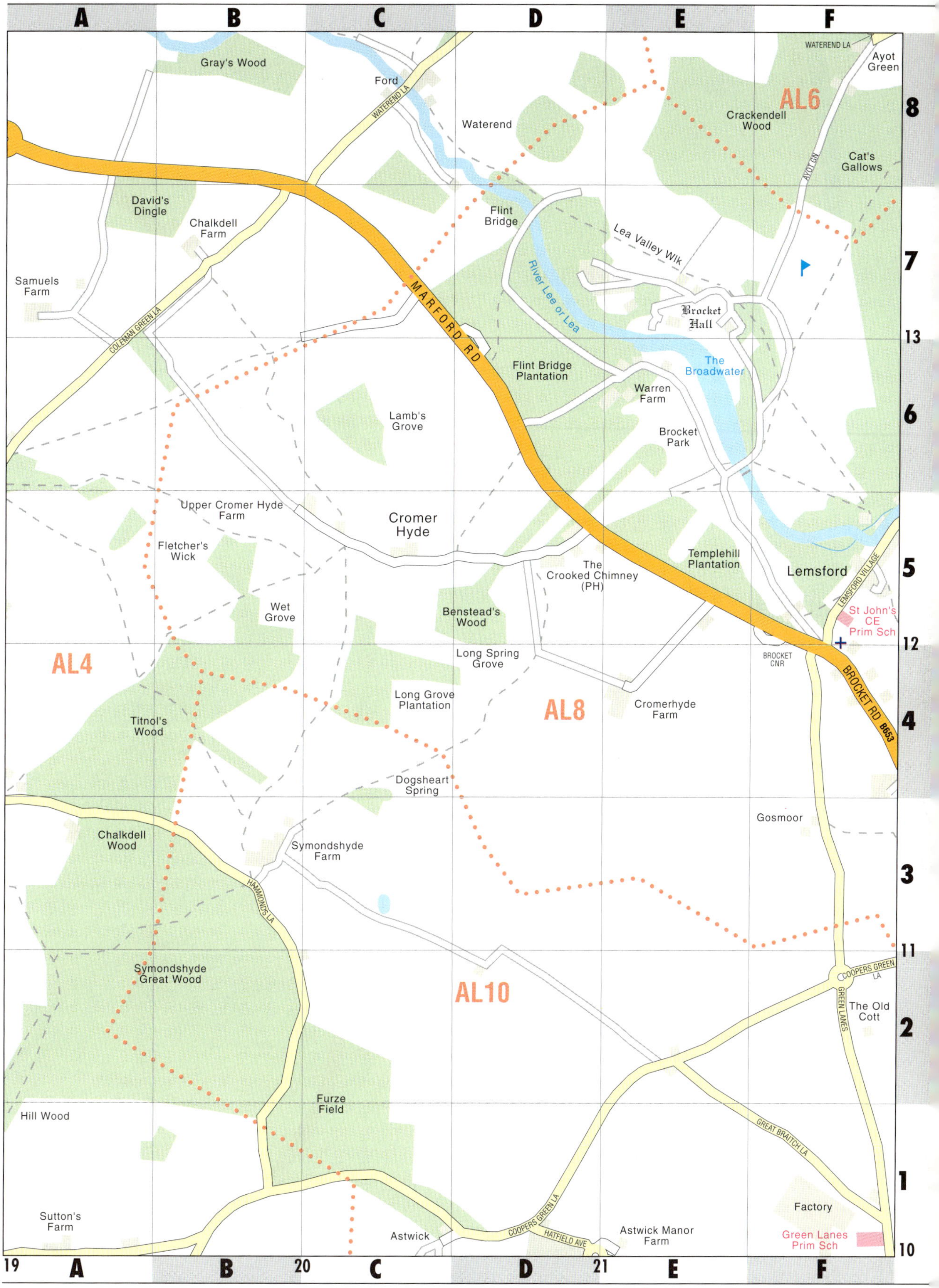

129
110

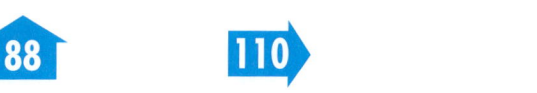

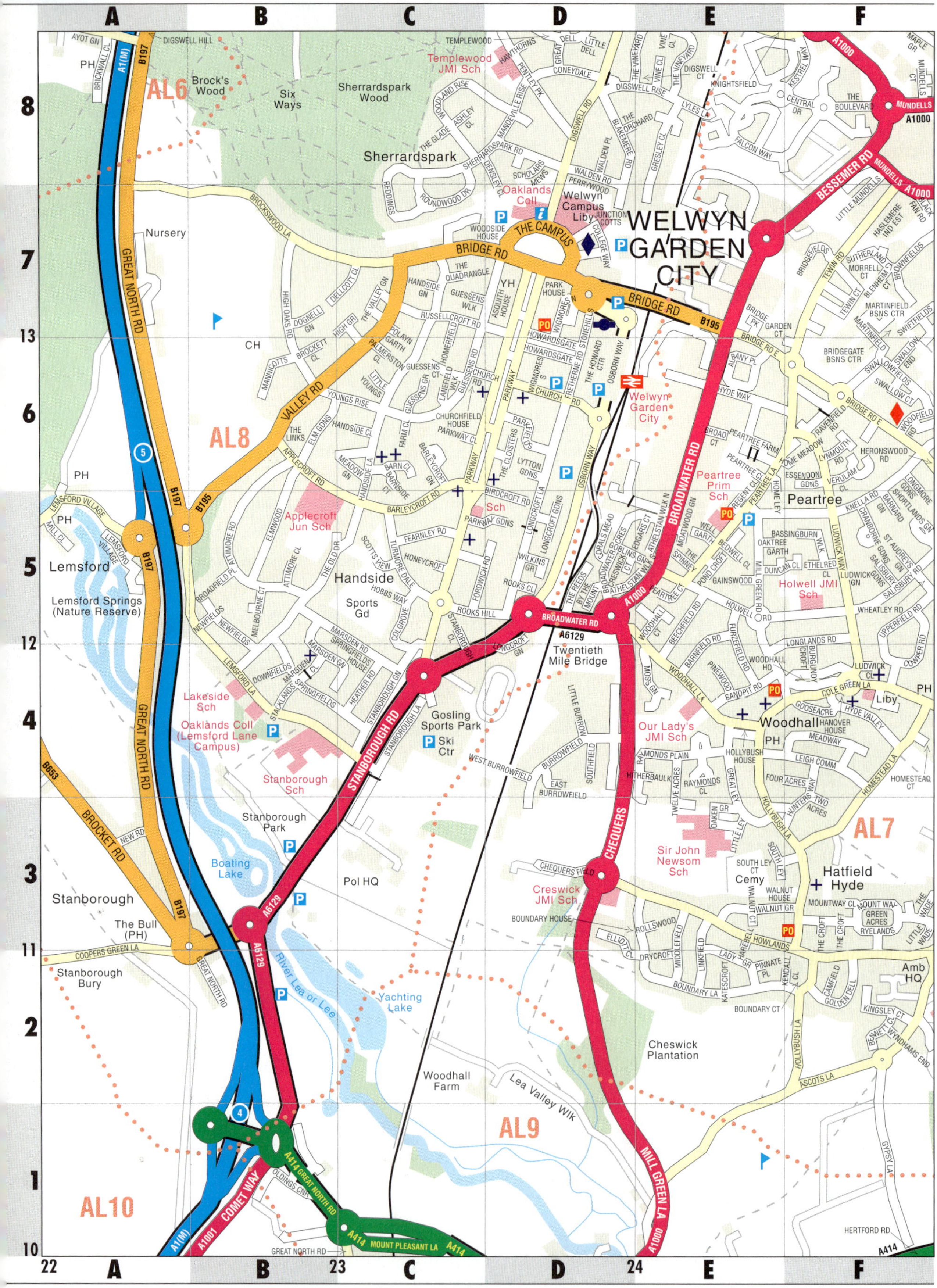
A
B
C
D
E
F
8
7
13
6
5
12
4
3
11
2
1
10
22
23
24
WELWYN GARDEN CITY
AL6
AL7
AL8
AL9
AL10
Brock's Wood
Six Ways
Sherrardspark Wood
Sherrardspark
Templewood JMI Sch
Oaklands Coll
Welwyn Campus Liby
Nursery
CH
PH
Lemsford
Lemsford Springs (Nature Reserve)
Handside
Sports Gd
Applecroft Jun Sch
Sch
Welwyn Garden City
Peartree
Peartree Prim Sch
Holwell JMI Sch
Twentieth Mile Bridge
Lakeside Sch
Oaklands Coll (Lemsford Lane Campus)
Stanborough Sch
Gosling Sports Park
Ski Ctr
Stanborough Park
Boating Lake
Pol HQ
Stanborough
The Bull (PH)
Stanborough Bury
River Lea or Lee
Yachting Lake
Woodhall Farm
Lea Valley Wlk
Our Lady's JMI Sch
Woodhall
Sir John Newsom Sch
Creswick JMI Sch
Cemy
Hatfield Hyde
Cheswick Plantation
Amb HQ
Liby
GREAT NORTH RD
BRIDGE RD
VALLEY RD
BROADWATER RD
BESSEMER RD
STANBOROUGH RD
CHEQUERS
MILL GREEN LA
COMET WAY
MOUNT PLEASANT LA
BROCKET RD
HOWLANDS
ASCOTS LA
A1(M)
A1000
A6129
A414
A1001
B197
B195
B653

90
112
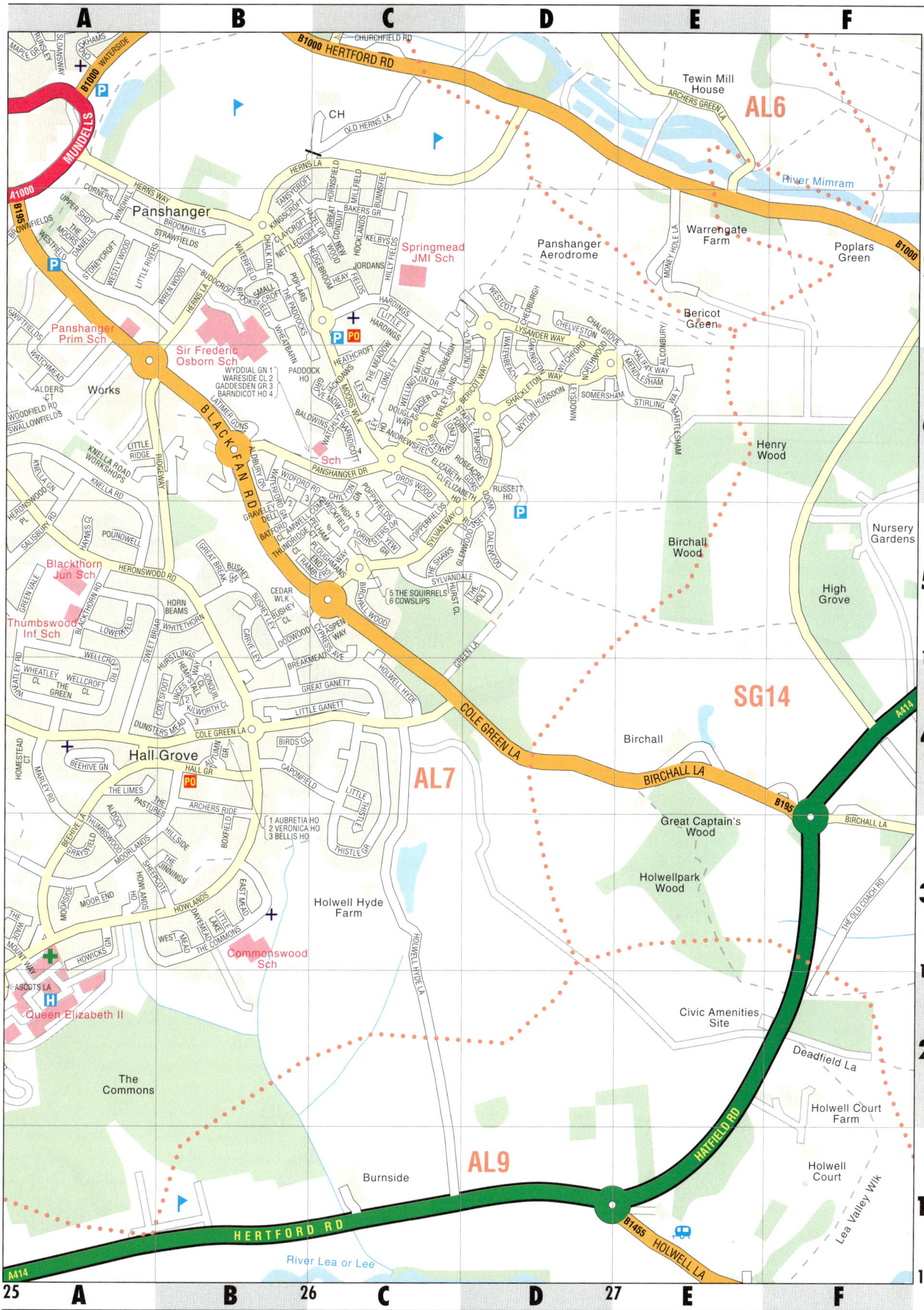

131
112

111
91

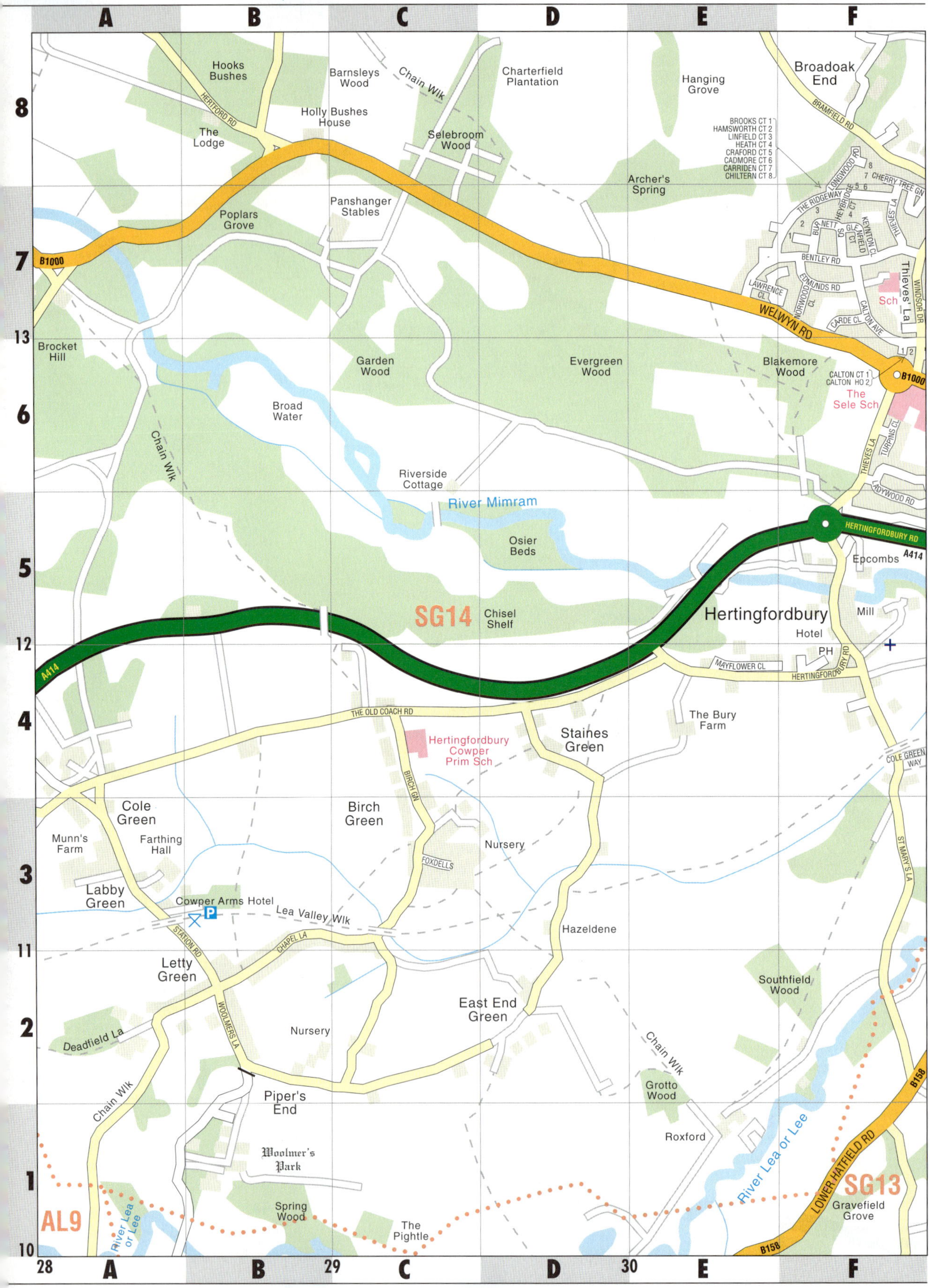

111
132

C6
1 ST ANDREW MEWS
2 MILLBRIDGE MEWS

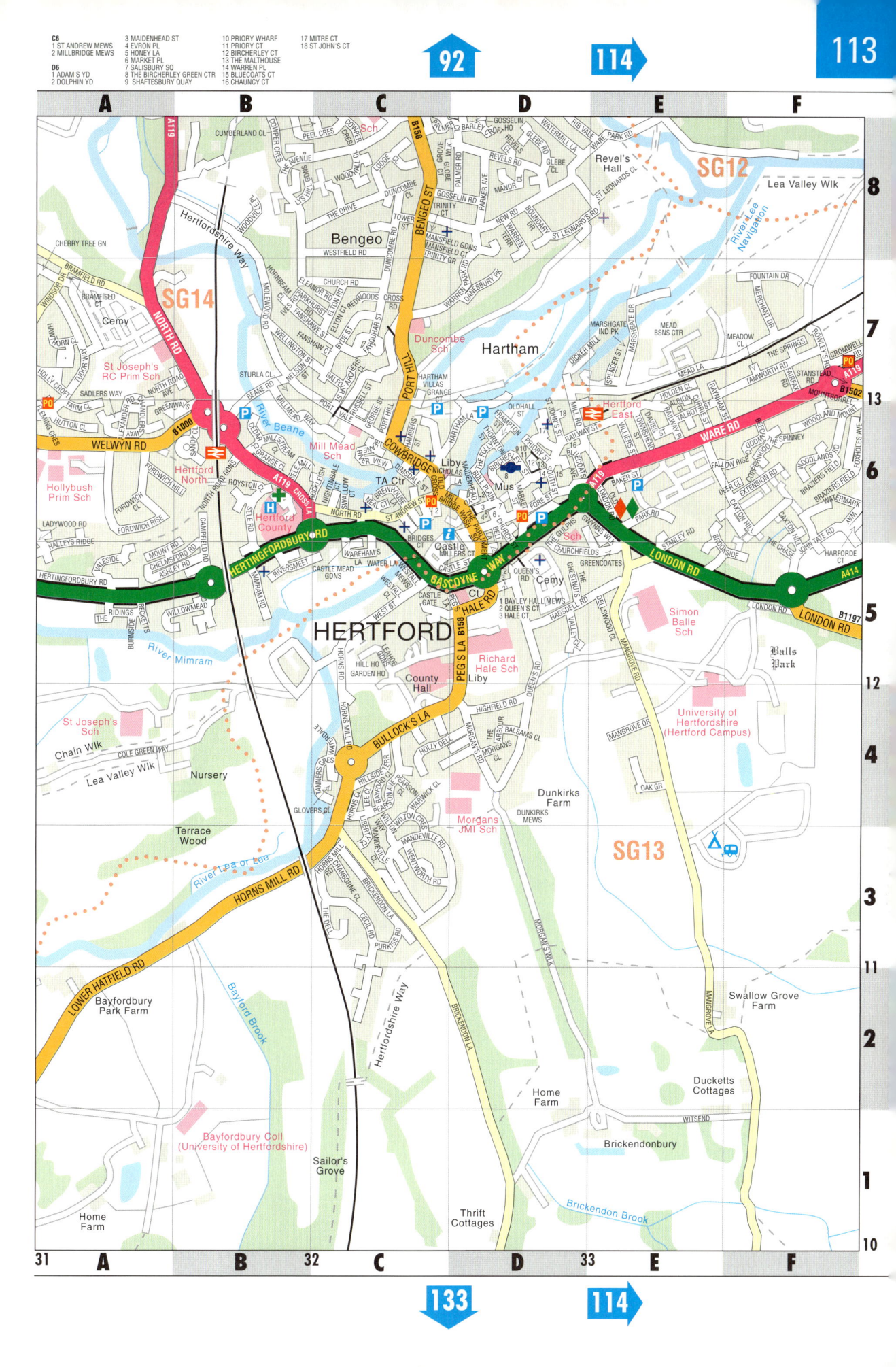

D6
1 ADAM'S YD
2 DOLPHIN YD

3 MAIDENHEAD ST
4 EVRON PL
5 HONEY LA
6 MARKET PL
7 SALISBURY SQ
8 THE BIRCHERLEY GREEN CTR
9 SHAFTESBURY QUAY

10 PRIORY WHARF
11 PRIORY CT
12 BIRCHERLEY CT
13 THE MALTHOUSE
14 WARREN PL
15 BLUECOATS CT
16 CHAUNCY CT

17 MITRE CT
18 ST JOHN'S CT

114

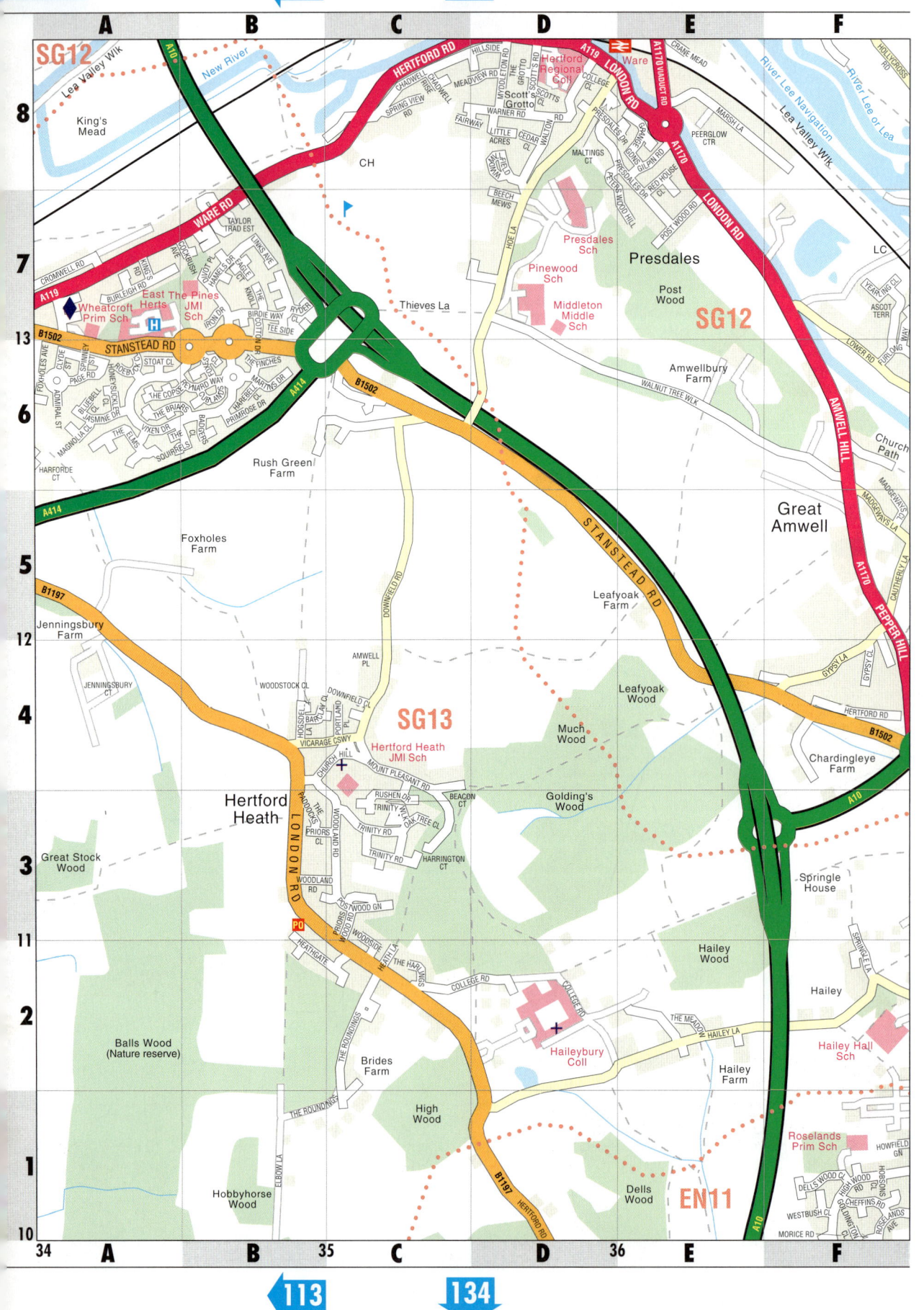

94
116

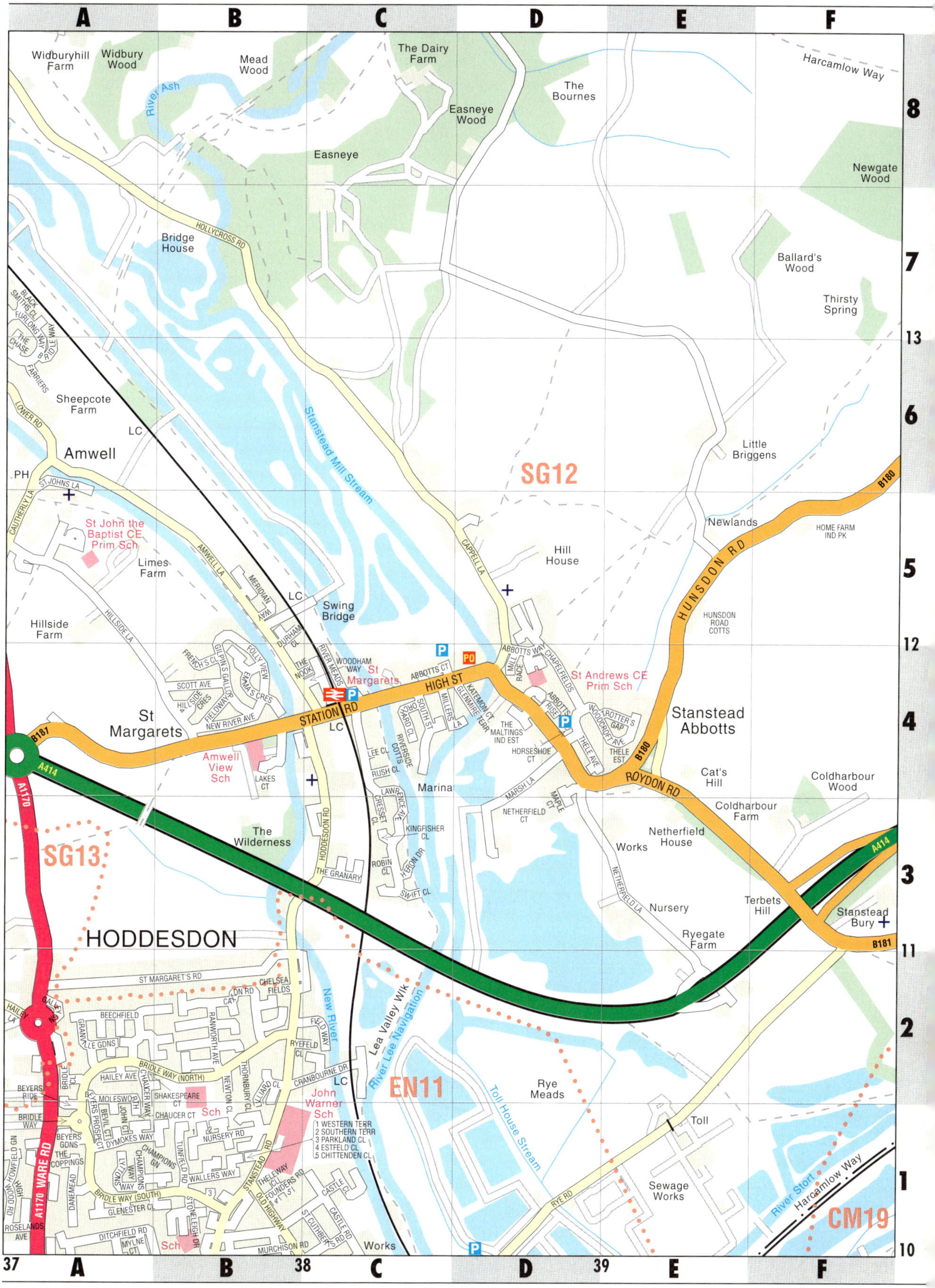

135
116

115
95

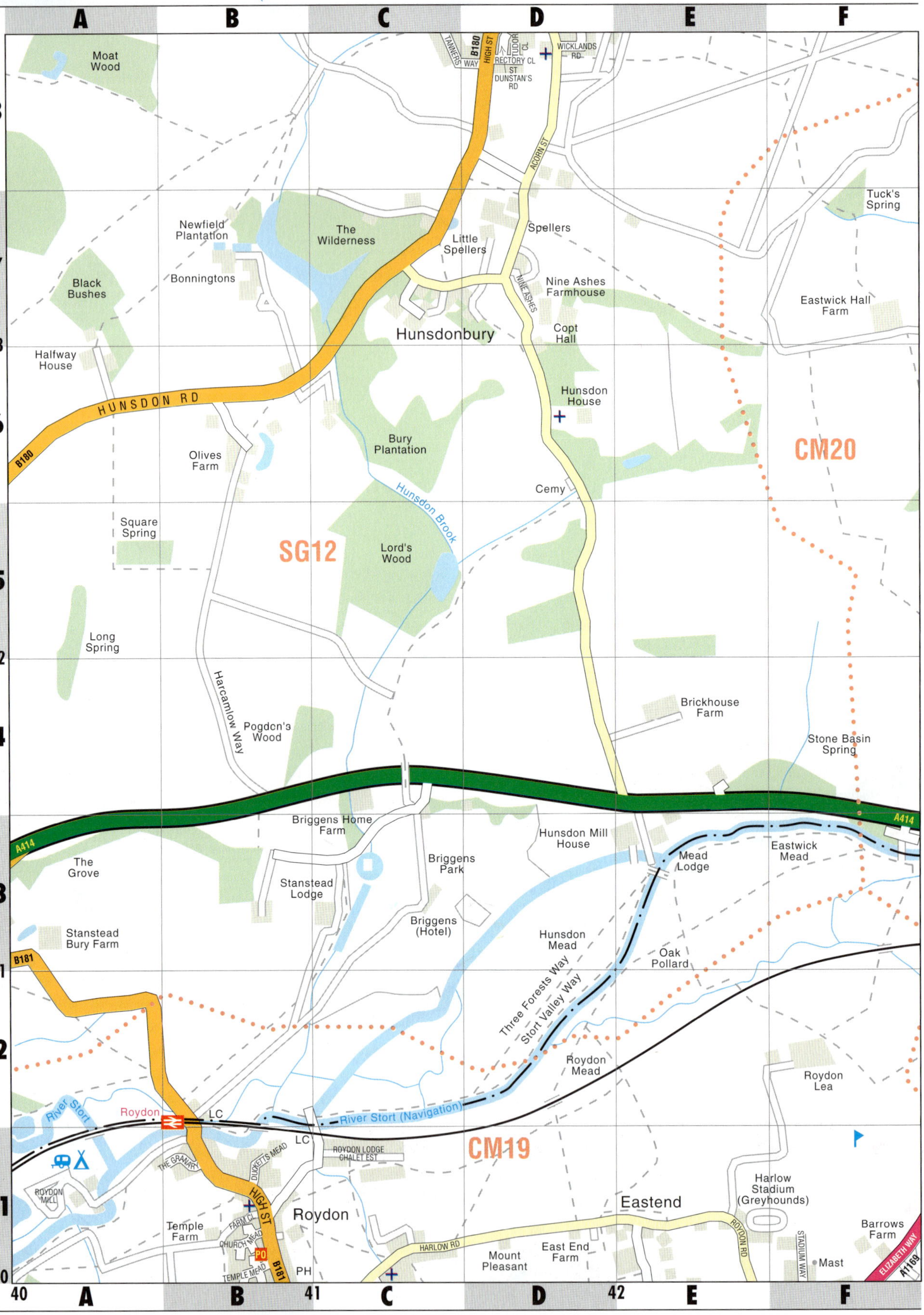
A B C D E F
8 7 13 6 5 12 4 3 11 2 1 10
40 41 42
Moat Wood
Tanners Way
B180
High St
Tudor Cl
Rectory Cl
St Dunstan's Rd
Wicklands Rd
Acorn St
Tuck's Spring
Newfield Plantation
The Wilderness
Little Spellers
Spellers
Black Bushes
Bonningtons
Nine Ashes
Nine Ashes Farmhouse
Eastwick Hall Farm
Hunsdonbury
Copt Hall
Halfway House
Hunsdon Rd
Hunsdon House
Bury Plantation
CM20
Olives Farm
Cemy
Hunsdon Brook
Square Spring
SG12
Lord's Wood
Long Spring
Harcamlow Way
Brickhouse Farm
Pogdon's Wood
Stone Basin Spring
A414
Briggens Home Farm
Hunsdon Mill House
Eastwick Mead
The Grove
Briggens Park
Mead Lodge
Stanstead Lodge
Briggens (Hotel)
Stanstead Bury Farm
Hunsdon Mead
Oak Pollard
B181
Three Forests Way
Stort Valley Way
Roydon Mead
Roydon Lea
River Stort
Roydon
LC
River Stort (Navigation)
CM19
The Granary
Ducketts Mead
Roydon Lodge Chalet Est
Roydon Mill
Harlow Stadium (Greyhounds)
Eastend
Temple Farm
Farm Cl
Church Mead
PO
Temple Mead
PH
Harlow Rd
Mount Pleasant
East End Farm
Roydon Rd
Stadium Way
Barrows Farm
Mast
Elizabeth Way
A1169

115

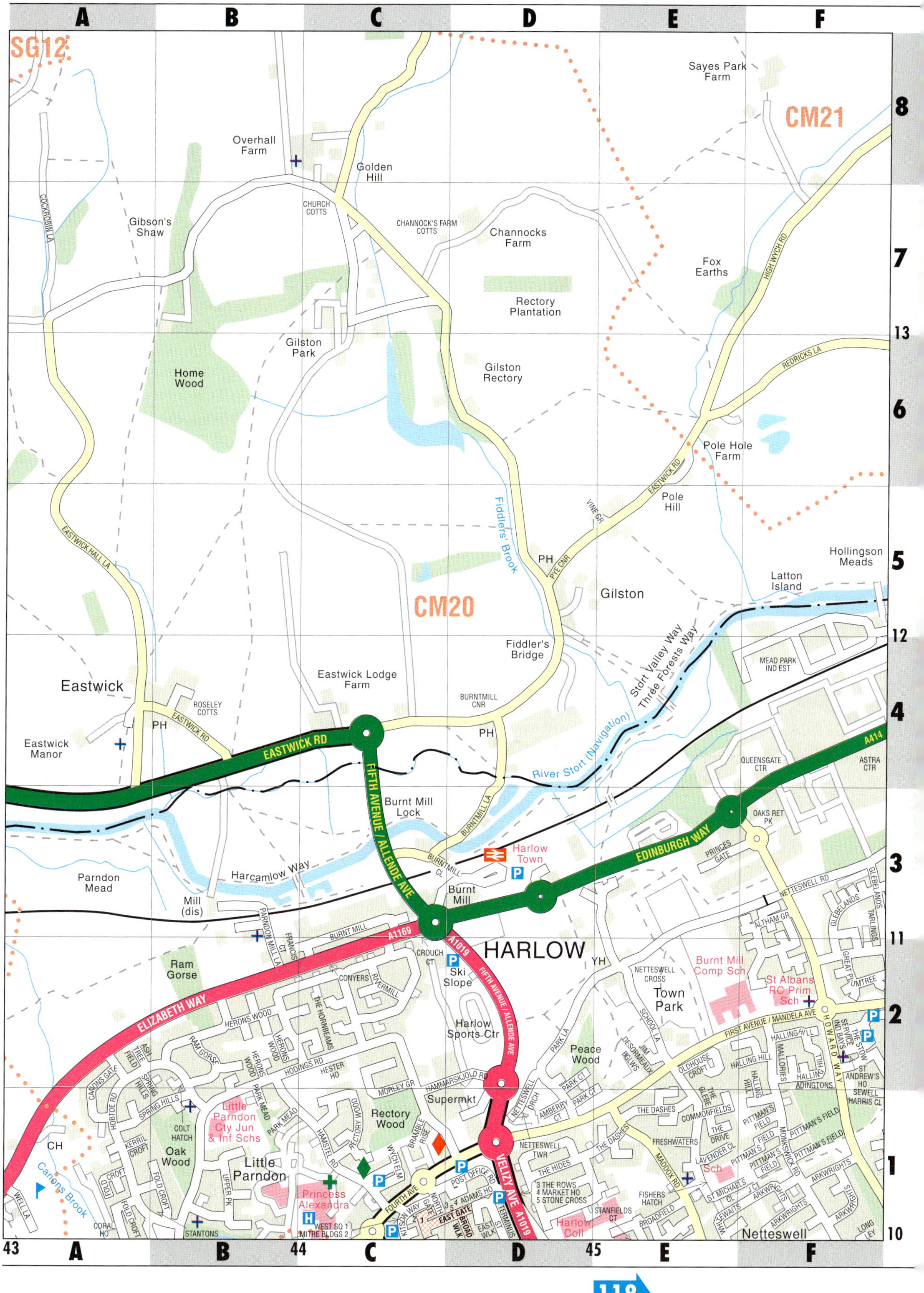
A B C D E F
8 7 6 5 4 3 2 1
13 12 11 10
43 44 45
SG12
CM21
CM20
Sayes Park Farm
Overhall Farm
Golden Hill
CHURCH COTTS
CHANNOCK'S FARM COTTS
Channocks Farm
Gibson's Shaw
COCKROBIN LA
Fox Earths
HIGH WYCH RD
Rectory Plantation
Gilston Park
Home Wood
Gilston Rectory
REDRICKS LA
Pole Hole Farm
EASTWICK RD
Pole Hill
VINE GR
Fiddlers' Brook
PH
PYE CNR
EASTWICK HALL LA
Hollingson Meads
Latton Island
Gilston
Fiddler's Bridge
Stort Valley Way
Three Forests Way
MEAD PARK IND EST
Eastwick Lodge Farm
Eastwick
ROSELEY COTTS
EASTWICK RD
BURNTMILL CNR
Eastwick Manor
EASTWICK RD
River Stort (Navigation)
QUEENSGATE CTR
A414
ASTRA CTR
FIFTH AVENUE / ALLENDE AVE
Burnt Mill Lock
BURNTMILL LA
OAKS RET PK
EDINBURGH WAY
PRINCES GATE
Harlow Town
Parndon Mead
Harcamlow Way
BURNTMILL CL
Burnt Mill
NETTESWELL RD
GLEBELANDS
Mill (dis)
PARNDON MILL LA
FRANCIS CT
BURNT MILL
A1169
A1019
ALTHAM GR
HARLOW
YH
Ram Gorse
CROUCH CT
Ski Slope
FIFTH AVENUE / ALLENDE AVE
NETTESWELL CROSS
Town Park
Burnt Mill Comp Sch
GREAT PLUMTREE
CONYERS
RIVERMILL
St Albans RC Prim Sch
ELIZABETH WAY
HERONS WOOD
THE HORNBEAMS
Harlow Sports Ctr
SCHOOL LA
FIRST AVENUE / MANDELA AVE
HALLINGHILL
RAM GORSE
HERONS WOOD
HODINGS RD
HESTER HO
PARK LA
Peace Wood
DESORMEAUX
OLDHOUSE CROFT
HALLING HILL
MALLORIES
HOWARD WAY
SERVICE IND BAYS
ST ANDREW'S HO
SEWELL HARRIS CL
CANONS GATE
ASH TREE FIELD
SPRING HILLS
HOBTOE RD
MORLEY GR
HAMMARSKJOLD RD
Supermkt
NETTESWELL ORCH
AMBERLEY CT
PARK CT
THE DASHES
COMMONFIELDS
THE GLEBE
THE DRIVE
PITTMAN'S FIELD
Little Parndon Cty Jun & Inf Schs
PARK MEAD
Rectory Wood
RECTORY WOOD
COLT HATCH
KERRIL CROFT
Oak Wood
Little Parndon
HAMSTEL RD
WYCH ELM
BRAMBLE RISE
NETTESWELL TWR
FRESHWATERS
LAVENDER CL
MONKSWICK RD
PITTMAN'S FIELD
ARKWRIGHTS
CH
THE HIDES
3 THE ROWS
4 MARKET HO
5 STONE CROSS
Sch
Canons Brook
CROFT
FOLD CROFT
UPPER PK
Princess Alexandra
FOURTH AVE
POST OFFICE RD
ADAMS HO
VELIZY AVE A1019
FISHERS HATCH
MADDOX RD
ST MICHAELS CL
WELL LA
CORAL HO
STANTONS
WEST SQ 1
MITRE BLDGS 2
KITSON WAY
EAST GATE
BROAD WLK
EAST WLK
TERMINUS ST
Harlow Coll
STANFIELDS CT
BROADFIELD
Netteswell
LONG LEY

117
97

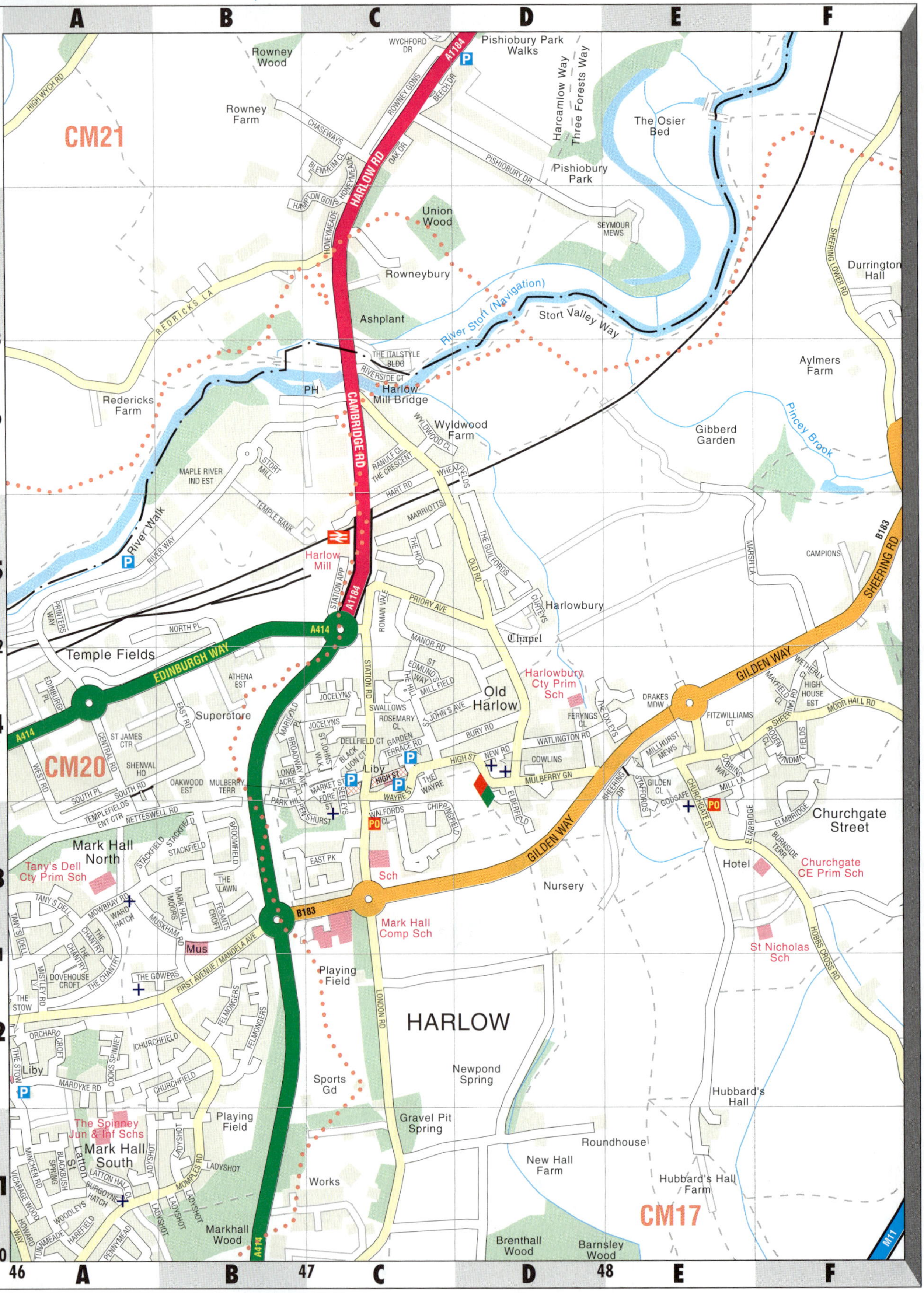
A
B
C
D
E
F
8
7
13
6
5
12
4
3
11
2
1
10
46
47
48
CM21
CM20
CM17
Rowney Wood
Rowney Farm
WYCHFORD DR
A1184
Pishiobury Park Walks
Harcamlow Way
Three Forests Way
The Osier Bed
Pishiobury Park
PISHIOBURY DR
SEYMOUR MEWS
HIGH WYCH RD
ROWNEY GDNS
BEECH DR
CHASEWAYS
BLENHEIM CL
HONEYMEADE
HAMPTON GDNS
HARLOW RD
OAK DR
Union Wood
Rowneybury
Ashplant
REDERICKS LA
River Stort (Navigation)
Stort Valley Way
THE ITALSTYLE BLDG
RIVERSIDE CT
PH
Harlow Mill Bridge
CAMBRIDGE RD
Redericks Farm
Wyldwood Farm
WYLDWOOD CL
MAPLE RIVER IND EST
STORT MILL
RANULF CL
THE CRESCENT
HART RD
WHEATFIELDS
TEMPLE BANK
MARRIOTTS
River Walk
RIVER WAY
Harlow Mill
THE HOO
THE GUILFORDS
OLD RD
STATION APP
ROMAN VALE
PRIORY AVE
CURTEYS
Harlowbury
PRINTERS WAY
NORTH PL
A414
Temple Fields
EDINBURGH WAY
MANOR RD
Chapel
Gibberd Garden
Aylmers Farm
Pincey Brook
Durrington Hall
SHEERING LOWER RD
MARSH LA
CAMPIONS
B183
SHEERING RD
GILDEN WAY
ATHENA EST
STATION RD
ST EDMUNDS WAY
THE HILL
MILL FIELD
Harlowbury Cty Prim Sch
Old Harlow
DRAKES MDW
WETHERLY CL
HIGH HOUSE EST
MAYFIELD CL
MOOR HALL RD
EDINBURGH PL
Superstore
EAST RD
JOCELYNS
SWALLOWS
ROSEMARY CL
JOHN'S AVE
BURY RD
FERNYNGS CL
THE OXLEYS
FITZWILLIAMS CT
SHEERING
ST JAMES CTR
CENTRAL RD
MARIGOLD PL
BROADWAY AVE
ST JOHNS WLK
DELLFIELD CT
GARDEN TERRACE RD
BLACK LION CT
WATLINGTON RD
MILLHURST MEWS
RODEN CL
WINDMILL FIELDS
SHENVAL HO
WEST RD
LONG ACRE
HIGH ST
NEW RD
COWLINS
Liby
MULBERRY GN
SHEERING DR
COBBINS WAY
GILDEN CL
MILL LA
OAKWOOD EST
MULBERRY TERR
SOUTH PL
SOUTH RD
MARKET ST
FORE ST
SEELEYS
THE WAYRE
WAYRE ST
ELDERFIELD
STAFFORDS
GOOSEFIELD
CHURCHGATE ST
PO
ELMBRIDGE
Churchgate Street
TEMPLEFIELDS ENT CTR
NETTESWELL RD
PARK HILL
PENSHURST
WALFORDS CL
CHIPPINGFIELD
STACKFIELD
BROOMFIELD
BURNSIDE TERR
Mark Hall North
EAST PK
Hotel
Churchgate CE Prim Sch
Tany's Dell Cty Prim Sch
Sch
Nursery
THE LAWN
TANY'S DELL
MOWBRAY RD
WARD HATCH
MARK HALL MOORS
FESANTS CROFT
Mark Hall Comp Sch
MUSKHAM RD
THE CHANTRY
Mus
HOBBS CROSS RD
St Nicholas Sch
DOVEHOUSE CROFT
THE GOWERS
FIRST AVENUE / MANDELA AVE
Playing Field
MISTLEY RD
THE STOW
FELMONGERS
LONDON RD
HARLOW
ORCHARD CROFT
CHURCHFIELD
COOKS SPINNEY
Sports Gd
Newpond Spring
Hubbard's Hall
MARDYKE RD
Gravel Pit Spring
The Spinney Jun & Inf Schs
Mark Hall South
Latton St
LADYSHOT
Roundhouse
New Hall Farm
Hubbard's Hall Farm
MINCHEN RD
BLACKBUSH SPRING
LATTON HALL CL
BURGOYNE HATCH
MOMPLES RD
Works
VICARAGE WOOD WAY
HOWARD WAY
WOODLEYS
HAREFIELD
TUNMEADE
PENNYMEAD
Markhall Wood
Brenthall Wood
Barnsley Wood
M11

117

99
120

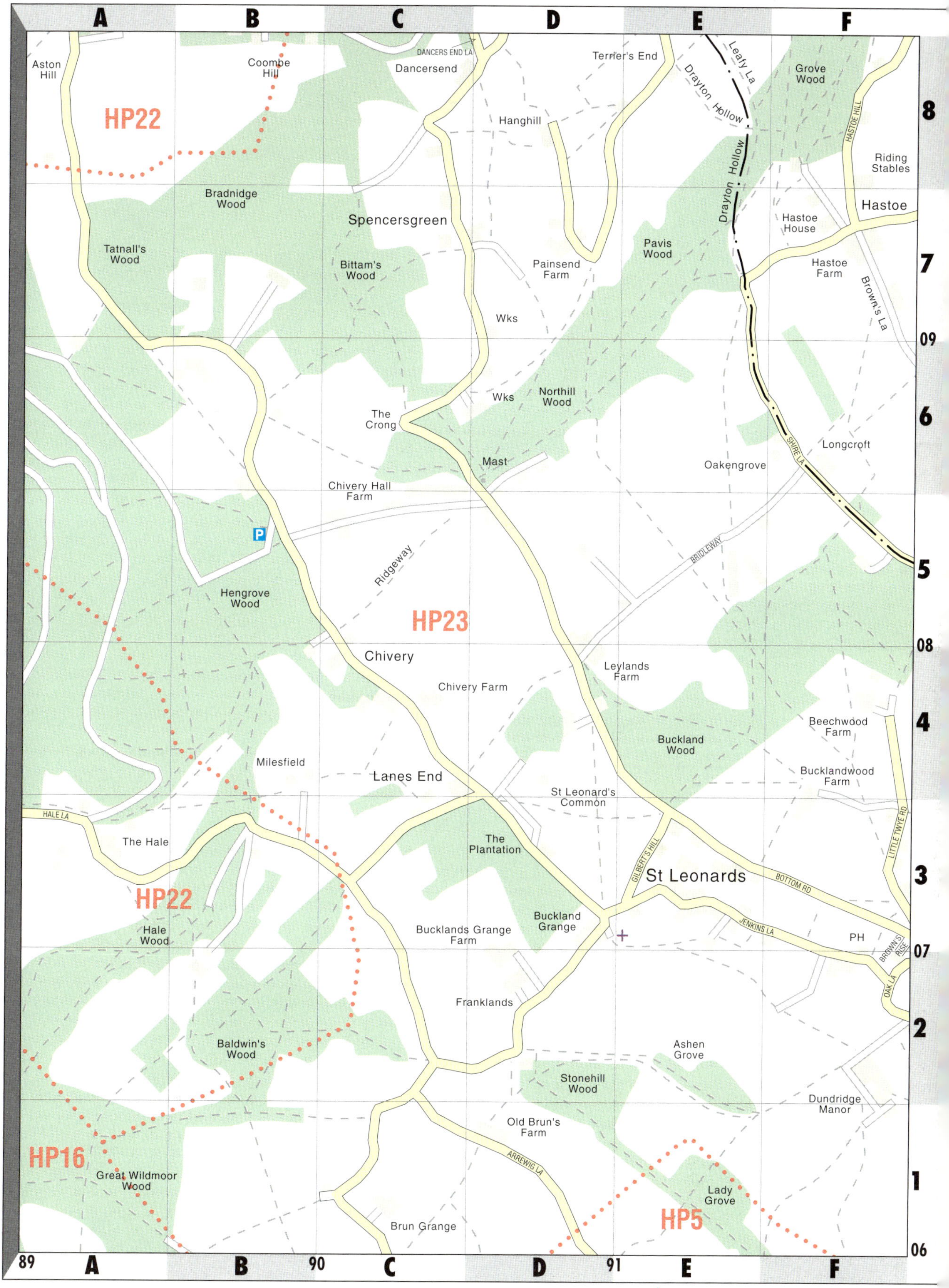
A
B
C
D
E
F
8
7
09
6
5
08
4
3
07
2
1
06
89
90
91
Aston Hill
Coombe Hill
DANCERS END LA
Dancersend
Terrier's End
Leafy La
Drayton Hollow
Grove Wood
HP22
Hanghill
HASTOE HILL
Riding Stables
Bradnidge Wood
Spencersgreen
Drayton Hollow
Hastoe
Hastoe House
Tatnall's Wood
Bittam's Wood
Painsend Farm
Pavis Wood
Hastoe Farm
Brown's La
Wks
Wks
Northill Wood
The Crong
Mast
SHIRE LA
Longcroft
Oakengrove
Chivery Hall Farm
P
BRIDLEWAY
Ridgeway
Hengrove Wood
HP23
Chivery
Leylands Farm
Chivery Farm
Beechwood Farm
Buckland Wood
Milesfield
Lanes End
Bucklandwood Farm
St Leonard's Common
HALE LA
The Hale
The Plantation
GILBERT'S HILL
LITTLE TWYE RD
St Leonards
BOTTOM RD
HP22
JENKINS LA
Buckland Grange
Bucklands Grange Farm
Hale Wood
PH
BROWN'S RISE
OAK LA
Franklands
Ashen Grove
Baldwin's Wood
Stonehill Wood
Dundridge Manor
Old Brun's Farm
ARREWIG LA
HP16
Great Wildmoor Wood
Lady Grove
HP5
Brun Grange

120

119
100

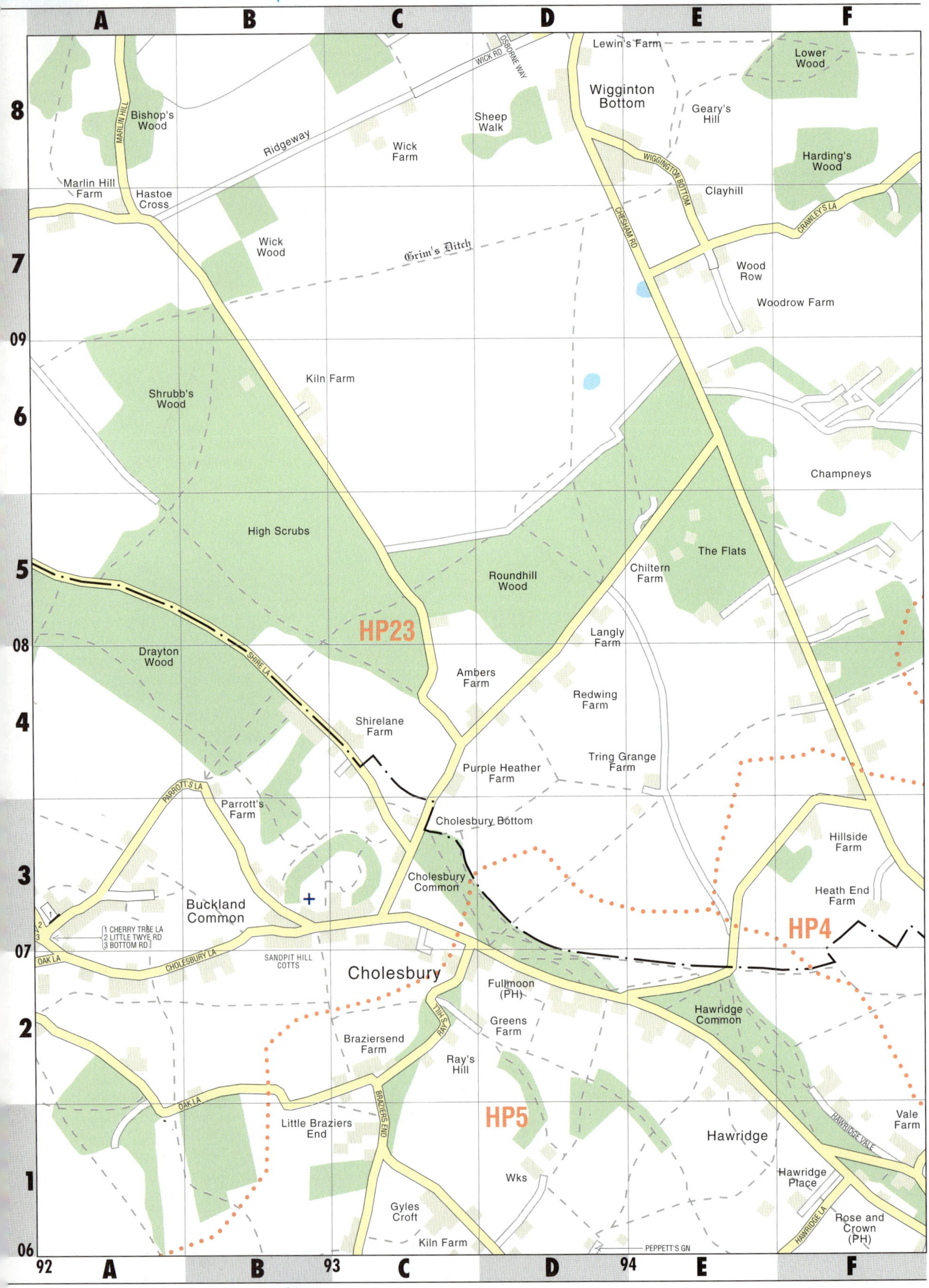
A
B
C
D
E
F
8
7
09
6
5
08
4
3
07
2
1
06
92
93
94
Lewin's Farm
Lower Wood
Wigginton Bottom
Bishop's Wood
MARLIN HILL
WICK RD
OSBORNE WAY
Sheep Walk
Geary's Hill
Ridgeway
Wick Farm
Harding's Wood
Marlin Hill Farm
Hastoe Cross
WIGGINTON BOTTOM
Clayhill
CHESHAM RD
CRAWLEY'S LA
Wick Wood
Grim's Ditch
Wood Row
Woodrow Farm
Kiln Farm
Shrubb's Wood
Champneys
High Scrubs
The Flats
Chiltern Farm
Roundhill Wood
HP23
Langly Farm
Drayton Wood
SHIRE LA
Ambers Farm
Redwing Farm
Shirelane Farm
Tring Grange Farm
Purple Heather Farm
PARROTT'S LA
Parrott's Farm
Cholesbury Bottom
Hillside Farm
Cholesbury Common
Heath End Farm
Buckland Common
HP4
1 CHERRY TREE LA
2 LITTLE TWYE RD
3 BOTTOM RD
OAK LA
CHOLESBURY LA
SANDPIT HILL COTTS
Cholesbury
Fullmoon (PH)
Hawridge Common
RAYS HILL
Greens Farm
Braziersend Farm
Ray's Hill
OAK LA
BRAZIERS END
HP5
Little Braziers End
Hawridge
Vale Farm
HAWRIDGE VALE
Hawridge Place
Wks
Gyles Croft
HAWRIDGE LA
Rose and Crown (PH)
Kiln Farm
PEPPETT'S GN

119

101
122

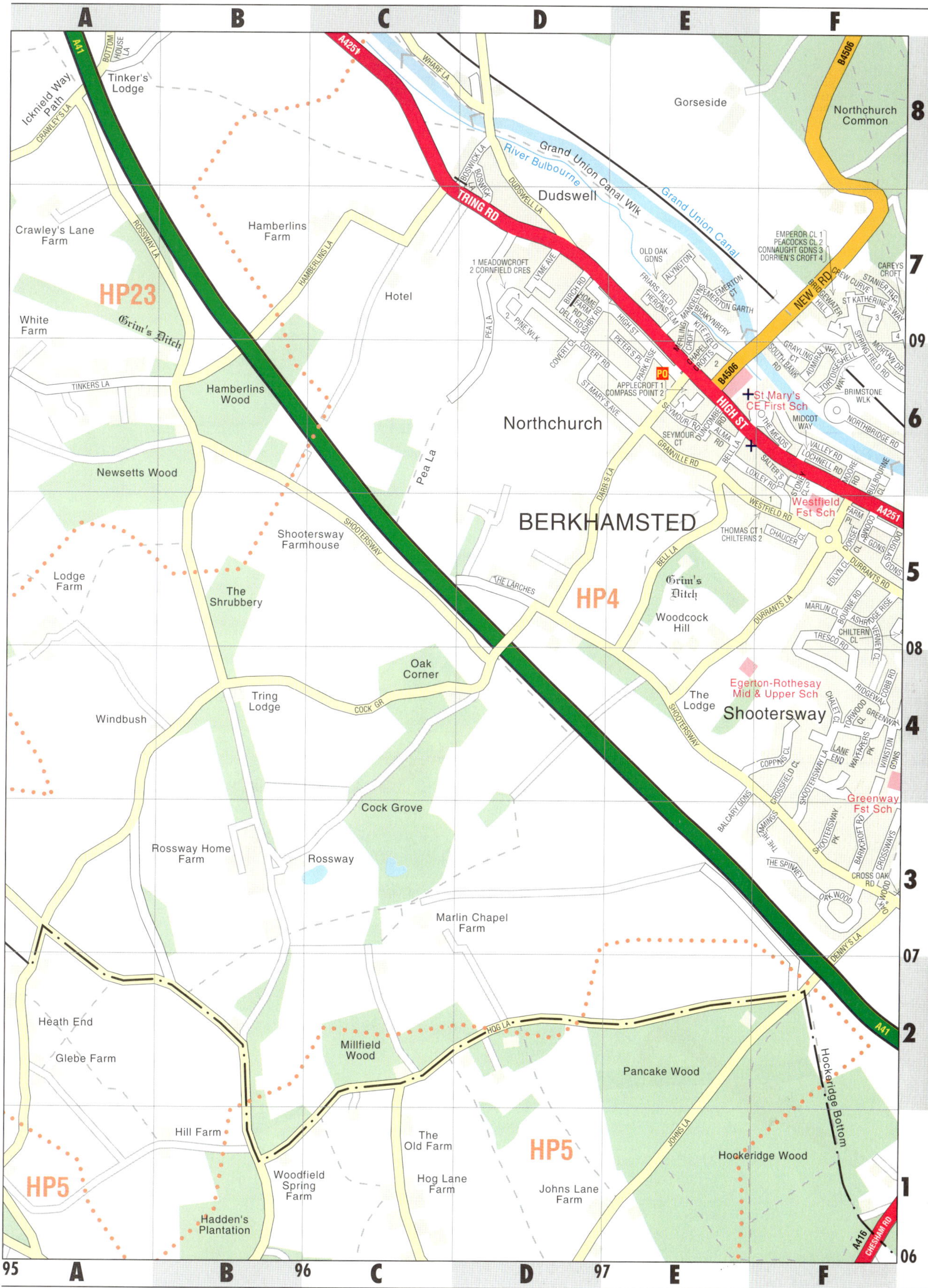
A
B
C
D
E
F
8
7
09
6
5
08
4
3
07
2
1
06
95
96
97
A41
A4251
B4506
Icknield Way Path
CRAWLEY'S LA
BOTTOM HOUSE LA
Tinker's Lodge
WHARF LA
Gorseside
Northchurch Common
Grand Union Canal Wlk
River Bulbourne
Grand Union Canal
BOSWICK LA
TRING RD
DUDSWELL LA
Dudswell
Crawley's Lane Farm
ROSSWAY LA
Hamberlins Farm
HAMBERLINS LA
HP23
Grim's Ditch
White Farm
Hotel
1 MEADOWCROFT
2 CORNFIELD CRES
LYME AVE
PINE WLK
PEA LA
OLD OAK GDNS
EMPEROR CL 1
PEACOCKS CL 2
CONNAUGHT GDNS 3
DORRIEN'S CROFT 4
CAREYS CROFT
NEW RD
BRIDGEWATER HILL
ALYNGTON
FRIARS FIELD
HERONS ELM
BIRCH RD
HOME FARM RD
DELL RD
ASHBY RD
HIGH ST
PETER'S PL
PARK RISE
COVERT CL
COVERT RD
MERLING CROFT
MANDELYNS
CHAPEL CROFTS
KITE FIELD
BRAKYNBERY
EMERTON CT
EMERTON GARTH
CREW CURVE
STANIER RISE
ST KATHERINE'S WAY
GRAYLING CT
SOUTH BANK RD
ADMIRAL WAY
TORTOISESHELL WAY
SPRING FIELD RD
MORTAIN DR
BRIMSTONE WLK
NORTHBRIDGE RD
MIDCOT WAY
TINKERS LA
Hamberlins Wood
APPLECROFT 1
COMPASS POINT 2
PO
ST MARY'S AVE
SEYMOUR RD
SEYMOUR CT
DUNCOMBE RD
ALMA RD
BELL LA
THE MEADS
SALTER'S
St Mary's CE First Sch
Northchurch
VALLEY RD
LOCHNELL RD
MOORE RD
BULBOURNE CL
GRANVILLE RD
LOXLEY RD
STONEY CL
Newsetts Wood
Pea La
DARR'S LA
BERKHAMSTED
WESTFIELD RD
Westfield Fst Sch
A4251
FARM PL
COOMBE GDNS
DOUGLAS GDNS
THOMAS CT 1
CHILTERNS 2
CHAUCER CL
DORSET CL
Shootersway Farmhouse
SHOOTERSWAY
Lodge Farm
THE LARCHES
BELL LA
EDLYN CL
DURRANTS RD
The Shrubbery
HP4
Grim's Ditch
Woodcock Hill
DURRANTS LA
MARLIN CL
BOURNE RD
ASHRIDGE RISE
CHILTERN CL
TRESCO RD
VERNEY CL
Oak Corner
Tring Lodge
COCK GR
Windbush
The Lodge
Egerton-Rothesay Mid & Upper Sch
Shootersway
CHALET CL
RIDGEWAY
COBB RD
GREENWAY
TORWOOD CL
WAYFARERS PK
LANE END
WINSTON GDNS
COPPINS CL
GROSSFIELD CL
SHOOTERSWAY LA
BALCARY GDNS
Cock Grove
THE HEMMINGS
SHOOTERSWAY PK
BARNCROFT RD
CROSSWAYS
Greenway Fst Sch
Rossway Home Farm
Rossway
THE SPINNEY
CROSS OAK RD
OAK WOOD
Marlin Chapel Farm
DENNY'S LA
Heath End
Glebe Farm
HOG LA
Millfield Wood
Pancake Wood
Hockeridge Bottom
Hill Farm
The Old Farm
HP5
JOHNS LA
Hockeridge Wood
HP5
Woodfield Spring Farm
Hog Lane Farm
Johns Lane Farm
Hadden's Plantation
A416
CHESHAM RD

122

121
102

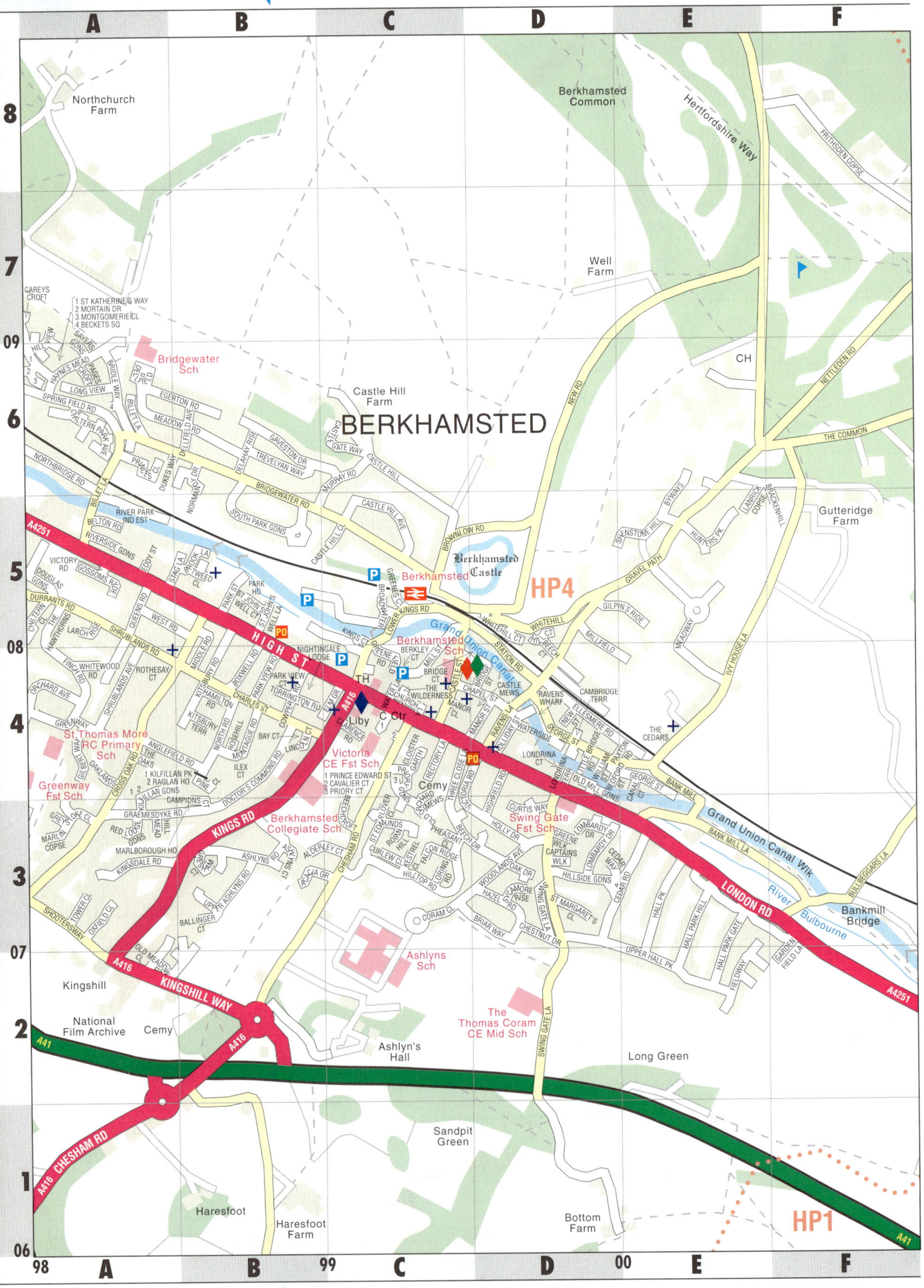

121
136

103
124

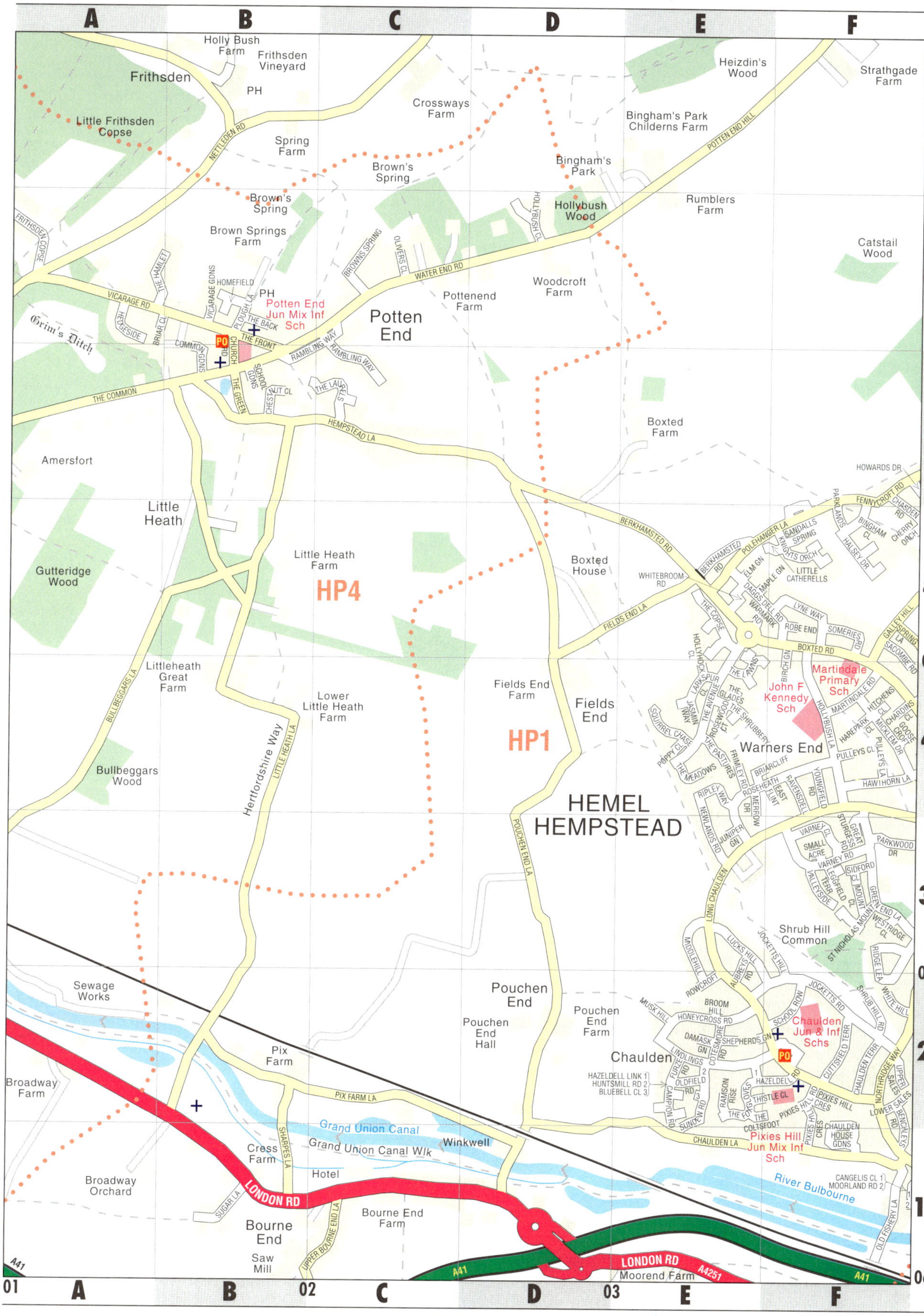
A
B
C
D
E
F
Frithsden
Holly Bush Farm
Frithsden Vineyard
PH
Little Frithsden Copse
Spring Farm
Crossways Farm
Heizdin's Wood
Strathgade Farm
Bingham's Park Childerns Farm
Brown's Spring
Bingham's Park
Brown's Spring
Hollybush Wood
Rumblers Farm
Brown Springs Farm
Catstail Wood
Potten End Jun Mix Inf Sch
Potten End
Pottenend Farm
Woodcroft Farm
Grim's Ditch
Amersfort
Boxted Farm
Little Heath
Gutteridge Wood
Little Heath Farm
HP4
Boxted House
Littleheath Great Farm
Lower Little Heath Farm
Fields End Farm
Fields End
HP1
Martindale Primary Sch
John F Kennedy Sch
Warners End
Bullbeggars Wood
Hertfordshire Way
HEMEL HEMPSTEAD
Shrub Hill Common
Sewage Works
Pouchen End
Pouchen End Hall
Pouchen End Farm
Chaulden
Chaulden Jun & Inf Schs
Pix Farm
Broadway Farm
Grand Union Canal
Grand Union Canal Wlk
Winkwell
Cress Farm
Hotel
Pixies Hill Jun Mix Inf Sch
River Bulbourne
Broadway Orchard
Bourne End
Bourne End Farm
Saw Mill
Moorend Farm
NETTLEDEN RD
POTTEN END HILL
WATER END RD
VICARAGE RD
THE COMMON
HEMPSTEAD LA
BERKHAMSTED RD
FIELDS END LA
BULLBEGGARS LA
LITTLE HEATH LA
POUCHEN END LA
LONG CHAULDEN
CHAULDEN LA
PIX FARM LA
SHARPES LA
SUGAR LA
UPPER BOURNE END LA
LONDON RD
A41
A4251
HAZELDELL LINK 1
HUNTSMILL RD 2
BLUEBELL CL 3
CANGELIS CL 1
MOORLAND RD 2
8
7
09
6
5
08
4
3
07
2
1
06
01
02
03

124

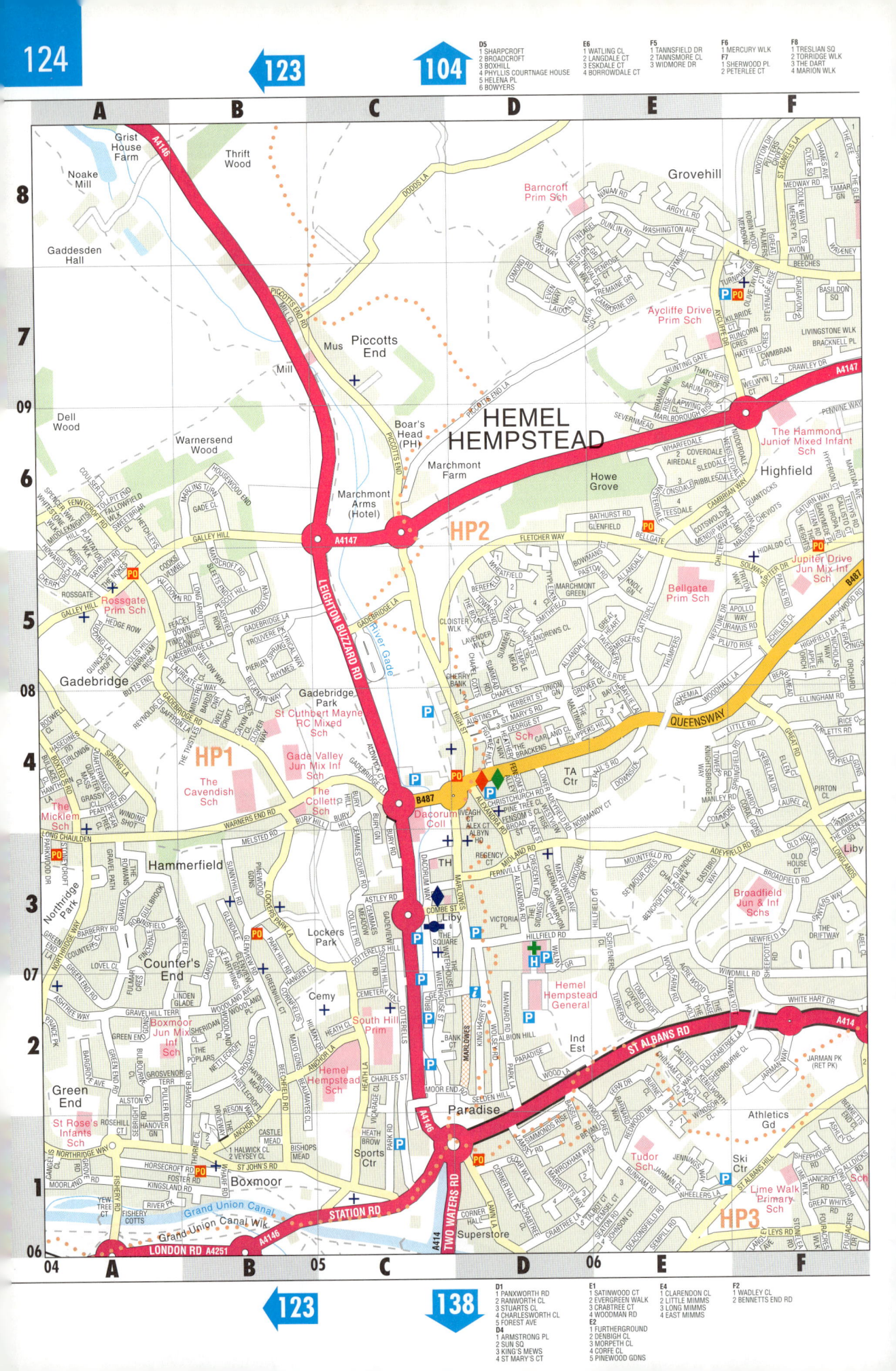

← 123 | 104

D5
1 SHARPCROFT
2 BROADCROFT
3 BOXHILL
4 PHYLLIS COURTNAGE HOUSE
5 HELENA PL
6 BOWYERS

E6
1 WATLING CL
2 LANGDALE CT
3 ESKDALE CT
4 BORROWDALE CT

F5
1 TANNSFIELD DR
2 TANNSMORE CL
3 WIDMORE DR

F6
1 MERCURY WLK
F7
1 SHERWOOD PL
2 PEERLEE CT

F8
1 TRESLIAN SQ
2 TORRIDGE WLK
3 THE DART
4 MARION WLK

← 123 | 138

D1
1 PANXWORTH RD
2 RANWORTH CL
3 STUARTS CL
4 CHARLESWORTH CL
5 FOREST AVE

D4
1 ARMSTRONG PL
2 SUN SQ
3 KING'S MEWS
4 ST MARY'S CT

E1
1 SATINWOOD CT
2 EVERGREEN WALK
3 CRABTREE CT
4 WOODMAN RD

E2
1 FURTHERGROUND
2 DENBIGH CL
3 MORPETH CL
4 CORFE CL
5 PINEWOOD GDNS

E4
1 CLARENDON CL
2 LITTLE MIMMS
3 LONG MIMMS
4 EAST MIMMS

F2
1 WADLEY CL
2 BENNETTS END RD

105
126

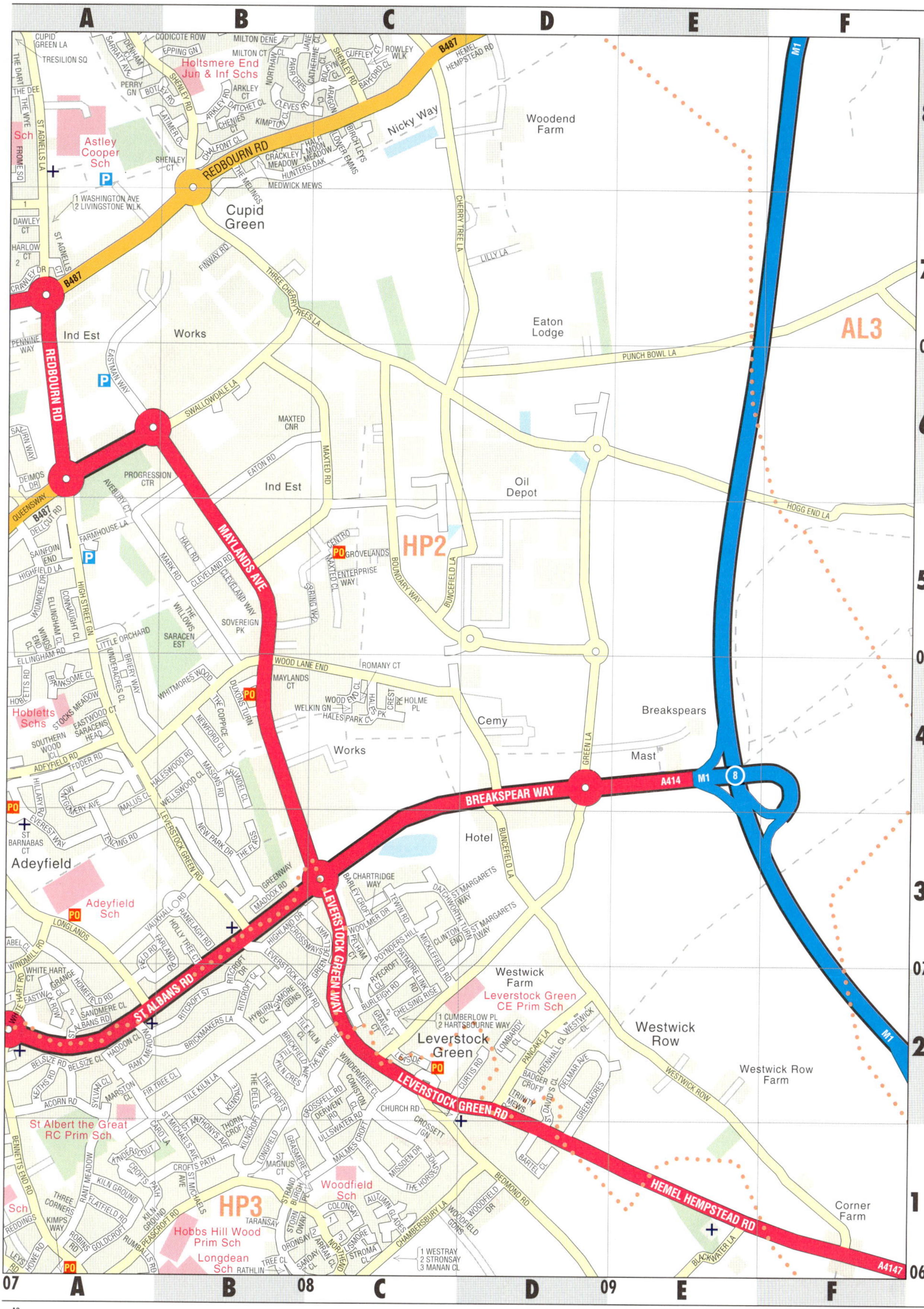

139
126

A2
1 WHITE HART DR
2 MARINER WAY

125
106

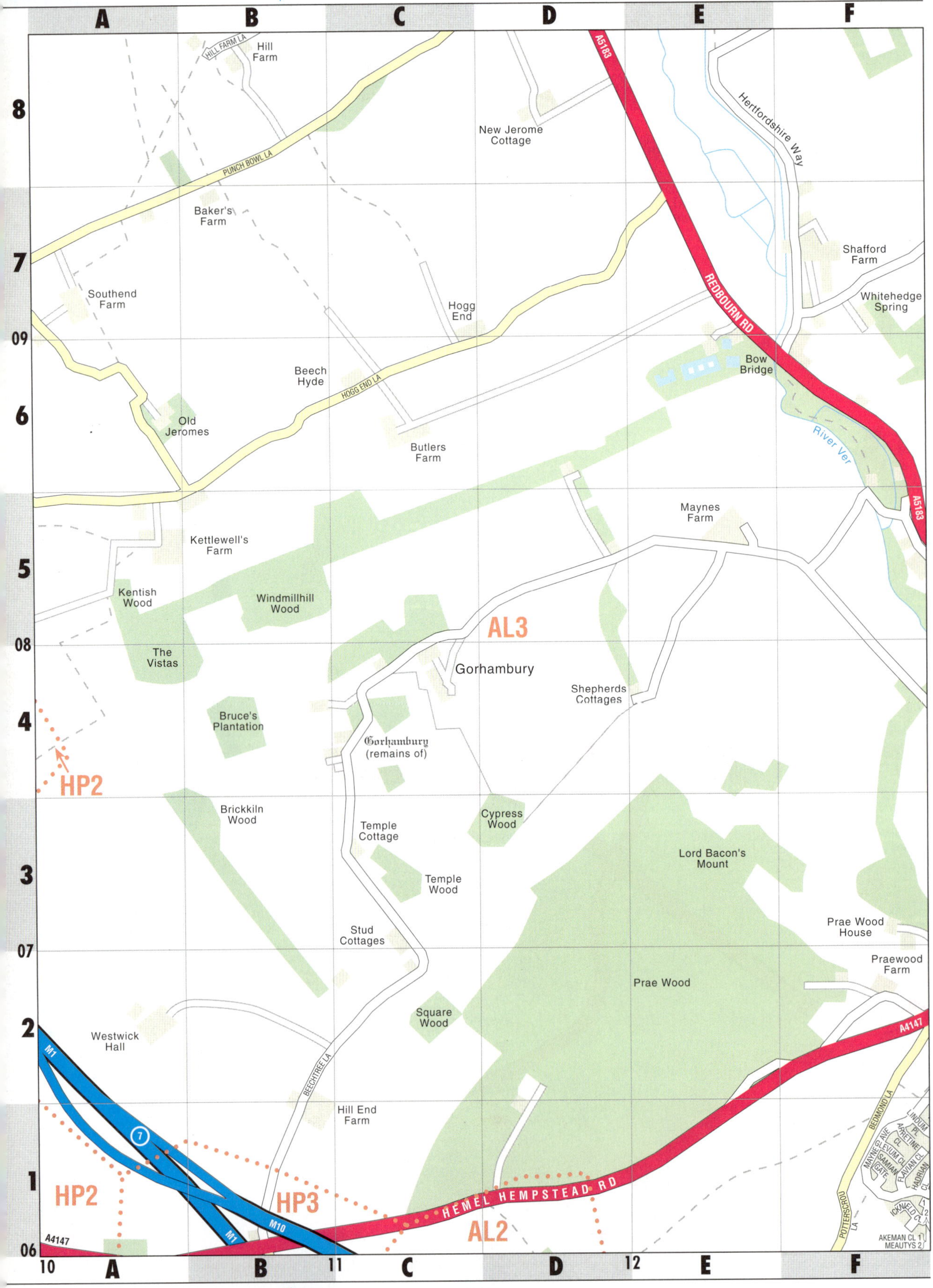

125
140

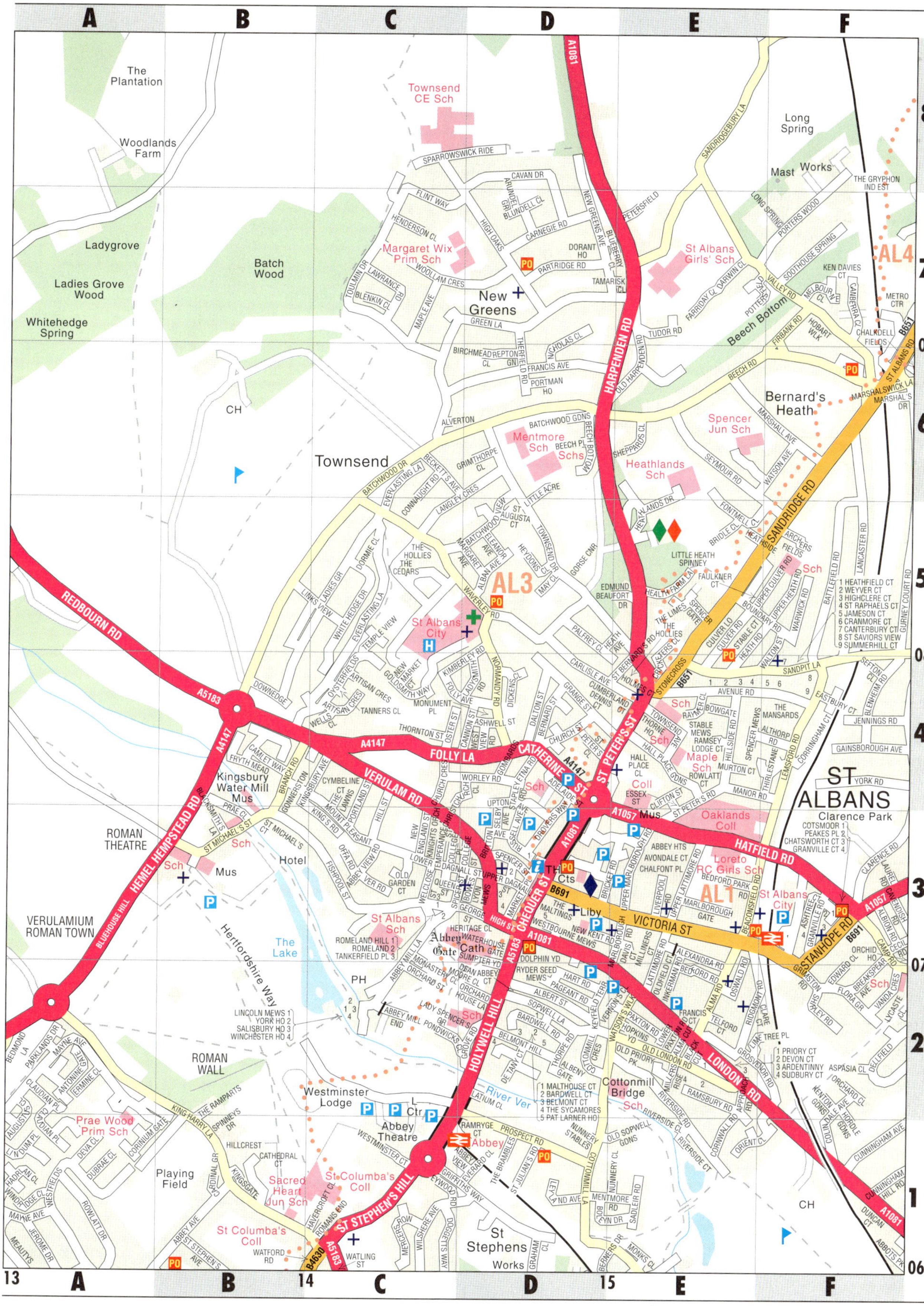

D3
1 WADDINGTON RD
2 CROSS ST
3 CHRISTOPHER PL
4 FRENCH ROW
5 HALF MOON MEWS

127
108

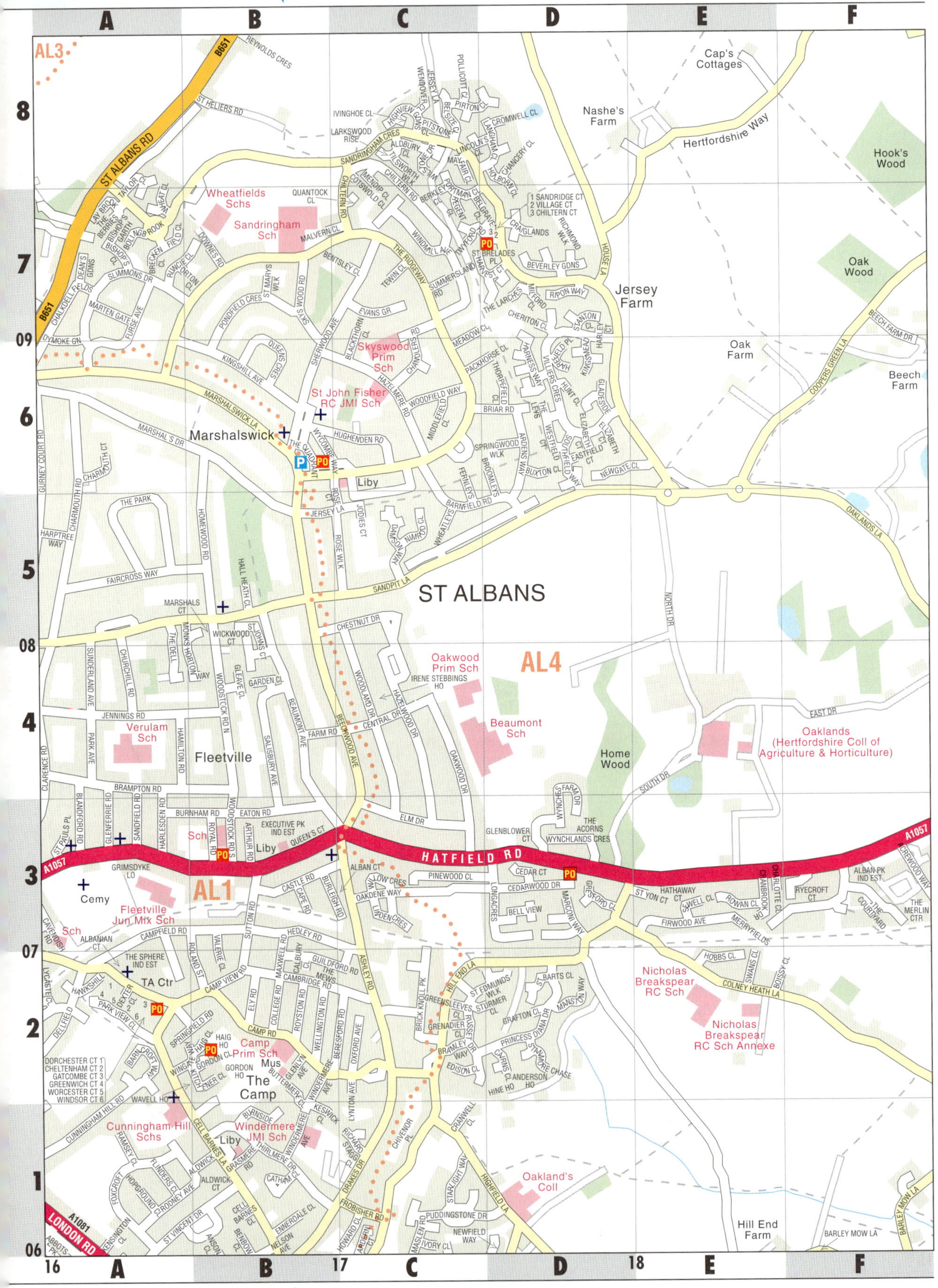

127
142

109
130

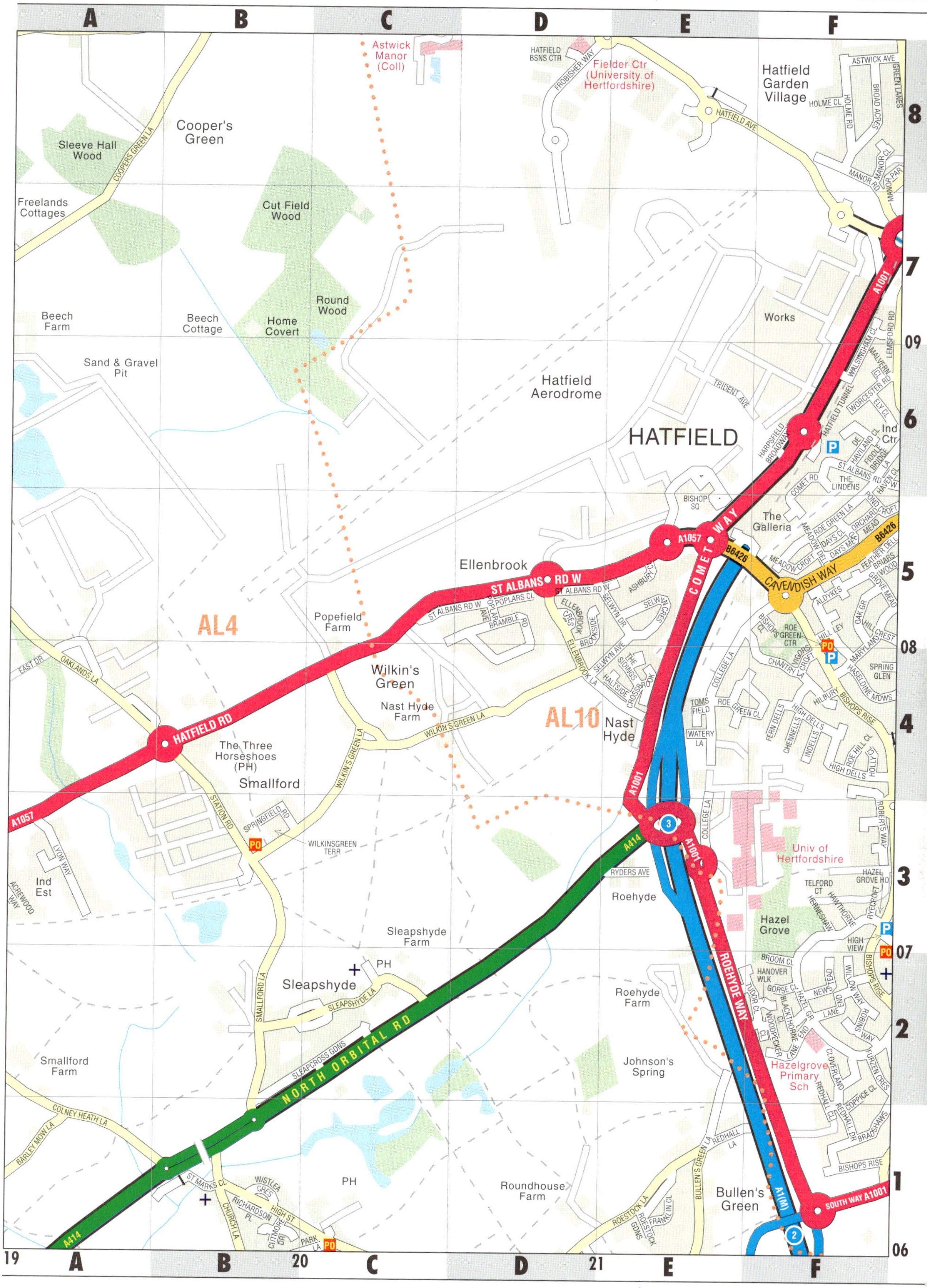

143
130

130

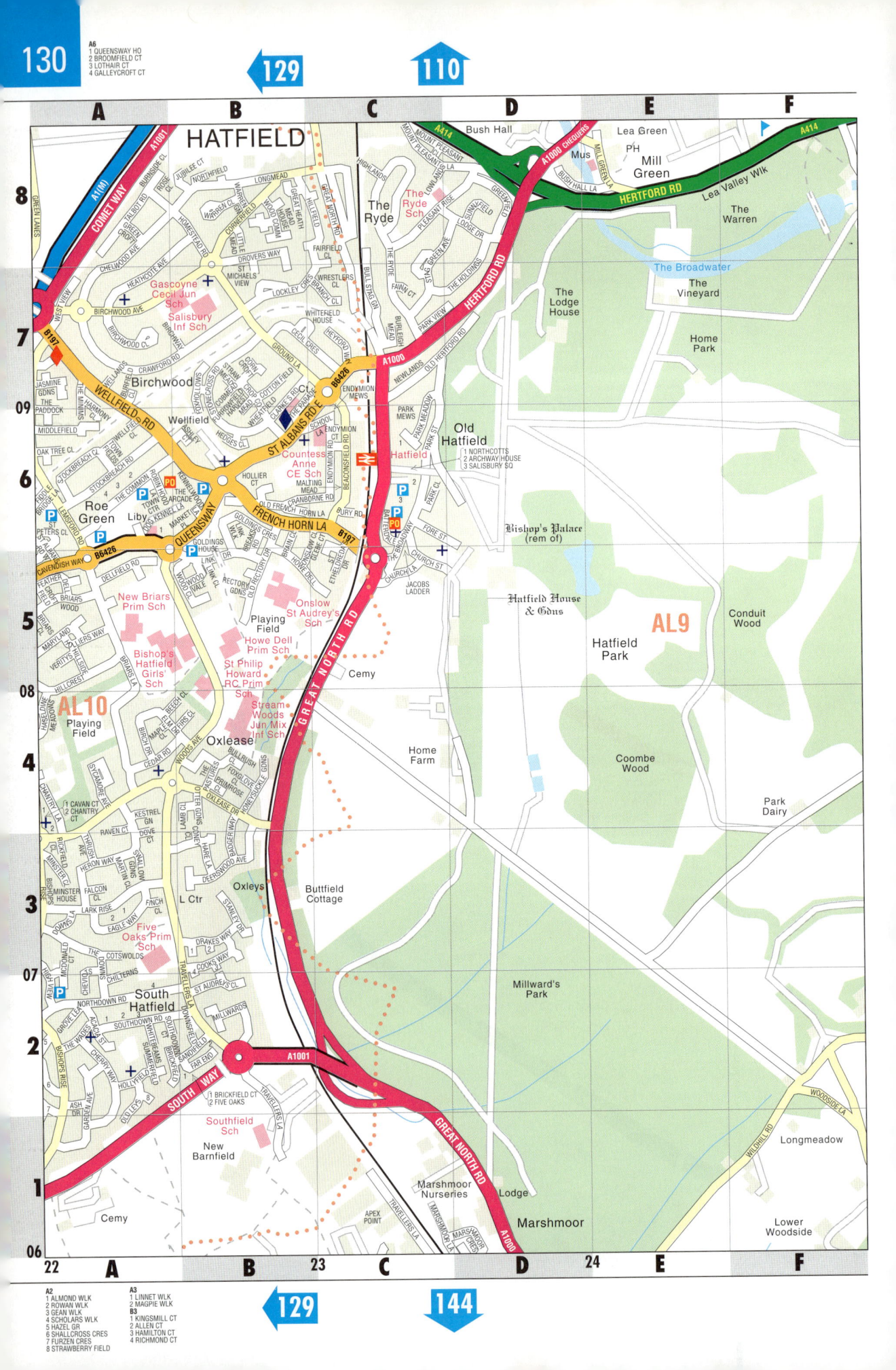

A6
1 QUEENSWAY HO
2 BROOMFIELD CT
3 LOTHAIR CT
4 GALLEYCROFT CT

A2
1 ALMOND WLK
2 ROWAN WLK
3 GEAN WLK
4 SCHOLARS WLK
5 HAZEL GR
6 SHALLCROSS CRES
7 FURZEN CRES
8 STRAWBERRY FIELD

A3
1 LINNET WLK
2 MAGPIE WLK

B3
1 KINGSMILL CT
2 ALLEN CT
3 HAMILTON CT
4 RICHMOND CT

111
132

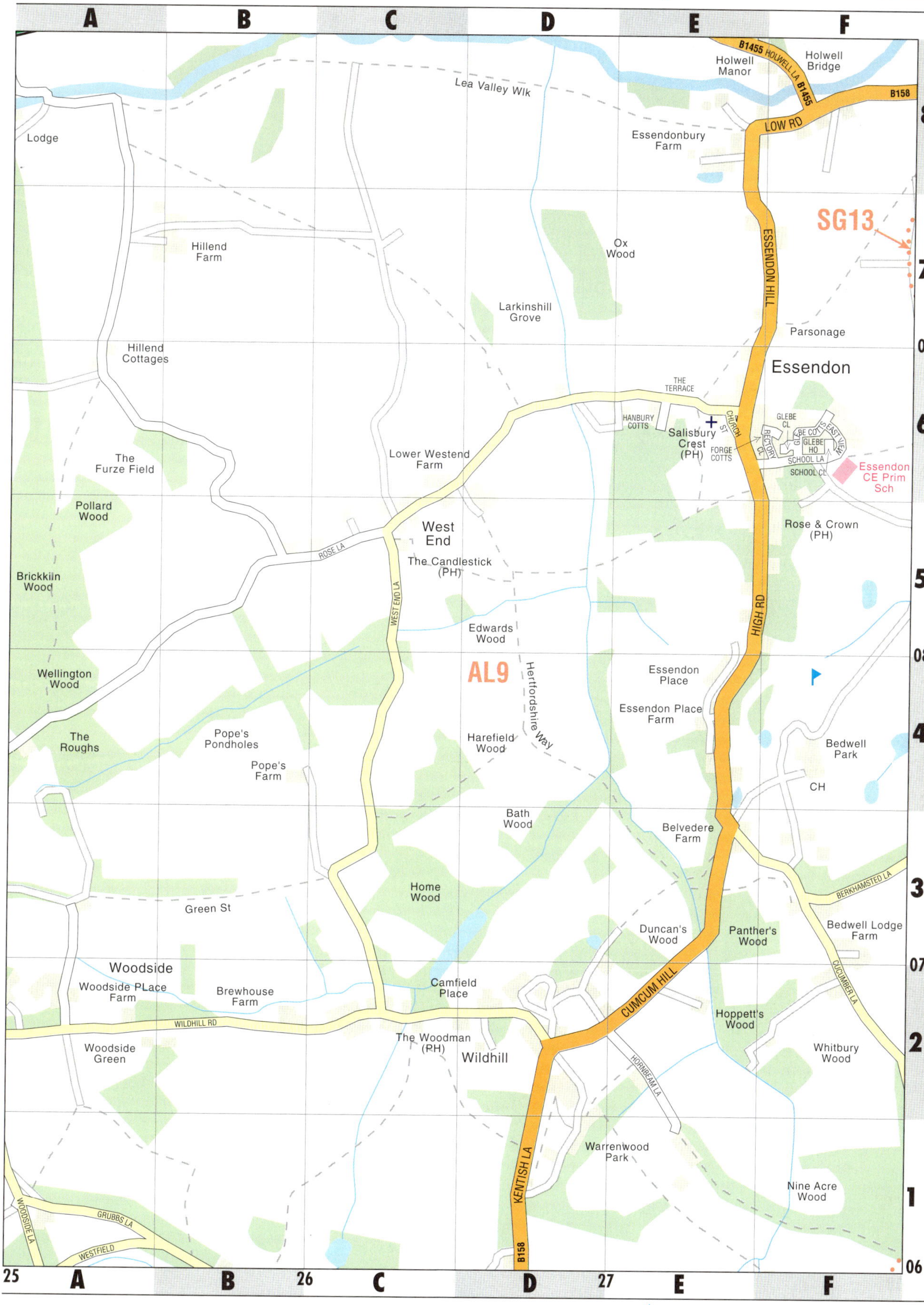

145
132

131
112

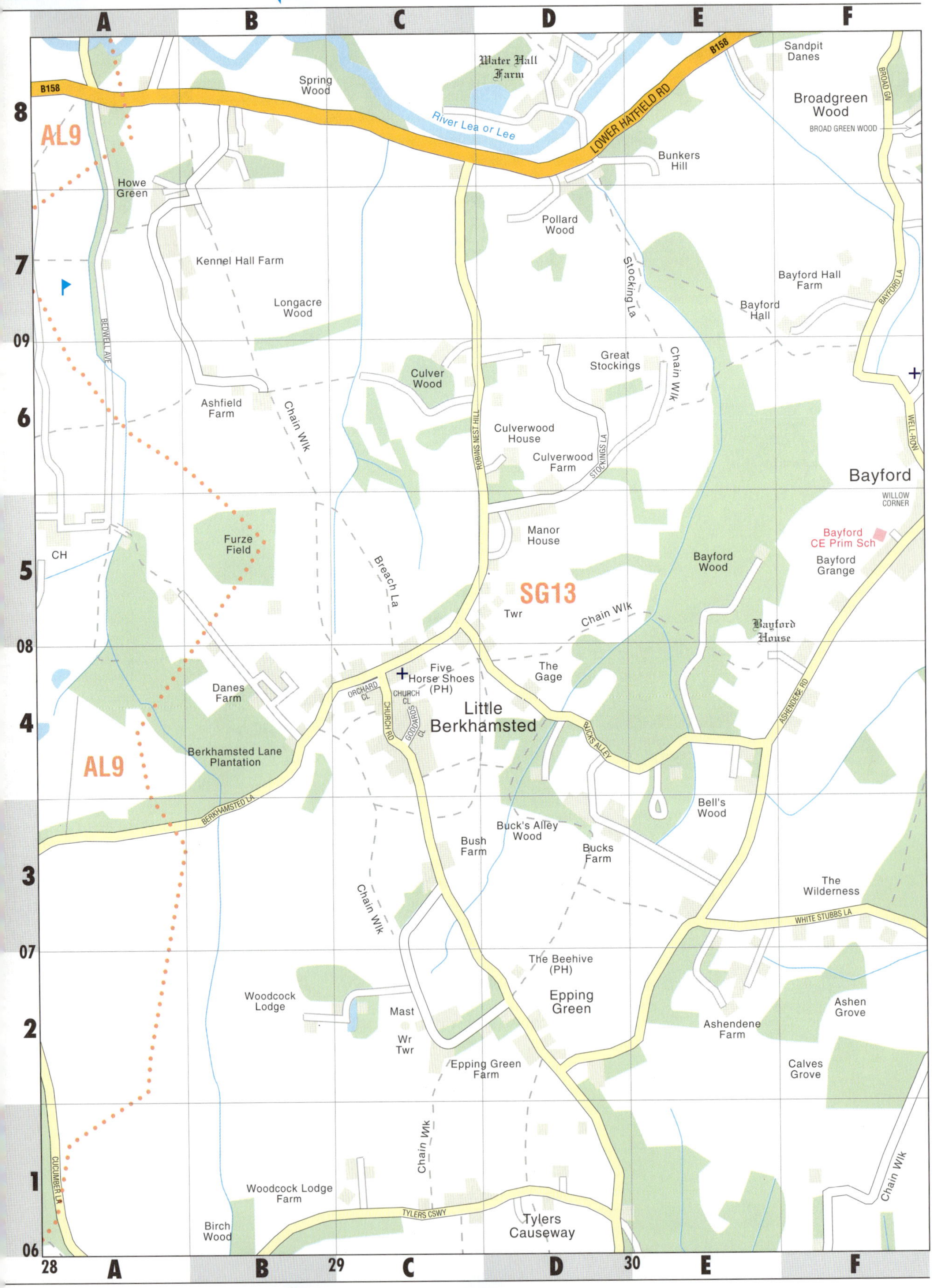

131
146

113
134

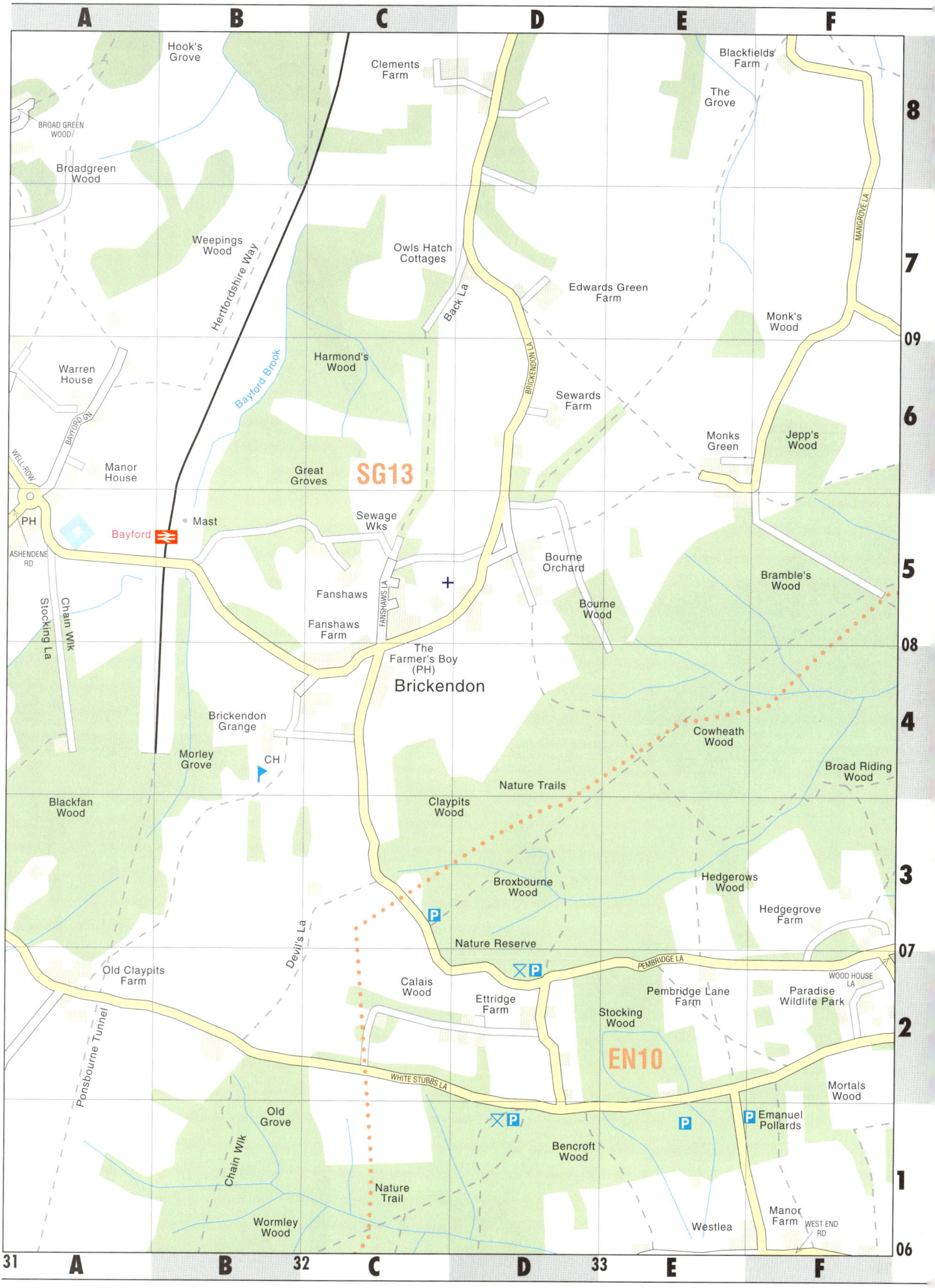

147
134

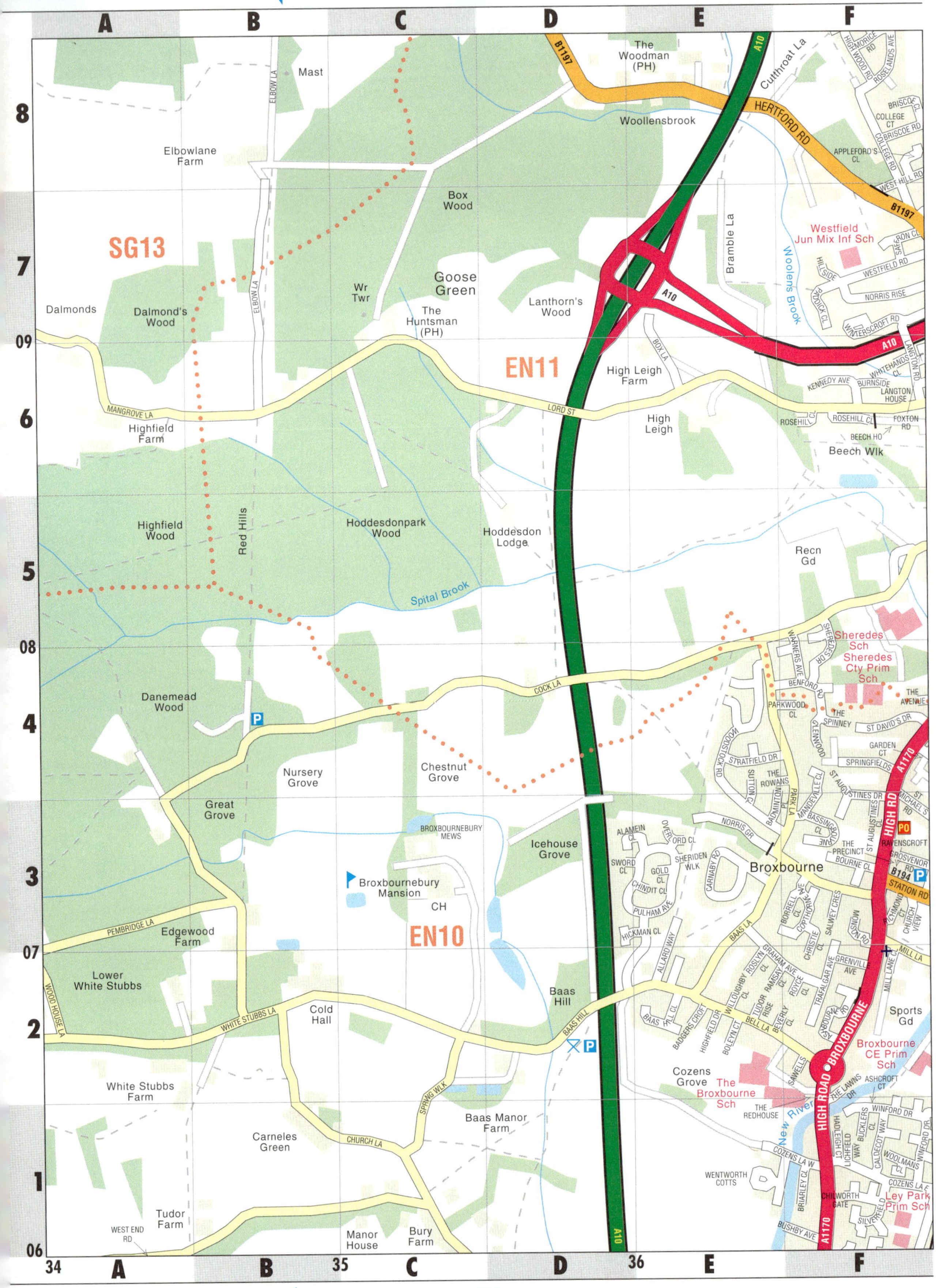
A
B
C
D
E
F
8
7
6
5
4
3
2
1
09
08
07
06
34
35
36
Mast
ELBOW LA
Elbowlane Farm
The Woodman (PH)
B1197
A10
Cutthroat La
HERTFORD RD
Woollensbrook
Box Wood
Bramble La
Westfield Jun Mix Inf Sch
Woolens Brook
SG13
Goose Green
Wr Twr
Lanthorn's Wood
Dalmonds
Dalmond's Wood
The Huntsman (PH)
EN11
High Leigh Farm
BOX LA
MANGROVE LA
LORD ST
Highfield Farm
High Leigh
Beech Wlk
Highfield Wood
Red Hills
Hoddesdonpark Wood
Hoddesdon Lodge
Recn Gd
Spital Brook
Sheredes Sch
Sheredes Cty Prim Sch
Danemead Wood
COCK LA
THE AVENUE
Nursery Grove
Chestnut Grove
Great Grove
BROXBOURNEBURY MEWS
Icehouse Grove
Broxbourne
Broxbournebury Mansion
CH
EN10
PEMBRIDGE LA
Edgewood Farm
Lower White Stubbs
WOOD HOUSE LA
Cold Hall
Baas Hill
WHITE STUBBS LA
BAAS HILL
BAAS LA
HIGH RD
A1170
B194
STATION RD
MILL LA
Sports Gd
Broxbourne CE Prim Sch
White Stubbs Farm
Cozens Grove
The Broxbourne Sch
THE REDHOUSE
New River
SPRING WLK
Baas Manor Farm
HIGH ROAD BROXBOURNE
Carneles Green
CHURCH LA
WENTWORTH COTTS
Ley Park Prim Sch
Tudor Farm
WEST END RD
Manor House
Bury Farm
BUSHBY AVE

A7
1 FOURWAYS CT
2 CUMBERLAND CT
3 WESTFIELD RD
4 NORRIS RISE
5 WINTERSCROFT RD
6 BELCHER RD
7 ROMAN MEWS
8 ROMAN ST
9 BURFORD MEWS
10 TOWER CTR
11 BURFORD PL

122

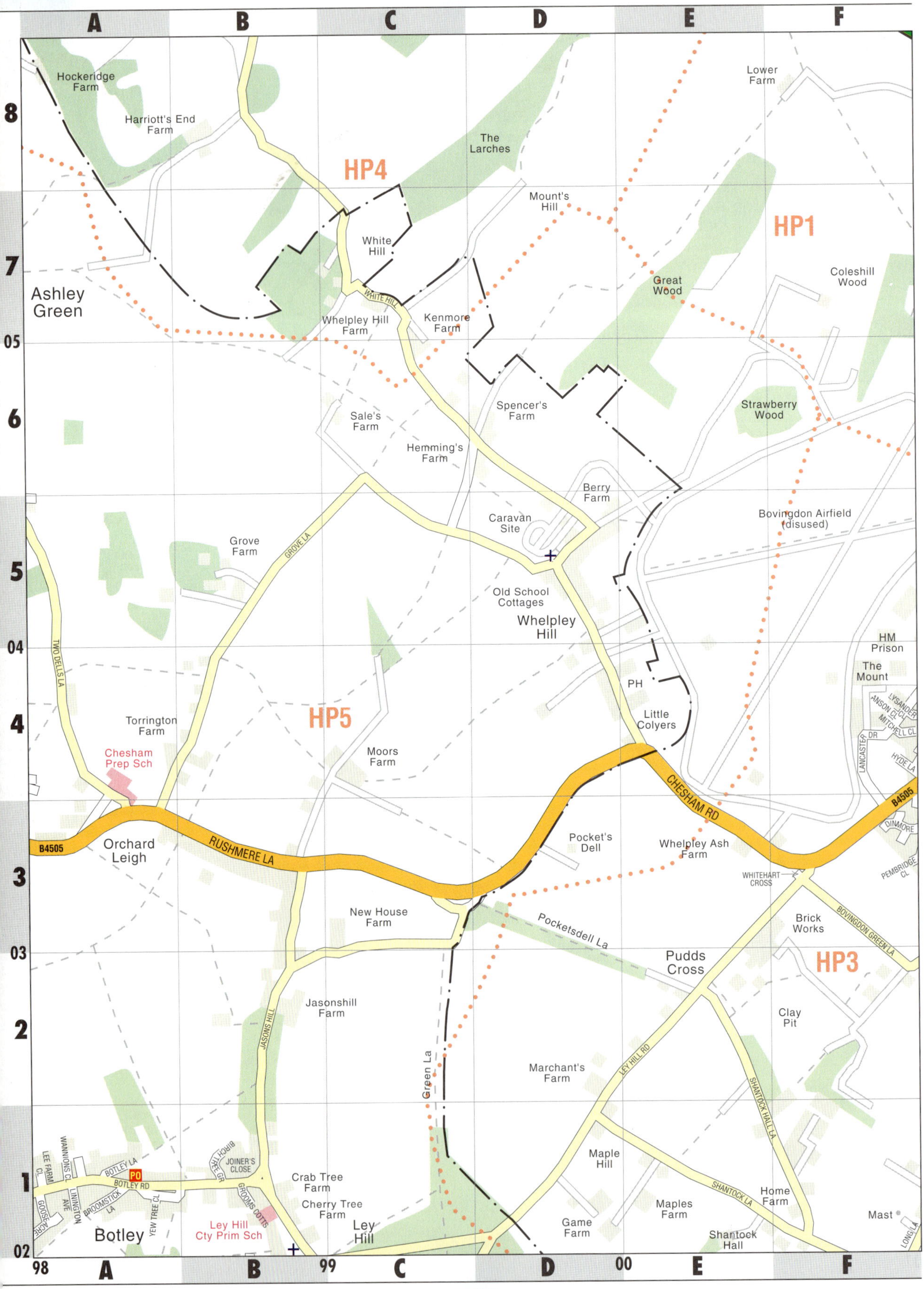
A
B
C
D
E
F
8
7
05
6
5
04
4
3
03
2
1
02
98
99
00
Hockeridge Farm
Harriott's End Farm
The Larches
HP4
Lower Farm
Mount's Hill
White Hill
HP1
Coleshill Wood
Ashley Green
Great Wood
WHITE HILL
Whelpley Hill Farm
Kenmore Farm
Strawberry Wood
Spencer's Farm
Sale's Farm
Hemming's Farm
Berry Farm
Bovingdon Airfield (disused)
Caravan Site
Grove Farm
GROVE LA
Old School Cottages
Whelpley Hill
HM Prison
The Mount
TWO DELLS LA
PH
Torrington Farm
HP5
Little Colyers
LYSANDER
ANSON CL
MITCHELL CL
DR
LANCASTER
HYDE LA
Chesham Prep Sch
Moors Farm
CHESHAM RD
B4505
DINMORE
B4505
Orchard Leigh
RUSHMERE LA
Pocket's Dell
Whelpley Ash Farm
PEMBRIDGE CL
WHITEHART CROSS
New House Farm
Pocketsdell La
Brick Works
BOVINGDON GREEN LA
Pudds Cross
HP3
Jasonshill Farm
Clay Pit
JASONS HILL
LEY HILL RD
Green La
Marchant's Farm
SHANTOCK HALL LA
WANNIONS CL
LEE FARM CL
BOTLEY LA
PO
BIRCH TREE GR
JOINER'S CLOSE
Maple Hill
BOTLEY RD
Crab Tree Farm
GOOSEACRE
LININGTON AVE
BROOMSTICK LA
YEW TREE CL
GROOMS COTTS
Cherry Tree Farm
SHANTOCK LA
Home Farm
Maples Farm
Mast
Botley
Ley Hill Cty Prim Sch
Ley Hill
Game Farm
Shantock Hall
LONG LA

150

123
138

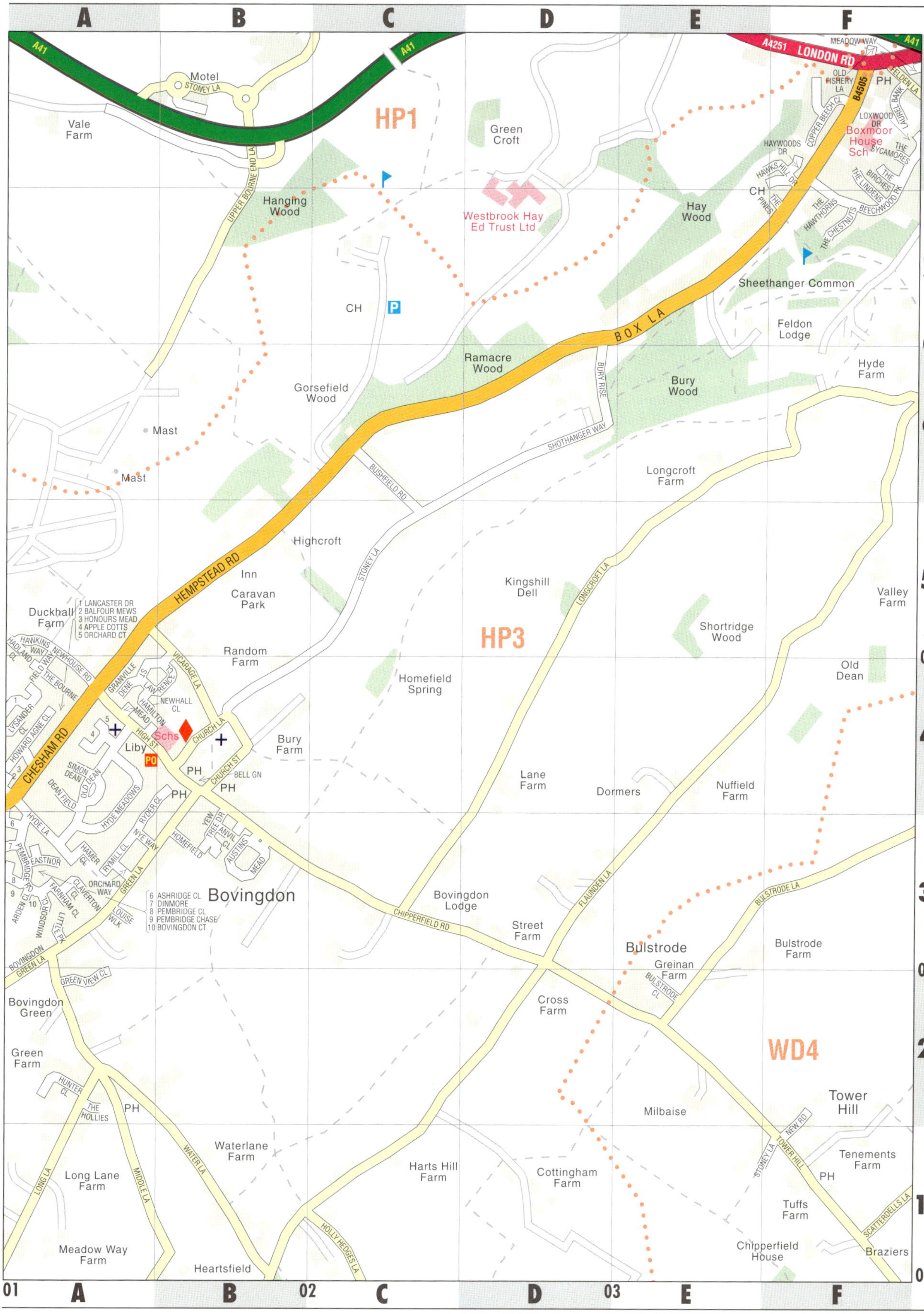

151
138

137
124

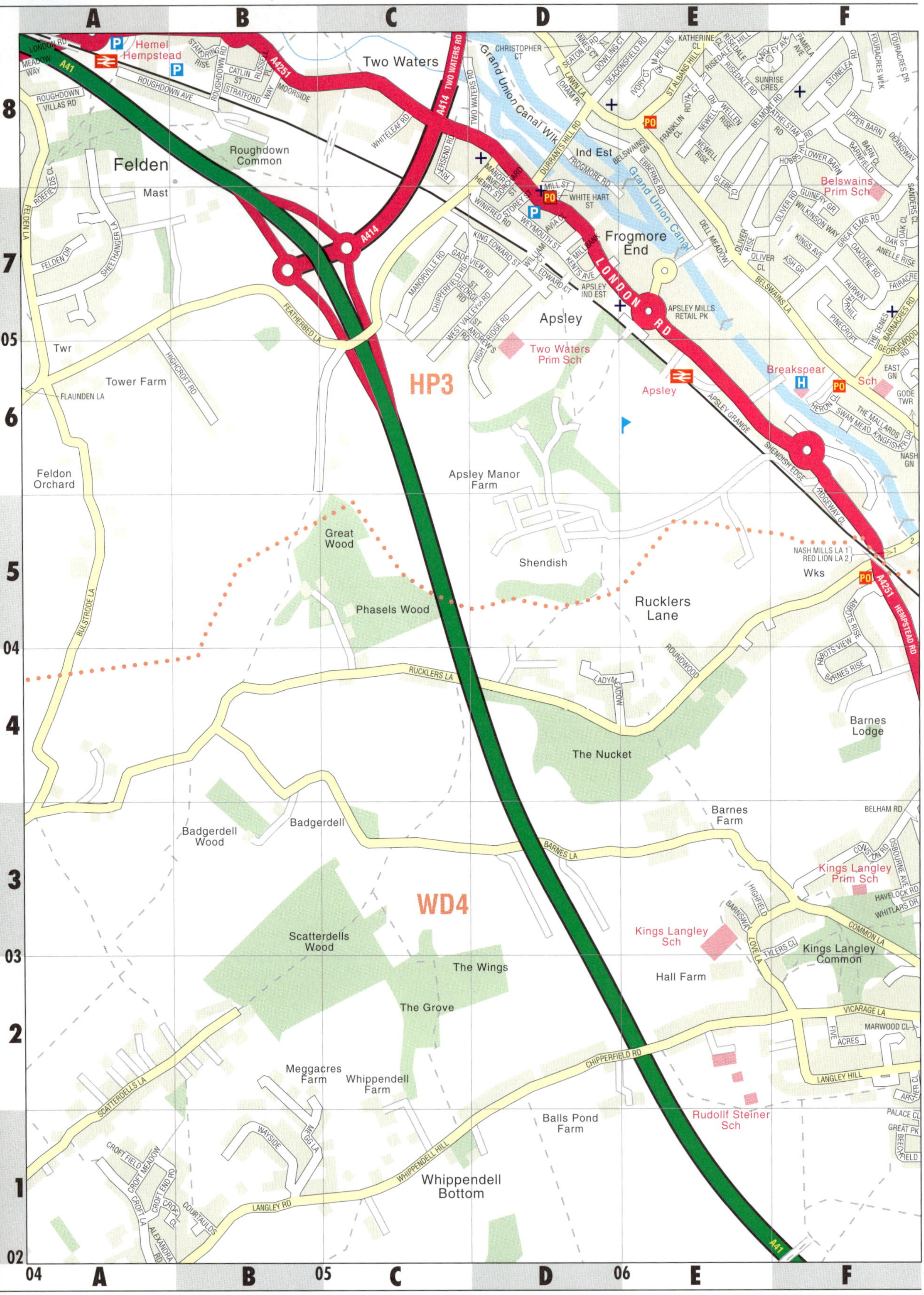

137
152

125
140

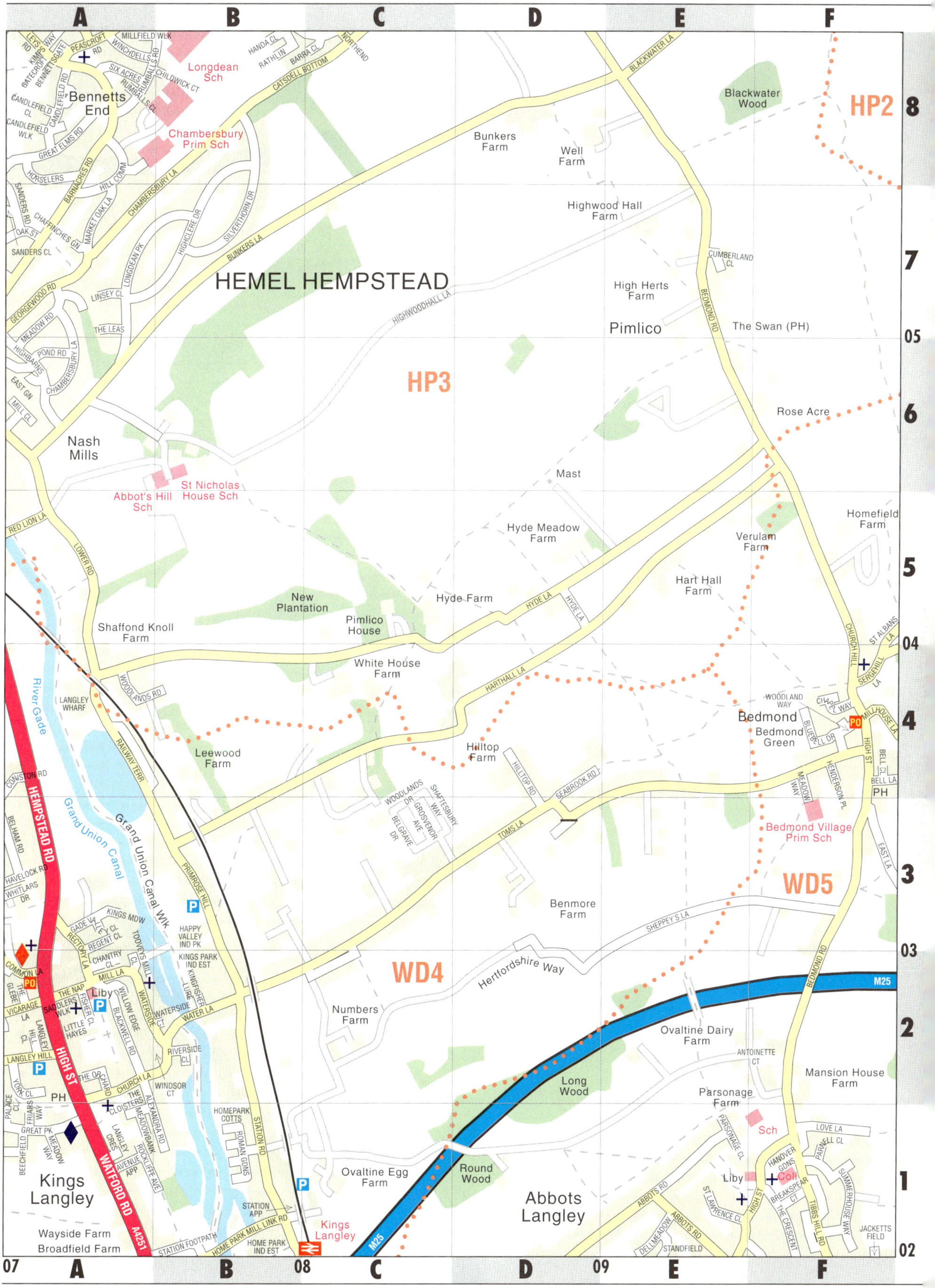

153
140

140

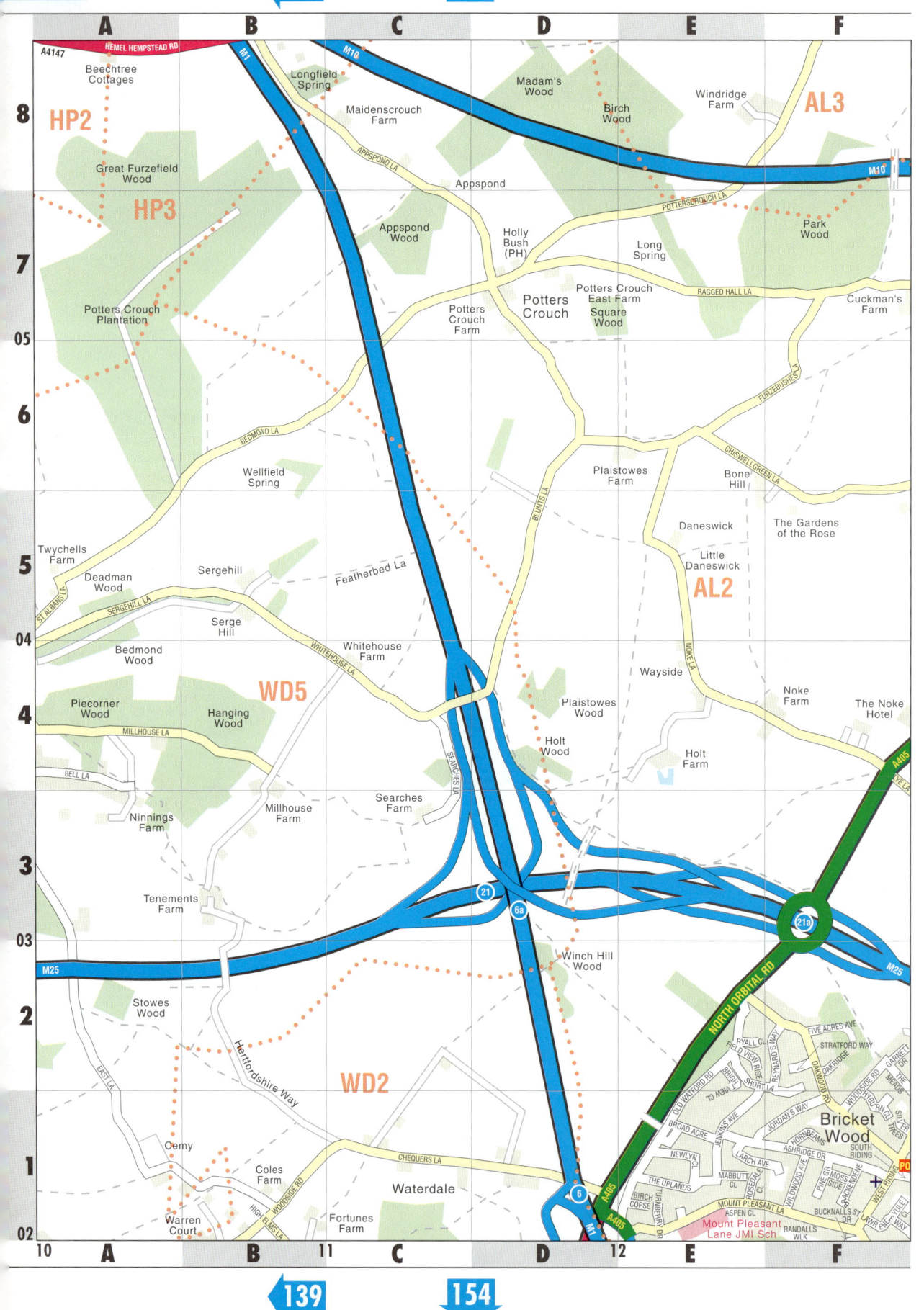

127
142

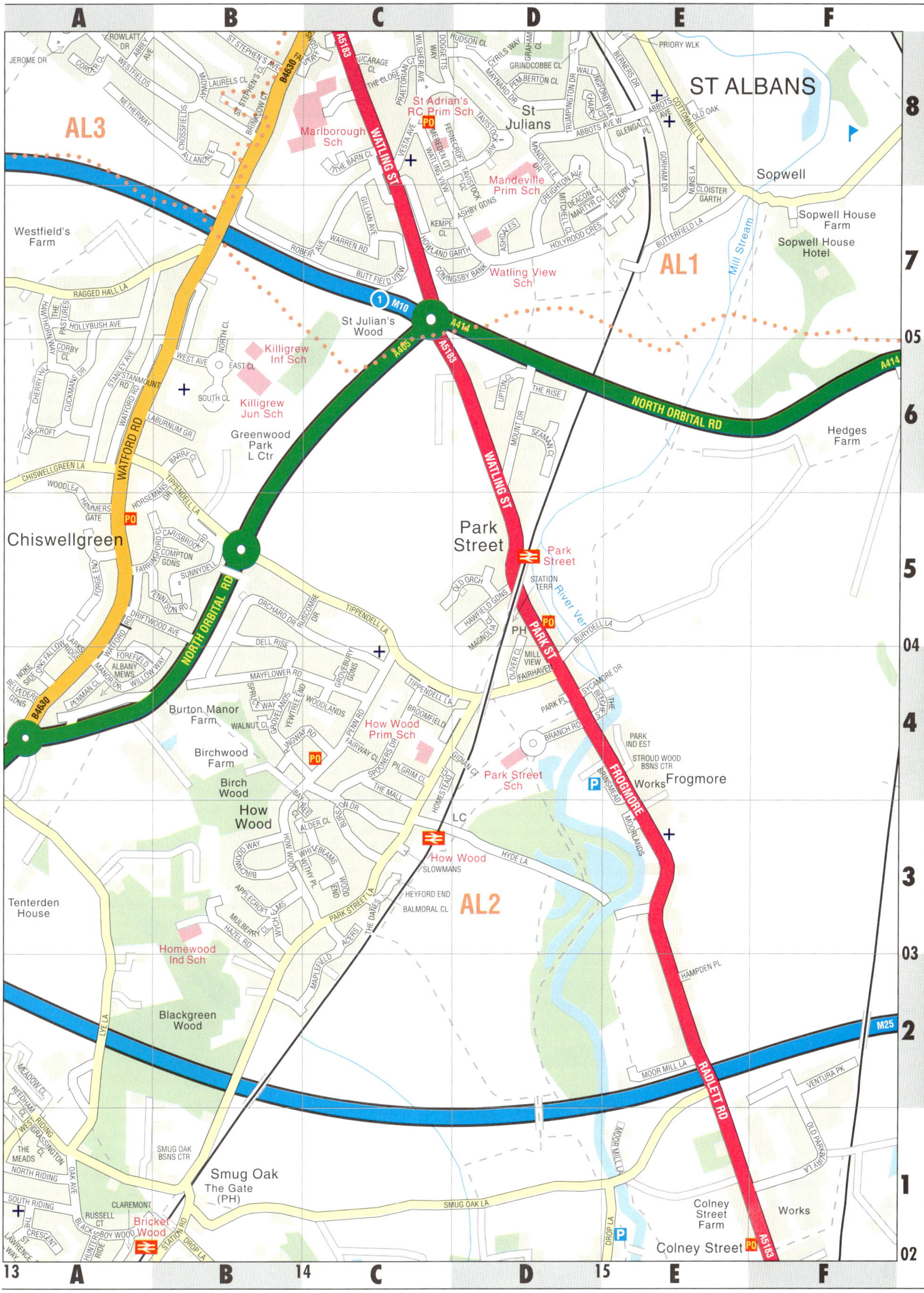

155
142

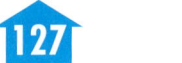

141
128

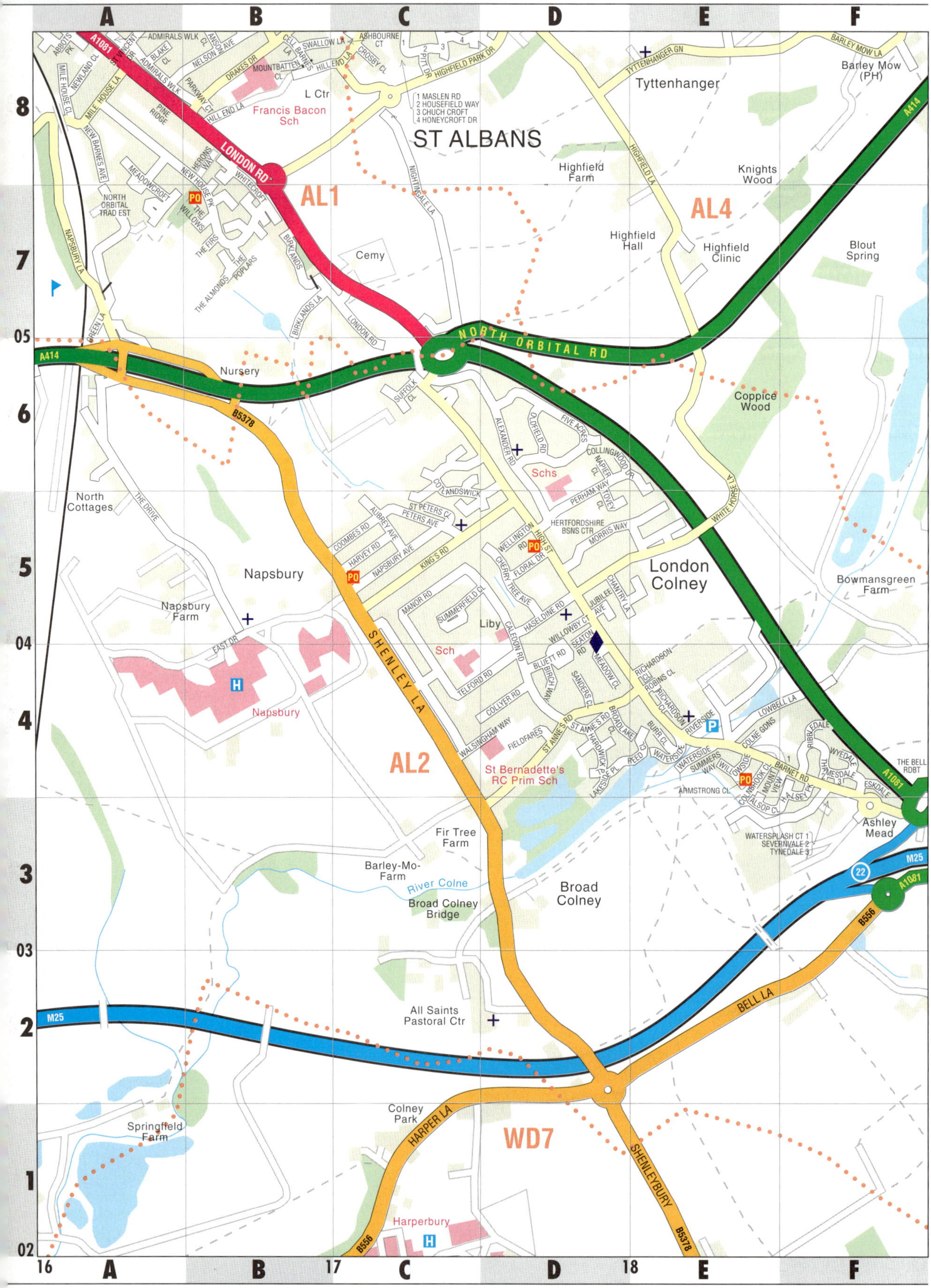

141
156

129
144

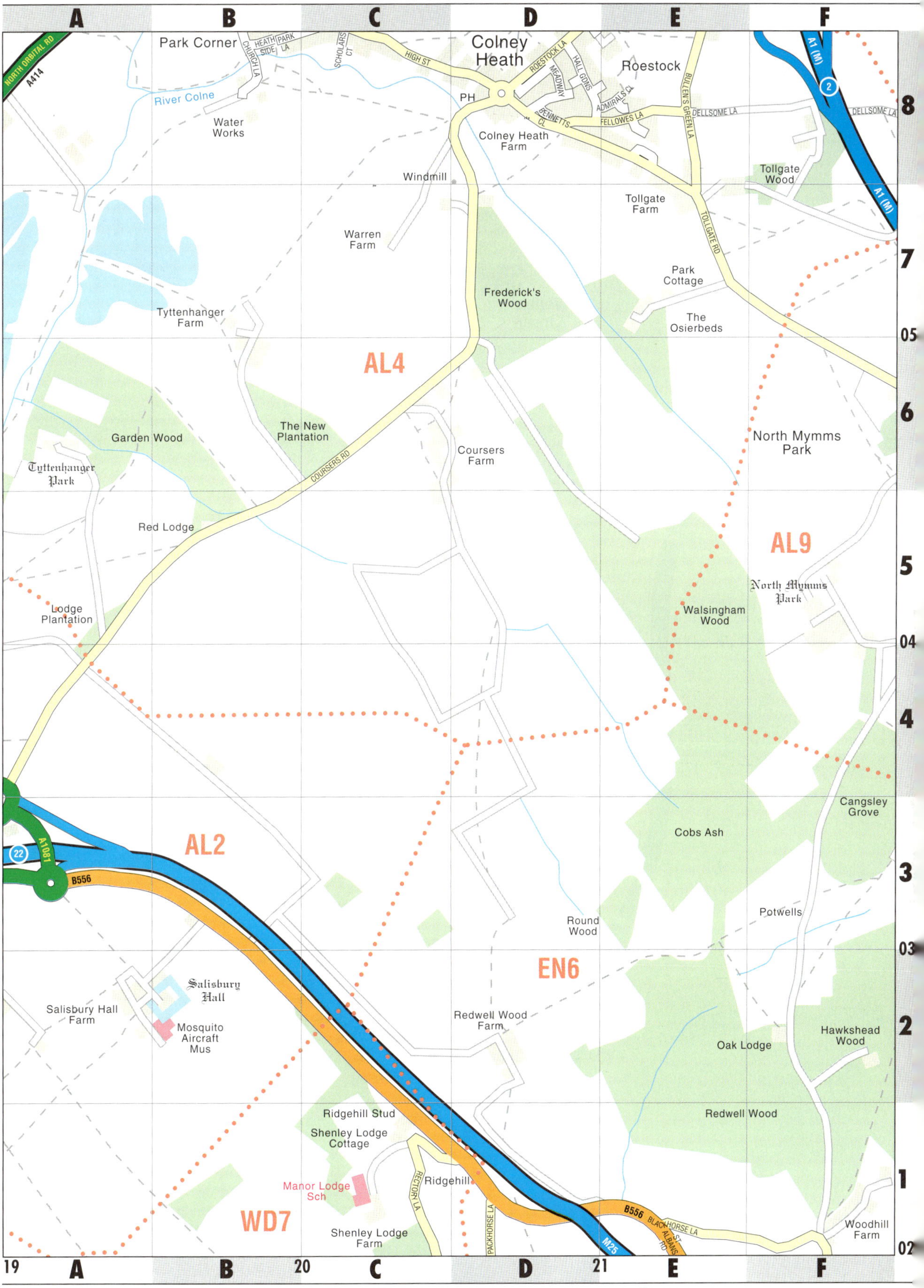

157
144

143
130

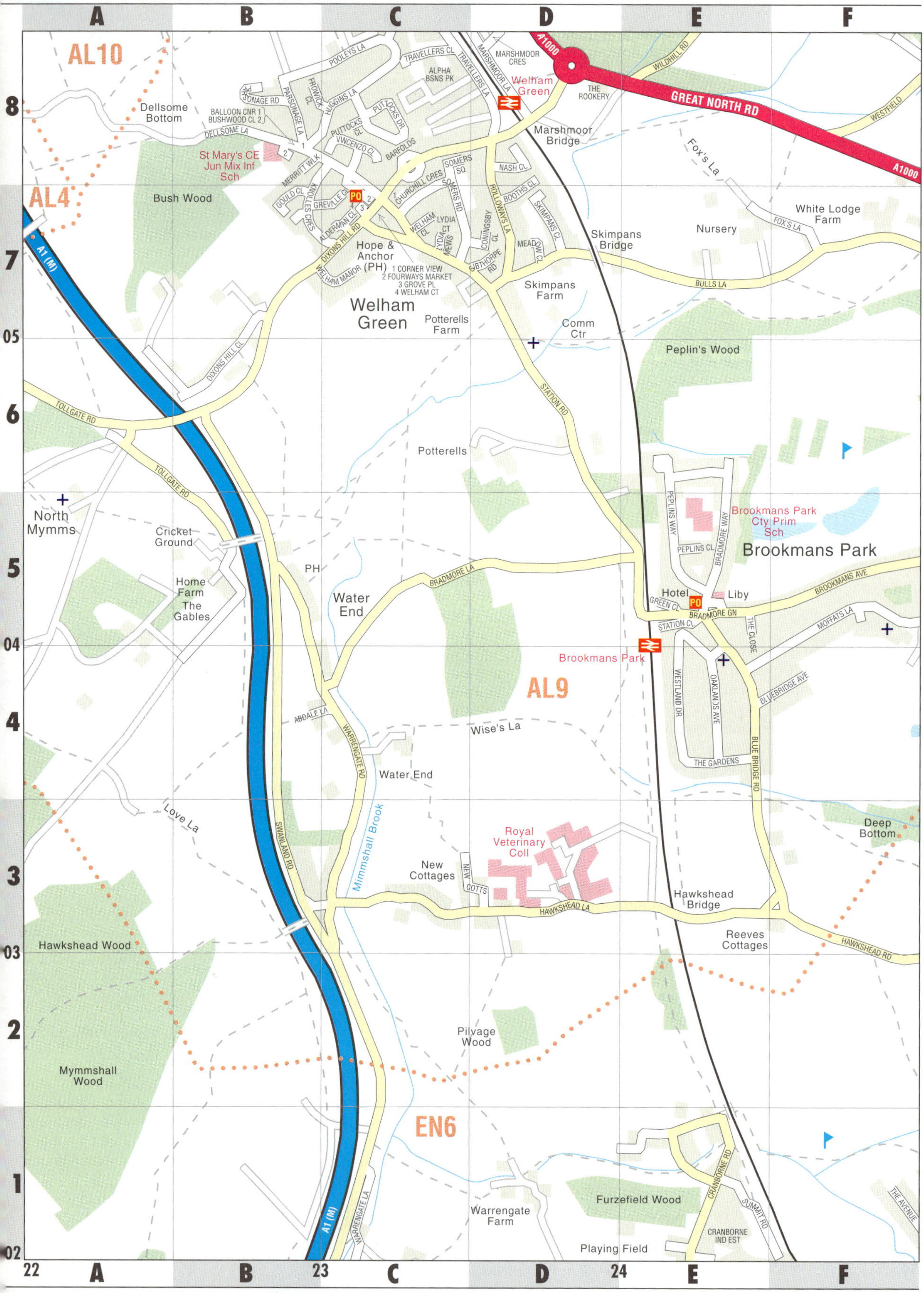

143
158

131
146

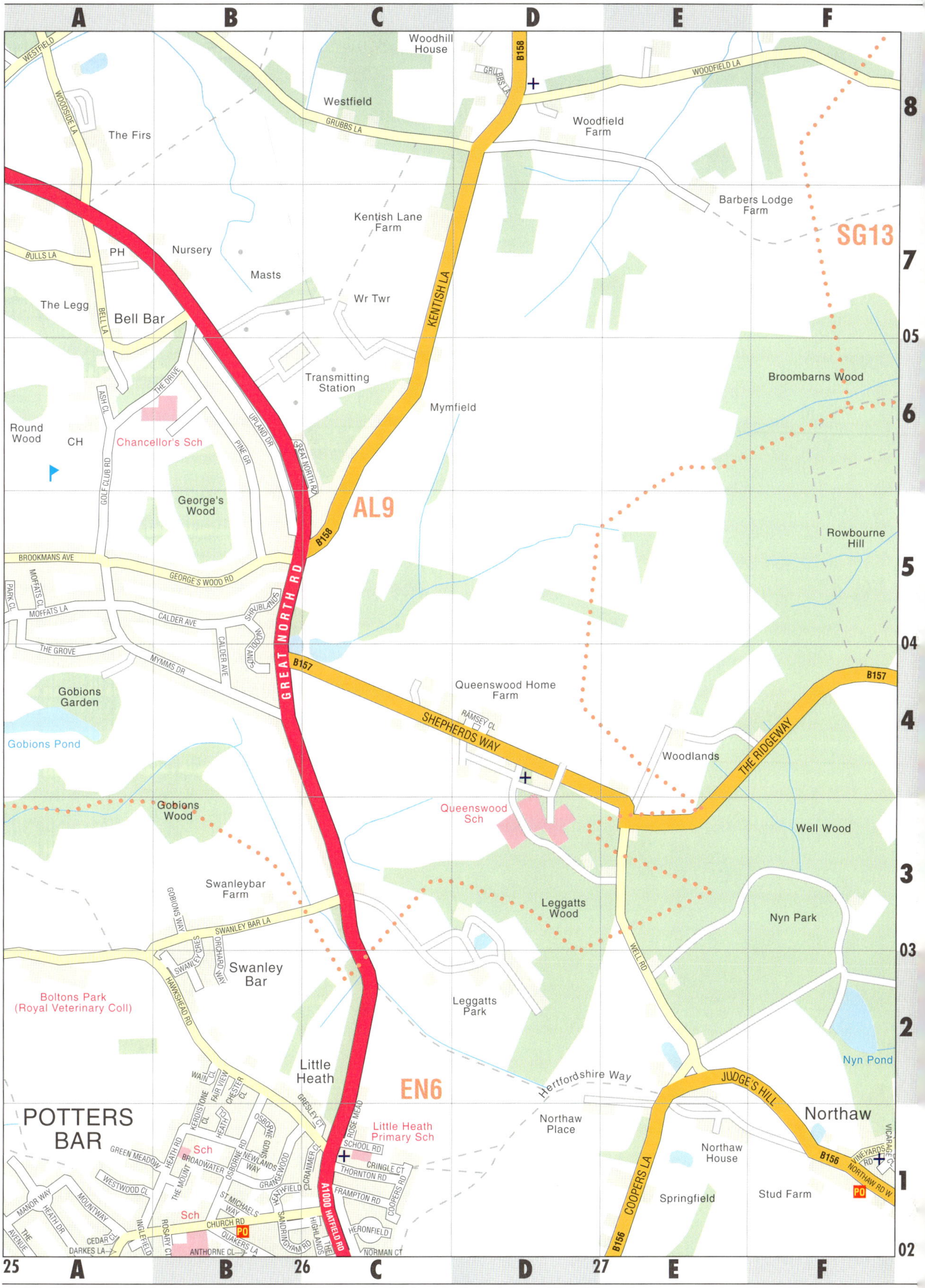

159
146

145
132

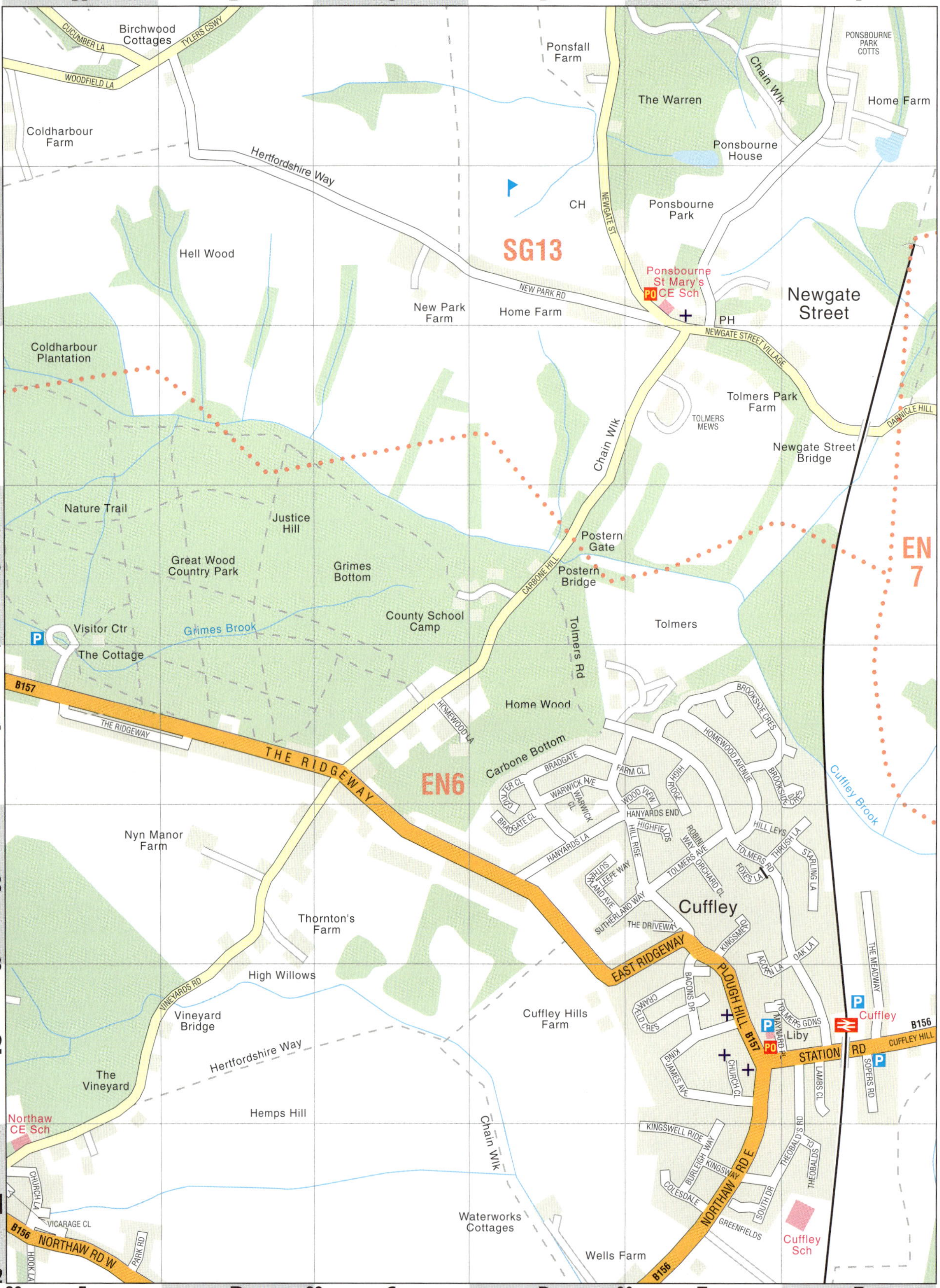

145
160

133
148

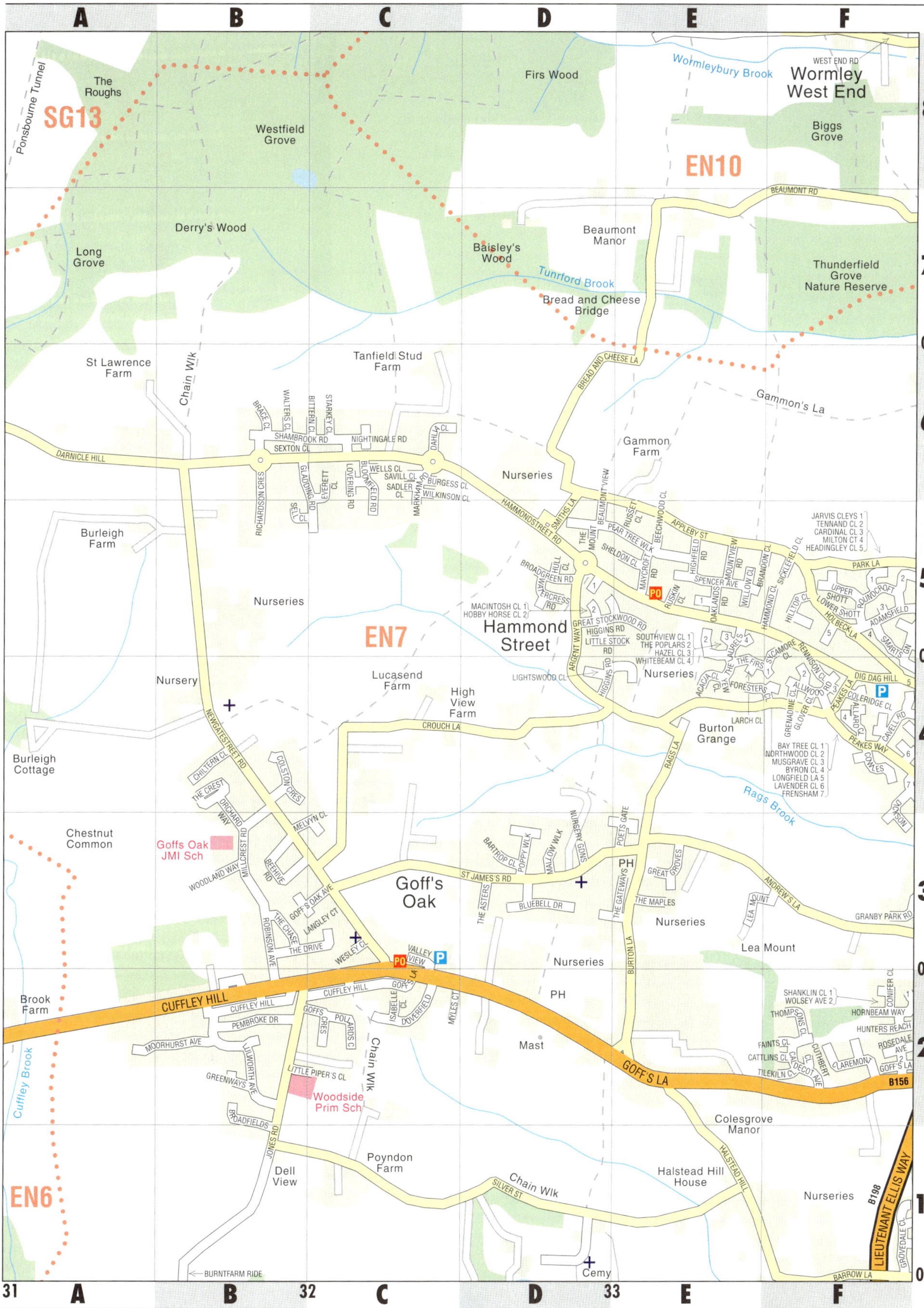

161
148

147
134

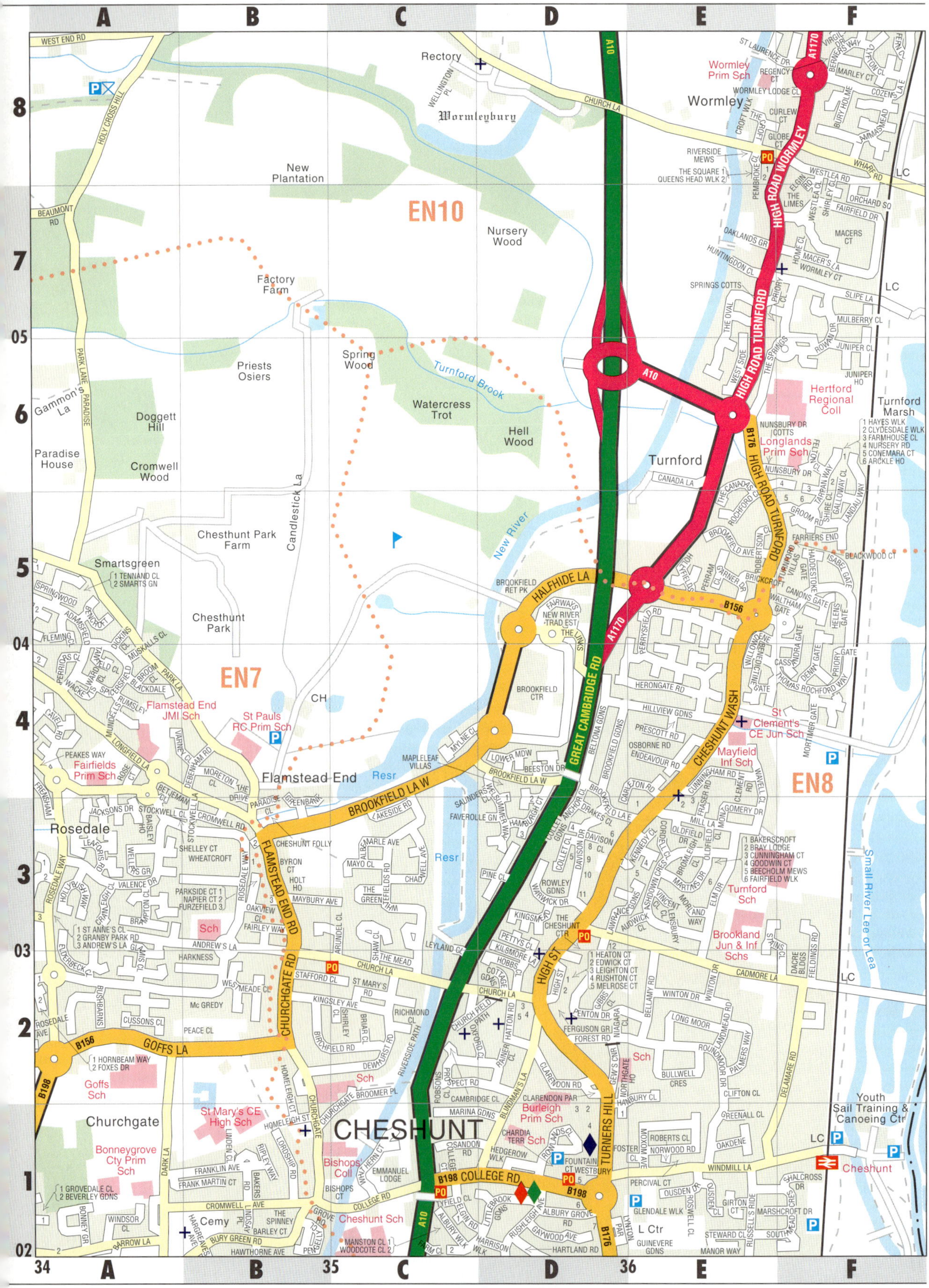

D1
1 SOUTHGATE HO
2 ALEXANDER CT
3 ROWLANDS CT
4 ANCIENT ALMSHOS
5 NEWNHAM PAR
6 MANORCROFT PAR
7 CLAYTON PAR

D3
1 CAMPINE CL
2 SOUTHBROOK DR
3 THE SPUR
4 CRAIGS WLK
5 BREEZE TERR
6 THE WHITE HO
7 THE COLONNADE
8 CEDAR LODGE
9 BLAXLAND TERR
10 COOPERS WLK
11 DOUGLAS HO
12 CADMORE CT

147
162

135

A
B
C
D
E
F
8
7
05
6
5
04
4
3
03
2
1
02
37
38
39
B194
ELIZABETH CL
MAYFLOWER CL
HYDE MEAD
HYDE MEAD HO
BARNARD ACRES
POUND CL
LOVEY CL
MIDDLE ST
GREEN LA
Sewage Works
Clayton Hill Country Park
Nazeing Cty Prim Sch
Mansion House Farm
Mulberries
Lower Nazeing
OLD HOUSE LA
Ninnings
Perry Hill Farm
PERRY HILL
TATSFIELD AVE
Nurseries
Nazeing Marsh
WHARF RD
EN10
PAYNES LA
Payne's Farm
Nurseries
Clayton Hill
King's Weir
SLIPE LA
ST LEONARDS RD
Snows
LAUNDRY LA
Netherkidders Farm
Cemetery La
St Leonards
Langridge
Felsteads
COLEMAN'S LA
Coleman's Shaw
EN9
WALTHAM RD
River Lee Navigation
Sailing Club
PH
Holyfield Marsh
Holyfield Hall Farm
Denver Lodge Farm
Marsh Hill House
MARSH HILL
River Lea or Lee
Galley Hill
Galleyhill Wood
Nature Reserve
Hayes Hill Farm
Visitor Ctr
Broadgate Springs
EN8
Holyfield
Hayes Hill
Seventy Acres
Holyfield
HOLYFIELD RD
Aimes Green
Nursery
Puck La
HAMBURY RD
CADMORE LA
Nightingales
CLAVERHAMBURY RD
Aimesgreen Farm
Homefield Wood
Fishers Green
MONKHAMS HALL
Hooksmarsh Ditch
River Lee Country Park
Holyfield Farm
Kennel Wood
Claygate La
Hooks Marsh
CROOKED MILE
GALLEYHILL RD
LONG WLK
Breaches Farm
Eagle Lodge
Turnershill Marsh
Dallance House

163

136

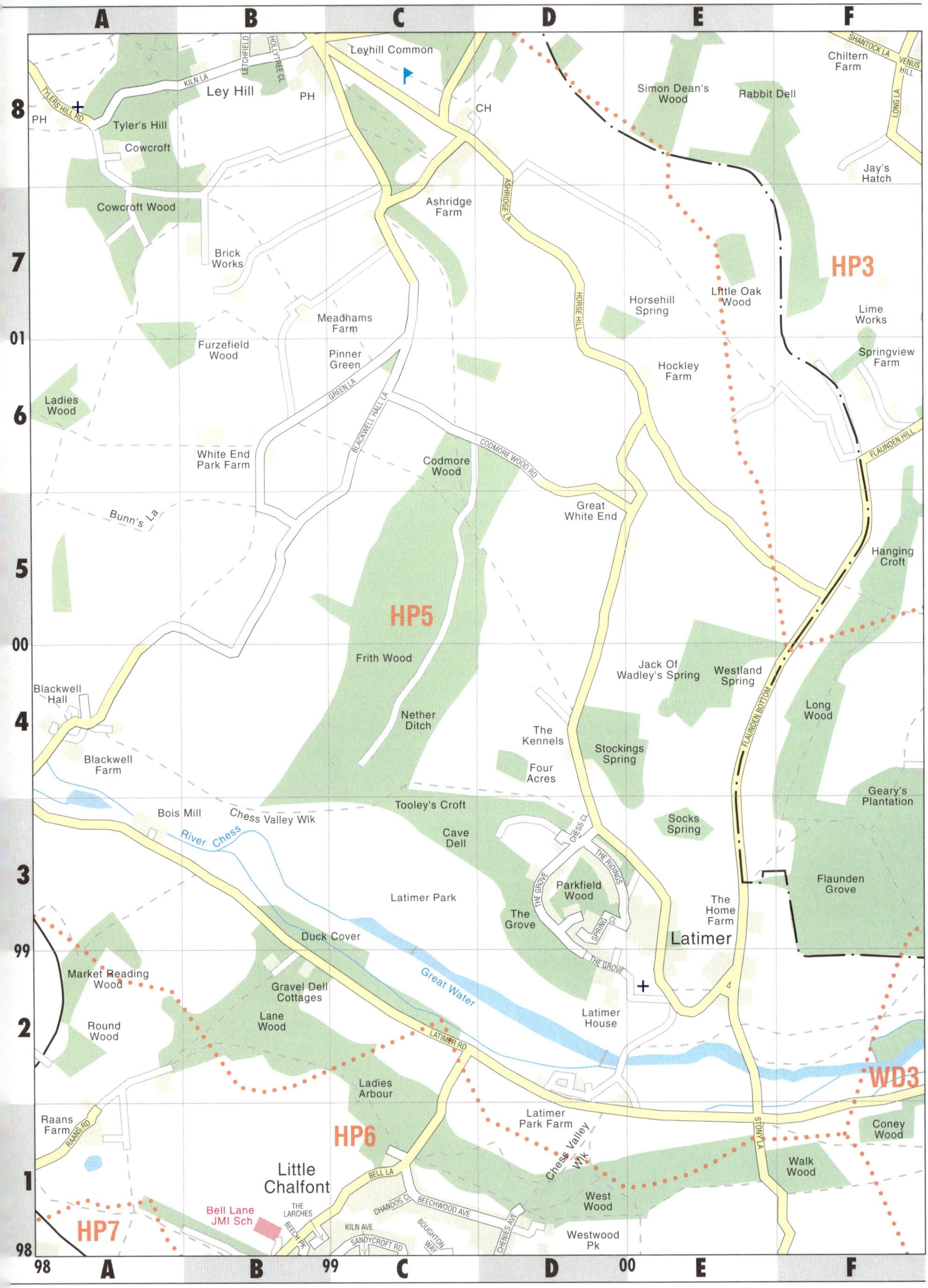
A
B
C
D
E
F
8
7
01
6
5
00
4
3
99
2
1
98
98
99
00
Leyhill Common
Ley Hill
KILN LA
LETCHFIELD
HOLLYTREE CL
TYLERS HILL RD
PH
PH
CH
Tyler's Hill
Cowcroft
Cowcroft Wood
Brick Works
Ashridge Farm
ASHRIDGE LA
Simon Dean's Wood
Rabbit Dell
SHANTOCK LA
VENUS HILL
LONG LA
Chiltern Farm
Jay's Hatch
HP3
Little Oak Wood
Horsehill Spring
HORSE HILL
Lime Works
Springview Farm
Hockley Farm
Meadhams Farm
Pinner Green
GREEN LA
BLACKWELL HALL LA
Furzefield Wood
Ladies Wood
White End Park Farm
Codmore Wood
CODMORE WOOD RD
Great White End
FLAUNDEN HILL
Bunn's La
Hanging Croft
HP5
Frith Wood
Jack Of Wadley's Spring
Westland Spring
Long Wood
FLAUNDEN BOTTOM
Blackwell Hall
Nether Ditch
The Kennels
Stockings Spring
Four Acres
Blackwell Farm
Geary's Plantation
Tooley's Croft
Bois Mill
Chess Valley Wlk
River Chess
Cave Dell
Socks Spring
CHESS CL
THE RIDINGS
Parkfield Wood
THE GROVE
The Grove
SPRING CL
Flaunden Grove
Latimer Park
The Home Farm
Latimer
Duck Cover
Great Water
THE GROVE
Market Reading Wood
Gravel Dell Cottages
Lane Wood
Latimer House
Round Wood
LATIMER RD
Ladies Arbour
WD3
Raans Farm
RAANS RD
HP6
Latimer Park Farm
Chess Valley Wlk
STONY LA
Coney Wood
Walk Wood
Little Chalfont
BELL LA
West Wood
CHANDOS CL
BEECHWOOD AVE
CHENIES AVE
THE LARCHES
BOUGHTON WAY
KILN AVE
SANDYCROFT RD
BEECH PK
Bell Lane JMI Sch
HP7
Westwood Pk

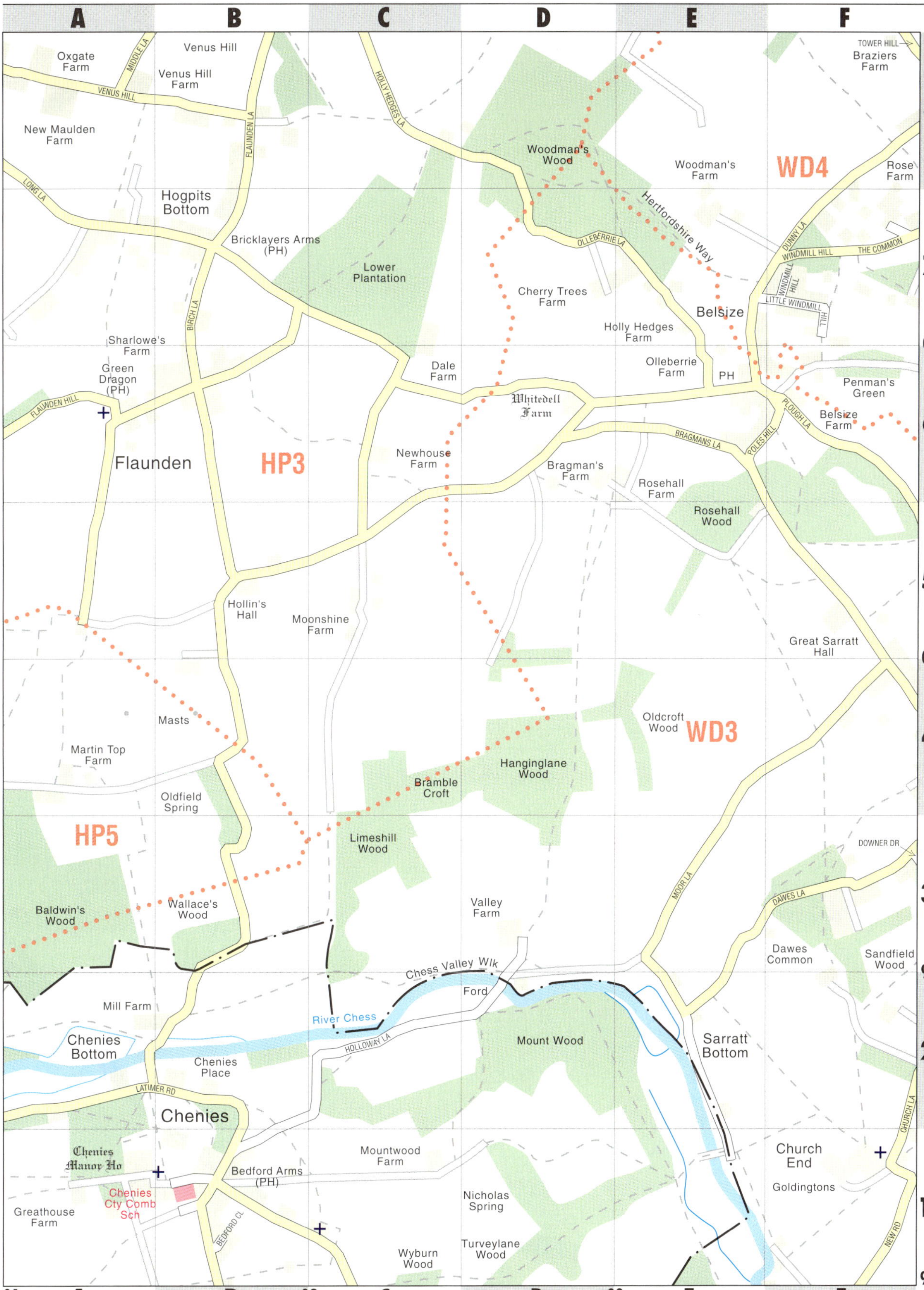
A
B
C
D
E
F
Oxgate Farm
Venus Hill
Venus Hill Farm
MIDDLE LA
VENUS HILL
New Maulden Farm
LONG LA
FLAUNDEN LA
HOLLY HEDGES LA
Woodman's Wood
Woodman's Farm
WD4
TOWER HILL
Braziers Farm
Rose Farm
Hogpits Bottom
Bricklayers Arms (PH)
Lower Plantation
OLLEBERRIE LA
Hertfordshire Way
DUNNY LA
WINDMILL HILL
THE COMMON
LITTLE WINDMILL HILL
Cherry Trees Farm
Holly Hedges Farm
Belsize
BIRCH LA
Sharlowe's Farm
Green Dragon (PH)
FLAUNDEN HILL
Dale Farm
Olleberrie Farm
PH
Penman's Green
Whitedell Farm
Belsize Farm
PLOUGH LA
POLES HILL
BRAGMANS LA
Flaunden
HP3
Newhouse Farm
Bragman's Farm
Rosehall Farm
Rosehall Wood
Hollin's Hall
Moonshine Farm
Great Sarratt Hall
Masts
Oldcroft Wood
WD3
Martin Top Farm
Hanginglane Wood
Bramble Croft
Oldfield Spring
HP5
Limeshill Wood
DOWNER DR
MOOR LA
DAWES LA
Baldwin's Wood
Wallace's Wood
Valley Farm
Dawes Common
Sandfield Wood
Chess Valley Wlk
Ford
Mill Farm
River Chess
Mount Wood
Sarratt Bottom
Chenies Bottom
HOLLOWAY LA
Chenies Place
LATIMER RD
Chenies
CHURCH LA
Chenies Manor Ho
Mountwood Farm
Church End
Bedford Arms (PH)
Goldingtons
Chenies Cty Comb Sch
Greathouse Farm
Nicholas Spring
BEDFORD CL
NEW RD
Wyburn Wood
Turveylane Wood
8
7
01
6
5
00
4
3
99
2
1
98
01
02
03

151
138

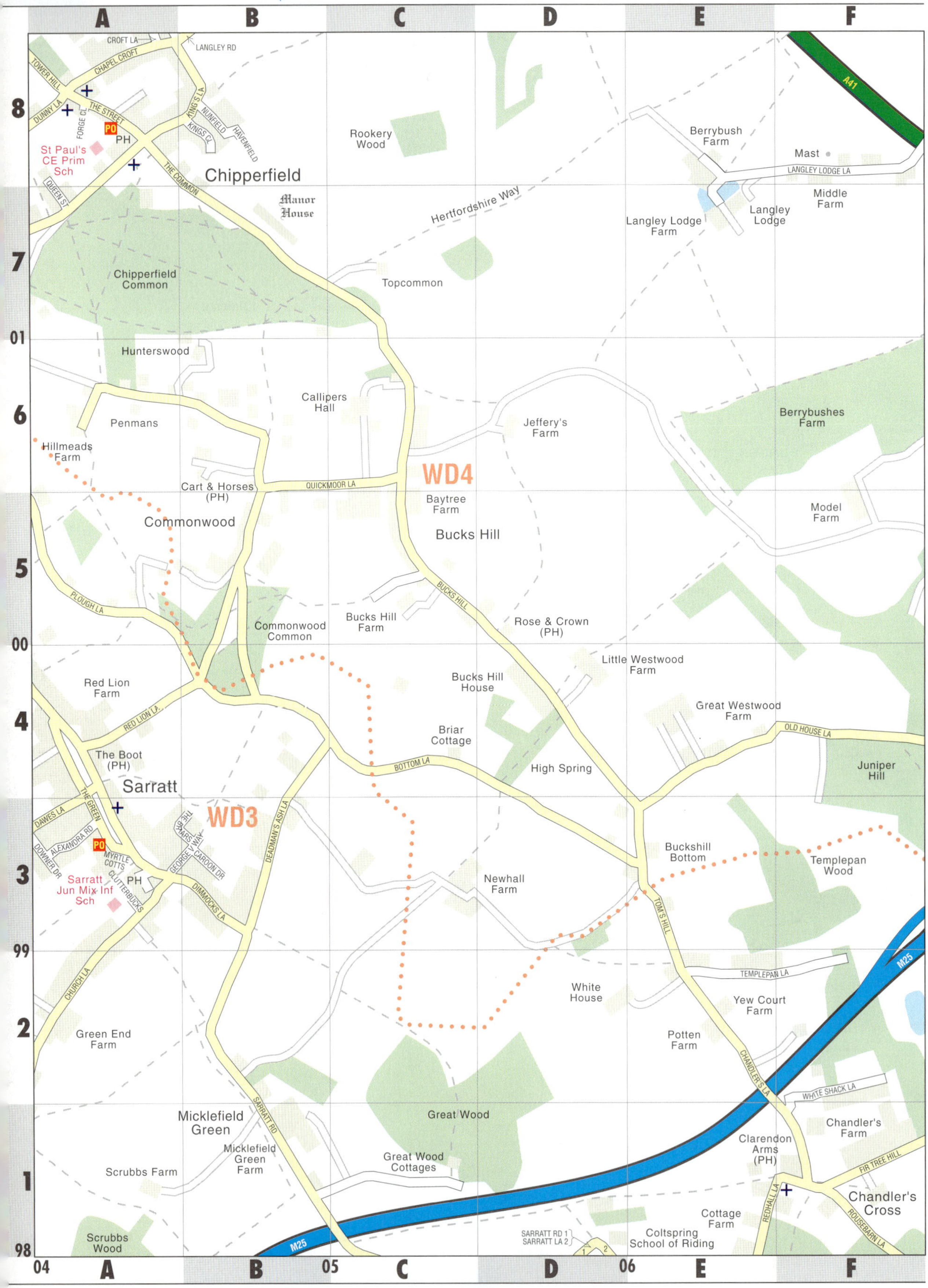

151
165

139
154

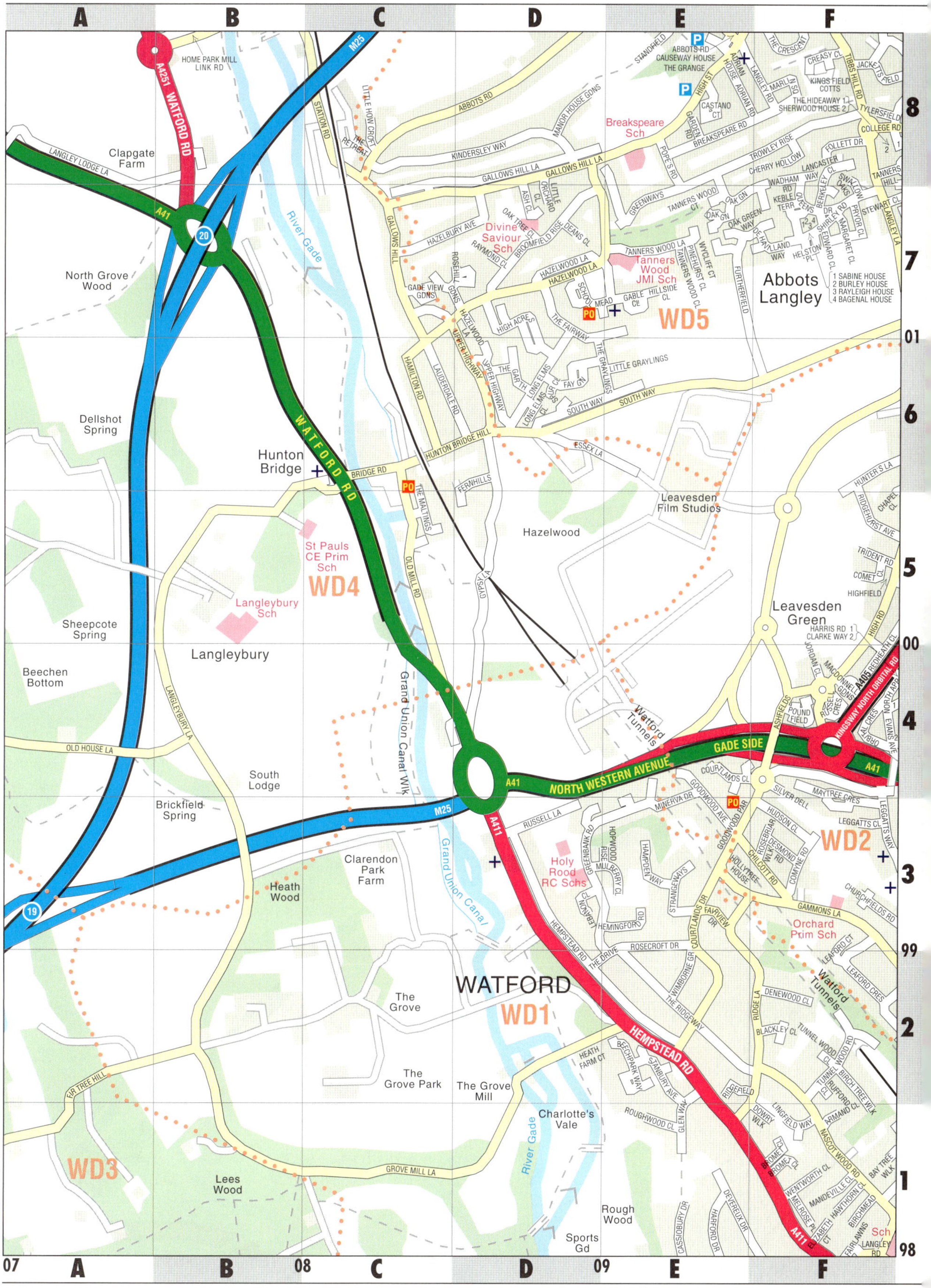

166
154

153
140

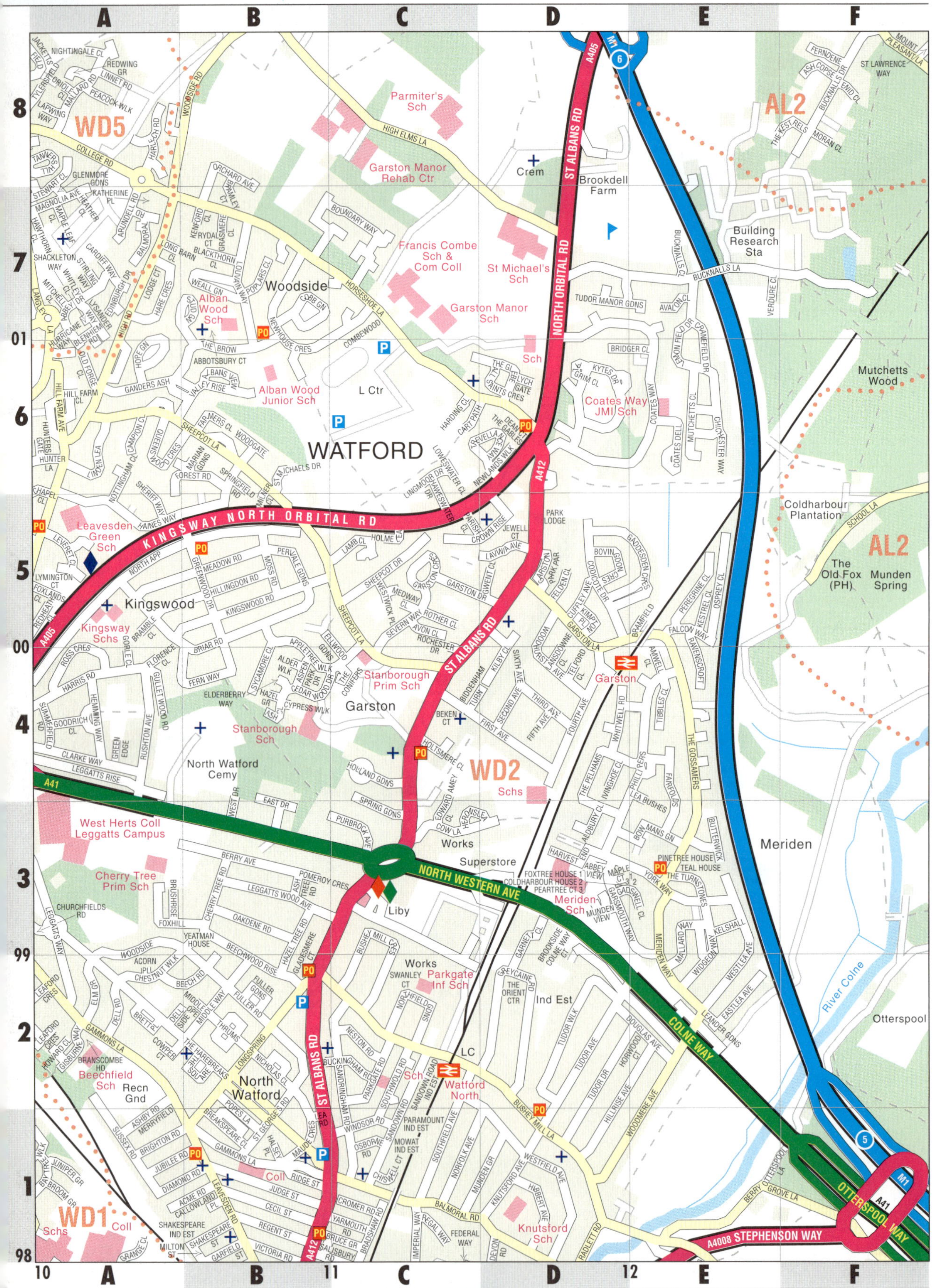

153
167

141
156

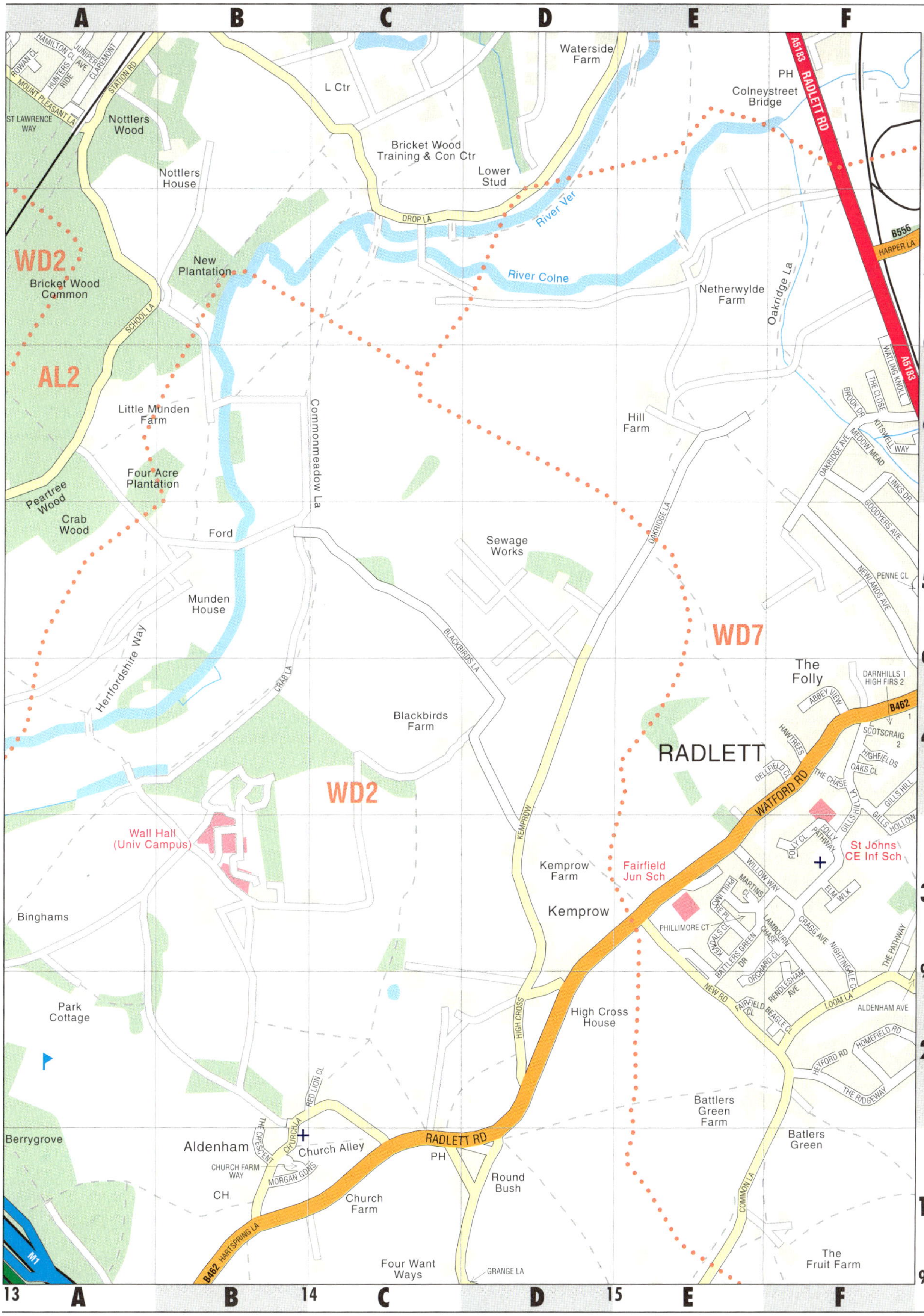

168
156

155
142

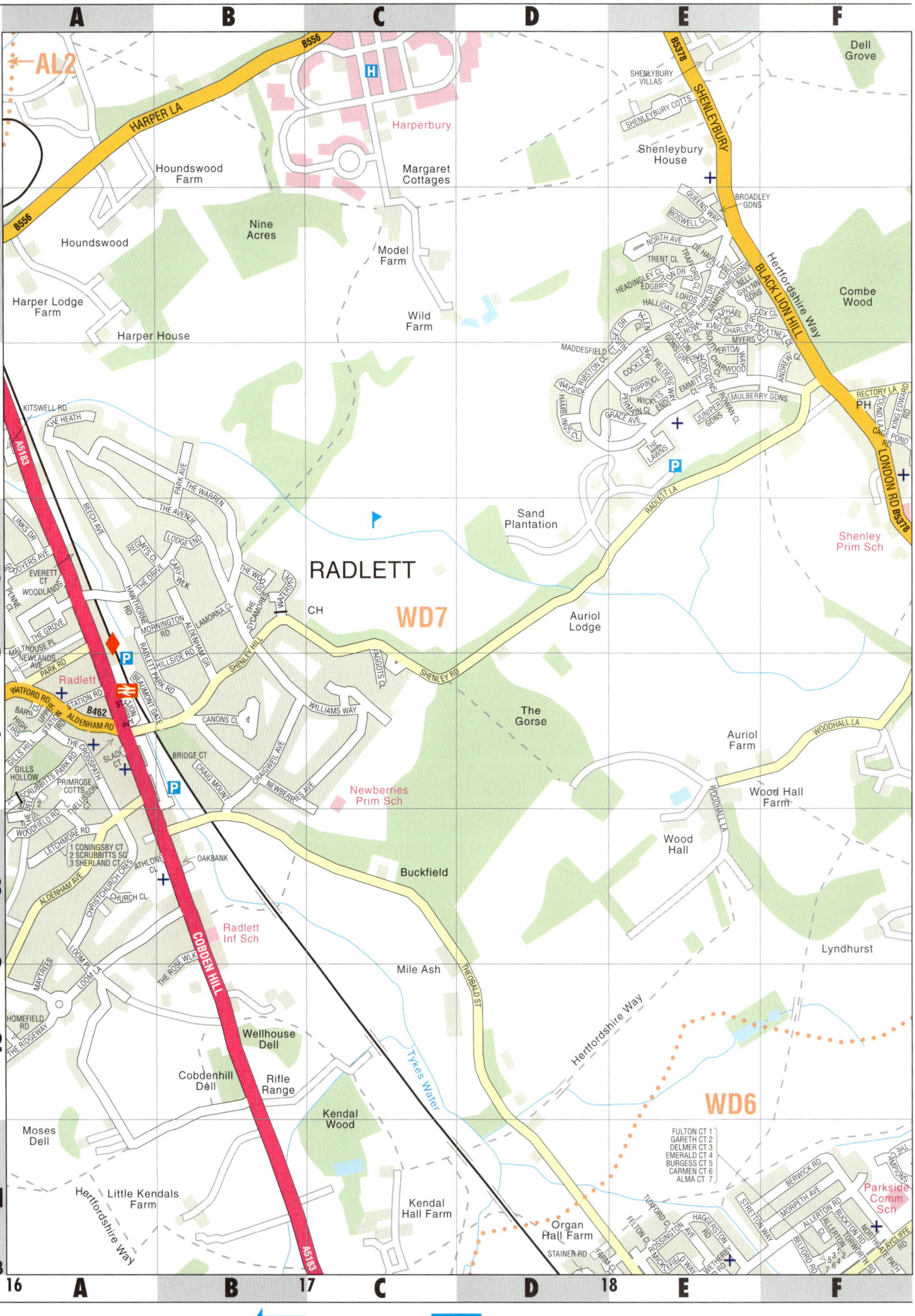

155
169

143
158

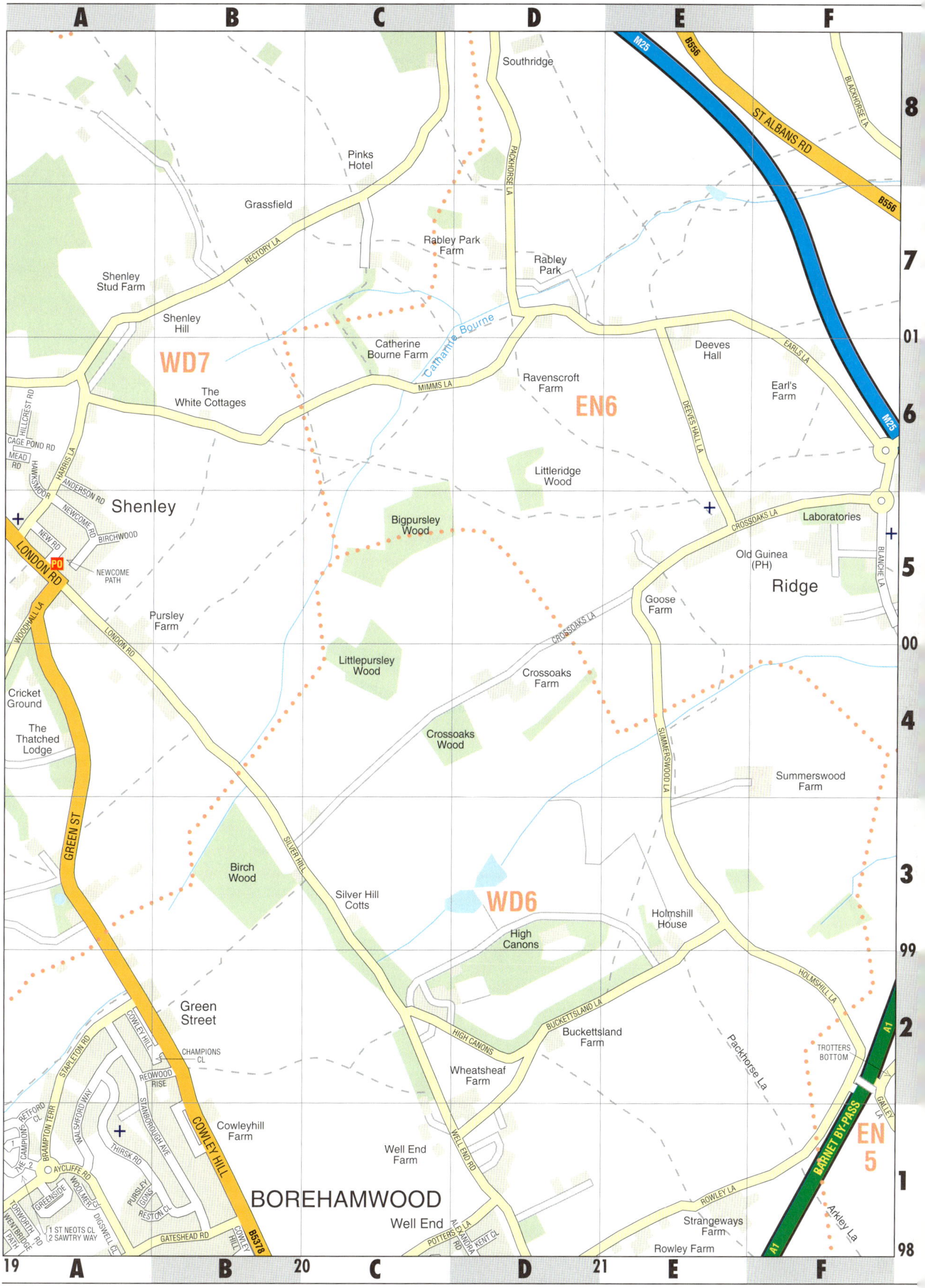

170
158

157
144

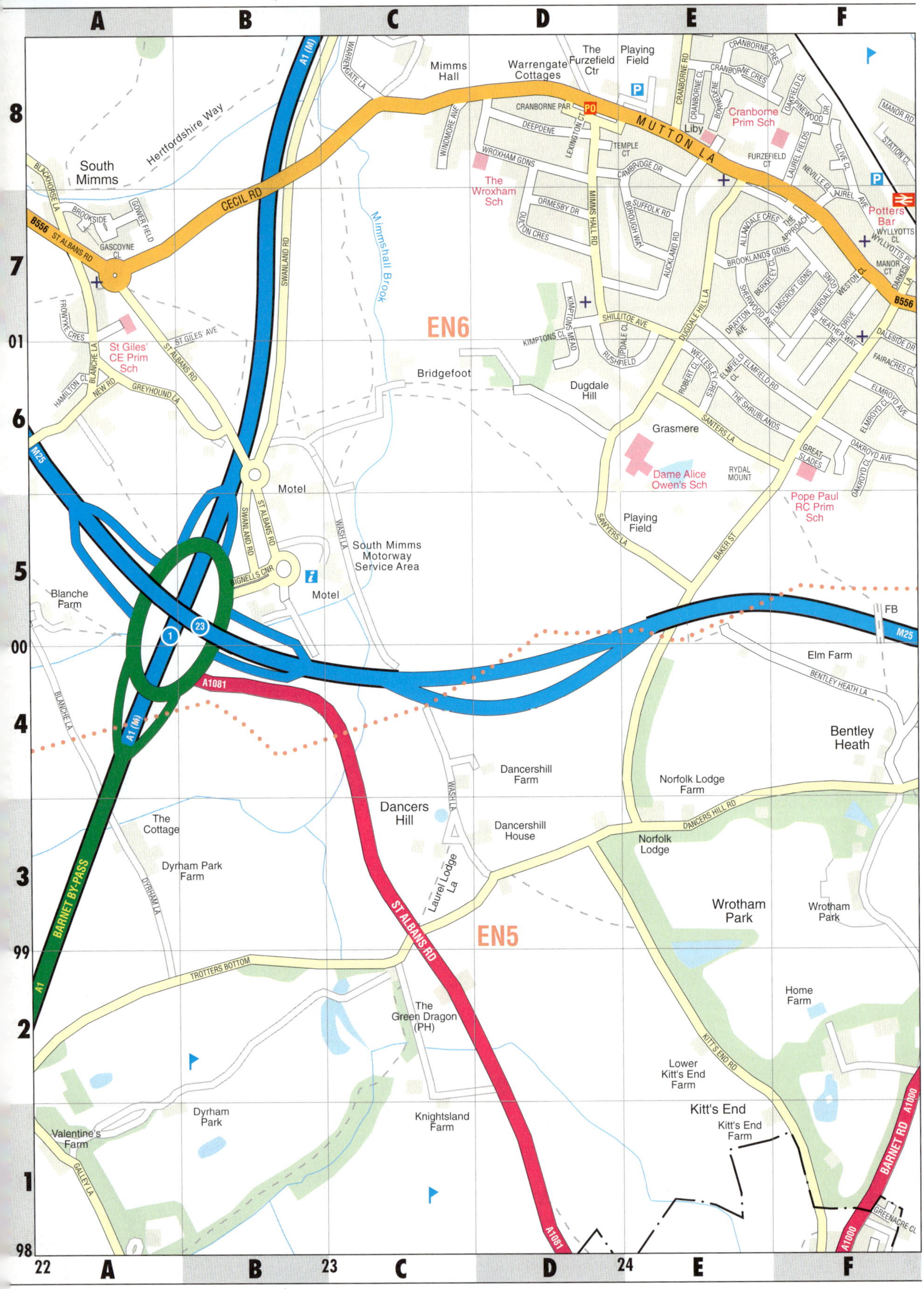

157
171

145
160

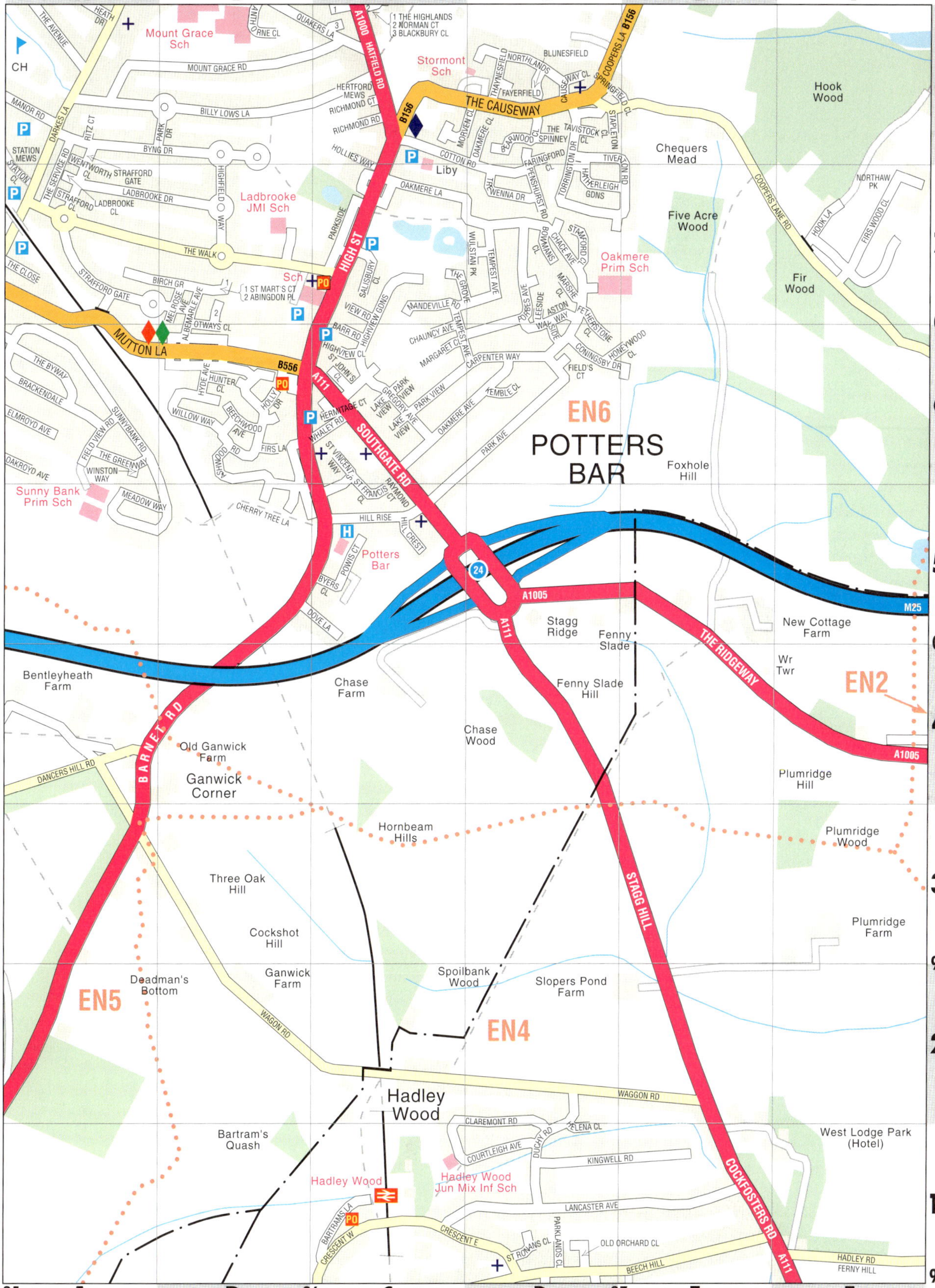
A
B
C
D
E
F
8
7
01
6
5
00
4
3
99
2
1
98
25
26
27
Mount Grace Sch
MOUNT GRACE RD
QUAKERS LA
1 THE HIGHLANDS
2 NORMAN CT
3 BLACKBURY CL
A1000 HATFIELD RD
Stormont Sch
NORTHLANDS
BLUNESFIELD
COOPERS LA B156
THE CAUSEWAY
B156
CH
MANOR RD
DARKES LA
BILLY LOWS LA
HERTFORD MEWS
RICHMOND CT
RICHMOND RD
HOLLIES WAY
STATION MEWS
STATION CL
BYNG DR
HIGHFIELD WAY
WENTWORTH CL
STRAFFORD GATE
LADBROOKE DR
LADBROOKE CL
STRAFFORD CL
THE SERVICE RD
Ladbrooke JMI Sch
COTTON RD
Liby
OAKMERE LA
Hook Wood
Chequers Mead
Five Acre Wood
Fir Wood
NORTHAW PK
COOPERS LANE RD
HOOK LA
FIRS WOOD CL
THE WALK
THE CLOSE
STRAFFORD GATE
BIRCH GR
Sch
1 ST MART'S CT
2 ABINGDON PL
HIGH ST
PARKSIDE
SALISBURY CL
Oakmere Prim Sch
MUTTON LA
OTWAYS CL
B556
A111
SOUTHGATE RD
THE BYWAY
BRACKENDALE
ELMROYD AVE
OAKROYD AVE
SUNNYBANK RD
THE GREENWAY
WINSTON WAY
FIELD VIEW RD
Sunny Bank Prim Sch
MEADOW WAY
CHERRY TREE LA
HILL RISE
HILL CREST
Potters Bar
BYERS CL
POWIS CT
DOVE LA
EN6
POTTERS BAR
Foxhole Hill
A1005
M25
24
Stagg Ridge
Fenny Slade
New Cottage Farm
Wr Twr
THE RIDGEWAY
EN2
A1005
Bentleyheath Farm
Chase Farm
Fenny Slade Hill
Chase Wood
Old Ganwick Farm
Ganwick Corner
DANCERS HILL RD
BARNET RD
Plumridge Hill
Hornbeam Hills
Plumridge Wood
Three Oak Hill
Cockshot Hill
STAGG HILL
Plumridge Farm
Deadman's Bottom
Ganwick Farm
Spoilbank Wood
Slopers Pond Farm
EN5
EN4
WAGON RD
WAGGON RD
Hadley Wood
Bartram's Quash
CLAREMONT RD
COURTLEIGH AVE
KINGWELL RD
West Lodge Park (Hotel)
Hadley Wood
Hadley Wood Jun Mix Inf Sch
LANCASTER AVE
COCKFOSTERS RD
A111
BARTRAMS LA
CRESCENT W
CRESCENT E
ST RONANS CL
PARKLANDS CL
OLD ORCHARD CL
BEECH HILL
HADLEY RD
FERNY HILL

160

159
146

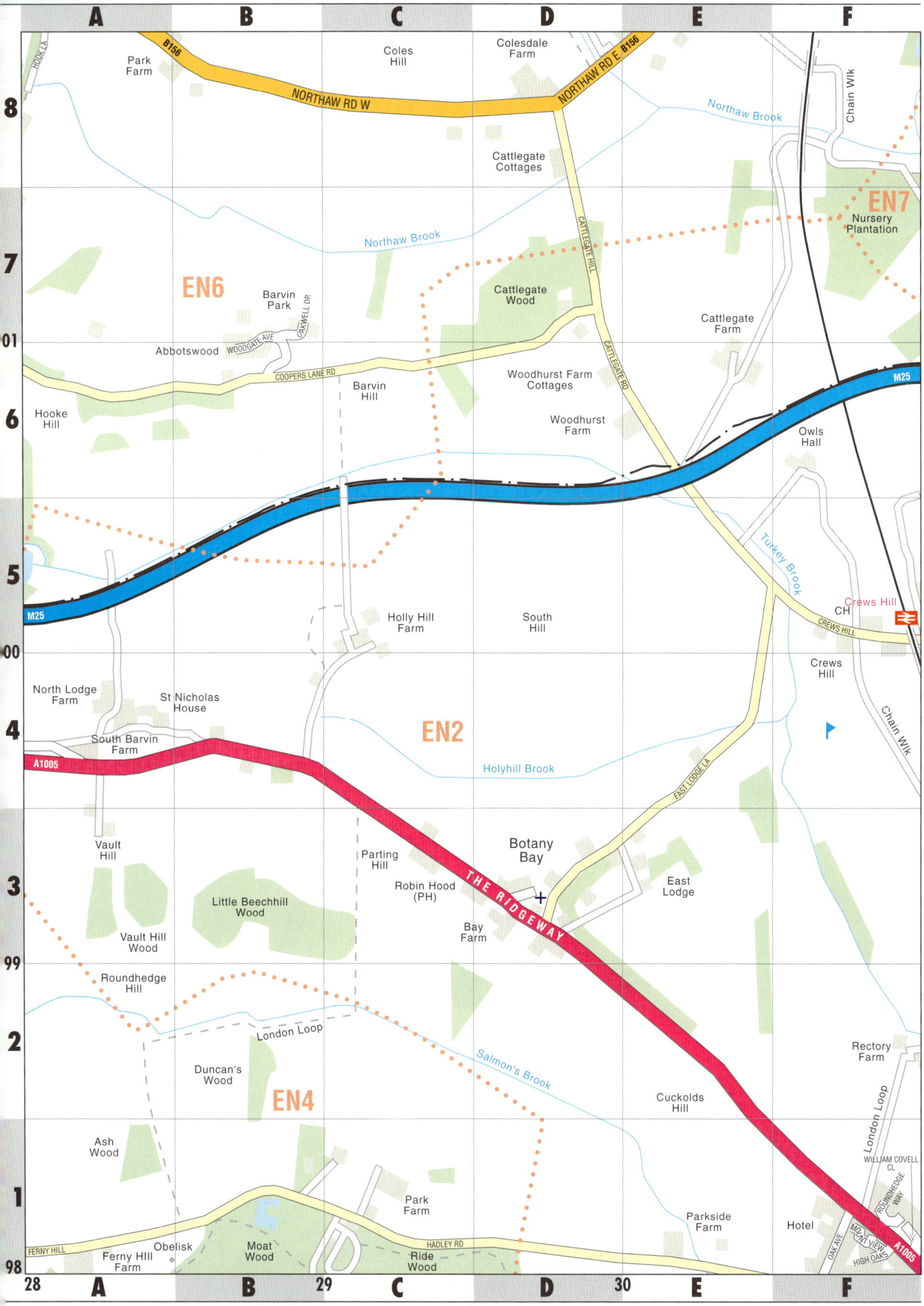
A
B
C
D
E
F
8
7
01
6
5
00
4
3
99
2
1
98
28
29
30
HOOK LA
Park Farm
B156
NORTHAW RD W
Coles Hill
Colesdale Farm
NORTHAW RD E B156
Northaw Brook
Chain Wlk
Cattlegate Cottages
EN7
Nursery Plantation
Northaw Brook
CATTLEGATE HILL
EN6
Barvin Park
OAKWELL DR
Cattlegate Wood
Cattlegate Farm
Abbotswood
WOODGATE AVE
COOPERS LANE RD
Barvin Hill
Woodhurst Farm Cottages
CATTLEGATE RD
M25
Hooke Hill
Woodhurst Farm
Owls Hall
Turkey Brook
Crews Hill
CH
CREWS HILL
M25
Holly Hill Farm
South Hill
Crews Hill
North Lodge Farm
St Nicholas House
EN2
Chain Wlk
South Barvin Farm
A1005
Holyhill Brook
EAST LODGE LA
Vault Hill
Botany Bay
Parting Hill
Robin Hood (PH)
THE RIDGEWAY
East Lodge
Little Beechhill Wood
Vault Hill Wood
Bay Farm
Roundhedge Hill
London Loop
Salmon's Brook
Rectory Farm
Duncan's Wood
EN4
Cuckolds Hill
London Loop
Ash Wood
WILLIAM COVELL CL
ROUNDHEDGE WAY
Park Farm
Parkside Farm
Hotel
FERNY HILL
Obelisk
Moat Wood
HADLEY RD
Ride Wood
OAK AVE
MOUNT VIEW
HIGH OAKS
A1005
Ferny Hill Farm

159

147
162

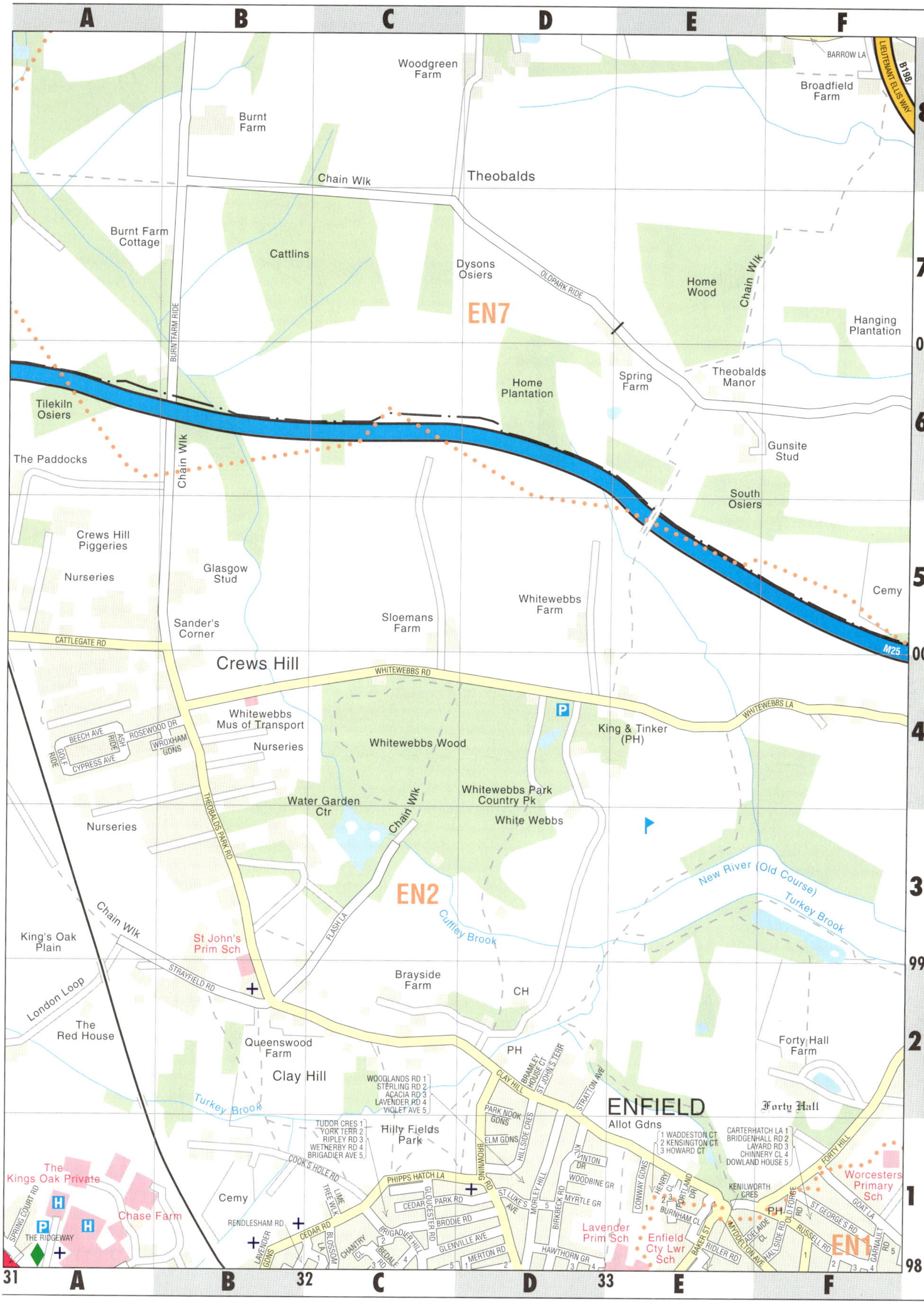
A
B
C
D
E
F
8
7
01
6
5
00
4
3
99
2
1
98
31
32
33
Woodgreen Farm
Burnt Farm
Broadfield Farm
BARROW LA
LIEUTENANT ELLIS WAY
B198
Chain Wlk
Theobalds
Burnt Farm Cottage
Cattlins
Dysons Osiers
OLDPARK RIDE
Home Wood
EN7
Hanging Plantation
BURNTFARM RIDE
Home Plantation
Spring Farm
Theobalds Manor
Tilekiln Osiers
Gunsite Stud
The Paddocks
South Osiers
Crews Hill Piggeries
Glasgow Stud
Nurseries
Whitewebbs Farm
Cemy
Sander's Corner
Sloemans Farm
M25
CATTLEGATE RD
Crews Hill
WHITEWEBBS RD
WHITEWEBBS LA
Whitewebbs Mus of Transport
King & Tinker (PH)
BEECH AVE
ROSEWOOD DR
ASH RIDE
WROXHAM GDNS
GOLF RIDE
CYPRESS AVE
Whitewebbs Wood
THEOBALDS PARK RD
Water Garden Ctr
Whitewebbs Park Country Pk
White Webbs
New River (Old Course)
EN2
Turkey Brook
Cuffley Brook
FLASH LA
King's Oak Plain
St John's Prim Sch
STRAYFIELD RD
Brayside Farm
London Loop
CH
The Red House
Queenswood Farm
PH
Forty Hall Farm
Clay Hill
CLAY HILL
BRAMLEY HOUSE CT
ST JOHN'S TERR
STRATTON AVE
WOODLANDS RD 1
STERLING RD 2
ACACIA RD 3
LAVENDER RD 4
VIOLET AVE 5
PARK NOOK GDNS
ENFIELD
Forty Hall
Allot Gdns
TUDOR CRES 1
YORK TERR 2
RIPLEY RD 3
WETHERBY RD 4
BRIGADIER AVE 5
Hilly Fields Park
ELM GDNS
HILLSIDE CRES
1 WADDESTON CT
2 KENSINGTON CT
3 HOWARD CT
CARTERHATCH LA 1
BRIDGENHALL RD 2
LAYARD RD 3
CHINNERY CL 4
DOWLAND HOUSE 5
COOK'S HOLE RD
BROWNING RD
FORTY HILL
The Kings Oak Private
PHIPPS HATCH LA
WOODBINE GR
CONWAY GDNS
KENILWORTH CRES
Worcesters Primary Sch
SPRING COURT RD
Chase Farm
Cemy
CEDAR RD
PARK RD
ST LUKE'S AVE
MYRTLE GR
BURNHAM CL
ST GEORGE'S RD
GOAT LA
THE RIDGEWAY
RENDLESHAM RD
BRODIE RD
Lavender Prim Sch
Enfield Cty Lwr Sch
RUSSELL RD
EN1
LAVENDER GDNS
CHANTRY CL
BEDALE RD
GLENVILLE AVE
MERTON RD
HAWTHORN GR
BAKER ST
RIDLER RD
MYDDELTON AVE
ADELAIDE CL
HALSIDE RD
GARNAULT RD

162

161
148

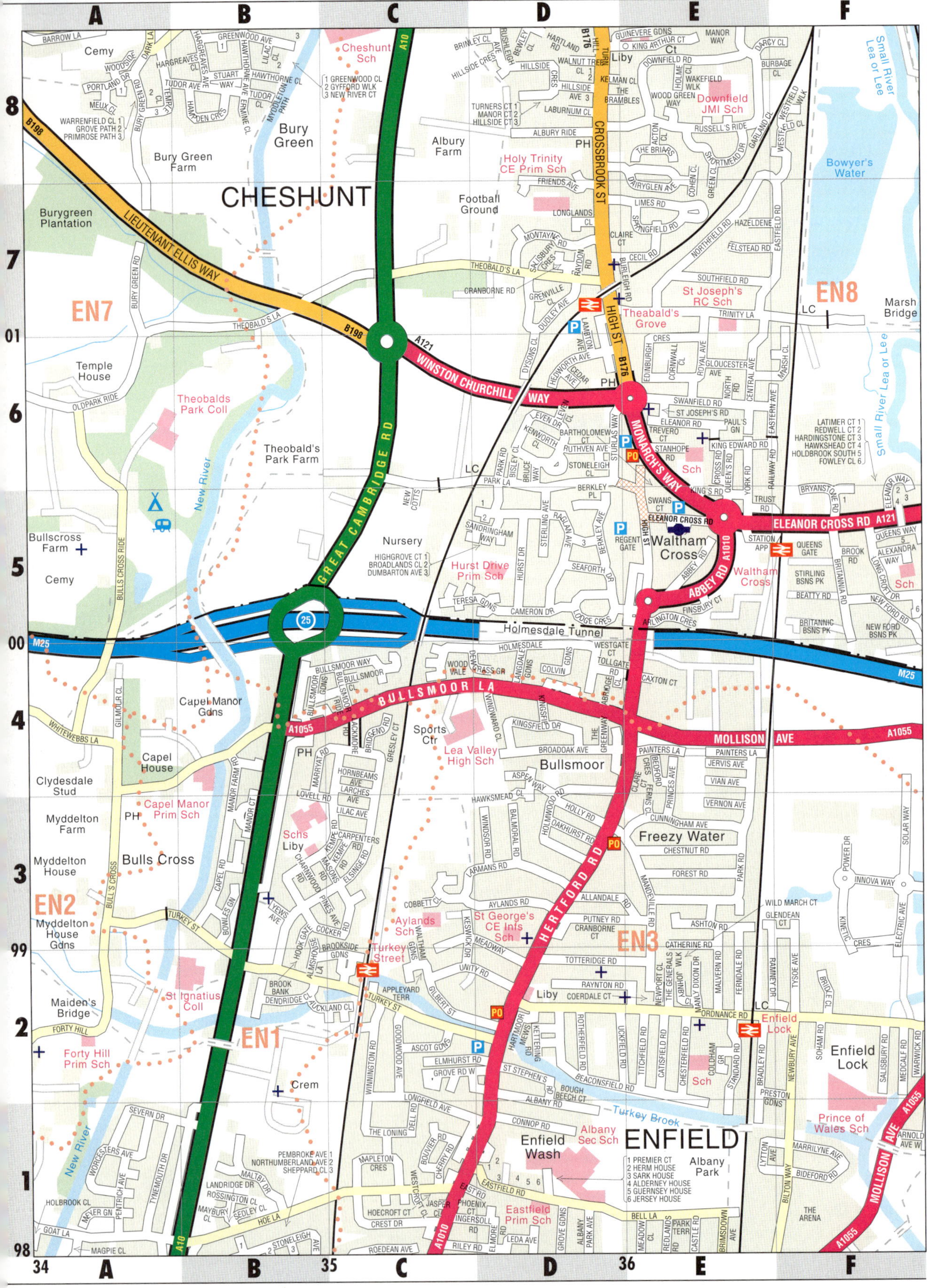
A
B
C
D
E
F
8
7
01
6
5
00
4
3
99
2
1
98
34
35
36
CHESHUNT
Cheshunt Sch
Cemy
Bury Green
Bury Green Farm
Burygreen Plantation
LIEUTENANT ELLIS WAY
B198
A10
EN7
Albury Farm
Holy Trinity CE Prim Sch
Football Ground
Liby
Downfield JMI Sch
CROSSBROOK ST
B176
THEOBALD'S LA
A121
WINSTON CHURCHILL WAY
Temple House
OLDPARK RIDE
Theobalds Park Coll
Theobald's Park Farm
GREAT CAMBRIDGE RD
New River
St Joseph's RC Sch
Theobald's Grove
HIGH ST
MONARCH'S WAY
EN8
Marsh Bridge
Bowyer's Water
Small River Lea or Lee
ELEANOR CROSS RD
Waltham Cross
Waltham Cross
ABBEY RD
A1010
Hurst Drive Prim Sch
Nursery
Bullscross Farm
Cemy
M25
Holmesdale Tunnel
BULLSMOOR LA
A1055
MOLLISON AVE
Capel Manor Gdns
Capel House
Sports Ctr
Lea Valley High Sch
Bullsmoor
Clydesdale Stud
Myddelton Farm
Capel Manor Prim Sch
Bulls Cross
Myddelton House
Schs
Liby
Freezy Water
HERTFORD RD
EN2
Myddelton House Gdns
Aylands Sch
St George's CE Infs Sch
EN3
Turkey Street
St Ignatius Coll
Maiden's Bridge
EN1
Forty Hill Prim Sch
Crem
Enfield Lock
Enfield Lock
Turkey Brook
Enfield Wash
Albany Sec Sch
ENFIELD
Albany Park
Prince of Wales Sch
Eastfield Prim Sch
MOLLISON AVE
THE ARENA
New River

161

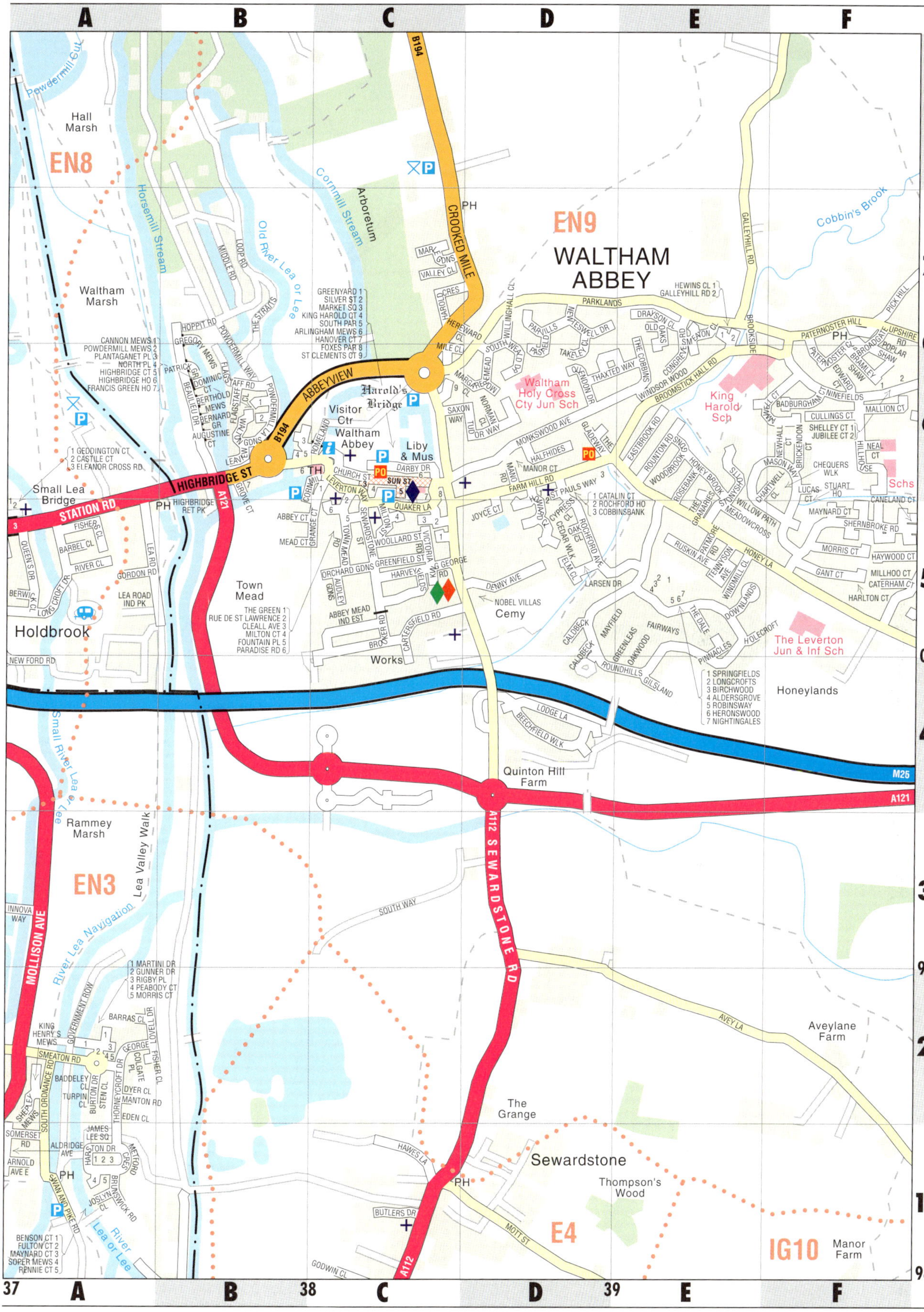
A B C D E F
8 7 01 6 5 00 4 3 99 2 1 98
37 38 39
Hall Marsh
EN8
Waltham Marsh
EN9
WALTHAM ABBEY
Small Lea Bridge
STATION RD
HIGHBRIDGE ST
ABBEYVIEW
CROOKED MILE
B194
A121
Holdbrook
Town Mead
Visitor Ctr
Waltham Abbey
Harold's Bridge
Liby & Mus
Arboretum
Cornmill Stream
Horsemill Stream
Old River Lea or Lee
Powdermill Cut
Cobbin's Brook
PARKLANDS
PATERNOSTER HILL
UPSHIRE RD
Waltham Holy Cross Cty Jun Sch
King Harold Sch
The Leverton Jun & Inf Sch
Schs
FARM HILL RD
HONEY LA
Cemy
Works
Honeylands
M25
A121
Quinton Hill Farm
Rammey Marsh
EN3
Lea Valley Walk
River Lea Navigation
Small River Lea or Lee
MOLLISON AVE
A112 SEWARDSTONE RD
SOUTH WAY
AVEY LA
Aveylane Farm
The Grange
Sewardstone
Thompson's Wood
E4
IG10
Manor Farm
MOTT ST
HAWES LA
BUTLERS DR
GODWIN CL
SMEATON RD
SOUTH ORDNANCE RD
SWAN AND PIKE RD
River Lea or Lee
GREENYARD 1
SILVER ST 2
MARKET SQ 3
KING HAROLD CT 4
SOUTH PAR 5
ARLINGHAM MEWS 6
HANOVER CT 7
FOXES PAR 8
ST CLEMENTS CT 9
CANNON MEWS 1
POWDERMILL MEWS 2
PLANTAGANET PL 3
NORTH PL 4
HIGHBRIDGE CT 5
HIGHBRIDGE HO 6
FRANCIS GREEN HO 7
1 GEDDINGTON CT
2 CASTLE CT
3 ELEANOR CROSS RD
THE GREEN 1
RUE DE ST LAWRENCE 2
CLEALL AVE 3
MILTON CT 4
FOUNTAIN PL 5
PARADISE RD 6
HEWINS CL 1
GALLEYHILL RD 2
1 CATALIN CT
2 ROCHFORD HO
3 COBBINSBANK
1 SPRINGFIELDS
2 LONGCROFTS
3 BIRCHWOOD
4 ALDERSGROVE
5 ROBINSWAY
6 HERONSWOOD
7 NIGHTINGALES
1 MARTINI DR
2 GUNNER DR
3 RIGBY PL
4 PEABODY CT
5 MORRIS CT
BENSON CT 1
FULTON CT 2
MAYNARD CT 3
SOPER MEWS 4
RENNIE CT 5
NEW FORD RD
LEA ROAD IND PK
HIGHBRIDGE RET PK
ABBEY MEAD IND EST
NOBEL VILLAS
BROOMSTICK HALL RD
GALLEYHILL RD
BROOKSIDE
LODGE LA
BEECHFIELD WLK
PH
PO
TH

151

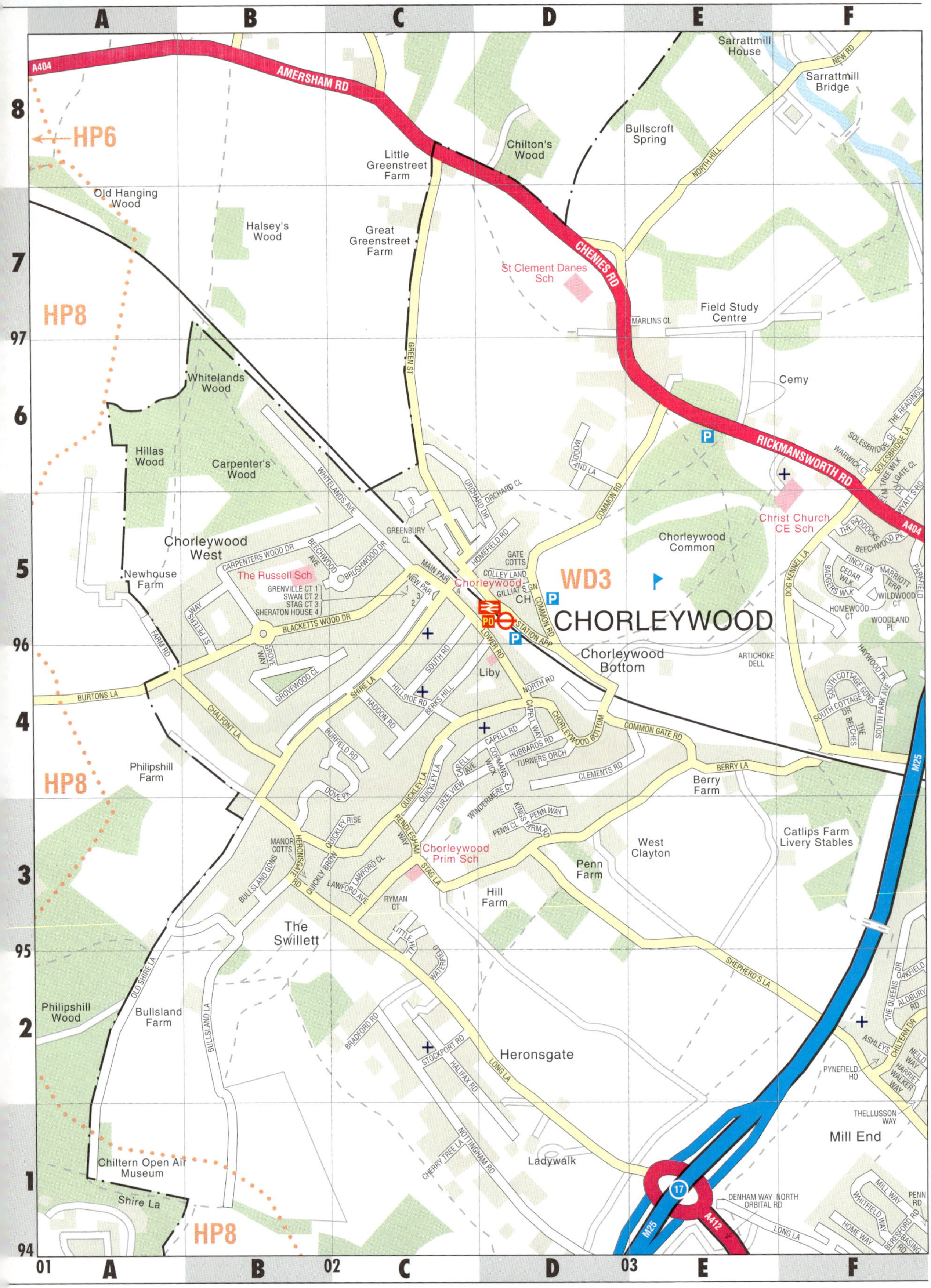

A
B
C
D
E
F
8
7
97
6
5
96
4
3
95
2
1
94
01
02
03
A404
AMERSHAM RD
HP6
HP8
WD3
Old Hanging Wood
Halsey's Wood
Little Greenstreet Farm
Great Greenstreet Farm
Chilton's Wood
Sarrattmill House
Sarrattmill Bridge
NEW RD
Bullscroft Spring
NORTH HILL
CHENIES RD
St Clement Danes Sch
MARLINS CL
Field Study Centre
Cemy
RICKMANSWORTH RD
Whitelands Wood
Hillas Wood
Carpenter's Wood
GREEN ST
WHITELANDS AVE
ORCHARD DR
ORCHARD CL
WOODLAND LA
COMMON RD
Chorleywood West
Newhouse Farm
CARPENTERS WOOD DR
BEECHWOOD AVE
BRUSHWOOD DR
The Russell Sch
GRENVILLE CT 1
SWAN CT 2
STAG CT 3
SHERATON HOUSE 4
GREENBURY CL
HOMEFIELD RD
GATE COTTS
COLLEY LAND
GILLIAT'S GN
MAIN PAR
NEW PAR
Chorleywood
CH
COMMON RD
STATION APP
CHORLEYWOOD
Chorleywood Common
Chorleywood Bottom
ARTICHOKE DELL
Christ Church CE Sch
SOLESBRIDGE CL
SOLESBRIDGE LA
WARWICK CL
THE READINGS
ELM TREE WLK
GATE CL
WYATT'S RD
THE PADDOCKS
BEECHWOOD PK
DOG KENNEL LA
FINCH GN
CEDAR WLK
MARRIOTT TERR
BADGERS WLK
HOMEWOOD CT
WILDWOOD CT
WOODLAND PL
PARKFIELD
HAYWOOD PK
SOUTH COTTAGE GDNS
SOUTH COTTAGE DR
THE BEECHES
SOUTH PARK AVE
ST PETERS WAY
FARM RD
BLACKETTS WOOD DR
GROVE WAY
GROVEWOOD CL
BURTONS LA
LOWER RD
Liby
SOUTH RD
HILLSIDE RD
BERKS HILL
SHIRE LA
HADDON RD
NORTH RD
CHALFONT LA
BURFIELD RD
CAPELL WAY
CAPELL RD
CAPELL AVE
CHORLEYWOOD BOTTOM
COMMON GATE RD
HUBBARDS RD
TURNERS ORCH
COPMANS WICK
CLEMENTS RD
BERRY LA
Berry Farm
M25
Philipshill Farm
DOVE PK
QUICKLEY LA
FURZE VIEW
WINDERMERE CL
PENN WAY
PENN CL
KINGS FARM RD
QUICKLEY RISE
MANOR COTTS
HERONSGATE RD
QUICKLY BROW
RENDLESHAM WAY
Chorleywood Prim Sch
LAWFORD CL
LAWFORD AVE
STAG LA
BULLSLAND GDNS
RYMAN CT
West Clayton
Penn Farm
Hill Farm
Catlips Farm Livery Stables
The Swillett
LITTLE HILL
WATERFIELD
SHEPHERD'S LA
OLD SHIRE LA
Philipshill Wood
Bullsland Farm
BULLSLAND LA
BRADFORD RD
STOCKPORT RD
HALIFAX RD
Heronsgate
LONG LA
THE QUEENS DR
OAKFIELD
ALDBURY RD
CHILTERN DR
ASHLEYS
NEILD WAY
HARRIET WALKER WAY
PYNEFIELD HO
THELLUSSON WAY
Mill End
Chiltern Open Air Museum
Shire La
NOTTINGHAM RD
CHERRY TREE LA
Ladywalk
17
A412
DENHAM WAY NORTH ORBITAL RD
LONG LA
MILL WAY
WHITFIELD WAY
PENN RD
HOME WAY
BERESFORD RD
BASING RD

172

152
166

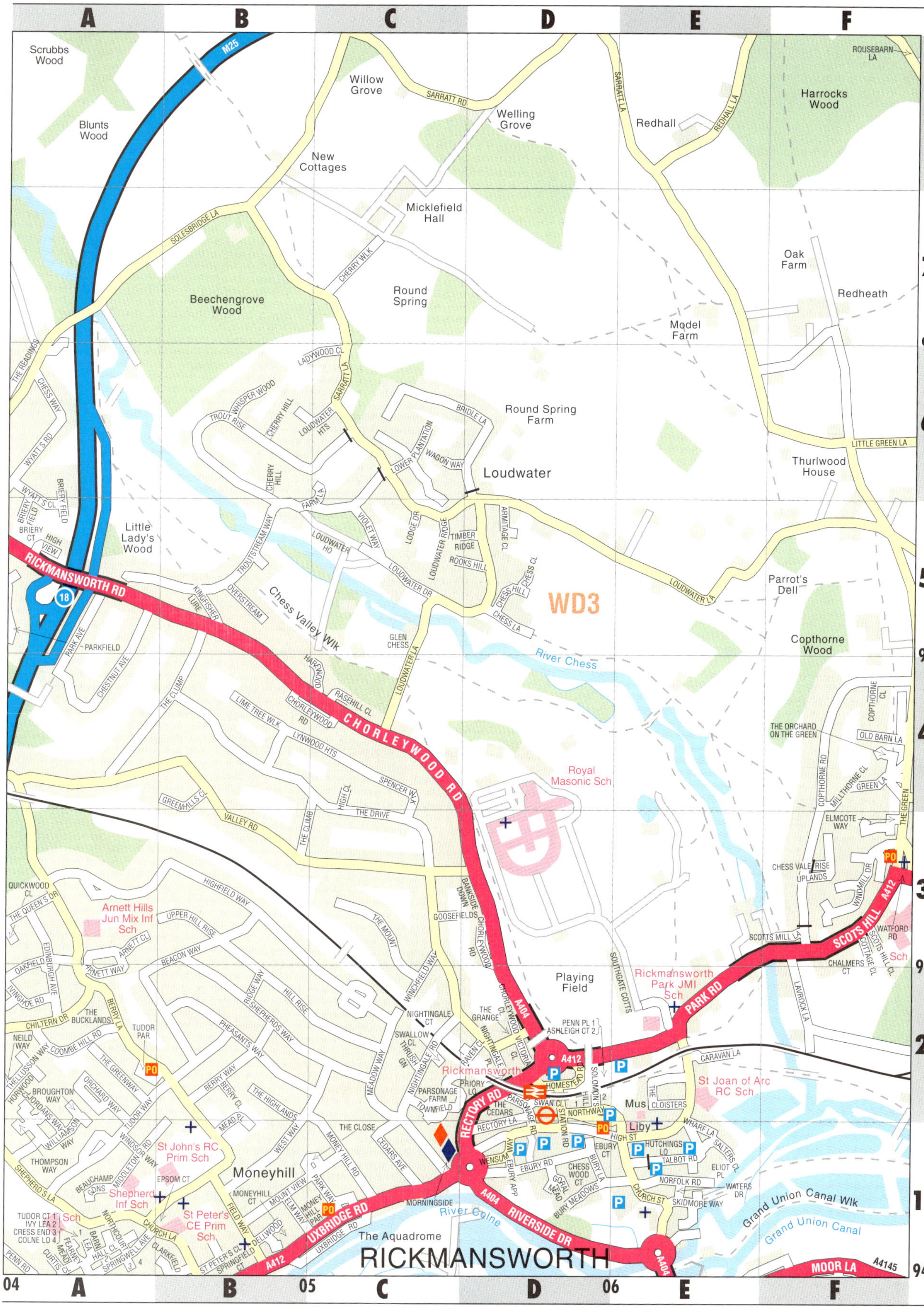

173
166

165
153

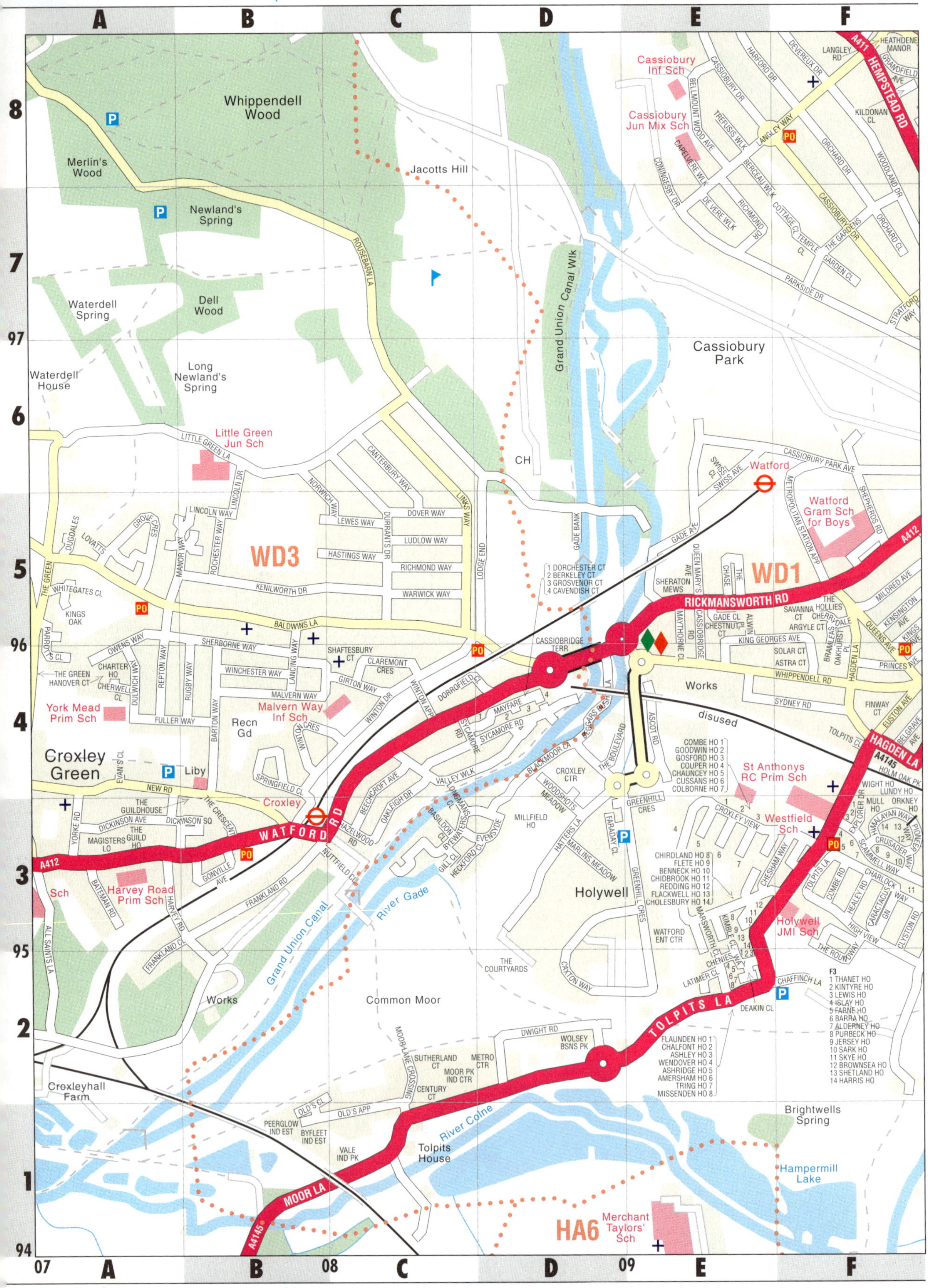

165
174

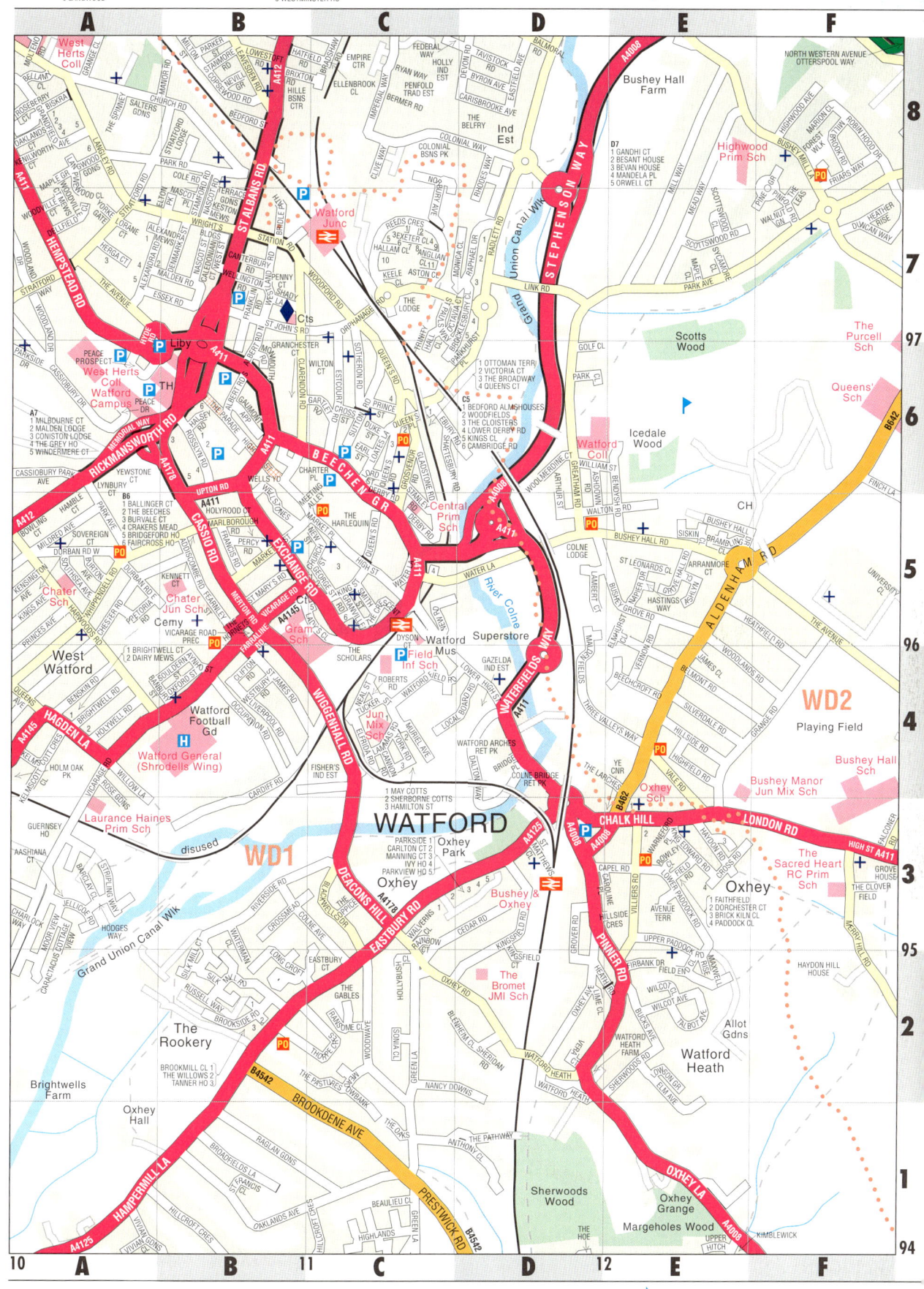

A8
1 CURZON GATE CT
2 BLOCK 14
3 BLOCK 12
4 BLOCK 10
5 BEECHFIELD CT
6 LANGWOOD

C7
1 WELLINGTON HO
2 CHELTENHAM HO
3 ROEDEAN HO
4 CANTERBURY HO
5 LANCING HO
6 WESTMINSTER HO
7 ELIZABETH HO
8 BADMINTON HO
9 ETON HO
10 ANDREW REED CT
11 ALEXANDRA CT

167 155

A B C D E F

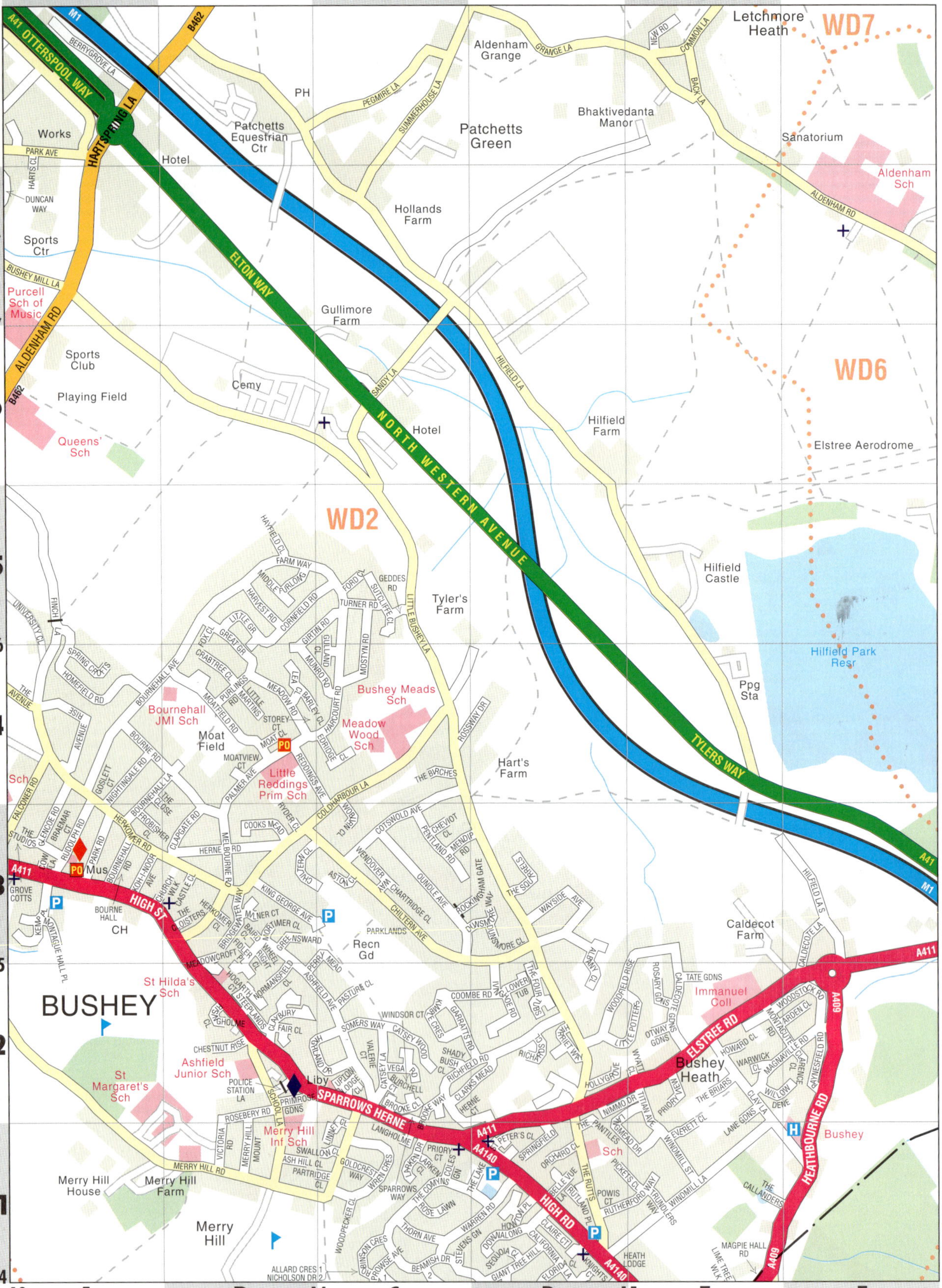

A B C D E F

167 176

156
170

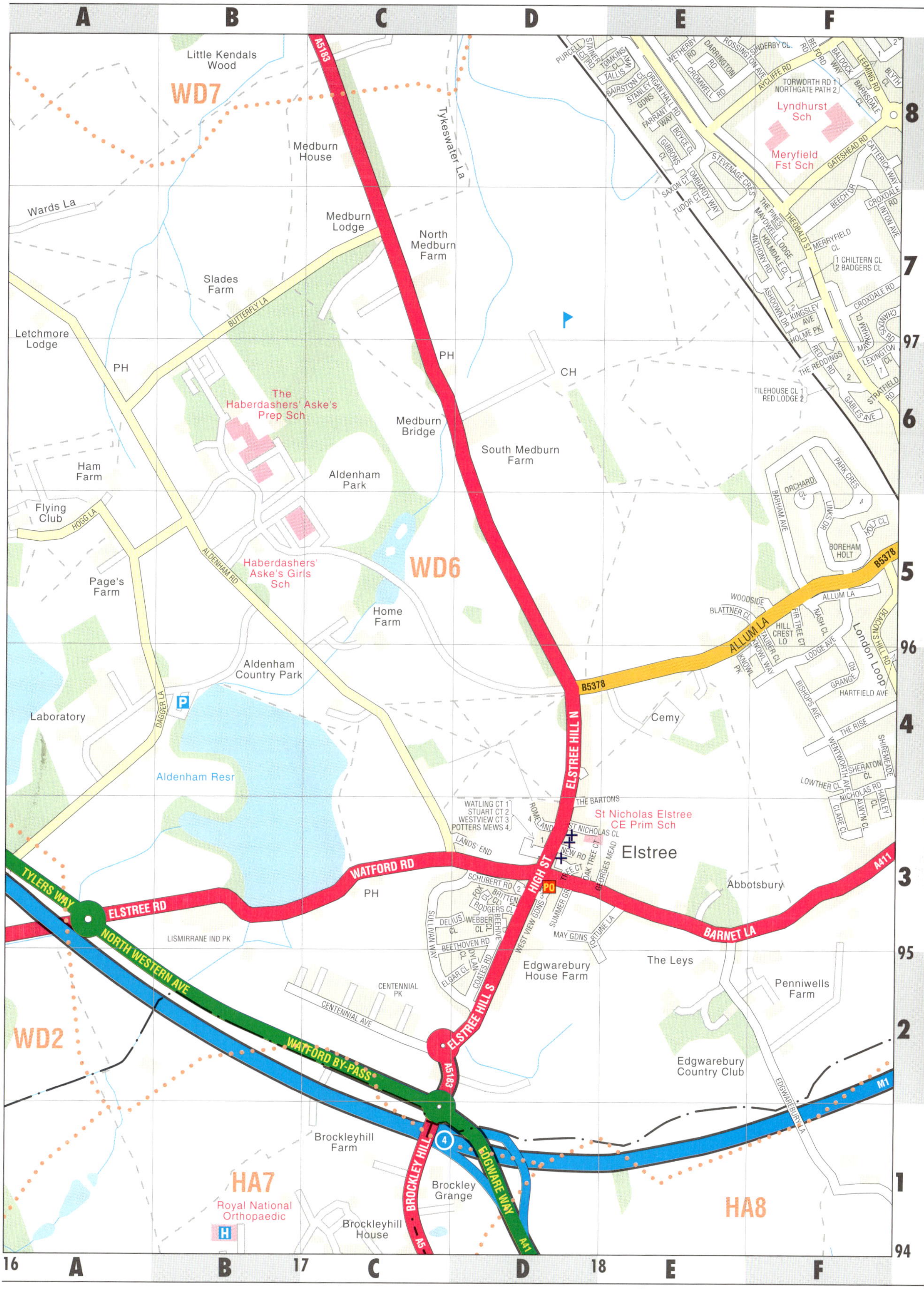
A
B
C
D
E
F
8
7
97
6
5
96
4
3
95
2
1
94
16
17
18
Little Kendals Wood
WD7
Medburn House
Tykeswater La
Wards La
Medburn Lodge
North Medburn Farm
Slades Farm
BUTTERFLY LA
Letchmore Lodge
PH
The Haberdashers' Aske's Prep Sch
Medburn Bridge
CH
South Medburn Farm
Ham Farm
Aldenham Park
Flying Club
HOGG LA
ALDENHAM RD
Haberdashers' Aske's Girls Sch
WD6
Page's Farm
Home Farm
Aldenham Country Park
DAGGER LA
Laboratory
Aldenham Resr
A5183
B5378
ALLUM LA
Cemy
ELSTREE HILL N
St Nicholas Elstree CE Prim Sch
Elstree
WATFORD RD
HIGH ST
ELSTREE RD
TYLERS WAY
NORTH WESTERN AVE
LISMIRRANE IND PK
Abbotsbury
BARNET LA
A411
The Leys
Edgwarebury House Farm
Penniwells Farm
CENTENNIAL PK
CENTENNIAL AVE
ELSTREE HILL S
WATFORD BY-PASS
WD2
Edgwarebury Country Club
EDGWAREBURY LA
M1
Brockleyhill Farm
BROCKLEY HILL
EDGWARE WAY
Brockley Grange
HA7
Royal National Orthopaedic
Brockleyhill House
A5
A41
HA8
Lyndhurst Sch
Meryfield Fst Sch
London Loop
BOREHAM HOLT
TILEHOUSE CL 1
RED LODGE 2
THE BARTONS
WATLING CT 1
STUART CT 2
WESTVIEW CT 3
POTTERS MEWS 4
LANDS' END
PO

169
157

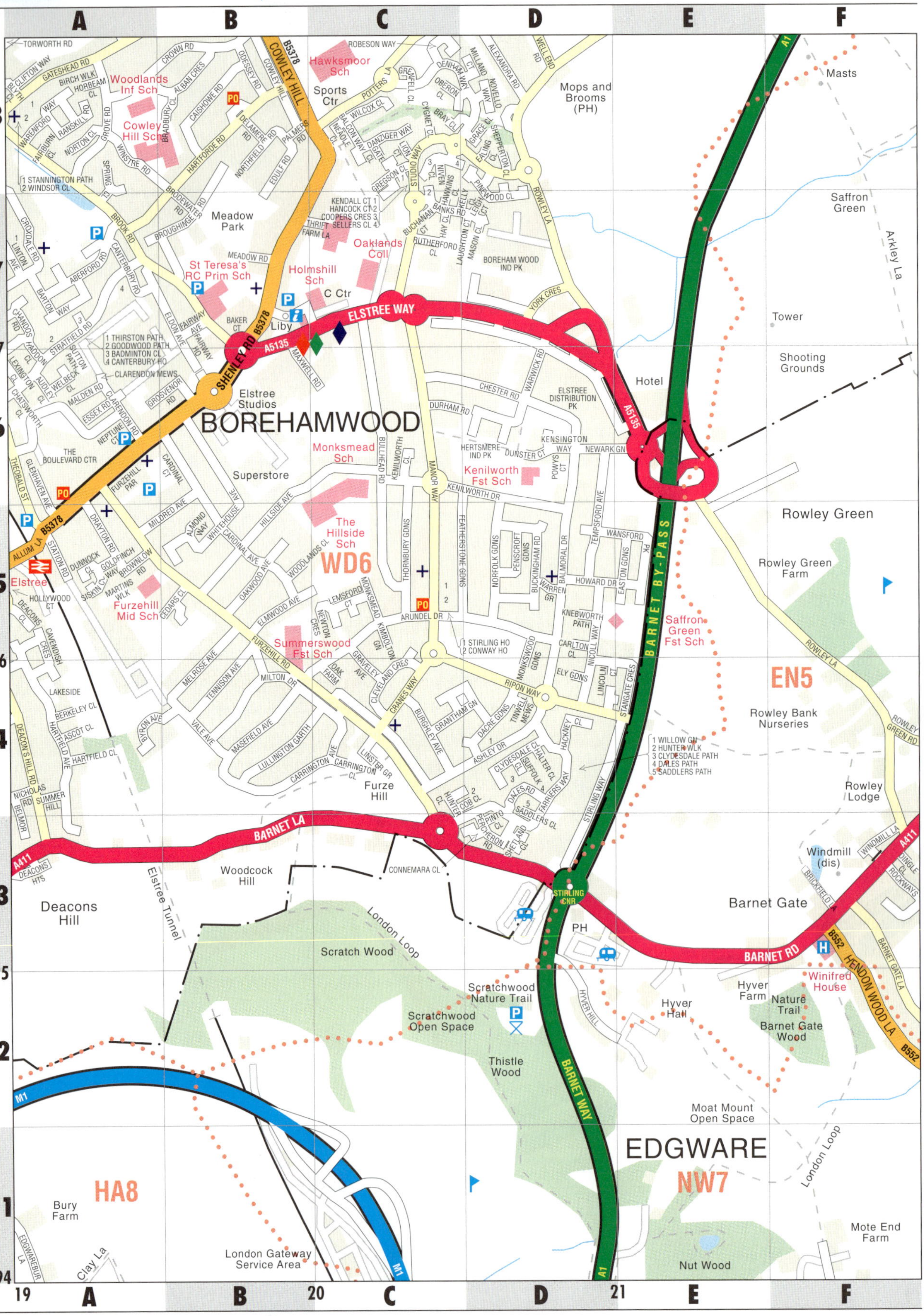
A
B
C
D
E
F
8
7
97
6
5
96
4
3
95
2
1
94
19
20
21
TORWORTH RD
CLIFTON WAY
GATESHEAD RD
BIRCH WLK
HORBEAM CL
Woodlands Inf Sch
CROWN RD
ALBAN CRES
Cowley Hill Sch
ODESSEY RD
B5378
COWLEY HILL
Hawksmoor Sch
ROBESON WAY
Sports Ctr
POTTERS LA
WILCOX CL
DANZIGER WAY
STUDIO WAY
MILLAND CT
MOVELLO WAY
ALEXANDRA RD
WELL END RD
Mops and Brooms (PH)
A1
Masts
1 STANNINGTON PATH
2 WINDSOR CL
Meadow Park
KENDALL CT 1
HANCOCK CT 2
COOPERS CRES 3
THRIFT SELLERS CL 4
FARM LA
Oaklands Coll
RUTHERFORD CL
BOREHAM WOOD IND PK
ROWLEY LA
Saffron Green
Arkley La
St Teresa's RC Prim Sch
Holmshill Sch
C Ctr
MEADOW RD
YORK CRES
Tower
ELSTREE WAY
A5135
Liby
BAKER CT
1 THIRSTON PATH
2 GOODWOOD PATH
3 BADMINTON CL
4 CANTERBURY HO
CLARENDON MEWS
SHENLEY RD
MAXWELL RD
Shooting Grounds
Hotel
Elstree Studios
BOREHAMWOOD
CHESTER RD
DURHAM RD
ELSTREE DISTRIBUTION PK
WARWICK RD
Monksmead Sch
HERTSMERE IND PK
DUNSTER CT
KENSINGTON WAY
NEWARK GN
Kenilworth Fst Sch
KENILWORTH DR
THE BOULEVARD CTR
Superstore
Rowley Green
The Hillside Sch
WD6
WANSFORD PK
Rowley Green Farm
ALLUM LA
Elstree
HOLLYWOOD CT
Furzehill Mid Sch
HOWARD DR
Saffron Green Fst Sch
BARNET BY-PASS
ARUNDEL DR
1 STIRLING HO
2 CONWAY HO
Summerswood Fst Sch
RIPON WAY
EN5
Rowley Bank Nurseries
LAKESIDE
BERKELEY CL
ASCOT CL
HARTFIELD CL
1 WILLOW GN
2 HUNTER WLK
3 CLYDESDALE PATH
4 DALES PATH
5 SADDLERS PATH
Furze Hill
Rowley Lodge
BARNET LA
A411
Woodcock Hill
CONNEMARA CL
Windmill (dis)
Deacons Hill
Elstree Tunnel
STIRLING CNR
Barnet Gate
PH
Scratch Wood
London Loop
BARNET RD
B552
HENDON WOOD LA
Scratchwood Nature Trail
Scratchwood Open Space
Hyver Hall
Hyver Farm
Winifred House
Nature Trail
Barnet Gate Wood
Thistle Wood
BARNET WAY
M1
Moat Mount Open Space
EDGWARE
NW7
HA8
Bury Farm
Clay La
London Gateway Service Area
Nut Wood
Mote End Farm

169

A
B
C
D
E
F
8
7
97
6
5
96
4
3
95
2
1
94
22
23
24
Fold Farm
Saffron Green
CH
Hadley Green
Monkey Hadley
Playing Fields
Galley Lane Farm
Poor Claire Monastery
GALLEY LA
Christ Church CE JMI Sch
Cemy
London Loop
Hadley
High Barnet
Queen Elizabeth's Boys Sch
Foulds JMI Sch
Liby
Woodlands Farm
ST ALBANS RD
A1081
HADLEY HIGHSTONE
A1000
HADLEY GN
KITTS END RD
BEAUMONT PL
LANGLEY ROW
TAYLOR'S LA
OLD FOLD CL
FOLD LA
MILL CNR
DURY RD
HADLEY GREEN RD
HADLEY GN W
SUNSET VIEW
GLADSMUIR RD
CHURCH LA
LIVINGSTONE CT
FIRE STATION ALLEY
1 RICHARD CT
2 ALSTON CT
TA Ctr
GROVE CT
BATH PL
HYDE CL
EAST VIEW
WYBURN AVE
HADLEY RIDGE
STRAFFORD RD
CARNARVON RD
SALISBURY RD
THE SPIRES
HART LODGE
GREAT NORTH RD
SOUTH CL
MOON LA
MOXON ST
BARNET TRAD EST
UNION ST
LEATHERSELLERS CL
THE DRIVE
THORNTON RD
THE AVENUE
WENTWORTH
MARRIOTT RD
RAVENSCROFT PK
1 CAMPANA CT
2 LOGANS
BLENHEIM RD
QUEENS RD
GRANVILLE RD
ELIZABETH CL
KINGS RD
JENNINGS WAY
OLD FOLD VIEW
CAVENDISH RD
GRIMSDYKE CRES
ARGYLE RD
BYNG RD
CECIL CT
WENTWORTH RD
SEBRIGHT RD
PULLER RD
CALVERT RD
WROTHAM RD
FALKLAND RD
WOOD ST
A411
HIGH ST
PARK RD
QUEEN ELIZABETH CT
GORDON WAY
MEADWAY
BARNET HILL
Three Elms Farm
ARKLEY LA
Barnet General
EN5
ALBAN CT
WEST END LA
GLADSTONE
THE CROFT
SUTHERLAND CL
CATLEY CL
Mus
Barnet Coll
Queen Elizabeth's Girls Sch
High Barnet
ORCHARD RD
Chipping Barnet
MANORSIDE
PINECROFT CRES
WILLOW DR
MANOR RD
HILLSIDE MANSIONS
HILLSIDE GDNS
LEECROFT RD
THE RODINGS
BIRNBECK CT 1
WILBURY LODGE 2
CHAUCER HO 3
PINERIDGE CT 4
BYFORD HO 5
OAKMEADE 6
WESSEX CT 7
Cemy
CANTELOWES HO
DUNSTER CL
LEXINGTON WAY
LINGHOLM WAY
DELLORS CL
NEWLANDS PL
SUTTON CRES
BELLS HILL
WELLHOUSE LA
ELMBANK AVE
VYSE CL
WELLSIDE CL
GARDEN CL
FIELD VIEW
HILLCREST
KERRI CL
OAKLANDS LA
ARKLEY VIEW
ARKLEY DR
BARNET RD
HAZEL MEAD
HEDGEROW LA
SADDLERS CL
CHARTRIDGE
CARRINGTON CL
ROWLEY GREEN RD
MEADOWBANKS
Arkley
GLEBE LA
WYLO DR
ROCKWAYS
GARTHLAND DR
ENDERSBY RD
NORTH CL
ESCOT WAY
AITKEN RD
MALINS CL
DENTON CL
QUINTA DR
WEST CL
ST PETER'S CL
RYECROFT CRES
HACKFORTH CL
FARM CL
BRETT RD
1 WEARDALE CT
2 ELVASTON CT
3 DEBENHAM CT
Whitings Hill JMI Sch
HILL CL
WHITINGS RD
TRINDER RD
PEPYS CRES
SPRING CL
REDWOOD WAY
ST STEPHENS RD
CHESTERFIELD FLATS
ELEANOR GDNS
JUNIPER CL
SELWOOD DR
HOWARD WAY
ST ANNA RD
SAMPSON AVE
DARLANDS DR
KENERNE DR
BOARDMAN CL
THE THOMAS WATSON COTTAGE HOMES
CEDAR LAWN AVE
FITZJOHN AVE
NEWLYN RD
NORMANDY AVE
BEDFORD AVE
MILTON AVE
WOODFALL AVE
ELTON AVE
VALE DR
ELLESMERE GR
BARNET
BRENT PL
Barnet Hill JMI Sch
Underhill Jun & Inf Schs
HOME FIELD
THE RIDGE
BRYANT CL
GARROWSFIELD
MILL BRIDGE
VALLEY WAY
CROCUS FIELD
MEADOW CL
ROSSITER FIELDS
HARDY CL
EASTHAM CL
LEESIDE
VALLEY VIEW
NORTHBROOK RD
MAYHILL RD
LITTLE LARKINS
ALAN DR
WINDSOR RD
BROOKSIDE CL
CONNAUGHT RD
DOLLIS BROOK WLK
JARVIS CL
GOLDA CL
CHESTERFIELD RD
NITON CL
HEALY CT
DEXTER RD
RIDGEVIEW CL
SOUTHFIELD
BISHOPS CL
MAYS LA
Ducks Island
STANHOPE RD
DORMER CL
SMYTHE CL
PALMER CL
EDWYN CL
NUPTON DR
GREENLAND RD
SHELFORD RD
Whitings Hill
PARTRIDGE CL
Cottage Farm
Dollis Brook
London Loop
BARNET GATE LA
ALTHORP CL
Brent Lodge Farm
HENDON WOOD LA
B552
NW7
N20
Fairlight Cottage
Totteridge Park
Abattoir
St Edward's Coll
A5109
TOTTERIDGE COMM
HORSESHOE LA
GRANGE AVE
The Grange
BADGERS CROFT
WYKEHAM RISE
CHESTNUT LA
Totteridge
TOTTERIDGE VILLAGE
LIME GR
PRIORY CL
OAKLANDS RD
WHITE ORCHARDS
THE PASTURES
BARNET LA
Ravenscroft Sch
PINE GR
NORTHCLIFFE DR
HARMSWORTH WAY
PO
P
H
Sch
GILLINGS CT
RAVENSCROFT PK

172

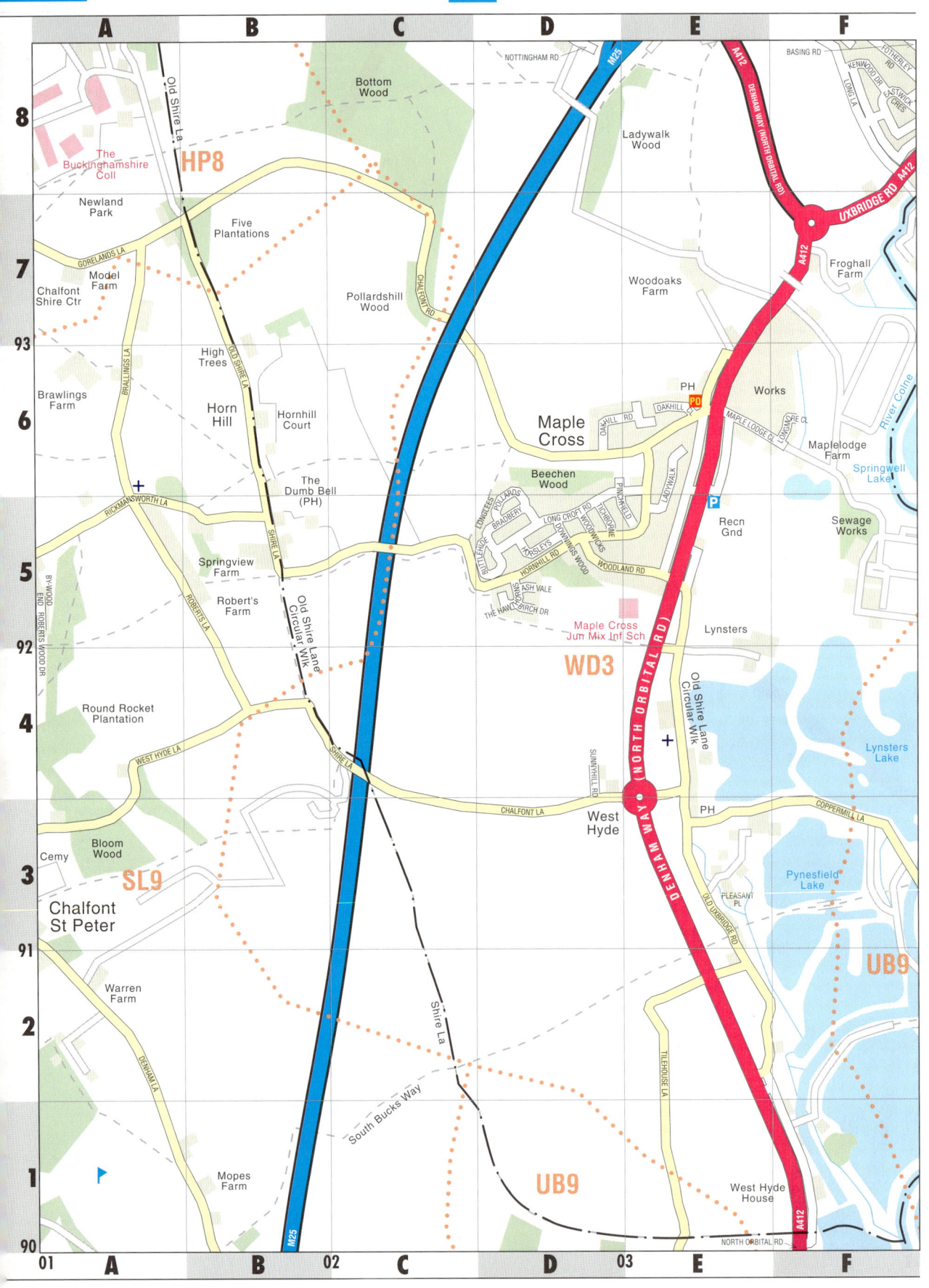

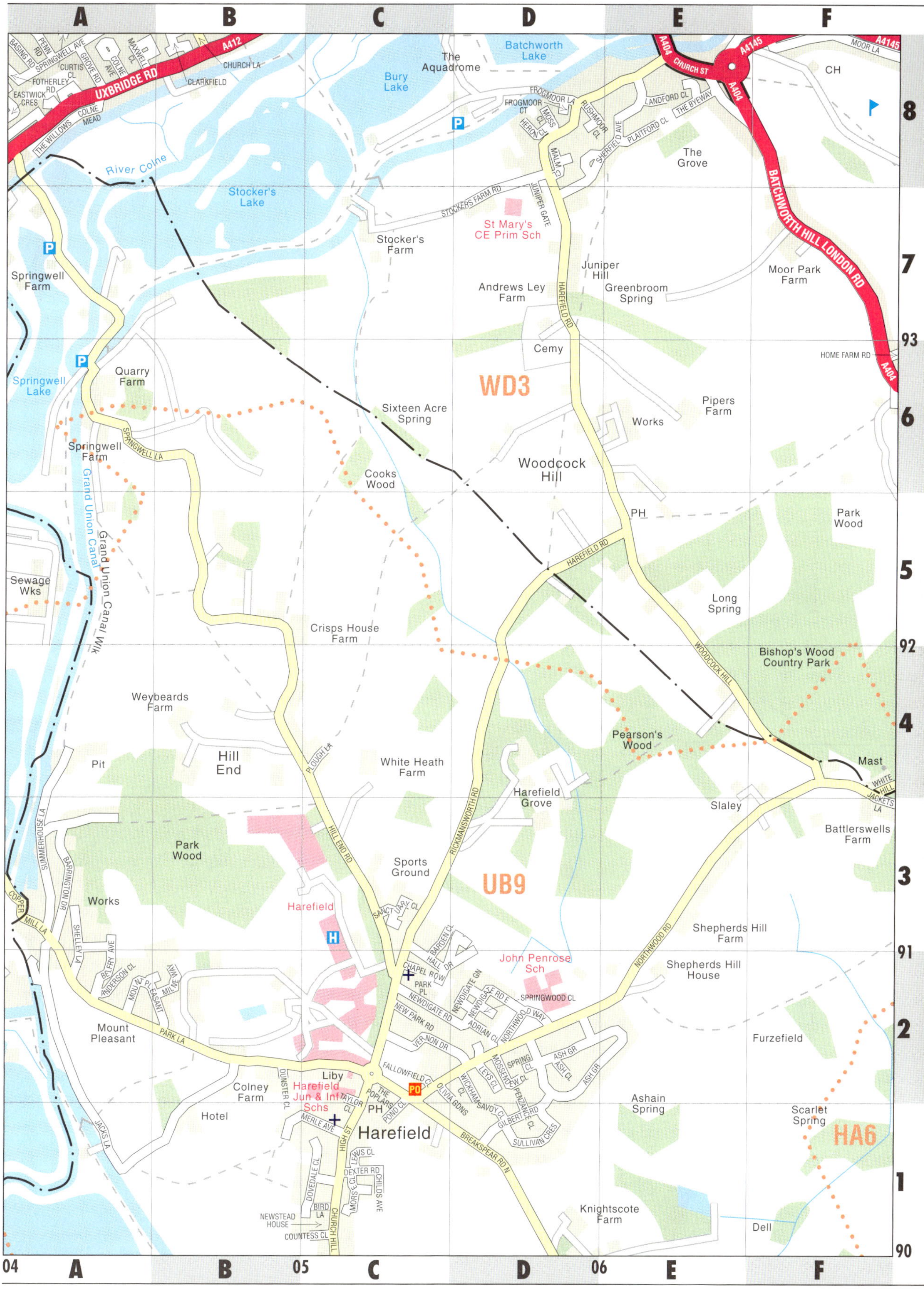
A
B
C
D
E
F
8
7
93
6
5
92
4
3
91
2
1
90
04
05
06
Batchworth Lake
The Aquadrome
Bury Lake
UXBRIDGE RD
A412
CHURCH LA
CLARKFIELD
River Colne
Stocker's Lake
Springwell Farm
Springwell Lake
Quarry Farm
Stocker's Farm
St Mary's CE Prim Sch
STOCKERS FARM RD
Juniper Hill
Greenbroom Spring
Andrews Ley Farm
HAREFIELD RD
Cemy
WD3
Sixteen Acre Spring
Cooks Wood
Woodcock Hill
Works
Pipers Farm
The Grove
Moor Park Farm
BATCHWORTH HILL LONDON RD
A404
A4145
CHURCH ST
MOOR LA
CH
HOME FARM RD
Park Wood
PH
Long Spring
Bishop's Wood Country Park
WOODCOCK HILL
Pearson's Wood
Mast
WHITE HILL
JACKETS LA
Battlerswells Farm
Slaley
Harefield Grove
White Heath Farm
Crisps House Farm
Weybeards Farm
Hill End
Pit
Sewage Wks
Grand Union Canal
Grand Union Canal Wlk
SPRINGWELL LA
PLOUGH LA
HILL END RD
RICKMANSWORTH RD
Sports Ground
UB9
Park Wood
Works
Harefield
H
John Penrose Sch
Shepherds Hill Farm
Shepherds Hill House
NORTHWOOD RD
Furzefield
Mount Pleasant
PARK LA
COPPER MILL LA
SUMMERHOUSE LA
BARRINGTON DR
Colney Farm
Hotel
Liby
Harefield Jun & Inf Schs
PO
Harefield
HIGH ST
CHURCH HILL
BREAKSPEAR RD N
Ashain Spring
Scarlet Spring
HA6
Knightscote Farm
Dell
NEWSTEAD HOUSE
COUNTESS CL
BIRD LA
JACKS LA

173
166

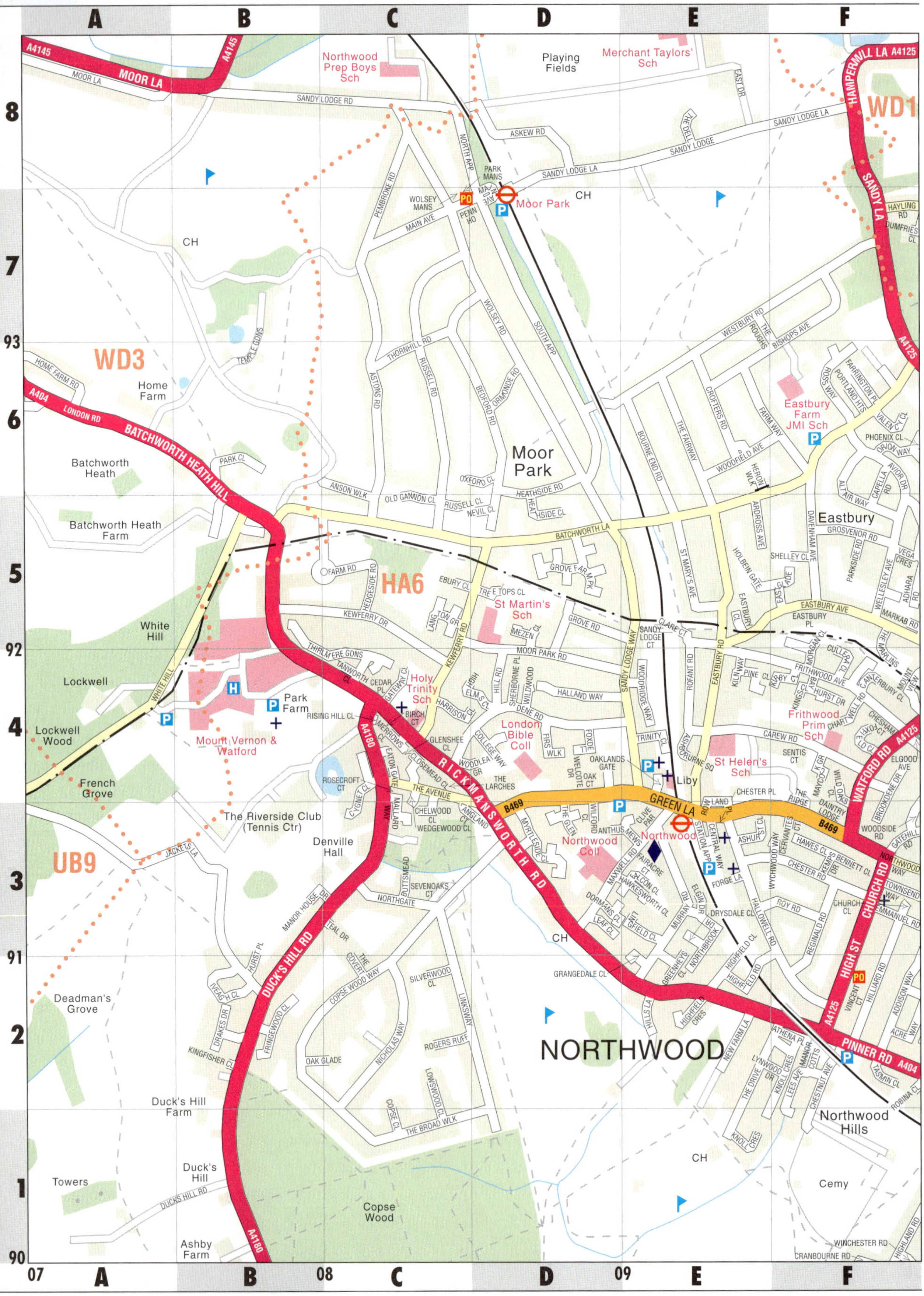
A
B
C
D
E
F
8
7
93
6
5
92
4
3
91
2
1
90
07
08
09
A4145
MOOR LA
MOOR LA
A4145
SANDY LODGE RD
Northwood
Prep Boys
Sch
Playing
Fields
Merchant Taylors'
Sch
EAST DR
HAMPERMILL LA A4125
WD1
SANDY LODGE LA
ASKEW RD
THE DELL
SANDY LODGE
SANDY LODGE LA
NORTH APP
PARK
MANS
WOLSEY
MANS
PO
Moor Park
CH
PENN
HO
MAIN AVE
PEMBROKE RD
SANDY LA
HAYLING
RD
DUMFRIES
CL
CH
WD3
TEMPLE GDNS
HOME FARM RD
Home
Farm
A404
LONDON RD
BATCHWORTH HEATH HILL
Batchworth
Heath
PARK CL
THORNHILL RD
RUSSELL RD
ASTONS RD
WOLSEY RD
SOUTH APP
BEDFORD RD
ORMONDE RD
WESTBURY RD
THE ROUGHS
BISHOPS AVE
A4125
FARRINGTON PL
ROSS WAY
PORTLAND HTS
Eastbury
Farm
JMI Sch
VALENCY CL
PHOENIX CL
ORION WAY
CRUFTERS RD
FARM WAY
BOURNE END RD
THE FAIRWAY
WOODFIELD AVE
HERON WLK
Moor
Park
OXFORD CL
HEATHSIDE RD
ANSON WLK
OLD GANNON CL
RUSSELL CL
NEVIL CL
HEATHSIDE CL
ALTAIR WAY
CAPELLA RD
AVIOR DR
Eastbury
Batchworth Heath
Farm
BATCHWORTH LA
ARDROSS AVE
DAVENHAM AVE
GROSVENOR RD
FARM RD
HA6
HEDGESIDE RD
GROVE FARM PK
EBURY CL
TREE TOPS CL
ST MARY'S AVE
HOLBEIN GATE
SHELLEY CL
PARKSIDE RD
WELLESLEY AVE
VEGA CRES
ADHARA RD
EASTBURY AVE
EASTBURY PL
MARKAB RD
White
Hill
KEWFERRY DR
LANGTON GR
KEWFERRY RD
St Martin's
Sch
MEZEN CL
GROVE RD
SANDY LODGE CT
CLAREMONT
EASTBURY CT
THE MARLINS
THIRLMERE GDNS
TANWORTH CL
CEDAR PL
MOOR PARK RD
ROFANT RD
EASTBURY RD
KILN WAY
PINE CL
KIRBY CL
MORGAN CL
CULLERA CL
FRITHWOOD AVE
MOUNT VIEW
Lockwell
WHITE HILL
H
P
Park
Farm
Holy
Trinity
Sch
BIRCH CT
HARRISON CL
HIGH ELMS CL
HILL RD
SHERBORNE PL
WILDWOOD
HALLAND WAY
SANDY LODGE WAY
WOODRIDGE WAY
KINGSCROFT
HURST DR
CANTERBURY CL
Lockwell
Wood
RISING HILL CL
A4180
Mount Vernon &
Watford
GLENSHEE CL
DENE RD
London
Bible
Coll
FIRS WLK
FOXDELL
TRINITY CL
ASHBOURNE SQ
Frithwood
Prim
Sch
CHARTWELL RD
CHESHAM CL
OXHEY DR
LD CL
A4125
CAREW RD
SENTIS CT
French
Grove
ROSECROFT CT
COLLEGE WAY
WOODLEA GR
THE LARCHES
OAKLANDS GATE
WELLCOTE DR
OAK CT
Liby
St Helen's
Sch
WATFORD RD
ELGOOD AVE
BROOKDENE DR
CHESTER PL
THE RIDGE
WILD OAKS CL
DAINTRY LODGE
THE AVENUE
B469
GREEN LA
LAND
B469
The Riverside Club
(Tennis Ctr)
CYGNET CL
MALLARD WAY
CHELWOOD CL
WEDGEWOOD CL
ANGLAND
RICKMANSWORTH RD
MYRTLESIDE CL
THE GLEN
WILFORD
ANTHUS MEWS
CLIVE PAR
Northwood
CENTRAL WAY
STATION APP
ASHURST CL
MYCHWOOD WAY
CERVANTES CT
HAWES CL
BENNETT CL
WOODSIDE RD
GATEHILL RD
NORTHWOOD WAY
UB9
JACKETS LA
Denville
Hall
Northwood
Coll
MAXWELL RD
FAIRACRE CT
FALCON CL
HAWKESWORTH CL
FORGE LA
CHESTER RD
REMBS DR
CHURCH RD
TOWNSEND WAY
EMMANUEL RD
BUTTSMEAD
SEVENOAKS CT
NORTHGATE
DORMANS CL
LEAF CL
GFIELD CL
MURRAY RD
ELGIN DR
DRYSDALE CL
ROY RD
CHURCH CL
MANOR HOUSE DR
TEAL DR
CH
NORTHBROOK DR
HALLOWELL RD
REGINALD RD
HIGH ST
HURST PL
DUCK'S HILL RD
THE COVERT
COPSE WOOD WAY
SILVERWOOD CL
GRANGEDALE CL
GREENHEYS CL
HIGHFIELD CL
HIGHFIELD RD
PO
VINCENT CT
HILLIARD RD
ADDISON WAY
Deadman's
Grove
IVEAGH CL
DRAKES DR
FRINGEWOOD CL
LINKSWAY
HIGHFIELD CRES
ST HILDAS
NEW FARM LA
ATHENA PL
MANOR COTTS
A4125
ACRE WAY
KINGFISHER CL
NICHOLAS WAY
ROGERS RUFF
NORTHWOOD
LYNWOOD DR
KNOLL CRES
LEES AVE
CHESTNUT AVE
PINNER RD
A404
TASMIN CL
OAK GLADE
LOWSWOOD CL
THE DRIVE
ROBINA CL
Duck's Hill
Farm
COPSE CL
THE BROAD WLK
KNOLL CRES
Northwood
Hills
CH
Towers
Duck's
Hill
DUCKS HILL RD
Copse
Wood
Cemy
Ashby
Farm
A4180
WINCHESTER RD
CRANBOURNE RD
HIGHLAND RD

173

167
176

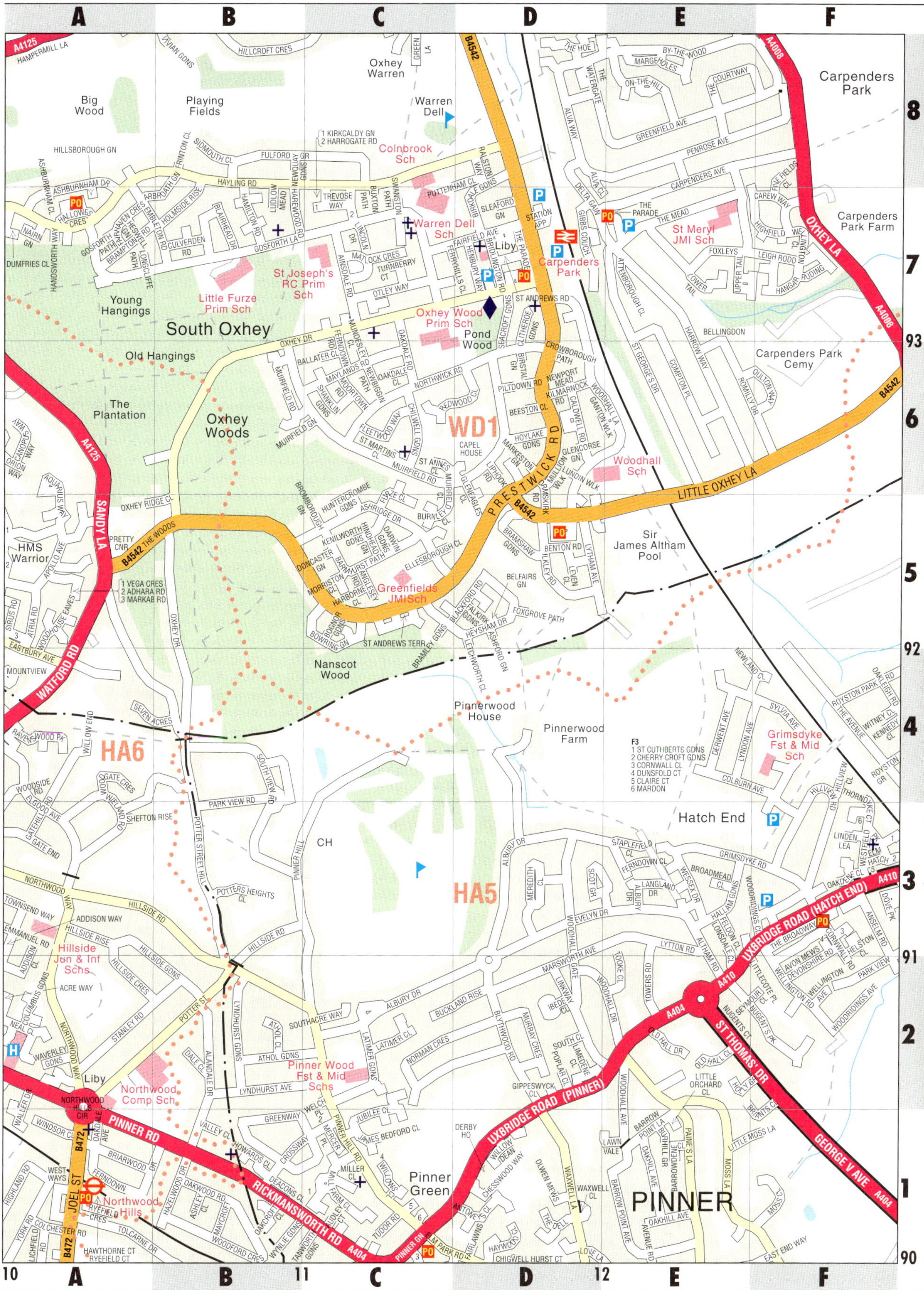

C1
1 NORTHCOTE
2 EDWIN WARE CT
3 BELL CL
4 CHALFONT WLK
5 MAPLE CT
6 MONTESOLE CT

176

175
168

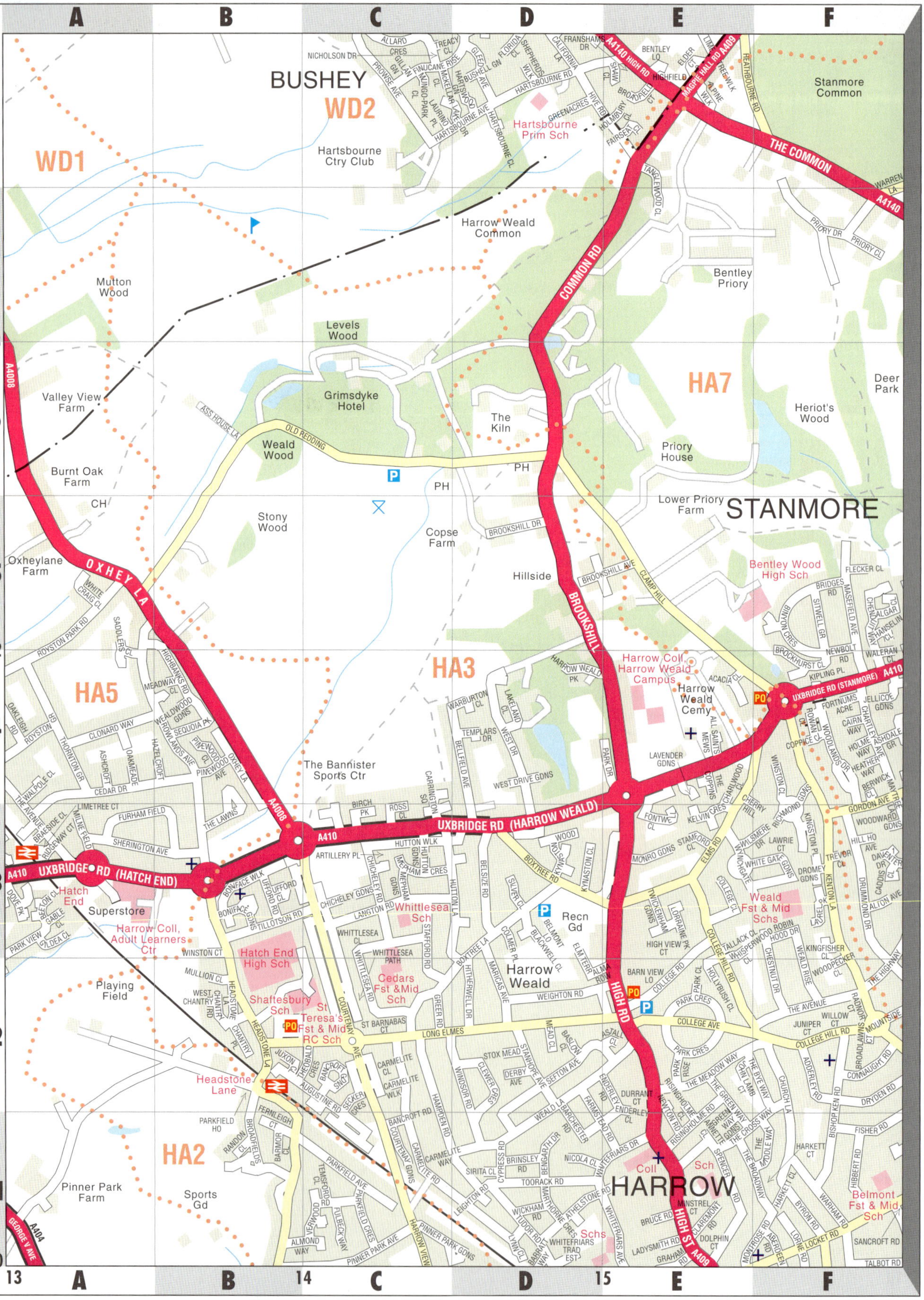

175

F3
1 CASTELLANE CL

Index

Street names are listed alphabetically and show the locality, the Postcode District, the page number and a reference to the square in which the name falls on the map page

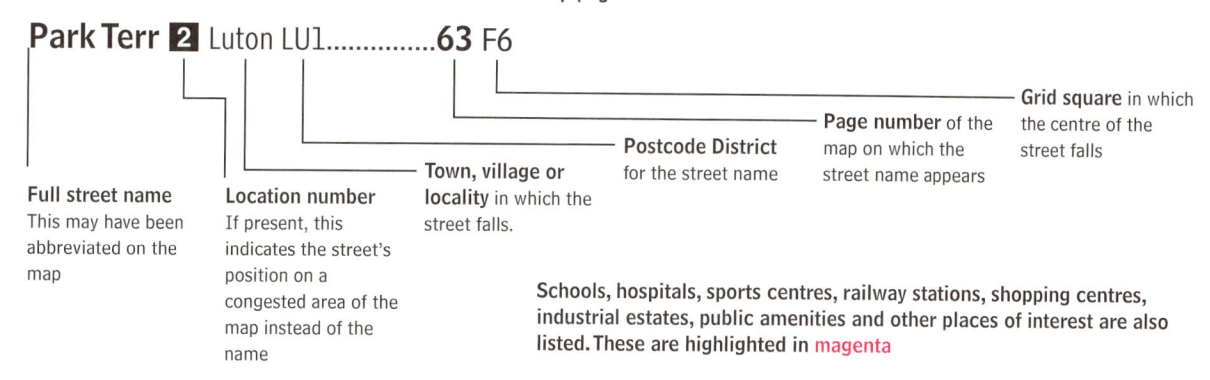

Park Terr 2 Luton LU1.............63 F6

- Full street name — This may have been abbreviated on the map
- Location number — If present, this indicates the street's position on a congested area of the map instead of the name
- Town, village or locality in which the street falls.
- Postcode District for the street name
- Page number of the map on which the street name appears
- Grid square in which the centre of the street falls

Schools, hospitals, sports centres, railway stations, shopping centres, industrial estates, public amenities and other places of interest are also listed. These are highlighted in magenta

Abbreviations used in the index

App	Approach	Cl	Close	Espl	Esplanade	N	North	S	South
Arc	Arcade	Comm	Common	Est	Estate	Orch	Orchard	Sq	Square
Ave	Avenue	Cnr	Corner	Gdns	Gardens	Par	Parade	Strs	Stairs
Bvd	Boulevard	Cotts	Cottages	Gn	Green	Pk	Park	Stps	Steps
Bldgs	Buildings	Ct	Court	Gr	Grove	Pas	Passage	St	Street, Saint
Bsns Pk	Business Park	Ctyd	Courtyard	Hts	Heights	Pl	Place	Terr	Terrace
Bsns Ctr	Business Centre	Cres	Crescent	Ind Est	Industrial Estate	Prec	Precinct	Trad	Trading Est
Bglws	Bungalows	Dr	Drive			Prom	Promenade	Wlk	Walk
Cswy	Causeway	Dro	Drove	Intc	Interchange	Ret Pk	Retail Park	W	West
Ctr	Centre	E	East	Junc	Junction	Rd	Road	Yd	Yard
Cir	Circus	Emb	Embankment	La	Lane	Rdbt	Roundabout		

Town and village index

Abbots Langley	153 F7	Chorleywood	164 E5	Hemel Hempstead	124 D6
Albury	57 A6	Clothall	24 E4	Henlow	10 D8
Aldbury	101 C5	Cockernhoe	46 F3	Hertford	113 C5
Anstey	29 B6	Codicote	67 E1	Hertford Heath	114 B3
Ardeley	38 F3	Colney Heath	143 D8	Hertingfordbury	112 E5
Arlesey	11 A4	Cottered	39 C7	Hexton	19 B2
Ashley Green	136 A7	Crews Hill	161 B4	High Wych	97 B1
Ashwell	4 D3	Croxley Green	166 A4	Hinxworth	3 C5
Aspenden	40 D5	Cuffley	146 E3	Hitchin	34 E8
Aston	51 E2	Dagnall	81 C6	Hoddesdon	135 C7
Aston Clinton	99 A3	Dane End	71 F8	Holdbrook	163 A5
Ayot St Lawrence	88 B6	Datchworth	69 E2	Holwell	21 B7
Ayot St Peter	88 F3	Dunstable	44 A1	Hunsdon	95 D1
Baldock	23 E8	East Hyde	85 F8	Ickleford	21 E4
Barkway	17 D4	Eastwick	117 A4	Jockey End	103 F8
Barley	8 F1	Edgware	170 E1	Kelshall	15 D5
Barnet	171 F4	Elstree	169 E3	Kensworth Common	82 E8
Bayford	132 F6	Enfield	162 E1	Kimpton	66 C1
Benington	52 E4	Essendon	131 F6	King's Walden	48 A3
Berkhamsted	122 C6	Eyeworth	1 A8	Kings Langley	139 A1
Birchanger	59 E2	Farnham	58 D6	Knebworth	69 A5
Bishop's Stortford	76 D7	Flamstead	84 B1	Kneesworth	2 A5
Borehamwood	170 B6	Flaunden	151 A6	Langley	49 F1
Botley	136 A1	Furneux Pelham	43 A5	Latimer	150 E3
Bovingdon	137 B3	Gilston	117 E5	Lea Valley	86 F2
Bramfield	91 C4	Goff's Oak	147 C3	Letchworth	11 E2
Braughing	55 F6	Graveley	36 C4	Letchworth	22 C5
Breachwood Green	47 A1	Great Amwell	114 F5	Lilley	32 D2
Brent Pelham	30 B2	Great Chishill	9 F2	Little Berkhamsted	132 C4
Brickendon	133 C4	Great Gaddesden	103 D3	Little Chalfont	150 B1
Bricket Wood	140 F1	Great Hallingbury	77 E4	Little Gaddesden	102 D7
Brookmans Park	144 F5	Great Hormead	42 B8	Little Hadham	57 C2
Buckland	27 D8	Great Munden	54 C5	Little Hallingbury	98 D8
Buntingford	40 F7	Great Offley	33 D2	Little Wymondley	35 E3
Bushey	168 A2	Great Wymondley	35 F6	London Colney	142 E5
Bygrave	13 C5	Guilden Morden	1 F4	Long Marston	79 B3
Caddington	62 D3	Hadley Wood	159 C2	Lower Nazeing	149 E8
Chalfont St Peter	172 A3	Hammond Street	147 D5	Lower Stondon	10 A3
Cheddington	80 A8	Harefield	173 C1	Luton	45 C3
Chenies	151 B2	Harlow	117 D2	Maple Cross	172 D6
Cheshunt	148 C1	Harpenden	86 B2	Markyate	83 E6
Chipperfield	152 B8	Harrow	176 E1	Marsworth	80 A1
Chiswellgreen	141 A5	Hatfield	130 B8	Meesden	29 F6
Cholesbury	120 C2	Hatfield Heath	98 E3	Meldreth	2 F8
				Mentmore	61 D4
				Moor Park	174 D6
				Much Hadham	74 F3
				Nettleden	103 B1
				Newgate Street	146 F7
				Newnham	12 E8
				Northaw	145 F1
				Northwood	174 E2
				Nuthampstead	18 A2
				Oaklands	89 F7
				Odsey	5 C1
				Park Street	141 D5
				Pepperstock	63 C1
				Peters Green	65 C3
				Pinner	175 E1
				Pirton	20 E4
				Pitstone	80 D4
				Potten End	123 C7
				Potters Bar	159 D6
				Preston	48 D6
				Radlett	156 C5
				Radwell	12 C4
				Redbourn	106 B6
				Reed	16 F5
				Rickmansworth	165 C1
				Ridge	157 F5
				Ringshall	81 B1
				Roydon	116 C1
				Royston	7 C5
				Rushden	25 F3
				Sacombe	71 E3
				St Albans	127 F4
				St Ippolyts	35 B3
				St Leonards	119 E3
				Sandon	15 B1
				Sandridge	108 C1
				Sarratt	152 A4
				Sawbridgeworth	97 C3
				Sewardstone	163 D1
				Sheering	98 C1
				Shenley	157 A5
				Shillington	19 F8
				Slip End	63 C2
				South Oxhey	175 B7
				Spellbrook	97 E8
				Standon	55 E1
				Stanmore	176 F5
				Stanstead Abbotts	115 E4
				Stanstead Mountfitchet	59 C6
				Stapleford	92 A7
				Steeple Morden	5 B8
				Stevenage	50 D8
				Stocking Pelham	43 E7
				Stotfold	11 E7
				Streatley	31 A5
				Studham	82 C4
				Tewin	90 E2
				Therfield	15 F7
				Thundridge	93 E7
				Tonwell	92 F7
				Tring	100 B3
				Walkern	38 A1
				Wallington	25 D8
				Waltham Abbey	163 D7
				Ware	93 F2
				Wareside	94 E4
				Watford	167 C3
				Watton at Stone	70 D4
				Welham Green	144 C7
				Welwyn	89 B4
				Welwyn Garden City	110 E7
				Westmill	40 F3
				Weston	24 C1
				Wheathampstead	108 C7
				Whipsnade	82 A8
				Whitwell	66 E6
				Widford	95 E4
				Wigginton	100 D1
				Wilstone	79 D1
				Wingrave	60 C3
				Woodside	63 A2
				Woolmer Green	69 B2
				Wyddial	28 B3

178 Aas–Ash

A

Aashiana Ct WD1 ...167 A3
Abbey Ave AL3 ...127 B1
Abbey Ct St Albans AL1 ...127 D2
Waltham Abbey EN9 ...163 B5
Abbey Dr
Abbots Langley WD5 ...154 A7
Luton LU2 ...46 A1
Abbey Hts AL1 ...127 E3
Abbey Jun Mix Inf Sch AL1 ...127 D2
Abbey Mead Ind Est EN9 163 C5
Abbey Mill End AL3 ...127 C2
Abbey Mill La AL3 ...127 C2
Abbey Rd EN8 ...162 E5
Abbey Sta AL1 ...127 D1
Abbey Theatre AL1 ...127 C1
Abbey View Radlett WD7 ...155 F4
St Albans AL1 ...127 D1
Watford WD2 ...154 D3
Abbey View Rd AL3 ...127 C3
Abbeygate Bsns Ctr The LU2 ...63 F8
Abbeyview EN9 ...163 C6
Abbis Orch SG5 ...21 E5
Abbot John Mews AL4 ...87 D1
Abbots Ave AL1 ...141 E8
Abbots Ave W AL1 ...141 D8
Abbots Cl SG3 ...69 D1
Abbots Ct LU2 ...46 A1
Abbots Gr SG1 ...50 F5
Abbots Langley Sch WD5 ...139 F1
Abbots Pk AL1 ...128 A1
Abbots Rd WD5 ...139 E1
Abbots Rise WD4 ...138 F5
Abbots View WD4 ...138 F4
Abbots Wood Rd LU2 ...64 A8
Abbotsbury Ct WD2 ...154 B7
Abbotswood Par LU2 ...46 A1
Abbotts Ct SG12 ...115 C4
Abbotts La SG12 ...95 D3
Abbotts Rd SG6 ...22 D6
Abbotts Rise SG12 ...115 D4
Abbotts Way
Bishop's Stortford CM23 ...76 E3
Stanstead Abbotts SG12 ...115 D4
Wingrave HP22 ...60 A4
Abbotts Yd SG8 ...7 D6
Abdale La AL9 ...144 C4
Abel Cl HP2 ...125 A3
Abel Smith Sch SG13 ...113 D6
Aberdale Gdns EN6 ...158 F7
Aberdeen Rd HA3 ...176 F1
Aberford Rd WD6 ...170 A7
Abigail Cl LU3 ...45 D3
Abigail Ct LU3 ...45 D3
Abingdon Pl EN6 ...159 B7
Abingdon Rd LU4 ...44 C3
Aboyne Lodge Sch AL3 ...127 D4
Abridge Cl EN8 ...162 D4
Abstacle Hill HP23 ...99 F3
Acacia Cl
Hammond Street EN7 ...147 E4
Stanmore HA7 ...176 E4
Acacia Gr HP4 ...122 B3
Acacia Rd EN2 ...161 D1
Acacia St AL10 ...130 A2
Acacia Wlk
Harpenden AL5 ...107 D6
Tring HP23 ...99 E3
Acacias Ct EN11 ...135 A6
Acers AL2 ...141 C3
Achilles Cl HP2 ...124 F5
Ackroyd Rd SG8 ...7 E8
Acme Rd WD2 ...154 B1
Acorn La EN6 ...146 E2
Acorn Pl WD2 ...154 A2
Acorn Rd HP3 ...125 A2
Acorns The St Albans AL4 ...128 D3
Stansted Mountfitchet CM24 ...59 E7
Acre Piece SG4 ...35 A6
Acre Way HA6 ...174 F2
Acre Wood HP2 ...124 E2
Acremore St SG11 ...75 C7
Acrewood Way AL4 ...128 F3
Acton Cl EN8 ...162 E8
Acworth Cres LU4 ...44 C5
Acworth Ct 2 LU4 ...44 C5
Adam's Yd 1 SG14 ...113 D6
Adams Ho CM20 ...117 D1
Adams Way HP23 ...100 B6
Adamsfield EN7 ...148 A5
Adderley Rd
Bishop's Stortford CM23 ...76 F7
Harrow HA3 ...176 F2
Addington Way LU4 ...44 D3
Addiscombe Rd WD1 ...167 B5
Addison Cl HA6 ...175 A2
Addison Way HA6 ...174 F2
Adelaide Cl EN1 ...161 F1
Adelaide St Luton LU1 ...63 D7
St Albans AL3 ...127 D4
Adele Ave AL6 ...89 F3
Adeyfield Gdns HP2 ...124 F4
Adeyfield Rd HP2 ...124 F3
Adeyfield Sch HP2 ...125 A3
Adhara Rd HA6 ...175 A5
Adinger Cl SG1 ...50 E3
Adingtons CM20 ...117 F2
Adlington Ct LU4 ...44 C4
Admiral St SG13 ...114 A6
Admiral Way HP4 ...121 F6
Admirals Cl AL4 ...143 E8
Admirals Ct HA6 ...174 F5
Admirals Wlk
Hoddesdon EN11 ...135 B4
St Albans AL1 ...142 A8
Adrian Cl UB9 ...173 D2
Adrian Ho WD5 ...153 E8
Adrian Rd WD5 ...153 E8
Adstone Rd LU1 ...62 F3
Ailsworth Rd LU3 ...45 A7
Ainsdale Rd WD1 ...175 C7
Ainsland Ct LU4 ...44 B2
Aintree Rd SG8 ...7 F6
Aintree Way SG1 ...51 C8
Airedale HP2 ...124 E6
Airport Approach Rd LU2 .64 D8
Airport Executive Pk LU2 .64 D8
Airport Way LU1,LU2 ...64 A5
Aitken Rd EN5 ...171 C4
Akeman Cl AL3 ...126 F1
Akeman St HP23 ...100 A3
Alamein Cl EN10 ...134 E3
Alan Dr EN5 ...171 E3
Alandale Dr HA5 ...175 B2
Alban Ave AL3 ...127 D5
Alban Cres WD6 ...170 B8
Alban Ct Barnet EN5 ...171 D5
St Albans AL1 ...128 C3
Alban Pk Ind Est AL4 ...128 F3
Alban Rd SG6 ...23 C3
Alban Wood Inf Sch WD2 ...154 B7
Alban Wood Jun Sch WD2 ...154 B6
Albanian Ct AL1 ...128 A2
Albans View WD2 ...154 B6
Albany Cl WD2 ...168 D3
Albany Ct Harpenden AL5 ...107 C8
Luton LU1 ...63 B8
Albany Mews
Chiswellgreen AL2 ...141 A4
3 Ware SG12 ...93 E1
Albany Park Ave EN3 ...162 D1
Albany Pl AL7 ...110 E6
Albany Rd EN3 ...162 D1
Albany Sec Sch EN3 ...162 D1
Albany Terr HP23 ...100 B6
Albemarle Ave
Cheshunt EN8 ...148 C3
Potters Bar EN6 ...159 B7
Albeny Gate AL1 ...127 D2
Albert Rd Arlesey SG15 ...11 A4
Luton LU1 ...63 E6
Albert Rd N WD1 ...167 B6
Albert Rd S WD1 ...167 B6
Albert St Markyate AL3 ...83 E5
St Albans AL1 ...127 D2
Stevenage SG1 ...50 D7
Tring HP23 ...100 A3
Albion Cl SG13 ...113 E7
Albion Ct 4 LU2 ...63 E8
Albion Hill HP2 ...124 D2
Albion Rd Luton LU2 ...63 E8
Pitstone LU7 ...80 D5
St Albans AL1 ...127 F3
Albion The 9 SG12 ...93 D2
Albury CE Sch SG11 ...57 A6
Albury Cl LU3 ...31 A1
Albury Dr Pinner HA5 ...175 D3
Pinner HA5 ...175 E3
Albury Grove Rd EN8 ...148 D1
Albury Rd SG11 ...57 C2
Albury Ride EN8 ...162 D8
Albury Wlk EN8 ...148 C1
Albyn Ho HP2 ...124 D3
Alconbury
Bishop's Stortford CM23 ...59 B1
Welwyn Garden City AL7 ...111 E6
Aldbury CE Prim Sch HP23 ...101 C6
Aldbury Cl St Albans AL4 ...128 C8
Watford WD2 ...154 D3
Aldbury Gdns HP23 ...100 B6
Aldbury Gr AL7 ...111 B6
Aldbury Rd WD3 ...164 F2
Aldcock Rd SG1 ...50 E7
Aldeburgh Cl SG1 ...36 A1
Aldenham Ave WD7 ...156 A3
Aldenham Ctry Pk WD6 ...169 B4
Aldenham Gr WD7 ...156 B5
Aldenham Rd
Bushey WD2 ...168 A6
Elstree WD6,WD2 ...169 B5
Radlett WD7 ...156 A4
Watford WD2 ...167 E5
Aldenham Sch WD6 ...168 F7
Alder Cl Baldock SG7 ...23 F7
Bishop's Stortford CM23 ...76 D4
Chiswellgreen AL2 ...141 C3
Hoddesdon EN11 ...135 B8
Alder Cres LU3 ...45 A3
Alder Ct LU3 ...45 B3
Alder Wlk WD2 ...154 B4
Alderbury Rd CM24 ...59 E8
Alderley Ct HP4 ...122 C3
Alderman Cl AL9 ...144 C7
Alderney Ho Enfield EN3 ...162 D1
7 Watford WD1 ...166 F3
Alders Ct AL7 ...111 A6
Alders End La AL5 ...85 F2
Alders Wlk CM21 ...97 E2
Aldersgrove EN9 ...163 E5
Alderton Cl 5 LU2 ...46 D1
Alderton Dr HP4 ...102 B8
Alderwood Ho WD1 ...175 C7
Aldhous Cl LU3 ...45 B5
Aldock AL7 ...111 A3
Aldridge Ave EN3 ...163 A1
Aldridge Ct SG7 ...12 E1
Aldwick AL1 ...128 B1
Aldwick Ct AL1 ...128 B1
Aldwick Rd AL5 ...107 E8
Aldwickbury Cres AL5 ...86 D1
Aldwickbury Sch AL5 ...107 E8
Aldwyck Ct HP1 ...124 C4
Aldwyke Rise SG12 ...93 C3
Aldykes AL10 ...129 F5
Alesia Rd LU3 ...44 F6
Alex Ct HP2 ...124 D4
Alexander Ct 2 EN8 ...148 D1
Alexander Gate SG1 ...51 C8
Alexander Rd
Hertford SG14 ...113 A6
London Colney AL2 ...142 D6
Stotfold SG5 ...11 F6
Alexandra Ave LU3 ...45 C2
Alexandra Ct 11 WD1 ...167 C7
Alexandra Mews WD1 ...167 A7
Alexandra Rd
Borehamwood WD6 ...170 D8
Chipperfield WD4 ...138 A1
Hemel Hempstead HP2 ...124 D4
Hitchin SG5 ...21 F1
Kings Langley WD4 ...139 B1
Sarratt WD3 ...152 A3
St Albans AL1 ...127 E3
Watford WD1 ...167 A7
Alexandra Way EN8 ...162 F5
Aleyn Way SG7 ...13 B1
Alfriston Cl LU2 ...46 C3
Algar Cl HA7 ...176 F5
Alington La SG6 ...22 F3
All Saints CE Sch CM23 ...77 B8
All Saints Cl CM23 ...77 A8
All Saints Cres WD2 ...154 D6
All Saints La WD3 ...166 A3
All Saints Mews HA3 ...176 E4
Allandale
Hemel Hempstead HP2 ...124 D5
St Albans AL3 ...141 B8
Allandale Cres EN6 ...158 E7
Allandale Rd EN3 ...162 D3
Allard Cl EN7 ...147 F4
Allard Cres WD2 ...168 C1
Allard Way EN10 ...134 E2
Alldicks Rd HP3 ...124 F1
Allen Cl Shenley WD7 ...156 E7
Wheathampstead AL4 ...108 D7
Allen Ct 2 AL10 ...130 B3
Allenby Ave LU5 ...44 A1
Allendale LU3 ...31 A1
Allerton Cl WD6 ...156 F1
Allerton Rd WD6 ...156 F1
Alleyns Rd SG1 ...50 D7
Allied Bsns Ctr AL5 ...86 C3
Allison SG6 ...23 C5
Allton Rd SG16 ...10 A4
Allum La WD6 ...169 E5
Allwood Rd EN7 ...147 F4
Alma Ct WD6 ...156 F1
Alma Cut AL1 ...127 E2
Alma Link 4 LU1 ...63 D7
Alma Rd Berkhamsted HP4 ...121 E6
St Albans AL1 ...127 E2
Alma Row HA3 ...176 D2
Alma St LU1 ...63 D7
Almond Cl LU3 ...45 B4
Almond Hill Jun Sch SG1 .50 E8
Almond Way
Borehamwood WD6 ...170 B5
Harrow HA2 ...176 C1
Almond Wlk 1 AL10 ...130 A2
Almonds La SG1 ...50 E8
Almonds The AL1 ...142 B7
Alms La SG7 ...4 D4
Almshoe Bury Cotts SG4 ...49 D8
Almshouse La EN1 ...162 B2
Alnwick Dr HP23 ...78 F7
Alpha Bsns Pk AL9 ...144 C8
Alpha Pl 4 CM23 ...76 F8
Alpine Cl SG4 ...35 A5
Alpine Way LU3 ...44 D8
Alpine Wlk HA7 ...176 E8
Alsop Cl AL2 ...142 E3
Alston Ct EN5 ...171 E6
Alston Rd Barnet EN5 ...171 E6
Hemel Hempstead HP1 ...124 A2
Alswick Hall Cotts SG9 ...41 B8
Altair Way HA6 ...174 F5
Altham Gr CM20 ...117 F3
Altham Rd HA5 ...175 E3
Althorp Cl NW1 ...171 A2
Althorp Rd Luton LU3 ...45 C1
St Albans AL1 ...127 F4
Alton Ave HA7 ...176 F3
Alton Rd LU1 ...63 F5
Altwood AL5 ...86 D1
Alva Cl WD1 ...175 D8
Alva Way WD1 ...175 D8
Alverton AL3 ...127 C6
Alwin Pl WD1 ...166 E5
Alwyn Cl
Borehamwood WD6 ...169 F3
Luton LU2 ...45 E2
Alyngton HP4 ...121 E7
Alzey Gdns AL5 ...107 D8
Amaravati Buddhist Ctr HP1 ...103 C3
Amberley Cl
Harpenden AL5 ...86 B2
Luton LU2 ...46 D4
Amberley Gn SG12 ...93 C4
Amberry Ct CM20 ...117 D1
Ambleside Harpenden AL5 ...86 D2
Luton LU3 ...44 F5
Ambrose La AL5 ...85 F4
Amenbury Ct AL5 ...86 A1
Amenbury La AL5 ...86 A1
Amersham Ho WD1 ...166 E2
Amersham Rd HP6,WD3 ...164 B8
Ames Cl LU3 ...31 A1
Amor Way SG6 ...23 B6
Amwell Cl WD2 ...154 E4
Amwell Comm AL7 ...111 C5
Amwell Ct
Hoddesdon EN11 ...135 A7
Waltham Abbey EN9 ...163 E6
Amwell End SG12 ...93 D1
Amwell Hill SG12 ...114 F6
Amwell La
Stanstead Abbotts SG12 ...115 B5
Wheathampstead AL4 ...108 B7
Amwell Pl SG13 ...114 C4
Amwell St EN11 ...135 A7
Amwell View Sch SG12 ...115 B4
Anchor Cl EN8 ...148 D3
Anchor Cotts SG12 ...93 D7
Anchor La
Hemel Hempstead HP1 ...124 B1
Hemel Hempstead HP1 ...124 C2
Tonwell SG12 ...93 B6
Anchor Rd SG7 ...23 F7
Anchor St CM23 ...77 A6
Ancient Almshos 4 EN8 ...148 D1
Anderson Cl UB9 ...173 A2
Anderson Ho AL4 ...128 D2
Anderson Rd
Shenley WD7 ...157 A6
Stevenage SG2 ...51 D6
Anderson's Ho 3 SG5 ...34 F8
Anderson's La SG9 ...29 A1
Andover Cl LU4 ...44 C6
Andrew Cl WD7 ...156 F6
Andrew Reed Ct 10 WD1 ...167 C7
Andrew's La
Cheshunt EN7 ...148 B3
Goff's Oak EN7 ...147 F3
Andrews Cl HP2 ...124 D5
Andrews Lane Prim Sch EN7 ...148 B3
Andrewsfield AL7 ...111 C6
Anelle Rise HP3 ...138 F7
Anershall HP22 ...60 B3
Angel Cl LU4 ...44 D3
Angel Cotts SG5 ...33 D2
Angel Pavement SG8 ...7 D6
Angell's Mdw SG7 ...4 D4
Angle Ways SG2 ...51 B2
Anglefield Rd HP4 ...122 A4
Anglesey Cl CM23 ...76 C7
Anglesey Rd WD1 ...175 C5
Anglian Bsns Pk SG8 ...7 C7
Anglian Cl WD1 ...167 C7
Angotts Mead SG1 ...50 B6
Angus Cl LU4 ...44 A3
Anmer Gdns LU4 ...44 B4
Annables La AL5 ...85 A4
Annette Cl HA3 ...176 E1
Anns Cl HP23 ...99 E3
Ansell Ct SG1 ...36 B1
Anselm Rd HA5 ...175 F3
Anson Cl Bovingdon HP3 ...136 F4
Sandridge AL4 ...108 C1
St Albans AL1 ...128 B1
Anson Wlk HA6 ...174 C6
Anstee Rd LU4 ...44 B6
Anstey Fst Sch SG9 ...29 A6
Anthony Cl WD1 ...167 D1
Anthony Gdns LU1 ...63 D6
Anthony Rd WD6 ...169 F7
Anthorne Cl EN6 ...159 B8
Anthus Mews HA6 ...174 E3
Antoinette Ct WD5 ...139 F2
Antoneys Cl HA5 ...175 D1
Antonine Gate AL3 ...127 A2
Anvil Cl HP3 ...137 B3
Anvil Ct LU3 ...44 E5
Anvil Ho 8 AL5 ...86 A2
Apex Point AL9 ...130 C1
Aplins Cl AL5 ...86 A2
Apollo Ave HA6 ...175 A5
Apollo Way
Hemel Hempstead HP2 ...124 F5
Stevenage SG2 ...51 C8
Apple Cotts HP3 ...137 A4
Apple Orch The HP2 ...124 F5
Apple Tree Gr AL3 ...106 B6
Appleby St EN7 ...147 E5
Applecroft
Berkhamsted HP4 ...121 E6
Chiswellgreen AL2 ...141 B3
Lower Stondon SG16 ...10 B3
Applecroft Jun Sch AL8 ...110 B5
Applecroft Rd Luton LU2 ...46 C4
Welwyn Garden City AL8 ...110 B6
Appleford's Cl EN11 ...134 F8
Appleton Ave SG12 ...94 E5
Appleton Fields CM23 ...76 E4
Appletree Wlk WD2 ...154 B4
Appletrees SG5 ...34 D6
Applewood Cl AL5 ...85 E3
Appleyard Terr EN3 ...162 C2
Approach Rd AL1 ...127 E2
Approach The EN6 ...158 F7
Appspond La AL2 ...140 C8
April Pl CM21 ...97 F3
Apsley Cl CM23 ...76 F4
Apsley End Rd SG5 ...19 E6
Apsley Grange HP3 ...138 E6
Apsley Ind Est HP3 ...138 D7
Apsley Mills Ret Pk HP3 ...138 E7
Apsley Sta HP3 ...138 E6
Apton Ct CM23 ...76 F7
Apton Fields 7 CM23 ...76 F6
Apton Rd CM23 ...76 F7
Aquadrome The WD3 ...173 C8
Aquarius Way HA6 ...175 A6
Aragon Cl HP2 ...125 C8
Aran Cl AL5 ...107 D6
Arbour Cl LU3 ...31 A1
Arbour The SG13 ...113 D4
Arbroath Gn WD1 ...175 B7
Arcade 5 SG5 ...34 E7
Arcade The Hatfield AL10 ...130 B6
Letchworth SG6 ...22 F6
Arcade Wlk 4 SG5 ...34 E7
Arcadian Ct AL5 ...86 A2
Arch Rd SG4 ...35 E4
Archer Cl WD4 ...138 F2
Archer Rd SG1 ...51 A6
Archers SG9 ...40 F8
Archers Cl Hertford SG14 ...113 C7
Redbourn AL3 ...106 B5
Archers Fields AL1 ...127 F5
Archers Green La AL6 ...111 E8
Archers Ride AL7 ...111 B4
Archers Way SG6 ...22 D6
Arches The SG6 ...23 A7
Archfield AL7 ...89 E1
Archway Ho AL9 ...130 C6
Archway Par LU3 ...44 F4
Archway Rd LU3 ...44 E4
Arckle Ho EN10 ...148 F5
Ardeley St Lawrence CE Prim Sch SG2 ...38 F3
Arden Cl Bovingdon HP3 ...137 A3
Bushey WD2 ...168 F2
Arden Gr AL5 ...86 B1
Arden Pl LU2 ...45 E1
Arden Press Way SG6 ...23 B6
Ardens Way AL4 ...128 D6
Ardentinny AL1 ...127 E2
Ardern Ct AL1,AL4 ...128 C1
Ardleigh Gn LU2 ...46 E1
Ardross Ave HA6 ...174 E5
Arena Par SG6 ...22 F6
Arena The EN3 ...162 F1
Argent Way EN7 ...147 D5
Argyle Ct WD1 ...166 F5
Argyle Rd EN5 ...171 C5
Argyle Way SG1 ...50 C5
Argyll Ave LU3 ...45 C2
Argyll Rd HP2 ...124 E8
Arkley Ct HP2 ...125 B8
Arkley Dr EN5 ...171 B4
Arkley La EN5 ...171 B5
Arkley Rd HP2 ...125 B8
Arkley View EN5 ...171 B5
Arkwrights CM20 ...117 F1
Arlesey Ho SG15 ...11 A8
Arlesey New Rd SG5 ...22 B7
Arlesey Rd Henlow SG16 ...10 D8
Henlow SG16 ...10 E8
Ickleford SG5 ...21 F5
Arlesey Sta SG15 ...11 A8
Arlingham Mews EN9 ...163 C6
Arlington Cres EN8 ...162 E5
Armand Cl WD1 ...153 F1
Armitage Cl WD3 ...165 D5
Armitage Gdns LU4 ...44 D1
Armour Rise SG4 ...22 B2
Armourers Cl CM23 ...76 B4
Armstrong Cl AL2 ...142 E4
Armstrong Gdns WD7 ...156 E7
Armstrong Pl 1 HP1 ...124 D4
Arncliffe Cres LU2 ...45 E1
Arndale Ctr LU1 ...63 E7
Arnett Cl WD3 ...165 A3
Arnett Hills Jun Mix Inf Sch WD3 ...165 A3
Arnett Way WD3 ...165 A2
Arnold Ave E EN3 ...163 A1
Arnold Ave W EN3 ...162 F1
Arnold Cl Hitchin SG4 ...35 B8
Luton LU2 ...46 A3
Stevenage SG1 ...36 D2
Arnolds La SG7 ...3 D6
Arran Cl HP3 ...125 C1
Arran Ct LU1 ...63 D7
Arranmore Ct WD2 ...167 E5
Arretine Cl AL3 ...126 F1
Arrewig La HP5 ...119 D1
Arrow Cl LU3 ...44 E6
Arthur Gibbens Ct SG1 ...37 A1
Arthur Rd AL1 ...128 B3
Arthur St Luton LU1 ...63 E6
Watford WD2 ...167 D5
Artichoke Dell WD3 ...164 E4
Artillery Pl HA3 ...176 C3
Artisan Cres AL3 ...127 C4
Arts Educational Schs The HP23 ...100 B3
Arundel Cl Aston SG2 ...51 E3
Cheshunt EN8 ...148 C3
Hemel Hempstead HP2 ...125 B4
Arundel Dr WD6 ...170 C5
Arundel Gr AL3 ...127 D7
Arundel Rd LU4 ...44 F2
Arundell Rd WD5 ...154 A7
Ascot Cl
Bishop's Stortford CM23 ...77 C8
Borehamwood WD6 ...170 A4
Ascot Cres SG1 ...37 B1
Ascot Gdns EN3 ...162 C2
Ascot Ind Est SG6 ...23 B7
Ascot Rd Luton LU3 ...45 B2
Royston SG8 ...7 F6
Watford WD1 ...166 E4
Ascot Terr SG12 ...114 F7
Ascots La AL7 ...110 F2
Ash Cl
Abbots Langley WD5 ...153 D7

Ash–Bay 179

Ash Cl *continued*
Brookmans Park AL9 . . . . . .145 A6
Harefield UB9 . . . . .173 D2
Watford WD2 . . . . .154 B4
Ash Copse AL2 . . . . .154 F8
Ash Dr Hatfield AL10 . . . . . .130 A2
Hitchin SG4 . . . . .35 A4
Ash Gr Harefield UB9 . . . . .173 D2
Hemel Hempstead HP3 . . . .138 F7
Wheathampstead AL4 . . . . . .87 C1
Ash Groves CM21 . . . . .98 A2
Ash Hill Cl WD2 . . . . .168 B1
Ash Mdw SG10 . . . . .74 F2
Ash Mill SG8 . . . . .17 C3
Ash Rd Luton LU4 . . . . .63 B8
Tring HP23 . . . . .99 F4
Ware SG12 . . . . .94 A3
Ash Ride EN2 . . . . .161 A4
Ash Tree Field CM20 . . . . .117 A2
Ash Tree Rd WD2 . . . . .154 B3
Ash Vale WD3 . . . . .172 D5
Ash Way SG8 . . . . .7 F6
Ashanger La SG7 . . . . .24 D4
Ashborurne Sq HA6 . . . . . .174 E4
Ashbourne Cl SG6 . . . . .23 B3
Ashbourne Ct AL4 . . . . . . .142 C8
Ashbourne Rd EN10 . . . . . .134 F2
Ashbrook La SG4 . . . . .35 C3
Ashburnam Wlk SG2 . . . . . .50 F1
Ashburnham Cl WD1 . . . .175 A7
Ashburnham Dr WD1 . . . .175 A7
Ashburnham Rd LU1 . . . . . .63 C7
Ashbury Cl AL10 . . . . .129 E5
Ashby Ct HP2 . . . . .105 B1
Ashby Gdns AL1 . . . . .141 D7
Ashby Rd
Berkhamsted HP4 . . . . .121 D7
Watford WD2 . . . . .154 A1
Ashby Rise CM23 . . . . .59 B1
Ashcombe AL8 . . . . .89 E2
Ashcroft HA5 . . . . .176 A4
Ashcroft Cl AL5 . . . . .107 E8
Ashcroft Ct EN10 . . . . .134 F1
Ashcroft High Sch LU2 . . . .46 C2
Ashcroft Rd LU2 . . . . .46 B3
Ashdale CM23 . . . . .76 D4
Ashdale Gdns LU3 . . . . .31 A1
Ashdale Gr HA7 . . . . .176 F4
Ashdales AL1 . . . . .141 D7
Ashdown SG6 . . . . .11 F1
Ashdown Cres EN8 . . . . . .148 E3
Ashdown Dr WD6 . . . . .169 F7
Ashdown Rd
Stevenage SG2 . . . . .69 B8
Watford WD2 . . . . .167 D6
Ashendene Rd SG13 . . . . .132 F4
Ashfield Ave WD2 . . . . . . .168 C2
Ashfield Jun Sch WD2 . . .168 B2
Ashfield Way LU3 . . . . .45 A6
Ashfields WD2 . . . . .153 F4
Ashford Gn WD1 . . . . .175 D5
Ashleigh SG2 . . . . .51 B4
Ashleigh Ct
Hoddesdon EN11 . . . . .135 A5
Rickmansworth WD3 . . . . . .165 D2
Ashley Cl Cheddington LU7 . .80 A8
Hemel Hempstead HP3 . . . .124 F1
Pinner HA5 . . . . .175 B1
Welwyn Garden City AL8 . . .110 C8
Ashley Ct AL10 . . . . .130 B6
Ashley Dr WD6 . . . . .170 D4
Ashley Gdns AL5 . . . . .85 D3
Ashley Ho WD1 . . . . .166 E2
Ashley Rd Hertford SG14 . .113 B5
St Albans AL1 . . . . .128 C2
Ashleys WD3 . . . . .164 F2
Ashlyn Cl WD2 . . . . .167 E5
Ashlyns Ct HP4 . . . . .122 B3
Ashlyns Rd HP4 . . . . .122 B3
Ashlyns Sch HP4 . . . . .122 C2
Ashmore Gdns HP3 . . . . . .125 B2
Ashridge Cl HP3 . . . . .137 A3
Ashridge College (Gdns)
HP4 . . . . .102 D5
Ashridge Dr
Bricket Wood AL2 . . . . .140 F1
South Oxhey WD1 . . . . .175 C5
Ashridge Ho WD1 . . . . . . .166 E2
Ashridge La HP5 . . . . .150 D7
Ashridge Management
Coll HP4 . . . . .102 C5
Ashridge Rise HP4 . . . . . .121 F5
Ashton Rd Enfield EN3 . . . .162 E3
Luton LU1 . . . . .63 E5
Ashton's La SG7 . . . . .23 F6
Ashtree Ct AL1 . . . . .127 F3
Ashtree Prim Sch SG2 . . . . .51 C4
Ashtree Way HP1 . . . . . . .124 A2
Ashurst Cl HA6 . . . . .174 E3
Ashville Way SG7 . . . . .13 A1
Ashwell SG1 . . . . .36 C2
Ashwell Ave LU3 . . . . .44 C8
Ashwell Cl SG4 . . . . .36 B4
Ashwell Comm SG4 . . . . . . .36 B4
Ashwell & Morden Sta SG7 .5 D2
Ashwell Par LU3 . . . . .44 C8
Ashwell Pk AL5 . . . . .86 D1
Ashwell Prim Sch SG7 . . . . .4 D4
Ashwell Rd Bygrave SG7 . . .13 C4
Guilden Morden SG8 . . . . . . .1 F1
Hinxworth SG7 . . . . .3 E5
Newnham SG7 . . . . .12 F8
Ashwell St Ashwell SG7 . . . . .4 D4
Kneesworth SG8 . . . . .2 A3
St Albans AL3 . . . . .127 D4
Ashwell Village Mus SG7 . . .4 D4
Ashwood Rd EN6 . . . . .159 B6
Askew Rd HA6 . . . . .174 D8
Aspasia Cl AL1 . . . . .127 F2
Aspen Cl
Bricket Wood AL2 . . . . .140 E1
Stevenage SG2 . . . . .69 B7
Aspen Park Dr WD2 . . . . . .154 B4
Aspen Way Enfield EN3 . . .162 D4
Welwyn Garden City AL7 . . .111 C5
Aspenden Rd SG9 . . . . .40 E6
Aspens The
Bishop's Stortford CM23 . . . .59 B3
Hitchin SG4 . . . . .35 A6
Aspfield Row HP1 . . . . . . .124 B5
Asquith Ct SG2 . . . . .69 C7
Asquith Ho AL8 . . . . .110 D7
Ass House La HA3 . . . . . . .176 B6
Astall Cl HA3 . . . . .176 E2
Aster Cl CM23 . . . . .76 D6
Asters The EN7 . . . . .147 D3
Astley Cooper Sch HP2 . .125 A8
Astley Gn LU2 . . . . .46 D2
Astley Rd HP1 . . . . .124 C3
Aston Cl Bushey WD2 . . . . .168 C3
Stevenage SG1 . . . . .36 C2
Watford WD1 . . . . .167 C7
Aston End Rd SG2 . . . . .51 E3
Aston La SG2 . . . . .69 E8
Aston Rd SG11 . . . . .55 D2
Aston Rise SG4 . . . . .35 B6
Aston St Mary's
CE Prim Sch SG2 . . . . .51 E2
Aston View HP2 . . . . .105 A1
Aston Way EN6 . . . . .159 D7
Astonia Ho SG7 . . . . .23 F7
Astons Rd HA6 . . . . .174 C6
Astra Ct Luton LU2 . . . . .45 F2
Watford WD1 . . . . .166 F4
Astra Ctr CM20 . . . . .117 F4
Astral Cl SG16 . . . . .10 B3
Astrope La HP23 . . . . .79 B3
Astwick Ave AL10 . . . . . . .129 F8
Astwick Rd Stotfold SG5 . . . . .3 A2
Stotfold SG5 . . . . .11 F8
Athelstan Rd HP3 . . . . . . .138 F8
Athelstan Wlk N AL7 . . . . .110 E5
Athelstan Wlk S AL7 . . . . .110 D5
Athelstone Rd HA3 . . . . . .176 D1
Athena Est CM20 . . . . .118 B4
Athena Pl HA6 . . . . .174 F2
Atherstone Rd LU4 . . . . . . .44 D1
Atherton End CM21 . . . . . . .97 E3
Athlone Cl WD7 . . . . .156 B3
Athol Cl HA5 . . . . .175 B2
Athol Gdns HA5 . . . . .175 B2
Atholl Cl LU3 . . . . .44 D8
Atria Rd HA6 . . . . .175 A5
Attenborough Cl WD1 . . .175 E7
Attimore Cl AL8 . . . . .110 B5
Attimore Rd AL8 . . . . .110 B5
Aubretia Ho AL7 . . . . .111 B4
Aubrey Ave AL2 . . . . .142 C5
Aubrey Gdns LU4 . . . . .44 B6
Aubrey La AL3 . . . . .105 E2
Aubreys SG6 . . . . .23 A2
Aubreys Rd HP1 . . . . .123 E3
Aubries SG2 . . . . .38 B1
Auckland Cl EN1 . . . . .162 B2
Auckland Rd EN6 . . . . .158 E7
Audley Cl WD6 . . . . .170 A6
Audley Ct HA5 . . . . .175 C1
Audley Gdns EN9 . . . . .163 C5
Audrey Gdns CM23 . . . . . . .76 F4
Audwick Cl EN8 . . . . .148 E3
Augustine Ct EN9 . . . . . . .163 B6
Augustine Rd HA3 . . . . . . .176 C2
Augustus Cl AL3 . . . . .127 A1
Augustus Gate SG2 . . . . . . .51 D8
Austen Paths SG2 . . . . .51 C6
Austin Rd LU3 . . . . .45 C4
Austins Mead HP3 . . . . . . .137 B3
Austins Pl HP2 . . . . .124 D4
Autumn Glades HP3 . . . . . .125 C1
Autumn Gr AL7 . . . . .111 B4
Avalon Cl WD2 . . . . .154 E7
Avebury Ave LU2 . . . . .45 D4
Avebury Ct HP2 . . . . .125 A5
Avenue App WD4 . . . . .139 A1
Avenue Ct AL6 . . . . .89 E7
Avenue One SG6 . . . . .23 C6
Avenue Rd
Bishop's Stortford CM23 . . . .77 B6
Hoddesdon EN11 . . . . .135 D5
Pinner HA5 . . . . .175 E1
St Albans AL1 . . . . .127 E4
Avenue Rise WD2 . . . . .168 A4
Avenue Terr WD1 . . . . .167 E3
Avenue The Barnet EN5 . . .171 E6
Bushey WD2 . . . . .167 F5
Hemel Hempstead HP1 . . . .123 E4
Hertford SG14 . . . . .113 B8
Hitchin SG4 . . . . .35 A7
Luton LU4 . . . . .44 D5
Northwood HA6 . . . . .174 C4
Oaklands AL6 . . . . .89 D7
Potters Bar EN6 . . . . .145 A1
Radlett WD7 . . . . .156 B5
Stevenage SG1 . . . . .50 D8
Stotfold SG5 . . . . .11 F6
Watford WD1 . . . . .167 A7
Avey La EN9 . . . . .163 E2
Avia Cl HP3 . . . . .138 D7
Avior Dr HA6 . . . . .174 F6
Avocet SG6 . . . . .11 E1
Avon Chase SG16 . . . . .10 C4
Avon Cl WD2 . . . . .154 C5
Avon Cotts LU2 . . . . .46 B3
Avon Ct 17 Harpenden AL5 . . .86 B1
Luton LU1 . . . . .63 C8
Avon Mews HA5 . . . . .175 F2
Avon Rd SG16 . . . . .10 B4
Avon Sq HP2 . . . . .124 F8
Avondale Ct AL1 . . . . .127 E3
Avondale Rd LU1 . . . . .63 C8
Axe Cl LU3 . . . . .44 E6
Aycliffe Dr HP2 . . . . .124 E7
Aycliffe Drive Prim Sch
HP2 . . . . .124 E7
Aycliffe Rd WD6 . . . . .156 F1
Aydon Rd LU3 . . . . .45 B6
Aylands Rd EN3 . . . . .162 D3
Aylands Sch EN3 . . . . .162 C3
Aylesbury Rd HP23 . . . . . . .99 E3
Ayllot Ct SG14 . . . . .70 D4
Aylotts Cl SG9 . . . . .40 D8
Aylsham Rd EN11 . . . . . . .135 C8
Aylward Dr SG2 . . . . .51 B4
Aynho St WD1 . . . . .167 B4
Aynsworth Ave CM23 . . . . . .59 B2
Ayot Gn Ayot St Peter AL6 . . .89 A1
Hatfield AL6 . . . . .109 F8
Ayot Little Green La AL6 . . .88 F1
Ayot St Peter Rd AL6 . . . . .88 E3
Ayr Cl SG1 . . . . .51 C8
Ayres End La AL3,AL5 . . . .107 E5
Aysgarth Cl AL5 . . . . .107 B8
Aysgarth Rd AL3 . . . . .106 A6

B

Baas Hill EN10 . . . . .134 D2
Baas Hill Cl EN10 . . . . . . .134 E2
Baas La EN10 . . . . .134 E3
Babbage Rd SG1 . . . . .50 B5
Back La Buckland SG9 . . . . . .27 D8
Little Hallingbury CM22 . . . . .98 B7
Preston SG4 . . . . .48 D6
Radlett WD2 . . . . .168 E8
Sheering CM22 . . . . .98 B1
Tewin AL6 . . . . .90 E2
Back St Ashwell SG7 . . . . . . .4 C3
Luton LU2 . . . . .63 E8
Back The HP4 . . . . .123 B7
Bacon's Yd SG7 . . . . .4 D4
Bacons Dr EN6 . . . . .146 E2
Badburgham Ct EN9 . . . . .163 F6
Baddeley Cl
Holdbrook EN3 . . . . .163 A2
Stevenage SG2 . . . . .51 B2
Bader Cl Stevenage SG1 . . . .36 F1
Welwyn Garden City AL7 . . .111 C6
Badger Cl SG3 . . . . .69 A6
Badger Croft HP2 . . . . . . .125 D2
Badger Way AL10 . . . . .130 B3
Badgers CM23 . . . . .76 E5
Badgers Cl
Borehamwood WD6 . . . . . . .169 F7
Hertford SG13 . . . . .114 B6
Stevenage SG1 . . . . .50 E4
Badgers Croft
Barnet HP2 . . . . .171 E1
Hoddesdon EN10 . . . . .134 E2
Badgers Wlk
Chorleywood WD3 . . . . .164 F5
Tewin AL6 . . . . .90 C5
Badingham Dr AL5 . . . . .85 E1
Badminton Cl
Borehamwood WD6 . . . . . . .170 A7
Stevenage SG2 . . . . .69 B7
Badminton Ho 8 WD1 . . . .167 C7
Badminton Pl EN10 . . . . . .134 E3
Bagenal Ho WD5 . . . . .153 F7
Bagwicks Cl LU3 . . . . .44 E7
Bailey Hill Ct LU1 . . . . .63 E5
Bailey St LU1 . . . . .63 F6
Baines La SG3 . . . . .69 C4
Baird Cl WD2 . . . . .168 B3
Bairstow Cl WD6 . . . . .169 E8
Baisley Ho EN7 . . . . .148 A3
Baker Ct WD6 . . . . .170 B7
Baker St Enfield EN1 . . . . .161 E1
Hertford SG13 . . . . .113 E6
Luton LU1 . . . . .63 E5
Potters Bar EN6 . . . . .158 E5
2 Stevenage SG1 . . . . .50 C7
Baker's La SG4 . . . . .67 F1
Bakers Ct 6 CM23 . . . . .77 A7
Bakers Gr AL7 . . . . .111 C7
Bakers La Barley SG8 . . . . . . .8 F2
Kensworth Common LU6 . . . .82 E8
Bakers Rd EN7 . . . . .148 B1
Bakers Wlk CM21 . . . . .97 E2
Bakerscroft EN8 . . . . .148 E3
Bakery Ct CM24 . . . . .59 D6
Bakery The 2 SG12 . . . . . . .93 D2
Bakewell Cl LU4 . . . . .44 C1
Balcary Gdns HP4 . . . . . . .121 E4
Balcombe Cl LU2 . . . . .46 D4
Balcon Way WD6 . . . . .170 C8
Baldock Ind Est SG7 . . . . . .23 F7
Baldock La SG6 . . . . .23 D4
Baldock Rd Aspenden SG9 . . .40 B8
Letchworth SG6 . . . . .23 B5
Stotfold SG5 . . . . .12 A5
Therfield SG8 . . . . .6 C4
Baldock St Royston SG8 . . . . .7 C6
Ware SG12 . . . . .93 D2
Baldock Sta SG7 . . . . .12 F1
Baldock Way WD6 . . . . . . .169 F8
Baldways Cl HP22 . . . . .60 C3
Baldwins AL7 . . . . .111 C6
Baldwins La WD3 . . . . .166 B5
Balfour Ct AL5 . . . . .86 C3
Balfour Mews HP3 . . . . . . .137 A4
Balfour St SG14 . . . . .113 C7
Baliol Rd SG5 . . . . .34 F8
Ballater Cl WD1 . . . . .175 C6
Ballinger Ct
Berkhamsted HP4 . . . . .122 B3
1 Watford WD1 . . . . .167 B6
Balloon Cnr AL9 . . . . .144 B8
Ballslough Hill SG4 . . . . . . .66 D1
Balmoral Cl
Chiswellgreen AL2 . . . . . . .141 C3
Stevenage SG2 . . . . .69 C7
Balmoral Dr WD6 . . . . .170 D5
Balmoral Rd
Abbots Langley WD5 . . . . . .154 A7
Enfield EN3 . . . . .162 D3
Hitchin SG5 . . . . .21 E1
Watford WD2 . . . . .154 C1
Balmore Wood LU3 . . . . . . .31 B1
Balsams Cl SG13 . . . . .113 D4
Bampton Rd LU4 . . . . .44 B2
Bamville Wood AL5 . . . . . .107 C5
Banbury Cl LU4 . . . . .44 F4
Banbury St WD1 . . . . .167 B4
Bancroft SG5 . . . . .34 F7
Bancroft Gdns HA3 . . . . . .176 C2
Bancroft Rd Harrow HA3 . .176 C1
Luton LU3 . . . . .45 B5
Bandley Hill Inf Sch SG2 . .51 C3
Bandley Rise SG2 . . . . .51 C3
Banes Down EN9 . . . . .135 E1
Bank Cl LU4 . . . . .44 C4
Bank Ct HP1 . . . . .124 C2
Bank Mill HP4 . . . . .122 E4
Bank Mill La HP4 . . . . . . .122 E3
Banks Rd WD6 . . . . .170 C7
Bankside Down WD3 . . . . .165 D3
Bannister Gdns SG8 . . . . . . .7 E8
Bannister Sports Ctr The
HA3 . . . . .176 C4
Barbel Cl EN8 . . . . .163 A5
Barberry Rd HP1 . . . . .124 A3
Barbers La 2 LU1 . . . . .63 E7
Barbers Wlk HP23 . . . . .99 F3
Barchester Rd HA3 . . . . . .176 D1
Barclay Cl
Hertford Heath SG13 . . . . . .114 B4
Watford WD1 . . . . .167 A3
Barclay Cres SG1 . . . . .50 E7
Barclay Ct
Hoddesdon EN11 . . . . .135 A5
Luton LU2 . . . . .63 F8
Barclay Sch SG1 . . . . .50 D8
Barden Cl UB9 . . . . .173 C3
Bards Cnr HP1 . . . . .124 B4
Bardwell Ct AL1 . . . . .127 D2
Bardwell Rd AL1 . . . . .127 D2
Barfolds AL9 . . . . .144 C8
Barford Rise LU2 . . . . .46 D1
Bargrove Ave HP1 . . . . . . .124 A2
Barham Ave WD6 . . . . .169 F5
Barham Rd SG2 . . . . .51 C5
Barkers Mead
Bishop's Stortford CM22 . . . .77 B1
Little Hallingbury CM22 . . . . .98 B8
Barkham Cl LU7 . . . . .79 F7
Barking Cl LU4 . . . . .44 B6
Barkway Fst Sch SG8 . . . . .17 C4
Barkway Hill SG8 . . . . .17 E6
Barkway Rd SG8 . . . . .7 E5
Barkway St SG8 . . . . .7 D5
Barley CE Fst Sch SG8 . . . . .9 A1
Barley Cl WD2 . . . . .168 B4
Barley Croft
Hemel Hempstead HP2 . . . .125 C3
Hertford SG14 . . . . .113 D8
Stapleford SG14 . . . . .92 A3
Barley Ct EN7 . . . . .148 B1
Barley Hills CM23 . . . . .76 E4
Barley La LU4 . . . . .44 C5
Barley Mow La AL4 . . . . . .142 F8
Barley Ponds Cl SG12 . . . . .93 F1
Barley Ponds Rd SG12 . . . . .93 F1
Barley Rd Great Chishill SG8 . .9 A7
Great Chishill SG8 . . . . .9 C2
Barley Rise Baldock SG7 . . . .24 B8
Harpenden AL5 . . . . .86 C4
Barleycorn The 1 LU3 . . . .63 D8
Barleycroft Buntingford SG9 .40 E6
Stevenage SG2 . . . . .51 D3
Tonwell SG12 . . . . .92 F7
Barleycroft Gn AL8 . . . . . .110 C6
Barleycroft Rd AL8 . . . . . .110 C5
Barleyvale LU3 . . . . .45 A8
Barlings Rd AL5 . . . . .107 B5
Barmor Cl HA2 . . . . .176 B1
Barn Cl
Hemel Hempstead HP3 . . . .138 F8
Radlett WD7 . . . . .156 A4
Welwyn Garden City AL8 . . .110 C6
Barn Ct CM21 . . . . .97 E3
Barn Lea WD3 . . . . .165 A1
Barn Sch The SG10 . . . . . . .74 F2
Barnacres Rd HP3 . . . . . . .139 A8
Barnard Acres EN9 . . . . . .149 E8
Barnard Gn AL7 . . . . .110 F5
Barnard Rd Luton LU1 . . . . .63 A7
Sawbridgeworth CM21 . . . . .97 E4
Barnard Way HP3 . . . . . . .124 E1
Barncroft SG11 . . . . .57 C7
Barncroft Prim HP2 . . . . . .124 D8
Barncroft Rd HP4 . . . . . . .121 F3
Barncroft Way AL1 . . . . . .128 A2
Barndell Cl SG5 . . . . .11 F6
Barndicot Ho AL7 . . . . . . .111 C6
Barndicott AL7 . . . . .111 C6
Barnes La WD4 . . . . .138 D3
Barnes Rise WD4 . . . . .138 F4
Barnet By-Pass
Borehamwood EN5 . . . . . . .170 E5
Potters Bar EN5 . . . . .158 A3
Barnet Coll of F Ed EN5 . .171 F5
Barnet Gate La EN5 . . . . .170 F3
Barnet General Hospl
EN5 . . . . .171 D5
Barnet Hill EN5 . . . . .171 F5
Barnet Hill
Jun Mix Inf Sch EN5 . . . .171 F4
Barnet La Barnet EN5,N20 .171 F2
Borehamwood WD6 . . . . . . .170 B3
Barnet Mus EN5 . . . . .171 E5
Barnet Rd Barnet EN5 . . . .170 E3
London Colney AL2 . . . . . . .142 F4
Potters Bar EN6,EN5 . . . . . .159 A4
Barnet Trad Est EN5 . . . . .171 F6
Barnet Way NW7 . . . . .170 D2
Barnfield HP3 . . . . .138 F8
Barnfield Ave LU2 . . . . .45 D5
Barnfield Cl
Hoddesdon EN11 . . . . .135 A8
Lower Nazeing EN9 . . . . . . .135 F1
Barnfield Coll
Luton, Farley Hill LU1 . . . . . .63 B5
Luton, Stopsley Common LU2 45 D5
Luton, Warden Hill LU3 . . . . .45 B8
Barnfield Ct AL5 . . . . .107 C8
Barnfield Rd
Harpenden AL5 . . . . .107 C8
St Albans AL4 . . . . .128 C5
Welwyn Garden City AL7 . . .110 E4
Barnhurst Path WD1 . . . . .175 C5
Barns Dene AL5 . . . . .85 E2
Barnsdale Cl WD6 . . . . . . .169 F8
Barnside Ct AL8 . . . . .110 C6
Barnston Cl LU2 . . . . .46 D1
Barnsway WD4 . . . . .138 E3
Barnview Lo HA3 . . . . .176 E2
Barnwell SG2 . . . . .51 B2
Barnwell Sch SG2 . . . . .51 B2
Baron Ct SG1 . . . . .36 B1
Barons Ct 7 LU2 . . . . .45 D1
Barons Row AL5 . . . . .107 D7
Barons The CM23 . . . . .76 D5
Baronsmere Ct 7 EN5 . . . .171 E5
Barr Rd EN6 . . . . .159 C6
Barra Cl HP3 . . . . .139 C8
Barra Ho 6 WD1 . . . . .166 F3
Barras Cl EN3 . . . . .163 A2
Barratt Ind Est LU2 . . . . . . .64 C6
Barratt Way HA3 . . . . .176 D1
Barrells Down Rd CM23 . . . .58 E1
Barrett La 5 CM23 . . . . . . .76 F7
Barrington Dr UB9 . . . . . .173 A3
Barrington Rd SG6 . . . . .22 F4
Barrow La EN7 . . . . .147 F1
Barrow Point Ave HA5 . . .175 E1
Barrow Point La HA5 . . . .175 E1
Barrowby Cl LU2 . . . . .46 D1
Barrowdene Cl HA5 . . . . .175 E1
Barry Cl AL2 . . . . .141 B6
Bartel Cl HP3 . . . . .125 D1
Bartholomew Court
Sh Pavilion EN8 . . . . .162 E6
Bartholomew Rd 8 CM23 .76 F6
Bartletts Mead SG14 . . . . . .92 D1
Barton Cl AL5 . . . . .86 C3
Barton Rd Hexton SG5 . . . . .19 A1
Luton LU3 . . . . .45 C7
Wheathampstead AL4 . . . . .108 C8
Barton Way
Borehamwood WD6 . . . . . . .170 A7
Croxley Green WD3 . . . . . . .166 B4
Bartons The WD6 . . . . .169 D3
Bartrams La EN4 . . . . .159 C1
Bartrop Cl EN7 . . . . .147 D3
Barwick La SG11 . . . . .73 C3
Basbow La 2 CM23 . . . . . . .76 F7
Basildon Cl WD1 . . . . .166 C3
Basildon Sq HP2 . . . . .124 F7
Basils Rd SG1 . . . . .50 D7
Baslow Cl HA3 . . . . .176 D2
Bassett Cl AL3 . . . . .106 B5
Bassil Rd HP2 . . . . .124 D2
Bassingbourne Cl EN10 . . .134 F3
Bassingburn Wlk AL7 . . . .110 F5
Batchelors SG11 . . . . .55 E2
Batchwood Dr AL3 . . . . . . .127 C6
Batchwood Gdns AL3 . . . . .127 D6
Batchwood View AL3 . . . . .127 D5
Batchworth Heath Hill
WD3 . . . . .174 A6
Batchworth Hill
London Rd WD3 . . . . .173 F7
Batchworth La HA6 . . . . . .174 D5
Bateman Rd WD3 . . . . .166 A3
Bates Ho 2 SG1 . . . . .50 E6
Batford Cl AL7 . . . . .111 B5
Batford Jun Mix Inf Sch
AL5 .86 D4
Batford Rd AL5 . . . . .86 D3
Bath Pl EN5 . . . . .171 F6
Bath Rd LU3 . . . . .45 D2
Bathurst Rd HP2 . . . . .124 E6
Batterdale AL9 . . . . .130 C6
Battlefield Rd AL1 . . . . . . .127 F5
Battlers Green Dr WD7 . . .155 E3
Battleview AL4 . . . . .108 E8
Baud Cl SG11 . . . . .57 E2
Baulk The Cheddington LU7 . .79 F7
Lilley LU2 . . . . .32 D2
Pitstone LU7 . . . . .80 F5
Bay Cl LU4 . . . . .44 B6
Bay Ct HP4 . . . . .122 B4
Bay Tree Cl
Chiswellgreen AL2 . . . . . . .141 C3
Hammond Street EN7 . . . . .147 F4
Bay Tree Wlk WD1 . . . . . . .154 A1

180 Bay–Bla

Bayford CE Prim Sch SG13 ... 132 F5
Bayford Cl
Hemel Hempstead HP2 ... 125 C8
Hertford SG13 ... 113 C4
Bayford Gn SG13 ... 133 A6
Bayford La SG13 ... 132 F7
Bayford Sta SG13 ... 133 B5
Bayfordbury Coll (Univ of Hertfordshire) SG13 ... 113 B1
Bayhurst Dr HA6 ... 174 F4
Baylam Dell LU2 ... 46 E1
Bayley Hall Mews SG14 ... 113 D5
Baylie Ct HP2 ... 124 E4
Baylie La HP2 ... 124 E4
Bayworth SG6 ... 23 B5
Beacon Ct SG13 ... 114 C3
Beacon Rd Ringshall HP4 ... 81 A1
Ware SG12 ... 94 A2
Beacon Way
Rickmansworth WD3 ... 165 B3
Tring HP23 ... 100 C5
Beaconsfield LU2 ... 64 B8
Beaconsfield Rd
Enfield EN3 ... 162 D2
Hatfield AL10 ... 130 C6
St Albans AL1 ... 127 E3
Tring HP23 ... 99 E3
Beadles The CM22 ... 98 B8
Beadlow Rd LU4 ... 44 A4
Beagle Cl WD7 ... 155 F2
Beale Cl SG2 ... 51 C6
Beamish Dr WD2 ... 168 C1
Beane Ave SG2 ... 51 D6
Beane Rd Hertford SG14 ... 113 B7
Watton at Stone SG14 ... 70 D4
Beane River View SG14 ... 113 C6
Beane Wlk SG2 ... 51 D6
Beaneside The SG14 ... 70 D4
Beanfield Rd CM21 ... 97 A4
Beanley Cl LU2 ... 46 E2
Bear La SG7 ... 4 D4
Bearton Ave SG5 ... 34 E8
Bearton Ct SG5 ... 21 E1
Bearton Gn SG5 ... 21 D1
Bearton Rd SG5 ... 21 E1
Bearwood Cl EN6 ... 159 D8
Beatty Rd EN8 ... 162 F5
Beauchamp Gdns WD3 ... 165 A1
Beaulieu Cl WD1 ... 167 C1
Beaulieu Dr EN9 ... 163 B6
Beaumayes Cl HP1 ... 124 B2
Beaumont Ave AL1 ... 128 B4
Beaumont Cl 3 SG5 ... 34 D8
Beaumont Ct 10 AL5 ... 86 B1
Beaumont Gate WD7 ... 156 A4
Beaumont Hall La AL3 ... 106 C2
Beaumont Pl EN5 ... 171 F8
Beaumont Rd
Hammond Street EN7 ... 147 F7
Luton LU3 ... 45 B2
Beaumont Sch AL4 ... 128 C4
Beaumont View EN7 ... 147 D5
Beazley Cl SG12 ... 93 E2
Becket Gdns AL6 ... 89 C4
Beckets Sq HP4 ... 122 A6
Beckets Wlk 14 SG12 ... 93 D1
Beckett's Ave AL3 ... 127 C6
Becketts SG14 ... 113 A5
Beckfield La SG9 ... 26 D7
Beckham Cl LU2 ... 45 D7
Becks Cl AL3 ... 83 D5
Bedale Rd EN2 ... 161 C1
Bede Cl HA5 ... 175 D2
Bede Ct HP4 ... 102 C8
Bedford Almshouses 1 WD1 ... 167 C5
Bedford Ave EN5 ... 171 F4
Bedford Cl WD3 ... 151 B1
Bedford Cres EN3 ... 162 E4
Bedford Gdns 3 LU2 ... 63 D8
Bedford Park Rd AL1 ... 127 E3
Bedford Rd Hitchin SG5 ... 34 E7
Ickleford SG5 ... 21 D5
Letchworth SG6 ... 22 D7
Lower Stondon SG16 ... 10 B3
Moor Park HA6 ... 174 D6
St Albans AL1 ... 127 E2
Bedford St
Berkhamsted HP4 ... 122 D4
Hitchin SG5 ... 34 D7
Watford WD2 ... 167 B8
Bedmond La
Bricket Wood AL3,WD5 ... 140 B6
St Albans AL3 ... 126 F1
Bedmond Rd
Abbots Langley WD5 ... 139 E7
Hemel Hempstead HP3 ... 125 D1
Hemel Hempstead WD5 ... 139 F2
Bedmond Village Prim Sch WD5 ... 139 F3
Bedwell Ave AL9 ... 132 A7
Bedwell Cl AL7 ... 110 E5
Bedwell Cres SG1 ... 50 F5
Bedwell Prim Sch SG1 ... 51 A5
Bedwell Rise SG1 ... 50 E5
Beech Ave Crews Hill EN2 ... 161 A4
Radlett WD7 ... 156 A5
Beech Bottom AL3 ... 127 D6
Beech Cl Harpenden AL5 ... 107 C5
Hatfield AL10 ... 130 A4
Beech Cres AL4 ... 108 D7
Beech Ct
Berkhamsted HP4 ... 122 D4
Harpenden AL5 ... 85 F3
Beech Dr
Berkhamsted HP4 ... 122 C3
Borehamwood WD6 ... 169 F7
Sawbridgeworth CM21 ... 118 C8
Stevenage SG2 ... 51 B3
Beech Farm Dr AL4 ... 128 F7
Beech Gr HP23 ... 100 C4
Beech Hill
Hadley Wood EN4 ... 159 E1
Letchworth SG6 ... 22 D7
Luton LU2 ... 46 D8
Beech Hill Prim Sch LU4 ... 45 B1
Beech Ho EN11 ... 134 F6
Beech Hyde La AL4 ... 108 F6
Beech Hyde Prim Sch AL4 ... 108 D7
Beech Mews SG12 ... 114 D7
Beech Pk HP6 ... 150 B1
Beech Pl AL3 ... 127 D6
Beech Rd Luton LU1 ... 63 C8
St Albans AL3 ... 127 E6
Watford WD2 ... 154 B2
Beech Ridge SG7 ... 23 F6
Beech Way AL4 ... 87 B6
Beech Wlk HP23 ... 100 C4
Beechcroft
Berkhamsted HP4 ... 122 C3
Datchworth SG3 ... 69 D1
Beechcroft Ave WD3 ... 166 C4
Beechcroft Rd WD2 ... 167 E4
Beechen Gr WD1 ... 167 C6
Beeches The
Chorleywood WD3 ... 164 F4
Hitchin SG4 ... 35 A6
Park Street AL2 ... 141 D4
Royston SG8 ... 7 D6
Tring HP23 ... 100 C4
2 Watford WD1 ... 167 B6
Welwyn AL6 ... 89 C4
Beechfield
Hoddesdon EN11 ... 115 A2
Kings Langley WD4 ... 138 F1
Sawbridgeworth CM21 ... 97 F2
Beechfield Cl AL3 ... 106 B5
Beechfield Ct 5 WD1 ... 167 A8
Beechfield Rd
Hemel Hempstead HP1 ... 124 B2
Ware SG12 ... 93 F2
Welwyn Garden City AL7 ... 110 E5
Beechfield Sch WD2 ... 154 A2
Beechfield Wlk EN9 ... 163 D4
Beeching Cl AL5 ... 86 B4
Beechlands CM23 ... 76 F5
Beecholm Mews EN8 ... 148 E3
Beechpark Way WD1 ... 153 E2
Beechtree La AL3 ... 126 B2
Beechwood Ave
Chorleywood WD3 ... 164 B5
Little Chalfont HP6 ... 150 C1
Potters Bar EN6 ... 159 B6
St Albans AL1 ... 128 C4
Beechwood Cl Baldock SG7 ... 23 F5
Hammond Street EN7 ... 147 E5
Hertford SG13 ... 113 F6
Hitchin SG5 ... 21 D2
Beechwood Dr HP23 ... 101 D5
Beechwood Inf Sch LU4 ... 44 E4
Beechwood Jun Sch LU4 ... 44 E4
Beechwood Park Prep Sch AL3 ... 83 B1
Beechwood Pk
Chorleywood WD3 ... 164 F5
Hemel Hempstead HP3 ... 137 F7
Beechwood Rd LU4 ... 44 E3
Beechwood Rise WD2 ... 154 B2
Beecroft La SG2 ... 38 C2
Beehive Cl WD6 ... 169 D3
Beehive Gn AL7 ... 111 A4
Beehive La AL7 ... 111 A3
Beehive Rd EN7 ... 147 B3
Beesonend Cotts AL5 ... 107 B4
Beesonend La AL3,AL5 ... 106 E3
Beeston Cl WD1 ... 175 D6
Beeston Dr EN8 ... 148 D4
Beetham Ct SG12 ... 92 E4
Beethoven Rd WD6 ... 169 D3
Beeton Cl HA5 ... 176 A3
Beggarman's La SG11 ... 72 D8
Beggars Bush La WD1,WD3 ... 166 D4
Beggars La HP23 ... 101 A3
Beken Ct WD2 ... 154 C4
Belcher Rd 6 EN11 ... 135 A7
Beldam Ave SG8 ... 7 E5
Beldams La CM23 ... 77 B5
Belfairs WD1 ... 175 D5
Belford Rd WD6 ... 156 F1
Belfry Ave UB9 ... 173 A2
Belfry The Luton LU2 ... 45 E6
Watford WD2 ... 167 D8
Belgrave Ave WD1 ... 166 F4
Belgrave Cl AL4 ... 128 C7
Belgrave Dr WD4 ... 139 C3
Belgrave Ho 6 CM23 ... 77 B8
Belgrave Mews SG2 ... 69 A8
Belgrave Rd LU4 ... 44 D5
Belham Rd WD4 ... 139 A3
Bell Acre SG6 ... 23 B4
Bell Acre Gdns SG6 ... 23 B4
Bell Cl
Abbots Langley WD5 ... 139 F4
Hitchin SG4 ... 35 B6
Knebworth SG3 ... 69 A5
3 Pinner HA5 ... 175 C1
Bell Farm Ind Est SG8 ... 18 B2
Bell Gn HP3 ... 137 B4
Bell La
Abbots Langley WD5 ... 140 A4
Bell La *continued*
Berkhamsted HP4 ... 121 E5
Brookmans Park AL9 ... 145 A7
Enfield EN3 ... 162 E1
Hertford SG14 ... 113 D6
Hoddesdon, Broxbourne EN11 ... 134 E2
Hoddesdon, Spitalbrook EN11 ... 135 A6
Little Chalfont HP6 ... 150 C1
Nuthampstead SG8 ... 18 B2
Shenley AL2 ... 142 E2
Stevenage SG1 ... 50 C7
Widford SG12 ... 95 D4
Bell Lane Jun Mix Inf Sch HP6 ... 150 B1
Bell Leys HP22 ... 60 B3
Bell Mead CM21 ... 97 E2
Bell Rdbt The AL2 ... 142 F4
Bell Row SG7 ... 23 E7
Bell St CM21 ... 97 E2
Bell View AL4 ... 128 D3
Bell Wlk HP22 ... 60 B3
Bellamy Cl Knebworth SG3 ... 68 F5
Watford WD1 ... 167 A8
Bellamy Rd EN8 ... 148 E2
Belle Vue La WD2 ... 168 D1
Belle Vue Rd SG12 ... 93 F1
Bellerby Rise LU4 ... 44 B6
Bellfield Ave HA3 ... 176 D4
Bellgate HP2 ... 124 E6
Bellgate Prim HP2 ... 124 E5
Bellingdon WD1 ... 175 E7
Bellis Ho AL7 ... 111 B4
Bellmount Wood Ave WD1 ... 166 E8
Bells Hill Barnet EN5 ... 171 D5
Bishop's Stortford CM23 ... 76 E7
Belmers Rd HP23 ... 100 D1
Belmont Ct AL1 ... 127 D2
Belmont Fst & Mid Sch HA3 ... 176 F1
Belmont Hill AL1 ... 127 D2
Belmont Lodge HA3 ... 176 D3
Belmont Rd
Hemel Hempstead HP3 ... 138 E8
Luton LU1 ... 63 C7
Watford WD2 ... 167 E4
Belmor WD6 ... 170 A3
Belper Rd LU4 ... 44 D2
Belsize Cl
Hemel Hempstead HP3 ... 125 A2
St Albans AL4 ... 128 C8
Belsize Rd Harrow HA3 ... 176 D3
Hemel Hempstead HP3 ... 125 A2
Belswains Gn HP3 ... 138 E8
Belswains La HP3 ... 138 F7
Belswains Prim Sch HP3 ... 138 F7
Belton Rd HP4 ... 122 A5
Beltona Gdns EN8 ... 148 D4
Belvedere Gdns AL2 ... 141 A4
Belvedere Rd LU3 ... 45 B5
Bembridge Gdns LU3 ... 44 F7
Ben Austins AL3 ... 106 A4
Benbow Cl AL1 ... 128 B1
Benchley Hill SG4 ... 35 C8
Benchleys Rd HP1 ... 123 F2
Bencroft EN7 ... 148 A5
Bencroft Rd HP2 ... 124 E3
Bencroft Wood EN10 ... 133 D1
Bendish La SG4 ... 66 C7
Bendysh Rd WD2 ... 167 E5
Benedictine Gate EN8 ... 148 E4
Benford Rd EN11 ... 134 F4
Bengarth Dr HA3 ... 176 D1
Bengeo Ho SG14 ... 92 C1
Bengeo Mdws SG14 ... 92 C1
Bengeo Mews SG14 ... 92 C1
Bengeo Prim Sch SG14 ... 92 C1
Bengeo St SG14 ... 113 C8
Benhooks Ave CM23 ... 76 E5
Benhooks Pl 1 CM23 ... 76 E5
Benington CE Prim Sch SG2 ... 52 D4
Benington Cl LU2 ... 45 F5
Benington Lordship Gdns SG2 ... 52 D4
Benington Rd Aston SG2 ... 51 F2
Benington SG2 ... 52 A7
Bennett Cl
Northwood HA6 ... 174 F3
Welwyn Garden City AL7 ... 110 F2
Bennett Ct SG6 ... 23 A5
Bennetts Cl AL4 ... 143 D8
Bennetts End Cl HP3 ... 124 F1
Bennetts End Rd HP3 ... 125 A1
Bennetts La SG9 ... 25 F4
Bennettsgate HP3 ... 139 A8
Bennick Ho WD1 ... 166 E3
Benningfield SG12 ... 95 D5
Benningfield Rd SG12 ... 95 D4
Benskin Rd WD1 ... 167 A4
Benslow La SG4 ... 35 A7
Benslow Rise SG4 ... 35 A8
Benson Cl LU3 ... 44 F7
Benson Ct EN3 ... 163 A1
Benstede SG2 ... 69 C8
Bentfield Cty Prim Sch CM24 ... 59 D8
Bentfield End Cswy CM24 ... 59 D7
Bentfield Gdns CM24 ... 59 D7
Bentfield Green CM24 ... 59 D8
Bentfield Rd CM24 ... 59 D7
Bentick Way SG4 ... 67 F2
Bentley Cl CM23 ... 76 F5
Bentley Ct LU1 ... 63 C8
Bentley Heath La EN5 ... 158 F4
Bentley Lodge WD2 ... 176 E8
Bentley Rd SG14 ... 112 F7
Bentley Wood High Sch HA3 ... 176 F5
Benton Rd WD1 ... 175 D5
Bentsley Cl AL4 ... 128 C7
Berceau Wlk WD1 ... 166 E8
Berefield HP2 ... 124 D5
Beresford Rd Luton LU4 ... 45 A1
Rickmansworth WD3 ... 164 F1
St Albans AL1 ... 128 C2
Bericot Way AL7 ... 111 D6
Berkeley SG6 ... 23 A4
Berkeley Cl
Abbots Langley WD5 ... 153 F8
Borehamwood WD6 ... 170 A4
6 Hitchin SG5 ... 34 D8
Potters Bar EN6 ... 158 F7
Stevenage SG2 ... 69 A8
Ware SG12 ... 93 C2
Berkeley Ct
Croxley Green WD3 ... 166 D4
6 Harpenden AL5 ... 86 A2
Berkeley Path 2 LU2 ... 63 E8
Berkeley Sq HP2 ... 105 C1
Berkhamsted Castle HP4 ... 122 D5
Berkhamsted Collegiate Sch Berkhamsted HP4 ... 122 B4
Berkhamsted HP4 ... 122 C4
Berkhamsted La AL9 ... 132 B3
Berkhamsted Rd HP1 ... 123 E5
Berkhamsted Sta HP4 ... 122 C5
Berkley Ave EN8 ... 162 D5
Berkley Cl AL4 ... 128 C7
Berkley Ct HP4 ... 122 C4
Berkley Pl EN8 ... 162 D5
Berks Hill WD3 ... 164 C4
Bermer Rd WD2 ... 167 C8
Bernard Gr EN9 ... 163 B6
Bernard St AL3 ... 127 D4
Bernard's Heath Inf Sch AL1 ... 127 F5
Berners Dr AL1 ... 141 E8
Berners Way EN10 ... 148 F8
Bernhardt Cres SG2 ... 51 C6
Berries The AL4 ... 128 A7
Berrow Cl LU2 ... 46 E2
Berry Ave WD2 ... 154 B3
Berry Cl WD3 ... 165 B2
Berry Grove La WD2 ... 154 E1
Berry La WD3 ... 165 A2
Berry Leys LU3 ... 44 E7
Berry Way WD3 ... 165 B2
Berryfield LU7 ... 79 F7
Berrygrove La WD2 ... 168 A8
Berrymead HP2 ... 124 F5
Berthold Mews EN9 ... 163 B6
Bertram Ho 4 SG1 ... 50 E6
Berwick Cl Harrow HA7 ... 176 F4
Holdbrook EN8 ... 163 A5
Stevenage SG1 ... 50 A8
Berwick Rd WD6 ... 156 F1
Besant Ho 2 WD2 ... 167 D7
Besford Cl LU2 ... 46 E2
Bessemer Cl SG5 ... 21 E2
Bessemer Dr SG1 ... 50 B4
Bessemer Rd AL7,AL8 ... 89 E2
Bethune Cl LU1 ... 63 B6
Betjeman Cl EN7 ... 148 A3
Betjeman Rd SG8 ... 2 D1
Betjeman Way HP1 ... 124 B4
Betony Vale SG8 ... 7 E5
Bettespol Mdws AL3 ... 106 A6
Betty's La HP23 ... 100 A4
Bevan Cl HP3 ... 124 E1
Bevan Ho 3 WD2 ... 167 D7
Beverley Cl SG8 ... 7 B8
Beverley Gdns
Cheshunt EN7 ... 148 A1
St Albans AL4 ... 128 D7
Welwyn Garden City AL7 ... 111 C6
Beverley Rd Luton LU4 ... 44 F1
Stevenage SG1 ... 37 B2
Beverly Cl EN10 ... 134 E2
Bevil Ct EN11 ... 115 A1
Bewdley Cl AL5 ... 107 D6
Bewley Cl EN8 ... 162 D8
Bexhill Rd LU2 ... 46 D2
Beyers Gdns EN11 ... 115 A1
Beyers Prospect EN11 ... 115 A1
Beyers Ride EN11 ... 115 A1
Bibbs Hall La SG4,AL6 ... 87 E6
Biddenham Turn WD2 ... 154 C4
Bideford Gdns LU3 ... 45 D4
Bideford Rd EN3 ... 162 F1
Bidwell Cl SG6 ... 23 B5
Biggin Hill SG9 ... 28 D7
Biggin La SG5 ... 34 F7
Bignells Cnr EN6 ... 158 B5
Billet La HP4 ... 122 A6
Billy Lows La EN6 ... 159 B8
Bilton Rd SG4 ... 21 F2
Bilton Way Enfield EN3 ... 162 F1
Luton LU1 ... 44 F1
Bingen Rd SG5 ... 21 C1
Bingham Cl HP1 ... 123 F5
Binghams Park Childrens Farm HP1 ... 123 E8
Bingley Rd EN11 ... 135 C6
Binham Cl LU2 ... 45 D7
Binyon Cres HA7 ... 176 F5
Birch Copse AL2 ... 140 E1
Birch Ct HA6 ... 174 C4
Birch Dr Hatfield AL10 ... 130 A4
Maple Cross WD3 ... 172 D5
Birch Gn
Hemel Hempstead HP1 ... 123 F5
Hertingfordbury SG14 ... 112 C4
Birch Gr Oaklands AL6 ... 89 E8
Potters Bar EN6 ... 159 B7
Birch La HP3 ... 151 B7
Birch Leys HP2 ... 125 C8
Birch Link LU4 ... 45 C1
Birch Pk HA3 ... 176 C3
Birch Rd
Berkhamsted HP4 ... 121 D7
Woolmer Green SG3 ... 69 B1
Birch Tree Gr HP5 ... 136 B1
Birch Tree Wlk WD1 ... 153 F2
Birch Way Harpenden AL5 ... 107 C8
London Colney AL2 ... 142 D4
Birch Wlk WD6 ... 170 A8
Birchall La SG14 ... 111 E4
Birchall Wood AL7 ... 111 C5
Birchalls CM24 ... 59 E8
Birchanger CE Prim Sch CM23 ... 59 D2
Birchanger Ind Est CM23 ... 59 B2
Birchanger La CM23 ... 59 D2
Birchen Gr LU2 ... 45 F3
Bircherley Ct 12 SG14 ... 113 D6
Bircherley Green Ctr The 8 SG14 ... 113 D6
Bircherley St SG14 ... 113 D6
Birches The Bushey WD2 ... 168 C4
Codicote SG4 ... 89 A8
Hemel Hempstead HP3 ... 137 F8
Letchworth SG6 ... 22 E8
Birchfield Rd EN8 ... 148 C2
Birchmead WD1 ... 153 F1
Birchmead Cl AL3 ... 127 D6
Birchway AL10 ... 130 B7
Birchwood
Birchanger CM23 ... 59 D2
Shenley WD7 ... 157 A5
Waltham Abbey EN9 ... 163 E5
Birchwood Ave AL10 ... 130 A7
Birchwood Cl AL10 ... 130 A7
Birchwood High Sch CM23 ... 77 C8
Birchwood Way AL2 ... 141 B3
Bird La UB9 ... 173 C1
Birdcroft Rd AL8 ... 110 D5
Birdie Way SG13 ... 114 B7
Birds Cl AL7 ... 111 B4
Birds Hill SG6 ... 23 A6
Birdsfoot La LU3 ... 45 B6
Birkbeck Rd EN2 ... 161 D1
Birkdale Gdns WD1 ... 175 D7
Birklands AL1 ... 142 B7
Birklands La AL1 ... 142 B7
Birling Dr LU2 ... 46 C4
Birnbeck Ct EN5 ... 171 D5
Birstal Gn WD1 ... 175 D6
Birtley Croft LU2 ... 46 E1
Biscot Rd LU3 ... 45 C2
Bishop Ken Rd HA3 ... 176 F2
Bishop Sq AL10 ... 129 E5
Bishop Wood CE Jun Sch HP23 ... 100 A3
Bishop's Ave CM23 ... 76 F3
Bishop's Cl AL4 ... 128 A7
Bishop's Garth AL4 ... 128 A7
Bishop's Hatfield Girls' Sch AL10 ... 130 A5
Bishop's Palace (rem of) AL9 ... 130 D6
Bishop's Stortford Bsns Ctr CM23 ... 77 A6
Bishop's Stortford Coll CM23 ... 76 E7
Bishop's Stortford High Sch The CM23 ... 76 F4
Bishop's Stortford Sta CM23 ... 77 A6
Bishop's Wood Ctry Pk WD3 ... 173 F4
Bishops Ave
Borehamwood WD6 ... 169 F4
Moor Park HA6 ... 174 F7
Bishops Cl Barnet EN5 ... 171 D3
Hatfield AL10 ... 129 F5
Bishops' Coll EN8 ... 148 B1
Bishops Ct Cheshunt EN8 ... 148 B1
6 Luton LU3 ... 45 D1
Bishops Field HP22 ... 99 A4
Bishops Mead HP1 ... 124 B1
Bishops Park Way CM23 ... 76 B7
Bishops Rd AL6 ... 90 E6
Bishops Rise AL10 ... 129 F2
Bishopscote Rd LU3 ... 45 B3
Biskra WD1 ... 167 A8
Bisley Cl EN8 ... 162 D6
Bit The HP23 ... 100 D1
Bittern Cl
Hammond Street EN7 ... 147 C6
Stevenage SG2 ... 51 D2
Bittern Way SG6 ... 11 E1
Black Boy Wood AL2 ... 141 A1
Black Cut AL1 ... 127 E2
Black Fan Rd
Welwyn Garden City AL7 ... 110 F7
Welwyn Garden City AL7 ... 111 B6
Black Lion Ct CM17 ... 118 C4
Black Lion Hill WD7 ... 156 F7
Black Smiths Cl SG12 ... 115 A7
Black Swan Ct 1 SG12 ... 93 D1
Black Swan La LU3 ... 45 A5
Blackberry Mead SG2 ... 51 D3
Blackbirds La WD2 ... 155 C5
Blackbury Cl EN6 ... 159 C8
Blackbush Spring CM20 ... 118 A1
Blackbushe CM23 ... 59 C1
Blackdale EN7 ... 148 A4
Blacketts Wood Dr WD3 ... 164 B5
Blackford Rd WD1 ... 175 D5

Bla–Bro 181

Blackhorse Cl SG4 .35 A5
Blackhorse La Hitchin SG4 .35 A5
Redbourn AL3 .106 A6
Ridge EN6 .157 F8
Blackhorse Rd SG6 .23 C8
Blackley Cl WD1 .153 F2
Blackmoor La WD1 .166 D4
Blackmore SG6 .23 B3
Blackmore Manor AL4 .87 B6
Blackmore Way AL4 .87 B6
Blacksmith Cl SG5 .11 F7
Blacksmith's La Reed SG8 .16 D5
St Albans AL3 .127 B3
Blacksmiths Cl CM23 .76 B5
Blacksmiths Hill SG2 .52 E4
Blacksmiths Way CM21 .97 B1
Blackthorn Cl
St Albans AL4 .128 C6
Watford WD2 .154 B7
Blackthorn Dr LU2 .46 C4
Blackthorn Jun Sch AL7 .111 A5
Blackthorn Rd AL7 .111 A5
Blackthorne Cl AL10 .129 F2
Blackwater La HP3 .125 E1
Blackwell Cl HA3 .176 D3
Blackwell Dr WD1 .167 C3
Blackwell Hall La HP5 .150 C6
Blackwell Rd WD4 .139 A2
Blackwood Ct EN7 .148 F5
Bladon Cl SG4 .35 F3
Blaine Cl HP23 .100 A6
Blair Cl
Bishop's Stortford CM23 .76 C7
Hemel Hempstead HP2 .105 B1
Stevenage SG2 .50 F1
Blairhead Dr WD1 .175 B7
Blake Cl Royston SG8 .2 D1
St Albans AL1 .142 A8
Blakemere Rd AL8 .110 D8
Blakemore End Rd SG4 .35 D3
Blakeney Dr LU2 .45 C7
Blakeney Ho SG1 .50 A7
Blakeney Rd SG1 .50 A7
Blakes Ct CM21 .97 E2
Blakes Way AL6 .89 C6
Blanche La EN6 .157 F5
Blandford Ave LU2 .45 D6
Blandford Rd AL1 .128 A3
Blanes The SG12 .93 C3
Blattner Cl WD6 .169 E5
Blaxland Terr 9 EN8 .148 D3
Blaydon Rd LU2 .64 A8
Blenheim Cl
Sawbridgeworth CM21 .118 C8
Watford WD1 .167 D2
Blenheim Cres LU3 .45 C2
Blenheim Ct
Bishop's Stortford CM23 .76 C7
Welwyn Garden City AL7 .110 F7
Blenheim Rd Barnet EN5 .171 D5
St Albans AL1 .127 F4
Blenheim Way SG2 .69 D7
Blenheim Rd WD5 .154 A7
Blenkin Cl AL3 .127 C7
Blind La SG2 .38 F5
Blindman's La EN8 .148 D2
Block 10 4 WD1 .167 A8
Block 12 3 WD1 .167 A8
Block 14 2 WD1 .167 A8
Bloomfield Ave LU2 .46 A1
Bloomfield Ho 6 SG1 .50 E6
Bloomfield Rd
Hammond Street EN7 .147 C6
Harpenden AL5 .85 F3
Blossom La EN2 .161 C1
Blue Bridge Rd AL9 .144 E4
Bluebell Cl
Hemel Hempstead HP1 .123 E2
Hertford SG13 .114 A6
Bluebell Dr
Abbots Langley WD5 .139 F4
Goff's Oak EN7 .147 D3
Bluebell Wood Cl LU1 .63 A7
Bluebells AL6 .89 D7
Blueberry Cl AL3 .127 D7
Bluebridge Ave AL9 .144 F4
Bluecoat Yd SG12 .93 D1
Bluecoats Ave SG14 .113 D6
Bluecoats Ct 15 SG14 .113 D6
Bluehouse Hill AL3 .127 A3
Bluett Rd AL2 .142 D4
Blundell Cl AL3 .127 D7
Blundell Rd LU3 .45 A4
Blunesfield EN6 .159 D8
Blunts La AL2 .140 D5
Blyth Cl
Borehamwood WD6 .170 A8
Stevenage SG1 .50 A7
Blyth Pl 12 LU1 .63 D6
Blythe Rd EN11 .135 D5
Blythway AL7 .89 F1
Blythway Ho AL7 .89 F1
Blythwood Gdns CM24 .59 D6
Blythwood Rd HA5 .175 D2
Boardman Cl EN5 .171 E4
Bockings SG2 .38 C1
Bodmin Rd LU4 .44 F3
Bodwell Cl HP1 .124 A4
Bogmoor Rd SG8 .18 A8
Bognor Gdns WD1 .175 C5
Bohemia HP2 .124 E4
Boissy Cl AL4 .128 E2
Boleyn Cl HP2 .125 C8
Boleyn Dr AL1 .127 D1
Bolingbroke Rd LU1 .63 B6
Bolingbrook AL4 .128 A7
Bolney Gn LU2 .46 D3
Bolton Rd LU1 .63 F7
Boltons Park (Royal Veterinary Coll) EN6 .145 A2
Bond Ct AL5 .85 F3
Bondor Bsns Ctr SG7 .23 F7
Boniface Gdns HA3 .176 B3
Boniface Wlk HA3 .176 B3
Bonks Hill CM21 .97 D1
Bonney Gr EN7 .148 A1
Bonneygrove Cty Prim Sch EN7 .148 A1
Bonnick Cl LU1 .63 C6
Booths Cl AL9 .144 D7
Boreham Holt WD6 .169 F5
Borehamwood Ind Pk WD6 .170 D7
Bornedene EN6 .158 E8
Borodale AL5 .86 A1
Borough Way EN6 .158 E7
Borrell Cl EN10 .134 F3
Borrowdale Ct 4 HP2 .124 E6
Borton Ave SG16 .10 B4
Bosanquet Rd EN11 .135 C8
Boscombe Ct SG6 .23 B6
Bosmore Rd LU3 .44 F5
Boswell Cl WD7 .156 E7
Boswell Dr SG5 .21 E4
Boswell Gdns SG1 .36 D1
Boswick La HP4 .121 D8
Botley La HP5 .136 A1
Botley Rd Botley HP5 .136 A1
Hemel Hempstead HP2 .125 B8
Bottom House La HP23 .101 A1
Bottom La WD3,WD4 .152 C4
Bottom Rd HP23 .119 F3
Bough Beech Ct EN3 .162 D2
Boughton Way HP6 .150 C1
Boulevard Ctr The WD6 .170 A6
Boulevard The
Watford WD1 .166 D4
Welwyn Garden City AL7 .110 F8
Boulton Rd SG1 .37 C2
Bounce The HP2 .124 D5
Boundary Cl EN5 .171 F8
Boundary Ct AL7 .110 F2
Boundary Dr SG14 .113 D8
Boundary Ho AL7 .110 D3
Boundary La AL7 .110 E2
Boundary Rd
Bishop's Stortford CM23 .77 A5
St Albans AL1 .127 E5
Boundary Way
Hemel Hempstead HP2 .125 C5
Watford WD2 .154 C7
Bounds Field SG11 .75 F8
Bourne Cl
Hoddesdon EN10 .134 F3
Ware SG12 .93 D2
Bourne End Rd HA6 .174 E6
Bourne Hall WD2 .168 A3
Bourne Honour SG12 .92 E7
Bourne Rd
Berkhamsted HP4 .121 F5
Bushey WD2 .168 A4
Bourne The
Bishop's Stortford CM23 .77 A8
Bovingdon HP3 .137 A4
Ware SG12 .93 D2
Bournehall Ave WD2 .168 A4
Bournehall Jun Mix Inf Sch WD2 .168 B4
Bournehall La WD2 .168 A4
Bournehall Rd WD2 .168 A3
Bournemouth Rd 3 SG1 .50 B8
Bouvier Rd EN3 .162 C1
Bovingdon Cres WD2 .154 D5
Bovingdon Ct HP3 .137 A3
Bovingdon Green La HP3 .136 F3
Bovingdon Prim Sch HP3 .137 B4
Bovingdon Sch HP3 .137 B4
Bowbrook Vale LU2 .46 F1
Bowcock Wlk SG1 .50 E3
Bower Heath La AL5 .86 C6
Bower's Par AL5 .86 A1
Bowers Way AL5 .86 A1
Bowershott SG6 .23 A4
Bowes Lyon Mews AL3 .127 D3
Bowgate AL1 .127 E4
Bowlers Mead SG9 .40 D7
Bowles Gn EN1 .162 B3
Bowling Cl
14 Bishop's Stortford CM23 .76 F6
Harpenden AL5 .107 C7
Bowling Ct WD1 .167 A5
Bowling Gn SG1 .50 C8
Bowling Green La
Buntingford SG9 .40 D8
Luton LU2 .45 E2
Bowling Rd SG12 .93 E1
Bowman Trad Est SG1 .50 B5
Bowmans Ave SG4 .35 B6
Bowmans Cl
Potters Bar EN6 .159 D7
Welwyn AL6 .89 C6
Bowmans Ct HP2 .124 E5
Bowmans Gn WD2 .154 E3
Bowmansgreen Prim Sch AL2 .142 C4
Bowring Gn WD1 .175 C5
Bowyer's Cl SG5 .21 D1
Bowyers 6 HP2 .124 D5
Box La
Hemel Hempstead HP3 .137 E7
Hoddesdon EN11 .134 E6
Boxberry Cl SG1 .50 E6
Boxfield AL7 .111 B3
Boxfield Gn SG2 .51 D8
Boxgrove Cl LU2 .46 C5
Boxhill 3 HP2 .124 D5
Boxmoor House Sch HP3 .137 F8
Boxmoor Jun Mix Inf Sch HP1 .124 A2
Boxted Cl LU4 .44 C5
Boxted Rd HP1 .123 F5
Boxtree La HA3 .176 D3
Boxtree Rd HA3 .176 D3
Boxwell Rd HP4 .122 B4
Boyce Cl WD6 .169 E8
Boyd Cl 1 CM23 .77 B8
Boyle Cl LU2 .63 E8
Brace Cl EN7 .147 B6
Braceby Cl LU3 .44 F6
Brache Cl AL3 .106 A5
Brache Ct LU1 .63 F6
Bracken La AL6 .89 F7
Brackendale EN6 .159 A6
Brackendale Gr
Harpenden AL5 .85 D3
Luton LU3 .45 B5
Brackendene AL2 .140 F1
Brackenhill HP4 .122 F5
Brackens The HP2 .124 D4
Bracklesham Gdns LU2 .46 D3
Bracknell Pl HP2 .124 F7
Bradbery WD3 .172 D5
Bradbury Cl WD6 .170 B8
Bradden Cotts HP2 .103 F8
Bradden La HP1,HP2 .103 E7
Bradden Villas HP2 .103 F8
Bradford Rd WD3 .164 C2
Bradgate EN6 .146 D4
Bradgate Cl EN6 .146 D3
Bradgers Hill Rd LU2 .45 E4
Bradley Comm CM23 .59 C3
Bradley Rd Enfield EN3 .162 E2
Luton LU4 .44 D1
Bradleys Cnr SG4 .35 C8
Bradman Way SG1 .37 A1
Bradmore Gn AL9 .144 E5
Bradmore La AL9 .144 C5
Bradmore Way AL9 .144 E5
Bradshaw Rd WD2 .154 C1
Bradshaws AL10 .129 F1
Bradway SG4 .66 E6
Braemar Cl SG2 .69 B7
Braemar Ct WD2 .168 A3
Braeside Cl HA5 .176 A3
Bragbury Cl SG2 .69 D7
Bragbury La SG2,SG3 .69 D5
Bragmans La WD3 .151 E6
Braham Ct 2 SG5 .34 E7
Brain Cl AL10 .130 B6
Braithwaite Ct 16 LU3 .45 D1
Brakynbery HP4 .121 E7
Brallings La SL9 .172 A6
Bramble Cl Harpenden AL5 .85 F3
Luton LU4 .44 C4
Watford WD2 .154 A5
Bramble Rd Hatfield AL10 .129 D5
Luton LU4 .44 C4
Bramble Rise CM20 .117 C1
Brambles The
Bishop's Stortford CM23 .76 C6
Cheshunt EN8 .162 D8
Oaklands AL6 .89 E8
Royston SG8 .7 E5
St Albans AL1 .127 D1
Stevenage SG1 .36 D2
Ware SG12 .93 C3
Brambling Cl WD2 .167 E5
Brambling Rise HP2 .124 E6
Bramfield Hitchin SG4 .35 B6
Watford WD2 .154 E5
Bramfield Ct SG14 .113 A7
Bramfield La SG14 .91 F3
Bramfield Pl HP2 .105 A1
Bramfield Rd
Datchworth SG3 .90 E8
Hertford SG14 .112 F8
Bramhanger Acre LU3 .44 D7
Bramingham Bsns Pk LU3 .45 B8
Bramingham Prim Sch LU3 .45 B8
Bramingham Rd LU3 .44 F6
Bramleas WD1 .166 F5
Bramley Cl SG7 .12 F1
Bramley Ct WD2 .154 B8
Bramley Gdns WD1 .175 C5
Bramley House Ct EN2 .161 D2
Bramley Shaw EN9 .163 F6
Bramley Way AL4 .128 C2
Brampton Cl
Cheshunt EN7 .148 A3
Harpenden AL5 .86 D1
Brampton Park Rd SG5 .21 E1
Brampton Rd Royston SG8 .7 F6
South Oxhey WD1 .175 A7
St Albans AL1 .128 A4
Brampton Terr WD6 .157 A1
Bramshaw Gdns WD1 .175 D5
Bramshott Cl SG4 .34 F5
Branch Cl AL10 .130 C7
Branch Rd
Park Street AL2 .141 D4
St Albans AL3 .127 B4
Brand St SG5 .34 E7
Brandles Rd SG6 .23 A3
Brandles Sch SG7 .23 E7
Brandon Cl EN7 .147 F5
Branksome Cl HP2 .125 A4
Branscombe Ho WD2 .154 A2
Branton Cl LU2 .46 E2
Brantwood Rd LU1 .63 C7
Bray Cl WD6 .170 C8
Bray Lodge EN8 .148 E3
Brayes Manor SG5 .11 F6
Brays Ct LU2 .46 B3
Brays Rd LU2 .46 B3
Braziers End HP5 .120 C1
Braziers Field SG13 .113 F6
Braziers Quay CM23 .77 A6
Breachwood Green Jun Mix Inf Sch SG4 .47 E1
Bread & Cheese La EN7 .147 D6
Breadcroft La AL5 .86 B1
Breakmead AL7 .111 B4
Breaks Rd AL10 .130 B6
Breakspear SG2 .51 C3
Breakspear Ave AL1 .127 F2
Breakspear Coll WD5 .139 F1
Breakspear Ct WD5 .139 F1
Breakspear Hospl HP3 .138 F6
Breakspear Rd N UB9 .173 D1
Breakspear Way HP2 .125 D4
Breakspeare Cl WD2 .154 B1
Breakspeare Rd WD5 .153 E8
Breakspeare Sch WD5 .153 E8
Brecken Cl AL4 .128 A7
Brecon Cl 13 LU1 .63 D6
Breeze Terr 5 EN8 .148 D3
Brendon Ave LU2 .46 C1
Brent Ct SG1 .50 E5
Brent Pl EN5 .171 F4
Brett Pl WD2 .154 A2
Brett Rd EN5 .171 C4
Bretts Mead LU1 .63 C5
Bretts Mead Ct LU1 .63 C5
Brewers Cl CM23 .76 C5
Brewery La Baldock SG7 .23 E8
Stansted Mountfitchet CM24 .59 E7
Brewery Rd EN11 .135 B6
Brewery Yd CM24 .59 F7
Brewhouse Hill AL4 .108 C8
Brewhouse La SG14 .113 C6
Briants Cl HA5 .175 F1
Briar Cl Cheshunt EN8 .148 C2
Luton LU2 .46 C4
Potten End HP4 .123 A7
Briar Patch La SG6 .22 D3
Briar Rd St Albans AL4 .128 D6
Watford WD2 .154 B4
Briar Way HP4 .122 D3
Briarcliff HP1 .123 E4
Briardale Stevenage SG1 .50 E4
Ware SG12 .93 C3
Briarley Cl EN10 .134 F1
Briars Cl AL10 .130 A5
Briars La AL10 .130 A5
Briars The Bushey WD2 .168 E2
Cheshunt EN8 .162 E8
Hertford SG13 .114 A6
Sarratt WD3 .152 A3
Briars Wood AL10 .130 A5
Briarwood Dr HA6 .175 A1
Briary La SG8 .7 C5
Briary Wood End AL6 .89 F8
Briary Wood La AL6 .89 F8
Brick Kiln Cl WD1 .167 E3
Brick Kiln La SG4 .34 E5
Brick Knoll Pk AL1 .128 C2
Brickcroft EN10 .148 E5
Brickendon Ct
Hoddesdon EN11 .135 A5
Waltham Abbey EN9 .163 F6
Brickendon La SG13 .133 D6
Bricket Rd AL1 .127 D3
Bricket Wood Sta AL2 .141 A1
Brickfield AL10 .130 A2
Brickfield Ave HP3 .125 B2
Brickfield Ct AL10 .130 B2
Brickfield La EN5 .170 F3
Brickfields The SG12 .93 B2
Brickkiln Rd SG1 .50 C6
Brickly Rd LU4 .44 C5
Brickmakers La HP3 .125 B2
Brickwall Cl AL6 .110 A8
Bride Hall La AL6 .88 A5
Bridewell Cl SG9 .40 E8
Bridge Ct
Berkhamsted HP4 .122 D4
Harpenden AL5 .85 F3
Radlett WD7 .156 B4
Bridge End SG9 .40 E8
Bridge Foot SG12 .93 D1
Bridge Pk AL7 .110 E7
Bridge Pl WD1 .167 D4
Bridge Rd
Abbots Langley WD4 .153 C6
Letchworth SG6 .22 F6
Welwyn Garden City AL8 .110 C7
Woolmer Green SG3 .69 A2
Bridge Rd E AL7 .110 F6
Bridge Rd W SG1 .50 C7
Bridge St
Berkhamsted HP4 .122 D4
Bishop's Stortford CM23 .76 F7
Hemel Hempstead HP1 .124 C2
Hitchin SG5 .34 E6
Kneesworth SG8 .2 B8
Luton LU1 .63 E8
Bridgefields AL7 .110 F7
Bridgefoot SG9 .40 E7
Bridgeford Ho
13 Bishop's Stortford CM23 .76 F6
5 Watford WD1 .167 B6
Bridgegate Bsns Ctr AL7 .110 F7
Bridgend Rd EN1 .162 C4
Bridgenhall Rd EN1 .161 F1
Bridger Cl WD2 .154 E6
Bridges Ct SG14 .113 C6
Bridges Rd HA7 .176 F5
Bridgewater Ct HP4 .102 C8
Bridgewater Hill HP4 .121 F7
Bridgewater Monument The HP4 .101 E7
Bridgewater Rd HP4 .122 B5
Bridgewater Sch HP4 .122 A6
Bridgewater Way WD2 .168 B3
Bridle Cl Enfield EN3 .162 F2
Hoddesdon EN11 .115 A2
St Albans AL3 .127 E5
Bridle La WD3 .165 D6
Bridle Path WD2 .167 B7
Bridle Way
Berkhamsted HP4 .122 A6
Great Amwell SG12 .115 A6
Bridle Way (N) EN11 .115 B2
Bridle Way (S) EN11 .115 A1
Bridleway HP23 .119 E5
Bridlington Rd WD1 .175 D7
Brierley Cl LU2 .46 D2
Briery Ct WD3 .165 A5
Briery Field WD3 .165 A5
Briery Way HP2 .125 A4
Brigadier Ave EN2 .161 C1
Brigadier Hill EN2 .161 C1
Brightman Cotts 2 LU3 .45 A7
Brighton Rd WD2 .154 A1
Brighton Way SG1 .50 A8
Brightview Cl AL2 .140 E2
Brightwell Ct WD1 .167 A4
Brightwell Rd WD1 .167 A4
Brill Cl LU2 .46 D2
Brimfield Cl LU2 .46 D2
Brimsdown Ave EN3 .162 E1
Brimstone Wlk HP4 .121 F6
Brinklow Ct AL3 .141 B8
Brinley Cl EN8 .162 D8
Brinsley Rd HA3 .176 D1
Brinsmead AL2 .141 E4
Briscoe Cl EN11 .134 F8
Briscoe Rd EN11 .134 F8
Bristol Rd LU3 .45 B4
Britannia SG11 .55 E2
Britannia Ave LU3 .45 B4
Britannia Hall LU2 .64 C8
Britannia Pl 3 CM23 .76 E5
Britannia Rd EN8 .162 F5
Britannic Bsns Pk EN8 .162 F5
Brittain Way SG2 .51 B4
Britten Cl WD6 .169 D3
Britton Ave AL3 .127 D3
Brixham Cl SG1 .50 B7
Brixton Rd WD2 .167 B8
Broad Acre AL2 .140 E1
Broad Acres AL10 .129 F8
Broad Ct AL7 .110 E6
Broad Gn SG13 .132 F8
Broad Green Wood SG13 .133 A8
Broad Mead LU3 .45 A3
Broad Oak Ct LU2 .46 D3
Broad Oak Way SG2 .50 F1
Broad St HP2 .124 D4
Broad Wlk CM20 .117 D1
Broad Wlk The HA6 .174 C1
Broadacres LU2 .45 D6
Broadcroft
2 Hemel Hempstead HP2 .124 D5
Letchworth SG6 .22 F2
Broadfield
Bishop's Stortford CM23 .58 F2
Harlow CM20 .117 E1
Broadfield Cl SG10 .74 E1
Broadfield Ct WD2 .176 E8
Broadfield Inf Sch HP2 .124 F3
Broadfield Jun Sch HP2 .124 F3
Broadfield Pl AL8 .110 B5
Broadfield Rd
Hemel Hempstead HP2 .124 F3
Woolmer Green SG3 .69 B1
Broadfield Way SG10 .74 F1
Broadfields
Goff's Oak EN7 .147 B2
Harpenden AL5 .85 F2
Harrow HA2 .176 B1
High Wych CM21 .97 B1
Broadfields Cty Prim Sch CM20 .117 E1
Broadfields La WD1 .167 B1
Broadgate EN9 .163 F7
Broadgreen Rd EN7 .147 D5
Broadhall Way SG2 .51 B2
Broadlake Cl AL2 .142 D4
Broadlands Cl EN8 .162 D5
Broadlawns Ct HA3 .176 F2
Broadleaf Ave CM23 .76 D4
Broadleaf Gr AL8 .89 B1
Broadley Gdns WD7 .156 E7
Broadmead SG4 .35 B5
Broadmead Cl HA5 .175 E3
Broadmead Ind Sch LU1 .63 E5
Broadmeadow Ride SG4 .35 A4
Broadmeads SG12 .93 D1
Broadoak Ave EN3 .162 D4
Broadstone Rd AL5 .107 D7
Broadview SG1 .50 E6
Broadwater
Berkhamsted HP4 .122 C5
Potters Bar EN6 .145 B1
Broadwater Ave SG6 .22 E5
Broadwater Cres
Stevenage SG2 .69 C8
Welwyn Garden City AL7 .110 D5
Broadwater Dale SG6 .22 E5
Broadwater La SG2 .51 D1
Broadwater Rd AL7 .110 E6

182 Bro–Can

Broadway SG6 . . . . . 22 F5
Broadway Ave CM17 . . . . . 118 B4
Broadway Ct SG6 . . . . . 22 E3
Broadway The
Harrow HA3 . . . . . 176 F1
Hatfield AL9 . . . . . 130 C6
Kimpton AL4 . . . . . 87 B5
Pinner HA5 . . . . . 175 F3
Watford WD1 . . . . . 167 C6
Brocket Cnr AL8 . . . . . 109 F4
Brocket Ct LU4 . . . . . 44 D5
Brocket Rd Hatfield AL8 . . . 110 A3
Hoddesdon EN11 . . . . . 135 A6
Brocket View AL4 . . . . . 108 D8
Brockett Cl AL8 . . . . . 110 B6
Brockhurst Cl HA7 . . . . . 176 F4
Brocklesbury Cl WD2 . . . . 167 D7
Brockley Hill HA7 . . . . . 169 C1
Brockswood La AL8 . . . . . 110 B7
Brockswood Prim Sch
HP2 . . . . . 105 C1
Brockwell Shott SG2 . . . . . 38 B1
Brodewater Rd WD6 . . . . . 170 B7
Brodie Rd EN2 . . . . . 161 C1
Bromborough Gn WD1 . . 175 C5
Bromet Cl WD1 . . . . . 153 F1
Bromet Jun Mix Inf Sch
The WD1 . . . . . 167 D2
Bromleigh Cl EN8 . . . . . 148 E3
Bromley HP23 . . . . . 79 A4
Bromley La SG10 . . . . . 74 D6
Brompton Cl LU3 . . . . . 44 F8
Bronte Cres HP2 . . . . . 105 B1
Bronte Paths SG2 . . . . . 51 C6
Brook Bank EN1 . . . . . 162 B2
Brook Cotts CM24 . . . . . 59 E5
Brook Ct LU3 . . . . . 45 D1
Brook Dr Radlett WD7 . . . 155 F6
Stevenage SG2 . . . . . 69 B8
Brook End Redbourn AL3 . . 106 A4
Sawbridgeworth CM21 . . . . 97 D2
Brook Field SG2 . . . . . 51 E2
Brook La
Berkhamsted HP4 . . . . . 122 B5
Sawbridgeworth CM21 . . . . 97 D2
Brook Rd
Borehamwood WD6 . . . . . 170 A7
Sawbridgeworth CM21 . . . . 97 E1
Stansted Mountfitchet CM24 . 59 E6
Brook St Luton LU3 . . . . . 63 D8
Stotfold SG5 . . . . . 11 E6
Tring HP23 . . . . . 100 B4
Brook View SG4 . . . . . 35 C6
Brookbridge La SG3 . . . . . 69 D2
Brookdene Ave WD1 . . . . 167 C1
Brookdene Dr HA6 . . . . . 174 F4
Brooke Cl WD2 . . . . . 168 C2
Brooke Gdns CM23 . . . . . 77 C7
Brooke Rd SG8 . . . . . 7 D8
Brooke Way WD2 . . . . . 168 C2
Brooker Rd EN9 . . . . . 163 C5
Brookfield Cl HP23 . . . . . 100 B4
Brookfield Ctr EN8 . . . . . 148 D4
Brookfield Gdns EN8 . . . . 148 D4
Brookfield La SG2 . . . . . 51 F3
Brookfield La E EN8 . . . . 148 D3
Brookfield La W EN8 . . . . 148 C4
Brookfield Ret Pk EN8 . . . 148 D5
Brookfields CM21 . . . . . 97 D2
Brookhill SG2 . . . . . 68 F8
Brookhouse Pl 3 CM23 . . . 76 F8
Brookland Jun & Inf Schs
EN8 . . . . . 148 E3
Brooklands Cl LU4 . . . . . 44 C6
Brooklands Gdns EN6 . . . . 158 E7
Brookmans Ave AL9 . . . . . 144 F5
Brookmans Park
Cty Prim Sch AL9 . . . . . 144 E5
Brookmans Park Sta
AL9 . . . . . 144 E5
Brookmead Sch LU7 . . . . . 80 E5
Brookmill Cl WD1 . . . . . 167 B2
Brooks Ct SG14 . . . . . 112 F7
Brooksfield AL7 . . . . . 111 B7
Brookshill HA3 . . . . . 176 D5
Brookshill Ave HA3 . . . . . 176 E5
Brookshill Dr HA3 . . . . . 176 D5
Brookside Hatfield AL10 . . . 129 D5
Hertford SG13 . . . . . 113 E5
Hoddesdon EN11 . . . . . 135 A6
Letchworth SG6 . . . . . 22 F5
Potters Bar EN6 . . . . . 158 A7
Waltham Abbey EN9 . . . . . 163 E7
Watford WD2 . . . . . 154 D3
Brookside Cl EN5 . . . . . 171 E3
Brookside Cres EN6 . . . . . 146 E4
Brookside Gdns EN1 . . . . . 162 C2
Brookside Rd WD1 . . . . . 167 B2
Broom Barns
Jun Mix Inf Sch SG1 . . . . 50 E5
Broom Cl
Hammond Street EN7 . . . . 148 A4
Hatfield AL10 . . . . . 129 F2
Broom Gr Knebworth SG3 . . 68 F5
Watford WD1 . . . . . 154 A1
Broom Hill
Hemel Hempstead HP1 . . . 123 E2
Welwyn AL6 . . . . . 90 A8
Broom Wlk SG1 . . . . . 50 E5
Broomer Pl EN8 . . . . . 148 C2
Broomfield
Chiswellgreen AL2 . . . . . 141 C4
Harlow CM20 . . . . . 118 B3
Broomfield Ave EN10 . . . . 148 E5
Broomfield Cl AL6 . . . . . 89 C4
Broomfield Ct 2 AL10 . . . 130 A6
Broomfield Rd AL6 . . . . . 89 C4
Broomfield Rise WD5 . . . . 153 D7
Broomhills AL7 . . . . . 111 B7
Broomleys AL4 . . . . . 128 D6
Brooms Cl AL8 . . . . . 89 D1
Brooms Rd LU2 . . . . . 64 A8
Broomstick Hall Rd EN9 . . 163 E6
Broomstick La HP5 . . . . . 136 A1
Broughinge Rd WD6 . . . . . 170 B7
Broughton Ave LU3 . . . . . 45 C5
Broughton Hill SG6 . . . . . 23 B6
Broughton Way WD3 . . . . 165 A2
Brow The WD2 . . . . . 154 B6
Brown's Cl LU4 . . . . . 44 C4
Brown's Cnr SG9 . . . . . 27 F3
Brown's Rise HP23 . . . . . 119 F3
Brownfield Way AL4 . . . . . 87 B6
Brownfields AL7 . . . . . 110 F7
Browning Dr SG4 . . . . . 35 B8
Browning Rd Enfield EN2 . . 161 D1
Harpenden AL5 . . . . . 86 C2
Luton LU4 . . . . . 44 A2
Brownings La SG4 . . . . . 47 D1
Brownlow La LU7 . . . . . 80 A7
Brownlow Rd
Berkhamsted HP4 . . . . . 122 C5
Borehamwood WD6 . . . . . 170 A5
Browns Hedge LU7 . . . . . 80 C3
Browns Spring HP4 . . . . . 123 C7
Brownsea Ho 12 WD1 . . . . 166 F3
Brox Dell SG1 . . . . . 50 E6
Broxbourne CE Prim Sch
EN10 . . . . . 134 F2
Broxbourne Sch The
EN10 . . . . . 134 E1
Broxbourne Sta EN10 . . . 135 A3
Broxbournebury Mews
EN10 . . . . . 134 C3
Broxley Mead LU4 . . . . . 44 D5
Bruce Gr WD2 . . . . . 154 C1
Bruce Rd Barnet EN5 . . . . 171 E6
Harrow HA3 . . . . . 176 E1
Bruce Way EN8 . . . . . 162 D6
Brunel Rd SG2 . . . . . 51 B7
Brunswick Ct
Hoddesdon EN11 . . . . . 135 A5
Stevenage SG1 . . . . . 50 A7
Brunswick Rd EN3 . . . . . 163 A1
Brunswick St LU2 . . . . . 63 F8
Brushrise WD2 . . . . . 154 A3
Brushwood Dr WD3 . . . . . 164 C5
Brussels Way LU3 . . . . . 44 D8
Bryan Rd CM23 . . . . . 76 F8
Bryanstone Rd EN8 . . . . . 162 F5
Bryant Cl EN5 . . . . . 171 F4
Bryant Ct AL5 . . . . . 86 A3
Bryce Cl SG12 . . . . . 93 D3
Bsns Ctr E SG6 . . . . . 23 C6
Bsns Ctr W SG6 . . . . . 23 C6
Buchanan Ct
Borehamwood WD6 . . . . . 170 C7
Luton LU2 . . . . . 64 B8
Buchanan Dr LU2 . . . . . 64 B8
Buckettsland La WD6 . . . . 157 D2
Buckingham Dr LU2 . . . . . 46 D2
Buckingham Rd
Borehamwood WD6 . . . . . 170 D5
Tring HP23 . . . . . 99 E3
Watford WD2 . . . . . 154 C2
Buckinghamshire Coll
The HP8 . . . . . 172 A8
Buckland Rd HP22 . . . . . 99 A4
Buckland Rise HA5 . . . . . 175 D2
Bucklands The WD3 . . . . . 165 A2
Buckle Cl LU3 . . . . . 44 F7
Bucklers Cl EN10 . . . . . 134 F1
Bucklersbury SG5 . . . . . 34 E6
Bucknalls Cl WD2 . . . . . 154 E7
Bucknalls Dr AL2 . . . . . 154 F8
Bucknalls La WD2 . . . . . 154 E7
Bucks Alley SG13 . . . . . 132 D4
Bucks Ave WD1 . . . . . 167 E2
Bucks Hill WD4 . . . . . 152 C5
Buckthorn Ave SG1 . . . . . 50 E4
Buckton Rd WD6 . . . . . 156 F1
Buckwood La LU6 . . . . . 82 C7
Buckwood Rd AL3 . . . . . 83 C6
Buddcroft AL7 . . . . . 111 B7
Bude Cres SG1 . . . . . 50 A7
Bulbourne Cl
Berkhamsted HP4 . . . . . 121 F6
Hemel Hempstead HP1 . . . 124 A2
Bulbourne Ct HP23 . . . . . 100 A7
Bulbourne Rd HP23 . . . . . 100 B7
Bull La Buckland SG9 . . . . 27 C8
Cottered SG9 . . . . . 39 C8
Wheathampstead AL4 . . . . 108 A6
Bull Plain SG14 . . . . . 113 D6
Bull Rd AL5 . . . . . 107 B8
Bull Stag Gn AL9 . . . . . 130 C7
Bull's Cross EN2 . . . . . 162 A3
Bullace Cl HP1 . . . . . 124 A4
Bullbeggars La HP4 . . . . . 123 A4
Bullen's Green La AL4 . . . 143 E8
Bullfields CM21 . . . . . 97 E3
Bullhead Rd WD6 . . . . . 170 C6
Bullock's Hill SG4 . . . . . 49 B1
Bullock's La SG13 . . . . . 113 C4
Bullrush Cl AL10 . . . . . 130 B4
Bulls Cross Ride EN7 . . . . 162 A5
Bulls La AL9 . . . . . 144 E7
Bullsland Gdns WD3 . . . . . 164 B3
Bullsland La WD3 . . . . . 164 B2
Bullsmoor Cl EN8 . . . . . 162 C4
Bullsmoor Gdns EN8 . . . . 162 B4
Bullsmoor La EN1,EN3 . . . 162 C4
Bullsmoor Ride EN8 . . . . . 162 C4
Bullsmoor Way EN8 . . . . . 162 C4
Bullwell Cres EN8 . . . . . 148 E2
Bulstrode Cl HP3 . . . . . 137 E3
Bulstrode La
Chipperfield HP3 . . . . . 137 F3
Hemel Hempstead HP3 . . . 138 A5
Bulwer Link SG1 . . . . . 50 E3
Buncefield La HP2 . . . . . 125 C5
Bungalows The AL5 . . . . . 86 C3
Bunkers La HP3 . . . . . 139 B7
Bunnsfield AL7 . . . . . 111 C7
Bunstrux HP23 . . . . . 100 A4
Bunting Rd LU4 . . . . . 44 A4
Buntingford Rd SG11 . . . . 55 D4
Bunyan Cl Pirton SG5 . . . . 20 D4
Tring HP23 . . . . . 100 B5
Bunyan Rd SG5 . . . . . 34 F8
Bunyans Cl LU3 . . . . . 45 A5
BUPA Bushey Hospl
WD2 . . . . . 168 F1
Burbage Cl EN8 . . . . . 162 F8
Burchell Ct WD2 . . . . . 168 C2
Burfield Cl AL10 . . . . . 130 A7
Burfield Ct LU2 . . . . . 46 D3
Burfield Rd WD3 . . . . . 164 C4
Burford Cl LU3 . . . . . 31 A1
Burford Gdns EN11 . . . . . 135 B7
Burford Mews 9 EN11 . . . . 135 A7
Burford Pl 11 EN11 . . . . . 135 A7
Burford Way SG5 . . . . . 21 D2
Burgage Ct 12 SG12 . . . . . 93 D1
Burgage La SG12 . . . . . 93 D1
Burge End La SG5 . . . . . 20 C5
Burgess Cl EN7 . . . . . 147 C6
Burgess Ct WD6 . . . . . 156 F1
Burghley Ave
Bishop's Stortford CM23 . . 76 C7
Borehamwood WD6 . . . . . 170 C4
Burghley Cl SG2 . . . . . 69 A8
Burgoyne Hatch CM20 . . . 118 A1
Burgundy Croft AL7 . . . . . 110 F4
Burhill Gr HA5 . . . . . 175 E1
Burleigh Mead AL9 . . . . . 130 C7
Burleigh Prim Sch EN8 . . 148 D1
Burleigh Rd
Cheshunt EN8 . . . . . 162 E7
Hemel Hempstead HP2 . . . 125 C2
Hertford SG13 . . . . . 114 A7
St Albans AL1 . . . . . 128 B3
Burleigh Way EN6 . . . . . 146 E1
Burley SG6 . . . . . 11 F2
Burley Ho WD5 . . . . . 153 F7
Burley Rd CM23 . . . . . 77 A4
Burnell Rise SG6 . . . . . 22 D5
Burnell Wlk SG6 . . . . . 22 E5
Burnells Way CM24 . . . . . 59 E7
Burnet Cl HP3 . . . . . 124 E2
Burnett Ave SG16 . . . . . 10 B4
Burnett Sq SG14 . . . . . 112 F7
Burnham Cl
Datchworth AL6 . . . . . 90 C6
Enfield EN1 . . . . . 161 E1
Burnham Green Rd
AL6,SG3 . . . . . 90 D6
Burnham Rd Luton LU2 . . . 46 B2
St Albans AL1 . . . . . 128 B3
Burnley Cl WD1 . . . . . 175 C5
Burns Cl Hitchin SG4 . . . . 35 B8
Stevenage SG2 . . . . . 51 C8
Burns Dr HP2 . . . . . 105 B1
Burns Rd SG8 . . . . . 7 D8
Burnsall Pl AL5 . . . . . 107 C6
Burnside Hertford SG14 . . . 113 A5
Hoddesdon EN11 . . . . . 134 F6
Sawbridgeworth CM21 . . . . 97 D2
St Albans AL1 . . . . . 128 B1
Burnside Cl AL10 . . . . . 130 A8
Burnside Terr CM17 . . . . . 118 F3
Burnt Cl LU3 . . . . . 44 F7
Burnt Mill CM20 . . . . . 117 C3
Burnt Mill Cty Comp Sch
CM20 . . . . . 117 F2
Burntfarm Ride EN2,EN7 . . 161 B7
Burntmill Cl CM20 . . . . . 117 C3
Burntmill Cnr CM20 . . . . . 117 D4
Burntmill La CM20 . . . . . 117 D3
Burr Cl AL2 . . . . . 142 E4
Burr St LU2 . . . . . 63 E8
Burr's Pl LU1 . . . . . 63 E6
Burrowfield AL7 . . . . . 110 D4
Burrs La SG8 . . . . . 17 C3
Bursland SG6 . . . . . 22 D6
Burston Dr AL2 . . . . . 141 C3
Burton Ave WD1 . . . . . 167 A5
Burton Cl AL4 . . . . . 87 C5
Burton Dr EN3 . . . . . 163 A2
Burton La EN7 . . . . . 147 E3
Burtons La WD3 . . . . . 164 A4
Burtons Mill CM21 . . . . . 97 F3
Burvale Ct 3 WD1 . . . . . 167 B6
Burwell Rd SG2 . . . . . 51 C4
Bury Cotts AL3 . . . . . 105 E5
Bury End SG5 . . . . . 20 D4
Bury Gn
Hemel Hempstead HP1 . . . 124 C4
Wheathampstead AL4 . . . . 108 C8
Bury Green Rd
Cheshunt EN7 . . . . . 162 A7
Cheshunt EN7 . . . . . 162 A8
Bury Hill HP1 . . . . . 124 C4
Bury Hill Cl HP1 . . . . . 124 C4
Bury Holme EN10 . . . . . 148 F8
Bury La Bramfield SG14 . . . 91 B4
Codicote SG4 . . . . . 67 F2
Datchworth SG3 . . . . . 69 D3
Rickmansworth WD3 . . . . 165 D1
Streatley LU3 . . . . . 31 A5
Bury Mdws WD3 . . . . . 165 D1
Bury Mead SG15 . . . . . 11 A7
Bury Mead Rd SG5 . . . . . 21 F1
Bury Park Rd LU1 . . . . . 63 C8
Bury Rd Harlow CM17 . . . . 118 D4
Hatfield AL10 . . . . . 130 C6
Hemel Hempstead HP1 . . . 124 C3
Bury Rise HP3 . . . . . 137 D6
Bury The SG4 . . . . . 67 F2
Burycroft AL8 . . . . . 89 E1
Burydale Jun Sch SG2 . . . 51 B1
Burydell La AL2 . . . . . 141 D5
Buryfield Terr SG12 . . . . . 93 C1
Buryfield Way SG12 . . . . . 93 C1
Burymead SG1 . . . . . 36 C1
Burywick AL5 . . . . . 107 B5
Bush Hall La AL9 . . . . . 130 D8
Bush Spring SG7 . . . . . 13 A1
Bushbarns EN7 . . . . . 148 A2
Bushby Ave EN10 . . . . . 134 F1
Bushel Wharf HP23 . . . . . 100 A6
Bushell Gn WD2 . . . . . 176 D8
Bushey Cl AL7 . . . . . 111 B5
Bushey Gn AL7 . . . . . 111 B5
Bushey Grove Rd WD2 . . . 167 E5
Bushey Hall Dr WD2 . . . . 167 E5
Bushey Hall Rd WD2 . . . . 167 E5
Bushey Hall Sch WD2 . . . . 167 F4
Bushey Heath Prim Sch
WD2 . . . . . 168 D1
Bushey Ley AL7 . . . . . 111 B5
Bushey Manor
Jun Mix Sch WD2 . . . . . 167 E4
Bushey Meads Sch WD2 . 168 C4
Bushey Mill Cres WD2 . . . 154 C3
Bushey Mill La
Bushey WD2 . . . . . 167 E8
Watford WD2 . . . . . 154 D1
Bushey Mus WD2 . . . . . 168 A3
Bushey & Oxhey Sta
WD1 . . . . . 167 D3
Bushfield Rd HP3 . . . . . 137 C6
Bushmead Inf Sch LU2 . . . 45 E5
Bushmead Jun Sch LU2 . . . 45 E5
Bushmead Rd LU2 . . . . . 45 E5
Bushwood Cl AL9 . . . . . 144 B8
Bute Sq LU1 . . . . . 63 E7
Bute St LU1 . . . . . 63 E7
Butely Rd LU4 . . . . . 44 B5
Butler's Hall La CM23 . . . . 76 B3
Butlers Dr E4 . . . . . 163 C1
Butlin Rd LU1 . . . . . 63 B7
Butt Field View AL1 . . . . . 141 C7
Butterfield Green Rd LU2 . 46 A6
Butterfield La AL1 . . . . . 141 E7
Butterfield Rd AL4 . . . . . 108 C7
Butterfly La WD6 . . . . . 169 B7
Buttermere Cl AL1 . . . . . 128 B2
Buttersweet Rise CM21 . . . 97 E1
Butterwick WD2 . . . . . 154 E3
Butterworth Path 1 LU2 . . 63 E8
Buttlehide WD3 . . . . . 172 D5
Butts End HP1 . . . . . 124 A5
Butts The EN10 . . . . . 148 E7
Buttsmead HA6 . . . . . 174 C3
Buxton Cl AL4 . . . . . 128 D6
Buxton Path WD1 . . . . . 175 C7
Buxton Rd LU1 . . . . . 63 D7
Buxtons La SG8 . . . . . 1 F3
Buzzard Rd LU4 . . . . . 44 A4
By The Mount AL7 . . . . . 110 D5
By-The-Wood WD1 . . . . . 175 E8
By-Wood End SL9 . . . . . 172 A5
Byde St SG14 . . . . . 113 C7
Bye Way The HA3 . . . . . 176 F2
Byers Cl EN6 . . . . . 159 C5
Byewaters WD1 . . . . . 166 C3
Byeway The WD3 . . . . . 173 E8
Byfield AL8 . . . . . 89 E1
Byfield Cl LU4 . . . . . 44 B1
Byfleet Ind Est WD1 . . . . 166 B1
Byford Ho EN5 . . . . . 171 D5
Bygrave SG1 . . . . . 36 C2
Bygrave Rd SG7 . . . . . 12 F1
Bylands Cl CM23 . . . . . 76 D6
Byng Dr EN6 . . . . . 159 A8
Byng Rd EN5 . . . . . 171 D6
Byrd Wlk SG7 . . . . . 23 F7
Byron Ave
Borehamwood WD6 . . . . . 170 A4
Watford WD2 . . . . . 167 D8
Byron Cl
Hammond Street EN7 . . . . 147 F4
Hitchin SG4 . . . . . 35 B8
Stevenage SG2 . . . . . 51 C7
Byron Ct EN8 . . . . . 148 B3
Byron Pl HP2 . . . . . 105 B1
Byron Rd Harpenden AL5 . . 86 A2
Harrow HA3 . . . . . 176 F1
Luton LU4 . . . . . 44 B2
Royston SG8 . . . . . 7 E8
Byslips Rd LU6 . . . . . 82 D5
Byway The EN6 . . . . . 159 A6
Byways HP4 . . . . . 122 E5

C

Cabot Cl SG2 . . . . . 51 A7
Caddington Comm AL3 . . . 83 E8
Caddis Cl HA7 . . . . . 176 F3
Cade Cl SG6 . . . . . 12 C1
Cades Cl LU1 . . . . . 63 A6
Cades La LU1 . . . . . 63 A6
Cadia Cl LU1 . . . . . 62 E4
Cadmore Ct
12 Cheshunt EN8 . . . . . 148 D3
Hertford SG14 . . . . . 112 F7
Cadmore La EN8 . . . . . 148 E2
Cadwell Ct SG4 . . . . . 22 A2
Cadwell La SG4 . . . . . 22 A2
Caernarvon Cl
Hemel Hempstead HP2 . . . 124 D3
Stevenage SG2 . . . . . 69 B7
Caernarvon Ct HP2 . . . . . 124 D3
Caesars Rd AL4 . . . . . 108 E8
Cage Pond Rd WD7 . . . . . 156 F6
Cairn Way HA7 . . . . . 176 F4
Cairns Cl AL4 . . . . . 128 D2
Caishowe Rd WD6 . . . . . 170 B8
Caister Cl
Hemel Hempstead HP2 . . . 124 E2
Stevenage SG1 . . . . . 36 A1
Calbury Cl AL1 . . . . . 128 B2
Caldbeck EN9 . . . . . 163 D5
Caldecot Ave EN7 . . . . . 147 F2
Caldecot Way EN10 . . . . . 134 F1
Caldecote Gdns WD2 . . . . 168 E2
Caldecote La WD2 . . . . . 168 F3
Caldecote Rd SG7 . . . . . 12 E8
Calder Ave AL9 . . . . . 145 B5
Caldwell Rd WD1 . . . . . 175 D6
Caleb Cl LU4 . . . . . 44 F2
Caledon Rd AL2 . . . . . 142 D5
Caledonian Ct WD1 . . . . . 167 B7
California SG7 . . . . . 12 F1
California La WD2 . . . . . 168 D1
Callanders The WD2 . . . . . 168 E1
Callisto Ct HP2 . . . . . 124 F6
Callowland Pl WD2 . . . . . 154 B1
Calnwood Rd LU4 . . . . . 44 C3
Calton Ave SG14 . . . . . 112 F7
Calton Ct SG14 . . . . . 112 F6
Calton Ho SG14 . . . . . 112 F6
Calverley Cl CM23 . . . . . 76 E4
Calvert Rd EN5 . . . . . 171 D7
Calverton Rd LU3 . . . . . 45 A6
Cam Ctr SG4 . . . . . 22 A3
Cam Sq SG4 . . . . . 22 A3
Camberley Pl AL5 . . . . . 107 D6
Camborne Dr HP2 . . . . . 124 E7
Cambrian Way HP2 . . . . . 124 F6
Cambridge Cl EN8 . . . . . 148 C2
Cambridge Cotts SG11 . . . . 72 E2
Cambridge Cres SG8 . . . . . 2 A8
Cambridge Dr EN6 . . . . . 158 E8
Cambridge Rd
Barkway SG8 . . . . . 17 D5
Barley SG8 . . . . . 9 A3
Harlow CM20 . . . . . 118 C6
Hitchin SG4 . . . . . 22 C2
Sawbridgeworth CM21 . . . . 97 E4
St Albans AL1 . . . . . 128 B2
Standon SG11 . . . . . 55 C2
Stansted Mountfitchet CM24 . 59 E8
6 Watford WD1 . . . . . 167 C5
Cambridge St LU1 . . . . . 63 F6
Cambridge Terr HP4 . . . . . 122 D4
Cameron Ct 8 SG12 . . . . . 93 D2
Cameron Dr EN8 . . . . . 162 D5
Camfield AL7 . . . . . 110 F2
Camford Way LU3 . . . . . 44 A8
Camlet Way AL3 . . . . . 127 B4
Camp Prim Sch AL1 . . . . . 128 B2
Camp Rd AL1 . . . . . 128 B2
Camp View Rd AL1 . . . . . 128 B2
Campana Ct EN5 . . . . . 171 D6
Campania Gr LU3 . . . . . 45 A8
Campbell Cl
Buntingford SG9 . . . . . 40 E7
Hitchin SG4 . . . . . 35 B8
Campers Ave SG6 . . . . . 22 E5
Campers Rd SG6 . . . . . 22 E5
Campers Wlk SG6 . . . . . 22 E5
Campfield Rd
Hertford SG14 . . . . . 113 B5
St Albans AL1 . . . . . 128 A3
Campfield Way SG6 . . . . . 22 D5
Campine Cl 1 EN8 . . . . . 148 D3
Campion Cl WD2 . . . . . 154 A6
Campion Ct SG1 . . . . . 50 C8
Campion Rd HP1 . . . . . 123 E2
Campion Way SG8 . . . . . 7 E5
Campions CM17 . . . . . 118 F5
Campions Ct HP4 . . . . . 122 B3
Campions The
Borehamwood WD6 . . . . . 157 A1
Stansted Mountfitchet CM24 . 59 E8
Campkin Mead SG2 . . . . . 51 D3
Camps Hill
Com Prim Sch SG2 . . . . . 51 B6
Campus Five SG6 . . . . . 23 C7
Campus The AL8 . . . . . 110 D7
Canada La EN10 . . . . . 148 E6
Canadas The EN10 . . . . . 148 E6
Canal Ct HP4 . . . . . 122 E4
Canberra Cl Kneesworth SG8 . 2 B5
St Albans AL3 . . . . . 127 F7
Canberra Gdns LU3 . . . . . 45 B6
Candlefield Cl HP3 . . . . . 139 A8
Candlefield Rd HP3 . . . . . 139 A8
Candlefield Wlk HP3 . . . . 139 A8
Caneland Ct EN9 . . . . . 163 F5
Canfield CM23 . . . . . 76 E8
Cangelis Cl HP1 . . . . . 124 A1
Canham Cl SG4 . . . . . 66 D1
Cannix Cl SG2 . . . . . 51 A2
Cannon Ho 1 SG4 . . . . . 34 F6
Cannon La LU2 . . . . . 46 B5
Cannon Mews EN9 . . . . . 163 B6
Cannon Rd WD1 . . . . . 167 C4
Cannon St AL3 . . . . . 127 D4
Cannon's Cl SG8 . . . . . 1 F5
Cannons Cl CM23 . . . . . 59 A1
Cannons Ct SG11 . . . . . 55 D3
Cannons Mdw AL6 . . . . . 90 E2
Cannons Mead CM24 . . . . . 59 D7

Can–Che 183

Cannons Mill La CM23 . . . .59 A1
Canons Cl WD7 . . . . .156 B4
Canons Field Oaklands AL6 .89 E8
Wheathampstead AL6 . . . . . .87 D1
Canons Gate
Cheshunt EN8 . . . . .148 F5
Harlow CM20 . . . . .117 A2
Canons Rd SG12 . . . . .93 C2
Canonsfield Ct AL6 . . . . . . .89 E7
Canonsfield Rd AL6 . . . . . . .89 E8
Canopus Way HA6 . . . . . . .175 A6
Cantelowes Ho EN5 . . . . . .171 D4
Canterbury Cl Luton LU3 . . .44 F4
Northwood HA6 . . . . .174 F4
Canterbury Ct AL1 . . . . . . .127 F4
Canterbury Ho
Borehamwood WD6 . . . . . .170 A7
4 Watford WD1 . . . . .167 C7
Canterbury Rd
Borehamwood WD6 . . . . . .170 A7
Watford WD1 . . . . .167 B7
Canterbury Way
Croxley Green WD3 . . . . . .166 C6
Stevenage SG1 . . . . .36 F2
Cape Rd AL1 . . . . .128 B3
Capel Ct SG11 . . . . .57 E2
Capel Ho WD1 . . . . .175 D6
Capel Manor Gdns EN7 . .162 D4
Capel Manor Prim Sch
EN1 . . . . .162 B4
Capel Rd Enfield EN1 . . . . .162 B3
Watford WD1 . . . . .167 E3
Capell Ave WD3 . . . . .164 C4
Capell Rd WD3 . . . . .164 D4
Capell Way WD3 . . . . .164 D4
Capella Rd HA6 . . . . .174 F6
Capelvere Wlk WD1 . . . . .166 E8
Caponfield AL7 . . . . .111 B4
Capron Rd LU4 . . . . .44 E4
Captains Wlk HP4 . . . . . . .122 D3
Caractacus Cottage
View WD1 . . . . .167 A3
Caractacus Gn WD1 . . . . .166 F3
Caravan La WD3 . . . . .165 E2
Carbone Hill EN6,SG13 . . .146 D5
Carde Cl SG14 . . . . .112 F7
Cardiff Cl SG2 . . . . .69 B7
Cardiff Gr LU1 . . . . .63 D7
Cardiff Pl SG8 . . . . .2 A8
Cardiff Rd Luton LU1 . . . . . .63 D7
Watford WD1 . . . . .167 B4
Cardiff Way WD5 . . . . .154 A7
Cardigan Ct 10 LU1 . . . . . . .63 D8
Cardigan Gdns 11 LU1 . . . .63 D8
Cardigan St LU1 . . . . .63 D7
Cardinal Ave WD6 . . . . . . .170 B5
Cardinal Cl EN7 . . . . .147 F5
Cardinal Ct
Borehamwood WD6 . . . . . . .170 B6
3 Luton LU2 . . . . .45 D1
Cardinal Gr AL3 . . . . .127 B1
Cardinal Newman
High Sch LU2 . . . . .31 C1
Cardinals Gate SG8 . . . . .7 C6
Cardy Rd HP1 . . . . .124 B3
Carew Rd HA6 . . . . .174 F4
Carew Way WD1 . . . . .175 F7
Careys Croft HP4 . . . . .122 A7
Carisbrook Rd AL2 . . . . . .141 B5
Carisbrooke Ave WD2 . . .167 D8
Carisbrooke Rd
Harpenden AL5 . . . . .86 C2
Luton LU4 . . . . .44 E1
Carleton Rd EN8 . . . . .148 E4
Carleton Rise AL6 . . . . .89 C6
Carlisle Ave AL3 . . . . .127 D4
Carlton Bank 2 AL5 . . . . . .86 B1
Carlton Cl
Borehamwood WD6 . . . . . .170 D5
Luton LU3 . . . . .45 C2
Carlton Cres LU3 . . . . .45 C2
Carlton Ct
1 Harpenden AL5 . . . . .86 B1
Watford WD1 . . . . .167 C3
Carlton Rd AL5 . . . . .86 B2
Carman Ct HP23 . . . . .99 F3
Carmelite Cl HA3 . . . . .176 C2
Carmelite Rd
Harrow HA3 . . . . .176 C1
Luton LU4 . . . . .44 A3
Carmelite Way HA3 . . . . . .176 C1
Carmelite Wlk HA3 . . . . . .176 C2
Carmen Ct WD6 . . . . .156 F1
Carnaby Rd EN10 . . . . .134 E3
Carnarvon Rd EN5 . . . . . . .171 E6
Carnegie Gdns LU3 . . . . . . .45 A8
Carnegie Rd AL3 . . . . .127 D7
Caro La HP3 . . . . .125 B1
Carol Cl LU3 . . . . .45 B4
Carole Ct LU1 . . . . .63 E5
Caroline Pl WD1 . . . . .167 E3
Carolyn Ct LU3 . . . . .45 B4
Caroon Dr WD3 . . . . .152 B3
Carpenders Ave WD1 . . . .175 E8
Carpenders Cl AL5 . . . . .85 D4
Carpenders Park Sta
WD1 . . . . .175 D7
Carpenter Way EN6 . . . . .159 D6
Carpenters Rd EN1 . . . . . .162 C3
Carpenters The CM23 . . . . .76 B5
Carpenters Wood Dr
WD3 . . . . .164 B5
Carpenters Yd HP23 . . . . .100 A3
Carriden Ct SG14 . . . . .112 F8
Carrigans CM23 . . . . .76 E8
Carrington Ave WD6 . . . . .170 C4
Carrington Cl Barnet EN5 .171 A4
Borehamwood WD6 . . . . . .170 C4
Carrington Pl HP23 . . . . . .100 C5
Carrington Sq HA3 . . . . . .176 C3
Carsdale Cl LU3 . . . . .45 A6
Cart Path WD2 . . . . .154 C6
Carteret Rd LU2 . . . . .46 C1
Carterhatch La EN1 . . . . . .161 F1
Carters Cl Arlesey SG15 . . . .11 A7
Aston SG2 . . . . .51 D4
Carters La SG5 . . . . .34 A6
Carters Leys CM23 . . . . . . .76 D8
Carters Way SG15 . . . . .11 A7
Carters Wlk SG15 . . . . .11 A7
Cartersfield Rd EN9 . . . . .163 C5
Carthagena Est EN9 . . . . .135 C3
Cartwright Rd Royston SG8 . .7 D5
Stevenage SG1 . . . . .37 C2
Carve Ley AL7 . . . . .111 B5
Carvers Croft SG3 . . . . .69 B2
Cary Wlk WD7 . . . . .156 B5
Cashio La SG6 . . . . .23 A8
Caslon Way SG6 . . . . .11 F1
Cassandra Gate EN8 . . . . .148 F4
Cassio Rd WD1 . . . . .167 B5
Cassiobridge Rd WD1 . . .166 E5
Cassiobridge Terr WD3 . .166 D4
Cassiobury Dr WD1 . . . . . .166 F7
Cassiobury Inf Sch WD1 .166 E8
Cassiobury Jun Mix Sch
WD1 . . . . .166 E8
Cassiobury Park Ave
WD1 . . . . .166 F6
Castano Ct WD5 . . . . .153 E8
Castellane Cl 1 HA7 . . . . .176 F3
Castile Ct EN8 . . . . .163 A5
Castings Ho SG6 . . . . .23 A7
Castle Cl Bushey WD2 . . . .168 B3
Hoddesdon EN11 . . . . .115 C1
Castle Croft Rd LU1 . . . . . .63 A6
Castle Gate SG14 . . . . .113 C5
Castle Gate Way HP4 . . . .122 C6
Castle Hill HP4 . . . . .122 C6
Castle Hill Ave HP4 . . . . . .122 C5
Castle Hill Cl HP4 . . . . . . .122 C5
Castle Mead HP1 . . . . .124 B1
Castle Mead Gdns SG14 . .113 C6
Castle Mews HP4 . . . . .122 D4
Castle Rd Enfield EN3 . . . . .162 E1
Hoddesdon EN11 . . . . .115 C1
St Albans AL1 . . . . .128 B3
Castle Rise AL4 . . . . .86 F2
Castle St
Berkhamsted HP4 . . . . .122 C4
Bishop's Stortford CM23 . . . .76 F6
Hertford SG14 . . . . .113 D5
Luton, High Town LU1 . . . . . .63 E7
Luton, New Town LU1 . . . . . .63 E6
Wingrave HP22 . . . . .60 B3
Castle View CM23 . . . . .77 A7
Castle Wlk CM24 . . . . .59 E6
Castles Cl SG5 . . . . .11 F8
Catalin Ct EN9 . . . . .163 D6
Caterham Ct EN9 . . . . .163 F5
Catesby Gn LU3 . . . . .31 A1
Catham Cl AL1 . . . . .128 B1
Cathedral Ct AL3 . . . . .127 B1
Catherall Rd LU3 . . . . .45 B6
Catherine Cl HP2 . . . . .125 B8
Catherine Rd EN3 . . . . . . .162 E3
Catherine St AL3 . . . . .127 D4
Catisfield Rd EN3 . . . . . . .162 E2
Catkin Cl HP1 . . . . .124 B4
Catlin St HP3 . . . . .138 B8
Catsbrook Rd LU3 . . . . .45 B6
Catsdell Bottom HP3 . . . .139 B8
Catsey La WD2 . . . . .168 C2
Catsey Wood WD2 . . . . . . .168 C2
Catterick Way WD6 . . . . . .169 F8
Cattlegate Hill EN6 . . . . . .160 D7
Cattlegate Rd
Crews Hill EN2 . . . . .161 A5
Northaw EN6 . . . . .160 D6
Cattley Cl EN5 . . . . .171 E5
Cattlins Cl EN7 . . . . .147 F2
Cattsdell HP2 . . . . .124 E5
Causeway Cl EN6 . . . . . . .159 D8
Causeway Ho WD5 . . . . . .153 E8
Causeway The
1 Bishop's Stortford CM23 . .77 A7
Braughing SG9,SG11 . . . . . .42 D1
Brent Pelham SG9 . . . . .30 B1
Buntingford SG9 . . . . .40 F8
Furneux Pelham SG9 . . . . . .43 A4
Kneesworth SG8 . . . . .2 A5
Potters Bar EN6 . . . . .159 D8
Therfield SG8 . . . . .15 F7
Cautherly La SG12 . . . . . . .115 A5
Cavalier SG1 . . . . .36 B1
Cavalier Cl LU3 . . . . .45 A5
Cavalier Ct HP4 . . . . .122 C4
Cavan Ct AL10 . . . . .130 A4
Cavan Dr AL3 . . . . .127 D8
Cavan Rd AL3 . . . . .106 A6
Cavell Rd EN7 . . . . .148 A4
Cavell Wlk SG2 . . . . .51 C5
Cavendish Cres WD6 . . . . .170 A5
Cavendish Ct WD3 . . . . . .166 D4
Cavendish Rd Barnet EN5 .171 C6
Luton LU3 . . . . .45 B2
Markyate AL3 . . . . .83 D6
St Albans AL1 . . . . .127 F3
Stevenage SG1 . . . . .50 B5
Cavendish Sch The HP1 . .124 B4
Cavendish Way AL10 . . . . .129 F5
Cawkell Cl CM24 . . . . .59 D7
Caxton Ct Enfield EN3 . . . .162 E4
Luton LU3 . . . . .44 F4
Caxton Hill SG13 . . . . .113 F6
Caxton Rd EN11 . . . . .115 B2
Caxton Way
Moor Park WD1 . . . . .166 D2
Stevenage SG1 . . . . .50 B4
Cecil Cl CM23 . . . . .77 D7
Cecil Cres AL10 . . . . .130 B7
Cecil Ct EN5 . . . . .171 D6
Cecil Rd Brickendon SG13 .113 C3
Cheshunt EN8 . . . . .162 E7
Hoddesdon EN11 . . . . .135 C8
Potters Bar EN6 . . . . .158 B7
St Albans AL1 . . . . .127 F3
Cecil St WD2 . . . . .154 B1
Cedar Ave Cheshunt EN8 . .162 D6
Ickleford SG5 . . . . .21 E4
Cedar Cl Hertford SG14 . . .113 B6
Potters Bar EN6 . . . . .145 A1
Sawbridgeworth CM21 . . . . .97 E1
Ware SG12 . . . . .114 D8
Cedar Cres SG8 . . . . .7 B6
Cedar Ct
Bishop's Stortford CM23 . . . .58 F1
St Albans AL4 . . . . .128 D3
Cedar Dr HA5 . . . . .176 A4
Cedar Gn EN11 . . . . .135 A5
Cedar Lawn Ave EN5 . . . .171 E4
Cedar Lodge 8 EN8 . . . . .148 D3
Cedar Park Rd EN2 . . . . . .161 C1
Cedar Pk CM23 . . . . .76 D4
Cedar Pl HA6 . . . . .174 C4
Cedar Rd
Berkhamsted HP4 . . . . .122 E3
Enfield EN2 . . . . .161 C1
Hatfield AL10 . . . . .130 A4
Watford WD1 . . . . .167 D3
Cedar Way HP4 . . . . .122 D3
Cedar Wlk
Chorleywood WD3 . . . . . . .164 F5
Hemel Hempstead HP3 . . . .124 D1
Waltham Abbey EN9 . . . . . .163 D5
Welwyn Garden City AL7 . . .111 B5
Cedar Wood Dr WD2 . . . .154 B4
Cedars Ave WD3 . . . . .165 C1
Cedars Cl EN6 . . . . .170 B5
Cedars Fst & Mid Sch
HA3 . . . . .176 C2
Cedars The
Berkhamsted HP4 . . . . .122 E4
13 Harpenden AL5 . . . . .86 B1
Rickmansworth WD3 . . . . . .165 D2
St Albans AL3 . . . . .127 C5
Stevenage SG2 . . . . .69 B8
Cedarwood Dr AL4 . . . . . .128 D3
Celandine Dr LU3 . . . . .45 A8
Cell Barnes Cl AL1 . . . . . .128 B1
Cell Barnes La AL1 . . . . . .128 B1
Cemetery Hill HP1 . . . . . .124 C2
Cemetery Rd CM23 . . . . . . .76 F6
Cemmaes Court Rd HP1 .124 C3
Cemmaes Mdw HP1 . . . . .124 C3
Centennial Ave WD6 . . . . .169 C2
Centennial Pk WD6 . . . . . .169 C2
Central App SG6 . . . . .22 F6
Central Ave Cheshunt EN8 .162 E6
Henlow SG16 . . . . .10 B3
Whipsnade LU6 . . . . .81 E8
Central Dr St Albans AL4 . .128 C4
Welwyn Garden City AL7 . . .110 F8
Central Prim Sch WD1 . .167 C5
Central Rd CM20 . . . . .118 A4
Central Way HA6 . . . . .174 E3
Centro HP2 . . . . .125 C5
Century Ct WD1 . . . . .166 C2
Century Rd
Hoddesdon EN11 . . . . .135 A7
Ware SG12 . . . . .93 D2
Cervantes Ct HA6 . . . . . . .174 F3
Chace Ave EN6 . . . . .159 D7
Chace The SG2 . . . . .50 F1
Chad La AL3 . . . . .84 C4
Chadwell SG12 . . . . .114 C8
Chadwell Ave EN8 . . . . . .148 C3
Chadwell Cl LU2 . . . . .45 F1
Chadwell Rd SG1 . . . . .50 B3
Chadwell Rise SG12 . . . . .114 C8
Chaffinch La WD1 . . . . . . .166 F2
Chaffinches Gn HP3 . . . . .139 A7
Chagney Cl SG6 . . . . .22 E6
Chalet Cl HP4 . . . . .121 F4
Chalfont Cl HP2 . . . . .125 B8
Chalfont Ho WD1 . . . . . . .166 E2
Chalfont La
Chorleywood WD3 . . . . . . .164 B4
Maple Cross WD3 . . . . . . .172 D3
Chalfont Pl AL1 . . . . .127 E3
Chalfont Rd WD3,SL9 . . . .172 C7
Chalfont Shire Ctr HP8 . .172 A7
Chalfont Way LU2 . . . . .46 D2
Chalfont Wlk 4 HA5 . . . . .175 C1
Chalgrove AL7 . . . . .111 D7
Chalk Dale AL7 . . . . .111 B7
Chalk Field SG6 . . . . .23 C3
Chalk Hill Great Offley LU2 . .47 A5
Watford WD1 . . . . .167 E3
Chalk Hills SG7 . . . . .23 F5
Chalkdell Fields AL4 . . . . .128 A7
Chalkdell Hill HP2 . . . . . .124 E3
Chalkdell Path 8 SG5 . . . . .34 D8
Chalkdown Luton LU2 . . . . .45 E6
Stevenage SG2 . . . . .51 D7
Chalks Ave CM21 . . . . .97 D3
Challney Boys High Sch
LU4 . . . . .44 D2
Challney Cl LU4 . . . . .44 D2
Challney Girls High Sch
LU4 . . . . .44 D2
Chalmers Ct WD3 . . . . .165 F3
Chalton Rd LU4 . . . . .44 C5
Chamberlaines AL5 . . . . . . .85 A5
Chambers Gate SG1 . . . . . .50 D7
Chambers La SG5 . . . . .21 E4
Chambers' St SG14 . . . . . .113 C6
Chambersbury La HP3 . . .139 A7
Chambersbury Prim Sch
HP3 . . . . .139 B8
Champions Cl WD6 . . . . . .157 B2
Champions Gn EN11 . . . . .115 A1
Champions Way EN11 . . . .115 A1
Chancellor's Sch AL9 . . . .145 A6
Chancellors Rd SG1 . . . . . .36 D1
Chancery Cl AL4 . . . . .128 D8
Chandler's La WD3 . . . . . .152 E2
Chandlers Cl CM23 . . . . . . .76 C4
Chandlers Rd AL4 . . . . . . .128 C6
Chandlers Way SG14 . . . .113 A6
Chandos Cl HP6 . . . . .150 C1
Chandos Rd
Borehamwood WD6 . . . . . .170 A7
Luton LU4 . . . . .44 F1
Channock's Farm
Cotts CM20 . . . . .117 C7
Chantry Cl
Bishop's Stortford CM23 . . . .76 E8
Enfield EN2 . . . . .161 C1
Kings Langley WD4 . . . . . . .139 A2
Chantry Ct AL10 . . . . .130 A4
Chantry La Hatfield AL10 . .129 F4
Hatfield AL10 . . . . .130 A4
Little Wymondley SG4 . . . . . .35 F2
London Colney AL2 . . . . . . .142 D5
Chantry Mount CM23 . . . . .76 E8
Chantry Pl HA3 . . . . .176 B2
Chantry Rd
Bishop's Stortford CM23 . . . .76 E8
Harrow HA3 . . . . .176 B2
Chantry The
6 Bishop's Stortford CM23 . .76 F8
Harlow CM20 . . . . .118 A2
Chaomans SG6 . . . . .22 F3
Chapel Cl
Little Gaddesden HP4 . . . . .102 D6
Luton LU2 . . . . .45 C8
St Albans AL1 . . . . .141 D8
Chapel Cotts HP2 . . . . . . .124 D4
Chapel Croft WD4 . . . . . . .152 A8
Chapel Crofts HP4 . . . . . . .121 E6
Chapel End
Buntingford SG9 . . . . .40 E7
Hoddesdon EN11 . . . . .135 A5
Chapel End La HP23 . . . . . .99 C8
Chapel Fields HP23 . . . . . . .99 C8
Chapel Hill CM24 . . . . .59 E6
Chapel La
Hertingfordbury SG14 . . . . .112 B3
Little Hadham SG11 . . . . . . .75 A8
Long Marston HP23 . . . . . . .79 B4
Chapel Mdw HP23 . . . . . . .100 B6
Chapel Pl SG5 . . . . .11 F6
Chapel Rd
Breachwood Green SG4 . . . . .65 E8
Flamstead AL3 . . . . .84 B2
Chapel Row
3 Bishop's Stortford CM23 . .76 F6
Harefield UB9 . . . . .173 C2
6 Hitchin SG5 . . . . .34 F8
Chapel St
Berkhamsted HP4 . . . . .122 D4
Hemel Hempstead HP2 . . . .124 D4
Hinxworth SG7 . . . . .3 D6
Luton, High Town LU1 . . . . . .63 E7
Luton, New Town LU1 . . . . . .63 E6
Tring HP23 . . . . .99 F3
Chapel Viaduct LU1 . . . . . .63 E7
Chapel Way WD5 . . . . .139 F4
Chapelfields SG12 . . . . . .115 D4
Chapman Rd SG1 . . . . .36 B1
Chapmans End SG11 . . . . .55 D3
Chappell Ct SG12 . . . . .92 E7
Chapter House Rd LU4 . . . .44 A3
Chard Dr LU3 . . . . .31 B1
Chardia Terr EN8 . . . . .148 D1
Chardins Cl HP1 . . . . .123 F4
Charles St
Berkhamsted HP4 . . . . .122 B4
Hemel Hempstead HP1 . . . .124 C2
Luton LU2 . . . . .63 F8
Tring HP23 . . . . .100 A3
Charlesworth Cl 4 HP3 . .124 D1
Charlock Way WD1 . . . . . .166 F3
Charlotte Cl AL4 . . . . .128 E3
Charlottes Ct 2 LU1 . . . . . .63 D7
Charlton Cl EN11 . . . . .135 A6
Charlton Mead La EN11 .135 D5
Charlton Rd SG5 . . . . .34 D5
Charlton Way EN11 . . . . . .135 B6
Charlwood Cl HA3 . . . . . . .176 E4
Charlwood Rd LU4 . . . . . . .44 B1
Charmbury Rise LU2 . . . . .46 A4
Charmouth Ct AL1 . . . . . .128 A6
Charmouth Rd AL1 . . . . . .128 A5
Charndon Cl LU3 . . . . .31 B1
Charnwood Rd EN1 . . . . . .162 B3
Charter Ho WD3 . . . . .166 A4
Charter Pl WD1 . . . . .167 C6
Chartley Ave HA7 . . . . . . .176 F4
Chartridge Cl Barnet EN5 .171 A4
Bushey WD2 . . . . .168 C3
Chartridge Way HP2 . . . . .125 C3
Chartwell Cl EN9 . . . . .163 E6
Chartwell Ct 8 EN5 . . . . . .171 E5
Chartwell Dr LU2 . . . . .45 E3
Chartwell Rd HA6 . . . . . . .174 F4
Charwood Cl WD7 . . . . . . .156 E6
Chasden Rd HP1 . . . . .123 F5
Chase Cl SG15 . . . . .11 A8
Chase Farm Hospl EN2 . . .161 A1
Chase Hill Rd SG15 . . . . . . .11 A7
Chase St LU1 . . . . .63 E6
Chase The
Bishop's Stortford CM23 . . . .76 F6
Goff's Oak EN7 . . . . .147 B3
Great Amwell SG12 . . . . . . .115 A6
Hemel Hempstead HP2 . . . .124 E2
Hertford SG13 . . . . .113 F6
Oaklands AL6 . . . . .89 F7
Radlett WD7 . . . . .155 F4
Watford WD1 . . . . .166 E5
Chaseside Cl LU7 . . . . .80 A7
Chaseways CM21 . . . . .118 C8
Chasten Hill SG6 . . . . .22 D7
Chater Inf Sch WD1 . . . . .167 A5
Chater Jun Sch WD1 . . . .167 B5
Chatsworth Cl
Bishop's Stortford CM23 . . . .76 C7
Borehamwood WD6 . . . . . .170 A6
Chatsworth Ct
St Albans AL1 . . . . .127 F3
Stevenage SG2 . . . . .50 F1
Chatsworth Rd LU4 . . . . . . .45 B1
Chatteris Cl LU4 . . . . .44 D4
Chatterton SG6 . . . . .23 C5
Chatton Cl LU2 . . . . .46 E2
Chaucer Cl HP4 . . . . .121 F5
Chaucer Ct EN11 . . . . .115 A1
Chaucer Ho EN5 . . . . .171 D5
Chaucer Rd Luton LU3 . . . . .45 C2
Royston SG8 . . . . .7 C8
Chaucer Way Hitchin SG4 . .35 C7
Hoddesdon EN11 . . . . .115 A2
Chaucer Wlk HP2 . . . . . . .105 B1
Chaul End La LU4 . . . . .44 E1
Chaul End Rd
Caddington LU1 . . . . .62 D6
Luton LU4 . . . . .44 B1
Chaulden House
Gdns HP1 . . . . .123 F1
Chaulden Jun & Inf Schs
HP1 . . . . .123 F2
Chaulden La HP1 . . . . .123 E1
Chaulden Terr HP1 . . . . . .123 F2
Chauncey Ho WD1 . . . . . .166 E3
Chauncy Ave EN6 . . . . . . .159 C6
Chauncy Cl SG12 . . . . .93 D3
Chauncy Ct 16 SG14 . . . . .113 D6
Chauncy Gdns SG7 . . . . . . .13 B1
Chauncy Ho 3 SG1 . . . . . . .50 E6
Chauncy Rd SG1 . . . . .50 E6
Chauncy Sch The SG12 . . . .93 B2
Chaworth Gn 1 LU4 . . . . . .44 C5
Cheapside LU1 . . . . .63 E7
Cheapside Sq 4 LU1 . . . . . .63 E7
Chedburgh AL7 . . . . .111 D7
Cheddington Cty Comb
Sch LU7 . . . . .80 A7
Cheddington La HP23 . . . . .79 C5
Cheddington Rd LU7 . . . . .80 C4
Cheffins Rd EN11 . . . . . . .114 F1
Chells Ent Village SG2 . . . .51 C6
Chells La SG2 . . . . .51 D7
Chells Way SG2 . . . . .51 B6
Chelmsford Rd SG14 . . . . .113 B5
Chelsea Fields EN11 . . . . .115 B2
Chelsing Rise HP2 . . . . . . .125 C2
Chelsworth Cl 1 LU2 . . . . .46 D1
Cheltenham Ct AL1 . . . . . .128 A2
Cheltenham Ho 2 WD1 . . .167 C7
Chelveston AL7 . . . . .111 D7
Chelwood Ave AL10 . . . . . .130 A8
Chelwood Cl HA6 . . . . . . .174 C3
Chenduit Way HA7 . . . . . .176 F5
Cheney Rd LU4 . . . . .44 C5
Chenies Ave HP6 . . . . .150 D1
Chenies Cty Comb Sch
WD3 . . . . .151 B1
Chenies Ct HP2 . . . . .125 B8
Chenies Gn CM23 . . . . .76 D6
Chenies Manor Ho WD3 .151 A1
Chenies Rd WD3 . . . . .164 D7
Chenies Way WD1 . . . . . . .166 E2
Chennells AL10 . . . . .129 F4
Chennells Cl SG4 . . . . .22 B2
Chennies The AL5 . . . . . . .107 C7
Chepstow AL5 . . . . .85 F2
Chepstow Cl SG1 . . . . .51 B8
Chequer Ct LU1 . . . . .63 F6
Chequer La AL3 . . . . .106 B4
Chequer St Luton LU1 . . . . .63 F6
St Albans AL1 . . . . .127 D3
Chequers
Bishop's Stortford CM23 . . . .76 C8
Hatfield AL9 . . . . .130 D8
Welwyn Garden City AL7 . . .110 D3
Chequers Bridge Rd SG1 . .50 C6
Chequers Cl
Buntingford SG9 . . . . .40 D8
Pitstone LU7 . . . . .80 C4
Standon SG11 . . . . .55 D4
Stotfold SG5 . . . . .12 A6
Chequers Cotts
Preston SG4 . . . . .48 D6
Whipsnade LU6 . . . . .82 A8
Chequers Field AL7 . . . . . .110 D3
Chequers Hill AL3 . . . . .84 C2
Chequers La
Abbots Langley WD2 . . . . . .140 C1
Pitstone LU7 . . . . .80 C5
Preston SG4 . . . . .48 D7
Chequers Wlk EN9 . . . . . .163 F6
Cheriton Cl AL4 . . . . .128 D7
Cherry Bank HP2 . . . . .124 D5
Cherry Cl SG3 . . . . .68 F4
Cherry Croft AL8 . . . . .89 D2

184 Che–Col

Cherry Croft Gdns 2 HA5 175 F3
Cherry Ct HA5 175 D2
Cherry Dr SG8 7 E7
Cherry Gdns
Bishop's Stortford CM23 77 A8
Sawbridgeworth CM21 97 E4
Tring HP23 99 F3
Cherry Hill
Chiswellgreen AL2 141 A6
Harrow HA3 176 E4
Rickmansworth WD3 165 B6
Cherry Hills WD1 175 D5
Cherry Hollow WD5 153 F8
Cherry Orch HP1 124 A5
Cherry Rd EN3 162 C1
Cherry Tree Ave AL2 142 D5
Cherry Tree Cl
Arlesey SG15 11 A4
Luton LU2 46 A1
Cherry Tree Gn SG14 112 F7
Cherry Tree La
Cholesbury HP23 120 A3
Chorleywood WD3 164 C1
Hemel Hempstead HP2 125 C7
Potters Bar EN6 159 B5
Wheathampstead AL4 87 A2
Cherry Tree Prim Sch WD2 154 A3
Cherry Tree Rd
Hoddesdon EN11 135 A7
Watford WD2 154 B3
Cherry Tree Rise SG2 38 B1
Cherry Trees SG16 10 B3
Cherry Way AL10 130 A2
Cherry Wlk WD3 165 C7
Cherrydale WD1 166 F5
Chertsey Cl LU2 64 D8
Chertsey Rise SG2 51 C4
Cherwell Cl WD3 166 A4
Chesfield Cl CM23 76 F5
Chesford Rd LU2 46 C4
Chesham Ct HA6 174 F4
Chesham Prep Sch HP5 136 A4
Chesham Rd
Berkhamsted HP4 122 C3
Bovingdon HP3 136 E3
Wigginton HP23 120 E7
Chesham Way WD1 166 F3
Cheshunt Centre The EN8 148 D3
Cheshunt Folly EN8 148 B3
Cheshunt Sch EN8 148 C1
Cheshunt Sta EN8 148 F1
Cheshunt Wash EN8 148 E4
Cheslyn Cl LU2 46 E2
Chess Cl Latimer HP5 150 D3
Rickmansworth WD3 165 D5
Chess Hill WD3 165 D5
Chess La WD3 165 D5
Chess Vale Rise WD3 165 F3
Chess Way WD3 165 A6
Chesswood Ct WD3 165 D1
Chesswood Way HA5 175 D1
Chester Ave LU4 44 E3
Chester Cl Luton LU4 44 F2
Potters Bar EN6 145 B2
Chester Ho HA6 174 F3
Chester Pl HA6 174 E3
Chester Rd
Borehamwood WD6 170 D6
Northwood HA6 174 F3
Stevenage SG1 37 A1
Watford WD1 167 A5
Chesterfield Flats EN5 171 D4
Chesterfield Inf & Jun Sch EN3 162 E2
Chesterfield Rd
Barnet EN5 171 D4
Enfield EN3 162 E2
Chesterton Ave AL5 86 D1
Chestnut Ave Henlow SG16 10 C3
Luton LU3 44 C8
Northwood HA6 174 F2
Rickmansworth WD3 165 A4
Ware SG12 93 F3
Chestnut Cl
Bishop's Stortford CM23 76 E6
Dagnall HP4 81 C5
Hunsdon SG12 95 D1
Potten End HP4 123 B6
Chestnut Ct 4 Hitchin SG5 34 D8
Watford WD1 166 E5
Chestnut Dr
Berkhamsted HP4 122 D3
Harrow HA3 176 F2
St Albans AL4 128 C5
Chestnut La Barnet N20 171 E1
Kneesworth SG8 2 B6
Chestnut Rd EN3 162 E3
Chestnut Rise WD2 168 B2
Chestnut Wlk Hitchin SG4 35 A4
Royston SG8 7 E6
Stevenage SG1 36 D1
Watford WD2 154 A2
Chestnuts The
Codicote SG4 67 F2
Hemel Hempstead HP3 137 F7
Hertford SG13 113 D5
Cheverells Cl AL3 83 D4
Cheviot Cl Bushey WD2 168 C3
Luton LU3 44 D7
Cheviot Rd LU3 44 D7
Cheviots Hatfield AL10 130 A3
Hemel Hempstead HP2 124 F6
Cheyne Cl Pitstone LU7 80 D4
Ware SG12 93 D3
Cheynes Inf Sch LU3 44 D8
Chicheley Gdns HA3 176 C3
Chicheley Rd HA3 176 C3
Chichester Way WD2 154 E6
Chigwell Hurst Ct HA5 175 D1
Chilcott Rd WD2 153 F3
Chilcourt SG8 7 C6
Childbrook Ho WD1 166 E3
Childs Ave UB9 173 C1
Childwick Ct HP3 139 B8
Chilham Cl HP2 124 E2
Chiltern Ave WD2 168 C3
Chiltern Cl
Borehamwood WD6 169 F7
Bushey WD2 168 B3
Goff's Oak EN7 147 B4
Ware SG12 93 D3
Chiltern Ct
19 Harpenden AL5 86 B1
Hertford SG14 112 F8
St Albans AL4 128 D7
Chiltern Dr WD3 165 A2
Chiltern Gdns LU4 44 F3
Chiltern Open Air Mus HP8 164 A1
Chiltern Park Ave HP4 122 A6
Chiltern Rd Baldock SG7 23 F6
Hitchin SG4 35 A7
St Albans AL4 128 C7
Wingrave HP22 60 A3
Chiltern Rise LU1 63 D6
Chiltern View SG6 22 D5
Chiltern Way HP23 100 C5
Chilterns
Berkhamsted HP4 121 F6
Hatfield AL10 130 A2
Hemel Hempstead HP2 124 E5
Chilterns The Hitchin SG4 35 A6
Kensworth Common LU6 82 F8
Chilton Gn AL7 111 C6
Chilvers Bank SG7 23 E7
Chilwell Gdns WD1 175 C6
Chilworth Gate EN10 134 F1
Chindit Cl EN10 134 E3
Chinnery Cl EN1 161 F1
Chinnery Hill CM23 76 F5
Chipperfield Rd
Bovingdon HP3 137 C3
Hemel Hempstead HP3 138 C7
Kings Langley WD4 138 D2
Chipping Cl EN5 171 E6
Chippingfield CM17 118 C3
Chirdland Ho WD1 166 E3
Chishill Rd Barley SG8 9 A2
Great Chishill SG8 9 F3
Chishill Windmill SG8 9 C2
Chiswell Ct WD2 154 C1
Chiswellgreen La AL2 140 E6
Chittenden Cl EN9 115 B1
Chivenor Pl AL4 128 C1
Chobham St LU1 63 F6
Chobham Wlk 5 LU1 63 E6
Cholesbury La HP23 120 B2
Chorleywood Bottom WD3 164 D4
Chorleywood Cl WD3 165 D2
Chorleywood Prim Sch WD3 164 C3
Chorleywood Rd WD3 165 C4
Chorleywood Sta WD3 164 D5
Chouler Gdns SG1 36 C2
Chowns The AL5 107 A5
Christ Church CE Jun Mix Inf Sch EN5 171 D7
Christ Church CE Prim Sch SG12 93 E1
Christ Church CE Sch WD3 164 F5
Christ Church La EN5 171 E7
Christchurch Cl AL3 127 D4
Christchurch Cres WD7 156 A3
Christchurch Ho HP23 100 A3
Christchurch Rd
Hemel Hempstead HP2 124 D4
Tring HP23 99 F4
Christie Cl EN10 134 F3
Christie Rd SG2 51 D5
Christina Ct AL3 83 E5
Christopher Ct
Hemel Hempstead HP3 138 D8
13 Ware SG12 93 D1
Christopher Pl 3 AL3 127 D3
Christy's Yd SG7 3 D6
Church Cl Codicote SG4 67 F2
Cuffley EN6 146 E2
Little Berkhamsted SG13 132 C4
Northwood HA6 174 F3
Radlett WD7 156 A3
Studham LU6 82 B4
Church Cotts
Gilston CM20 117 C7
Great Gaddesden HP1 103 D3
Church Cres
Sawbridgeworth CM21 97 F2
St Albans AL3 127 C4
Church Ct EN10 135 A3
Church End Arlesey SG15 11 A8
Barley SG8 9 A1
Braughing SG11 55 F7
Flamstead AL3 84 C2
Markyate AL3 83 D6
Redbourn AL3 106 A4
Sandridge AL4 108 C2
Walkern SG2 38 C2
Church Farm Way WD2 155 B1
Church Field SG12 93 B3
Church Field Path EN8 148 C2
Church Gn Benington SG2 52 D4
Great Wymondley SG4 35 E6
Harpenden AL5 86 A1
Church Green Row AL5 86 A1
Church Hill
Abbots Langley WD5 139 F4
Cheddington LU7 80 A8
Harefield UB9 173 C1
Hertford Heath SG13 114 C4
Church La Arlesey SG15 11 A7
Ashwell SG7 4 D4
Barkway SG8 17 C4
Berkhamsted HP4 122 C4
Bishop's Stortford CM23 76 D3
Bovingdon HP3 137 B4
Cheddington LU7 80 A8
Cheshunt EN8 148 C2
Colney Heath AL4 143 B8
Dane End SG12 71 F8
Graveley SG4 36 C4
Guilden Morden SG8 1 F5
Harrow HA3 176 F2
Hatfield AL9 130 C5
Hoddesdon EN10 134 C1
Kimpton SG4 66 D1
Kings Langley WD4 139 A2
Letchworth SG6 12 C1
Marsworth HP23 79 F1
Much Hadham SG10 74 F3
Northaw EN6 146 A1
Preston SG4 48 D6
Radlett WD2 155 B1
Reed SG8 16 E5
Rickmansworth WD3 165 B1
Royston SG8 7 D6
Sarratt WD3 152 A2
Stapleford SG14 92 A6
Stevenage SG1 50 C7
Therfield SG8 15 F7
Weston SG4 24 D1
Church Manor CM23 77 B8
Church Mead
Roydon CM19 116 B1
Studham LU6 82 B4
Church Meadow Cotts HP1 103 D3
Church Path SG4 35 F3
Church Pl AL6 89 C5
Church Rd Flamstead AL3 84 B2
Great Hallingbury CM22 77 D3
Hemel Hempstead HP3 125 C2
Hertford SG14 113 C7
King's Walden SG4 47 F3
Little Berkhamsted SG13 132 C4
Little Gaddesden HP4 102 D8
Northwood HA6 174 F3
Pitstone, Church End LU7 80 E3
Pitstone, Ivinghoe LU7 80 F5
Potten End HP4 123 B6
Potters Bar EN6 145 B1
Slip End LU1 63 C2
Stansted Mountfitchet CM24 59 F5
Stotfold SG5 11 F6
Streatley LU3 31 A6
Studham LU6 82 B4
Watford WD1 167 B8
Welwyn Garden City AL8 110 D6
Church Row Mews 2 SG12 93 D1
Church St Baldock SG7 12 E1
Bishop's Stortford CM23 76 F7
Bovingdon HP3 137 B4
Buntingford SG9 40 E8
Essendon AL9 131 E6
Guilden Morden SG8 1 F5
Hatfield AL9 130 C5
Hemel Hempstead HP2 124 D5
Hertford SG14 113 D6
Luton LU2 63 E7
Luton, High Town LU2 63 F8
Rickmansworth WD3 165 E1
Sawbridgeworth CM21 97 E2
Shillington SG5 19 F8
St Albans AL3 127 D4
Waltham Abbey EN9 163 C6
Ware SG12 93 D1
Watford WD1 167 C5
Welwyn AL6 89 C5
Wheathampstead AL4 108 D8
Wingrave HP22 60 B2
Church Street Ind Est SG12 93 D1
Church View
Hoddesdon EN10 134 F3
Long Marston HP23 79 A4
Church Wlk Bushey WD2 168 A3
Sawbridgeworth CM21 97 F2
Church Yd Hitchin SG5 34 E7
Tring HP23 100 A3
Churchfield Barley SG8 9 A1
Harlow CM20 118 B2
Harpenden AL5 107 C8
Churchfield Ho AL8 110 C6
Churchfield Rd AL6 90 C1
Churchfields
Hertford SG13 113 D5
Hoddesdon EN10 135 A3
Standon SG11 55 E2
Stansted Mountfitchet CM24 59 F6
Churchfields La EN10 135 A3
Churchfields Rd WD2 153 F3
Churchgate Cheshunt EN8 148 B1
7 Hitchin SG5 34 E7
Churchgate CE Prim Sch CM17 118 F3
Churchgate Rd EN8 148 B2
Churchgate St CM17 118 E4
Churchill Cres AL9 144 C8
Churchill Rd Luton LU4 45 A1
St Albans AL1 128 A4
Churchyard Wlk 6 SG5 34 E7
Cicero Dr LU3 45 A8
Cillocks Cl EN11 135 A7
Claggy Rd SG4 66 B2
Claire Ct Bushey WD2 168 D1
Cheshunt EN8 162 D7
5 Pinner HA5 175 F3
Clamp Hill HA7 176 E5
Clapgate Rd WD2 168 B3
Clare Cl WD6 169 F3
Clare Cres SG7 23 E6
Clare Ct Enfield EN3 162 E4
Northwood HA6 174 E5
St Albans AL1 127 F2
Claremont
Bricket Wood AL2 155 A8
Goff's Oak EN7 147 F2
Claremont Cres WD3 166 C4
Claremont Rd
Hadley Wood EN4 159 D2
Harrow HA3 176 E1
Luton LU4 45 B1
Clarence Cl WD2 168 F2
Clarence Rd
Berkhamsted HP4 122 C4
Harpenden AL5 86 A3
St Albans AL1 128 A4
Stansted Mountfitchet CM24 59 E7
Clarendon Cl 1 HP2 124 E4
Clarendon Ct
Harpenden AL5 86 B3
Moor Park HA6 174 F5
Clarendon Mews WD6 170 A6
Clarendon Par EN8 148 D2
Clarendon Rd
Borehamwood WD6 170 A6
Cheshunt EN8 148 D2
Harpenden AL5 86 B3
Luton LU2 45 E1
Watford WD1 167 B6
Clarion Cl SG5 33 C2
Clarion Ho SG5 33 C2
Clark Rd SG8 7 D7
Clarke Way WD2 154 A4
Clarke's Rd AL10 130 B7
Clarke's Spring HP23 100 F5
Clarkfield WD3 165 B1
Clarks Cl SG12 93 D3
Clarks Mead WD2 168 D2
Claudian Pl AL3 127 A1
Claverhambury Rd EN9 149 F2
Claverley Gn LU2 46 E2
Claverton Cl HP3 137 A3
Clay Hall Rd LU6 82 F7
Clay Hill EN2 161 D2
Clay La WD2 168 E2
Claybury WD2 168 B2
Claybush Rd SG7 4 D3
Claycroft AL7 111 B7
Claydon Cl LU3 45 C7
Claydown Way LU1 63 B1
Claygate Ave AL5 85 E2
Claymore HP2 124 E7
Claymore Dr SG5 21 F5
Claymores SG1 50 E6
Clayponds CM23 77 B7
Clayton Hill Ctry Pk EN9 149 D8
Clayton Par 7 EN8 148 D1
Cleall Ave EN9 163 C5
Cleave The AL5 86 D1
Clement Pl HP23 100 A3
Clement Rd EN8 148 E4
Clements End Rd LU6 82 E2
Clements Rd WD3 164 D4
Clements St SG12 93 E1
Clevedon Rd LU2 46 B2
Cleveland Cres WD6 170 C4
Cleveland Rd
Hemel Hempstead HP2 125 B5
Markyate AL3 83 E5
Cleveland Way HP2 125 B5
Cleves Rd HP2 125 B8
Cleviscroft SG1 50 E4
Clewer Cres HA3 176 D2
Clifford Cres LU4 44 D5
Clifford Ct 10 CM23 77 A7
Clifton Cl EN8 148 E2
Clifton Rd Luton LU1 63 B8
Watford WD1 167 B4
Clifton St AL1 127 E4
Clifton Way
Borehamwood WD6 170 A8
Ware SG12 93 D3
Climb The WD3 165 B3
Clinton Ave LU2 45 F3
Clinton End HP2 125 C3
Clitheroe Gdns WD1 175 D7
Clive Cl EN6 158 F8
Clive Ct LU2 45 E1
Clive Par HA6 174 E3
Clive Way WD2 167 C8
Cloister Garth
Berkhamsted HP4 122 C4
St Albans AL1 141 E7
Cloister Lawns SG6 22 F4
Cloister Wlk HP2 124 D5
Cloisters Rd
Letchworth SG6 23 A4
Luton LU4 44 B3
Cloisters The
Bushey WD2 168 B3
Kings Langley WD4 139 A2
Rickmansworth WD3 165 E2
3 Watford WD1 167 C5
Welwyn Garden City AL8 110 D6
Clonard Way HA5 176 A4
Close The Baldock SG7 23 E7
Brookmans Park AL9 144 E5
Bushey WD2 168 A4
Codicote SG4 67 F1
Harpenden AL5 85 D4
Hinxworth SG7 3 D6
Luton LU3 45 A5
Markyate AL3 83 E5
Potters Bar EN6 159 A7
Radlett WD7 155 F6
Rickmansworth WD3 165 B1
Royston SG8 7 F7
St Albans AL1 141 C8
Wallington SG9 25 E6
Ware SG12 93 E1
Closemead Cl HA6 174 C4
Clothall Rd Baldock SG7 23 F8
Clothall SG7 24 C6
Clovelly Way SG1 50 A7
Clover Ave CM23 76 B6
Clover Cl LU4 44 A3
Clover Field The WD2 167 F3
Clover Way HP1 124 B4
Cloverfield AL7 89 F1
Cloverland AL10 129 F2
Clump The WD3 165 B4
Clusterbolts SG14 92 A7
Clutterbucks WD3 152 A3
Clyde Rd EN11 135 D5
Clyde Sq HP2 124 F8
Clyde St SG13 114 A6
Clydesdale Cl WD6 170 D4
Clydesdale Ct LU4 44 A3
Clydesdale Path WD6 170 D4
Clydesdale Rd Luton LU4 44 A3
Royston SG8 7 E6
Clydesdale Wlk EN10 148 F6
Clyfton Cl EN10 148 F8
Clyston Rd WD1 166 F3
Coach Dr SG4 34 F5
Coach House Cloisters SG7 23 E7
Coachman's La SG7 23 D8
Coates Dell WD2 154 E6
Coates Rd WD6 169 D2
Coates Way WD2 154 E6
Coates Way Jun Mix Inf Sch WD2 154 E6
Cob Cl WD6 170 C4
Cob Lane Cl AL6 89 F4
Cobb Gn WD2 154 B7
Cobb Rd HP4 121 F4
Cobbett Cl EN3 162 C3
Cobbetts Ride HP23 99 F3
Cobbins The EN9 163 E6
Cobbins Way CM17 118 E4
Cobbinsbank EN9 163 D6
Cobblers Wick HP22 60 B3
Cobden Hill WD7 156 B2
Cobden St LU2 45 F1
Cobham Rd SG12 93 F2
Cobmead AL10 130 B7
Cock Gr HP23 121 C4
Cock La Brent Pelham CB11 30 F3
Hoddesdon EN11 134 D4
Cockbush Ave SG13 114 B7
Cocker Rd EN1 162 C3
Cockernhoe Endowed Jun Mix Inf Sch LU2 46 E3
Cockfosters Rd EN4 159 E1
Cockle Way WD7 156 E6
Cockrobin La CM20 117 A7
Codicote CE Prim Sch SG4 67 E1
Codicote Dr WD2 154 D5
Codicote Heights SG4 68 B1
Codicote Ho SG1 36 C1
Codicote Rd Ayot St Lawrence AL4,AL6,SG4 88 C3
Welwyn AL6 89 B7
Wheathampstead AL4 87 D1
Whitwell SG4 66 F6
Codicote Row HP2 105 B1
Codmore Wood Rd HP5 150 D6
Coerdale Ct EN3 162 E2
Cohen Cl EN8 162 E8
Colborne Ho WD1 166 E3
Colbron Cl SG7 4 C4
Colburn Ave HA5 175 E4
Colchester Rd HA6 175 A1
Cold Christmas La SG12 93 E6
Coldham Gr EN3 162 E2
Coldharbour La
Bushey WD2 168 C4
Harpenden AL5 86 C4
Cole Green La
Hertingfordbury AL7 111 D4
Welwyn Garden City AL7 111 B4
Cole Green Way SG14 113 A4
Cole Rd WD1 167 B8
Colebrook Ave LU3 44 C7
Coleman Green La
Sandridge AL4 108 E4
Wheathampstead AL4 109 A7
Coleman's La EN9 149 E5
Colemans Cl SG5 20 D4
Colemans Rd SG4 47 D1
Coleridge Cl
Hammond Street EN7 147 F4
Hitchin SG4 35 B8
Coleridge Cres HP2 105 B1
Coleridge Ct 9 AL5 86 B1
Coles Gn WD2 168 C1
Coles Hill HP1 124 A5
Colesdale EN6 146 E1
Colestrete SG1 50 F5
Colestrete Cl SG1 51 A5

Col–Cro 185

Coleswood Rd AL5 ... 107 C7
Colgate Ct EN5 ... 171 E4
Colgate Pl EN3 ... 163 A2
Colgrove AL8 ... 110 C5
Colin Rd LU2 ... 45 F2
Colindale Ave AL1 ... 127 F1
College Ave HA3 ... 176 E2
College Cl
Bishop's Stortford CM23 ... 76 D7
Flamstead AL3 ... 84 B1
Harrow HA3 ... 176 E3
Ware SG12 ... 114 D8
College Ct Cheshunt EN8 ... 148 C1
Hoddesdon EN11 ... 134 F8
College Hill Rd HA3 ... 176 E3
College Ho LU1 ... 63 F7
College La AL10 ... 129 E4
College Lake Wildlife Ctr HP23 ... 100 C8
College Pl AL3 ... 127 C3
College Rd
Abbots Langley WD5 ... 154 A8
Aston Clinton HP22 ... 78 C1
Cheshunt EN8 ... 148 D1
Harrow HA3 ... 176 E2
Hertford Heath SG13 ... 114 D2
Hitchin SG5 ... 34 F8
Hoddesdon EN11 ... 134 F8
St Albans AL1 ... 128 B2
College St AL3 ... 127 D3
College Way
Northwood HA6 ... 174 D4
Welwyn Garden City AL8 ... 110 D7
Collens Rd AL5 ... 107 B5
Collenswood Rd SG2 ... 51 B4
Collenswood Sch SG2 ... 51 C4
Collet Cl EN8 ... 148 D3
Collet Gdns EN8 ... 148 D3
Collett Rd
Hemel Hempstead HP1 ... 124 C3
Ware SG12 ... 93 D2
Collett Sch The HP1 ... 124 B4
Colley Land WD3 ... 164 D5
Collingdon Ct 9 LU1 ... 63 D8
Collingdon St LU1 ... 63 D8
Collings Wells Cl LU1 ... 62 E4
Collingtree LU2 ... 46 B4
Collingwood Ct SG8 ... 7 D7
Collingwood Dr AL2 ... 142 D6
Collins Cross CM23 ... 59 B1
Collison Cl SG4 ... 22 C2
Collyer Rd AL2 ... 142 D4
Colmer Pl HA3 ... 176 D3
Colnbrook Cl AL2 ... 142 E4
Colnbrook Sch WD1 ... 175 C7
Colne Ave
Rickmansworth WD3 ... 173 A8
Watford WD1 ... 167 C3
Colne Bridge Ret Pk WD1 ... 167 D4
Colne Gdns AL2 ... 142 E4
Colne Lo WD3 ... 165 A1
Colne Lodge WD2 ... 167 D5
Colne Mead WD3 ... 173 A8
Colne Way
Hemel Hempstead HP2 ... 124 F8
Watford WD2 ... 154 E2
Colne Way Ct WD2 ... 154 D3
Colney Heath La AL4 ... 128 E2
Colonial Bsns Pk WD2 ... 167 C8
Colonial Way WD2 ... 167 D8
Colonnade The 7 EN8 ... 148 D3
Colonsay HP3 ... 125 C1
Colston Cres EN7 ... 147 B4
Colt Hatch CM20 ... 117 B1
Colthurst Gdns EN11 ... 135 D8
Colts Cnr SG2 ... 51 B4
Colts Croft SG8 ... 9 E2
Colts The CM23 ... 76 E4
Coltsfield CM24 ... 59 E8
Coltsfoot AL7 ... 111 B4
Coltsfoot Dr SG8 ... 7 E6
Coltsfoot Gn LU4 ... 44 A5
Coltsfoot La SG3 ... 90 D7
Coltsfoot Rd SG12 ... 93 E3
Coltsfoot The HP1 ... 123 E2
Columbus Cl SG2 ... 51 A7
Columbus Gdns HA6 ... 175 A2
Colvin Gdns EN8 ... 162 D4
Colwell Rd SG2 ... 51 C3
Colwell Rise LU2 ... 46 E2
Colwyn Cl SG1 ... 50 B7
Colyer Cl AL6 ... 89 F3
Combe Ho WD1 ... 166 E3
Combe Rd WD1 ... 166 F3
Combe St HP1 ... 124 C3
Combewood WD2 ... 154 C7
Comet Cl WD2 ... 153 F5
Comet Rd AL10 ... 129 F6
Comet Way AL10,AL9 ... 129 E5
Commerce Way SG6 ... 22 F6
Common Field HP23 ... 100 D1
Common Gate Rd WD3 ... 164 E4
Common Gdns HP4 ... 123 B6
Common La Ashwell SG7 ... 4 B6
Harpenden AL5 ... 86 D5
Kimpton SG4 ... 66 B1
Kings Langley WD4 ... 138 F3
Radlett WD7,WD2 ... 155 E1
Common Rd
Chorleywood WD3 ... 164 D5
Kensworth Common LU6 ... 82 F8
Stanmore HA7 ... 176 D7
Stotfold SG5 ... 11 F7
Studham LU6 ... 82 B3
Common Rise SG4 ... 22 A1
Common The
Chipperfield WD4 ... 152 B8

Common The *continued*
Harpenden AL5 ... 85 C4
Hatfield AL10 ... 130 A6
Potten End HP4 ... 123 A6
Stanmore HA7 ... 176 F8
Common View SG6 ... 23 B8
Common View Sq SG6 ... 23 A8
Common Wharf SG12 ... 93 E1
Commonfields CM20 ... 117 E1
Commons La HP2 ... 124 E4
Commons The AL7 ... 111 B3
Commonswood Sch AL7 ... 111 B3
Compass Point HP4 ... 121 E6
Compton Ave LU4 ... 44 D4
Compton Gdns AL2 ... 141 B5
Compton Pl WD1 ... 175 E6
Comroston EN11 ... 135 A6
Comyne Rd WD2 ... 153 F3
Comyns The WD2 ... 168 C1
Concorde Dr HP2 ... 124 D3
Concorde St LU2 ... 63 F8
Conduit La
Great Hormead SG9 ... 29 B1
Hoddesdon EN11 ... 135 A6
Conduit La E EN11 ... 135 B6
Conemara Ct EN10 ... 148 F5
Coney Cl AL10 ... 130 B3
Coney Gree CM21 ... 97 D3
Coneydale AL8 ... 110 D8
Congreve Rd EN9 ... 163 E6
Conifer Cl Goff's Oak EN7 ... 147 F2
Stevenage SG2 ... 51 D7
Conifer Ct 7 CM23 ... 76 F8
Conifer Wlk SG2 ... 51 C7
Conifers The WD2 ... 154 C4
Coningesby Dr WD1 ... 166 E7
Coningsby Bank AL1 ... 141 D7
Coningsby Cl AL9 ... 144 D7
Coningsby Ct WD7 ... 156 A3
Coningsby Dr EN6 ... 159 D6
Coniston Cl HP3 ... 125 C2
Coniston Lodge 3 WD1 ... 167 A7
Coniston Rd
Abbots Langley WD4 ... 139 A4
Kings Langley WD4 ... 138 F3
Luton LU3 ... 44 F5
Connaught Cl HP2 ... 125 A5
Connaught Gdns HP4 ... 121 F7
Connaught Rd
Barnet EN5 ... 171 D3
Harpenden AL5 ... 86 B2
Harrow HA3 ... 176 F2
Luton LU4 ... 44 F1
St Albans AL3 ... 127 C6
Connemara Cl WD6 ... 170 D3
Conner's Cl SG8 ... 1 F4
Connop Rd EN3 ... 162 D1
Conquerors Hill AL4 ... 108 E8
Conquest Cl SG4 ... 34 F5
Constable Ct LU4 ... 45 A1
Constantine Cl SG1 ... 36 F1
Constantine Pl SG7 ... 13 B1
Convent Cl SG5 ... 34 F8
Conway Gdns EN2 ... 161 E1
Conway Ho WD6 ... 170 C5
Conway Rd LU4 ... 45 B1
Conyers CM20 ... 117 C2
Cook Rd SG2 ... 51 B7
Cook's Hole Rd EN2 ... 161 C1
Cooks Mead WD2 ... 168 B3
Cooks Spinney CM20 ... 118 A2
Cooks Vennel HP1 ... 124 B5
Cooks Way Hatfield AL10 ... 130 B3
Hitchin SG4 ... 22 A1
Coombe Gdns HP4 ... 121 F5
Coombe Hill Rd WD3 ... 165 A2
Coombe Rd Bushey WD2 ... 168 D2
Kelshall SG8 ... 6 A1
Coombelands Rd SG8 ... 2 E1
Coombes Rd AL2 ... 142 C5
Coonwood Cotts SG12 ... 94 E4
Cooper's Cl SG4 ... 66 B1
Cooper's Hill SG4 ... 87 B8
Coopers Cl Aston SG2 ... 51 D4
Bishop's Stortford CM23 ... 76 B4
Coopers Cres WD6 ... 170 C8
Coopers Field SG6 ... 22 D7
Coopers Green La
AL4,AL8,AL10 ... 109 D1
Coopers La EN6 ... 145 E1
Coopers Lane Rd EN6 ... 160 B6
Coopers Mdw AL3 ... 106 A6
Coopers Rd EN6 ... 145 C1
Coopers Wlk 10 EN8 ... 148 D3
Cooters End La AL5 ... 85 F5
Copenhagen Cl LU3 ... 44 D8
Copmans Wick WD3 ... 164 D4
Coppens The SG5 ... 12 A5
Copper Beeches
11 Harpenden AL5 ... 86 B1
Oaklands AL6 ... 89 D7
Copper Ct CM21 ... 97 E2
Copperfields Luton LU4 ... 44 C3
Royston SG8 ... 7 C6
Welwyn Garden City AL7 ... 111 C5
Coppermill La WD3,UB9 ... 172 F3
Copperwood SG13 ... 113 F6
Coppice Cl Harrow HA7 ... 176 F4
Hatfield AL10 ... 129 F1
Coppice Mead SG5 ... 11 E5
Coppice The
Harpenden AL5 ... 85 F2
Hemel Hempstead HP2 ... 125 B4
Watford WD1 ... 167 C3
Wigginton HP23 ... 100 C1
Coppings The EN11 ... 115 A1
Coppins Cl HP4 ... 121 F4

Coppins The Harrow HA3 ... 176 E4
Markyate AL3 ... 83 D5
Copse Cl HA6 ... 174 C1
Copse Hill AL6 ... 90 A8
Copse The
Bishop's Stortford CM23 ... 77 C8
Hemel Hempstead HP1 ... 123 E5
Hertford SG13 ... 114 A6
Copse Way LU3 ... 44 D8
Copse Wood Way HA6 ... 174 C2
Copsewood Rd WD2 ... 167 B8
Copthall Cl CM22 ... 77 F4
Copthorne LU2 ... 46 D3
Copthorne Ave EN10 ... 134 F3
Copthorne Cl WD3 ... 165 F4
Copthorne Rd WD3 ... 165 F4
Coral Gdns HP2 ... 124 F3
Coral Ho CM20 ... 117 A1
Corals Mead AL7 ... 110 D5
Coram Cl HP4 ... 122 C3
Corbridge Dr LU2 ... 46 E1
Corby Cl AL2 ... 141 A6
Cordell Cl EN8 ... 148 E3
Corder Cl AL3 ... 141 A8
Coreys Mill La SG1 ... 36 C1
Corfe Cl 4 HP2 ... 124 E2
Corinium Gate AL3 ... 127 A1
Corinium Gdns LU3 ... 45 A8
Corn Mead AL8 ... 89 C1
Corncastle Rd LU1 ... 63 D6
Corncrake Cl LU2 ... 46 C5
Corncroft AL10 ... 130 B7
Cornel Cl LU1 ... 63 A7
Cornel Ct LU1 ... 63 A7
Cornelia Ct 3 AL5 ... 86 A2
Corner Cl SG6 ... 22 E6
Corner Hall HP3 ... 124 D1
Corner Hall Ave HP3 ... 124 D1
Corner View AL9 ... 144 C7
Corner Wood AL3 ... 83 D5
Cornerfield AL10 ... 130 B8
Corners AL7 ... 111 A7
Cornfield Cres HP4 ... 121 D7
Cornfield Rd WD2 ... 168 B5
Cornfields
Hemel Hempstead HP1 ... 124 B2
Stevenage SG2 ... 51 C7
Cornwall Cl Cheshunt EN8 ... 162 E6
3 Pinner EN8 ... 175 F3
Cornwall Ho CM23 ... 76 E4
Cornwall Rd
Harpenden AL5 ... 86 B2
Pinner HA5 ... 175 F3
St Albans AL1 ... 127 E1
Coronation Ave SG8 ... 7 C5
Coronation Rd
Bishop's Stortford CM23 ... 76 E5
Ware SG12 ... 93 D2
Corringham Ct AL1 ... 127 F4
Corton Cl SG1 ... 50 B8
Cory-Wright Way AL4 ... 87 E1
Cosgrove Way LU1 ... 44 D1
Cosne Mews AL5 ... 107 C7
Cotefield LU4 ... 44 C3
Cotesmore Rd HP1 ... 123 E2
Cotlandswick AL2 ... 142 C5
Cotney Croft SG2 ... 51 D3
Cotsmoor AL1 ... 127 F3
Cotswold HP2 ... 124 E6
Cotswold Ave WD2 ... 168 C3
Cotswold Bsns Pk LU1 ... 62 D2
Cotswold Cl AL4 ... 128 C8
Cotswold Gdns LU3 ... 44 C7
Cotswolds AL10 ... 130 A3
Cottage Cl
Croxley Green WD3 ... 165 F3
Watford WD1 ... 166 F7
Cottage Gdns EN8 ... 148 D2
Cottered Rd SG9 ... 26 F1
Cotterells HP1 ... 124 C2
Cotterells Hill HP1 ... 124 C3
Cotton Dr SG13 ... 114 B7
Cotton Field AL10 ... 130 B7
Cotton Rd EN6 ... 159 C8
Cottonmill Cres AL1 ... 127 D2
Coucil Cotts SG6 ... 23 B2
Coulser Cl HP1 ... 124 A6
Coulson Ct LU1 ... 62 F8
Coulter Cl EN6 ... 146 D4
Council Cotts SG7 ... 12 C4
Counters Cl HP1 ... 124 A3
Countess Anne CE Prim Sch AL9 ... 130 C6
Countess Cl UB9 ... 173 C1
Countess Ct 4 LU2 ... 45 D1
Couper Ho WD1 ... 166 E3
Coursers Rd AL2,AL4 ... 143 C6
Court Cl CM23 ... 76 E5
Courtaulds WD4 ... 138 B1
Courtenay Ave HA3 ... 176 C2
Courtenay Gdns HA3 ... 176 C1
Courtfield Cl EN10 ... 135 A3
Courtfields AL5 ... 86 D1
Courtlands Cl WD2 ... 153 E4
Courtlands Dr WD1 ... 153 E3
Courtleigh Ave EN4 ... 159 D1
Courtway The WD1 ... 175 E8
Courtyard Mews SG12 ... 92 E4
Courtyard The AL4 ... 128 F3
Courtyards The WD1 ... 166 D2
Covent Garden Cl LU4 ... 44 F3
Coventry Cl SG1 ... 37 B1
Coverdale
Hemel Hempstead HP2 ... 124 E6
Luton LU4 ... 44 B6
Covert Cl HP4 ... 121 D6
Covert Rd HP4 ... 121 D6
Covert The HA6 ... 174 C2

Cow La Bushey WD2 ... 168 A3
Tring HP23 ... 100 D4
Watford WD2 ... 154 C3
Cowards La SG4 ... 88 F8
Cowbridge SG14 ... 113 C6
Cowdray Cl LU2 ... 46 C3
Cowles EN7 ... 147 F4
Cowley Hill WD6 ... 157 B1
Cowley Hill Sch WD6 ... 170 A8
Cowlins CM17 ... 118 D4
Cowper CE Prim Sch AL6 ... 90 E2
Cowper Cres SG14 ... 92 B1
Cowper Ct Markyate AL3 ... 83 D5
Watford WD2 ... 154 A2
Cowper Rd
Berkhamsted HP4 ... 122 B4
Harpenden AL5 ... 86 C1
Hemel Hempstead HP1 ... 124 B2
Markyate AL3 ... 83 D5
Welwyn Garden City AL7 ... 110 F4
Cowper Rise AL3 ... 83 D5
Cowper St LU1 ... 63 E5
Cowpers Way AL6 ... 90 D5
Cowridge Cres LU2 ... 64 A8
Cowslip Cl SG8 ... 7 F5
Cowslip Hill SG6 ... 22 E7
Cowslips AL7 ... 111 C5
Cox Cl WD7 ... 156 F7
Cox's Way SG15 ... 11 A6
Coxfield Cl HP2 ... 124 E2
Coyney Gn LU3 ... 45 C1
Cozens La E EN10 ... 134 F1
Cozens La W EN10 ... 134 F1
Cozens Rd SG12 ... 94 A2
Crab La WD2 ... 155 B4
Crab Tree La SG5 ... 20 D4
Crab Tree Rd SG3 ... 68 F4
Crabb's La SG9 ... 43 F6
Crabbes Cl SG5 ... 34 E7
Crabtree Cl Bushey WD2 ... 168 B4
Hemel Hempstead HP3 ... 124 D1
Crabtree Ct 3 HP3 ... 124 E1
Crabtree Dell SG6 ... 23 B3
Crabtree Inf Sch AL5 ... 86 C1
Crabtree La Harpenden AL5 ... 86 C1
Hemel Hempstead HP3 ... 124 D1
Crackley Mdw HP2 ... 125 B8
Cradock Rd LU4 ... 44 B1
Craford Ct SG14 ... 112 F7
Cragg Ave WD7 ... 155 F3
Cragside SG2 ... 69 C7
Craig Mount WD7 ... 156 B4
Craigavon Rd HP2 ... 124 F7
Craiglands AL4 ... 128 D7
Craigs Wlk 4 EN8 ... 148 D3
Craigweil Ave WD7 ... 156 B4
Crakers Mead 4 WD1 ... 167 B6
Cranborne Ave SG5 ... 34 D6
Cranborne Cl
Brickendon SG13 ... 113 C3
Potters Bar EN6 ... 158 E8
Cranborne Cres EN6 ... 158 E8
Cranborne Ct EN3 ... 162 D3
Cranborne Gdns AL7 ... 110 F5
Cranborne Ind Est EN6 ... 144 E1
Cranborne Par EN6 ... 158 D8
Cranborne Prim Sch EN6 ... 158 F8
Cranborne Rd
Cheshunt EN8 ... 162 D7
Hatfield AL10 ... 130 B6
Hoddesdon EN11 ... 135 C7
Potters Bar EN6 ... 144 E1
Cranbourne SG1 ... 36 B1
Cranbourne Dr
Harpenden AL5 ... 107 D6
Hoddesdon EN11 ... 115 C2
Cranbourne Prim Sch EN11 ... 115 B2
Cranbourne Rd HA6 ... 174 F1
Cranbrook Cl SG12 ... 93 D3
Cranbrook Dr Luton LU3 ... 44 D8
St Albans AL4 ... 128 E3
Crane Mead SG12 ... 114 E8
Cranefield Dr WD2 ... 154 E6
Cranes Way WD6 ... 170 C4
Cranfield Cres EN6 ... 146 E2
Cranford Ct AL5 ... 86 C1
Cranleigh Cl EN7 ... 148 A3
Cranleigh Gdns LU3 ... 45 D3
Cranmer Cl EN6 ... 145 C1
Cranmore Ct AL1 ... 127 F4
Cranwell Cl AL4 ... 128 C1
Cranwell Gdns CM23 ... 59 C1
Cravells Ct AL5 ... 107 C7
Cravells Rd AL5 ... 107 C7
Crawford Rd AL10 ... 130 A7
Crawley Cl LU1 ... 63 C1
Crawley Dr HP2 ... 124 F7
Crawley Green Inf Sch LU2 ... 64 B8
Crawley Green Rd
Luton, Hart Hill LU2 ... 64 A8
Luton, Wigmore LU2 ... 46 D1
Crawley Rd LU1 ... 63 D8
Crawley's La HP23 ... 120 F7
Creamery Ct SG6 ... 23 C3
Creasy Cl WD5 ... 153 F8
Crecy Gdns AL3 ... 106 A6
Creighton Ave AL1 ... 141 D8
Crescent E EN4 ... 159 C1
Crescent Rd
Bishop's Stortford CM23 ... 77 A6
Hemel Hempstead HP2 ... 124 D3
Luton LU2 ... 63 F8
Crescent Rise LU2 ... 63 F8
Crescent The
Abbots Langley WD5 ... 139 F1

Crescent The *continued*
Ardeley SG2 ... 38 F2
Bricket Wood AL2 ... 141 A1
Caddington LU1 ... 62 E3
Cottered SG9 ... 39 D7
Croxley Green WD3 ... 166 B3
Harlow CM17 ... 118 C6
Henlow SG16 ... 10 C4
Hitchin SG5 ... 21 D1
Letchworth SG6 ... 23 A5
Marsworth HP23 ... 80 A1
Pitstone LU7 ... 80 C4
Radlett WD2 ... 155 B1
St Ippolyts SG4 ... 35 A3
Watford WD1 ... 167 C5
Welwyn AL6 ... 89 C4
Crescent W EN4 ... 159 C1
Cress End WD3 ... 165 A1
Cresset Cl SG12 ... 115 C3
Cresswick SG4 ... 66 E7
Crest Dr EN3 ... 162 C1
Crest Pk HP2 ... 125 C4
Crest The Goff's Oak EN7 ... 147 B4
Luton LU3 ... 45 B7
Oaklands AL6 ... 89 D8
Sawbridgeworth CM21 ... 97 D2
Ware SG12 ... 93 D3
Cresta Cl LU5 ... 44 A2
Cresta Ho 3 LU1 ... 63 D7
Creswick Ct AL7 ... 110 D5
Creswick Jun Mix Inf Sch AL7 ... 110 D3
Crew Curve HP4 ... 121 F7
Crews Hill EN2 ... 160 F5
Crews Hill Sta EN2 ... 160 F5
Crib St SG12 ... 93 D2
Cricketer's Rd SG15 ... 11 A4
Cricketers Cl AL3 ... 127 E4
Cricketfield La CM23 ... 76 E8
Cringle Ct EN6 ... 145 C1
Crispin Field LU7 ... 80 C4
Croasdaile Rd CM24 ... 59 E8
Croasdale Cl CM24 ... 59 E8
Crocus Field EN5 ... 171 F3
Croft Cl WD4 ... 138 A1
Croft Ct 4 Harpenden AL5 ... 86 B1
Hitchin SG5 ... 34 E7
Croft End Rd WD4 ... 138 A1
Croft Field
Chipperfield WD4 ... 138 A1
Hatfield AL10 ... 130 A5
Croft La Chipperfield WD4 ... 138 A1
Letchworth SG6 ... 12 B1
Croft Mdw WD4 ... 138 A1
Croft Mdws LU7 ... 80 A7
Croft Rd Luton LU2 ... 46 B3
Ware SG12 ... 93 C2
Croft The Barnet EN5 ... 171 E5
Chiswellgreen AL2 ... 141 A6
Hoddesdon EN10 ... 148 E8
Luton LU3 ... 44 D8
Wareside SG12 ... 94 E4
Welwyn Garden City AL7 ... 110 F3
Croft Wlk EN10 ... 148 E8
Crofters CM21 ... 97 E3
Crofters End CM21 ... 97 E3
Crofters Rd HA6 ... 174 E6
Crofts Path HP3 ... 125 B1
Crofts The
Hemel Hempstead HP3 ... 125 B2
Stotfold SG5 ... 11 F6
Croftwell AL5 ... 107 F8
Cromer Cl HP4 ... 102 E5
Cromer Rd WD2 ... 154 C1
Cromer Way
Luton, Stopsley Common LU2 ... 45 E6
Luton, Warden Hill LU2 ... 45 D7
Cromer Windmill SG2 ... 38 E6
Crompton Rd SG1 ... 50 A6
Cromwell Ave EN7 ... 148 B1
Cromwell Cl
Bishop's Stortford CM23 ... 76 B7
St Albans AL4 ... 128 D8
Cromwell Gn SG6 ... 23 B8
Cromwell Hill LU2 ... 45 D1
Cromwell Rd
Borehamwood WD6 ... 169 E8
Cheshunt EN7 ... 148 B3
Hertford SG13 ... 114 A7
Letchworth SG6 ... 23 B8
Luton LU3 ... 45 D1
Stevenage SG2 ... 51 C5
Ware SG12 ... 93 F2
Cromwell Way SG5 ... 20 D4
Crooked Mile EN9 ... 163 C7
Crooked Way EN9 ... 135 E1
Crookhams AL7 ... 90 A1
Crop Comm AL10 ... 130 B7
Crosby Cl Luton LU4 ... 45 A2
St Albans AL4 ... 142 C8
Cross La Harpenden AL5 ... 107 C5
Hertford SG14 ... 113 B6
Cross Oak Rd HP4 ... 122 A4
Cross Rd Cheshunt EN8 ... 162 E6
Hertford SG14 ... 113 C7
Watford WD1 ... 167 E3
Cross St Letchworth SG6 ... 22 F7
Luton LU2 ... 63 E8
2 St Albans AL3 ... 127 D3
Ware SG12 ... 93 E1
Watford WD1 ... 167 C6
Cross Way AL5 ... 86 C3
Cross Way The
Harrow HA3 ... 176 E1
Luton LU1 ... 63 C5

186 Cro–Dow

Crossbrook AL10 .....129 E4
Crossbrook St EN8 .....162 D8
Crossett Gn HP3 .....125 C1
Crossfell Rd HP3 .....125 C2
Crossfield Cl HP4 .....121 F4
Crossfield Rd EN11 .....135 B8
Crossfields AL3 .....141 B8
Crossgates SG1 .....50 E5
Crosslands LU1 .....62 E3
Crossleys SG6 .....11 F2
Crossmead WD1 .....167 B3
Crossoaks La Ridge EN6 ..157 F5
Shenley EN6 .....157 D5
Crosspath The WD7 .....156 A4
Crosspaths AL5 .....85 C4
Crossway Pinner HA5 .....175 B1
Welwyn Garden City AL8 .....89 C2
Crossways Barley SG8 .....8 F1
Berkhamsted HP4 .....121 F3
Hemel Hempstead HP3 .....125 B3
Crouch Ct CM20 .....117 C3
Crouch Hall Gdns AL3 ...106 A6
Crouch Hall La AL3 .....106 A6
Crouch La EN7 .....147 C4
Crouchfield
Hemel Hempstead HP1 .....124 B2
Hertford SG14 .....92 C1
Crouchfield La SG14 .....92 E4
Crow Furlong SG5 .....34 D7
Crowborough Path WD1 .175 D6
Crowland Rd LU2 .....46 C5
Crown Cl CM22 .....98 C1
Crown La SG8 .....16 F5
Crown Lodge SG15 .....11 A4
Crown Rd WD6 .....170 B8
Crown Rise WD2 .....154 D5
Crown Rose Ct HP23 .....100 A3
Crown St AL3 .....106 B5
Crown Terr CM23 .....77 A7
Crownfield EN10 .....135 A2
Croxdale Rd WD6 .....170 A7
Croxley Ctr WD1 .....166 D4
Croxley Sta WD3 .....166 B3
Croxley View WD1 .....166 E3
Croxton Cl 3 LU3 .....45 A7
Crozier Ave CM23 .....76 C8
Crunnel's Gn SG4 .....48 E5
Crusader Way WD1 .....166 F3
Cubbington Cl LU3 .....45 A7
Cubitt Cl SG4 .....35 C7
Cubitts Cl AL6 .....89 F3
Cublands SG13 .....114 B6
Cuckmans Dr AL2 .....141 A6
Cuckoo's Nest LU2 .....64 A7
Cucumber La AL9 .....132 A1
Cuffley Ave WD2 .....154 D5
Cuffley Cl LU3 .....44 F4
Cuffley Ct HP2 .....125 C8
Cuffley Hill EN7 .....147 B2
Cuffley Sch EN6 .....146 F1
Cuffley Sta EN6 .....146 F2
Cullera Cl HA6 .....174 F4
Cullings Ct EN9 .....163 F6
Culver Ct SG10 .....74 F1
Culver Lo AL1 .....127 E5
Culver Rd AL1 .....127 E5
Culverden Rd WD1 .....175 B7
Culverhouse Rd LU3 .....45 C3
Culworth Cl LU1 .....62 E3
Cumberland Cl
Hemel Hempstead WD5 .....139 E7
Hertford SG14 .....113 C8
Cumberland Ct
2 Hoddesdon EN11 .....135 A7
St Albans AL3 .....127 E4
Cumberland Dr AL3 .....106 B6
Cumberland St LU1 .....63 E6
Cumberlow Pl HP2 .....125 C2
Cumcum Hill AL9 .....131 E2
Cundalls Rd SG12 .....93 E2
Cunningham Ave
Enfield EN3 .....162 E3
St Albans AL1 .....127 F1
Cunningham Ct EN8 .....148 E3
Cunningham Hill Inf Sch
AL1 .....128 A1
Cunningham Hill
Jun Mix Sch AL1 .....128 A1
Cunningham Hill Rd AL1 .128 A1
Cunningham Rd EN8 .....148 E4
Cupid Green La
Great Gaddesden HP2 .....104 E3
Hemel Hempstead HP2 .....105 A1
Curlew Cl
Berkhamsted HP4 .....122 C3
Letchworth SG6 .....11 E1
Curlew Ct EN10 .....148 F8
Curlew Rd LU2 .....46 C5
Currie St SG13 .....113 E6
Curteys CM17 .....118 D5
Curtis Cl WD3 .....165 A1
Curtis Rd HP3 .....125 D2
Curtis Way HP4 .....122 D3
Curzon Gate Ct 1 WD1 ..167 A8
Curzon Rd LU3 .....45 C1
Cussans Ho WD1 .....166 E3
Cussons Cl EN7 .....148 A2
Cut Throat Ave HP4,LU6 .....81 E7
Cutenhoe Rd LU1 .....63 E4
Cutforth Rd CM21 .....97 E3
Cuthbert Cl EN7 .....147 F2
Cutlers Gn LU2 .....46 F2
Cutmore Dr AL4 .....129 B1
Cutts La SG4 .....66 D1
Cuttsfield Terr HP1 .....123 F2
Cuttys La SG1 .....50 E5
Cwmbran Ct HP2 .....124 F7
Cygnet Cl
Borehamwood WD6 .....170 C8
Northwood HA6 .....174 C4
Cygnet Ct 11 CM23 .....76 F6
Cylers Thicket AL6 .....89 C6
Cymbeline Ct AL3 .....127 C4
Cypress Ave
Crews Hill EN2 .....161 A4
Welwyn Garden City AL7 .....111 C5
Cypress Cl EN9 .....163 D5
Cypress Rd HA3 .....176 D1
Cypress Wlk WD2 .....154 B4
Cyrils Way AL1 .....141 D8

D

Dacorum Coll of F Ed
HP1 .....124 C4
Dacorum Way HP1 .....124 C3
Dacre Bldgs EN8 .....148 F2
Dacre Cres SG4 .....66 C1
Dacre Gdns WD6 .....170 D4
Dacre Gn SG8 .....7 F6
Dacre Rd SG5 .....35 A8
Dagger La WD6 .....169 B4
Daggs Dell Rd HP1 .....123 E5
Dagnall Cty Fst Sch HP4 ..81 C5
Dagnall Rd
Great Gaddesden HP1 .....103 C5
Whipsnade HP4,LU6 .....81 D8
Dagnalls SG6 .....22 F2
Dahlia Cl
Hammond Street EN7 .....147 C6
Luton LU2 .....46 B4
Daintrees SG12 .....95 E4
Daintry Lodge HA6 .....174 F3
Dairy Cotts SG5 .....19 B2
Dairy Mews WD1 .....167 A4
Dairyglen Ave EN8 .....162 E7
Daisy Ct SG6 .....23 A8
Dalby Cl LU4 .....44 B3
Dale Ave AL4 .....87 B5
Dale Cl Hitchin SG4 .....34 F4
Pinner HA5 .....175 B2
Dale Ct CM21 .....97 D1
Dale Rd LU1 .....63 C7
Dale The Letchworth SG6 .....22 E5
Waltham Abbey EN9 .....163 E5
Dales Path WD6 .....170 D4
Dales Rd WD6 .....170 D4
Daleside Dr EN6 .....158 F6
Dalewood Harpenden AL5 ..86 D1
Welwyn Garden City AL7 .....111 D5
Dalkeith Rd AL5 .....86 C1
Dallow Inf Sch LU1 .....63 C8
Dallow Jun Sch LU1 .....63 C8
Dallow Rd LU1 .....63 B8
Dallow Road Jun & Inf Sch
LU1 .....63 C8
Dalroad Ind Est LU1 .....63 B8
Dalton Cl LU3 .....31 B1
Dalton Gdns CM23 .....76 E4
Dalton St AL3 .....127 D4
Dalton Way Watford WD1 .167 D4
Whitwell SG4 .....66 E7
Daltry Cl SG1 .....36 C2
Daltry Rd SG1 .....36 C2
Damask Cl Tring HP23 .....100 C4
Weston SG4 .....37 B8
Damask Gn HP1 .....123 E2
Damask Green Rd SG4 .....37 B8
Dame Alice Owen's Sch
EN6 .....158 E6
Dammersey Cl AL3 .....83 F4
Damson Way AL4 .....128 C5
Dancers End La HP23 .....99 C2
Dancers Hill Rd EN5 .....158 E3
Dancote SG3 .....68 F5
Dane Acres CM23 .....76 D8
Dane Bridge La SG10 .....75 B2
Dane Cl Harpenden AL5 .....86 C4
Stotfold SG5 .....11 F8
Dane End Ho SG1 .....36 C1
Dane End La SG4 .....37 E5
Dane End Rd SG11 .....72 E3
Dane Ho CM23 .....76 D8
Dane O'Coys Rd CM23 .....58 E1
Dane Pk CM23 .....76 D8
Dane Rd LU3 .....45 C2
Dane St CM23 .....77 A7
Danebridge Rd SG10 .....75 B2
Danefield Rd SG5 .....20 C4
Danemead EN11 .....115 A1
Danes The AL2 .....141 C3
Danesbury La AL6 .....89 D8
Danesbury Park Caravan
Site AL6 .....89 D8
Danesbury Park Rd AL6 ..89 D8
Danesbury Pk
Hertford SG14 .....113 D7
Welwyn AL6 .....89 C7
Danescroft SG6 .....12 A1
Danesgate SG1 .....50 D4
Danestrete SG1 .....50 D5
Daniells AL7 .....111 A7
Danvers Croft HP23 .....100 C5
Danvers Dr LU3 .....31 C1
Danziger Way WD6 .....170 C8
Darby Dr
Waltham Abbey EN9 .....163 C6
Welwyn AL6 .....68 E3
Darcy Cl EN8 .....162 E8
Dark La Cheshunt EN7 .....148 A1
Codicote SG4 .....88 E8
Harpenden AL5 .....107 D7
Dark La *continued*
Sandon SG9 .....15 B1
Wingrave HP22 .....60 C3
Darkes La EN6 .....159 A8
Darlands Dr EN5 .....171 D4
Darley Rd LU2,SG4 .....47 C2
Darnhills WD7 .....155 F4
Darnicle Hill EN7 .....147 A6
Darr's La HP4 .....121 D6
Darrington Rd WD6 .....169 E8
Darwin Cl
Hemel Hempstead HP2 .....105 B1
St Albans AL3 .....127 E7
Darwin Gdns WD1 .....175 C5
Darwin Rd SG2 .....51 B6
Dashes The CM20 .....117 E1
Datchet Cl HP2 .....125 B8
Datchworth
Jun Mix Inf Sch SG3 .....69 D3
Datchworth Turn HP2 .....125 C3
Dauphin Ct 5 LU2 .....45 D1
Davenham Ave HA6 .....174 F5
Daventer Dr HA7 .....176 F3
David Evans Ct SG6 .....22 D7
Davies St SG13 .....113 E6
Davis Cres SG5 .....20 D4
Davis Ct AL1 .....127 E3
Davis' Row SG15 .....11 A4
Davison Cl EN8 .....148 D3
Davison Dr EN8 .....148 D3
Davys Cl AL4 .....108 E7
Dawes La WD3 .....151 F3
Dawley AL7 .....89 F1
Dawley Ct HP2 .....125 A7
Dawlish Cl SG2 .....69 C7
Dawlish Rd LU4 .....44 F3
Dawson Cl SG16 .....10 C5
Day's Cl SG8 .....7 C5
Dayemead AL7 .....111 B3
Days Cl AL10 .....129 F5
Days Mead AL10 .....129 F5
De Haviland Cl AL10 .....129 F6
De Havilland Ct WD7 .....156 E7
De Havilland Way WD5 .....153 F7
De Tany Ct AL1 .....127 D2
De Vere Wlk WD1 .....166 E7
Deacon Cl AL1 .....141 D7
Deacon's Hill Rd WD6 ...170 A4
Deacons Cl
Borehamwood WD6 .....170 A5
Pinner HA5 .....175 B1
Deacons Ct 6 LU2 .....63 D8
Deacons Hill WD1 .....167 C3
Deacons Hts WD6 .....170 A3
Deacons Way SG5 .....21 D1
Deaconsfield Rd HP3 .....138 E8
Dead Woman's La SG4 .....48 C7
Deadman's Ash La WD3 .152 B3
Deakin Cl WD1 .....166 E2
Dean Ct WD2 .....154 D6
Dean Field HP3 .....137 A4
Dean Moore Cl AL1 .....127 D2
Dean The HP22 .....60 B3
Dean's Gdns AL4 .....128 A7
Deans Cl
Abbots Langley WD5 .....153 D7
Tring HP23 .....100 A4
Deans Furlong HP23 .....100 A4
Deans Mdw HP4 .....81 C5
Deanscroft SG3 .....68 F5
Deansway HP3 .....138 F8
Deard's End La SG3 .....68 F6
Deards Wood SG3 .....68 F5
Debenham Ct EN5 .....171 C4
Debenham Rd EN7 .....148 B4
Dee The HP2 .....124 F8
Deep Denes LU2 .....46 A2
Deepdene EN6 .....158 D8
Deeping Cl SG3 .....68 F4
Deer Cl SG13 .....113 F6
Deerfield Cl SG12 .....93 D2
Deerings The AL5 .....107 A4
Deerswood Ave AL10 .....130 B3
Deeves Hall La EN6 .....157 E6
Deimos Dr HP2 .....125 A6
Delahay Rise HP4 .....122 B6
Delamare Rd EN8 .....148 F2
Delamere Rd WD6 .....170 B8
Delfcroft SG12 .....93 C2
Delfield Gdns LU1 .....62 E4
Delius Cl WD6 .....169 C3
Dell Cl AL5 .....86 B3
Dell La Bishop's Stortford,
Hockerill CM23 .....77 A7
Bishop's Stortford,
Latchmore Bank CM22 .....77 B1
Spellbrook CM22 .....98 A8
Dell Mdw HP3 .....138 E7
Dell Rd Berkhamsted HP4 ..121 D7
Enfield EN3 .....162 C1
Watford WD2 .....154 A2
Dell Rise AL2 .....141 B5
Dell Side WD2 .....154 A2
Dell Springs SG9 .....40 E8
Dell The Baldock SG7 .....23 E6
Brickendon SG13 .....113 C3
Caddington LU1 .....62 E3
Luton LU2 .....46 F1
Markyate AL3 .....83 D5
Moor Park HA6 .....174 E8
Pinner HA5 .....175 D1
Radlett WD7 .....156 A4
Royston SG8 .....7 C5
St Albans AL1 .....128 A4
Stevenage SG1 .....50 E5
Welwyn AL6 .....90 A4
Dellcot Cl LU2 .....46 B4
Dellcott Cl AL8 .....110 C7
Dellcroft Way AL5 .....107 A5
Dellcut Rd HP2 .....125 A5
Dellfield
Berkhamsted HP4 .....122 A6
St Albans AL1 .....127 F2
Thundridge SG12 .....93 D8
Dellfield Ave HP4 .....122 B6
Dellfield Cl Radlett WD7 ..155 F4
Watford WD1 .....167 A7
Dellfield Ct Harlow CM17 .118 C4
Luton LU2 .....46 D2
Dellfield Rd AL10 .....130 A5
Dellmeadow WD5 .....139 E1
Dellors Cl EN5 .....171 D4
Dells The
11 Bishop's Stortford CM23 ...76 F7
Hemel Hempstead HP3 .....125 B2
Dells Wood Cl EN11 .....114 F1
Dellsome La
Colney Heath AL4,AL9,AL10 .143 F8
Welham Green AL9 .....144 B8
Dellswood Cl SG13 .....113 E5
Dellwood WD3 .....165 B1
Delmar Ave HP2 .....125 D2
Delmer Ct WD6 .....156 F1
Delmerend La AL3 .....84 C1
Delphine Cl LU1 .....63 B6
Delta Gain WD1 .....175 D7
Demontfort Rise SG12 .....93 C3
Denbigh Cl 2 HP2 .....124 E2
Denbigh High Sch LU3 .....45 C2
Denbigh Inf Sch LU3 .....45 B2
Denbigh Jun Sch LU3 .....45 B2
Denbigh Rd LU3 .....45 B2
Denby SG6 .....23 B4
Dencora Way LU3 .....44 B8
Dendridge Cl EN1 .....162 B2
Dene La SG2 .....51 E2
Dene Rd HA6 .....174 D4
Denes The HP3 .....138 F7
Denewood Cl WD1 .....153 F2
Denham Cl
Hemel Hempstead HP2 .....125 A8
Luton LU3 .....44 E8
Denham La SL9 .....172 A2
Denham Way WD6 .....170 C8
Denham Way
(North Orbital Rd) WD3 172 E4
Denmark Cl LU3 .....44 E8
Denmark St WD1 .....167 B7
Dennis Cl HP22 .....99 A4
Dennis Ct AL3 .....127 D4
Denny Ave EN9 .....163 D5
Denny Ct CM23 .....59 B2
Denny Gate EN8 .....148 F4
Denny's La HP4 .....121 F3
Densley Cl AL8 .....110 D8
Denton Cl Barnet EN5 .....171 C4
Luton LU4 .....44 B3
Denton Ho WD1 .....175 C7
Denton Rd SG1 .....50 E4
Dents Cl SG6 .....23 C3
Derby Ave HA3 .....176 D2
Derby Ho HA5 .....175 D1
Derby Rd
Hoddesdon EN11 .....135 D4
Luton LU4 .....44 C2
Watford WD1 .....167 C5
Derby Way SG1 .....51 B8
Derwent Ave Luton LU3 .....45 B7
Pinner HA5 .....175 E4
Derwent Lower Sch SG16 .10 B5
Derwent Rd
Harpenden AL5 .....85 C4
Hemel Hempstead HP3 .....125 C2
Henlow SG16 .....10 B4
Luton LU2 .....64 A8
Des Fuller Ct 3 LU1 .....63 F6
Desborough Cl SG14 .....92 C1
Desborough Dr AL6 .....90 D5
Desborough Rd SG4 .....35 C8
Desmond Rd WD2 .....153 F3
Deva Cl AL3 .....127 A1
Devereux Dr WD1 .....153 E1
Devoils La 9 CM23 .....76 F7
Devon Ct AL1 .....127 E2
Devon Rd Luton LU2 .....64 B8
Watford WD2 .....167 D8
Devonshire Cl SG2 .....69 A8
Devonshire Rd
5 Harpenden AL5 .....86 B1
Pinner HA5 .....175 F2
Dewars Cl AL6 .....89 C6
Dewes Green Rd CM23 .....30 F1
Dewgrass Gr EN8 .....162 D4
Dewhurst Rd EN8 .....148 C2
Dewhurst St Mary
CE Prim Sch EN8 .....148 C2
Dewpond Cl SG1 .....50 C8
Dewsbury Rd LU3 .....45 C6
Dexter Cl Luton LU3 .....31 B1
St Albans AL1 .....128 A2
Dexter Rd Barnet EN5 .....171 D3
Harefield UB9 .....173 C1
Diamond Ind Ctr SG6 .....23 C7
Diamond Rd WD2 .....154 A1
Dickens Cl AL3 .....127 D4
Dickens Ct HP2 .....105 B1
Dicker Mill SG13 .....113 D7
Dicket Mead AL6 .....89 C5
Dickins Cl EN7 .....148 A5
Dickinson Ave WD3 .....166 A3
Dickinson Sq WD3 .....166 A3
Dickson EN7 .....147 F4
Dig Dag Hill EN7 .....147 F4
Digswell Cl WD6 .....157 A1
Digswell Ct AL8 .....110 E8
Digswell Hill AL6 .....89 B2
Digswell House Mews
AL8 .....89 D2
Digswell La AL7 .....89 F2
Digswell Park Rd
Welwyn Garden City AL8 .....89 D3
Welwyn Garden City AL8 .....89 E3
Digswell Rd AL8 .....89 E1
Digswell Rise AL8 .....110 E8
Dimmocks La WD3 .....152 B3
Dimsdale Cres CM23 .....77 B6
Dimsdale St SG14 .....113 C6
Dinant Link Rd EN11 .....135 B7
Dingle Cl EN5 .....170 F3
Dinmore HP3 .....136 F3
Ditchfield Rd EN11 .....115 A1
Ditchling Cl LU2 .....46 C3
Ditchmore La SG1 .....50 D6
Ditton Gn LU2 .....46 E3
Divine Saviour
RC Prim Sch WD1 .....153 D7
Divot Pl SG13 .....114 B7
Dixies Cl SG7 .....4 D3
Dixon Pl SG9 .....40 E7
Dixons Hill Cl AL9 .....144 B6
Dixons Hill Rd AL9 .....144 C7
Dobb's Weir Rd EN11 ...135 D5
Docklands SG5 .....20 D4
Doctor's Commons Rd
HP4 .....122 B4
Dodds La HP2 .....104 E1
Dodwood AL7 .....111 B5
Dog Kennel La
Chorleywood WD3 .....164 F5
Hatfield AL10 .....130 A6
Royston SG8 .....7 D6
Doggetts Way AL1 .....127 C1
Dognell Gn AL8 .....110 B7
Dolesbury Dr AL6 .....89 E8
Dollis Brook Wlk EN5 .....171 E3
Dollis Valley Way EN5 .....171 F3
Dolphin Ct HA3 .....176 E1
Dolphin Sq HP23 .....100 A3
Dolphin Way CM23 .....77 A8
Dolphin Yd
2 Hertford SG14 .....113 D6
St Albans AL1 .....127 D3
7 Ware SG12 .....93 D1
Dominic Ct EN9 .....163 B6
Doncaster Cl SG1 .....51 C8
Doncaster Gn WD1 .....175 C5
Donkey La HP23 .....99 E2
Donne Cl SG8 .....7 C8
Dorant Ho AL3 .....127 D7
Dorchester Ave EN11 .....135 A8
Dorchester Ct
Croxley Green WD3 .....166 D4
St Albans AL1 .....128 A2
Watford WD1 .....167 E3
Dordans Rd LU4 .....44 F4
Dorel Cl LU2 .....45 F2
Dormans Cl HA6 .....174 D3
Dormer Cl EN5 .....171 D4
Dormie Cl AL3 .....127 C5
Dornan Ct LU1 .....63 E5
Dorrien's Croft HP4 .....121 F7
Dorrington Cl LU3 .....45 C1
Dorrofield Cl WD3 .....166 D4
Dorset Cl HP4 .....121 F5
Dorset Ct 4 LU1 .....63 F6
Dorset Ho 13 CM23 .....76 F7
Douglas Ave WD2 .....154 E2
Douglas Dr SG1 .....51 A8
Douglas Ho 11 EN8 .....148 D3
Douglas Rd Harpenden AL5 .85 F2
Luton LU4 .....45 A2
Douglas Way AL7 .....111 C6
Dove Cl
Bishop's Stortford CM23 .....76 E3
Stansted Mountfitchet CM24 .59 E8
Dove Ct AL10 .....130 A3
Dove House La LU6 .....82 D8
Dove La EN6 .....159 C5
Dove Pk
Chorleywood WD3 .....164 C4
Pinner HA5 .....176 A3
Dovedale Luton LU2 .....45 E6
Stevenage SG2 .....51 B4
Ware SG12 .....93 C3
Dovedale Cl UB9 .....173 C1
Dovehouse Croft CM20 ..118 A2
Dovehouse Hill LU2 .....46 B1
Dover Cl LU3 .....45 A3
Dover Way WD3 .....166 C5
Doverfield EN7 .....147 C2
Dower Ct 1 SG4 .....34 F5
Dowland Ho EN1 .....161 F1
Dowling Ct HP3 .....138 D8
Down Edge AL3 .....105 F5
Down Green La AL4 .....108 B7
Downalong WD2 .....168 D1
Downedge AL3 .....127 B4
Downer Dr WD3 .....152 A3
Downes Rd AL4 .....128 B7
Downfield Cl SG13 .....114 C4
Downfield Ct SG12 .....93 B5
Downfield
Jun Mix Inf Sch EN8 .....162 E8
Downfield Rd
Cheshunt EN8 .....162 E8
Hertford Heath SG13 .....114 C5
Downfields AL8 .....110 B4
Downhall Ley SG9 .....40 E7
Downings Wood WD3 .....172 D5
Downlands Baldock SG7 .....13 A1
Luton LU3 .....44 C7
Royston SG8 .....7 C6
Stevenage SG2 .....51 D7
Waltham Abbey EN9 .....163 E5

Dow–Eva 187

Downs La AL10 130 A3
Downs Rd LU1 63 C7
Downs The AL10 130 A3
Downs View LU4 44 D4
Downsfield AL10 130 B2
Downside HP2 124 E4
Downside Inf Sch LU4 44 E1
Downside Jun Sch LU4 44 E1
Downsway Ct SG8 7 C6
Downton Ct 2 LU3 63 D8
Downview LU4 44 B2
Dowry Wlk WD1 153 F1
Drakes Cl EN8 148 D3
Drakes Dr Northwood HA6 174 B2
St Albans AL1 128 C1
Stevenage SG2 51 B7
Drakes Mdw CM17 118 E4
Drakes Way AL10 130 B3
Drapers Mews LU3 45 C1
Drapers Way SG1 50 C7
Drayman's Cl CM23 76 B5
Drayson Cl EN9 163 E7
Drayton Ave EN6 158 E7
Drayton Rd
Borehamwood WD6 170 A5
Luton LU4 44 A3
Driftway SG8 16 E4
Driftway The HP2 124 F3
Driftwood Ave AL2 141 B5
Drive The Barnet EN5 171 E6
Brookmans Park AL9 145 B6
Cheshunt EN7 148 B3
Goff's Oak EN7 147 B3
Harlow CM20 117 E1
Harpenden AL5 86 A1
Hertford SG14 113 C8
Hoddesdon EN11 135 A8
Kimpton AL4 87 B7
London Colney AL2 142 A5
Northwood HA6 174 E2
Oaklands AL6 69 A1
Potters Bar EN6 158 F7
Radlett WD7 156 A5
Rickmansworth WD3 165 C3
Sawbridgeworth CM21 97 E2
Watford WD1 153 E2
Driver's End La SG4,SG3 68 A4
Driveway The Cuffley EN6 146 E3
Hemel Hempstead HP1 124 B1
Dromey Gdns HA3 176 F3
Drop La AL2 155 C7
Drovers Way
Bishop's Stortford CM23 76 C5
Hatfield AL10 130 B8
St Albans AL1 127 D3
Drummond Dr HA7 176 F3
Drummond Ride HP23 100 A5
Drummonds The LU4 44 C2
Drury La SG12 95 E1
Drycroft AL7 110 E2
Dryden Cres SG2 51 C8
Dryden Rd HA3 176 F2
Drysdale Cl HA6 174 E3
Dubbs Knoll Rd SG8 1 F5
Dubrae Cl AL3 127 A1
Duchess Cl CM23 76 C7
Duchy Rd EN4 159 D1
Duck La SG2 52 E4
Duck's Hill Rd HA6 174 B1
Ducketts La SG10 75 D1
Ducketts Mead CM19 116 B1
Ducketts Wharf 10 CM23 76 F6
Ducketts Wood SG12 93 E6
Duckling La CM21 97 E2
Duckmore La HP23 99 E2
Dudley Ave EN8 162 D7
Dudley Hill Cl AL6 89 E8
Dudley St LU2 63 E8
Dudswell La HP4 121 D7
Dugdale Ct SG5 21 C1
Dugdale Hill La EN6 158 E7
Dugdales WD3 166 A5
Duke St Hoddesdon EN11 135 A7
Luton LU2 63 E8
Watford WD1 167 C6
Duke's La SG5 34 F8
Dukes La LU6 81 E8
Dukes Ct 4 LU1 63 D6
Dukes Ride
Bishop's Stortford CM23 76 C7
13 Luton LU2 45 D1
Dukes Way HP4 122 A6
Dulwich Way WD3 166 A4
Dumbarton Ave EN8 162 D5
Dumfries Cl WD1 175 A7
Dumfries Ct 8 LU1 63 D6
Dumfries St LU1 63 D6
Duncan Cl AL7 110 E5
Duncan Ct AL1 127 F1
Duncan Way WD2 167 F7
Duncombe Cl
Hertford SG14 113 C8
Luton LU3 45 C6
Duncombe Rd
Berkhamsted HP4 121 E6
Hertford SG14 113 C8
Duncombe Sch SG14 113 C7
Duncots Cl SG5 21 E3
Dundale Prim Sch HP23 100 A5
Dundale Rd HP23 100 A4
Dunfermline Ho WD1 175 C7
Dunhams La SG6 23 C6
Dunkirks Mews SG13 113 D4
Dunlin SG6 11 E1
Dunlin Rd HP2 124 E8
Dunmow Ct LU3 45 D2
Dunmow Rd CM23 77 C7
Dunn Cl SG1 50 E3
Dunnock Cl WD6 170 A5
Dunny La WD4 151 F7
Dunsby Rd LU3 45 A6
Dunsford Ct 4 HA5 175 F3
Dunsley Pl HP23 100 B3
Dunsmore Cl WD2 168 D3
Dunsmore Rd LU1 63 C6
Dunsmore Way WD2 168 D3
Dunstable Cl LU4 45 A1
Dunstable Ct LU4 44 F2
Dunstable Pl 5 LU1 63 D7
Dunstable Rd
Caddington LU1 62 C3
Dagnall AL3 81 C7
Luton LU1,LU4 45 F2
Redbourn AL3 106 A7
Studham LU6 82 B6
Dunster Cl Barnet EN5 171 D5
Harefield UB9 173 B2
Dunster Ct WD6 170 D6
Dunster Rd HP2 105 B1
Dunsters Mead AL7 111 B4
Dunston Hill HP23 100 A4
Durban Rd E WD1 167 A5
Durban Rd W WD1 167 A5
Durbar Rd LU4 45 B1
Durham Cl
Sawbridgeworth CM21 97 C1
Stanstead Abbotts SG12 115 B5
Durham Rd
Borehamwood WD6 170 C6
Luton LU2 64 A7
Stevenage SG1 37 A1
Durley Gdns LU1 63 D5
Durrant Ct HA3 176 E2
Durrants Dr WD3 166 C5
Durrants Hill Rd HP3 138 D8
Durrants La HP4 121 F5
Durrants Rd HP4 121 F5
Dury Rd EN5 171 F7
Duxford Cl LU3 45 B7
Duxons Turn HP2 125 B4
Dwight Rd WD1 166 D2
Dyer Ct EN3 163 A2
Dyes La SG4 49 F3
Dyke La AL4 108 E7
Dylan Cl WD6 169 D2
Dymoke Gn AL4 128 A7
Dymokes Way EN11 115 A1
Dyrham La EN5 158 A3
Dyson Ct WD1 167 C5
Dysons Cl EN8 162 D6

E

Eagle Centre Way LU4 44 B7
Eagle Cl LU4 44 A4
Eagle Ct Baldock SG7 12 E1
Hertford SG13 114 B7
Eagle Way AL10 130 A3
Ealing Cl WD6 170 D8
Earl St WD1 167 C6
Earls Cl CM23 76 D6
Earls Hill Gdns SG8 7 C6
Earls La EN6 157 F6
Earls Meade LU2 45 D1
Earlsmead SG6 22 F3
Easington Rd SG12 71 E7
Easingwold Gdns LU1 62 F8
East Burrowfield AL7 110 D4
East Cl Chiswellgreen AL2 141 B6
Hitchin SG4 22 B1
Stevenage SG1 50 F5
East Comm
Harpenden AL5 107 C7
Redbourn AL3 106 A4
East Dr London Colney AL2 142 B5
Moor Park WD1 174 E8
Sawbridgeworth CM21 97 E1
St Albans AL4 128 F4
Watford WD2 154 B3
East End Way HA5 175 F1
East Flint HP1 123 F4
East Gate CM20 117 D1
East Gn HP3 139 A6
East Herts Hospl SG13 114 A7
East Hill LU3 45 B6
East La
Abbots Langley WD5 140 A2
Wheathampstead AL4 87 D1
East Lodge La EN2 160 E4
East Mead AL7 111 B3
East Mimms 4 HP2 124 E4
East Mount AL4 87 D1
East Pk Harlow CM17 118 C3
Sawbridgeworth CM21 97 E1
East Rd
Bishop's Stortford CM23 77 B7
Enfield EN3 162 C1
Harlow CM20 118 B4
East Reach SG2 51 A2
East Ridgeway EN6 146 E3
East Riding AL6 90 D5
East St
Hemel Hempstead HP2 124 D3
Lilley LU2 32 D2
Ware SG12 93 D1
East View Barnet EN5 171 F6
Essendon AL9 131 F6
St Ippolyts SG4 35 C2
East Wlk CM20 117 D1
Eastbourne Ave SG1 50 A6
Eastbrook Prim Sch
HP2 125 A8
Eastbrook Rd EN9 163 E6
Eastbrook Way HP2 124 E3
Eastbury Ave HA6 174 F5
Eastbury Cl HA6 174 E5
Eastbury Ct St Albans AL1 127 F4
Watford WD1 167 C2
Eastbury Farm
Jun Mix Inf Sch HA6 174 F6
Eastbury Pl HA6 174 F5
Eastbury Rd
Northwood HA6 174 E4
Watford WD1 167 C3
Eastcheap SG6 22 F6
Eastcote Dr AL5 107 D6
Eastcott Cl LU2 46 D1
Eastern Ave Cheshunt EN8 162 F6
Henlow SG16 10 C3
Eastern Way SG6 12 A1
Eastfield Ave WD2 167 D8
Eastfield Cl LU2 46 C4
Eastfield Ct AL4 128 D6
Eastfield Prim Sch EN3 162 D1
Eastfield Rd
Cheshunt EN8 162 F7
Enfield EN3 162 D1
Royston SG8 7 E6
Eastgate SG1 50 D5
Eastglade HA6 174 F5
Easthall Ho SG1 36 C1
Eastham Cl EN5 171 F4
Eastholm SG6 23 A8
Eastholm Gn SG6 23 A8
Eastlea Ave WD2 154 E2
Eastman Way HP2 125 A6
Eastmoor Ct AL5 107 C6
Eastmoor Pk AL5 107 C6
Eastnor HP3 137 A3
Easton Gdns WD6 170 E5
Eastor AL7 90 A1
Eastwick Cres WD3 172 F8
Eastwick Hall La CM20 117 A5
Eastwick Rd
Eastwick CM20 117 B4
Gilston CM20 117 E6
Eastwick Row HP2 125 A2
Eastwood Ct HP2 125 A4
Eaton Gate HA6 174 C4
Eaton Green Rd LU2 64 D8
Eaton Ho 5 CM23 77 B8
Eaton Pl LU2 46 D1
Eaton Rd
Hemel Hempstead HP2 125 B6
St Albans AL1 128 B3
Eaton Valley Rd LU2 64 B8
Ebberns Rd HP3 138 E8
Ebenezer St 6 LU1 63 D6
Ebury App WD3 165 D1
Ebury Cl HA6 174 C5
Ebury Ct WD3 165 D1
Ebury Rd
Rickmansworth WD3 165 D1
Watford WD1 167 C6
Echo Hill SG8 7 C5
Eddy St HP4 122 A5
Eden Cl EN3 163 A2
Edenhall Cl HP2 125 D2
Edens Cl CM23 77 B7
Edens Mount CM21 97 F4
Edgars Ct AL7 110 E5
Edgbaston Dr WD7 156 E7
Edgbaston Rd WD1 175 B7
Edgcott Cl LU3 31 B1
Edgecote Cl LU1 62 E3
Edgehill Gdns LU3 44 C8
Edgewood Dr LU2 46 C6
Edgeworth Cl SG2 51 C1
Edgware Way HA8 169 D1
Edgwarebury La
WD6,HA8 169 F1
Edinburgh Ave WD3 165 A2
Edinburgh Cres EN8 162 E6
Edinburgh Dr WD5 154 A7
Edinburgh Gdns CM23 76 E6
Edinburgh Pl CM20 118 A4
Edinburgh Way CM20 117 E3
Edison Cl AL4 128 C2
Edison Rd SG2 51 B6
Edkins Cl LU2 45 E5
Edlyn Cl HP4 121 F5
Edmonds Dr SG2 51 D4
Edmund Beaufort Dr
AL3 127 E5
Edmunds Rd SG14 112 F7
Edridge Cl WD2 168 C4
Edulf Rd WD6 170 B8
Edward Amey Cl WD2 154 C3
Edward Cl
Abbots Langley WD5 153 F7
St Albans AL1 127 F2
Edward Ct
Hemel Hempstead HP3 138 D7
Waltham Abbey EN9 163 F6
Edward St LU2 45 F1
Edwards Ho 5 SG1 50 E6
Edwick Ct EN8 148 D2
Edwin Ware Ct 2 HA5 175 C1
Edwinstree CE Sch SG9 40 D8
Edwyn Cl EN5 171 D3
Egdon Dr LU2 45 D6
Egerton Rd HP4 122 B6
Egerton-Rothesay
Mid & Upper Sch HP4 121 E4
Eight Acres HP23 100 A4
Eighth Ave LU3 44 D7
Eisenberg Cl SG7 13 B1
Elaine Gdns LU1 63 A1
Elbow La
Hertford Heath SG13 134 B7
Stevenage SG2 51 B1
Eldefield SG6 22 D7
Elder Ct WD2 176 E8
Elder Rd SG12 93 F3
Elder Way SG1 50 E3
Elderbeck Cl EN7 148 A2
Elderberry Cl LU2 46 B4
Elderberry Dr SG4 35 A4
Elderberry Way WD2 154 B4
Elderfield CM17 118 D4
Eldon Ave WD6 170 B7
Eldon Rd Hoddesdon EN11 135 D4
Luton LU4 44 C1
Eleanor Ave AL3 127 D5
Eleanor Cross Rd EN8 162 F5
Eleanor Gdns EN5 171 D4
Eleanor Rd Cheshunt EN8 162 E6
Hertford SG14 113 C7
Eleanor Way EN8 162 F5
Electric Ave EN3 162 F3
Elfrida Rd WD1 167 C4
Elgar Cl WD6 169 D2
Elgar Path LU2 63 E8
Elgin Dr HA6 174 E3
Elgin Ho SG4 35 A6
Elgin Rd Cheshunt EN8 148 C1
Hoddesdon EN10 148 F8
Elgood Ave HA6 175 A3
Eliot Pl WD3 165 E1
Eliot Rd Royston SG8 7 D8
Stevenage SG2 51 C6
Elizabeth Cl Barnet EN5 171 D6
Lower Nazeing EN9 149 D8
Welwyn Garden City AL7 111 C6
Elizabeth Ct 9 Luton LU1 63 D6
St Albans AL4 128 D6
Watford WD1 153 F1
Elizabeth Dr HP23 100 B6
Elizabeth Ho
7 Watford WD1 167 C7
Welwyn Garden City AL7 111 C6
Elizabeth Rd CM23 76 E5
Elizabeth St LU1 63 D6
Elizabeth Way CM20 117 B2
Ellen Cl HP2 124 F4
Ellen Friend Ho CM23 77 B6
Ellenborough Cl CM23 76 D5
Ellenbrook Cl WD2 167 C8
Ellenbrook Cres AL10 129 D5
Ellenbrook La AL10 129 D4
Ellenhall Cl LU3 45 C1
Ellerdine Cl LU3 45 B4
Ellesborough Cl WD1 175 C5
Ellesfield AL6 89 B5
Ellesmere Gr EN5 171 F4
Ellesmere Rd HP4 122 D4
Ellice SG6 23 B4
Ellingham Cl HP2 125 A5
Ellingham Rd HP2 124 F4
Elliott Cl AL7 110 D3
Ellis Ave SG1 50 E8
Elliswick Rd AL5 86 B2
Ells Ct LU2 45 F1
Ellwood Gdns WD2 154 C5
Elm Ave Caddington LU1 62 E3
Watford WD1 167 E2
Elm Cl EN9 163 D5
Elm Dr Cheshunt EN8 148 E3
Hatfield AL10 130 A4
St Albans AL4 128 C3
Elm Gdns Enfield EN2 161 D1
Welwyn Garden City AL8 110 B6
Elm Gn HP1 123 E5
Elm Gr Berkhamsted HP4 122 C4
Bishop's Stortford CM23 77 B7
Watford WD2 154 A2
Elm Hatch HA5 175 F3
Elm Park Rd HA5 175 D1
Elm Pk SG7 23 F8
Elm Rd Barnet EN5 171 F5
Bishop's Stortford CM23 76 F8
Elm Terr HA3 176 D2
Elm Tree Wlk
Chorleywood WD3 164 F5
Tring HP23 100 A5
Elm Way WD3 165 B1
Elm Wlk Radlett WD7 155 F3
Royston SG8 7 F7
Stevenage SG2 51 B3
Elmbank Ave EN5 171 C5
Elmbridge CM17 118 F3
Elmbrook Dr CM23 76 E3
Elmcote HA5 175 D1
Elmcote Way WD3 165 F3
Elmfield Cl EN6 158 E6
Elmfield Ct LU2 46 A1
Elmfield Rd EN6 158 E6
Elmhurst EN10 135 A4
Elmhurst Cl WD2 167 E5
Elmhurst Rd EN3 162 C2
Elmoor Ave AL6 89 B5
Elmoor Cl AL6 89 B4
Elmore Rd Enfield EN3 162 D1
Luton LU2 46 A1
Elmroyd Ave EN6 158 F6
Elmroyd Cl EN6 158 F6
Elms Cl SG4 35 E3
Elms Rd Harrow HA3 176 E3
Ware SG12 94 A2
Elms The Codicote SG4 67 F2
Hertford SG13 114 A6
Stevenage SG2 69 B8
Elmscroft Gdns EN6 158 F7
Elmside LU6 82 E8
Elmside Wlk SG5 34 E7
Elmtree Ave LU2 46 E3
Elmwood
Sawbridgeworth CM21 97 F1
Welwyn Garden City AL8 110 B5
Elmwood Ave Baldock SG7 23 F7
Borehamwood WD6 170 B5
Elmwood Cres LU2 45 E3
Elmwood Ct SG7 23 F8
Elsinge Rd EN1 162 C3
Elstree Distribution Pk
WD6 170 D6
Elstree Hill N WD6 169 D4
Elstree Hill S WD6 169 D2
Elstree Rd Bushey WD2 168 E2
Elstree WD6 169 A3
Hemel Hempstead HP2 105 A1
Elstree Sta WD6 170 A5
Elstree Studios WD6 170 B6
Elstree Way WD6 170 C7
Elton Ave EN5 171 F4
Elton Ct SG14 113 C7
Elton Pk WD1 167 B7
Elton Rd SG14 113 C7
Elton Way WD2 168 B7
Elvaston Ct EN5 171 C4
Elveden Cl LU2 45 E6
Elvington Gdns LU3 31 B1
Ely Cl Hatfield AL10 129 F6
Stevenage SG1 37 B1
Ely Gdns WD6 170 D4
Ely Rd AL1 128 B2
Ely Way LU4 44 D4
Embleton Rd WD1 175 A7
Emerald Ct WD6 156 F1
Emerald Rd LU4 44 A3
Emerton Ct HP4 121 E7
Emerton Garth HP4 121 E7
Emma Rothschild Ct
HP23 100 A5
Emma's Cres SG12 115 B4
Emmanuel Lodge EN8 148 C1
Emmanuel Rd HA6 174 F3
Emmer Gn LU2 46 F2
Emmitt Cl WD7 156 E6
Emperor Cl HP4 121 F7
Emperors Gate SG2 51 D8
Empire Ctr WD2 167 C8
Empress Rd LU3 44 E4
Endeavour Rd EN8 148 E4
Enderby Rd LU3 45 C6
Enderley Cl HA3 176 E2
Enderley Rd HA3 176 E2
Endersby Rd EN5 171 C4
Endymion Ct AL10 130 C6
Endymion Mews AL10 130 C6
Endymion Rd AL10 130 C6
Enfield Cty Lower Sch
EN2 161 E1
Enfield Lock Sta EN3 162 E2
Englefield LU2 45 F3
Englehurst AL5 86 D1
Enid Cl AL2 154 F8
Enjakes Cl SG2 69 B7
Ennerdale Cl AL1 128 B1
Ennis Cl AL5 107 D6
Ennismore Cl SG6 23 C3
Ennismore Gn LU2 46 F1
Enslow Cl LU1 62 E3
Enterprise Ctr 1 LU2 63 F8
Enterprise Ctr The SG1 50 B8
Enterprise Pk SG4 66 C2
Enterprise Way
Hemel Hempstead HP2 125 C5
Luton LU3 45 B8
Enville Ho WD1 175 C7
Epping Forest District
Mus EN9 163 C6
Epping Gn HP2 125 B8
Epping Way LU3 44 C8
Epsom Ct WD3 165 B1
Ereswell Rd LU3 45 A7
Erin Cl LU4 45 A2
Erin Ct LU4 45 A2
Ermine Cl Cheshunt EN7 162 B8
Royston SG8 7 D8
St Albans AL3 127 A2
Ermine Ct SG9 40 E8
Ermine Pl 8 LU2 45 D1
Ermine Point Bsns Pk
SG12 93 B3
Ermine St SG12 93 D7
Erskine Ho WD1 175 D7
Escarpment Ave HP4,LU6 81 D8
Escot Way EN5 171 C4
Esdaile La EN11 135 A5
Eskdale London Colney AL2 142 F4
Luton LU4 44 C5
Eskdale Ct 3 HP2 124 E6
Essendon CE Prim Sch
AL9 131 F6
Essendon Gdns AL7 110 F6
Essendon Hill AL9 131 E6
Essex Cl LU1 63 F6
Essex Ct 7 LU1 63 E6
Essex La WD4 153 D6
Essex Mead HP2 105 A1
Essex Rd
Borehamwood WD6 170 A6
Hoddesdon EN11 135 C6
Stevenage SG1 50 B8
Watford WD1 167 B7
Essex St AL1 127 E4
Estcourt Rd WD1 167 C6
Estfeld Cl EN11 115 B1
Ethelred Cl AL7 110 F5
Etna Rd AL3 127 D4
Eton Ho 9 WD1 167 C7
Etonbury Mid Sch SG15 11 C7
Europa Rd HP2 124 F6
Euston Ave WD1 166 F4
Evan's Cl WD3 166 A4

188 Eva–Fox

Evans Ave WD2 153 F4
Evans Gr AL4 128 C7
Evans Way HP23 100 B4
Evedon Cl LU3 44 F6
Evelyn Dr HA5 175 D3
Evelyn Rd LU5 44 A1
Evensyde WD1 166 D3
Everard Cl AL1 127 D1
Everest Cl SG15 11 B5
Everest Way HP2 125 A3
Everett Cl Bushey WD2 168 E1
Hammond Street EN7 147 C6
Everett Ct WD7 156 A5
Evergreen Cl SG3 69 A2
Evergreen Rd SG12 93 F3
Evergreen Way LU3 45 A8
Evergreen Wlk 2 HP3 124 E1
Everlasting La AL3 127 C5
Eversden Ct HP2 105 B1
Eversley Lodge EN11 135 A6
Evron Pl 4 SG14 113 D6
Exchange Rd
Stevenage SG1 50 F5
Watford WD1 167 B5
Executive Pk Ind Est AL1 128 B3
Exeter Cl Stevenage SG1 37 B2
Watford WD1 167 C7
Explorer Dr WD1 166 F3
Extension Rd SG13 113 F6
Exton Ave LU2 46 A1
Eynsford Ct SG4 34 F6
Eynsford Rd LU4 44 D3
Eywood Rd AL1 127 C1

F

Faggots Cl WD7 156 C4
Faints Cl EN7 147 F2
Fair Cl WD2 168 B2
Fair Oak Ct LU2 45 F3
Fair Oak Dr LU2 45 F3
Fair View EN6 145 B2
Fairacre HP3 138 F7
Fairacre Ct HA6 174 E3
Fairacres Cl EN6 158 F6
Fairburn Cl WD6 170 A8
Faircross Ho 6 WD1 167 B6
Faircross Way AL1 128 A5
Fairfax Ave LU3 44 D7
Fairfax Rd SG13 113 F7
Fairfield Buntingford SG9 40 F6
Northwood HA6 175 A1
Fairfield Ave WD1 175 D7
Fairfield Cl Harpenden AL5 86 D1
Hatfield AL10 130 C8
Radlett WD7 155 E2
Fairfield Dr EN10 148 F7
Fairfield Hospl SG5 11 C2
Fairfield Jun Sch WD7 155 E3
Fairfield Rd EN11 135 A8
Fairfield Way SG4 35 D8
Fairfield Wlk EN8 148 E3
Fairfields Prim Sch EN7 148 A4
Fairfolds WD2 154 E4
Fairford Ave LU2 45 E4
Fairgreen Rd LU1 62 F3
Fairhaven AL2 141 D4
Fairhaven Cres WD1 175 A7
Fairhill HP3 138 F7
Fairlands Jun Mix Inf Sch SG1 50 D6
Fairlands Lo WD6 170 A5
Fairlands Way SG1 51 A7
Fairlawns Pinner WD1 175 D1
Watford WD1 153 F1
Fairley Way EN7 148 B3
Fairmead Ave AL5 107 C8
Fairseat Cl WD2 176 E8
Fairshot Ct AL4 108 D2
Fairthorn Cl HP23 99 E3
Fairview Dr WD1 153 E3
Fairview Est EN11 135 C7
Fairview Rd SG1 50 B7
Fairway
Bishop's Stortford CM23 77 C6
Hemel Hempstead HP3 138 F7
Sawbridgeworth CM21 97 F2
Ware SG12 114 C8
Fairway Ave WD6 170 B7
Fairway Cl
Chiswellgreen AL2 141 C4
Harpenden AL5 107 A5
Fairway Ho WD6 170 B6
Fairway The
Abbots Langley WD5 153 D7
Moor Park HA6 174 E6
Fairways Cheshunt EN8 148 D5
Waltham Abbey EN9 163 E5
Faithfield WD1 167 E3
Falcon Cl Hatfield AL10 130 A3
Northwood HA6 174 E3
Sawbridgeworth CM21 97 E1
Stevenage SG2 51 D2
Falcon Ct 2 SG12 93 C3
Falcon Ridge HP4 122 C3
Falcon Way Watford WD2 154 E5
Welwyn Garden City AL7 110 E8
Falconer Rd WD2 168 A3
Falconer Sch WD2 168 A4
Falconer St CM23 76 C5
Falconers Field AL5 85 E3
Falconers Pk CM21 97 D1
Falconers Rd LU2 46 B1
Falkirk Gdns WD1 175 D5
Falkland Rd EN5 171 E7
Fallow Rise SG13 113 F6
Fallowfield Luton LU3 45 C4
Stevenage SG2 51 C3
Welwyn Garden City AL7 89 F3
Fallowfield Cl UB9 173 C2
Fallowfield Wlk HP1 124 A6
Fallows Gn AL5 86 B3
Falstaff Gdns AL1 141 C8
Falstone Gn LU2 46 E1
Fanhams Hall Rd SG12 93 F5
Fanhams Rd SG12 93 E2
Fanshaw Ct SG14 113 C7
Fanshawe Cres SG12 93 C2
Fanshawe St SG14 113 B7
Fanshaws La SG13 133 C5
Fantail La HP23 99 F4
Far End AL10 130 B2
Faraday Cl Luton LU4 44 C1
Watford WD1 166 D3
Faraday Rd SG2 51 B6
Faringdon Rd LU4 44 C3
Faringford Cl EN6 159 D8
Farland Rd HP2 125 B3
Farley Ct LU1 63 C5
Farley Farm Rd LU1 63 B5
Farley Hill LU1 63 C5
Farley Jun Sch LU1 63 C6
Farley Lodge LU1 63 D5
Farm Ave AL5 85 D4
Farm Cl Barnet EN5 171 C4
Borehamwood WD6 156 E1
Cheshunt EN8 148 C1
Cuffley EN6 146 E4
Hertford SG14 113 A6
Letchworth SG6 12 A1
Roydon CM19 116 B1
Stevenage SG1 50 E4
Welwyn Garden City AL8 110 C6
Farm Gn LU1 63 C5
Farm Hill Rd EN9 163 D6
Farm La
Rickmansworth WD3 165 C6
Standon SG11 73 A8
Farm Pl HP4 121 F5
Farm Rd Harpenden LU1 85 B7
Little Chalfont WD3 164 A5
Northwood HA6 174 C5
St Albans AL1 128 B4
Farm Way Bushey WD2 168 B5
Moor Park HA6 174 F6
Farmbrook LU2 45 D7
Farmers Cl WD2 154 B6
Farmhouse Cl EN10 148 F6
Farmhouse La HP2 125 A5
Farmstead Rd HA3 176 D1
Farne Ho 5 WD1 166 F3
Farnham CE Prim Sch CM23 58 D6
Farnham Cl
Bovingdon HP3 137 A3
Sawbridgeworth CM21 97 C1
Farnham Rd CM23 58 F3
Farquhar St SG14 113 C7
Farr's La LU2 65 B1
Farraline Rd WD1 167 B5
Farrant Way WD6 169 E8
Farrer Top AL3 83 E5
Farriday Cl AL3 127 E7
Farriers SG12 115 A6
Farriers Cl Baldock SG7 12 E1
Codicote SG4 67 F1
Farriers End EN10 148 F5
Farriers Way WD6 170 D4
Farringford Cl AL2 141 B5
Farrington Pl HA6 174 F6
Farrow Cl LU3 31 C1
Farthing Dr SG6 23 C3
Farthings The HP1 124 B3
Faulkner Ct AL1 127 E5
Faverolle Gn EN8 148 D3
Faversham Cl HP23 100 A4
Fawbert & Barnard Inf Sch CM21 97 E2
Fawbert & Barnard Sch CM17 118 C3
Fawcett Rd SG2 51 B7
Fawkon Wlk EN11 135 A6
Fawn Ct AL9 130 C7
Fay Gn WD5 153 D6
Fayerfield EN6 159 D8
Fayland Cotts SG9 41 E7
Feacey Down HP1 124 B5
Fearney Mead WD3 165 A1
Fearnhill Sch SG6 22 C5
Fearnley Rd AL8 110 C5
Fearnley St WD1 167 B5
Feather Dell AL10 130 A5
Featherbed La HP3 138 B7
Featherston Rd SG2 51 C3
Featherstone Gdns WD6 170 C5
Federal Way WD2 167 C8
Felbrigg Cl LU2 46 F2
Felden Cl Pinner HA5 175 E3
Watford WD2 154 D5
Felden Dr HP3 138 A7
Felden La HP3 138 A7
Felix Ave LU2 46 A2
Fellowes La AL4 143 E8
Fellowes Way SG2 51 A2
Fells Cl SG5 34 F8
Felmersham Ct LU1 63 B7
Felmersham Rd LU1 63 A7
Felmongers CM20 118 B2
Felstead Cl LU2 46 F2
Felstead Rd EN8 162 E7
Felstead Way LU2 45 F3
Felton Cl
Borehamwood WD6 156 E1
Cheshunt EN10 148 F6
Luton LU2 46 D1
Fen End SG5 11 F8
Fennycroft Rd HP1 124 A6
Fensom's Alley HP2 124 D4
Fensom's Cl HP2 124 D4
Fenwick Cl LU3 45 B5
Ferguson Gr EN8 148 D2
Fermor Cres LU2 46 C1
Fern Cl EN10 148 F8
Fern Dells AL10 129 F4
Fern Dr HP3 124 E2
Fern Gr AL8 89 D2
Fern Way WD2 154 B4
Ferndale 7 Harpenden AL5 86 A2
Much Hadham SG10 74 F2
Ferndale Rd Enfield EN3 162 E2
Luton LU1 63 B7
Ferndene AL2 154 F8
Ferndown HA6 175 A1
Ferndown Cl HA5 175 E3
Ferndown Rd WD1 175 C6
Fernecroft AL1 141 D8
Fernheath LU3 31 A1
Fernhills WD4 153 D6
Fernleigh Ct HA2 176 B1
Fernleys AL4 128 C5
Ferns Cl EN3 162 E3
Fernville La HP2 124 D3
Ferny Hill EN4 159 F1
Ferrars Cl LU4 44 B1
Ferrars Inf Sch LU4 44 B3
Ferrars Jun Sch LU4 44 B3
Ferrers La AL4 108 B5
Ferrier Rd SG2 51 C6
Ferryhills Cl WD1 175 C7
Feryngs Cl CM17 118 D4
Fesants Croft CM20 118 B3
Fetherstone Cl EN6 159 D7
Fiddle Bridge La AL10 129 F6
Fiddlebridge Ind Ctr AL10 129 F6
Fidler Pl WD2 168 B3
Field Cl Harpenden AL5 107 D7
St Albans AL4 128 A7
Field Cres SG8 7 F7
Field End Cl Luton LU2 46 C4
Watford WD1 167 E2
Wigginton HP23 100 D1
Field Fare Gn LU4 44 A5
Field Inf Sch WD1 167 C4
Field La SG6 22 F4
Field Rd
Hemel Hempstead HP2 125 A3
Watford WD1 167 E3
Field View EN5 171 B5
Field View Rd EN6 159 A6
Field View Rise AL2 140 E2
Field Way Bovingdon HP3 137 A4
Hoddesdon EN11 115 C2
Rickmansworth WD3 165 B1
Field's Ct EN6 159 D6
Fielder Ctr (Univ of Herts) AL10 129 D8
Fielders Way WD7 156 E6
Fieldfare Letchworth SG6 11 E1
Stevenage SG2 51 D3
Fieldfares AL2 142 D4
Fieldgate Ho SG1 50 F5
Fieldgate Rd LU4 44 D2
Fieldings Rd EN8 148 F2
Fields End HP23 100 A6
Fields End La HP1 123 E5
Fieldway
Berkhamsted HP4 122 E2
Stanstead Abbotts SG12 115 B4
Wigginton HP23 100 D1
Fifth Ave Letchworth SG6 23 C6
Watford WD2 154 D4
Fifth Avenue / Allende Ave CM20 117 C3
Figtree Hill HP2 124 D4
Filey Cl SG1 50 A7
Filmer Rd LU4 44 E4
Filton Ho WD1 175 D7
Finch Cl Hatfield AL10 130 A3
Luton LU4 44 A4
Finch Gn WD3 164 F5
Finch La WD2 168 A5
Finch Rd HP4 122 A4
Finchdale HP1 124 A3
Finche's End SG2 52 B8
Finches The
Hertford SG13 114 B6
Hitchin SG4 35 A7
Finley Rd AL5 86 D3
Finsbury Ct EN8 162 E5
Finsbury Rd LU4 44 D5
Finucane Rise WD2 176 C8
Finway LU1 63 A8
Finway Ct WD1 166 F4
Finway Rd HP2 125 B7
Fir Cl SG2 50 F1
Fir Tree Cl HP3 125 B2
Fir Tree Ct WD6 169 F5
Fir Tree Hill WD3 153 A2
Firbank Dr WD1 167 E2
Firbank Rd AL3 127 F7
Firbank Trad Est LU1 63 A8
Fire Station Alley EN5 171 E7
Firecrest SG6 11 E1
Firlands CM23 76 E6
Firlands Ho CM23 76 E6
Firs Cl Hatfield AL10 130 B4
Hitchin SG5 34 D8
Firs Dr AL4 87 C5
Firs Jun & Mid Sch The CM23 76 E6
Firs La EN6 159 B6
Firs The
Hammond Street EN7 147 E4
Harpenden AL5 86 D2
St Albans AL1 142 B7
Welwyn Garden City AL8 89 C2
Wigginton HP23 100 D1
Firs Wlk Northwood HA6 174 D4
Tewin AL6 90 E5
Firs Wood Cl EN6 159 F7
First Ave WD2 154 D4
First Avenue / Mandela Ave CM20 117 F2
First Garden City Heritage Mus SG6 23 A5
Firthesden Vinyard HP4 123 B8
Firway AL6 89 F7
Firway Cl AL6 89 F7
Firwood Ave AL4 128 E3
Fish Farm St AL3 106 B5
Fish Hill SG8 7 D6
Fish St AL3 106 B5
Fisher Cl Holdbrook EN3 163 A2
Kings Langley WD4 139 A2
Fisher Rd HA3 176 F1
Fisher's Green Rd SG1 50 B8
Fisher's Ind Est WD1 167 C4
Fishermans Way EN11 135 D8
Fishers Cl Holdbrook EN8 163 A5
Standon SG11 55 D3
Fishers Gn SG1 36 A1
Fishers Hatch CM20 117 E1
Fishers Mead SG11 55 D3
Fishery Cotts HP1 124 A1
Fishery Rd HP1 124 A1
Fishponds Rd SG5 34 E8
Fishpool St AL3 127 C3
Fitzjohn Ave EN5 171 F5
Fitzroy Ave LU3 45 B3
Fitzwarin Cl LU3 44 E8
Fitzwilliams Ct CM17 118 E4
Five Acres
Kings Langley WD4 138 F2
London Colney AL2 142 D6
Stansted Mountfitchet CM24 59 E8
Five Acres Ave AL2 140 F2
Five Fields Cl WD1 175 F7
Five Oaks Caddington LU1 62 F4
Hatfield AL10 130 B2
Five Oaks Mid Sch LU1 62 F3
Five Oaks Prim Sch AL10 130 A3
Five Springs LU3 44 E6
Five Springs Ct LU3 44 E6
Five Springs Sch LU3 44 F7
Flags The HP2 125 B3
Flagstaff Cl EN9 163 B6
Flagstaff Rd EN9 163 B6
Flamstead End Jun Mix Inf Sch EN7 148 A4
Flamstead End Rd EN8 148 B3
Flamstead Jun Mix Inf Sch AL3 84 B1
Flamsteadbury La AL3 106 A4
Flash La EN2 161 C3
Flatfield Rd HP3 125 A1
Flaunden Bottom HP5 150 E4
Flaunden Hill HP3 151 A6
Flaunden Ho WD1 166 E2
Flaunden La HP3 137 D3
Flavian Cl AL3 126 F1
Flax Mews AL3 83 E5
Flecker Cl HA7 176 F5
Fleet The SG8 7 C6
Fleetville Inf Sch AL1 128 B3
Fleetville Jun Mix Sch AL1 128 A3
Fleetwood SG6 23 B4
Fleetwood Cres SG1 50 B7
Fleetwood Way WD1 175 C6
Fleming Cl EN7 148 A5
Fleming Cres SG14 113 A6
Fletcher Way HP2 124 D6
Flete Ho WD1 166 E3
Flexley Wood AL7 90 A1
Flinders Cl St Albans AL1 128 A1
Stevenage SG2 51 D5
Flint Cl LU3 44 E7
Flint Copse AL3 106 C6
Flint Ct LU1 63 D5
Flint Rd SG6 23 C8
Flint Way AL3 127 C7
Flintings The HP2 103 F8
Flora Gr AL1 127 F2
Floral Dr AL2 142 D5
Florence Ave LU3 44 D6
Florence Cl WD2 154 A4
Florence St SG5 34 F8
Florence Wlk 8 CM23 76 F8
Flowers Ind Est 11 LU1 63 E6
Flowers Way LU1 63 E7
Flowton Gr AL5 107 A7
Fold Croft CM20 117 A1
Foldingshott SG3 69 D3
Follett Dr WD5 153 F8
Folly Ave AL3 127 C4
Folly Cl Hitchin SG4 35 A5
Radlett WD7 155 F3
Folly Fields AL4 87 B2
Folly La Caddington LU1 62 E4
St Albans AL3 127 C4
Folly Pathway WD7 155 F3
Folly The Buntingford SG9 40 D7
Hertford SG14 113 D6
Folly View SG12 115 B4
Fontmell Cl AL3 127 E5
Fontwell Cl HA3 176 E3
Football Cl SG7 12 E1
Forbes Ave EN6 159 D7
Ford Cl WD2 168 C5
Ford Hill SG11 75 B8
Ford St SG11 55 E6
Fordham Cl SG7 4 D4
Fordham Rd SG8 7 E5
Fordhams Wood (Nature Reserve) SG8 6 F4
Fordwich Cl SG14 113 A6
Fordwich Hill SG14 113 A6
Fordwich Rd AL8 110 C5
Fordwich Rise SG14 113 A6
Fore St Harlow CM17 118 C4
Hatfield AL9 130 C6
Hertford SG14 113 D6
Weston SG4 24 B1
Forebury Ave CM21 97 F2
Forebury Cres CM21 97 F2
Forebury The CM21 97 F2
Forefield AL2 141 A4
Forelands Pl CM21 97 E2
Forest Ave 5 HP3 124 D1
Forest Rd Cheshunt EN8 148 D2
Enfield EN3 162 E3
Watford WD2 154 B6
Forest Row SG2 50 F1
Forest Wlk WD2 167 F8
Foresters Cl EN7 147 E4
Foresthall Rd CM24 59 E4
Forfar Ho WD1 175 C7
Forge Cl Chipperfield WD4 152 A8
5 Hitchin SG5 34 F8
Forge Cotts Essendon AL9 131 E6
Hatfield Heath CM22 98 F3
Forge End AL2 141 A5
Forge La Northwood HA6 174 E3
Welwyn AL6 89 C5
Forres Cl EN11 135 A8
Forres Prim Sch EN11 115 B1
Forrest Cres LU2 46 A3
Forresters Dr AL7 111 C5
Fortnums Acre HA7 176 F4
Fortuna Cl SG1 51 C8
Fortune La WD6 169 D3
Forty Hall EN2 161 F2
Forty Hill EN2 161 F1
Forty Hill Prim Sch EN2 162 A2
Fosman Cl 7 SG5 34 D8
Foster Cl Cheshunt EN8 148 E1
Stevenage SG1 36 D1
Foster Dr SG4 35 A5
Foster Rd HP1 124 B1
Foston Cl LU3 44 F6
Fotherley Rd WD3 172 F8
Foulds Jun Mix Inf Sch EN5 171 D6
Founceley Ave SG12 71 F8
Founders Rd EN11 115 B1
Fountain Ct EN8 148 D1
Fountain Dr SG13 113 F7
Fountain Pl EN9 163 C5
Fountains Rd LU3 45 D3
Four Acres Stevenage SG1 50 D7
Welwyn Garden City AL7 110 F4
Four Acres The CM21 98 A2
Four Limes AL4 108 D8
Four Swannes Prim Sch EN8 162 E6
Four Tubs The WD2 168 D2
Fouracres SG6 23 A3
Fouracres Dr HP3 124 F1
Fouracres Wlk HP3 124 F1
Fourth Ave Harlow CM20 117 C1
Letchworth SG6 23 C7
Luton LU3 44 D7
Watford WD2 154 D4
Fourways Ct 1 EN11 135 A7
Fourways Market AL9 144 C7
Fovant SG1 36 B1
Fovant Cl AL5 107 C6
Fowley Cl EN8 162 F5
Fowlmere Rd SG8 9 F8
Fox Cl Bushey WD2 168 B5
Elstree WD6 169 D3
Wigginton HP23 100 D1
Fox Cnr SG8 1 F5
Fox Hill SG8 1 F5
Fox Hill Rd SG8 1 F5
Fox La SG8 15 F7
Fox Rd Stevenage SG1 50 E4
Wigginton HP23 100 C2
Fox's La AL9 144 F7
Foxbury Cl LU2 45 D6
Foxcroft AL1 128 A1
Foxdell HA6 174 D4
Foxdell Inf Sch LU1 63 A8
Foxdell Jun Sch LU1 62 E8
Foxdells SG14 112 C3
Foxdells La CM23 58 F2
Foxes Cl SG13 114 B6
Foxes Dr EN7 148 A2
Foxes La EN6 146 E3
Foxes Par EN9 163 C6
Foxfield SG2 51 C3
Foxfield Cl HA6 174 F4
Foxglove Bank SG8 7 F5
Foxglove Cl
Bishop's Stortford CM23 76 C6
Hatfield AL10 130 B4
Foxglove Way AL6 89 E8
Foxgloves The HP1 123 E2
Foxgrove Path WD1 175 D5
Foxhill Luton LU2 45 E5
Watford WD2 154 A3
Foxholes Ave SG13 113 F6
Foxhollows AL10 130 B7

Fox–Gor 189

Foxlands Cl WD2 154 A5
Foxley Dr CM23 77 B8
Foxley Gr AL6 89 F4
Foxleys WD1 175 E7
Foxton Rd EN11 135 A6
Foxtree Ho WD2 154 E3
Frampton Rd EN6 145 C1
Frampton St SG14 113 D6
Francis Ave AL3 127 D6
Francis Bacon Sch AL1 142 B8
Francis Cl Hitchin SG4 35 A5
Stotfold SG5 11 E6
Francis Combe Sch & Com Coll WD2 154 C7
Francis Ct Harlow CM20 117 B2
St Albans AL1 127 E2
Francis Green Ho EN9 163 B6
Francis Rd Hinxworth SG7 3 C6
Ware SG12 93 D2
Watford WD1 167 B5
Francis St LU1 63 D8
Francis Wks EN11 135 B6
Frank Martin Ct EN7 148 B1
Frankland Cl WD3 166 A2
Frankland Rd WD3 166 B3
Franklin Ave EN7 148 B1
Franklin Cl
Colney Heath AL4 129 E1
Hemel Hempstead HP3 138 E8
Pirton SG5 20 D4
Franklin Gdns SG4 22 B1
Franklin Rd WD1 167 B7
Franklin's Rd SG1 50 C8
Franks Cl SG16 10 B5
Franshams WD2 176 D8
Fraser Rd EN8 148 E3
Fred Millard Ct SG1 50 E5
Frederick St LU2 45 E1
Frederick Street Pas LU2 45 E1
Freeman Ave LU3 45 B8
Freemans Cl SG5 21 D1
Freewaters Cl SG5 21 E4
Freman Coll SG9 40 D8
Freman Dr SG9 40 E8
French Horn Ct 5 SG12 93 D1
French Horn La AL10 130 B6
French Row 4 AL3 127 D3
French's Cl SG12 115 B4
Frensham EN7 148 A4
Frensham Dr SG4 22 C2
Frere Ct CM23 58 F1
Freshwater Cl LU3 44 F7
Freshwaters CM20 117 E1
Fretherne Rd AL8 110 D6
Friars Cl LU1 63 B5
Friars Ct LU1 63 B5
Friars Field HP4 121 E7
Friars Rd Braughing SG11 56 A7
Weston SG4 24 B1
Friars Way Bushey WD2 167 F8
Kings Langley WD4 139 A1
Luton LU1 63 B5
Friars Wlk HP23 100 A4
Friars Wood CM23 77 C8
Friarscroft EN10 135 A3
Friday Furlong SG5 34 C8
Friedberg Ave CM23 76 D4
Friendless La AL3 83 F2
Friends Ave EN8 162 D7
Friesian Cl LU4 44 A3
Frimley Rd HP1 123 E4
Fringewood Cl HA6 174 B2
Frinton Cl WD1 175 B8
Friston Gn LU2 46 D1
Frithsden Copse HP4 122 F8
Frithwood Ave HA6 174 F4
Frithwood Prim Sch HA6 174 F4
Frobisher Cl WD2 168 A3
Frobisher Dr SG2 51 B7
Frobisher Rd AL1 128 C1
Frobisher Way AL10 129 D8
Froghall La SG2 38 B1
Frogmoor Ct WD3 173 D8
Frogmoor La WD3 173 D8
Frogmore AL2 141 E4
Frogmore Hill SG14 70 B7
Frogmore Ho SG1 36 C1
Frogmore Rd HP3 138 D8
Frogmore St HP23 100 A3
Frogs Hall La SG11 53 F3
Frome Cl LU4 44 E4
Frome Sq HP2 125 A8
Front St LU1 63 C1
Front The HP4 123 B7
Frowick Cl AL9 144 B8
Frowyke Cres EN6 158 A7
Fry Rd SG2 51 C5
Fryth Mead AL3 127 B4
Fulbeck Way HA2 176 C1
Fulbourne Cl LU4 44 E2
Fulford Gr WD1 175 B8
Fuller Ct 8 CM23 77 A7
Fuller Gdns WD2 154 B2
Fuller Rd WD2 154 B2
Fuller Way WD3 166 A4
Fullers Ct SG6 22 E7
Fulling Mill La AL6 89 B6
Fulmar Cres HP1 124 A3
Fulmore Cl AL5 86 D4
Fulton Cl SG1 50 C5
Fulton Cres CM23 77 C8
Fulton Ct
Borehamwood WD6 156 F1
Holdbrook EN3 163 A1
Furham Field HA5 176 A3
Furlay Cl SG6 22 D7
Furlong The HP23 100 A3
Furlong Way SG12 115 A7
Furlongs HP1 124 A4
Furneux Pelham CE Prim Sch SG9 43 A4
Furriers Cl CM23 76 C5
Furrowfield AL10 130 B7
Furrows The LU3 45 B7
Furse Ave AL4 128 A7
Furtherfield WD5 153 E7
Furtherground 1 HP2 124 E2
Furze Cl Luton LU2 45 D7
South Oxhey WD1 175 C5
Furze Gr SG8 7 E5
Furze Rd HP1 123 E2
Furze View WD3 164 C4
Furzebushes La AL2 140 F6
Furzedown SG2 51 B4
Furzedown Ct 18 AL5 86 B1
Furzefield EN8 148 B3
Furzefield Ct EN6 158 E8
Furzefield Ctr The EN6 158 D8
Furzefield Rd AL7 110 E4
Furzehill Mid Sch WD6 170 A5
Furzehill Par WD6 170 A6
Furzehill Rd WD6 170 B5
Furzen Cres AL10 129 F2

G

Gable Cl
Abbots Langley WD5 153 E7
Pinner HA5 176 A3
Gables Ave WD6 169 F6
Gables The
Sawbridgeworth CM21 97 E2
Watford, The Rookery WD1 167 C2
Watford, Woodside WD2 154 D6
Gaddesden Cres WD2 154 E5
Gaddesden Gr AL7 111 B6
Gaddesden La AL3 105 C4
Gaddesden Row
Great Gaddesden HP2 104 C6
Jockey End HP2 103 F8
Gaddesden Row Jun Mix Inf Sch HP2 104 B6
Gade Ave WD1 166 E5
Gade Bank WD1 166 D5
Gade Cl
Hemel Hempstead HP1 124 B6
Watford WD1 166 E5
Gade Side WD1 153 E4
Gade Valley Cl WD4 139 A3
Gade Valley Cotts HP1 103 E4
Gade Valley Jun Mix Inf Sch HP1 124 B4
Gade View Gdns WD4 153 C7
Gade View Rd HP3 138 D7
Gadebridge Ct HP1 124 C4
Gadebridge La
Hemel Hempstead HP1 124 B5
Hemel Hempstead HP1 124 C5
Gadebridge Rd HP1 124 B4
Gadeview HP1 124 C3
Gadswell Cl WD2 154 E3
Gage Cl SG8 7 D7
Gainsborough Ave AL1 127 F4
Gainsford Cres SG4 22 C2
Gainswood AL7 110 E5
Gaitskell Ho WD6 170 D5
Gall End La CM24 59 F7
Galleria The AL10 129 F5
Gallery The 7 LU1 63 E7
Galley Gn SG13 115 A2
Galley Hill HP1 124 B6
Galley La EN5 171 B7
Galleycroft 4 AL10 130 A6
Galleyhill Rd EN9 163 E7
Galleywood SG5 21 D4
Galliard Cl LU3 45 B4
Galloway Cl
1 Bishop's Stortford CM23 76 F8
Cheshunt EN10 148 F5
Galloway Rd CM23 58 F1
Gallows Hill WD4 153 C7
Gallows Hill La WD5 153 D8
Galston Rd LU3 44 D8
Gammons La WD1,WD2 154 A2
Gamnel HP23 100 B7
Ganders Ash WD2 154 A6
Gandhi Ct 1 WD2 167 D7
Gangies Hill CM21 97 A4
Gant Ct EN9 163 F5
Ganton Wlk WD1 175 E6
Ganymede Pl HP2 124 F6
Gaping La SG5 34 D7
Garden Ave AL10 130 A2
Garden Cl Barnet EN5 171 C5
Harpenden AL5 107 A5
Royston SG8 7 E7
St Albans AL1 128 B4
Watford WD1 166 F7
Woolmer Green SG3 69 B2
Garden Ct
Hoddesdon EN10 134 F4
Welwyn Garden City AL7 110 E7
Wheathampstead AL4 87 D1
Garden Field SG2 51 E2
Garden Field La HP4 122 F2
Garden Fields Jun Mix Inf Sch AL3 127 D6
Garden Ho SG13 113 C5
Garden La SG8 7 D5
Garden Rd
Abbots Langley WD5 153 E8
Buntingford SG9 40 E8
Woolmer Green SG3 69 B2
Garden Row 6 SG5 34 F8
Garden Terr SG12 92 E4
Garden Terrace Rd CM17 118 C4
Garden Wlk Royston SG8 7 E7
Stevenage SG1 50 E5
Gardenia Ave LU3 45 A4
Gardens of the Rose The AL2 140 F5
Gardens The Baldock SG7 23 E8
Brookmans Park AL9 144 E4
Henlow SG16 10 D8
Stotfold SG5 11 E6
Watford WD1 166 F7
Gardiners La SG7 4 D4
Gardner Ct LU1 63 E4
Gareth Ct WD6 156 F1
Garfield Ct LU2 46 D3
Garfield St WD2 154 B1
Garland Cl
Cheshunt EN8 162 E8
Hemel Hempstead HP2 124 D4
Garland Rd SG12 93 E1
Garnault Rd EN1 161 F1
Garner Dr EN10 148 E5
Garnett Cl WD2 154 D3
Garnett Dr AL2 140 F2
Garrard Way AL4 108 D8
Garratts Rd WD2 168 C2
Garretts Mead LU2 46 B3
Garrison Ct 2 SG4 34 F7
Garrowsfield EN5 171 F4
Garsmouth Way WD2 154 D3
Garston Cres WD2 154 C5
Garston Dr WD2 154 C5
Garston Inf Sch WD2 154 D4
Garston La WD2 154 D5
Garston Manor Medical Rehabilitation Ctr WD2 154 C8
Garston Manor Sch WD2 154 C7
Garston Park Par WD2 154 D5
Garston Sta WD2 154 D4
Garter Ct 10 LU2 45 D1
Garth Rd SG6 22 E3
Garth The WD5 153 D6
Garthland Dr EN5 171 C4
Gartlet Rd WD1 167 C6
Gas La SG8 17 C3
Gascoyne Cecil Jun Sch AL10 130 B7
Gascoyne Cecil Prim Sch AL10 130 A7
Gascoyne Cl EN6 158 A7
Gascoyne Way SG13,SG14 113 D5
Gatcombe Ct AL1 128 A2
Gate Cl WD6 170 C8
Gate Cotts WD3 164 D5
Gate End HA6 175 A3
Gatecroft HP3 139 A8
Gatehill Gdns LU3 31 B1
Gatehill Rd HA6 175 A3
Gatehouse Mews SG9 40 E8
Gates Way SG1 50 C6
Gatesbury Way SG11 55 D3
Gatesdene Cl HP4 102 C8
Gateshead Rd WD6 170 A8
Gateway Cl HA6 174 C4
Gateways The EN7 147 E3
Gatwick Cl CM23 59 B1
Gauldie Way SG11 55 D2
Gaumont App WD1 167 B6
Gaunts Way SG6 12 A2
Gaveston Dr HP4 122 B6
Gayland Ave LU2 64 B8
Gayton Cl LU3 45 B4
Gaywood Ave EN8 148 D1
Gazelda Ind Est WD1 167 D4
Geddes Rd WD2 168 C5
Geddings Rd EN11 135 B6
Geddington Ct EN8 163 A5
Generals Wlk The EN3 162 E2
Gentle Ct SG7 23 E8
Gentlemens Field SG12 93 B3
George Green CM22 77 B1
George Green Villas CM22 98 B8
George La SG8 7 D6
George Leighton Ct SG2 51 B4
George Lovell Dr EN3 163 A2
George St
Berkhamsted HP4 122 D4
Hemel Hempstead HP2 124 D4
Hertford SG14 113 C6
Luton LU1 63 E7
Markyate AL3 83 E5
St Albans AL3 127 D3
Watford WD1 167 C5
George St W LU1 63 E7
George Street Prim Sch HP2 124 D4
George V Ave HA5 175 F1
George V Way WD3 152 B3
George Wlk 9 SG12 93 D1
George's Wood Rd AL9 145 B5
Georges Mead WD6 169 E3
Georgewood Rd HP3 139 A7
Georgina Ct SG15 11 A3
Gerard Ave CM23 76 E4
Gerard Ct 2 AL5 86 A2
Gernon Rd SG6 22 F5
Gernon Wlk SG6 22 F5
Gew's Cnr EN8 148 D2
Giant Tree Hill WD2 168 D1
Gibbons Cl
Borehamwood WD6 169 E8
Sandridge AL4 108 C1
Gibbons Way SG3 68 F5
Gibbs Cl EN8 148 D2
Gibbs Couch WD1 175 D7
Gibbs Field CM23 76 D5
Gibraltar Lodge AL5 86 D3
Gibson Cl SG4 35 B7
Gidian Ct AL2 141 D4
Gifford's La SG11 54 A2
Gilbert Ct AL5 86 B4
Gilbert Rd UB9 173 D1
Gilbert St EN3 162 C2
Gilbert Way HP4 122 A4
Gilbert's Hill HP23 119 E3
Gilbey Ave CM23 77 B6
Gilbey Cres CM24 59 E8
Gildea Cl HA5 176 A3
Gilden Cl CM17 118 E4
Gilden Way CM17 118 D3
Gilder Cl LU3 45 A8
Gilderdale LU4 44 B6
Gilders CM21 97 D2
Giles Cl AL4 108 C1
Giles Inf Sch SG1 37 A1
Giles Jun Sch SG1 37 A1
Gill Cl WD1 166 C3
Gillam St LU2 63 E8
Gillan Gn WD2 176 C8
Gillian Ave AL1 141 C7
Gillian Ho HA3 176 E4
Gilliat's Gn WD3 164 D5
Gilliflower Ho EN11 135 A5
Gillings Ct EN5 171 E5
Gillison Cl SG6 23 B5
Gills Hill WD7 155 F4
Gills Hill La WD7 155 F3
Gills Hollow WD7 155 F3
Gilmour Cl EN2 162 A4
Gilpin Gn AL5 86 C1
Gilpin Rd SG12 114 E8
Gilpin's Gallop SG12 115 B4
Gilpin's Ride HP4 122 E5
Gilsland EN9 163 E4
Ginns Rd SG9 43 D6
Gippeswyck Cl HA5 175 D2
Gipsy La
Bishop's Stortford CM23 59 C4
Knebworth AL6,SG3 68 E4
Luton LU1 64 A6
Girdle Rd SG4 22 A2
Girons Cl SG4 35 B7
Girtin Rd WD2 168 C5
Girton Ct EN8 148 E1
Girton Way WD3 166 C4
Gisburne Way WD2 154 A2
Gladding Rd EN7 147 B6
Glade The Baldock SG7 23 E7
Letchworth SG6 22 F3
Welwyn Garden City AL8 110 C8
Glades The HP1 123 E4
Gladeside AL4 128 D6
Gladesmere Ct WD2 154 B2
Gladeway The EN9 163 D6
Gladsmuir Rd EN5 171 E7
Gladstone Ave LU1 63 C7
Gladstone Ct SG2 69 A8
Gladstone Pl EN5 171 D5
Gladstone Rd
Dane End SG12 71 F8
Hoddesdon EN11 135 B7
Ware SG12 93 C2
Watford WD1 167 C6
Glaisdale LU4 44 C5
Glamis Cl Cheshunt EN7 148 A2
Hemel Hempstead HP2 105 B1
Glean Wlk 3 AL10 130 A2
Gleave Cl AL1 128 B4
Glebe Ave SG15 11 A7
Glebe Cl Essendon AL9 131 F6
Hemel Hempstead HP3 138 E7
Hertford SG14 113 D8
Pitstone LU7 80 D5
Watton at Stone SG14 70 D3
Glebe Cotts AL9 131 F6
Glebe Ct
Bishop's Stortford CM23 77 B8
Hatfield AL10 130 C6
Watton at Stone SG14 70 E3
Glebe Ho AL9 131 F6
Glebe La EN5 171 A3
Glebe Rd Hertford SG14 113 D8
Letchworth SG6 23 B8
Welwyn AL6 89 B5
Glebe The Harlow CM20 117 E1
Kings Langley WD4 139 A2
Stevenage SG2 51 B6
Watford WD2 154 D6
Glebelands CM20 117 F3
Gleed Ave WD2 176 D8
Glemsford Cl LU4 44 B6
Glemsford Dr AL5 86 D2
Glen Chess WD3 165 C5
Glen Faba Rd CM19 135 F6
Glen The
Caddington LU1 62 E3
Hemel Hempstead HP2 124 F8
Northwood HA6 174 D3
Glen Way WD1 153 E1
Glenblower Ct AL4 128 D3
Glencoe Rd WD2 168 A3
Glencorse Gn WD1 175 D6
Glendale HP1 124 B3
Glendale Wlk EN8 148 E1
Glendean Ct EN3 162 F3
Gleneagles Cl WD1 175 D6
Gleneagles Dr LU2 45 E6
Glenester Cl EN11 115 B1
Glenferrie Rd AL1 128 A3
Glenfield HP2 124 E6
Glenfield Ct SG14 112 F7
Glenfield Rd LU3 45 C6
Glengall Pl AL1 141 E8
Glenhaven Ave WD6 170 A6
Glenlyn Ave AL1 128 B2
Glenmire Terr SG12 115 D4
Glenmore Gdns WD5 154 A7
Glenshee Cl HA6 174 C4
Glenview Gdns HP1 124 B3
Glenview Rd HP1 124 B3
Glenville Ave EN2 161 D1
Glenwood
Hoddesdon EN10 134 F4
Welwyn Garden City AL7 111 D5
Glenwood Cl SG2 51 C2
Glevum Cl AL3 126 F1
Globe Cl AL5 86 B1
Globe Cres CM23 58 D6
Globe Ct Hertford SG14 113 C8
Hoddesdon EN10 148 F8
Gloucester Ave EN8 162 E6
Gloucester Cl SG1 36 E2
Gloucester Rd
Enfield EN2 161 C1
1 Luton LU1 63 F6
Glover Cl EN7 147 F4
Glovers Cl SG13 113 C4
Glovers Ct SG5 21 F1
Glynde The SG2 69 B8
Goat La EN1 161 F1
Gobions Way EN6 145 B3
Goblins Gn AL7 110 D5
Goddard End SG2 69 C8
Goddards Cl SG13 132 C4
Gode Twr HP3 138 F6
Godfrey Cl SG2 51 B3
Godfreys Cl LU1 63 B6
Godfreys Ct LU1 63 B6
Godfries Cl AL6 90 E3
Godsafe CM17 118 E4
Godwin Cl EN4 163 C1
Goff's La EN7 147 E2
Goff's Oak Ave EN7 147 C3
Goffs Cres EN7 147 C2
Goffs La EN7 148 A2
Goffs Oak Jun Mix Inf Sch EN7 147 B3
Goffs Sch EN7 148 A2
Gold Cl EN10 134 E3
Gold Crest Cl LU4 44 A5
Golda Cl EN5 171 D3
Goldcrest Way WD2 168 C1
Goldcroft HP3 125 A1
Golden Dell AL7 110 F2
Goldfield Inf Sch HP23 99 F3
Goldfield Rd HP23 99 F3
Goldfinch Way WD6 170 A5
Goldings CM23 77 B8
Goldings Cres AL10 130 B6
Goldings Ho AL10 130 B6
Goldings La SG14 92 A2
Goldington Cl EN11 114 F1
Goldon SG6 23 C4
Goldsmith Way AL3 127 C4
Goldstone Cl SG12 93 D2
Golf Cl WD2 167 D6
Golf Club Rd AL9 145 A6
Golf Ride EN2 161 A4
Gombards AL3 127 D4
Gomer Cl SG4 67 E2
Gonnerston AL3 127 B4
Gonville Ave WD3 166 B3
Gonville Cres SG2 51 C2
Goodey Meade SG2 52 F2
Goodliffe Pk CM23 59 B2
Goodrich Cl WD2 154 A4
Goodwin Ct EN8 148 E3
Goodwin Ho WD1 166 E3
Goodwin Stile CM23 76 D5
Goodwins Mead LU7 80 A7
Goodwood Ave
Enfield EN3 162 C2
Watford WD2 153 E3
Goodwood Cl EN11 135 A7
Goodwood Par WD1 153 E3
Goodwood Path WD6 170 A7
Goodwood Rd SG8 7 F6
Goodyers Ave WD7 155 F5
Goose Acre Botley HP5 136 A1
Cheddington LU7 80 A7
Goose La CM22 98 E7
Gooseacre AL7 110 F4
Gooseberry Hill LU3 45 B7
Goosecroft HP1 123 F4
Goosefields WD3 165 C3
Goral Mead WD3 165 D1
Gordian Way SG2 37 C1
Gordon Ave HA7 176 F4
Gordon Cl AL1 128 B2
Gordon Ct SG3 69 A5
Gordon Ho AL1 128 B2
Gordon Rd EN9 163 A5
Gordon St LU1 63 D7
Gordon Way EN5 171 F5
Gordon's Wlk AL5 107 C8
Gore La SG11 73 D3
Gorelands La HP8 172 A7
Gorham Dr AL1 141 E8
Gorhambury AL3 126 C4
Gorle Cl WD2 154 A4
Gorleston Cl SG1 36 A1
Gorse Cl AL10 129 F2
Gorse Cnr AL3 127 D5
Gorselands AL5 107 B7
Gorst Cl SG6 22 E5

190 Gos–Hal

Gosford Ho WD1 . . . . 166 E3
Gosforth La WD1 . . . . 175 B7
Gosforth Path WD1 . . . . . . 175 A7
Goshawk Cl LU4 . . . . 44 A4
Goslett Ct WD2 . . . . 168 A4
Gosling Ave SG5 . . . . 33 C2
Gosling Ski Ctr AL8 . . . . . 110 C4
Gosling Sports Pk AL8 . . . 110 C4
Gosmore SG1 . . . . 36 C2
Gosmore Ley Cl SG4 . . . . . . 34 F3
Gosmore Rd SG4 . . . . 34 F5
Gossamers The WD2 . . . . . 154 E4
Gosselin Ho SG14 . . . . 113 D8
Gosselin Rd SG14 . . . . 113 C8
Gossoms Ryde HP4 . . . . . . 122 A5
Gothic Mede Lower Sch SG15 . . . . 11 A5
Gothic Way SG15 . . . . 11 B5
Gould Cl AL9 . . . . 144 B7
Government Row EN3 . . . 163 A2
Gower Field EN6 . . . . 158 A7
Gower Rd SG8 . . . . 7 C7
Gowers The CM20 . . . . 118 B2
Grace Ave WD7 . . . . 156 E6
Grace Cl WD6 . . . . 170 D8
Grace Gdns CM23 . . . . 76 F4
Grace Way SG1 . . . . 50 E7
Graces Maltings HP23 . . . 100 A3
Graemesdyke Rd HP4 . . . 122 A3
Grafton Cl AL4 . . . . 128 D2
Grafton Pl SG11 . . . . 55 F1
Graham Ave EN10 . . . . 134 E2
Graham Cl AL1 . . . . 127 D1
Graham Gdns LU3 . . . . 45 C4
Graham Rd HA3 . . . . 176 E1
Grailands CM23 . . . . 76 D8
Grammar School Wlk SG5 . . . . 34 E7
Grampian Way LU3 . . . . 44 C8
Granaries The EN9 . . . . . . 163 E5
Granary Cl AL4 . . . . 108 D8
Granary Ct CM21 . . . . 97 E2
Granary La AL5 . . . . 86 C1
Granary The Roydon CM19 116 B1
Stanstead Abbotts SG12 . . . 115 C3
Granby Ave AL5 . . . . 86 D2
Granby Ct AL5 . . . . 86 D2
Granby Rd Luton LU4 . . . . . 44 E2
Stevenage SG1 . . . . 36 C2
Granchester Ct WD1 . . . . . 167 B6
Grandfield Ave WD1 . . . . . 167 A8
Grange Ave Barnet N20 . . . 171 E2
Luton LU4 . . . . 44 D4
Grange Bottom SG8 . . . . 7 E5
Grange Cl
Hemel Hempstead HP2 . . . . 125 A2
Hertford SG14 . . . . 113 B6
Hitchin SG4 . . . . 35 A4
Markyate AL3 . . . . 83 D6
Watford WD1 . . . . 167 A8
Grange Court Rd AL5 . . . . 107 C6
Grange Ct Hertford SG14 . . 113 C7
Letchworth SG6 . . . . 12 A1
Waltham Abbey EN9 . . . . . . 163 C5
Grange Dr SG5 . . . . 11 F5
Grange Gdns SG12 . . . . 114 E8
Grange Hill AL6 . . . . 89 C6
Grange Jun Sch SG6 . . . . . . 12 A2
Grange La WD2 . . . . 168 D8
Grange Pk CM23 . . . . 58 F1
Grange Rd
Bishop's Stortford CM23 . . . . 77 A7
Borehamwood WD6 . . . . . . 169 F4
Letchworth SG6 . . . . 22 F8
Pitstone LU7 . . . . 80 D5
Tring HP23 . . . . 100 C5
Watford WD2 . . . . 167 F4
Wilstone HP23 . . . . 79 D1
Grange Rise SG4 . . . . 67 F1
Grange St AL3 . . . . 127 D4
Grange The
Abbots Langley WD5 . . . . . . 153 E8
Bishop's Stortford CM23 . . . . 58 F1
Hoddesdon EN11 . . . . 135 A5
Rickmansworth WD3 . . . . . . 165 D2
Grange Wlk CM23 . . . . 77 A7
Grangedale Cl HA6 . . . . . . 174 E2
Grangeside CM23 . . . . 59 A2
Grangewood EN6 . . . . 145 B1
Grangewood Inf Sch EN8 . . . . 148 D1
Gransden Cl LU3 . . . . 45 A7
Grant Gdns AL5 . . . . 86 B2
Grantham Cl SG8 . . . . 7 B8
Grantham Gdns SG12 . . . . . 93 E2
Grantham Gn WD6 . . . . 170 C4
Grantham Rd LU4 . . . . 45 B1
Granville Ct AL1 . . . . 127 F3
Granville Dene HP3 . . . . . . 137 A4
Granville Gdns EN11 . . . . . 115 A2
Granville Rd Barnet EN5 . . . 171 D6
Berkhamsted HP4 . . . . 121 E6
Hitchin SG4 . . . . 22 C1
Luton LU1 . . . . 63 B8
St Albans AL1 . . . . 127 F3
Watford WD1 . . . . 167 C5
Grasmere SG1 . . . . 37 C3
Grasmere Ave
Harpenden AL5 . . . . 86 C1
Luton LU3 . . . . 45 B7
Grasmere Cl
Hemel Hempstead HP3 . . . . 125 B1
Watford WD2 . . . . 154 B7
Grasmere Rd Luton LU3 . . . . 45 C7
St Albans AL1 . . . . 128 B1
Grasmere Rd *continued*
Ware SG12 . . . . 93 E3
Grass Mdws SG2 . . . . 51 D7
Grass Warren AL6 . . . . 90 E1
Grassington Cl AL2 . . . . . . 141 A1
Grassy Cl HP1 . . . . 124 A4
Gravel Dr HP23 . . . . 99 B3
Gravel La HP1 . . . . 124 A3
Gravel Path
Berkhamsted HP4 . . . . 122 E5
Hemel Hempstead HP1 . . . . 124 A3
Graveley Ave WD6 . . . . 170 C4
Graveley Cl SG1 . . . . 36 C2
Graveley Dell AL7 . . . . 111 B5
Graveley La SG4 . . . . 36 B5
Graveley Prim Sch SG4 . . . 36 B4
Graveley Rd Graveley SG1 . . 36 B3
Great Wymondley SG4 . . . . . . 35 F6
Gravelhill Terr HP1 . . . . . . 124 A2
Gravelly La SG11 . . . . 55 F8
Gravely Ct HP2 . . . . 125 C2
Gray's La SG5 . . . . 34 D7
Grayling Ct HP4 . . . . 121 F6
Graylings The WD5 . . . . . . 153 D6
Grays Cl SG8 . . . . 7 C8
Grays Ct CM23 . . . . 76 E8
Graysfield AL7 . . . . 111 A3
Grazings The HP2 . . . . 124 F5
Great Ashby Way SG1 . . . . . 37 B3
Great Braitch La AL10 . . . . 109 F1
Great Break AL7 . . . . 111 B5
Great Cambridge Rd
Cheshunt EN8 . . . . 148 D4
Enfield EN1 . . . . 162 C6
Great Conduit AL7 . . . . 111 C7
Great Dell AL8 . . . . 89 D1
Great Eastern Cl CM23 . . . . 77 A6
Great Elms Rd HP3 . . . . . . 138 F7
Great Gaddesden Sch HP1 . . . . 103 D3
Great Ganett AL7 . . . . 111 C4
Great Gn SG5 . . . . 20 D4
Great Gr WD2 . . . . 168 B5
Great Groves EN7 . . . . 147 E3
Great Hadham Rd CM23 . . . 76 C5
Great Heart HP2 . . . . 124 E5
Great Heath AL10 . . . . 130 B8
Great Innings N SG14 . . . . . 70 D4
Great Innings S SG14 . . . . . 70 D3
Great Lawne SG3 . . . . 69 D2
Great Ley AL7 . . . . 110 E4
Great Mdw EN10 . . . . 135 A1
Great Molewood SG14 . . . . . 92 B1
Great North Rd
Barnet EN5 . . . . 171 E6
Brookmans Park AL9,EN6 . . 145 A3
Hatfield AL9 . . . . 130 C5
Oaklands AL6 . . . . 89 E7
Radwell SG7 . . . . 12 D4
Welwyn Garden City AL8 . . . 110 A7
Great Palmers HP2 . . . . 124 F8
Great Pk WD4 . . . . 139 A1
Great Plumtree CM20 . . . . . 117 F2
Great Rd HP2 . . . . 124 F4
Great Slades EN6 . . . . 158 F6
Great Stockwood Rd EN7 . . . . 147 D5
Great Sturgess Rd HP1 . . . 123 F3
Great Whites Rd HP3 . . . . . 124 F1
Great Wood Ctry Pk EN6 . 146 B5
Greatfield Cl AL5 . . . . 85 C4
Greatham Rd WD2 . . . . 167 D6
Green Acres Lilley LU2 . . . . . 32 D2
Stevenage SG2 . . . . 51 C1
Welwyn Garden City AL7 . . . 110 F3
Green Bushes LU4 . . . . 44 D6
Green Cl
Brookmans Park AL9 . . . . . . 144 E5
Cheshunt EN8 . . . . 162 E8
Luton LU4 . . . . 44 C5
Stevenage SG2 . . . . 50 F2
Green Croft AL10 . . . . 130 A8
Green Ct 6 LU4 . . . . 44 C5
Green Dell Way HP3 . . . . . 125 C3
Green Drift SG8 . . . . 7 C7
Green Edge WD2 . . . . 154 A4
Green End AL6 . . . . 89 B8
Green End Gdns HP1 . . . . . 124 A2
Green End La HP1 . . . . 123 F3
Green End Rd HP1 . . . . 124 A2
Green Hill Cl SG11 . . . . 55 F7
Green La Ashwell SG7 . . . . . . 4 E5
Bovingdon HP3 . . . . 137 A3
Braughing SG11 . . . . 55 F7
Croxley Green WD3 . . . . 165 F4
Hemel Hempstead HP2 . . . . 125 D4
Hitchin SG4 . . . . 22 B1
Hoddesdon EN10 . . . . 149 B8
Kensworth Common LU6 . . . . 82 E8
Latimer HP5 . . . . 150 C6
Letchworth SG6 . . . . 23 C8
Luton LU2 . . . . 46 C4
Markyate AL3 . . . . 83 F5
Northwood HA6 . . . . 174 E3
Pitstone LU7 . . . . 80 E5
St Albans, New Greens AL3 127 D7
St Albans, Sopwell AL1 . . . . 142 A7
Watford WD1 . . . . 167 C2
Welwyn Garden City AL7 . . . 111 D5
Green Lane Cl AL5 . . . . 107 E8
Green Lanes AL10 . . . . 109 F2
Green Lanes Prim Sch AL10 . . . . 109 F1
Green Leys Cotts SG11 . . . . 55 F1
Green Mdw EN6 . . . . 145 A1
Green Milverton LU3 . . . . . 45 A7
Green Oaks LU2 . . . . 45 F3
Green Path HP22 . . . . 99 D4
Green St
Chorleywood WD3 . . . . 164 C6
Royston SG8 . . . . 7 D8
Shenley WD7 . . . . 157 A3
Stevenage SG1 . . . . 50 C7
Green The
Bishop's Stortford CM23 . . . . 76 F4
Cheddington LU7 . . . . 80 A7
Cheshunt EN8 . . . . 148 C3
Codicote SG4 . . . . 67 F1
Kimpton SG4 . . . . 66 D1
Knebworth SG3 . . . . 68 C5
Luton LU4 . . . . 44 C5
Newnham SG7 . . . . 12 E7
Peters Green LU2 . . . . 65 C3
Pitstone LU7 . . . . 80 D4
Potten End HP4 . . . . 123 B6
Royston SG8 . . . . 7 D6
Sarratt WD3 . . . . 152 A3
Stotfold SG5 . . . . 11 F7
Waltham Abbey EN9 . . . . . . 163 C5
Ware SG12 . . . . 93 D3
Welwyn AL6 . . . . 89 B5
Welwyn Garden City AL7 . . . 111 A4
Green Vale AL7 . . . . 111 A5
Green View Cl HP3 . . . . . . 137 A2
Green Way Gdns HA3 . . . . 176 E1
Green Way The HA3 . . . . . 176 E2
Greenacre Cl EN5 . . . . 158 F1
Greenacres Bushey WD2 . . 176 D8
Hemel Hempstead HP2 . . . . 125 D2
Pitstone LU7 . . . . 80 C4
Greenall Cl EN8 . . . . 148 E1
Greenbank EN8 . . . . 148 B3
Greenbank Rd WD1 . . . . . . 153 D3
Greenbury Cl Barley SG8 . . . . 8 F1
Chorleywood WD3 . . . . 164 C5
Greencoates SG13 . . . . 113 E5
Greene Field Rd HP4 . . . . 122 C4
Greene Wlk HP4 . . . . 122 D3
Greenes Ct HP4 . . . . 122 C5
Greenfield Hatfield AL9 . . . 130 D8
Royston SG8 . . . . 7 B7
Welwyn Garden City AL8 . . . . 89 D1
Greenfield Ave
Ickleford SG5 . . . . 21 D4
South Oxhey WD1 . . . . 175 E8
Greenfield La SG5 . . . . 21 E4
Greenfield Rd SG1 . . . . 50 E7
Greenfield St EN9 . . . . 163 C5
Greenfields Cuffley EN6 . . . 146 E1
Stansted Mountfitchet CM24 . 59 E7
Greenfields Jun Mix Inf Sch WD1 . . 175 C5
Greengate LU3 . . . . 44 C8
Greenheys Cl HA6 . . . . 174 E2
Greenhill Ave LU2 . . . . 45 E3
Greenhill Cres WD1 . . . . . 166 E3
Greenhill Ct HP1 . . . . 124 B2
Greenhill Pk CM23 . . . . 76 D5
Greenhills SG12 . . . . 93 C3
Greenhills Cl WD3 . . . . 165 B4
Greenland Rd EN5 . . . . 171 C3
Greenlane Ind Est SG6 . . . . 23 C7
Greenleas EN9 . . . . 163 E5
Greenriggs LU2 . . . . 46 F2
Greenside WD6 . . . . 157 A1
Greenside Dr SG5 . . . . 34 D8
Greenside Pk LU2 . . . . 45 E3
Greenside Sch SG2 . . . . 51 B2
Greensleeves Cl AL4 . . . . . 128 C2
Greenstead CM21 . . . . 97 E1
Greensward WD2 . . . . 168 B3
Greenway
Berkhamsted HP4 . . . . 122 A4
Bishop's Stortford CM23 . . . . 77 C6
Harpenden AL5 . . . . 107 E8
Hemel Hempstead HP2 . . . . 125 B3
Letchworth SG6 . . . . 23 A2
Pinner HA5 . . . . 175 B1
Walkern SG2 . . . . 52 B8
Greenway Fst Sch HP4 . . . 121 F4
Greenway The
Enfield EN3 . . . . 162 D4
Potters Bar EN6 . . . . 159 A6
Rickmansworth WD3 . . . . . . 165 A2
Tring HP23 . . . . 99 F5
Greenways
Abbots Langley WD5 . . . . . . 153 E7
Buntingford SG9 . . . . 40 D8
Goff's Oak EN7 . . . . 147 B2
Hertford SG14 . . . . 113 B6
Luton LU2 . . . . 46 B5
Stevenage SG1 . . . . 50 E6
Greenwich Ct AL1 . . . . 128 A2
Greenwood Ave EN7 . . . . . 162 B8
Greenwood Cl EN7 . . . . . . 162 B8
Greenwood Dr WD2 . . . . . 154 B5
Greenwood Gdns WD7 . . . 156 E6
Greenwood Park L Ctr AL2 . . . . 141 B6
Greenyard EN9 . . . . 163 C6
Greer Rd HA3 . . . . 176 C2
Gregories Cl LU3 . . . . 45 D1
Gregory Ave EN6 . . . . 159 C6
Gregory Mews EN9 . . . . . . 163 B7
Gregson Cl WD6 . . . . 170 C8
Grenadier Cl AL4 . . . . 128 C2
Grenadine Cl EN7 . . . . 147 F4
Grenadine Way HP23 . . . . . 100 A5
Greneway Sch The SG8 . . . . . 7 E7
Grenfell Cl WD6 . . . . 170 C8
Grenville Ave EN10 . . . . . . 134 F2
Grenville Cl EN8 . . . . 162 D7
Grenville Ct WD3 . . . . 164 C5
Grenville Way SG2 . . . . 51 A1
Gresford Cl AL4 . . . . 128 D3
Gresham Cl LU2 . . . . 64 D8
Gresham Ct HP4 . . . . 122 B3
Gresley Cl AL8 . . . . 110 E8
Gresley Ct Enfield EN1 . . . . 162 C4
Potters Bar EN6 . . . . 145 C1
Gresley Way SG2 . . . . 51 D5
Greville Cl AL9 . . . . 144 C7
Grey House The 4 WD1 . . . 167 A7
Greycaine Rd WD2 . . . . 154 D2
Greydells Rd SG1 . . . . 50 E6
Greyfriars SG12 . . . . 93 B3
Greyfriars La AL5 . . . . 107 A7
Greyhound La EN6 . . . . 158 A6
Greystoke Cl HP4 . . . . 122 A3
Griffiths Way AL1 . . . . 127 C1
Grimaldi Ave LU3 . . . . 45 A3
Grimsdyke Cres EN5 . . . . . 171 C6
Grimsdyke Fst & Mid Sch HA5 . . . . 175 F4
Grimsdyke Lo AL1 . . . . 128 A3
Grimsdyke Rd Pinner HA5 . 175 E3
Wigginton HP23 . . . . 100 D1
Grimston Rd AL1 . . . . 127 F2
Grimstone Rd SG4 . . . . 35 E4
Grimthorpe Cl AL3 . . . . . . 127 D6
Grindcobbe Cl AL1 . . . . . . 141 D8
Grinstead La CM22 . . . . 98 C6
Groom Rd EN10 . . . . 148 F5
Grooms Cotts HP5 . . . . 136 B1
Groomsby Dr LU7 . . . . 80 E5
Grosvenor Ave WD4 . . . . . 139 C3
Grosvenor Cl CM23 . . . . 76 D4
Grosvenor Ct WD3 . . . . . . 166 D4
Grosvenor Ho 4 CM23 . . . . 77 B8
Grosvenor Rd Baldock SG7 . . 12 F1
Borehamwood WD6 . . . . . . 170 B6
Hoddesdon EN10 . . . . 134 F3
Luton LU3 . . . . 45 B5
Moor Park HA6 . . . . 174 F5
St Albans AL1 . . . . 127 E2
Watford WD1 . . . . 167 C6
Grosvenor Rd W SG7 . . . . . . 12 F1
Grosvenor Terr HP1 . . . . . 124 A2
Grotto The SG12 . . . . 114 D8
Ground La AL10 . . . . 130 B7
Grove Ave AL5 . . . . 107 D7
Grove Cotts WD2 . . . . 168 A3
Grove Cres WD3 . . . . 166 A5
Grove Ct Arlesey SG15 . . . . . 11 A8
Barnet EN5 . . . . 171 F6
Waltham Abbey EN9 . . . . . . 163 B6
Grove End LU1 . . . . 63 B5
Grove Farm Pk HA6 . . . . . . 174 D5
Grove Gdns Enfield EN3 . . . 162 D1
Tring HP23 . . . . 100 B5
Grove Hall Rd WD2 . . . . . . 167 E5
Grove Hill CM24 . . . . 59 E7
Grove Ho Bushey WD2 . . . . 167 F3
Cheshunt EN8 . . . . 148 B1
Hitchin SG4 . . . . 22 A2
Grove Inf Sch The AL5 . . . 107 D7
Grove Jun Sch The AL5 . . 107 D7
Grove La HP5 . . . . 136 B5
Grove Lea AL10 . . . . 130 A2
Grove Mdw AL7 . . . . 111 C6
Grove Mead AL10 . . . . 129 F5
Grove Mill La WD1 . . . . . . 153 C1
Grove Park Rd LU1 . . . . 63 B3
Grove Path EN7 . . . . 162 A8
Grove Pk HP23 . . . . 100 C5
Grove Pl
10 Bishop's Stortford CM23 . . 76 F7
Welham Green AL9 . . . . 144 C7
Grove Rd
Borehamwood WD6 . . . . . . 170 A8
Harpenden AL5 . . . . 107 D7
Hemel Hempstead HP1 . . . . 124 A1
Hitchin SG4 . . . . 21 F1
Luton LU1 . . . . 63 D7
Northwood HA6 . . . . 174 D5
Rickmansworth WD3 . . . . . . 173 A8
Slip End LU1 . . . . 63 B2
St Albans AL1 . . . . 127 D2
Stevenage SG1 . . . . 50 D7
Tring HP23 . . . . 100 C5
Ware SG12 . . . . 93 F2
Grove Rd W EN3 . . . . 162 C2
Grove Road Prim Sch HP23 . . . . 100 C5
Grove The
Brookmans Park AL9 . . . . . . 145 A4
Great Hallingbury CM22 . . . . 77 F4
Latimer HP5 . . . . 150 D3
Little Hadham SG11 . . . . 75 E7
Luton LU1 . . . . 63 B5
Potters Bar EN6 . . . . 159 C7
Radlett WD7 . . . . 156 A5
Tring HP23 . . . . 100 C5
Grove Way WD3 . . . . 164 B4
Grove Wlk SG14 . . . . 113 C8
Grovebury Gdns AL2 . . . . . 141 C4
Grovedale Cl EN7 . . . . 147 F1
Groveland Way SG5 . . . . 12 A5
Grovelands
Chiswellgreen AL2 . . . . 141 B4
Hemel Hempstead HP2 . . . . 125 C5
Grovelands Ave SG4 . . . . . . 22 C2
Grover Cl HP2 . . . . 124 D4
Grover Rd WD1 . . . . 167 D3
Grovewood Cl WD3 . . . . . . 164 B4
Grubbs La AL9 . . . . 145 C8
Grubs La AL9 . . . . 131 A1
Gryphon Ind Est The AL3 . 127 F8
Guardian Ind Est LU1 . . . . . 63 C8
Guernsey Cl LU4 . . . . 44 A3
Guernsey Ho Enfield EN3 . . 162 D1
Watford WD1 . . . . 167 A3
Guessens Ct AL8 . . . . 110 C6
Guessens Gr AL8 . . . . 110 C6
Guessens Rd AL8 . . . . 110 C6
Guessens Wlk AL8 . . . . 110 C7
Guilden Morden Prim Sch SG8 . . . . 1 F5
Guildford Cl SG1 . . . . 36 F2
Guildford Rd AL1 . . . . 128 B2
Guildford St LU1 . . . . 63 E7
Guildhouse The WD3 . . . . . 166 B3
Guilfords The CM17 . . . . . 118 D5
Guinevere Gdns EN8 . . . . . 162 E8
Gulland Cl WD2 . . . . 168 C4
Gullbrook HP1 . . . . 124 A3
Gullet Wood Rd WD2 . . . . 154 A4
Gulphs The SG13 . . . . 113 D5
Gun La SG3 . . . . 68 F4
Gun Meadow Ave SG3 . . . . . 69 A4
Gun Rd SG3 . . . . 69 A4
Gun Road Gdns SG3 . . . . 68 F4
Gunnels Wood Ind Est SG1 . . . . 50 D3
Gunnels Wood Rd SG1 . . . . 50 B5
Gunner Dr EN3 . . . . 163 A2
Gurney Court Rd AL1 . . . . 127 F5
Gurney's La SG5 . . . . 21 B7
Gwent Cl WD2 . . . . 154 D5
Gwynfa Cl AL6 . . . . 89 D7
Gwynne Cl HP23 . . . . 100 A5
Gwynns Wlk SG13 . . . . 113 E6
Gyfford Wlk EN7 . . . . 162 B8
Gypsy Cl SG12 . . . . 114 F4
Gypsy La
Abbots Langley WD4 . . . . . . 153 D5
Great Amwell SG12 . . . . 114 F4
Welwyn Garden City AL7 . . . 110 F1

H

Haberdashers' Aske's Girls Sch WD6 . . . . 169 B5
Haberdashers' Aske's Prep Sch The WD6 . . . . 169 B6
Hackforth Cl EN5 . . . . 171 B4
Hackney Cl WD6 . . . . 170 D4
Haddenham Ct HP2 . . . . . . 105 B1
Haddestoke Gate EN8 . . . . 148 F5
Haddon Cl
Borehamwood WD6 . . . . . . 170 A6
Hemel Hempstead HP3 . . . . 125 A2
Stevenage SG2 . . . . 69 C7
Haddon Ct 20 AL5 . . . . 86 B1
Haddon Rd
Chorleywood WD3 . . . . 164 C4
Luton LU2 . . . . 63 F8
Hadham Ct CM23 . . . . 76 E8
Hadham Gr CM23 . . . . 76 C8
Hadham Ho CM23 . . . . 76 D8
Hadham Rd
Bishop's Stortford CM23 . . . . 76 D8
Little Hadham SG11 . . . . 57 F1
Standon SG11 . . . . 55 F1
Hadland Cl HP3 . . . . 137 A5
Hadleigh SG6 . . . . 23 B4
Hadleigh Ct
Hoddesdon EN10 . . . . 134 F1
Wheathampstead AL5 . . . . . 107 E6
Hadley Cl WD6 . . . . 169 F3
Hadley Ct LU3 . . . . 45 D1
Hadley Gn EN5 . . . . 171 F7
Hadley Gn W EN5 . . . . 171 F7
Hadley Gr EN5 . . . . 171 E7
Hadley Green Rd EN5 . . . . 171 F7
Hadley Highstone EN5 . . . 171 F8
Hadley Rd
Enfield EN4,EN2 . . . . 160 C1
Hadley Wood EN2,EN4 . . . . 160 D1
Hadley Ridge EN5 . . . . 171 F6
Hadley Wood Jun Mix Inf Sch EN4 . . . 159 C1
Hadley Wood Sta EN4 . . . . 159 C1
Hadlow Down Cl LU3 . . . . . 45 A5
Hadrain Cl AL3 . . . . 127 A1
Hadrian Way SG7 . . . . 23 D7
Hadrians Wlk SG1 . . . . 51 C8
Hadwell Cl SG2 . . . . 51 A3
Hagdell Rd LU1 . . . . 63 C5
Hagden La WD1 . . . . 167 A4
Haggerston Rd WD6 . . . . . 156 E1
Hagsdell Rd SG13 . . . . 113 D5
Haig Cl AL1 . . . . 128 B2
Haig Ho AL1 . . . . 128 B2
Hailey Ave EN11 . . . . 115 A2
Hailey Hall Sch SG13 . . . . 114 F2
Hailey La SG13 . . . . 114 E2
Haileybury Coll SG13 . . . . 114 D2
Haines Way WD2 . . . . 154 A5
Haldens AL7 . . . . 89 F1
Haldens Ho 3 AL7 . . . . 89 F1
Hale Ct SG13 . . . . 113 D5
Hale La HP22 . . . . 119 A3
Hale Rd SG13 . . . . 113 D5
Hales Mdw AL5 . . . . 86 A2
Hales Park Cl HP2 . . . . 125 C4
Hales Pk HP2 . . . . 125 C4
Haleswood Rd HP2 . . . . . . 125 B4
Half Acre SG5 . . . . 34 D6
Half Acres CM23 . . . . 76 F8
Half Moon Cotts CM21 . . . . 97 B1
Half Moon La LU1 . . . . 84 C8
Half Moon Mdw HP2 . . . . . 125 C8
Half Moon Mews 5 AL1 . . 127 D3
Halfacre La SG9 . . . . 29 A1
Halfhide La EN8 . . . . 148 D5
Halfhides EN9 . . . . 163 D6
Halfway Ave LU4 . . . . 44 D1
Halifax Rd WD3 . . . . 164 C2
Halifax Way AL7 . . . . 111 E6
Hall Cl WD3 . . . . 165 A1

Hal–Hed 191

Hall Cotts SG9 29 A1
Hall Dr UB9 173 C2
Hall Gdns AL4 143 D8
Hall Gr AL7 111 B4
Hall Heath Cl AL1 128 B5
Hall La Great Chishill SG8 9 F2
Great Hormead SG9 29 A1
Kimpton SG4 87 C8
Woolmer Green SG3 69 A2
Hall Mead SG6 22 D6
Hall Park Gate HP4 122 E3
Hall Park Hill HP4 122 E3
Hall Pk HP4 122 E3
Hall Place Cl AL1 127 E4
Hall Place Gdns AL1 127 E4
Hall Rd HP2 125 B5
Hallam Cl WD1 167 C7
Hallam Gdns HA5 175 E3
Halland Way HA6 174 D4
Halleys Ridge SG14 113 A5
Halliday Cl WD7 156 E7
Halling Hill CM20 117 F2
Hallingbury Cl CM22 77 B1
Hallingbury Rd
Bishop's Stortford CM22 77 B4
Sawbridgeworth CM21 98 A4
Hallmores EN10 135 A4
Hallowell Rd HA6 174 E3
Hallowes Cres WD1 175 A7
Halls Cl AL6 89 C4
Hallside Rd EN1 161 F1
Hallwicks Rd LU2 46 B3
Hallworth Dr SG5 11 E6
Hallworth Ho SG5 11 E6
Halsey Dr
Hemel Hempstead HP1 123 F5
Hitchin SG4 35 B7
Halsey Pk AL2 142 F4
Halsey Pl WD2 154 B1
Halsey Rd WD1 167 B6
Halstead Hill EN7 147 E1
Halter Cl WD6 170 D4
Haltside AL10 129 E4
Halwick Cl HP1 124 B1
Halyard Cl LU3 45 B6
Hamberlins La HP4 121 C7
Hamble Ct WD1 167 A5
Hamblings Cl WD7 156 D6
Hambridge Way SG5 20 D4
Hambro Cl LU2 85 F7
Hamburgh Ct EN8 148 D3
Hamels Dr SG13 114 B7
Hamer Cl HP3 137 A3
Hamer Ct LU2 45 D8
Hamilton Ave EN11 135 A8
Hamilton Cl
Bricket Wood AL2 155 A8
Dagnall HP4 81 C5
Ridge EN6 158 A6
Hamilton Ct 3 AL10 130 B3
Hamilton Mead HP3 137 A4
Hamilton Rd
Abbots Langley WD4 153 C6
Berkhamsted HP4 122 B4
South Oxhey WD1 175 B7
St Albans AL1 128 A4
Hamilton St WD1 167 C4
Hamlet The HP4 123 A7
Hammarskjold Rd CM20 117 D2
Hammer La HP2 124 F4
Hammerdell SG6 22 D7
Hammers Gate AL2 141 A5
Hammond Cl
Hammond Street EN7 147 F5
Stevenage SG1 50 D6
Hammond Ct LU1 63 C1
Hammond Jun Mix Inf Sch The HP2 124 F6
Hammonds Hill AL5 106 F4
Hammonds La AL10 109 B3
Hammondstreet Rd EN7 147 D5
Hammondswick AL5 106 F4
Hamonte SG6 23 C4
Hampden SG4 66 C1
Hampden Cl SG6 23 B8
Hampden Cres EN7 162 B8
Hampden Hill SG12 93 F2
Hampden Hill Cl SG12 93 F2
Hampden Pl AL2 141 E2
Hampden Rd Harrow HA3 176 C1
Hitchin SG4 22 C1
Hampden Way WD1 153 E3
Hampermill La WD1 167 A1
Hampton Cl SG2 69 C7
Hampton Gdns CM21 118 C7
Hampton Rd LU4 63 B8
Hamstel Rd CM20 117 C1
Hamsworth Ct SG14 112 F7
Hanaper Dr SG8 8 F2
Hanbury Cl Cheshunt EN8 148 E2
Ware SG12 93 D1
Hanbury Cotts AL9 131 E6
Hanbury Dr SG12 93 C6
Hanbury Mews SG12 93 C5
Hancock Ct WD6 170 C8
Hancock Dr LU2 45 E5
Hancroft Rd HP3 124 F1
Hand La CM21 97 C1
Handa Cl HP3 139 B8
Handcross Rd LU2 46 D2
Handside Cl AL8 110 C6
Handside Gn AL8 110 C7
Handside La AL8 110 C6
Handsworth Way WD1 175 A7
Hangar Ruding WD1 175 F7
Hanger Cl HP1 124 B2
Hangmans La AL6 89 F8
Hanover Cl SG2 50 F1
Hanover Ct
Croxley Green WD3 166 A4
Hoddesdon EN11 135 A7
Luton LU4 44 D5
Waltham Abbey EN9 163 C6
Hanover Gdns WD5 139 F1
Hanover Gn HP1 124 A1
Hanover Wlk AL10 129 F2
Hanscombe End Rd SG5 19 D7
Hanselin Cl HA7 176 F5
Hanswick Cl LU2 46 B2
Hanworth Cl LU2 45 D7
Hanyards End EN6 146 E3
Hanyards La EN6 146 D3
Happy Valley Ind Pk WD4 139 B3
Harbell Cl SG13 114 B6
Harborne Cl WD1 175 C5
Harbury Dell LU3 45 B7
Harcourt Rd Bushey WD2 168 C4
Tring HP23 100 C4
Harcourt St LU1 63 E5
Hardenwick Ct 4 AL5 86 A2
Harding Cl Luton LU3 44 E7
Redbourn AL3 106 B5
Watford WD2 154 C6
Harding Ct AL5 86 B4
Harding Par 8 AL5 86 B1
Hardings AL7 111 C7
Hardingstone Ct EN8 162 F5
Hardwick Cl SG2 69 C7
Hardwick Gn LU3 45 B7
Hardwick Pl AL2 142 D4
Hardy Cl Barnet EN5 171 E4
Hitchin SG4 35 C7
Hardy Dr SG8 7 D8
Hardy Rd HP2 124 F4
Hare Cres WD2 154 A7
Hare La AL10 130 B3
Hare Street Rd SG9 41 B8
Harebell AL7 110 E3
Harebreaks The WD2 154 B2
Harefield Harlow CM20 118 A1
Stevenage SG2 51 C3
Harefield Ct LU1 62 F8
Harefield Hospl UB9 173 C3
Harefield Inf Sch UB9 173 C2
Harefield Jun Sch UB9 173 C2
Harefield Pl AL4 128 D6
Harefield Rd Luton LU1 62 F8
Rickmansworth WD3 173 D7
Harepark Cl HP1 123 F4
Harewood WD3 165 C4
Harewood Ct HA3 176 E2
Harewood Rd WD1 175 B7
Harford Dr WD1 166 E8
Harforde Ct SG13 114 A6
Hargrave Cl CM24 59 E8
Hargreaves Ave EN7 162 B8
Hargreaves Cl EN7 162 B8
Hargreaves Rd SG8 7 D5
Harkett Cl HA3 176 F1
Harkness EN7 148 B2
Harkness Ct SG4 22 B1
Harkness Way SG4 22 C2
Harlech Rd WD5 154 A8
Harlequin The WD1 167 C5
Harlesden Rd AL1 128 A3
Harlestone Cl LU3 31 A1
Harley Ct AL4 128 D7
Harlings The SG13 114 C2
Harlow Coll CM20 117 D1
Harlow Ct HP2 125 A7
Harlow Mill Sta CM20 118 C5
Harlow Rd Roydon CM19 116 C1
Sawbridgeworth CM21 118 C8
Harlow Sports Ctr CM20 117 D2
Harlow Stad (Greyhounds) CM19 116 E1
Harlow Town Sta CM20 117 D3
Harlowbury Cty Prim Sch CM17 118 D4
Harlton Ct EN9 163 F5
Harmer Dell AL6 89 F4
Harmer Green La AL6 90 B5
Harmony Cl AL10 130 A7
Harmsworth Way N20 171 F1
Harness Way AL4 128 D6
Harold Cres EN9 163 C7
Harpenden Central Sta AL5 86 B1
Harpenden Hospl (private) AL5 86 A4
Harpenden La AL3 106 B6
Harpenden Memorial Hospl AL5 86 B2
Harpenden Prep Sch AL5 85 F2
Harpenden Rd AL5,AL4 108 B8
Harpenden Rise AL5 85 F3
Harper Ct SG1 50 F5
Harper La WD7,AL2 156 B8
Harperbury Hospl WD7 156 C8
Harps Hill AL3 83 E5
Harpsfield Broadway AL10 129 F6
Harptree Way AL1 128 A5
Harriet Walker Way WD3 164 F2
Harriet Way WD2 168 D2
Harrington Cl 8 CM23 77 A7
Harrington Ct SG13 114 C3
Harris Ho 14 WD1 166 F3
Harris La Great Offley SG5 33 D2
Shenley WD7 157 A6
Harris Rd WD2 154 A4
Harris's La SG12 93 C1
Harrison Cl Hitchin SG4 34 F7
Northwood HA6 174 C4
Harrison Wlk EN8 148 D1
Harrisons CM23 59 D2
Harrogate Rd WD1 175 D7
Harrow Coll, Adult Learners Ctr HA5 176 A3
Harrow Coll, Harrow Weald Campus HA3 176 E4
Harrow Ct SG1 50 E5
Harrow View HA2 176 C1
Harrow Way WD1 175 E6
Harrow Weald Pk HA3 176 D4
Harrow Yd HP23 100 A3
Harrowden Ct LU2 64 C8
Harrowden Rd LU2 64 C8
Harrowdene SG2 51 C4
Harry Scott Ct LU4 44 C6
Harston Dr EN3 163 A1
Hart Hill Dr LU2 63 F8
Hart Hill La LU2 63 F8
Hart Hill Prim Sch LU2 63 F8
Hart La LU2 64 A8
Hart Lodge EN5 171 E6
Hart Rd Harlow CM17 118 C6
St Albans AL1 127 D2
Hart Wlk LU2 46 A1
Hartfield Ave WD6 170 A4
Hartfield Cl WD6 170 A4
Hartfield Ct 6 SG12 93 D2
Hartforde Rd WD6 170 B8
Harthall La WD4 139 D4
Hartham La SG14 113 D6
Hartham Villas SG14 113 C7
Hartland Ct SG5 34 D7
Hartland Rd EN8 148 D1
Hartley Rd LU2 63 F8
Hartmoor Mews EN3 162 D2
Harts Cl WD2 168 A8
Hartsbourne Ave WD2 176 D8
Hartsbourne Cl WD2 176 D8
Hartsbourne Ctry Club WD2 176 C8
Hartsbourne Pk WD2 176 E8
Hartsbourne Prim Sch WD2 176 D8
Hartsbourne Rd WD2 176 D8
Hartsbourne Way HP2 125 C2
Hartsfield Jun Mix Inf Sch SG7 12 F1
Hartsfield Rd LU2 46 B2
Hartspring La WD2 168 A8
Hartswood Gn WD2 176 D8
Hartwell Gdns AL5 85 E1
Hartwood 3 LU2 63 F8
Harvest Cl LU4 44 A3
Harvest Ct Oaklands AL6 89 E7
St Albans AL4 128 D7
Harvest End WD2 154 D3
Harvest La SG2 51 D7
Harvest Mead AL10 130 B7
Harvest Rd WD2 168 B5
Harvey Rd
Croxley Green WD3 166 A3
London Colney AL2 142 C5
Stevenage SG2 51 B6
Harvey Road Prim Sch WD3 166 A3
Harvey's Hill LU2 45 F5
Harveyfields EN9 163 C5
Harveys Cotts SG11 75 F8
Harwood Cl Tewin AL6 90 E2
Welwyn Garden City AL8 89 E2
Harwood Hill AL8 89 E1
Harwood Hill Jun Mix Inf Sch AL8 89 E2
Harwoods Rd WD1 167 A5
Hasedines Rd HP1 124 A4
Haseldine Mdws AL10 129 F4
Haseldine Rd AL2 142 D5
Haselfoot SG6 22 E6
Hasketon Dr LU4 44 B6
Haslemere CM23 77 A4
Haslemere Est The EN11 135 D6
Haslemere Ind Est AL7 110 F7
Haslewood Ave EN11 135 A6
Haslewood Jun Sch EN11 135 B6
Haslingden Cl AL5 85 D3
Hastings Cl SG1 50 A8
Hastings St LU1 63 D6
Hastings Way
Croxley Green WD3 166 C5
Watford WD2 167 E5
Hastoe La HP23 100 A2
Hatch End High Sch HA3 176 B2
Hatch End Sta HA5 176 A3
Hatch Gn CM22 98 B8
Hatch La SG4 24 A3
Hatching Green Cl AL5 107 A6
Hatfield Aerodrome AL10 129 D6
Hatfield Ave AL10 129 E8
Hatfield Bsns Ctr AL10 129 D8
Hatfield Cres HP2 124 F7
Hatfield House & Gdns AL9 130 D5
Hatfield Rd Essendon AL9 111 E1
Potters Bar EN6 159 C8
St Albans AL1,AL4 128 C3
Watford WD2 167 B8
Hatfield Sta AL9 130 C6
Hatfield Tunnel AL10 129 F6
Hathaway Cl LU4 44 B2
Hathaway Ct AL4 128 E3
Hatherleigh Gdns EN6 159 D7
Hatters La WD1 166 D3
Hatters Way LU1 63 B8
Hatton Rd EN8 148 D2
Havelock Rd
Kings Langley WD4 138 F3
Luton LU2 45 E1
Havelock Rise LU2 45 E1
Haven Cl AL10 129 F6
Haven The SG5 11 F6
Havenfield WD4 152 B8
Havens Par CM23 76 F5
Havercroft Cl AL3 127 C1
Haverdale LU4 44 C4
Havers Inf Sch The CM23 76 E5
Havers La CM23 76 F5
Haward Rd EN11 135 C8
Hawbush Cl AL6 89 B4
Hawbush Rise AL6 89 B5
Hawes Cl HA6 174 F3
Hawes La E4 163 C1
Haweswater Dr WD2 154 C6
Hawfield Gdns AL2 141 D5
Hawkesworth Cl HA6 174 E3
Hawkfield SG6 22 E8
Hawkfields LU2 45 E6
Hawkins Cl WD6 170 C7
Hawkins Hall La SG3 69 E2
Hawkins Way HP3 137 A5
Hawkshead Ct EN8 162 F5
Hawkshead La AL9 144 D3
Hawkshead Rd EN6 145 B2
Hawkshill AL1 128 A2
Hawkshill Dr HP3 137 F8
Hawksmead Cl EN3 162 D3
Hawksmoor WD7 157 A6
Hawksmoor Sch WD6 170 C8
Hawkwell Dr HP23 100 C4
Hawridge La HP5 120 F1
Hawridge Vale HP5 120 F1
Hawsley Rd AL5 107 A4
Hawthorn Ave LU2 46 B4
Hawthorn Cl
Abbots Langley WD5 154 A7
Harpenden AL5 107 D7
Hertford SG14 113 A7
Hitchin SG5 34 E6
Royston SG8 7 F7
Watford WD1 153 F1
Hawthorn Cres LU1 62 E3
Hawthorn Gr EN2 161 D1
Hawthorn Hill SG6 22 F7
Hawthorn La HP1 123 F4
Hawthorn Rd EN11 135 B8
Hawthorn Rise CM23 76 F3
Hawthorn Way
Chiswellgreen AL2 141 A7
Royston SG8 7 F7
Hawthorne Ave EN7 162 B8
Hawthorne Cl EN7 162 B8
Hawthorne Ct HA6 175 A1
Hawthorne Rd WD7 156 A5
Hawthornes AL10 129 F3
Hawthorns AL8 110 D8
Hawthorns The
Berkhamsted HP4 122 A5
Hemel Hempstead HP3 137 F7
Maple Cross WD3 172 D5
Stevenage SG1 51 A4
Ware SG12 93 C3
Hawtrees WD7 155 F4
Hay Cl WD6 170 C7
Hay La AL5 86 A1
Haybourn Mead HP1 124 B2
Haycroft
Bishop's Stortford CM23 77 C7
Luton LU2 45 E6
Haycroft Rd SG1 50 E7
Haydock Rd SG8 7 F6
Haydon Hill Ho WD2 167 F2
Haydon Rd WD1 167 E3
Hayes Cl LU2 46 C5
Hayes Hill Farm EN9 149 C3
Hayes Wlk EN10 148 F6
Hayfield SG2 51 D7
Hayfield Cl WD2 168 B5
Haygarth SG3 69 A4
Hayhurst Rd LU4 44 B1
Hayley Bell Gdns CM23 76 F3
Hayley Comm SG2 51 C3
Hayling Dr LU2 46 D3
Hayling Rd WD1 175 B8
Haymeads AL8 89 E1
Haymeads La CM23 77 C6
Haymoor SG6 22 E7
Haynes Cl AL7 111 A5
Haynes Mead HP4 122 A6
Haysman Cl SG6 23 B7
Hayton Cl LU3 31 B2
Haywood Cl HA5 175 D1
Haywood Ct EN9 163 F5
Haywood La SG8 16 A6
Haywood Pk WD3 164 F4
Haywoods Dr HP3 137 F8
Haywoods La SG8 7 E7
Hazel Cl
Hammond Street EN7 147 E5
Welwyn AL6 89 E3
Hazel Ct SG4 35 A7
Hazel Gdns CM21 97 F1
Hazel Gr Hatfield AL10 129 F2
Stotfold SG5 11 E5
Watford WD2 154 B4
Welwyn Garden City AL7 111 C7
Hazel Grove Ho AL10 129 F3
Hazel Mead EN5 171 B4
Hazel Rd
Berkhamsted HP4 122 D3
Chiswellgreen AL2 141 B3
Hazel Tree Rd WD2 154 B3
Hazelbury Ave WD5 153 C7
Hazelbury Cres LU1 63 C8
Hazelbury Ct LU1 63 C8
Hazelcroft HA5 176 B4
Hazeldell SG14 70 D3
Hazeldell Link HP1 123 E2
Hazeldell Rd HP1 123 F2
Hazeldene EN8 162 E7
Hazelend Rd CM23 59 B4
Hazelgrove Prim Sch AL4 129 F2
Hazelmere Rd
St Albans AL4 128 C6
Stevenage SG2 69 A8
Hazels The AL6 90 E2
Hazelwood Cl Hitchin SG5 34 F8
Luton LU2 46 B4
Hazelwood Dr
Pinner HA5 175 B1
St Albans AL4 128 C4
Hazelwood La WD5 153 D7
Hazelwood Rd WD3 166 C3
Hazely HP23 100 C4
Heacham Cl LU4 44 B4
Head Ct CM24 59 D7
Headingley Cl
Hammond Street EN7 147 F5
Shenley WD7 156 E7
Stevenage SG1 50 E8
Headstone La HA2,HA3 176 B2
Headstone Lane Sta HA3 176 B2
Healey Rd WD1 166 F3
Health Farm La AL1,AL3 127 E5
Healy Ct EN5 171 D3
Heath Ave Royston SG8 7 C6
St Albans AL3 127 D5
Heath Brow HP1 124 C1
Heath Cl Harpenden AL5 107 C7
Hemel Hempstead HP1 124 C2
Luton LU1 63 B6
Potters Bar EN6 145 B1
Heath Ct SG14 112 F7
Heath Dr Potters Bar EN6 145 A1
Ware SG12 93 D3
Heath Farm Ct WD1 153 D2
Heath Hall SG7 23 F7
Heath Hill SG4 67 D1
Heath La Codicote SG4 67 E1
Hemel Hempstead HP1 124 C2
Hertford Heath SG13 114 C2
Heath Lodge WD2 168 D1
Heath Mount Sch SG14 71 B2
Heath Rd
Breachwood Green SG4 47 D1
Oaklands AL6 68 F1
Potters Bar EN6 145 B1
St Albans AL1 127 E5
Watford WD1 167 E2
Heath Row CM23 59 B1
Heath The
Breachwood Green SG4 47 D2
Radlett WD7 156 A6
Heathbourne Rd WD2,HA7 168 F1
Heathbrow Rd AL6 89 F8
Heathcote Ave AL10 130 A7
Heathcote Sch SG2 51 A2
Heathcroft AL7 111 C6
Heathdene Manor WD1 166 F8
Heather Cl
Abbots Langley WD5 154 A7
Bishop's Stortford CM23 76 D6
Heather Rd AL8 110 C4
Heather Rise WD2 167 F7
Heather Way Harrow HA7 176 F4
Hemel Hempstead HP2 124 D4
Potters Bar EN6 158 F7
Heathermere SG6 11 F1
Heathfield SG8 7 B6
Heathfield Cl
Caddington LU1 62 F4
Potters Bar EN6 145 B1
Heathfield Ct AL1 127 E4
Heathfield Lower Sch LU1 62 E4
Heathfield Rd Hitchin SG5 21 F1
Luton LU3 45 C4
Watford WD2 167 F5
Heathgate SG13 114 B2
Heathlands AL6 68 F1
Heathlands Dr AL3 127 E5
Heathlands Sch AL3 127 E6
Heathside
Colney Heath AL4 143 B8
St Albans AL1 127 E5
Heathside Cl HA6 174 D5
Heathside Rd HA6 174 D6
Heathview AL5 107 B8
Heaton Ct EN8 148 D2
Heaton Dell LU2 46 E1
Heay Fields AL7 111 C7
Hebden Cl LU4 44 B4
Heckford Cl WD1 166 C3
Hedge Row HP1 124 A5
Hedgebrooms AL7 111 C7
Hedgerow Cl SG2 51 D8
Hedgerow La EN5 171 B4
Hedgerow The LU4 44 D6
Hedgerow Wlk EN8 148 D1
Hedgerows CM21 97 F2
Hedgerows The SG2 51 D8
Hedges Cl AL10 130 B6
Hedgeside HP4 123 A7
Hedgeside Rd HA6 174 C5
Hedley Cl HP22 99 A4
Hedley Rd AL1 128 B3

192 Hed–Hoc

Hedley Rise LU2 46 F2
Hedworth Ave EN8 162 D6
Heights The
Hemel Hempstead HP2 124 F6
Luton LU3 44 E5
Helena Cl EN4 159 D1
Helena Pl 5 HP2 124 D5
Helens Gate EN8 148 F5
Hellards Rd SG1 50 D7
Hellebore Ct SG1 51 B8
Helmsley Cl LU4 44 C5
Helston Cl HA5 175 F3
Helston Gr HP2 124 D8
Helston Pl WD5 153 F7
Hemel Hempstead General Hospl HP2 124 D3
Hemel Hempstead Rd
Great Gaddesden HP4 81 F1
Hemel Hempstead HP2,HP3 125 E1
Redbourn AL3 105 E2
St Albans HP3,AL2,AL3 126 D1
Hemel Hempstead Sch HP1 124 C2
Hemel Hempstead Sta HP3 138 A8
Hemingford Dr LU2 45 D6
Hemingford Rd WD1 153 E3
Hemming Way WD2 154 A4
Hemmings The HP4 121 F3
Hemp La HP23 100 F1
Hempstall AL7 111 B4
Hempstead La HP4 123 C6
Hempstead Rd
Abbots Langley WD4 139 A3
Bovingdon HP3 137 B5
Watford WD1 153 E2
Henbury Way WD1 175 D7
Henderson Cl AL3 127 C7
Henderson Pl WD5 139 F4
Hendon Wood La NW1 171 A1
Henge Way LU3 44 E7
Henlow Ind Est SG16 10 B4
Henry Cl EN2 161 E1
Henry St
Hemel Hempstead HP3 138 D7
Tring HP23 100 A3
Hensley Cl Hitchin SG4 35 B6
Welwyn AL6 89 C6
Henstead Pl LU2 46 D1
Herald Cl CM23 76 D6
Herbert St HP2 124 D4
Hereford Rd LU4 44 A3
Hereward Cl EN9 163 C7
Herga Ct WD1 167 A7
Heritage Cl AL3 127 D3
Herkomer Cl WD2 168 B3
Herkomer Rd WD2 168 A3
Herm Ho EN3 162 D1
Hermitage Ct
Potters Bar EN6 159 C6
Stansted Mountfitchet CM24 59 D7
Hermitage Rd SG5 34 F7
Herne Ct WD2 168 C2
Herne Rd Bushey WD2 168 B3
Stevenage SG1 36 B1
Herneshaw AL10 129 F3
Herns La AL7 111 B8
Herns Way AL7 111 A7
Heron Cl
Hemel Hempstead HP3 138 F6
Rickmansworth WD3 173 D8
Sawbridgeworth CM21 97 D1
Heron Ct CM23 77 A7
Heron Dr Luton LU2 45 E6
Stanstead Abbotts SG12 115 C3
Heron Trad Est LU3 44 C7
Heron Way Hatfield AL10 130 A3
Stotfold SG5 11 E6
Heron Wlk HA6 174 E6
Heronfield EN6 145 C1
Herongate Rd EN8 148 E4
Herons Elm HP4 121 E7
Herons Way AL1 142 B8
Herons Wood CM20 117 B2
Heronsgate Rd WD3 164 B3
Heronslea WD2 154 C3
Heronswood EN9 163 E5
Heronswood Pl AL7 111 A5
Heronswood Rd AL7 111 A5
Hertford Castle SG14 113 C5
Hertford Cty Hospl SG14 113 B6
Hertford East Sta SG13 113 E6
Hertford Heath Jun Mix Inf Sch SG13 114 C4
Hertford Mews EN6 159 C8
Hertford Mus SG14 113 D6
Hertford North Sta SG14 113 B6
Hertford Rd
Enfield EN3 162 D3
Great Amwell SG12 114 F4
Hatfield AL9 111 B1
Hoddesdon EN11 134 E8
Stevenage SG2 69 B7
Tewin AL6 90 F2
Welwyn AL6 89 D3
Hertford Regional Coll
Cheshunt EN10 148 F6
Ware SG12 114 D8
Hertfordshire Bsns Ctr AL2 142 D5
Hertfordshire & Essex High Sch CM23 77 B7
Hertingfordbury Cowper Prim Sch SG14 112 C4
Hertingfordbury Rd
Hertford SG14 113 B5
Hertingfordbury SG14 112 F4
Herts & Essex Comm Hospl CM23 77 B6
Herts & Essex High Sch CM23 77 B6
Hertsmere Ind Pk WD6 170 D6
Hertswood Ct 1 EN5 171 E5
Hester Ho CM20 117 C2
Heswall Ct 5 LU1 63 F6
Heswell Gn WD1 175 A7
Hetchleys HP1 124 A6
Hewins Cl EN9 163 E7
Hewitt Cl AL4 108 D7
Hewlett Rd LU3 44 E5
Hexton Cty Prim Sch SG5 19 A1
Hexton Rd
Great Offley SG5 33 E8
Lilley LU2 32 C4
Heybridge Ct SG14 112 F7
Heydon Rd SG8 9 E3
Heydons Cl AL3 127 D5
Heyford End AL2 141 C3
Heyford Rd WD7 155 F2
Heyford Way AL10 130 C7
Heysham Dr WD1 175 D5
Heywood Dr LU2 45 F2
Hibbert Ave WD2 154 D1
Hibbert Rd HA3 176 F1
Hibbert St LU1 63 E6
Hibbert Street Almshouses 13 LU1 63 E6
Hibberts Ct SG6 22 E7
Hickling Cl LU2 46 D1
Hickling Way AL5 86 C3
Hickman Cl EN10 134 D3
Hickman Ct LU3 44 D8
Hicks Rd AL3 83 F6
Hidalgo Ct HP2 124 F6
Hideaway The WD5 153 F8
Hides The CM20 117 D1
Higgins Rd
Hammond Street EN7 147 D4
Hammond Street EN7 147 D5
High Acres WD5 153 D7
High Ash Rd AL4 108 C7
High Ave SG6 22 E4
High Barnet Sta EN5 171 F5
High Beech Rd LU3 44 D7
High Beeches Jun Mix Inf Sch AL5 86 D1
High Canons WD6 157 D2
High Cl WD3 165 C4
High Cross WD2 155 D2
High Dane SG4 22 A2
High Dells AL10 129 F4
High Elms AL5 107 A6
High Elms Cl HA6 174 D4
High Elms La
Abbots Langley WD2,WD5 154 C8
Benington SG2 52 F1
High Firs WD7 156 A4
High Firs Cres AL5 107 D8
High Gr AL8 110 C7
High House Est CM17 118 F4
High La CM24 59 F8
High Mead LU3 45 A3
High Meads AL4 108 C8
High Oak Rd SG12 93 E3
High Oaks Enfield EN2 160 F1
St Albans AL3 127 D7
High Oaks Rd AL8 110 B7
High Pastures CM22 98 D1
High Plash SG1 50 E5
High Point 14 LU1 63 D6
High Rd Bushey WD2 168 D1
Essendon AL9 131 E5
Harrow HA3 176 E3
Hoddesdon EN10 134 F4
Shillington SG5 19 E8
Stapleford SG14 92 A2
Watford WD2 154 A7
High Ridge Cuffley EN6 146 E4
Harpenden AL5 85 E3
Luton LU2 46 C1
High Ridge Rd HP3 138 D7
High Road Broxbourne EN10 134 F1
High Road Turnford EN10 148 E6
High Road Wormley EN10 148 F8
High St
Abbots Langley WD5 139 F1
Abbots Langley, Bedmond WD5 139 F4
Arlesey SG15 11 A5
Ashwell SG7 4 D4
Baldock SG7 23 F8
Barkway SG8 17 C3
Barley SG8 8 F2
Barnet EN5 171 F5
Berkhamsted HP4 122 B4
Berkhamsted, Northchurch HP4 121 E6
Bishop's Stortford CM23 76 F7
Bovingdon HP3 137 A4
Buntingford SG9 40 E8
Bushey WD2 168 A3
Cheddington LU7 80 A7
Cheshunt EN8 148 D2
Cheshunt, Theobald's Grove Sta EN8 162 D7
Cheshunt, Waltham Cross EN8 162 E5
High St *continued*
Codicote SG4 67 F1
Colney Heath AL4 129 B1
Elstree WD6 169 D3
Eyeworth SG19 1 A8
Flamstead AL3 84 B2
Graveley SG4 36 C4
Great Offley SG5 33 C3
Guilden Morden SG8 1 F4
Harefield UB9 173 C1
Harlow CM17 118 D4
Harpenden AL5 86 A1
Harrow HA3 176 E1
Hemel Hempstead HP1,HP3 124 D4
Hinxworth SG7 3 D6
Hitchin SG5 34 E7
Hitchin, Gosmore SG4 34 F3
Hoddesdon EN11 135 A5
Hunsdon SG12 95 D1
Kimpton SG4 66 C1
Kings Langley WD4 139 A2
London Colney AL2 142 D5
Luton LU4 44 C4
Markyate AL3 83 E5
Much Hadham SG10 74 F3
Northwood HA6 174 F2
Pirton SG5 20 D4
Pitstone LU7 80 E5
Potters Bar EN6 159 C7
Redbourn AL3 106 B5
Reed SG8 16 E5
Rickmansworth WD3 165 E1
Roydon CM19 116 B1
Royston SG8 7 D6
Sandridge AL4 108 C2
St Albans AL3 127 D3
Standon SG11 55 F1
Standon, Puckeridge SG11 55 D3
Stanstead Abbotts SG12 115 C4
Stevenage SG1 50 C7
Stotfold SG5 11 F6
Tring HP23 100 A3
Walkern SG2 38 B1
Ware SG12 93 D1
Watford WD1 167 B6
Watford WD1 167 C5
Watton at Stone SG14 70 E3
Welwyn AL6 89 C5
Wheathampstead AL4 87 D1
Whitwell SG4 66 F7
Widford SG12 95 E5
High Street Gn HP2 125 A5
High Town Rd LU2 45 F1
High Tree Cl CM21 97 D1
High View Birchanger CM23 59 D3
Chorleywood WD3 165 A5
Hatfield AL10 130 A2
Hitchin SG5 34 D7
Markyate AL3 83 E5
Watford WD1 166 F3
High View Ct HA3 176 E3
High Wickfield AL7 111 C5
High Wood Cl LU1 62 F7
High Wood Rd EN11 114 F1
High Wych CE Prim Sch CM21 97 A1
High Wych La CM21 97 A2
High Wych Rd
Gilston CM21 117 F7
High Wych CM21 97 B1
High Wych Way HP2 105 A1
Higham Dr LU2 46 D1
Highbanks Rd HA5 176 B4
Highbarns HP3 139 A6
Highbridge Ct EN9 163 B6
Highbridge Ho EN9 163 B6
Highbridge Ret Pk EN9 163 B5
Highbridge St EN9 163 B6
Highbury Ho (North Herts Rural Music Sch) SG4 35 A7
Highbury Inf Sch SG4 34 F6
Highbury Rd Hitchin SG4 35 A7
Luton LU3 45 C1
Highbush Rd SG5 11 E5
Highclere Ct AL1 127 E4
Highclere Dr HP3 139 B7
Highcroft 2 SG2 50 F1
Highcroft Rd HP3 138 B6
Highfield Bushey WD2 176 E8
Kings Langley WD4 138 E3
Letchworth SG6 22 E4
Sawbridgeworth CM21 97 E3
South Oxhey WD1 175 F7
Watford WD2 153 F5
Highfield Ave
Bishop's Stortford CM23 77 C6
Harpenden AL5 107 C8
Highfield Cl HA6 174 E2
Highfield Cres HA6 174 E2
Highfield Ct SG1 50 F7
Highfield Dr EN10 134 E2
Highfield La
Colney Heath AL1 142 E8
Hemel Hempstead HP2 124 F5
Highfield Oval AL5 86 A4
Highfield Park Dr AL4 142 C8
Highfield Rd
Berkhamsted HP4 122 D4
Hammond Street EN7 147 E5
Hertford SG13 113 D4
Luton LU4 45 B1
Northwood HA6 174 E2
Sandridge AL4 108 B1
Tring HP23 99 E3
Watford WD2 167 E4
Wigginton HP23 100 D1
Highfield Sch The SG6 22 D4
Highfield Way WD3 165 B3
Highfields Cuffley EN6 146 E3
Radlett WD7 155 F4
Highfields Cl LU5 44 A2
Highfiled Way EN6 159 B7
Highgate Gr CM21 97 D2
Highgrove Ct EN8 162 D5
Highland Dr Bushey WD2 168 C2
Hemel Hempstead HP3 125 B3
Highland Rd
Bishop's Stortford CM23 76 F3
Lower Nazeing EN9 135 E1
Northwood HA6 175 A1
Highlands Hatfield AL9 130 C8
Royston SG8 7 E6
Watford WD1 167 C1
Highlands The
Potters Bar EN6 145 C1
Rickmansworth WD3 165 B2
Highmead CM24 59 E8
Highmill SG12 93 D3
Highmoor AL5 86 A4
Highover Cl LU2 46 B1
Highover Jun Mix Inf Sch SG4 22 C1
Highover Rd SG6 22 D5
Highover Way SG4 22 B1
Highview Cl EN6 159 C6
Highview Gdns
Potters Bar EN6 159 C6
St Albans AL4 128 C8
Highway The HA7 176 F2
Highwood Ave WD2 167 F8
Highwood Prim Sch WD2 167 E8
Highwoodhall La HP3 139 C7
Hilbury AL10 129 F4
Hilfield La WD2 168 D6
Hilfield La S WD2 168 F3
Hill Cl Barnet EN5 171 C4
Harpenden AL5 86 C4
Luton LU3 45 C7
Hill Comm HP3 139 A8
Hill Crest Potters Bar EN6 159 C5
Whitwell SG4 66 E6
Hill Crest Lodge WD6 169 F5
Hill Croft Cl LU4 44 C6
Hill Ct HP4 122 D5
Hill Dyke Rd AL4 108 E7
Hill End La AL4 128 C2
Hill End Rd UB9 173 C3
Hill Farm Ave WD2 154 A6
Hill Farm Cl WD2 154 A6
Hill Farm La
Ayot St Lawrence AL6 88 C5
Redbourn AL3 106 C1
Hill Ho SG13 113 C5
Hill House Ave HA7 176 F3
Hill Ley AL10 129 F5
Hill Leys EN6 146 E3
Hill Mead HP4 122 A3
Hill Milford AL5 86 D3
Hill Pickford AL5 86 D4
Hill Rd Codicote SG4 67 E1
Northwood HA6 174 D4
Hill Rise Cuffley EN6 146 E3
Luton LU3 44 D7
Potters Bar EN6 159 C5
Rickmansworth WD3 165 B2
Hill Side LU7 79 F7
Hill St AL3 127 C3
Hill The Harlow CM17 118 C4
Wheathampstead AL4 108 D8
Hill Top SG7 23 E7
Hill View
Berkhamsted HP4 122 A6
Buckland SG9 27 D8
Whitwell SG4 66 E6
Hillary Cl LU3 44 D7
Hillary Cres LU1 63 C6
Hillary Rd HP2 125 A4
Hillary Rise SG15 11 B5
Hillborough Inf Sch LU1 63 C6
Hillborough Jun Sch LU1 63 C6
Hillborough Rd LU1 63 D6
Hillbrow SG6 22 D5
Hillcrest Baldock SG7 23 F7
Barnet EN5 171 B5
Hatfield AL10 130 A5
St Albans AL3 127 B1
Stevenage SG1 50 F5
Hillcrest Ave LU2 45 C8
Hillcrest Rd WD7 157 A6
Hillcroft Cres WD1 175 B8
Hilldown Rd HP1 124 A5
Hille Bsns Ctr WD2 167 B8
Hillfield AL10 130 C8
Hillfield Ave SG4 22 A2
Hillfield Ct HP2 124 E3
Hillfield Rd HP2 124 D3
Hillgate SG4 22 A3
Hillgrove Bsns Pk EN10 135 C1
Hillhouse EN9 163 F6
Hilliard Rd HA6 174 F2
Hillingdon Rd WD2 154 B5
Hillmead SG1 51 A6
Hillmead Jun Mix Inf Sch CM23 59 C1
Hillpath SG6 23 B6
Hillrise Ave WD2 154 D2
Hills La HA6 174 E2
Hillsborough Gn WD1 175 A7
Hillshott SG6 23 A6
Hillshott Inf Sch SG6 23 A6
Hillside Codicote SG4 67 F1
Hatfield AL10 130 A5
Hoddesdon EN11 134 F7
Hillside *continued*
Royston SG8 7 D5
Stevenage SG1 50 F5
Ware SG12 114 D8
Welwyn Garden City AL7 111 B3
Hillside Ave
Bishop's Stortford CM23 77 A7
Borehamwood WD6 170 B5
Cheshunt EN8 162 D8
Hillside Cl WD5 153 E7
Hillside Cotts
Birchanger CM23 59 C3
Wareside SG12 94 F4
Hillside Cres
Cheshunt EN8 162 D8
Enfield EN2 161 D1
Northwood HA6 175 A2
Stanstead Abbotts SG12 115 B4
Watford WD1 167 D3
Hillside Ct EN8 162 D8
Hillside End CM23 59 C3
Hillside Gdns Barnet EN5 171 E5
Berkhamsted HP4 122 D3
Northwood HA6 175 B2
Hillside Ho SG1 50 F5
Hillside Jun & Inf Schs HA6 175 A3
Hillside La SG12 115 A5
Hillside Mans EN5 171 F5
Hillside Rd
Chorleywood WD3 164 C4
Harpenden AL5 85 F3
Luton LU3 45 D1
Northwood HA6,HA5 175 B3
Radlett WD7 156 B4
St Albans AL1 127 E4
Watford WD2 167 E4
Hillside Rise HA6 175 A3
Hillside Sch The WD6 170 C5
Hillside Terr SG13 113 C4
Hillside Way AL6 90 A8
Hilltop AL3 105 F6
Hilltop Cl EN7 147 F5
Hilltop Cotts SG5 33 C3
Hilltop Ct LU1 63 C7
Hilltop Rd
Abbots Langley WD4 139 D4
Berkhamsted HP4 122 C3
Hillview Cl HA5 175 F4
Hillview Cres LU2 45 C8
Hillview Gdns EN8 148 E4
Hillview Rd HA5 175 F4
Hilly Fields AL7 111 C7
Hilmay Dr HP1 124 C2
Hilton Cl SG1 50 B7
Himalayan Way WD1 166 F3
Hindhead Gn WD1 175 C5
Hine Ho AL4 128 D2
Hine Way SG5 21 C1
Hinxworth Rd Ashwell SG7 4 B4
Hinxworth SG7 3 C3
Hipkins CM23 76 E4
Hitchens Cl HP1 123 F4
Hitchin Boys Sch SG5 34 E8
Hitchin British Schools Mus SG5 34 F6
Hitchin Bsns Ctr The SG4 22 A3
Hitchin Girls Sch SG4 34 F7
Hitchin Hill SG4 34 F5
Hitchin Hospl SG5 34 D8
Hitchin Mus SG5 34 E7
Hitchin Rd Arlesey SG15 11 A2
Great Wymondley SG4 35 D6
Henlow SG16 10 C6
Hexton SG5 19 E1
Hitchin SG4 34 F3
Kimpton SG4 66 D2
Letchworth SG6 22 E3
Luton LU2 46 A4
Pirton SG5 20 E2
Stevenage SG1 36 B1
Stotfold SG5 11 E5
Weston SG4 24 B1
Hitchin Road Ind & Bsns Ctr SG15 11 A3
Hitchin Road Ind Est LU2 45 F1
Hitchin St SG7 23 E8
Hitchin Sta SG4 35 A8
Hitchwood La SG4 49 A4
Hither Field SG12 93 E3
Hitherbaulk AL7 110 E4
Hitherfield La AL5 86 A2
Hitherway AL8 89 D2
Hitherwell Dr HA3 176 D2
Hive Cl WD2 176 D8
Hive Rd WD2 176 E8
Hobart Wlk AL3 127 F7
Hobbs Cl Cheshunt EN8 148 D2
St Albans AL4 128 E2
Hobbs Cross Rd CM17 118 F3
Hobbs Ct SG1 51 A8
Hobbs Hayes SG8 16 E5
Hobbs Hill Rd HP3 138 F8
Hobbs Hill Wood Prim Sch HP3 125 B1
Hobbs Way AL8 110 C5
Hobby Horse Cl EN7 147 D5
Hobletts Inf Sch HP2 125 A4
Hobletts Jun Sch HP2 125 A4
Hobletts Rd HP2 124 F4
Hobsons Cl EN11 114 F1
Hobsons Wlk HP23 99 F5
Hobtoe Rd CM20 117 A1
Hockerill SG14 70 E3
Hockerill Anglo-European Sch CM23 77 B7
Hockerill Ct 7 CM23 77 A7
Hockerill St CM23 77 A7

Hoc–Jen 193

Hocklands AL7 111 C7
Hockwell Ring LU4 44 C4
Hoddesdon Bsns Ctr EN11 135 A6
Hoddesdon Ind Ctr EN11 135 C7
Hoddesdon Rd SG12 115 C3
Hodges Way WD1 167 A3
Hodings Rd CM20 117 C2
Hodwell SG7 4 D4
Hoe La Enfield EN1,EN3 162 B1
Lower Nazeing EN9 135 F1
Ware SG12 114 D7
Hoe The WD1 175 D8
Hoecroft EN9 135 F1
Hoecroft Ct EN3 162 C1
Hoestock Rd CM21 97 D2
Hog Hall La HP4 81 A5
Hog La HP5 121 D2
Hogarth Ct WD2 168 B2
Hogg End La AL3 126 C6
Hogg La WD6 169 A5
Hogsdell La SG13 114 B4
Holbeck La EN7 147 F5
Holbein Gate HA6 174 E5
Holborn Cl AL4 128 D8
Holbrook Cl EN1 162 A1
Holcroft Rd AL5 86 D3
Holdbrook SG4 35 B7
Holdbrook Sch EN8 162 F5
Holdbrook South EN8 162 F5
Holden Cl Hertford SG13 113 E7
Hitchin SG4 35 C7
Holders La SG2 51 E5
Holdings The AL9 130 D7
Holecroft EN9 163 E5
Holford Way LU3 31 B1
Holgate Dr LU4 44 B3
Holkham Cl LU4 44 A4
Holland Ct LU3 45 C2
Holland Gdns WD2 154 C4
Holland Rd LU3 45 B2
Holland's Croft SG12 95 D1
Holliday St HP4 122 D4
Hollier Ct AL10 130 B6
Holliers Way AL10 130 A5
Hollies Cl SG8 7 E6
Hollies The
Bovingdon HP3 137 A2
St Albans AL3 127 E4
St Albans, Townsend AL3 127 C5
Watford WD1 166 F5
Wigginton HP23 100 D1
Hollies Way EN6 159 C8
Hollow La SG4 34 F7
Holloway La WD3 151 C2
Holloway The HP22 99 C4
Holloways La AL9 144 D7
Holly Cl AL10 129 F4
Holly Copse SG1 50 F4
Holly Croft SG14 113 A7
Holly Dell SG13 113 C4
Holly Dr Berkhamsted HP4 122 D3
Potters Bar EN6 159 B6
Holly Farm Cl LU1 62 E3
Holly Gr HA5 175 E2
Holly Grove Rd SG14 91 C3
Holly Hall Ct AL6 89 C5
Holly Hedges La HP3 151 C8
Holly Ind Est WD2 167 C8
Holly La AL5 86 E6
Holly Leys SG2 69 C8
Holly Rd Enfield EN3 162 D3
Woolmer Green SG3 69 B1
Holly Shaws SG2 51 B1
Holly St LU1 63 E6
Holly Street Trad Est 12 LU1 63 E6
Holly Tree Ct HP2 125 B3
Holly Wlk Harpenden AL5 86 D1
Welwyn Garden City AL8 89 C2
Hollybush Ave AL2 141 A7
Hollybush Cl Harrow HA3 176 E2
Oaklands AL6 89 E8
Potten End HP4 123 D7
Watford WD1 167 C2
Hollybush Hill SG5 32 F1
Hollybush Ho AL7 110 E4
Hollybush La
Datchworth SG3 69 C3
Flamstead AL3 84 B3
Harpenden AL5 86 A3
Hemel Hempstead HP1 123 F4
Welwyn Garden City AL7 110 E3
Whitwell SG4 66 B8
Hollybush Prim Sch SG14 113 A6
Hollybush Rd LU2 46 C1
Hollybush Way EN7 148 A3
Hollycross Rd SG12 115 B7
Hollyfield Hatfield AL10 130 A2
Tring HP23 100 C5
Hollyfield Cl HP23 100 C5
Hollyfields EN10 148 E5
Hollygrove WD2 168 D2
Hollyhock Cl HP1 123 E4
Hollytree Cl HP5 150 B8
Hollytree Ho WD1 153 E3
Hollywood Ct WD6 170 A5
Holm Oak Pk WD1 167 A4
Holmbrook Ave LU3 45 C5
Holmbury Cl WD2 176 E8
Holmdale SG6 23 B5
Holmdale Cl WD6 169 F7
Holme Cl Cheshunt EN8 162 E8
Hatfield AL10 129 F8
Holme Lea WD2 154 C5
Holme Pk WD6 169 F7
Holme Pl HP2 125 C4
Holme Rd AL10 129 F8
Holme Way HA7 176 F4
Holmes Ct AL3 127 E4
Holmesdale EN8 162 D4
Holmfield Cl LU1 63 D5
Holmscroft Rd LU3 44 F6
Holmshill La WD6 157 F2
Holmshill Sch WD6 170 C7
Holmside Rise WD1 175 B7
Holmwood Rd EN3 162 D3
Holroyd Cres SG7 23 F7
Holt Cl WD6 169 F5
Holt Ho EN8 148 B3
Holt The
Hemel Hempstead HP2 124 E2
Welwyn Garden City AL7 111 D5
Holts Mdw AL3 106 B6
Holtsmere Cl Luton LU2 46 D1
Watford WD2 154 C4
Holtsmere End Inf Sch HP2 125 B8
Holtsmere End Jun Sch HP2 125 B8
Holwell SG1 36 C2
Holwell Hyde AL7 111 C4
Holwell Hyde La AL7 111 C3
Holwell Jun Mix Inf Sch AL7 110 F5
Holwell La AL9 131 E8
Holwell Rd Holwell SG5 21 C7
Pirton SG5 20 E6
Welwyn Garden City AL7 110 E5
Holy Cross Hill EN10 148 A8
Holy Family RC Prim Sch AL7 90 A1
Holy Rood RC Inf Sch WD1 153 D3
Holy Rood RC Jun Mix Sch WD1 153 D3
Holy Trinity CE Prim Sch
Cheshunt EN8 162 D7
Northwood HA6 174 C4
Holyfield Hall Farm EN9 149 C4
Holyfield Rd EN9 149 D2
Holyrood Cres AL1 141 D7
Holyrood Ct WD1 167 B5
Holywell Cl LU6 82 C6
Holywell Ct LU3 45 B4
Holywell Hill AL1 127 D2
Holywell Jun Mix Inf Sch WD1 166 F3
Holywell Rd Studham LU6 82 B6
Watford WD1 167 A4
Home Cl Cheshunt EN10 148 F7
Luton LU4 44 C4
Stotfold SG5 11 F7
Home Farm Ct SG11 55 D3
Home Farm Ind Pk SG12 115 F5
Home Farm Rd
Berkhamsted HP4 121 D7
Rickmansworth WD3 174 A6
Home Field EN5 171 F4
Home Ley AL7 110 E6
Home Mdw AL7 110 F6
Home Park Ind Est WD4 139 B1
Home Park Mill Link Rd WD4 139 B1
Home Way WD3 164 F1
Homedale Dr LU4 44 D2
Homedell Ho AL5 85 E3
Homefield Bovingdon HP3 137 B3
Hinxworth SG7 3 D6
Potten End HP4 123 B7
Homefield La SG4 49 F2
Homefield Rd
Bushey WD2 168 A4
Chorleywood WD3 164 D5
Hemel Hempstead HP2 125 A2
Radlett WD7 155 F2
Ware SG12 93 E2
Homeleigh Ct EN8 148 B1
Homeleigh St EN8 148 B1
Homepark Cotts WD4 139 B1
Homerfield AL8 110 C7
Homerswood Jun & Inf Sch AL8 89 D2
Homerswood La AL6 89 A2
Homerton Rd LU3 45 A6
Homestead Cl AL2 141 C4
Homestead Ct AL7 110 F4
Homestead La AL7 110 F4
Homestead Moat SG1 50 E4
Homestead Rd
Hatfield AL10 130 B8
Rickmansworth WD3 165 D2
Homestead Way LU1 63 C5
Homewood Ave EN6 146 E4
Homewood Ct WD3 164 F5
Homewood Ind Sch AL2 141 B3
Homewood La EN6 146 C4
Homewood Rd AL1 128 B5
Honey Brook EN9 163 E6
Honey La
Brent Pelham CB11 30 F3
Buntingford SG9 40 E8
5 Hertford SG14 113 D6
Waltham Abbey EN9 163 E5
Honeybourne CM23 76 E4
Honeycroft AL8 110 C5
Honeycroft Dr AL4 142 C8
Honeycross Rd HP1 123 E2
Honeygate LU2 45 E4
Honeymead AL6 89 F3
Honeymeade CM21 118 C7
Honeysuckle Cl
Bishop's Stortford CM23 76 C6
Hertford SG13 114 A6
Honeysuckle Gdns AL10 130 B4
Honeyway SG8 7 E6
Honeywood Cl EN6 159 D6
Honilands Inf Sch EN1 162 B3
Honilands Jun Sch EN1 162 B3
Honours Mead HP3 137 A4
Hoo Cotts SG5 33 D1
Hoo Farm Cotts SG5 33 D1
Hoo St LU1 63 E5
Hoo The CM17 118 C5
Hook Gate EN1 162 B3
Hook La Northaw EN6 159 F7
Northaw EN6 160 A8
Hoops La SG8 15 F6
Hope Gn WD2 154 A6
Hopewell Rd SG7 23 D8
Hopground Cl AL1 128 A1
Hopkins Cres AL4 108 B1
Hopkins Yd AL1 127 E2
Hoppit Rd EN9 163 B7
Hopton Rd SG1 50 A8
Hopwood Rise WD1 153 E3
Horace Brightman Cl LU3 45 A7
Horace Gay Gdns SG6 22 E6
Horbeam Cl WD6 170 A8
Hordle Gdns AL1 127 F2
Hormead CE Prim Sch SG9 41 F8
Horn Hill SG4 66 E6
Hornbeam Cl SG14 113 B7
Hornbeam Ct SG4 35 E5
Hornbeam La AL9 131 E2
Hornbeam Spring SG3 68 F4
Hornbeam Way EN7 147 F2
Hornbeams
Bricket Wood AL2 140 F1
Welwyn Garden City AL7 111 B5
Hornbeams Ave EN1 162 C4
Hornbeams The
Harlow CM20 117 C2
Stevenage SG2 51 B4
Hornets The WD1 167 B5
Hornhill Rd WD3 172 D5
Horns Cl SG13 113 C4
Horns Mill Rd SG13 113 C3
Horns Rd SG13 113 C5
Hornsby Cl LU2 46 C1
Hornsfield AL7 111 C7
Horrocks Cl SG12 93 D3
Horse Cross SG11 56 D3
Horse Hill HP5 150 D7
Horsecroft Rd HP1 124 A1
Horselers HP3 139 A8
Horsemans Dr AL2 141 B6
Horseshoe Ct SG12 115 D4
Horseshoe Hill SG9 42 A8
Horseshoe La Barnet N20 171 D1
Great Hormead SG9 42 A8
Watford WD2 154 C7
Horseshoe The HP3 125 C1
Horseshoes Cl LU7 80 A7
Horsham Cl LU2 46 D2
Horsleys WD3 172 D5
Horton Gdns HP2 105 A1
Horwood Cl WD3 165 A2
Horwood Ct WD2 154 E2
Hospital Rd SG15 11 A4
Houghton Mews 11 LU1 63 D6
Housden Cl AL4 108 E7
House La Arlesey SG15 11 A7
Sandridge AL4 108 C1
St Albans AL4 128 D7
Housefield Way AL4 142 C8
Housewood End HP1 124 B6
Housman Ave SG8 2 C1
How Field AL5 85 E3
How Wood AL2 141 B3
How Wood Prim Sch AL2 141 C4
How Wood Sta AL2 141 C3
Howard Agne Cl HP3 137 A4
Howard Cl Bushey WD2 168 E2
Luton LU3 45 A4
St Albans AL1 128 C1
Stotfold SG5 11 E5
Waltham Abbey EN9 163 D5
Watford WD2 154 A2
Howard Ct Enfield EN1 161 E1
Letchworth SG6 23 B4
Howard Ctr The AL8 110 D6
Howard Dr
Borehamwood WD6 170 D5
Letchworth SG6 23 B3
Howard Gate SG6 23 B4
Howard Way Barnet EN5 171 D4
Harlow CM20 117 F2
Howards Cl HA5 175 B1
Howards Dr HP1 124 A5
Howards Wood SG6 23 B3
Howardsgate AL8 110 D6
Howe Cl WD7 156 E7
Howe Dell AL10 130 B5
Howe Dell Prim Sch AL10 130 B5
Howe Green House Sch CM22 77 D2
Howe Rd HP3 125 A1
Howell Hill Cl LU7 61 D5
Howfield Gn EN11 115 A1
Howicks Gn AL7 111 A3
Howland Garth AL1 141 C7
Howlands AL7 111 B3
Howlands Ho AL7 111 A3
Howton Pl WD2 168 D1
Hoylake Ct LU1 63 F5
Hoylake Gdns WD1 175 D6
Hubbards Rd WD3 164 D4
Huckleberry Cl LU3 45 A8
Hudnall La HP4 102 E7
Hudson Cl St Albans AL1 141 D8
Watford WD2 153 F3
Hudson Rd SG2 51 B7
Huggins La AL9 144 C8
Hugh Villas CM23 77 A5
Hughenden Rd AL4 128 C6
Hull Cl EN7 147 D5
Hull La SG11 55 E7
Humberstone Cl LU4 44 E2
Humberstone Rd LU4 44 E2
Humphrey Talbot Ave LU6 81 F7
Hunsdon AL7 111 D6
Hunsdon Jun Mix Inf Sch SG12 95 D1
Hunsdon Rd
Stanstead Abbotts SG12 115 E5
Widford SG12 95 E3
Hunsdon Road Cotts SG12 115 E5
Hunston Cl LU4 44 B5
Hunt Cl AL4 128 D6
Hunter Cl
Borehamwood WD6 170 C4
Potters Bar EN6 159 B6
Hunter Wlk WD6 170 D4
Hunter's La WD2 153 F6
Huntercrombe Gdns WD1 175 C5
Hunters Cl Bovingdon HP3 137 A2
Stevenage SG2 51 D7
Stotfold SG5 11 E6
Tring HP23 100 B5
Hunters Gate WD2 154 A6
Hunters Oak HP2 125 B8
Hunters Pk HP4 122 E5
Hunters Reach EN7 147 F2
Hunters Ride AL2 155 A8
Hunters Way Royston SG8 7 E6
Welwyn Garden City AL7 110 F3
Hunting Gate
Hemel Hempstead HP2 124 E7
Hitchin SG4 22 A3
Hunting Hall LU2 64 C8
Huntingdon Cl EN10 148 E7
Huntingdon Rd SG1 50 B8
Hunton Bridge Hill WD4 153 C6
Hunts Cl LU1 63 C6
Huntsman Cl SG11 55 D3
Huntsmans Cl HP4 81 C5
Huntsmill Rd HP1 123 E2
Hurlock Way LU4 44 C5
Hurricane Way WD5 154 A7
Hurst Cl Baldock SG7 13 A1
Bishop's Stortford CM23 76 E7
Welwyn Garden City AL7 111 C5
Hurst Dr EN8 162 D5
Hurst Drive Prim Sch EN8 162 D5
Hurst Pl HA6 174 B2
Hurst Way LU3 44 F5
Hurstlings AL7 111 B5
Hutchings Lo WD3 165 E1
Hutton Cl SG14 113 A6
Hutton Gdns HA3 176 C3
Hutton La HA3 176 D3
Hutton Wlk HA3 176 C3
Hyatt Ind Est SG1 50 A5
Hyburn Cl
Bricket Wood AL2 140 F1
Hemel Hempstead HP3 125 B2
Hyde Ave Potters Bar EN6 159 B6
Stotfold SG5 11 E5
Hyde Cl Barnet EN5 171 F6
Harpenden AL5 86 B4
Hyde Gn E SG2 51 B3
Hyde Gn N SG2 51 B3
Hyde Gn S SG2 51 B3
Hyde Ho 5 LU2 63 F8
Hyde La
Abbots Langley HP3 139 D5
Bovingdon HP3 137 A3
Park Street AL2 141 D3
Peters Green LU2 65 C2
Hyde Mdws HP3 137 A4
Hyde Mead EN9 149 E8
Hyde Mead Ho EN9 149 E8
Hyde Rd Caddington LU1 62 F4
Watford WD1 167 A7
Hyde The Stevenage SG2 51 C3
Ware SG12 93 B2
Hyde Valley AL7 110 F4
Hyde View Rd AL5 86 B4
Hyde Way AL7 110 E6
Hydean Way SG2 51 B3
Hyperion Ct HP2 124 F6
Hyver Hill NW7 170 D2

I

Ibberson Way SG4 35 A7
Iceni Ct SG6 23 B7
Ickleford Bury SG5 21 E3
Ickleford Prim Sch SG5 21 E4
Ickleford Rd SG5 34 F8
Ickley Cl LU4 44 B5
Icknield Cl Ickleford SG5 21 E4
St Albans AL3 126 F1
Icknield Gn Letchworth SG6 22 E6
Tring HP23 100 A6
Icknield High Sch LU3 45 C5
Icknield Inf & Prim Sch SG6 22 D6
Icknield Inf Sch LU3 45 B5
Icknield Jun Sch LU3 45 B5
Icknield Rd LU3 44 F4
Icknield Walk Fst Sch SG8 7 E7
Icknield Way Baldock SG7 12 E1
Dagnall LU6 81 A8
Letchworth SG6 22 E6
Luton LU3 45 B7
Tring HP23 99 E4
Icknield Way E SG7 12 F1
Icknield Wlk SG8 7 F7
Idenbury Ct LU1 63 C7
Ilex Ct HP4 122 B4
Ilford Cl LU2 46 D3
Ilkley Rd WD1 175 D5
Imberfield LU4 44 C3
Immanuel Coll WD2 168 E2
Imperial Way WD2 167 C8
Indells AL10 129 F4
Ingelheim Ct SG1 50 D7
Ingersoll Rd EN3 162 C1
Inglefield EN6 145 A1
Ingles AL8 89 E2
Ingleside Dr SG1 36 B1
Ingram Gdns LU2 45 D7
Inkerman Rd AL1 127 E2
Inkerman St LU1 63 D7
Inn's Cl SG1 50 D6
Innes Ct HP3 138 D8
Innova Way Enfield EN3 162 F3
Holdbrook EN3 163 A3
Inskip Cres SG1 50 E5
Iona Cl SG1 36 F2
Iredale View SG7 13 A1
Irene Stebbings Ho AL4 128 C4
Iron Dr SG13 114 B7
Irving Cl CM23 76 D4
Irving Cres LU7 80 A8
Isabel Gate EN8 148 F5
Isabelle Cl EN7 147 C2
Isenburg Way HP2 124 D8
Isherwood Cl SG8 7 C8
Islay Ho 4 WD1 166 F3
Islington Way SG1 36 F2
Italstyle Bldg The CM20 118 C6
Iveagh Cl HA6 174 B2
Iveagh Ct HP2 124 D4
Ivel Ct SG6 23 C4
Ivel Rd SG1 50 C7
Ivel Way Baldock SG7 24 A6
Stotfold SG5 11 F8
Ives Rd SG14 113 B7
Ivinghoe Cl St Albans AL4 128 C8
Watford WD2 154 D4
Ivinghoe Rd Bushey WD2 168 D2
Rickmansworth WD3 165 A2
Ivory Cl AL4 128 C1
Ivory Ct HP3 138 E8
Ivy Ct LU1 63 B8
Ivy Ho WD1 167 D3
Ivy House La HP4 122 E4
Ivy Lea WD3 165 A1
Ivy Rd LU1 63 C8
Ivy Terr EN11 135 C8
Ivybridge EN10 135 A4

J

J Ct CM20 117 F1
Jackdaw Cl SG2 51 D4
Jackdaws AL7 111 C6
Jackets La HA6 174 B3
Jacketts Field WD5 153 F8
Jackman's Pl SG6 23 B5
Jacks La UB9 173 A1
Jackson Sq 10 CM23 76 F7
Jackson St SG7 12 E1
Jackson's La SG8 16 E5
Jacksons Dr EN7 148 A3
Jacobs Ladder AL9 130 C5
James Bedford Cl HA5 175 C1
James Cl WD2 167 E4
James Ct Luton LU4 44 B2
14 Luton, New Town LU1 63 E6
James Foster Ho SG5 21 E1
James Lee Sq EN3 163 A1
James Marshall Commercial Ctr AL5 86 A1
James Way SG1 50 C7
Jameson Ct AL1 127 F4
Jameson Rd AL5 86 B3
Jane Cl HP2 125 B8
Jansel Ho LU2 46 B4
Jarden SG6 23 C4
Jarman Cl HP3 124 E1
Jarman Way
Hemel Hempstead HP2 124 F2
Royston SG8 7 B7
Jarvis Cl EN5 171 D4
Jarvis Cleys EN7 147 F5
Jasmin Cl
Bishop's Stortford CM23 76 C6
Northwood HA6 174 F2
Jasmin Way HP1 123 E4
Jasmine Dr SG13 114 A6
Jasmine Gdns AL10 130 A7
Jasons Hill HP5 136 B2
Jasper Cl EN3 162 C1
Jay Cl SG6 22 E8
Jaywood LU2 46 C6
Jeans La CM23 76 E7
Jeans Way LU5 44 A1
Jeffrey Cl SG8 7 C8
Jeffries Rd SG12 93 E1
Jellicoe Gdns HA7 176 F4
Jellicoe Rd WD1 167 A3
Jenkins Ave AL2 140 E1

194 Jen–Lan

Jenkins La
Bishop's Stortford CM22 77 C5
St Leonards HP23 119 E3
Jenning Wood AL6 89 F7
Jennings Cl SG1 50 E3
Jennings Rd AL1 128 A4
Jennings Way
Barnet EN5 171 C6
Hemel Hempstead HP3 124 E1
Jenningsbury Ct SG13 114 A4
Jepps La SG8 7 D6
Jerome Dr AL3 127 A1
Jersey Cl EN11 135 A7
Jersey Ho Enfield EN3 162 D1
9 Watford WD1 166 F3
Jersey La St Albans, Marshalswick AL4 128 B5
St Albans, Sandridge AL4 128 C8
Jersey Rd LU4 44 A3
Jervis Ave EN3 162 E4
Jervis Rd CM23 76 F6
Jessop Rd SG1 37 A1
Jeve Cl SG7 13 A1
Jewell Ct WD2 154 D5
Jill Grey Pl SG4 34 F6
Jillifer Rd LU4 44 A2
Jim Desormeaux Bglws CM20 117 E2
Jinnings The AL7 111 B3
Jocelyns CM17 118 C4
Jocketts Hill HP1 123 F3
Jocketts Rd HP1 123 F2
Jodies Ct AL4 128 C5
Joel St HA6 175 A1
John Barker Pl SG5 21 C1
John Ct EN11 115 A1
John Eliot Cl EN9 135 E2
John F Kennedy Sch HP1 123 F4
John Henry Newman RC Sch SG1 36 B1
John Lamb Ct HA3 176 E2
John Penrose Sch UB9 173 D2
John St Luton LU1 63 E7
Royston SG8 7 D6
John Tate Rd SG13 113 F6
John Warner Sch EN11 115 B1
Johnby Cl EN3 162 E2
Johns La HP5 121 E1
Johns Rd CM23 59 A1
Johnson Ct HP3 124 E1
Joiner's Close HP5 136 B1
Joint The SG8 16 E6
Jones Rd EN7 147 B1
Jonquil Cl AL7 111 B4
Jordan Cl WD2 153 F4
Jordan's Way AL2 140 F1
Jordans AL7 111 C7
Jordans Way WD3 165 A1
Joslyn Cl EN3 163 A1
Jowitt Ho 1 SG1 50 E6
Joyce Ct EN9 163 D5
Jubilee Ave
London Colney AL2 142 D5
Ware SG12 93 F2
Jubilee Cl HA5 175 C1
Jubilee Cotts
Aspenden SG9 40 D5
Great Hormead SG9 42 A8
Jubilee Cres SG15 11 A2
Jubilee Ct Harpenden AL5 86 C3
Hatfield AL10 130 B8
Waltham Abbey EN9 163 F6
Jubilee Memorial Ave SG1 50 D8
Jubilee Rd Letchworth SG6 23 D7
Stevenage SG1 50 B8
Watford WD2 154 A1
Jubilee St LU2 45 F1
Jubilee Trad Ctr SG6 23 D7
Judge St WD2 154 B1
Judge's Hill EN6 145 F2
Julia Ct LU3 45 B4
Julia Gate SG2 51 C8
Julian's Ct SG1 50 C8
Julian's Rd SG1 50 B8
Julie Ho EN11 135 C8
Julius Gdns LU3 44 F7
Junction Cotts AL8 110 D7
Juniper Ave AL2 155 A8
Juniper Cl Barnet EN5 171 D4
Cheshunt EN10 148 F6
Luton LU4 44 E2
Juniper Ct HA3 176 F2
Juniper Gate WD3 173 D8
Juniper Gdns Oaklands AL6 89 E7
Shenley WD7 156 E6
Juniper Gn HP1 123 E3
Juniper Gr WD1 154 A1
Juniper Ho EN10 148 F6
Jupiter Dr HP2 124 F5
Jupiter Drive Jun Mix Inf Sch HP2 124 F5
Juxon Cl HA3 176 B2

K

Kardwell Cl SG4 35 A6
Karen Ho SG16 10 A4
Katemon Ct SG12 115 D4
Katescroft AL7 110 E2
Katherine Cl HP3 138 E8
Katherine Pl WD5 154 A7
Katrine Sq HP2 124 E7
Keats Cl
Hemel Hempstead HP2 105 B1
Royston SG8 7 C8
Stevenage SG2 51 C7
Keats Ho 15 AL5 86 B1
Keats Way SG4 35 C7
Keble Terr WD5 153 F7
Kecksy's CM21 97 F4
Keeble Cl LU2 46 E1
Keele Cl WD1 167 C7
Keepers Cl
Cheddington LU7 80 A7
Luton LU2 46 C2
Keiths Rd HP3 125 A2
Keiths Wood SG3 68 F5
Kelbys AL7 111 C7
Keller Cl SG2 51 B4
Kelling Cl LU2 45 C8
Kelly Cl WD6 170 D7
Kelman Cl EN8 162 D8
Kelmscott Cl WD1 167 A4
Kelmscott Cres WD1 167 A4
Kelshall WD2 154 E3
Kelshall St SG8 15 E5
Kelvin Cl LU1 63 E6
Kelvin Cres HA3 176 E3
Kemble Cl EN6 159 D6
Kemp Pl WD2 168 A3
Kempe Cl AL1 141 C7
Kempe Rd EN1 162 C3
Kemprow WD2 155 D3
Kemps Dr HA6 174 F3
Kempsey Cl LU2 46 D2
Ken Davies Ct AL3 127 F7
Kendal Cl LU3 44 D7
Kendale HP3 125 B2
Kendale Rd 3 Hitchin SG4 34 F6
Luton LU4 44 B2
Kendall Cl AL7 110 F2
Kendall Ct WD6 170 C8
Kendals Cl WD7 155 E3
Kenerne Dr EN5 171 E4
Kenford Cl WD2 154 B7
Kenilworth Cl
Borehamwood WD6 170 C6
Hemel Hempstead HP2 124 E2
Stevenage SG2 69 C7
Kenilworth Cres EN1 161 E1
Kenilworth Ct WD1 167 A8
Kenilworth Dr
Borehamwood WD6 170 D6
Croxley Green WD3 166 B5
Kenilworth Fst Sch WD6 170 D6
Kenilworth Gdns WD1 175 C5
Kenilworth Rd LU1 63 C8
Kennedy Ave EN11 134 F6
Kennedy Cl Cheshunt EN8 148 E3
Pinner HA5 175 F4
Kennedy Rd SG12 71 E7
Kennel La AL5 85 A5
Kennelwood La AL10 130 B6
Kennesbourne Ct AL5 85 D4
Kenneth Rd LU2 46 A1
Kenning Rd EN11 135 B8
Kennington Rd LU3 45 B3
Kensington Ave WD1 166 F5
Kensington Cl AL1 128 A1
Kensington Ct EN1 161 E1
Kensington Way WD6 170 D6
Kensworth Lower Sch LU6 82 F8
Kensworth Rd LU6 82 D4
Kent Cl WD6 157 D1
Kent Cres CM23 76 E4
Kent Pl SG5 34 D8
Kent Rd LU1 62 F8
Kent's La SG11 55 E2
Kentish La AL9 145 C7
Kenton Gdns AL1 127 F2
Kenton La HA3 176 F3
Kents Ave HP3 138 D7
Kenwood Dr WD3 172 F8
Kenworth Cl EN8 162 D6
Kerdistone Cl EN6 145 B1
Kernow Ct LU2 46 A1
Kerr Cl SG3 68 F5
Kerri Cl EN5 171 C5
Kerril Croft CM20 117 A1
Kershaw Cl LU3 45 A8
Kershaw's Hill SG4 34 F6
Kessingland Ave SG1 36 A1
Keston Mews WD1 167 B7
Kestrel Cl
Berkhamsted HP4 122 C3
Stevenage SG2 51 D2
Watford WD2 154 E5
Kestrel Ct 4 SG12 93 C3
Kestrel Gdns CM23 76 C6
Kestrel Gn AL10 130 A4
Kestrel Way Luton LU4 44 A5
Welwyn Garden City AL7 110 F8
Kestrel Wlk SG6 23 B3
Kestrels The AL2 154 F8
Keswick Cl AL1 128 B1
Keswick Dr EN3 162 C3
Kettering Rd EN3 162 D2
Kettle Green Rd SG10 74 E2
Ketton Cl LU2 64 A7
Ketton Ct LU2 64 A7
Kewferry Dr HA6 174 C5
Kewferry Rd HA6 174 C5
Keyfield Terr AL1 127 D2
Keymer Cl LU2 46 C3
Keynton Cl SG14 112 F7
Keysers Rd EN10 135 B1
Kibes La SG12 93 E1
Kidner Cl LU2 45 E5
Kilbride Ct HP2 124 F7
Kilby Cl WD2 154 D4
Kildonan Cl WD1 166 F8
Kilfillan Gdns HP4 122 A4
Kilfillan Pk HP4 122 A4
Killigrew Inf Sch AL2 141 B6
Killigrew Jun Sch AL2 141 B6
Kilmarnock Dr LU2 45 E5
Kilmarnock Rd WD1 175 D6
Kiln Ave HP6 150 C1
Kiln Ground HP3 125 A1
Kiln House Cl SG12 93 E2
Kiln House Yd SG8 7 C6
Kiln La HP5 150 B8
Kiln Way HA6 174 E4
Kilncroft HP3 125 B1
Kilnfield AL7 89 F1
Kilsmore La EN8 148 D2
Kilvinton Dr EN2 161 D1
Kilworth Cl AL7 111 B4
Kimberley SG6 11 F2
Kimberley Cl CM23 77 A5
Kimberley Rd AL3 127 D4
Kimble Cl WD1 166 E2
Kimble Cres WD2 168 C2
Kimblewick WD1 167 E1
Kimbolton Cres SG2 69 A7
Kimbolton Gn WD6 170 C5
Kimps Way HP3 139 A8
Kimpton Bottom SG4 86 E7
Kimpton Cl HP2 125 B8
Kimpton Pl WD2 154 D5
Kimpton Prim Sch SG4 66 C1
Kimpton Rd
Ayot St Peter AL6 89 A6
Codicote SG4 67 B1
Kimpton SG4,AL4 87 C7
Luton LU1,LU2 64 A6
Peters Green LU2,SG4 65 E2
Kimptons Cl EN6 158 D7
Kimptons Mead EN6 158 D7
Kinderscout HP3 125 A1
Kindersley Cl AL6 89 C6
Kindersley Way WD5 153 D8
Kinetic Cres EN3 162 F3
King Arthur Ct EN8 162 E8
King Charles Rd WD7 156 E7
King Edward Rd
Cheshunt EN8 162 E6
Shenley WD7 156 F6
Watford WD1 167 E3
King Edward St HP3 138 D7
King Edward's Rd SG12 93 E2
King George Ave WD2 168 B3
King George Cl SG1 50 E6
King George Rd
Waltham Abbey EN9 163 C5
Ware SG12 93 E2
King George's Way SG4 66 E6
King Georges Ave WD1 166 E5
King Georges Cl SG5 21 D1
King Harold Ct EN9 163 C6
King Harold Sch EN9 163 E6
King Harry La AL3 127 B1
King Harry St HP2 124 D2
King Henry Ct LU3 45 B2
King Henry's Mews EN3 163 A2
King James Ave EN6 146 E2
King James Way SG8 7 D6
King St
Bishop's Stortford CM23 76 F7
Luton LU1 63 E7
Markyate AL3 83 E5
Tring HP23 100 A3
Watford WD1 167 C5
King Street Mews
1 CM23 76 F7
King's Cotts CM23 77 A6
King's La WD4 152 B8
King's Mews 3 HP2 124 D4
King's Rd Cheshunt EN8 162 E5
Hertford SG13 114 A7
Hitchin SG5 34 F8
London Colney AL2 142 C5
St Albans AL3 127 C3
King's Walden Rd SG5 33 D2
King's Wlk SG8 7 D5
Kingcroft Rd AL5 107 D7
Kingfisher Cl Harrow HA3 176 F3
Northwood HA6 174 B2
Stanstead Abbotts SG12 115 C3
Wheathampstead AL4 87 D1
Kingfisher Ct SG4 35 A6
Kingfisher Dr HP3 138 F6
Kingfisher Lure
Kings Langley WD4 139 B2
Rickmansworth WD3 165 B5
Kingfisher Rise SG2 51 D2
Kingfisher Way CM23 77 A7
Kingham Rd SG12 94 E5
Kinghamway LU2 45 E1
Kings Ave
Hemel Hempstead HP3 138 F7
Watford WD1 167 A5
Kings Cl Chipperfield WD4 152 B8
Northwood HA6 174 F4
5 Watford WD1 167 C5
Kings Ct
Berkhamsted HP4 122 C5
Bishop's Stortford CM23 77 A8
Kings Farm Rd WD3 164 D3
Kings Field Cotts WD5 153 F8
Kings Hedges SG5 34 C8
Kings Langley Prim Sch WD4 138 F3
Kings Langley Sch WD4 138 E3
Kings Langley Sta WD4 139 C1
Kings Mdw WD4 139 A3
Kings Oak WD3 166 A5
Kings Oak Private Hospl The EN2 161 A1
Kings Park Ind Est WD4 139 B2
Kings Rd Barnet EN5 171 C6
Berkhamsted HP4 122 B3
Stevenage SG1 50 D4
Kings Sch AL5 85 F4
Kings Walden Rise SG2 51 C8
Kingsbridge Rd CM23 77 A8
Kingsbury Ave AL3 127 C4
Kingsbury Water Mill Mus AL3 127 B4
Kingscroft AL7 111 B7
Kingsdale Ho AL6 89 B3
Kingsdale Rd HP4 122 A3
Kingsdown SG4 35 B6
Kingsdown Ave LU2 45 D5
Kingsfield EN11 135 A8
Kingsfield Ct WD1 167 D2
Kingsfield Dr EN3 162 D4
Kingsfield Rd
Dane End SG12 71 E8
Watford WD1 167 D3
Kingsfield Way EN3 162 D4
Kingsgate AL3 127 B1
Kingshill Ave AL4 128 B6
Kingshill Ct 6 EN5 171 E5
Kingshill Inf Sch SG12 93 D3
Kingshill Way HP4 122 B2
Kingshott Sch SG4 35 B5
Kingsland Ct 7 LU1 63 F6
Kingsland Rd
Hemel Hempstead HP1 124 A1
Luton LU1 63 F6
Kingsland Way SG7 4 D4
Kingsley Ave
Borehamwood WD6 169 F7
Cheshunt EN8 148 C2
Kingsley Ct AL7 110 F2
Kingsley Rd LU3 45 A5
Kingsley Wlk HP23 100 A4
Kingsmead Cheshunt EN8 148 D3
Cuffley EN6 146 E3
Sawbridgeworth CM21 97 E1
St Albans AL4 128 D6
Kingsmead Rd CM23 77 A8
Kingsmill Ct 1 AL10 130 B3
Kingston Pl HA3 176 F3
Kingston Rd LU2 45 F1
Kingston Vale SG8 7 E5
Kingsway Cuffley EN6 146 E1
Luton LU4 45 A1
Royston SG8 7 C8
Stotfold SG5 11 F7
Ware SG12 93 D3
Kingsway Gdns SG5 11 F7
Kingsway Ind Est LU1 63 A8
Kingsway Inf Sch WD2 154 A5
Kingsway Jun Sch WD2 154 A5
Kingsway North Orbital Rd WD2 154 B5
Kingswell Ride EN6 146 E1
Kingswood Ave SG4 35 D8
Kingswood Rd WD2 154 B5
Kingwell Rd EN4 159 D1
Kinloch Ct 6 AL5 86 B1
Kinross Cres LU3 44 D8
Kinsbourne Cl AL5 85 C4
Kinsbourne Cres AL5 85 D4
Kinsbourne Green La AL5 85 B3
Kintyre Ho 2 WD1 166 F3
Kipling Cl SG4 35 C7
Kipling Gr HP2 105 B1
Kipling Pl HA7 176 F4
Kipling Rd SG8 2 E1
Kipling The LU3 45 B6
Kipling Way AL5 86 B1
Kirby Cl HA6 174 F4
Kirby Dr LU3 45 A8
Kirkcaldy Gn WD1 175 C7
Kirkdale Ct 8 LU1 63 E6
Kirkdale Rd AL5 86 A2
Kirklands AL8 89 D2
Kirkwick Ave AL5 86 A1
Kit's La SG7 25 C8
Kitchener Cl AL1 128 B2
Kitcheners La SG2 38 B1
Kitching La St Ippolyts SG4 49 F5
Stevenage SG1 50 A5
Kite Field HP4 121 E7
Kite Way SG6 22 E8
Kitsbury Rd HP4 122 B4
Kitsbury Terr HP4 122 B4
Kitson Way CM20 117 C1
Kitswell Rd WD7 156 A6
Kitswell Way WD7 155 F6
Kitt's End Rd EN5 158 E2
Kiwi Ct SG5 21 F1
Klondyke AL5 85 D4
Knap Cl SG6 23 D8
Knebworth Ct CM23 76 D6
Knebworth Ctry Pk SG3 68 C7
Knebworth Ho SG3 68 B6
Knebworth Path WD6 170 D5
Knebworth Prim Sch SG3 69 A5
Knebworth Sta SG3 68 F5
Kneesworth House Hospl SG8 2 C5
Kneesworth Rd SG8 2 F8
Kneesworth St SG8 7 C6
Knella Gn AL7 111 A6
Knella Road Workshops AL7 111 A6
Knight St CM21 97 E2
Knight's Ct CM21 97 E2
Knights Cl
Bishop's Stortford CM23 76 C8
Buntingford SG9 40 E6
Knights Ct Bushey WD2 168 D1
Standon SG11 55 F1
Knights Field LU2 45 D1
Knights Orch
Hemel Hempstead HP1 123 F5
St Albans AL3 127 C3
Knights Templar Sch The SG7 23 E8
Knights Templars Gn SG2 51 C8
Knightsbridge Way HP2 124 E4
Knightsfield AL8 89 D2
Knightsfield Sch AL8 89 C3
Knoll Cres HA6 174 F2
Knoll Gn HP2 124 E5
Knoll Rise LU2 45 E4
Knoll The SG13 114 B7
Knolles Cres AL9 144 B7
Knolls Cl HP22 60 B3
Knowl Piece SG4 22 A3
Knowl Pk WD6 169 E4
Knowl Way WD6 169 F4
Knowle SG1 36 B1
Knowle Dr AL5 107 D7
Knowle Ho EN11 135 A5
Knowle The EN11 135 A5
Knutsford Ave WD2 154 D1
Knutsford Sch WD2 154 D1
Koh-I-Noor Ave WD2 168 A3
Kristiansand Way SG6 23 C8
Kymswell Rd SG2 51 C3
Kynance Cl LU2 46 A2
Kynaston Cl HA3 176 D3
Kynaston Wood HA3 176 D3
Kyrkeby SG6 23 C4
Kytes Dr WD2 154 D6

L

Laburnum Cl
Cheshunt EN8 162 D8
Luton LU3 45 C7
Laburnum Gr
Chiswellgreen AL2 141 B6
Luton LU3 45 B7
Laburnum Rd EN11 135 B8
Lachbury Cl LU1 63 A6
Lackmore Rd EN1 162 C4
Lacre Way SG6 23 C7
Ladbrooke Cl EN6 159 A7
Ladbrooke Dr EN6 159 A7
Ladbrooke Jun Mix Inf Sch EN6 159 B7
Ladies Gr AL3 127 C5
Lady Gr AL7 110 E2
Lady Spencer's Gr AL1 127 C2
Lady Zia Wernher Sch LU2 46 B3
Lady's Cl WD1 167 C5
Ladygrove Cotts SG4 48 F5
Ladygrove Ct SG4 48 F5
Ladyhill LU4 44 B6
Ladymeadow HP3 138 D4
Ladyshot CM20 118 B1
Ladysmith Rd
Harrow HA3 176 E1
Pitstone LU7 80 E5
St Albans AL3 127 D4
Ladywalk WD3 172 E6
Ladywell Prospect CM21 98 A1
Ladywood Cl WD3 165 C6
Ladywood Rd SG14 112 F6
Laidon Sq HP2 124 D7
Lake Dr WD2 176 D8
Lake Rd EN9 135 E2
Lake The WD2 168 D1
Lake View EN6 159 C6
Lake Villas SG9 43 B4
Lakeland Cl HA3 176 D4
Lakes Ct SG12 115 B4
Lakeside
Borehamwood WD6 170 A4
Tring HP23 100 A5
Lakeside Pl AL2 142 D4
Lakeside Rd EN8 148 C3
Lakeside Sch AL8 110 B4
Lalleford Rd LU2 46 D1
Lalsham Ho WD1 175 C7
Lamb Cl Hatfield AL10 130 B4
Watford WD2 154 C5
Lamb Ct AL4 108 E7
Lamb La AL3 106 B5
Lamb Mdw SG15 11 A3
Lambert Ct WD2 167 D5
Lambourn Chase WD7 155 F3
Lambourn Dr LU2 45 E6
Lambourn Gdns AL5 85 F3
Lambs Cl Cuffley EN6 146 F2
Dunstable LU5 44 A1
Lambs Gdns SG12 95 D4
Lambton Ave EN8 162 D6
Lamer La AL4 87 D3
Lamers Rd LU2 46 B2
Lammas Mead SG5 21 E2
Lammas Path SG2 51 B4
Lammas Rd
Cheddington LU7 80 A7
Watford WD1 167 C4
Watton at Stone SG14 70 D4
Lammas Way SG6 22 F8
Lammasmead EN10 148 F8
Lamorna Cl Luton LU3 44 F6
Radlett WD7 156 B5
Lampits EN11 135 B6
Lamsey Rd HP3 124 D1
Lancaster Ave
Hadley Wood EN4 159 D1
Hitchin SG5 34 E8
Luton LU2 45 C8

Lan–Lit 195

Lancaster Cl SG1 36 E2
Lancaster Dr HP3 136 F4
Lancaster Rd Hitchin SG5 34 E8
St Albans AL1 127 F5
Lancaster Way
Abbots Langley WD5 153 F8
Bishop's Stortford CM23 76 C8
Welwyn Garden City AL6 89 C3
Lancing Ho 5 WD1 167 C7
Lancing Rd LU2 46 D3
Lancing Way WD3 166 B4
Landau Way EN10 148 F5
Landford Cl WD3 173 E8
Landmead Rd EN8 148 E2
Landridge Dr EN1 162 B1
Lands' End WD6 169 D3
Lane End
Berkhamsted HP4 121 F4
Hatfield AL10 129 F2
Lane Gdns WD2 168 E2
Lanefield Wlk AL8 110 C6
Lanercost Cl AL6 90 A7
Langbridge Cl SG4 35 A4
Langdale Ave AL5 86 D2
Langdale Ct 2 HP2 124 E6
Langdale Gdns EN3 162 D4
Langdon St HP23 100 A3
Langfield Cl EN9 135 E1
Langford Dr LU2 46 A3
Langham Cl Luton LU2 45 D7
St Albans AL4 128 D8
Langham Ho 8 LU1 63 D8
Langholme WD2 168 C1
Langland Ct HA6 174 D3
Langland Dr HA5 175 E3
Langleigh SG6 11 F1
Langley Ave HP3 138 F8
Langley Cres
Kings Langley WD4 139 A1
St Albans AL3 127 C5
Langley Ct EN7 147 C3
Langley Gn EN9 135 D1
Langley Gr AL4 108 C2
Langley Hill WD4 138 F2
Langley Hill Cl WD4 139 A2
Langley La
Abbots Langley WD5 153 F7
Langley SG4 49 E2
Langley Lodge La WD4 153 A8
Langley Rd
Abbots Langley WD5 153 F8
Chipperfield WD4 138 B1
Watford WD1 167 A8
Langley Row EN5 171 F8
Langley St LU1 63 E6
Langley Terrace Ind Pk LU1 63 E6
Langley Way WD1 166 F8
Langley Wharf WD4 139 A4
Langleybury La WD4 153 B4
Langleybury Sch WD4 153 B5
Langmead Dr WD2 168 D1
Langstanton Ct HP2 105 B1
Langthorne Ave SG1 50 E6
Langton Gr HA6 174 C5
Langton Ho EN11 134 F6
Langton Rd Harrow HA3 176 C3
Hoddesdon EN11 134 F6
Langwood 6 WD1 167 A8
Langwood Gdns WD1 167 A8
Langworthy HA5 176 A4
Lankester Rd SG8 7 C5
Lannock SG6 23 D4
Lannock Hill SG4 23 E1
Lannock Jun Mix Inf Sch SG6 23 C4
Lanrick Copse HP4 122 E5
Lansdowne Cl WD2 154 D4
Lansdowne Ct EN10 135 A3
Lansdowne Rd LU3 45 D1
Lanterns La SG2 51 D5
Lanthony Ct SG15 11 A4
Laporte Way LU4 44 F1
Lapwing Cl HP2 124 E6
Lapwing Dell SG6 23 B3
Lapwing Rd LU4 44 A4
Lapwing Rise SG2 51 D3
Lapwing Way WD5 154 A8
Larch Ave
Bricket Wood AL2 140 E1
Hitchin SG4 35 A4
Larch Cl EN7 147 E4
Larch La AL6 89 F8
Larch Rise HP4 122 A5
Larches Ave EN1 162 C4
Larches The
Berkhamsted HP4 121 D5
Little Chalfont HP6 150 B1
Luton LU2 45 D1
Northwood HA6 174 C4
St Albans AL4 128 D7
Ware SG12 93 C4
Watford WD2 167 E4
Larchwood CM23 76 D5
Lark Rise AL10 130 A3
Larken Cl WD2 168 C1
Larken Dr WD2 168 C1
Larkens Cl SG11 55 D3
Larkin Pl SG8 2 D1
Larkins Cl SG7 12 F1
Larkinson SG1 50 C7
Larks Ridge AL2 141 A4
Larksfield SG12 93 E3
Larkspur Cl
Bishop's Stortford CM23 76 D6
Hemel Hempstead HP1 123 E4
Larkspur Gdns LU4 44 F2
Larksway CM23 76 C6
Larkswood Rise AL4 128 C8
Larmans Rd EN3 162 D3
Larsen Dr EN9 163 D5
Larwood Gr SG1 51 A8
Larwood Sch SG1 50 F7
Latchmore Bank
Bishop's Stortford CM22 77 B2
Little Hallingbury CM22 98 B8
Latchmore Cl SG4 34 F5
Latimer Cl
Hemel Hempstead HP2 125 B8
Pinner HA5 175 C2
Watford WD1 166 E2
Latimer Ct EN8 162 F5
Latimer Gdns Pinner HA5 175 C2
Welwyn Garden City AL7 111 B6
Latimer Rd
Little Chalfont HP6 150 C2
Luton LU1 63 E6
Latium Cl AL1 127 D2
Lattimore Rd
St Albans AL1 127 E3
Wheathampstead AL4 108 C8
Latton Hall Cl CM20 118 A1
Lauderdale Rd WD4 153 C6
Laughton Ct WD6 170 D7
Laundry La EN9 149 E6
Launton Cl LU3 31 B1
Laurance Haines Prim Sch WD1 167 A3
Laureate Way HP1 124 B5
Laurel Ave EN6 158 F7
Laurel Bank HP3 137 F8
Laurel Cl HP2 124 F4
Laurel Fields EN6 158 F8
Laurel Mews SG7 12 F1
Laurel Pk HA3 176 F3
Laurel Rd AL1 127 F3
Laurel Way SG5 21 E3
Laureldene SG10 74 F1
Laurels Cl AL3 141 B8
Laurels The Bushey WD2 176 E8
Hammond Street EN7 147 E5
Potten End HP4 123 C6
Laurelside Wlk LU5 44 A2
Laurino Pl WD2 176 C8
Lavender Cl
Bishop's Stortford CM23 76 D6
Hammond Street EN7 147 F4
Harlow CM20 117 E1
Luton LU2 45 E7
Lavender Ct SG7 12 E1
Lavender Gdns
Enfield EN2 161 B1
Harrow HA3 176 E4
Lavender Prim Sch EN2 161 E1
Lavender Rd EN2 161 D1
Lavender Way SG5 34 D7
Lavender Wlk HP2 124 D5
Lavinia Ave WD2 154 D5
Lavrock La WD3 165 F2
Law Hall La SG4 66 A8
Law Hall Lane Cotts SG4 66 A8
Lawford Ave WD3 164 C3
Lawford Cl
Chorleywood WD3 164 C3
Luton LU1 63 C7
Lawn Ave SG4 66 C1
Lawn Gdns LU1 63 D6
Lawn La HP3 138 D8
Lawn The CM20 118 B3
Lawn Vale HA5 175 E1
Lawns Cl SG5 33 C2
Lawns Ct SG8 7 D5
Lawns Dr The EN10 134 F2
Lawns The Harrow HA5 176 B3
Hemel Hempstead HP1 123 E4
Shenley WD7 156 E6
St Albans AL3 127 C4
Stevenage SG2 51 D4
Welwyn Garden City AL8 89 D1
Lawrance Gdns EN8 148 D3
Lawrance Rd AL3 127 C7
Lawrence Ave
Letchworth SG6 23 A4
Sawbridgeworth CM21 97 E4
Stanstead Abbotts SG12 115 C4
Stevenage SG1 50 E7
Lawrence Cl SG14 112 E7
Lawrence Ct WD1 175 D7
Lawrence End Rd LU2 65 D4
Lawrence Moorings CM21 97 F2
Lawrie Ct HA3 176 F3
Laxton Cl LU2 46 E1
Laxton Gdns Baldock SG7 24 A7
Shenley WD7 156 E7
Lay Brook AL4 128 A7
Layard Rd EN1 161 F1
Layham Dr LU2 46 E1
Layhill HP2 124 D5
Layston CE Fst Sch SG9 40 F8
Layston Mdw SG9 40 F6
Layston Pk SG8 7 D5
Lea Bank LU3 44 E6
Lea Bank Ct LU3 44 E6
Lea Bushes WD2 154 E4
Lea Cl
Bishop's Stortford CM23 59 B1
Bushey WD2 168 B4
Lea Ct AL5 86 A3
Lea Farm Jun Mix Sch WD2 154 D4
Lea Gr CM23 59 B1
Lea Manor High Sch LU3 44 F8
Lea Manor Recn Ctr LU3 44 F8
Lea Mount EN7 147 E3
Lea Prim Sch AL5 86 B4
Lea Rd Harpenden AL5 86 B3
Lea Rd *continued*
Hoddesdon EN11 135 C8
Holdbrook EN9 163 A5
Luton LU1 63 F7
Watford WD2 154 B1
Lea Road Ind Pk EN9 163 A5
Lea Valley High Sch EN3 162 C4
Lea Wlk AL5 86 C4
Leacroft AL5 86 D3
Leaders Cl HP22 60 B3
Leaf Cl HA6 174 D3
Leafield LU3 44 F4
Leaford Cres WD2 153 F2
Leaford Ct WD2 153 F3
Leaforis Rd EN7 148 A3
Leafy La HP23 99 E1
Leagrave High St LU4 44 B3
Leagrave Prim Sch LU4 44 C4
Leagrave Rd LU4 45 B2
Leagrave Sta LU4 44 E5
Leahoe Gdns SG13 113 C5
Lealands High Sch LU3 44 C8
Leamington Rd LU3 45 A7
Leander Gdns WD2 154 E2
Leas The Baldock SG7 23 E7
Bushey WD2 167 F7
Hemel Hempstead HP3 139 A7
Leasey Dell Dr AL4 87 A2
Leaside HP2 125 C2
Leaside Ct AL5 86 C3
Leaside Wlk 6 SG12 93 D1
Leat Cl CM21 97 F3
Leathersellers Cl EN5 171 E6
Leathwaite Cl LU3 45 A6
Leaves Spring SG2 51 A2
Leavesden Film Studios WD4 153 E5
Leavesden Green Jun Mix Inf Sch WD2 154 A5
Leavesden Rd WD2 154 B1
Leaview EN9 163 B6
Lebanon Cl WD1 153 D3
Lectern La AL1 141 E7
Leda Ave EN3 162 D1
Ledgemore La HP2 103 F5
Ledwell Rd LU1 62 F3
Lee Bridge Cnr LU2 85 F7
Lee Cl Hertford SG13 113 C4
Stanstead Abbotts SG12 115 C4
Lee Farm Cl HP5 136 A1
Lee Valley Ctry Pk EN10 135 B2
Leeches Way LU7 80 A7
Leecroft Rd EN5 171 E5
Leefe Way EN6 146 D3
Leeming Rd WD6 169 F8
Lees Ave HA6 174 F2
Leeside Barnet EN5 171 E3
Potters Bar EN6 159 D7
Leete Pl SG8 7 D7
Leeway Cl HA5 175 F3
Leggatts Cl WD2 153 F3
Leggatts Rise WD2 154 A4
Leggatts Way WD2 154 A3
Leggatts Wood Ave WD2 154 B3
Leggett Gr SG1 50 E8
Leggfield Terr HP1 123 F3
Leghorn Cres LU4 44 A3
Legions Way CM23 77 A8
Legra Ave EN11 135 A6
Leicester Rd LU4 44 E1
Leigh Comm AL7 110 F4
Leigh Ct WD6 170 D7
Leigh Rodd WD1 175 F7
Leighton Buzzard Rd
Great Gaddesden HP1 103 E2
Hemel Hempstead HP1 124 C5
Leighton Ct EN8 148 D2
Leighton Rd Harrow HA3 176 D1
Wingrave HP22 60 C3
Lemon Field Dr WD2 154 E6
Lemsford Ct WD6 170 C5
Lemsford La AL8 110 B4
Lemsford Rd
Hatfield AL10 130 A6
St Albans AL1 127 F4
Lemsford Springs (Nature Reserve) AL8 110 A5
Lemsford Village AL8 109 F5
Lennon Ct LU1 63 D7
Lennox Gn LU2 46 F2
Lensbury Cl EN8 148 E3
Leonard's Cl AL6 89 E8
Lesbury Cl LU2 46 E1
Leslie Cl SG2 51 C2
Letchfield HP5 150 B8
Letchmore Cl SG1 50 D6
Letchmore Inf Sch SG1 50 D7
Letchmore Rd
Radlett WD7 156 A3
Stevenage SG1 50 D7
Letchworth Bsns & Ret Pk SG6 23 C6
Letchworth Cl WD1 175 D5
Letchworth Gate SG6 23 B4
Letchworth La SG6 22 F3
Letchworth Mus & Art Gall SG6 22 F5
Letchworth Rd
Baldock SG7 23 D7
Luton LU3 45 A4
Letchworth Sta SG6 22 F6
Letter Box Row SG4 34 F3
Leven Cl Cheshunt EN8 162 D6
South Oxhey WD1 175 D5
Leven Dr EN8 162 D6
Leven Way HP2 124 D7
Levenage La SG12 95 E3
Levendale LU4 44 C5
Leventhorpe Sch The CM21 97 E4
Leveret Cl WD2 154 A5
Leverstock Green CE Prim Sch HP2 125 D2
Leverstock Green Rd
Hemel Hempstead HP2 125 B3
Hemel Hempstead HP2,HP3 125 C2
Leverstock Green Way HP2,HP3 125 C3
Leverton Jun & Inf Sch The EN9 163 F5
Leverton Way EN9 163 C6
Lewes Way WD3 166 C5
Lewis Cl UB9 173 C1
Lewis Ho 3 WD1 166 F3
Lewis La SG15 11 A6
Lewsey Park Ct LU4 44 A4
Lewsey Rd LU4 44 B2
Lexington Cl WD6 169 F6
Lexington Ct EN6 158 D8
Lexington Way EN5 171 D5
Ley Hill Cty Prim Sch HP5 136 B1
Ley Hill Rd HP3 136 E2
Ley Ho AL7 111 C6
Ley Park Prim Sch EN10 134 F1
Ley Wlk AL7 111 C6
Leyburne Cl LU7 61 C8
Leyburne Rd LU3 45 B6
Leycroft Way AL5 107 E7
Leyden Rd SG1 50 D2
Leygreen Cl LU2 64 A8
Leyhill Dr LU1 63 B4
Leyland Ave AL1 127 D1
Leyland Cl EN8 148 C2
Leys Ave SG6 22 F6
Leys Cl UB9 173 D2
Leys Prim Sch The SG1 37 A2
Leys Rd HP3 124 F1
Leys The St Albans AL4 128 D6
Tring HP23 100 B4
Leysdown AL7 111 D6
Leyton Gn AL5 86 A1
Leyton Rd AL5 86 A1
Liberty Cl SG13 113 C3
Library Rd LU1 63 E7
Lichfield Rd HA6 175 A1
Lichfield Way EN10 134 F1
Liddel Cl LU3 45 B3
Lidgate Cl LU4 44 B6
Lieutenant Ellis Way EN7,EN8 162 A7
Lighthorne Rise LU3 45 A7
Lightswood Cl EN7 147 D4
Lilac Ave EN1 162 C3
Lilac Cl EN7 162 B8
Lilac Gr LU3 44 C8
Lilac Rd EN11 135 B8
Lilac Way AL5 107 D6
Lilley Bottom LU2,SG4 47 C5
Lilley Bottom Rd SG4 48 B1
Lilleyhoo La LU2 32 F2
Lilliard Cl EN11 115 B2
Lilly La HP2 125 D7
Limberlost The AL6 89 B7
Limbrick Rd AL5 107 C6
Limbury Rd LU3 44 F4
Lime Ave Kimpton AL4 87 B7
Luton LU4 44 C3
Lime Cl Aston SG2 51 D4
Ware SG12 93 E2
Watford WD1 167 D2
Lime Gr Barnet N20 171 F1
Royston SG8 7 E8
Lime Tree Pl AL1 127 E2
Lime Tree Wlk
Bushey WD2 176 E8
Enfield EN2 161 C1
Rickmansworth WD3 165 B4
Lime Walk Prim Sch HP2 124 F1
Lime Wlk HP3 124 F1
Limedene Cl HA5 175 D2
Limekiln Cl SG8 7 E5
Limekiln La Baldock SG7 23 F7
Stansted Mountfitchet CM24 59 C5
Limes Cres 4 CM23 77 A7
Limes Ct EN11 135 A6
Limes Rd EN8 162 E7
Limes The Arlesey SG15 11 A8
Cheshunt EN10 148 F7
Hitchin SG5 34 D6
Luton LU1 63 E5
St Albans AL1 127 E5
Welwyn Garden City AL7 111 A4
Limetree Ave LU1 85 A7
Limetree Ct HA5 176 A3
Linacres LU4 44 D4
Linbridge Way LU2 46 E2
Linces Way AL7 111 B4
Lincoln Cl
Bishop's Stortford CM23 76 D5
Welwyn Garden City AL7 111 D6
Lincoln Ct
Berkhamsted HP4 122 B4
Borehamwood WD6 170 D4
Lincoln Dr
Croxley Green WD3 166 B6
South Oxhey WD1 175 C7
Lincoln Hill SG9 29 A5
Lincoln Mews AL3 127 C2
Lincoln Rd Luton LU4 45 B1
Stevenage SG1 37 B2
Lincoln Way WD3 166 B5
Lincoln's Cl AL4 128 D8
Lincot La SG4 67 C7
Lindbergh AL7 111 C6
Linden Cl EN7 148 B1
Linden Cres AL1 128 C3
Linden Ct Harpenden AL5 107 B8
4 Luton LU2 63 F8
Linden Glade HP1 124 A2
Linden Lea WD2 154 A6
Linden Rd Luton LU4 44 E4
Redbourn AL3 106 A6
Lindencroft SG6 12 A1
Lindens The
Bishop's Stortford CM23 76 F6
Hatfield AL10 129 F6
Hemel Hempstead HP3 137 F8
Stevenage SG1 50 E4
Lindley Cl AL5 86 A4
Lindlings HP1 123 E2
Lindrick Ho WD1 175 C7
Lindsay Ave SG4 35 B5
Lindsay Cl SG8 2 C1
Lindsay Pl EN7 148 B1
Lindsey Cl CM23 58 F1
Lindsey Rd
Bishop's Stortford CM23 58 F1
Luton LU2 46 D1
Lindum Pl AL3 127 A1
Linfield Ct SG14 112 F7
Lingfield Cl HA6 174 E3
Lingfield Rd Royston SG8 7 F6
Stevenage SG1 37 C1
Lingfield Way WD1 153 F1
Lingholm Way EN5 171 D4
Lingmoor Dr WD2 154 C6
Linington Ave HP5 136 A1
Link Cl AL10 130 B5
Link Dr AL10 130 B5
Link Rd
Bishop's Stortford CM23 76 F8
Bushey WD2 167 D7
Oaklands AL6 89 F8
Link The SG6 12 A1
Link Way CM23 76 E6
Link Wlk AL10 130 B6
Linkfield AL7 110 E2
Links Ave SG13 114 B7
Links Bsns Ctr The CM23 77 C7
Links Dr
Borehamwood WD6 169 F5
Radlett WD7 155 F6
Links The Cheshunt EN8 148 D5
Welwyn Garden City AL8 110 B6
Links View AL3 127 C5
Links Way
Croxley Green WD3 166 C5
Luton LU2 45 D8
Linksway HA6 174 C2
Linkway HA5 175 D2
Linkways E SG1 50 F5
Linkways W SG1 50 F5
Linley Dell LU2 46 D2
Linnet Cl Bushey WD2 168 C1
Letchworth SG6 22 E8
Luton LU4 44 A4
Linnet Rd WD5 154 A8
Linnet Wlk 1 AL10 130 A3
Linsey Cl HP3 139 A7
Linster Gr WD6 170 C4
Linten Cl SG4 35 C6
Linton Ave WD6 169 F7
Lintott Cl SG1 50 D6
Linwood CM21 97 E2
Linwood Rd
Harpenden AL5 107 C7
Ware SG12 93 F3
Lion Ct WD6 170 C8
Lion Yd SG4 66 D1
Liphook Rd WD1 175 D6
Lippitts Hill LU2 45 E5
Lismirrane Ind Pk WD6 169 B3
Lismore
Hemel Hempstead HP3 125 C1
Stevenage SG2 51 C1
Lister Ave SG4 34 F5
Lister Cl SG1 36 C2
Lister Hospl SG1 36 B2
Liston Cl LU4 44 B5
Little Acre AL3 127 D6
Little Acres SG12 114 D8
Little Berries LU3 44 E7
Little Bridge Rd HP4 122 D4
Little Burrow AL7 110 D4
Little Bushey La WD2 168 C5
Little Catherells HP1 123 F5
Little Chishill Rd SG8 18 C8
Little Church Rd LU2 46 B3
Little Dell AL8 110 D8
Little Furze Prim Sch WD1 175 B7
Little Gaddesden CE Sch HP4 102 C8
Little Ganett AL7 111 C4
Little Gr WD2 168 B5
Little Graylings WD5 153 E6
Little Green Jun Sch WD3 166 B6
Little Green La WD3 166 B6
Little Hadham Prim Sch SG11 57 C2
Little Hallingbury CE Prim Sch CM22 98 C7
Little Hardings AL7 111 C7
Little Hayes WD4 139 A2
Little Heath CM22 98 F3
Little Heath La HP4 123 B4

196 Lit–Man

Little Heath Prim Sch EN6 145 C1
Little Heath Spinney AL3 127 E5
Little Henleys SG12 95 D1
Little Hill WD3 164 C3
Little Hoo HP23 99 F4
Little How Croft WD5 153 C8
Little Hyde SG2 51 B4
Little La Harpenden AL5 107 C6
Pirton SG5 20 D5
Little Lake AL7 111 B3
Little Larkins EN5 171 E3
Little Ley AL7 110 E3
Little Martins WD2 168 B4
Little Mead AL10 130 B8
Little Mimms 2 HP2 124 E4
Little Mollards HP22 60 A3
Little Moss La HA5 175 E1
Little Mundells AL7 110 F8
Little Munden CE Prim Sch SG12 71 E8
Little Orchard HP2 125 A5
Little Orchard Cl
Abbots Langley WD5 153 D7
Pinner HA5 175 E1
Little Oxhey La WD1 175 E6
Little Parndon Cty Jun & Inf Schs CM20 117 B1
Little Piper's Cl EN7 147 B2
Little Pk HP3 137 A3
Little Potters WD2 168 E2
Little Rd HP2 124 F4
Little Reddings Prim Sch WD2 168 B4
Little Ridge AL7 111 A6
Little Rivers AL7 111 A7
Little Stock Rd EN7 147 D5
Little Thistle AL7 111 C4
Little Tring Rd HP23 99 F6
Little Twye Rd
Cholesbury HP23 120 A3
St Leonards HP23 119 F3
Little Wade AL7 110 F3
Little Widbury SG12 93 F1
Little Widbury La SG12 93 F1
Little Windmill Hill WD4 151 F7
Little Wood Croft LU3 44 E7
Little Youngs AL8 110 C6
Littlebrook Gdns EN8 148 D1
Littlecote Pl HA5 175 E2
Littlefield Rd LU2 46 B2
Littlegreen La LU1 62 E3
Liverpool Rd Luton LU1 63 D7
St Albans AL1 127 E3
Watford WD1 167 B4
Livingstone Ct EN5 171 E7
Livingstone Link SG2 51 B8
Livingstone Wlk HP2 124 F7
Lloyd Way SG4 66 C1
Lloyd-Taylor Cl SG11 57 B2
Loates La WD1 167 C6
Loates Pasture CM24 59 D8
Local Board Rd WD1 167 D4
Locarno Ave LU4 44 C6
Lochinver House Sch EN6 145 B1
Lochnell Rd HP4 121 F6
Lock View CM21 97 F2
Lockers Park La HP1 124 B3
Locket Rd HA3 176 F1
Lockley Cres AL10 130 B7
Lockleys Dr AL6 89 C5
Lodge Ave WD6 169 F4
Lodge Cl SG14 113 C8
Lodge Cres EN8 162 D5
Lodge Ct
Abbots Langley HA0 154 A7
Ickleford SG5 21 E3
Lodge Dr Hatfield AL9 130 D8
Rickmansworth WD3 165 C5
Lodge End
Croxley Green WD3 166 D5
Radlett WD7 156 B5
Lodge Farm Jun Mix Inf Schs SG2 51 C7
Lodge Field AL7 89 E1
Lodge Gdns AL5 86 A2
Lodge La EN9 163 D4
Lodge The WD1 167 C7
Lodge Way SG2 51 A1
Loftus Cl LU4 44 B3
Logans EN5 171 D6
Loire Mews AL5 107 C7
Lombardy Cl HP2 125 D2
Lombardy Dr HP4 122 D3
Lombardy Way WD6 169 E7
Lomond Rd HP2 124 D7
Lomond Way SG1 37 C3
London Bible Coll HA6 174 D4
London Colney Jun Mix Inf Sch AL2 142 D6
London Luton Airport LU2 64 D7
London Rd
Aston Clinton HP22 99 A4
Baldock SG7 23 F6
Barkway SG8 17 D1
Barley SG8 8 F1
Berkhamsted HP4 122 E3
Bishop's Stortford CM23 77 A5
Buntingford SG9 40 F6
Bushey WD2 167 F3
Harlow CM17 118 C2
London Rd *continued*
Hemel Hempstead HP1,HP3 124 A1
Hertford SG13 113 E5
Hertford Heath SG13 114 B3
Hitchin SG4 34 F5
Knebworth SG3 69 A3
Langley SG4 49 D5
Luton LU1 84 F7
Luton, New Town LU1 63 E4
Markyate AL3 83 F5
Rickmansworth WD3 173 E8
Royston SG8 7 D5
Sawbridgeworth CM21 97 E2
Shenley WD7 157 A5
Stevenage SG1,SG2 50 D3
Stotfold SG5 3 A2
Tring HP23 100 C3
Ware SG12 114 E7
Welwyn AL6 89 C4
London Row SG15 11 A3
Londrina Ct HP4 122 D4
Londrina Terr HP4 122 D4
Long Acre CM17 118 B4
Long Arrotts HP1 124 B5
Long Barn Cl WD2 154 A7
Long Buftlers AL5 107 F8
Long Chaulden HP1 123 E3
Long Cl LU2 46 C3
Long Croft
Stansted Mountfitchet CM24 59 D8
Watford WD1 167 B2
Long Croft Dr EN8 163 A5
Long Croft Rd Luton LU1 63 A7
Maple Cross WD3 172 D5
Long Cutt AL3 106 A6
Long Elmes HA3 176 C2
Long Elms WD5 153 D6
Long Elms Cl WD5 153 D6
Long Fallow AL2 141 A4
Long Hale LU7 80 C3
Long Hyde SG2 51 B4
Long John HP3 124 F1
Long La Aston SG2 51 E5
Bovingdon HP3 150 F8
Chorleywood WD3 164 D2
Rickmansworth WD3 172 F8
Whitwell SG4 66 A7
Long Leaves SG2 51 A2
Long Ley Cheddington LU7 80 A7
Harlow CM20 117 F1
Welwyn Garden City AL7 111 C6
Long Marston CE Prim Sch HP23 79 B4
Long Marston Rd HP23 79 F2
Long Mdw
Bishop's Stortford CM23 76 D6
Markyate AL3 83 F5
Long Mimms 3 HP2 124 E4
Long Moor EN8 148 E2
Long Ridge SG2 51 D1
Long Spring AL3 127 F7
Long View HP4 122 A6
Longacres AL4 128 D3
Longbridge Cl HP23 100 A6
Longcliffe Path WD1 175 A7
Longcroft Ave AL5 85 F1
Longcroft Gdns AL8 110 D5
Longcroft Gn AL8 110 D5
Longcroft La
Bovingdon HP3 137 D5
Welwyn Garden City AL8 110 D5
Longcroft Rd SG1 50 E7
Longcrofts EN9 163 E5
Longdean Pk HP3 139 A7
Longdean Sch HP3 139 B8
Longfield HP3 125 B1
Longfield Ave EN3 162 C1
Longfield Ct SG6 22 D7
Longfield Dr LU4 44 D1
Longfield Gdns HP23 99 E3
Longfield La EN7 148 A4
Longfield Rd
Harpenden AL5 107 C7
Tring HP23 99 F3
Longfields SG2 51 C1
Longlands HP2 125 A3
Longlands Cl EN8 162 D7
Longlands Prim Sch EN10 148 F6
Longlands Rd AL7 110 F5
Longlees WD3 172 D5
Longmans SG11 55 F7
Longmans Cl WD1 166 C3
Longmead Buntingford SG9 40 E7
Hatfield AL10 130 B8
Letchworth SG6 22 E7
Woolmer Green SG3 69 A2
Longmeadow Dr SG5 21 F5
Longmeadow Gn SG2 51 C1
Longmeadow Jun & Inf Schs SG2 51 B1
Longmore Cl WD3 172 F6
Longmore Gdns AL7 110 F6
Longspring WD2 154 B2
Longwood Rd SG14 112 F8
Loning The EN3 162 C1
Lonsdale HP2 124 E6
Lonsdale Cl Luton LU3 45 B5
Pinner HA5 175 E2
Lonsdale Ct SG1 50 F7
Lonsdale Rd SG1 50 F7
Lonsdale Sch SG1 50 F7
Loom La WD7 156 A2
Loom Pl WD7 156 A3
Loop Rd EN9 163 B7
Lorane Ct WD1 167 A7
Lord Mead La AL6,SG4 88 C7
Lord St Hoddesdon EN11 134 D6
Watford WD1 167 C6
Lords Ave CM23 76 B7
Lords Cl WD7 156 E7
Lords Mdw AL3 106 A5
Lords Pl 12 LU2 45 D1
Lords Wood AL7 111 C6
Lordship Ctr SG6 23 A3
Lordship Farm Prim Sch SG6 23 A3
Lordship La SG6 23 B4
Lordship Rd EN7 148 B1
Loreto RC Girls Sch AL1 127 E3
Loring Rd HP4 122 C3
Lorne Rd HA3 176 F1
Lorraine Pk HA3 176 E3
Lorrimer Cl LU2 45 E6
Lothair Ct 3 AL10 130 A6
Lothair Rd LU2 46 A4
Loudwater Dr WD3 165 C5
Loudwater Ho WD3 165 C5
Loudwater Hts WD3 165 C6
Loudwater La WD3 165 E5
Loudwater Ridge WD3 165 C5
Louisa Cotts HP23 100 A3
Louise Wlk HP3 137 A3
Louvain Way WD2 154 B7
Lovatts WD3 166 A5
Love La
Abbots Langley WD5 139 F1
Ashwell SG7 4 A4
Kings Langley WD4 138 E3
Pinner HA5 175 E1
Lovel Cl HP1 124 A3
Lovell Cl SG4 35 A6
Lovell Rd EN1 162 B3
Lovering Rd EN7 147 C6
Low Hill Rd CM19 135 F6
Low Rd AL9 131 F8
Lowbell La AL2 142 E4
Lower Adeyfield Rd HP2 124 D4
Lower Barn HP3 138 F8
Lower Bourne Gdns SG12 93 C3
Lower Clabdens SG12 93 F1
Lower Cotts SG9 30 A2
Lower Dagnall St AL3 127 C3
Lower Derby Rd 4 WD1 167 C5
Lower Emms HP2 125 C8
Lower End HP22 60 B2
Lower Gower Rd SG8 7 D8
Lower Harpenden Rd LU1,LU2 64 C3
Lower Hatfield Rd SG13 112 F1
Lower High St WD1 167 D4
Lower Ickfield Way HP22 99 C7
Lower Icknield Way
Marsworth HP23 80 A1
Wilstone HP23 99 C7
Lower Innings SG5 34 D8
Lower Island Way EN9 163 B4
Lower King St SG8 7 D6
Lower Kings Rd HP4 122 C5
Lower Luton Rd AL5 86 C3
Lower Mardley Hill AL6 89 F8
Lower Mdw EN8 148 D4
Lower Paddock Rd WD1 167 E3
Lower Park Cres CM23 76 F5
Lower Paxton Rd AL1 127 E2
Lower Plantation WD3 165 C6
Lower Rd
Breachwood Green SG4 47 F1
Chorleywood WD3 164 D5
Great Amwell SG12 114 F6
Hemel Hempstead HP3 139 A5
Little Hallingbury CM22 98 C7
Lower Sales HP1 123 F2
Lower Sean SG2 51 A3
Lower Shott EN7 147 F5
Lower St CM24 59 F7
Lower Tail WD1 175 E7
Lower Tub WD2 168 D2
Lower Yott HP2 124 F2
Lowerfield AL7 111 A5
Lowes Cl SG1 37 C2
Lowestoft Rd WD2 167 B8
Loweswater Cl WD2 154 C6
Lowfield CM21 97 E1
Lowfield La EN11 135 A6
Lowgate La Dane End SG12 72 A4
Thundridge SG11 72 C5
Lowlands AL9 130 C8
Lowson Gr WD1 167 E2
Lowswood Cl HA6 174 C2
Lowther Cl WD6 169 F4
Loxley Rd HP4 121 F6
Lucan Rd EN5 171 E6
Lucas Gdns LU3 45 B8
Lucas La Ashwell SG7 4 E4
Hitchin SG5 34 D7
Lucerne Way LU3 45 C4
Lucks Hill HP1 123 E3
Ludgate HP23 99 F4
Ludlow Ave LU1 63 E4
Ludlow Mead WD1 175 B7
Ludlow Way WD3 166 C5
Ludwick Cl AL7 110 F4
Ludwick Gn AL7 110 F5
Ludwick Way AL7 110 F5
Luffenham Ho WD1 175 D7
Lukes La HP23 79 D3
Lukes Lea HP23 80 A1
Lullington Cl LU2 46 C3
Lullington Garth WD6 170 B4
Lulworth Ave EN7 147 B2
Lumbards AL7 90 A1
Lumen Rd SG8 7 D7
Lunardi Ct SG11 55 C3
Lundin Wlk WD1 175 D6
Lundy Ho WD1 166 F4
Luton Airport Parkway Sta LU1 64 B5
Luton Dr The LU1 64 B3
Luton & Dunstable Hospl LU4 44 C2
Luton & Dunstable Hospl (Faringdon Wing) LU4 44 C3
Luton Ind Coll LU1 63 E7
Luton La Harpenden AL3 85 B1
Redbourn AL3 106 A8
Luton Maternity Hospl LU4 44 C2
Luton Mus & Art Gall LU3 45 D2
Luton Rd Caddington LU1 63 A4
Cockernhoe LU2 46 E3
Dunstable LU5 44 A1
Great Offley SG5 33 B2
Harpenden AL5 85 D4
Kimpton SG4 66 B2
Luton LU4 44 A7
Markyate AL3 83 F7
Streatley LU3 31 A6
Luton Regional Sports Ctr LU2 46 A5
Luton Ret Pk LU1 64 A6
Luton Sixth Form Coll LU2 45 E4
Luton Sta LU2 63 E8
Luton Town FC LU1 63 C8
Luton Univ LU1 63 F7
Luton Univ, Putteridge Bury LU2 46 D6
Luton White Hill
Great Offley SG5 33 B2
Lilley LU2 46 F8
Luxembourg Cl LU3 44 D8
Luxford Pl CM21 97 F1
Luynes Rise SG9 40 E6
Lybury La AL3 105 F7
Lycaste Cl AL1 128 A2
Lych Gate WD2 154 D6
Lydekker Mews 1 AL5 86 A2
Lydia Ct AL9 144 C7
Lydia Mews AL9 144 C7
Lye Hill SG4 65 D7
Lye La AL2 141 A2
Lye The HP4 102 D6
Lygean Ave SG12 93 E1
Lygetun Dr LU3 44 F7
Lygrave SG2 69 C8
Lyle's Row SG4 34 F6
Lyles La AL8 110 E8
Lymans Rd SG15 11 A6
Lyme Ave HP4 121 D7
Lymington Ct WD2 154 A5
Lymington Rd SG1 50 B8
Lynbury Ct WD1 167 A6
Lynch Hill LU6 83 A8
Lynch The EN11 135 B6
Lyndale SG1 50 E4
Lyndhurst Ave HA5 175 B2
Lyndhurst Cl AL5 86 C2
Lyndhurst Dr AL5 86 C2
Lyndhurst Gdns HA5 175 B2
Lyndhurst Rd LU1 63 C7
Lyndhurst Sch WD6 169 F8
Lyndon Ave HA5 175 E4
Lyndon Mead AL4 108 C2
Lyne Way HP1 123 F5
Lyneham Rd LU2 46 C1
Lynn Cl HA3 176 D1
Lynsey Cl AL3 106 A6
Lynton Ave Arlesey SG15 11 A5
St Albans AL1 128 C2
Lynton Ct CM23 76 E4
Lynton Par EN8 148 D1
Lynwood Ave LU2 46 A3
Lynwood Dr HA6 174 F2
Lynwood Hts WD3 165 C4
Lyon Way AL4 129 A3
Lyrical Way HP1 124 B5
Lys Hill Gdns SG14 113 B8
Lysander Cl HP3 137 A4
Lysander Way
Abbots Langley WD5 154 A7
Welwyn Garden City AL7 111 D7
Lytham Ave WD1 175 D5
Lytton Ave Enfield EN3 162 E1
Letchworth SG6 22 F5
Lytton Fields SG3 68 F5
Lytton Gdns AL8 110 D6
Lytton Rd HA5 175 E3
Lytton Way SG1 50 C6
Lyttons Way EN11 115 A1

M

Mabbutt Cl AL2 140 E1
Mabey's Wlk CM21 97 B1
Macaulay Rd LU4 44 A2
Macdonnell Gdns WD2 153 F4
Macer's La EN10 148 F7
Macers Ct EN10 148 F7
Macfadyen Webb Ho SG6 23 A7
Macintosh Cl EN7 147 D5
Mackenzie Sq SG2 51 B3
Mackerel Hall SG8 7 B6
Maddesfield Ct WD7 156 E6
Maddles SG6 23 D4
Maddox Rd HP2 125 B3
Made Field SG1 50 F5
Madgeways Cl SG12 114 F5
Madgeways La SG12 114 F5
Magellan Cl SG2 51 D5
Magisters Lo WD3 166 A3
Magna Cl AL5 107 D6
Magnaville Rd
Bishop's Stortford CM23 76 E4
Bushey WD2 168 F2
Magnolia Ave WD5 154 A7
Magnolia Cl
Hertford SG13 114 A6
Park Street AL2 141 D5
Magpie Cl EN1 162 A1
Magpie Cres SG2 51 D4
Magpie Hall Rd WD2 176 E8
Magpie Wlk 2 AL10 130 A3
Magpies The LU2 45 E6
Maiden St SG4 24 C1
Maidenhall Inf Sch LU4 45 A2
Maidenhall Jun Sch LU4 45 A2
Maidenhall Rd LU4 45 A2
Maidenhead St 3 SG14 113 D6
Maidenhead Yd SG14 113 D6
Main Ave HA6 174 C7
Main Par WD3 164 C5
Main Rd SG14 91 D3
Main Rd N HP4 81 A6
Main Rd S HP4 81 D4
Maison Alfort HA3 176 E2
Maitland Rd CM24 59 E6
Malden Fields WD2 167 D4
Malden Ho WD1 175 C7
Malden Lodge 2 WD1 167 A7
Malden Rd
Borehamwood WD6 170 A6
Watford WD1 167 B7
Maldon Ct AL5 86 B2
Malham Cl LU4 44 F2
Malins Cl EN5 171 C4
Mall The AL2 141 C4
Mallard Gdns LU3 45 A5
Mallard Rd Royston SG8 7 C6
Stevenage SG2 51 D2
Watford WD5 154 A8
Mallard Way
Northwood HA6 174 C3
Watford WD2 154 E3
Mallards Ct WD1 175 F7
Mallards The HP3 138 F6
Mallion Ct EN9 163 F6
Mallories CM20 117 F2
Mallow The LU3 44 F3
Mallow Wlk
Goff's Oak EN7 147 D3
Royston SG8 7 E5
Malm Cl WD3 173 D8
Malmes Croft HP3 125 C1
Malmsdale AL8 89 D2
Maltby Dr EN1 162 B1
Malthouse Ct AL1 127 D2
Malthouse Gn LU2 46 F1
Malthouse La SG5 12 A7
Malthouse Pl WD7 156 A5
Malthouse The 13 SG14 113 D6
Malting Cotts SG9 40 D5
Malting La Aldbury HP23 101 D5
Braughing SG11 55 E7
Dagnall HP4 81 C5
Much Hadham SG10 74 F2
Malting Mead AL10 130 C6
Maltings Cl Baldock SG7 13 B1
Royston SG8 7 C7
Maltings Ct SG12 114 D8
Maltings Dr AL4 108 C8
Maltings Ind Est The SG12 115 D4
Maltings La SG8 9 E2
Maltings Orch SG5 20 D3
Maltings The
Abbots Langley WD4 153 C5
Hemel Hempstead HP2 124 D4
Letchworth SG6 12 C1
Royston SG8 7 C7
St Albans AL1 127 D3
Walkern SG2 52 B8
Malus Cl HP2 125 A4
Malvern Cl Hatfield AL10 129 F6
St Albans AL4 128 C7
Malvern Rd Enfield EN3 162 E2
Luton LU1 63 B7
Malvern Way
Croxley Green WD3 166 B4
Hemel Hempstead HP2 124 F6
Malvern Way Inf Sch WD3 166 C4
Malzeard Ct 17 LU3 45 D1
Malzeard Rd LU3 45 D1
Manan Cl HP3 125 C1
Manchester Cl SG1 36 F3
Manchester St LU1 63 E7
Mancroft Rd LU1 62 E2
Mandela Pl 4 WD2 167 D7
Mandelyns HP4 121 E7
Mandeville SG2 69 C8
Mandeville Cl
Hertford SG13 113 C3
Hoddesdon EN10 134 F3
Watford WD1 153 F1
Mandeville Dr AL1 141 D8
Mandeville Prim Sch
Sawbridgeworth CM21 97 D3
St Albans AL1 141 D8
Mandeville Rd
Enfield EN3 162 E3
Hertford SG13 113 C3
Potters Bar EN6 159 C7
Mandeville Rise AL8 110 D8
Mangrove Dr SG13 113 E4
Mangrove La SG13 113 E2
Mangrove Rd
Cockernhoe LU2 46 E4
Hertford SG13 113 E5
Luton LU2 46 C2

Manland Ave AL5 86 C2
Manland Way AL5 86 C3
Manley Rd HP2 124 E4
Manly Dixon Dr EN3 162 E2
Mannicotts AL8 110 B6
Manning Ct WD1 167 D3
Manning Pl LU2 46 E2
Manor Ave HP3 138 D8
Manor Cl Barnet EN5 171 E5
Berkhamsted HP4 122 C4
Hatfield AL10 129 F8
Hertford SG14 113 D8
Ickleford SG5 21 E3
Letchworth SG6 22 F3
Manor Cotts
Chorleywood WD3 164 B3
Northwood HA6 174 F2
Manor Cres SG4 35 B6
Manor Ct Caddington LU1 62 F4
Cheshunt EN8 162 D8
Enfield EN1 162 B3
Potters Bar EN6 158 F7
Waltham Abbey EN9 163 D6
Manor Dr AL2 141 A4
Manor Farm Cl LU4 44 C3
Manor Farm La LU7 61 C8
Manor Farm Rd EN1 162 B4
Manor Fields
Jun Mix Inf Sch CM23 76 D5
Manor House Dr HA6 174 B3
Manor House Gdns
WD5 153 D8
Manor Links CM23 77 C7
Manor Lodge Sch WD7 143 C1
Manor Par AL10 129 F8
Manor Pound Rd LU7 80 A7
Manor Rd Barnet EN5 171 E5
Bishop's Stortford CM23 77 A7
Caddington LU1 62 F2
Cheddington LU7 79 F7
Harlow CM17 118 C5
Hatfield AL10 129 F8
Hoddesdon EN11 135 A7
Lea Valley AL4 86 F2
London Colney AL2 142 C5
Luton LU1 63 F6
Potters Bar EN6 159 A8
St Albans AL1 127 E4
Stansted Mountfitchet CM24 59 E5
Tring HP23 100 A4
Waltham Abbey EN9 163 D6
Watford WD1 167 B8
Manor St HP4 122 D4
Manor View SG2 51 B1
Manor Way
Borehamwood WD6 170 C6
Cheshunt EN8 148 E1
Croxley Green WD3 166 B5
Knebworth SG3 68 C5
Letchworth SG6 22 F3
Potters Bar EN6 145 A1
Manorcroft Par 6 EN8 148 D1
Manorside EN5 171 E5
Manorville Rd HP3 138 C7
Mansard Cl HP23 100 A3
Mansards The AL1 127 F4
Manscroft Rd HP1 124 B5
Mansdale Rd AL3 105 F4
Manse Ct AL3 83 F5
Mansfield CM21 97 A1
Mansfield Ct SG14 113 C8
Mansfield Gdns SG14 113 C8
Mansfield Rd Baldock SG7 23 E8
Luton LU4 45 B1
Mansion Dr HP23 100 B3
Manston Cl EN8 148 C1
Manston Dr CM23 59 B1
Manston Way AL4 128 D2
Manton Dr LU2 45 D3
Manton Rd Hitchin SG4 35 B6
Holdbrook EN3 163 A2
Manx Cl LU4 45 A2
Maple Ave
Bishop's Stortford CM23 76 D8
St Albans AL3 127 C7
Maple Cl
Bishop's Stortford CM23 76 D8
Bushey WD2 167 E7
Hatfield AL10 130 A4
Maple Cotts AL5 107 B5
Maple Cross
Jun Mix Inf Sch WD3 172 E5
Maple Ct 15 Luton LU1 63 D6
5 Pinner HA5 175 C1
Stanstead Abbotts SG12 115 D3
Watford WD2 154 D3
Maple Flats AL5 86 A3
Maple Gn HP1 123 E5
Maple Gr
Bishop's Stortford CM23 76 D8
Watford WD1 167 A8
Welwyn Garden City AL7 89 F1
Maple Leaf Cl WD5 154 A7
Maple Lodge Cl WD3 172 E6
Maple Rd AL5 85 F1
Maple Rd E LU4 63 B8
Maple Rd W LU4 63 B8
Maple River Ind Est
CM20 118 B6
Maple Sch AL1 127 E4
Maple Spring CM23 76 D8
Maple Way
Kensworth Common LU6 82 E8
Royston SG8 7 E8
Maplecroft La EN9 135 E2
Maplefield AL2 141 C2
Mapleleaf Villas EN8 148 D4
Maples Ct 1 SG5 34 E7
Maples The
Goff's Oak EN7 147 E3
Hitchin SG4 34 F5
Maplethorpe Ct SG12 93 C1
Mapleton Cres EN3 162 C1
Maplewood SG12 93 C3
Maran Ave AL6 89 C4
Marbury Pl LU3 44 F4
Marchmont Green HP2 124 D5
Marconi Way AL4 128 D3
Marcus Cl 1 SG1 51 C8
Mardle Cl LU1 62 E2
Mardley Ave AL6 90 A8
Mardley Dell AL6 68 F1
Mardley Hts AL6 69 A1
Mardley Wood AL6 68 F1
Mardleybury Ct SG3 69 A1
Mardleybury Rd SG3 69 B1
Mardon 6 HA5 175 F3
Mardyke Rd CM20 118 A2
Marford Rd
Hatfield AL4,AL6 109 C7
Wheathampstead AL4 108 E8
Margaret Ave AL3 127 D5
Margaret Cl
Abbots Langley WD5 153 F7
Potters Bar EN6 159 C6
Waltham Abbey EN9 163 D6
Margaret Wix Prim Sch
AL3 127 C7
Margeholes WD1 175 E8
Margery Wood AL7 90 A1
Margrave Gdns 4 CM23 76 E5
Marguerite Way CM23 76 C6
Marian Gdns WD2 154 B6
Maricas Ave HA3 176 D2
Marigold Pl CM17 118 B4
Marina Gdns EN8 148 C1
Mariner Way 2 HP2 125 A2
Marion Cl WD2 167 F8
Marion Wlk 4 HP2 124 F8
Mark Hall Comp Sch
CM17 118 C3
Mark Hall Cycle Mus &
Gdns CM20 118 B3
Mark Hall Moors CM20 118 B3
Mark Rd HP2 125 B5
Markab Rd HA6 175 A5
Markeston Gn WD1 175 D6
Market Hill Buntingford SG9 40 E7
Royston SG8 7 D5
Royston SG8 7 D6
Market Ho CM20 117 D1
Market Oak La HP3 139 A7
Market Pl Hatfield AL10 130 B7
6 Hertford SG14 113 D6
Hitchin SG5 34 E7
St Albans AL3 127 D3
Stevenage SG1 50 D5
Watford WD1 167 C5
Market Sq
6 Bishop's Stortford CM23 76 F7
Luton LU1 63 B6
Stevenage SG1 50 D5
Waltham Abbey EN9 163 C6
Market St
7 Bishop's Stortford CM23 76 F7
Harlow CM17 118 C4
Hertford SG14 113 D6
Watford WD1 167 B5
Markfield Cl LU3 45 C7
Markham Cl WD6 169 F6
Markham Rd
Hammond Street EN7 147 C6
Luton LU3 45 C8
Markyate Jun Mix Inf Sch
AL3 83 D6
Markyate Rd LU1 63 B1
Marlborough Cl
Bishop's Stortford CM23 76 F5
Oaklands AL6 89 F8
Weston SG4 37 B8
Marlborough Gate AL1 127 E3
Marlborough Ho HP4 122 B3
Marlborough Rd
Luton LU3 45 D1
St Albans AL1 127 E3
Stevenage SG2 51 C5
Watford WD1 167 B5
Marlborough Rise HP2 124 E6
Marlborough Sch AL1 141 C8
Marle Gdns EN9 163 C7
Marley Ct EN10 148 F8
Marley Rd AL7 111 A4
Marlin Cl HP4 121 F5
Marlin Copse HP4 122 A3
Marlin Hill HP23 120 A8
Marlin Sq WD5 153 F8
Marlins Cl WD3 164 E7
Marlins Mdw WD1 166 D3
Marlins The HA6 174 F5
Marlins Turn HP1 124 B6
Marlowe Cl SG2 51 C8
Marlowes HP1 124 D3
Marnham Rise HP1 124 A5
Marquis Cl
Bishop's Stortford CM23 76 B7
Harpenden AL5 86 D2
Marquis Ct 9 LU2 45 D1
Marquis La AL5 86 D2
Marrilyne Ave EN3 162 F1
Marriott Rd Barnet EN5 171 D6
Luton LU3 45 B6
Marriott Terr WD3 164 F5
Marriotts CM17 118 C5
Marriotts Sch SG2 51 A6
Marriotts Way HP3 124 D1
Marryat Rd EN1 162 B4
Marschefield SG5 11 E6
Marsden Cl AL8 110 B4
Marsden Gn AL8 110 B4
Marsden Rd AL8 110 C5
Marsh Cl EN8 162 F6
Marsh Hill EN9 149 E4
Marsh Ho LU3 44 F4
Marsh La Harlow CM17 118 E5
Stanstead Abbotts SG12 115 D4
Ware SG12 114 E8
Marsh Rd LU3 44 F4
Marshal's Dr AL1 128 A6
Marshall Ave AL3 127 F6
Marshall Rd LU2 46 C2
Marshall's La SG12,SG11 72 C2
Marshalls Heath La
AL4,AL5 87 A4
Marshalls Way AL4 86 F2
Marshals Ct AL1 128 B5
Marshalswick La AL1 128 B6
Marshbarns CM23 76 C8
Marshcroft Dr EN8 148 F1
Marshcroft La HP23 100 D6
Marshe Cl EN6 159 D7
Marshgate SG1 50 D5
Marshgate Dr SG13 113 E7
Marshgate Ind Pk SG13 113 E7
Marshmoor Cres AL9 130 D1
Marshmoor La AL9 144 D8
Marsom Gr LU3 45 B8
Marston Cl HP3 125 A2
Marston Ct HP23 79 B4
Marston Gdns LU2 45 D4
Marston Rd EN11 135 B7
Marsworth Ave HA5 175 D2
Marsworth CE Fst Sch
HP23 80 A2
Marsworth Cl WD1 166 E2
Marsworth Rd LU7 80 D4
Marten Gate AL4 128 A7
Martham Ct AL5 86 C3
Marthorne Cres HA3 176 D1
Martian Ave HP2 124 F6
Martin Cl AL10 130 A3
Martin Way SG6 22 D5
Martindale Prim Sch
HP1 123 F4
Martindale Rd HP1 123 F4
Martindales The LU2 63 F7
Martinfield AL7 110 F7
Martinfield Bsns Ctr AL7 110 F7
Martingale Rd SG8 7 E6
Martini Dr EN3 163 A2
Martins Cl WD7 155 E3
Martins Dr Cheshunt EN8 148 E3
Hertford SG13 114 B6
Martins Way SG1 36 E1
Martins Wlk WD6 170 A5
Martins Wood Prim Sch
SG1 37 B1
Martlesham AL7 111 E6
Martyr Cl AL1 141 D7
Marwood Cl WD4 138 F2
Mary Brash Ct LU2 46 C3
Mary Cross Cl HP23 100 D1
Mary Exton
Jun Mix Inf Sch SG4 35 C7
Mary McArthur Pl CM24 59 E8
Mary Park Gdns CM23 76 F4
Mary Proud Ct AL6 89 E7
Maryland AL10 129 F5
Marymead Ct SG2 69 A8
Marymead Dr SG2 69 A8
Marymead Ind Est SG2 69 B8
Maryport Rd LU4 45 A2
Masefield SG4 35 C7
Masefield Ave
Borehamwood WD6 170 B4
Stanmore HA7 176 F5
Masefield Ct AL5 86 B4
Masefield Rd AL5 86 B4
Masefield Way SG8 2 D1
Maslen Rd AL4 128 C1
Mason Cl WD6 170 D7
Mason Way EN9 163 F6
Masons Ct CM23 76 E7
Masons Rd Enfield EN1 162 C3
Hemel Hempstead HP2 125 B4
Masterman Wharf
12 Bishop's Stortford,
Hockerill CM23 77 A7
12 Bishop's Stortford,
New Town CM23 76 F7
Masters Cl LU1 63 B5
Matching La CM23 76 D8
Mathams Dr CM23 76 D5
Mathews Cl SG1 36 D1
Matlock Cres Luton LU4 44 C1
South Oxhey WD1 175 C7
Matthew Gate SG4 35 A5
Mattocke Rd SG5 21 C1
Maud Jane's Cl LU7 80 E5
Maude Cres WD2 154 B1
Maulden Cl LU2 46 C1
Maxted Cl HP2 125 C5
Maxted Cnr HP2 125 B6
Maxted Rd HP2 125 C6
Maxwell Cl WD3 173 A8
Maxwell Rd
Borehamwood WD6 170 B6
Northwood HA6 174 E3
St Albans AL1 128 B2
Stevenage SG1 50 B5
Maxwell Rise WD1 167 E2
Maxwell's Path SG5 34 D8
May Cl AL3 127 D5
May Cotts WD1 167 C4
May Gdns WD6 169 D3
May St Great Chishill SG8 9 E2
Luton LU1 63 E5
Maybury Ave EN8 148 B3
Maybury Cl EN1 162 B1
Maycock Gr HA6 174 F4
Maycroft Letchworth SG6 12 A1
Pinner HA5 175 B1
Maycroft Rd EN7 147 E5
Maydencroft La SG4 34 E3
Maydwell Lodge WD6 169 F7
Mayes Cl CM23 77 D8
Mayfair Cl AL4 128 C8
Mayfare WD3 166 D4
Mayfield
Waltham Abbey EN9 163 D5
Welwyn Garden City AL8 89 C2
Mayfield Cl Harlow CM17 118 F4
Harpenden AL5 85 E3
Mayfield Inf Sch EN8 148 E4
Mayfield Pk CM23 76 D3
Mayfield Rd LU2 46 B4
Mayflower Ave HP2 124 D3
Mayflower Cl
Codicote SG4 67 F1
Hertingfordbury SG14 112 E4
Lower Nazeing EN9 149 E8
Mayflower Gdns CM23 76 B6
Mayflower Rd AL2 141 B4
Mayhill Rd EN5 171 E3
Maylands Ave HP2 125 B5
Maylands Ct HP2 125 B4
Maylands Rd WD1 175 C6
Mayles Cl SG1 50 B7
Maylin Cl SG4 35 C8
Maylins Dr CM21 97 D2
Maynard Ct
Holdbrook EN3 163 A1
Waltham Abbey EN9 163 F5
Maynard Dr AL1 141 D8
Maynard Pl EN6 146 E2
Maynard Rd HP2 124 D2
Mayne Ave Luton LU4 44 C4
St Albans AL3 127 A2
Mayo Cl EN8 148 C3
Mayo Gdns HP1 124 B2
Mays La EN5 171 D3
Mayshades Cl SG3 69 A2
Maythorne Cl WD1 166 E5
Maytree Cres WD2 153 F3
Maytree La HA7 176 F3
Maytrees Hitchin SG4 35 A6
Radlett WD7 156 A2
Maze Green Hts CM23 76 C7
Maze Green Rd CM23 76 D7
Mazoe Cl CM23 76 F5
Mazoe Rd CM23 76 F5
Mc Gredy EN7 148 B2
McAdam Cl EN11 135 A8
McDonald Ct AL10 130 A3
McKellar Cl WD2 176 C8
McKenzie Rd EN10 135 A3
Mead Bsns Ctr SG13 113 E7
Mead Cl Harrow HA3 176 D2
Stevenage SG1 50 F6
Mead Ct EN9 163 B5
Mead Ho AL10 130 B8
Mead La SG13 113 E7
Mead Park Ind Est CM20 117 F4
Mead Pl WD3 165 B1
Mead Rd WD7 157 A6
Mead The Cheshunt EN8 148 C2
Hitchin SG5 21 F2
Hoddesdon EN10 135 B2
South Oxhey WD1 175 E7
Mead View SG9 43 E6
Mead Way WD2 167 E7
Meadgate Rd EN9 135 C3
Meadow Cl Barnet EN5 171 F3
Bricket Wood AL2 141 A2
Datchworth SG3 69 D1
Enfield EN3 162 E1
Hertford SG13 113 F7
London Colney AL2 142 D4
St Albans AL4 128 C6
Tring HP23 100 A4
Welham Green AL9 144 D7
Meadow Croft
Caddington LU1 62 F4
Hatfield AL10 129 F5
Meadow Dell AL10 129 F5
Meadow Gn AL8 110 C6
Meadow La LU7 80 E3
Meadow Rd
Berkhamsted HP4 122 B6
Borehamwood WD6 170 B7
Bushey WD2 168 B4
Hemel Hempstead HP3 139 A7
Luton LU3 45 B4
Watford WD2 154 B5
Meadow The
Hertford Heath SG13 114 E2
Welwyn Garden City AL7 111 C6
Meadow View SG9 40 D6
Meadow Way
Abbots Langley WD5 139 F4
Caddington LU1 62 E4
Codicote SG4 67 E1
Great Offley SG5 33 C3
Hitchin SG5 34 D6
Kings Langley WD4 139 A1
Letchworth SG6 22 F5
Potters Bar EN6 159 A5
Rickmansworth WD3 165 C2
Sawbridgeworth CM21 98 A1
Stevenage SG1 50 F5
Stotfold SG5 11 F6
Therfield SG8 16 A6
Meadow Way The HA3 176 E2
Meadow Wlk
Harpenden AL5 107 C8
Standon SG11 55 E2
Meadow Wood Sch
WD2 168 C4
Meadowbank Hitchin SG4 22 B1
Kings Langley WD4 139 A1
Watford WD1 167 C2
Meadowbanks EN5 171 A4
Meadowbrook HP23 100 B6
Meadowcroft
Berkhamsted HP4 121 D7
Bushey WD2 168 B3
St Albans AL1 142 A8
Stansted Mountfitchet CM24 59 E7
Meadowcross EN9 163 E5
Meadowlands CM23 59 A2
Meadows The
Bishop's Stortford CM23 76 E5
Breachwood Green SG4 47 E1
Hemel Hempstead HP1 123 E4
Sawbridgeworth CM21 98 A2
Meadowsweet Cl CM23 76 C6
Meads La AL4 87 D1
Meads Prim Sch The LU3 45 A6
Meads The
Berkhamsted HP4 121 F6
Bricket Wood AL2 140 F2
Letchworth SG6 22 E6
Luton LU3 45 A3
Stansted Mountfitchet CM24 59 F6
Meadview Rd SG12 114 D8
Meadway Barnet EN5 171 F5
Berkhamsted HP4 122 E5
Colney Heath AL4 143 D8
Enfield EN3 162 D3
Harpenden AL5 107 E8
Hoddesdon EN11 135 A4
Knebworth SG3 68 F4
Stevenage SG1 50 A6
Welwyn Garden City AL7 110 F4
Meadway Cl HA5 176 B4
Meadway The EN6 146 F2
Meautys AL3 127 A1
Medalls Link SG2 51 A3
Medalls Path SG2 51 A3
Medcalf Rd EN3 162 F2
Medina Rd LU4 45 A1
Medlows AL5 85 E2
Medow Mead WD7 155 F6
Medway Cl WD2 154 C5
Medway Rd HP2 124 F8
Medwick Mews HP2 125 B8
Mees Cl LU3 31 A1
Meeting Alley WD1 167 C5
Meeting House La
Baldock SG7 12 E1
Buntingford SG9 40 E7
Megg La WD4 138 B1
Melbourn Cl SG5 11 F6
Melbourn Rd SG8 7 D7
Melbourn St SG8 7 D6
Melbourne Cl AL3 127 F7
Melbourne Ct AL8 110 B5
Melbourne Rd WD2 168 B3
Melford Cl 3 LU2 46 D1
Melings The HP2 125 B8
Melne Rd SG2 69 B8
Melrose Ave
Borehamwood WD6 170 B4
Potters Bar EN6 159 B7
Melrose Ct EN8 148 D2
Melrose Pl WD1 153 F1
Melson Sq 8 LU1 63 E7
Melson St LU1 63 E7
Melsted Rd HP1 124 B3
Melvern Cl SG2 69 B7
Melvyn Cl EN7 147 B3
Memorial Rd LU3 44 F4
Memorial Way WD1 167 A6
Mendip Cl AL4 128 C8
Mendip Rd WD2 168 C3
Mendip Way
Hemel Hempstead HP2 124 E6
Luton LU3 44 C8
Mendlesham AL7 111 E6
Mentley La SG11 54 E4
Mentley La E SG11 55 D4
Mentley La W SG11 55 C4
Mentmore LU7 61 C4
Mentmore Cross Rds LU7 60 F6
Mentmore Rd
Cheddington LU7 79 F8
St Albans AL1 127 E1
Mentmore Sch AL3 127 D6
Mentmore View HP23 99 F5
Mepham Cres HA3 176 C3
Mepham Gdns HA3 176 C3
Mercer Pl HA5 175 C1
Mercers HP2 124 E5
Mercers Ave CM23 76 B4
Mercers Row AL1 127 C1
Merchant Dr SG13 113 F7
Merchant Taylors' Sch
HA6 166 E1
Merchants Wlk SG7 13 B1
Mercia Rd SG7 24 A8
Mercury Wlk 1 HP2 124 F6
Mereden Ct AL1 141 C8
Meredith Cl HA5 175 D3
Meredith Rd SG1 51 A8
Merefield CM21 97 E1
Meriden Ho 3 EN5 171 E5
Meriden Prim Sch WD2 154 D3
Meriden Way WD2 154 E2

198 Mer–Nap

Meridian Sch The SG8 ..... 7 E7
Meridian Way SG12 ..... 115 B5
Merle Ave UB9 ..... 173 C1
Merlin Ctr The AL4 ..... 128 F3
Merling Croft HP4 ..... 121 E7
Mermaid Cl SG4 ..... 35 B7
Merrill Pl 2 CM23 ..... 76 E5
Merritt Wlk AL9 ..... 144 B8
Merrow Dr HP1 ..... 123 E4
Merrows Cl HA6 ..... 174 C4
Merry Hill Inf Sch WD2 ..... 168 B2
Merry Hill Mount WD2 ..... 168 B1
Merry Hill Rd WD2 ..... 168 B1
Merryfield WD1 ..... 154 A1
Merryfield Cl WD6 ..... 169 F7
Merryfields AL4 ..... 128 E3
Mersey Pl
Hemel Hempstead HP2 ..... 124 F8
1 Luton LU1 ..... 63 D7
Merton Rd Enfield EN2 ..... 161 D1
Watford WD1 ..... 167 B5
Meryfield Fst Sch WD6 ..... 169 F8
Metford Cres EN3 ..... 163 A1
Metro Ctr
Moor Park WD1 ..... 166 D2
St Albans AL4 ..... 127 F7
Metropolitan Station App
WD1 ..... 166 F5
Meux Cl EN7 ..... 162 A8
Mews The
Bishop's Stortford CM22 ..... 77 A3
3 Harpenden AL5 ..... 86 B1
Letchworth SG6 ..... 12 C1
Sawbridgeworth CM21 ..... 97 E3
St Albans AL1 ..... 128 B2
Stansted Mountfitchet CM24 ..... 59 F7
Meyer Gn EN1 ..... 162 A1
Meyrick Ave LU1 ..... 63 C6
Meyrick Ct LU1 ..... 63 D6
Mezen Cl HA6 ..... 174 D5
Michaels Rd CM23 ..... 59 A2
Micklefield Rd HP2 ..... 125 C3
Micklefield Way WD6 ..... 156 E1
Micklem Dr HP1 ..... 123 F4
Micklem Sch The HP1 ..... 124 A4
Midcot Way HP4 ..... 121 F6
Middle Drift SG8 ..... 7 C6
Middle Furlong WD2 ..... 168 B5
Middle La HP3 ..... 137 A1
Middle Ope WD2 ..... 154 B2
Middle Rd
Berkhamsted HP4 ..... 122 B4
Waltham Abbey EN9 ..... 163 B7
Middle Row
5 Bishop's Stortford CM23 ..... 76 F6
1 Stevenage SG1 ..... 50 C7
Middle St EN9 ..... 149 F8
Middle Way WD2 ..... 154 B2
Middle Way The HA3 ..... 176 F1
Middlefield
Hatfield AL10 ..... 130 A6
Welwyn Garden City AL7 ..... 110 E3
Middlefield Ave EN11 ..... 135 A8
Middlefield Cl
Hoddesdon EN11 ..... 135 A8
St Albans AL4 ..... 128 C6
Middlefield La SG16 ..... 10 C7
Middlefield Rd EN11 ..... 135 A8
Middlefields SG6 ..... 11 F1
Middlefields Ct SG6 ..... 11 F1
Middlehill HP1 ..... 123 E3
Middleknights Hill HP1 ..... 124 A6
Middlesborough Cl SG1 ..... 36 F2
Middleton Mid Sch SG12 ..... 114 D7
Middleton Rd Luton LU2 ..... 46 D4
Rickmansworth WD3 ..... 165 A1
Midhurst SG6 ..... 22 F8
Midhurst Gdns LU3 ..... 45 C4
Midland Cotts SG4 ..... 22 A1
Midland Rd
Hemel Hempstead HP2 ..... 124 D3
Luton LU2 ..... 63 E8
Midway AL3 ..... 141 B8
Milbourne Ct 1 WD1 ..... 167 A7
Milburn Cl LU3 ..... 31 B1
Mildmay Rd SG1 ..... 37 B1
Mildred Ave
Borehamwood WD6 ..... 170 B5
Watford WD1 ..... 167 A5
Mile Cl EN9 ..... 163 C6
Mile House Cl AL1 ..... 142 A8
Mile House La AL1 ..... 142 A8
Milestone Cl SG2 ..... 51 D4
Milestone Rd Hitchin SG5 ..... 21 D2
Knebworth SG3 ..... 69 A5
Milford Cl AL4 ..... 128 D7
Milford Hill AL5 ..... 86 D4
Milksey La SG4 ..... 36 C5
Mill Bridge Barnet EN5 ..... 171 F3
Hertford SG14 ..... 113 C6
Mill Cl Buntingford SG9 ..... 40 E7
Hatfield AL8 ..... 110 A5
Hemel Hempstead,
Nash Mills HP3 ..... 139 A6
Hemel Hempstead,
Piccotts End HP1 ..... 124 B7
Stotfold SG5 ..... 12 A6
Ware SG12 ..... 93 D1
Wingrave HP22 ..... 60 A3
Mill Cnr EN5 ..... 171 F8
Mill End SG11 ..... 55 F2
Mill Farm Cl HA5 ..... 175 C1
Mill Field CM17 ..... 118 C4
Mill Gdns HP23 ..... 100 A4
Mill Green La AL9 ..... 110 E1
Mill Green Mus & Mill
AL9 ..... 130 E8
Mill Green Rd AL7 ..... 110 E5
Mill Hill Farnham CM23 ..... 58 E5
Royston SG8 ..... 7 E4
Stansted Mountfitchet CM24 ..... 59 E6
Mill La Albury SG11 ..... 57 C6
Arlesey SG15 ..... 10 F4
Cheshunt EN8 ..... 148 E3
Flamstead AL3 ..... 84 A1
Harlow CM17 ..... 118 E4
Hatfield Heath CM22 ..... 98 F3
Hexton SG5 ..... 19 C3
Hitchin SG4 ..... 34 F3
Hoddesdon EN10 ..... 135 A2
Kings Langley WD4 ..... 139 A2
Meesden SG9 ..... 30 A5
Sawbridgeworth CM21 ..... 97 F3
Stotfold SG5 ..... 12 A6
Therfield SG8 ..... 15 F8
Watton at Stone SG12 ..... 71 A6
Welwyn AL6 ..... 89 C5
Weston SG4 ..... 24 C1
Wingrave HP22 ..... 60 C2
Mill Lane Cl EN10 ..... 134 F2
Mill Mead Sch SG14 ..... 113 C6
Mill Race SG12 ..... 115 D4
Mill Rd Hertford SG14 ..... 113 D6
Royston SG8 ..... 7 D7
St Ippolyts SG4 ..... 35 A3
Mill Side CM24 ..... 59 E6
Mill St Ashwell SG7 ..... 4 D4
Berkhamsted HP4 ..... 122 C4
Bishop's Stortford CM23 ..... 77 A5
Hemel Hempstead HP3 ..... 138 D8
Luton LU1 ..... 63 D8
Mill View AL2 ..... 141 D4
Mill View Rd HP23 ..... 99 F4
Mill Way Bushey WD2 ..... 167 E8
Rickmansworth WD3 ..... 164 F1
Millacres 1 SG12 ..... 93 E1
Milland Ct WD6 ..... 170 D8
Millard Way SG4 ..... 22 C1
Millbank HP3 ..... 138 D7
Millbridge Mews 2
SG14 ..... 113 C6
Millbrook Rd WD2 ..... 167 F8
Millbrook Sch EN8 ..... 148 D2
Millcrest Rd EN7 ..... 147 B3
Millcroft CM23 ..... 59 A1
Miller Cl HA5 ..... 175 C1
Millers Cl CM23 ..... 76 C5
Millers Ct SG14 ..... 113 D5
Millers La SG12 ..... 115 C4
Millers Rise AL1 ..... 127 E2
Millers View SG10 ..... 74 E1
Millfield Berkhamsted HP4 ..... 122 D5
Thundridge SG12 ..... 93 E8
Welwyn Garden City AL7 ..... 111 C7
Millfield Ho WD1 ..... 166 D3
Millfield La Caddington LU1 ..... 62 D2
Hitchin SG4 ..... 34 F4
Little Hadham SG11 ..... 75 D8
Millfield Rd LU3 ..... 45 B3
Millfield Way LU1 ..... 62 D3
Millfield Wlk HP3 ..... 139 A8
Millfields
Sawbridgeworth CM21 ..... 97 F3
Stansted Mountfitchet CM24 ..... 59 E6
Millhoo Ct EN9 ..... 163 F5
Millhouse La WD5 ..... 140 A4
Millhurst Mews CM17 ..... 118 E4
Milliners Ct AL1 ..... 127 E3
Milliners Way
Bishop's Stortford CM23 ..... 76 C4
Luton LU3 ..... 45 C1
Millmead Way SG14 ..... 113 B6
Millside CM23 ..... 77 A5
Millstream Cl
Hertford SG14 ..... 113 B6
Hitchin SG4 ..... 22 A1
Millthorne Cl WD3 ..... 165 F4
Millwards AL10 ..... 130 B2
Millway SG4 ..... 47 D2
Millwood Ct SG5 ..... 11 F6
Milne Cl SG6 ..... 23 B3
Milne Field HA5 ..... 176 A3
Milner Cl WD2 ..... 154 B6
Milner Ct Bushey WD2 ..... 168 B3
Luton LU2 ..... 63 E8
Milneway UB9 ..... 173 B2
Milton Ave EN5 ..... 171 F4
Milton Cl SG8 ..... 2 C1
Milton Ct
Hammond Street EN7 ..... 147 F5
12 Harpenden AL5 ..... 86 B1
Hemel Hempstead HP2 ..... 105 B1
Waltham Abbey EN9 ..... 163 C5
Milton Dene HP2 ..... 125 B8
Milton Dr WD6 ..... 170 B4
Milton Rd Harpenden AL5 ..... 86 B1
Luton LU1 ..... 63 C6
Ware SG12 ..... 93 D2
Milton St
Waltham Abbey EN9 ..... 163 C5
Watford WD2 ..... 167 B8
Milton View SG4 ..... 35 C7
Milverton Gn LU3 ..... 45 A7
Mimms Hall Rd EN6 ..... 158 D7
Mimms La WD7 ..... 157 C6
Mimram Cl SG4 ..... 66 E7
Mimram Pl AL6 ..... 89 C5
Mimram Rd
Hertford SG14 ..... 113 B5
Welwyn AL6 ..... 89 C5
Mimram Wlk AL6 ..... 89 C5
Minchen Rd CM20 ..... 118 A1
Minehead Way SG1 ..... 50 A7
Minerva Cl 3 SG1 ..... 51 C8
Minerva Dr WD2 ..... 153 E3
Minims The AL10 ..... 130 A7
Minorca Way LU4 ..... 44 A3
Minsden Rd SG2 ..... 51 D3
Minster Cl AL10 ..... 130 A3
Minster Ho AL10 ..... 130 A3
Minster Rd SG8 ..... 7 C8
Minstrel Cl HP1 ..... 124 B4
Minstrel Ct HA3 ..... 176 E1
Miss Joans Ride HP4,LU6 ..... 81 E7
Missden Dr HP3 ..... 125 C1
Missenden Ho WD1 ..... 166 E2
Mistletoe Ct LU2 ..... 64 C8
Mistletoe Hill LU2 ..... 64 C8
Mistley Rd CM20 ..... 118 A2
Miswell La HP23 ..... 99 F3
Mitchell Cl
Abbots Langley WD5 ..... 154 A7
Bovingdon HP3 ..... 136 F4
St Albans AL1 ..... 141 D7
Welwyn Garden City AL7 ..... 111 C6
Mitre Bldgs CM20 ..... 117 C1
Mitre Ct 17 SG14 ..... 113 D6
Mitre Gdns CM23 ..... 77 A4
Mixes Hill Ct LU2 ..... 46 A4
Mixes Hill Rd LU2 ..... 45 F4
Mixies The SG5 ..... 11 E6
Moakes The LU3 ..... 44 E7
Moat Cl WD2 ..... 168 B4
Moat La Luton LU3 ..... 45 B4
Wingrave HP22 ..... 60 B2
Moat The SG11 ..... 55 D3
Moatfield Rd WD2 ..... 168 B4
Moatside SG9 ..... 29 B7
Moatview Ct WD2 ..... 168 B4
Moatwood Gn AL7 ..... 110 E5
Mobbsbury Way SG2 ..... 51 C7
Mobley Gn LU2 ..... 46 B3
Moffats Cl AL9 ..... 145 A5
Moffats La AL9 ..... 144 F5
Moira Cl LU3 ..... 44 D7
Moles La SG9 ..... 28 A3
Molescroft AL5 ..... 85 D4
Molesworth EN11 ..... 115 A2
Molewood Rd SG14 ..... 113 B7
Mollison Ave EN3 ..... 163 A3
Molteno Rd WD1 ..... 167 A8
Momples Rd CM20 ..... 118 B1
Monarch Hall LU2 ..... 64 C8
Monarch's Way EN8 ..... 162 E6
Monastery Cl AL3 ..... 127 C3
Money Hill Par WD3 ..... 165 C1
Money Hill Rd WD3 ..... 165 C1
Money Hole La AL6 ..... 111 E7
Moneyhill Ct WD3 ..... 165 B1
Monica Cl WD2 ..... 167 D7
Monkhams Hall EN9 ..... 149 C2
Monklands SG6 ..... 22 D6
Monks Cl Hoddesdon EN10 ..... 135 A3
Letchworth SG6 ..... 22 C6
Redbourn AL3 ..... 106 B5
St Albans AL1 ..... 127 E1
Monks Horton Way AL1 ..... 128 A4
Monks Rise AL8 ..... 89 D2
Monks Row 7 SG12 ..... 93 D2
Monks View SG2 ..... 50 F2
Monks Walk Fst Sch SG9 ..... 40 E7
Monks Walk Sch AL8 ..... 89 C3
Monks Wlk SG9 ..... 40 E7
Monksmead WD6 ..... 170 C5
Monksmead Sch WD6 ..... 170 C6
Monkswick Rd CM20 ..... 117 F1
Monkswood AL8 ..... 89 C2
Monkswood Ave EN9 ..... 163 D6
Monkswood Dr CM23 ..... 76 D6
Monkswood Gdns WD6 ..... 170 D5
Monkswood Ret Pk SG1 ..... 50 E3
Monkswood Way SG1 ..... 50 E3
Monmouth Rd WD1 ..... 167 B6
Monro Gdns HA3 ..... 176 E3
Mons Ave SG7 ..... 23 F6
Mons Cl AL5 ..... 107 D6
Monson Rd EN10 ..... 134 F3
Montacute Rd WD2 ..... 168 E2
Montague Ave LU4 ..... 44 C6
Montague Hall Pl WD2 ..... 168 A3
Montague Rd HP4 ..... 122 B4
Montayne Rd EN8 ..... 162 D7
Montesole Ct 6 HA5 ..... 175 C1
Montfitchet Wlk SG2 ..... 51 D7
Montgomerie Cl HP4 ..... 122 A6
Montgomery Ave HP2 ..... 125 A4
Montgomery Dr EN8 ..... 148 E3
Monton Cl LU3 ..... 44 F6
Montrose Ave LU3 ..... 45 C3
Montrose Rd HA3 ..... 176 F1
Monument Pl AL3 ..... 127 D4
Moon La EN5 ..... 171 F6
Moor End Rd HP1 ..... 124 C2
Moor Hall La CM23 ..... 76 B3
Moor Hall Rd CM17 ..... 118 F4
Moor La Moor Park WD3 ..... 174 A8
Sarratt WD3 ..... 151 E3
Moor Lane Crossing
WD1 ..... 166 C2
Moor Mill La AL2 ..... 141 E2
Moor Park Rd HA6 ..... 174 D4
Moor Park Sta HA6 ..... 174 D7
Moor Pk Ind Ctr WD1 ..... 166 C2
Moor St LU1 ..... 63 C8
Moor View WD1 ..... 167 A3
Moore Rd HP4 ..... 121 F6
Moorend AL7 ..... 111 A3
Moorfields SG9 ..... 41 E8
Moorhead Cl SG5 ..... 34 D6
Moorhurst Ave EN7 ..... 147 B2
Moorings The CM23 ..... 77 A5
Moorland Gdns LU2 ..... 63 D8
Moorland Rd
Harpenden AL5 ..... 86 B4
Hemel Hempstead HP1 ..... 124 A1
Moorlands
Park Street AL2 ..... 141 E3
Welwyn Garden City AL7 ..... 111 A3
Moorlands Prep Sch LU4 ..... 44 C3
Moorlands Reach CM21 ..... 98 A1
Moormead Hill SG5 ..... 34 D6
Moors Ley SG2 ..... 38 B1
Moors The AL7 ..... 111 A7
Moors Wlk AL7 ..... 111 C6
Moorside
Hemel Hempstead HP3 ..... 138 B8
Welwyn Garden City AL7 ..... 111 A3
Moortown Rd WD1 ..... 175 C6
Moorymead Cl SG14 ..... 70 D3
Moran Cl AL2 ..... 154 F8
Morecambe Cl SG1 ..... 50 B7
Morefields HP23 ..... 100 A6
Moremead EN9 ..... 163 D6
Moreton Ave AL5 ..... 85 F2
Moreton Cl EN7 ..... 148 B4
Moreton End Cl AL5 ..... 85 F2
Moreton End La AL5 ..... 85 F2
Moreton Pk LU2 ..... 46 A2
Moreton Pl AL5 ..... 85 F3
Moreton Rd N LU2 ..... 46 A2
Moreton Rd S LU2 ..... 46 A2
Morgan Cl
Northwood HA6 ..... 174 F4
Stevenage SG1 ..... 36 D1
Morgan Gdns WD2 ..... 155 B2
Morgan's Rd SG13 ..... 113 D4
Morgan's Wlk SG13 ..... 113 D3
Morgans Cl SG13 ..... 113 D4
Morgans Jun Mix Inf
Sch SG13 ..... 113 D4
Morland Way EN8 ..... 148 E3
Morley Gr CM20 ..... 117 C2
Morley Hill EN2 ..... 161 D1
Morley La SG11 ..... 73 F5
Morningside WD3 ..... 165 C1
Mornington AL6 ..... 90 A4
Mornington Rd WD7 ..... 156 B5
Morpeth Ave WD6 ..... 156 F1
Morpeth Ct 3 HP2 ..... 124 E2
Morrell Cl LU3 ..... 45 A7
Morrell Ct AL7 ..... 110 F7
Morris Cl Henlow SG16 ..... 10 C5
Luton LU3 ..... 44 E8
Morris Ct Holdbrook EN3 ..... 163 A2
Waltham Abbey EN9 ..... 163 F5
Morris Way AL2 ..... 142 D5
Morrison Ct 5 EN5 ..... 171 E5
Morriston Cl WD1 ..... 175 C5
Morse Cl UB9 ..... 173 C1
Mortain Dr HP4 ..... 121 F6
Mortimer Cl Bushey WD2 ..... 168 B3
Luton LU1 ..... 63 A7
Mortimer Gate EN8 ..... 148 F4
Mortimer Hill HP23 ..... 100 B4
Mortimer Rd SG8 ..... 7 E7
Mortimer Rise HP23 ..... 100 B4
Morton Cl LU7 ..... 80 C4
Morton St SG8 ..... 7 D7
Morven Cl EN6 ..... 159 C8
Mosquito Aircraft Mus
AL2 ..... 143 B2
Moss Bury Prim Sch SG1 ..... 51 A7
Moss Cl Pinner HA5 ..... 175 F1
Rickmansworth WD3 ..... 173 D8
Moss Gn AL7 ..... 110 E4
Moss La HA5 ..... 175 E1
Moss Rd WD2 ..... 154 B5
Moss Side AL2 ..... 140 F1
Moss Way SG5 ..... 21 C1
Mossbank Ave LU2 ..... 64 C8
Mossdale Ct 3 LU4 ..... 44 C5
Mossendew Cl UB9 ..... 173 D2
Mossman Dr LU1 ..... 62 E4
Mostyn Rd Bushey WD2 ..... 168 C4
Luton LU3 ..... 44 E4
Mott St E4 ..... 163 D1
Motts Cl SG14 ..... 70 D4
Moulton Rise LU2 ..... 63 F8
Mount Cl HP1 ..... 123 F3
Mount Dr Park Street AL2 ..... 141 D6
Stansted Mountfitchet CM24 ..... 59 E5
Mount Garrison SG4 ..... 34 F7
Mount Grace Rd Luton LU2 ..... 46 C6
Potters Bar EN6 ..... 159 B8
Mount Grace Sch EN6 ..... 159 B8
Mount Pleasant
Harefield UB9 ..... 173 A2
Hitchin SG5 ..... 34 D6
St Albans AL3 ..... 127 C3
Mount Pleasant Cl AL9 ..... 130 D8
Mount Pleasant Flats SG1 ..... 50 E8
Mount Pleasant La
Bricket Wood AL2 ..... 140 E1
Hatfield AL9 ..... 130 C8
Mount Pleasant Lane
Jun Mix Inf Sch AL2 ..... 140 E1
Mount Pleasant Rd
Hertford Heath SG13 ..... 114 C4
Luton LU3 ..... 44 E5
Mount Rd Hertford SG14 ..... 113 A5
Wheathampstead AL4 ..... 87 D1
Mount The Barley SG8 ..... 8 F1
Hammond Street EN7 ..... 147 D5
4 Luton LU2 ..... 63 D8
Potters Bar EN6 ..... 145 B1
Rickmansworth WD3 ..... 165 C3
Mount Vernon &
Watford Hospl HA6 ..... 174 B4
Mount View Enfield EN2 ..... 160 F1
Mount View *continued*
London Colney AL2 ..... 142 F4
Rickmansworth WD3 ..... 165 B1
Mount Way AL7 ..... 110 F3
Mountbatten Ct AL1 ..... 142 B8
Mounteagle SG8 ..... 7 D5
Mountfield Rd
Hemel Hempstead HP2 ..... 124 E3
Luton LU2 ..... 45 E2
Mountfitchet Castle &
Norman Village CM24 ..... 59 F6
Mountfitchet High Sch
The CM24 ..... 59 F4
Mountfitchet Rd CM24 ..... 59 E5
Mountjoy SG4 ..... 22 C1
Mountside HA7 ..... 176 F2
Mountsorrel SG13 ..... 113 F6
Mountview HA6 ..... 174 F4
Mountview Rd EN7 ..... 147 E5
Mountway EN6 ..... 145 A1
Mountway Cl AL7 ..... 110 F3
Mowat Ind Est WD2 ..... 154 C1
Mowbray Cres SG5 ..... 11 F7
Mowbray Gdns SG4 ..... 35 A5
Mowbray Rd CM20 ..... 118 A3
Moxes Wood LU3 ..... 44 E7
Moxom Ave EN8 ..... 148 E1
Moxon St EN5 ..... 171 F6
Mozart Ct SG1 ..... 50 C5
Muddy La SG6 ..... 22 F3
Muirfield LU2 ..... 45 E6
Muirfield Cl WD1 ..... 175 C6
Muirfield Gn WD1 ..... 175 C6
Muirfield Rd WD1 ..... 175 B6
Muirhead Way SG3 ..... 68 F5
Mulberry Cl
Cheshunt EN10 ..... 148 F7
Chiswellgreen AL2 ..... 141 B3
Luton LU1 ..... 63 B7
Stotfold SG5 ..... 11 F5
Tring HP23 ..... 100 A5
Watford WD1 ..... 153 E3
Mulberry Ct CM23 ..... 77 A5
Mulberry Gdns WD7 ..... 156 E6
Mulberry Gn CM17 ..... 118 D4
Mulberry Terr CM17 ..... 118 B4
Mulberry Way SG5 ..... 21 D2
Mull Ho WD1 ..... 166 F3
Mullion Cl Harrow HA3 ..... 176 B2
Luton LU2 ..... 46 B5
Mullion Wlk WD1 ..... 175 D6
Mullway SG6 ..... 22 C6
Mundells
Hammond Street EN7 ..... 148 A4
Welwyn Garden City AL7 ..... 111 A8
Mundells Ct AL7 ..... 110 F8
Munden Gr WD2 ..... 154 D1
Munden Rd SG12 ..... 71 E7
Munden View WD2 ..... 154 D3
Mundesley Cl
South Oxhey WD1 ..... 175 C6
Stevenage SG1 ..... 36 B1
Mungo-Park Cl WD2 ..... 176 C8
Munro Rd WD2 ..... 168 C4
Muntings The SG2 ..... 51 A3
Munts Mdw SG4 ..... 24 C1
Murchison Rd EN11 ..... 115 B1
Muriel Ave WD1 ..... 167 C4
Murray Cres HA5 ..... 175 D2
Murray Rd
Berkhamsted HP4 ..... 122 C6
Northwood HA6 ..... 174 E3
Murrell La SG5 ..... 12 A5
Murton Ct AL1 ..... 127 E4
Museum Ct HP23 ..... 100 A3
Museum of St Albans
AL1 ..... 127 E3
Musgrave Cl EN7 ..... 147 F4
Musk Hill HP1 ..... 123 E2
Muskalls Cl EN7 ..... 148 A4
Muskham Rd CM20 ..... 118 B3
Musleigh Manor SG12 ..... 93 F1
Musley Hill SG12 ..... 93 E2
Musley Inf Sch SG12 ..... 93 E2
Musley La SG12 ..... 93 E2
Mussons Path LU2 ..... 45 E1
Muswell Cl LU3 ..... 45 B6
Mutchetts Cl WD2 ..... 154 E6
Mutford Croft 2 LU2 ..... 46 D1
Mutton La EN6 ..... 158 E8
Myddelton Ave EN1 ..... 161 E1
Myddelton House Gdns
EN2 ..... 162 A3
Myddleton Path EN7 ..... 162 B8
Myddleton Rd SG12 ..... 114 D8
Myers Cl WD7 ..... 156 E7
Myles Ct EN7 ..... 147 C2
Mylne Cl EN8 ..... 148 C4
Mylne Ct EN11 ..... 115 A1
Mymms Dr AL9 ..... 145 B4
Myrtle Cotts WD3 ..... 152 A3
Myrtle Gr EN2 ..... 161 D1
Myrtleside Cl HA6 ..... 174 D3
Myson Way CM23 ..... 77 B7

N

Nails La 15 CM23 ..... 76 F7
Nairn Cl AL5 ..... 107 D6
Nairn Gn WD1 ..... 175 A7
Nan Aires HP22 ..... 60 A3
Nancy Downs WD1 ..... 167 C2
Nap The WD4 ..... 139 A2
Napier Cl AL2 ..... 142 D6
Napier Ct Cheshunt EN8 ..... 148 B3
Luton LU1 ..... 63 D7
Napier Dr WD2 ..... 167 E5

Nap–Oak 199

Napier Hall LU2 .... 64 C8
Napier Rd LU1 .... 63 D7
Nappsbury Rd LU4 .... 44 D5
Napsbury Ave AL2 .... 142 C5
Napsbury La AL1 .... 142 A7
Nascot Pl WD1 .... 167 B7
Nascot Rd WD1 .... 167 B7
Nascot St WD1 .... 167 B7
Nascot Wood Inf Sch WD1 .... 154 A1
Nascot Wood Jun Sch WD1 .... 154 A1
Nascot Wood Rd WD1 .... 153 F1
Naseby Rd LU1 .... 63 B7
Nash Cl
Borehamwood WD6 .... 169 F5
Stevenage SG2 .... 51 B6
Welham Green AL9 .... 144 D8
Nash Gn HP3 .... 138 F6
Nash Mills CE Prim Sch HP3 .... 138 F6
Nash Mills La HP3 .... 138 F5
Nash Rd SG8 .... 7 D5
Nathaniel Wlk HP23 .... 100 A5
Nathans Cl AL6 .... 89 C6
Nayland Cl LU2 .... 46 E1
Nazeing Cty Prim Sch EN9 .... 149 E8
Nazeing New Rd EN10 .... 135 B2
Nazeing Rd EN9 .... 135 D1
Nazeingbury Cl EN9 .... 135 D1
Nazeingbury Par EN9 .... 135 D1
Neach Cl SG1 .... 37 C3
Neal Cl HA6 .... 175 A2
Neal Ct Hertford SG14 .... 113 C6
Waltham Abbey EN9 .... 163 F6
Neal St WD1 .... 167 C4
Neaole Cl WD6 .... 170 C8
Necton Rd AL4 .... 108 E8
Needham Rd LU4 .... 44 B6
Neild Way WD3 .... 164 F2
Nell Gwynn Cl WD7 .... 156 E7
Nelson Ave AL1 .... 142 B8
Nelson Rd
Bishop's Stortford CM23 .... 77 A5
Dagnall HP4 .... 81 C5
Nelson St SG14 .... 113 B7
Nene Rd SG16 .... 10 B4
Neptune Ct WD6 .... 170 A6
Neptune Dr HP2 .... 124 E5
Neptune Gate SG2 .... 51 D8
Neston Rd WD2 .... 154 C2
Nether St SG12 .... 95 E4
Netherby Cl HP23 .... 100 C6
Nethercott Cl LU2 .... 46 C1
Netherfield Ct SG12 .... 115 D3
Netherfield La SG12 .... 115 E3
Netherfield Rd AL5 .... 107 B4
Netherhall Rd CM19 .... 135 F5
Netherstones SG5 .... 11 F7
Netherway AL3 .... 141 A8
Netley Dell SG6 .... 23 B3
Netteswell Cross CM20 .... 117 E2
Netteswell Orch CM20 .... 117 D1
Netteswell Rd CM20 .... 117 F3
Netteswell Twr CM20 .... 117 D1
Nettlecroft
Hemel Hempstead HP1 .... 124 B2
Welwyn Garden City AL7 .... 111 B7
Nettleden Rd
Little Gaddesden HP4 .... 102 E4
Nettleden HP1 .... 103 C1
Potten End HP4 .... 123 B8
Nevell's Gn SG6 .... 22 F6
Nevells Rd SG6 .... 22 F6
Nevil Cl HA6 .... 174 D5
Nevill Gr WD2 .... 167 B8
Neville Cl EN6 .... 158 F8
Neville Rd LU3 .... 45 A5
Neville Road Pas LU3 .... 45 A5
Neville's Ct SG6 .... 23 B7
New Barn La CM22 .... 77 D1
New Barnes Ave AL1 .... 142 A8
New Barns La SG10 .... 74 E4
New Bedford Rd LU3 .... 45 D3
New Briars Prim Sch AL10 .... 130 A5
New Cl SG3 .... 68 F6
New Cotts
Brookmans Park AL9 .... 144 D3
Cheshunt EN8 .... 162 C5
Whitwell SG4 .... 66 A7
New Ct SG3 .... 69 A2
New England Cl SG4 .... 34 F4
New England St AL3 .... 127 C3
New Farm La HA6 .... 174 E2
New Ford Bsns Pk EN8 .... 162 F5
New Ford Rd EN8 .... 162 F5
New Forge Pl AL3 .... 106 B5
New Greens Ave AL3 .... 127 D7
New House Pk AL1 .... 142 B7
New Inn Rd SG7 .... 3 D5
New Kent Rd AL1 .... 127 D3
New Mill Terr HP23 .... 100 B6
New Par WD3 .... 164 C5
New Park Dr HP2 .... 125 B3
New Park La SG2 .... 51 F2
New Park Rd
Harefield UB9 .... 173 C2
Newgate Street SG13 .... 146 D7
New Pl AL6 .... 89 B4
New Rd Berkhamsted HP4 .... 122 D6
Berkhamsted,
Northchurch HP4 .... 121 F7
Chipperfield WD4 .... 137 F1
Croxley Green WD3 .... 166 A4
Elstree WD6 .... 169 D3
Great Chishill SG8 .... 9 D6
New Rd *continued*
Harlow CM17 .... 118 D4
Hatfield AL8 .... 110 A3
Hertford SG14 .... 113 D8
Hoddesdon EN10 .... 135 A4
Little Hadham SG11 .... 75 A7
Lower Stondon SG17 .... 10 A8
Radlett WD7 .... 155 E2
Radlett,
Letchmore Heath WD7 .... 168 E8
Ridge EN6 .... 158 A6
Sarratt WD3 .... 151 F1
Shenley WD7 .... 157 A5
Tring HP23 .... 100 B6
Ware SG12 .... 93 D1
Watford WD1 .... 167 C5
Welwyn AL6 .... 89 F3
Woolmer Green SG3 .... 69 B3
New River Ave SG12 .... 115 B4
New River Cl EN11 .... 135 B7
New River Ct EN7 .... 162 B8
New River Trad Est EN8 .... 148 D5
New St Berkhamsted HP4 .... 122 D4
Cheddington LU7 .... 79 F7
Luton LU1 .... 63 E6
Sawbridgeworth CM21 .... 97 E3
Slip End LU1 .... 63 C1
Watford WD1 .... 167 C5
New Town SG4 .... 67 F1
New Town Rd 9 LU1 .... 63 E6
New Town St LU1 .... 63 E6
New Wood AL7 .... 111 C7
Newark Cl SG8 .... 7 C8
Newark Gn WD6 .... 170 D6
Newark Rd LU4 .... 45 A2
Newberries Ave WD7 .... 156 B4
Newberries Prim Sch WD7 .... 156 C4
Newbiggin Path WD1 .... 175 C6
Newbold Rd LU3 .... 45 B7
Newbolt SG8 .... 7 D8
Newbolt Rd HA7 .... 176 F5
Newbury Ave EN3 .... 162 F2
Newbury Cl
Bishop's Stortford CM23 .... 76 E8
Luton LU4 .... 44 E2
Stevenage SG1 .... 36 D1
Newcastle Cl SG1 .... 36 F2
Newcombe Rd LU1 .... 63 C7
Newcome Path WD7 .... 157 A5
Newcome Rd WD7 .... 157 A5
Newdigate Gn UB9 .... 173 D2
Newdigate Rd UB9 .... 173 C2
Newdigate Rd E UB9 .... 173 D2
Newell La SG2 .... 38 D7
Newell Rd HP3 .... 138 E8
Newell Rise HP3 .... 138 E8
Newells SG6 .... 23 D4
Newells Hedge LU7 .... 80 D5
Newfield La HP2 .... 124 F3
Newfield Way AL4 .... 128 D1
Newfields AL8 .... 110 B5
Newford Cl HP2 .... 125 B4
Newgate SG2 .... 51 A4
Newgate Cl AL4 .... 128 D6
Newgate St SG13 .... 146 D7
Newgate Street Village SG13 .... 146 E6
Newgatestreet Rd EN7 .... 147 B4
Newground Rd HP23 .... 101 B3
Newhall Cl HP3 .... 137 A4
Newhall Ct EN9 .... 163 F6
Newhouse Cres WD2 .... 154 B6
Newhouse Rd HP3 .... 137 A4
Newland Cl Pinner HA5 .... 175 F4
St Albans AL1 .... 142 A8
Newlands Hatfield AL9 .... 130 C7
Letchworth SG6 .... 23 A3
Newlands Ave WD7 .... 155 F5
Newlands Cl E SG4 .... 34 F4
Newlands Cl W SG4 .... 34 F4
Newlands La SG4 .... 34 F4
Newlands Pl EN5 .... 171 D4
Newlands Rd
Hemel Hempstead HP1 .... 123 E3
Luton LU1 .... 63 C3
Newlands Way EN6 .... 145 B1
Newlands Wlk WD2 .... 154 D6
Newlyn Cl
Bricket Wood AL2 .... 140 E1
Stevenage SG1 .... 50 A6
Newlyn Rd EN5 .... 171 F5
Newman Ave SG8 .... 7 F6
Newmans Ct SG14 .... 70 D3
Newmans Dr AL5 .... 85 F2
Newmarket Ct AL3 .... 127 C4
Newmarket Rd Royston SG8 .... 7 E6
Royston SG8 .... 7 F6
Newnham Cl LU2 .... 46 D1
Newnham Par 5 EN8 .... 148 D1
Newnham Rd SG7 .... 12 E6
Newnham Way SG7 .... 4 B2
Newport Cl EN3 .... 162 E2
Newport Mead WD1 .... 175 D6
Newports CM21 .... 97 C1
Newquay Gdns WD1 .... 175 B8
Newstead AL10 .... 129 F2
Newstead Ho UB9 .... 173 C1
Newteswell Dr EN9 .... 163 D7
Newton Cl Harpenden AL5 .... 107 D6
Hoddesdon EN11 .... 115 B2
Newton Cres WD6 .... 170 C5
Newton Dr CM21 .... 97 D1
Newton Rd Harrow HA3 .... 176 E1
Stevenage SG2 .... 51 B6
Newtondale LU4 .... 44 C5
Newtons Way SG4 .... 34 F6
Newtown Rd CM23 .... 76 F6
Niagara Cl EN8 .... 148 D2
Nicholas Breakspear RC Sch AL4 .... 128 E2
Nicholas Cl St Albans AL3 .... 127 D7
Watford WD2 .... 154 B2
Nicholas La SG14 .... 113 D6
Nicholas Pl SG1 .... 36 D1
Nicholas Rd WD6 .... 169 F4
Nicholas Way
Hemel Hempstead HP2 .... 124 F5
Northwood HA6 .... 174 C2
Nicholls Cl AL3 .... 105 F5
Nichols Cl LU2 .... 46 C2
Nicholson Court Ind Ctr EN11 .... 135 B6
Nicholson Dr WD2 .... 176 C8
Nicola Cl HA3 .... 176 D1
Nicoll Way WD6 .... 170 D5
Nidderdale HP2 .... 124 F6
Nightingale Ave SG8 .... 2 A5
Nightingale Cl Luton LU2 .... 46 C6
Radlett WD7 .... 155 F3
Watford WD5 .... 154 A8
Nightingale Ct
Hertford SG14 .... 113 C6
Hitchin SG5 .... 35 A8
Luton LU3 .... 63 C8
Rickmansworth WD3 .... 165 C2
Nightingale La AL1,AL4 .... 142 C7
Nightingale Lodge HP4 .... 122 B4
Nightingale Pl WD3 .... 165 D2
Nightingale Rd
Bushey WD2 .... 168 A4
Hammond Street EN7 .... 147 C6
Hitchin SG5 .... 34 F8
Rickmansworth WD3 .... 165 C2
Nightingale Terr SG15 .... 11 A3
Nightingale Way SG7 .... 23 F6
Nightingale Wlk
Hemel Hempstead HP2 .... 105 C1
Stevenage SG2 .... 51 C5
Nightingales EN9 .... 163 E5
Nimbus Way SG4 .... 35 C7
Nimmo Dr WD2 .... 168 D2
Nimrod Cl AL4 .... 128 C5
Ninefields EN9 .... 163 F6
Ninesprings Way SG4 .... 35 B6
Ninfield Ct LU2 .... 46 C3
Ninian Rd HP2 .... 124 E8
Ninning's La AL6 .... 68 D2
Ninth Ave LU3 .... 44 D7
Niton Cl EN5 .... 171 D3
Niven Cl WD6 .... 170 C8
Nobel Sch SG2 .... 51 C7
Nobel Villas EN9 .... 163 D5
Nobles The CM23 .... 76 D6
Nodes Dr SG2 .... 51 A1
Noke La AL2 .... 140 E4
Noke Shot AL5 .... 86 C4
Noke Side AL2 .... 141 A4
Noke The SG2 .... 69 B8
Nokes The HP1 .... 124 A5
Nokeside SG2 .... 69 B8
Nook The SG12 .... 115 B4
Norbury Ave WD1 .... 167 C7
Norfolk Ave WD2 .... 154 C1
Norfolk Ct 4 EN5 .... 171 E5
Norfolk Gdns WD6 .... 170 D5
Norfolk Rd
Buntingford SG9 .... 40 E8
Luton LU2 .... 64 A7
Rickmansworth WD3 .... 165 E1
Norfolk Way CM23 .... 76 F5
Normady Ct HP1 .... 124 D4
Norman Ave CM23 .... 76 D6
Norman Cl EN9 .... 163 D6
Norman Cres HA5 .... 175 C2
Norman Ct
Potters Bar EN6 .... 145 C1
Stansted Mountfitchet CM24 .... 59 E7
Stevenage SG1 .... 36 F1
Norman Rd Luton LU3 .... 45 B2
Welwyn AL6 .... 89 B3
Norman's La SG8 .... 7 D5
Norman's Way CM24 .... 59 E7
Normandy Ave EN5 .... 171 F5
Normandy Dr HP4 .... 122 B6
Normandy Rd AL3 .... 127 D4
Normandy Way EN11 .... 135 D8
Normans Cl SG6 .... 11 F1
Normans La AL6 .... 68 E2
Normansfield Cl WD2 .... 168 B2
Norris Cl CM23 .... 77 C7
Norris Gr EN10 .... 134 E3
Norris La EN11 .... 135 A7
Norris Rd EN11 .... 135 A6
Norris Rise EN11 .... 134 F7
North App Moor Park HA6 .... 174 C8
Watford WD2 .... 154 A5
North Ave Letchworth SG6 .... 23 B8
Shenley WD7 .... 156 E7
North Barn EN10 .... 135 B1
North Cl Barnet EN5 .... 171 C4
Chiswellgreen AL2 .... 141 B6
Royston SG8 .... 7 C7
North Comm AL3 .... 106 A5
North Common Rd AL3 .... 106 A4
North Ct AL3 .... 83 E5
North Dr St Albans AL4 .... 128 E5
Thundridge SG11 .... 72 E1
North Drift Way LU1 .... 63 B6
North Gate CM20 .... 117 C1
North Hertfordshire Coll SG6 .... 22 F5
North Hertfordshire Coll (Hitchin Ctr) SG4 .... 35 B8
North Hertfordshire Coll (Stevenage Ctr) SG1 .... 50 D4
North Herts Ed Support Ctr SG6 .... 22 D3
North Hill WD3 .... 164 E8
North Luton Ind Est LU4 .... 44 B7
North Orbital Rd
Bricket Wood AL2 .... 140 E2
Chiswellgreen AL2 .... 141 B5
Colney Heath AL4 .... 129 C2
London Colney AL1,AL2,AL4 .... 142 D6
Park Street AL2 .... 141 E6
Watford WD2 .... 154 D7
North Orbital Trad Est AL1 .... 142 A7
North Pl Harlow CM20 .... 118 B5
Hitchin SG5 .... 21 D1
Waltham Abbey EN9 .... 163 B6
North Rd Baldock SG7 .... 12 E2
Berkhamsted HP4 .... 122 B4
Cheshunt EN8 .... 162 E6
Chorleywood WD3 .... 164 D4
Hertford SG14 .... 113 A7
Hertford SG14 .... 113 C6
Hoddesdon EN11 .... 135 A7
Stevenage SG1 .... 36 C2
North Ride AL6 .... 89 C6
North Riding AL2 .... 141 A1
North Road Ave SG14 .... 113 A7
North Road Gdns SG14 .... 113 B6
North St
4 Bishop's Stortford CM23 .... 76 F7
Lower Nazeing EN9 .... 135 E1
Luton, Hart Hill LU2 .... 45 E1
Luton, High Town LU2 .... 63 E8
North Terr 5 CM23 .... 76 F8
North View Cotts SG12 .... 95 D4
North Western Ave
Abbots Langley WD2 .... 153 D4
Stanmore WD6 .... 169 A2
Watford WD2 .... 154 C3
Northaw CE Sch EN6 .... 146 A1
Northaw Cl HP2 .... 125 B8
Northaw Pk EN6 .... 159 F7
Northaw Rd E EN6 .... 146 E1
Northaw Rd W EN6 .... 160 C8
Northbridge Rd HP4 .... 122 A6
Northbridge Way HP1 .... 124 A3
Northbrook Dr HA6 .... 174 E3
Northbrook Rd EN5 .... 171 E3
Northcliffe Dr N20 .... 171 F1
Northcote 1 HA5 .... 175 C1
Northcotts AL9 .... 130 C6
Northcourt WD3 .... 165 A1
Northdown Rd AL10 .... 130 A2
Northend HP3 .... 125 C1
Northern Ave SG16 .... 10 C3
Northern Ho SG4 .... 35 B7
Northfield Braughing SG11 .... 55 F7
Hatfield AL10 .... 130 B8
Standon SG11 .... 55 E2
Northfield Gdns WD2 .... 154 C2
Northfield Rd
Aldbury HP23 .... 100 F7
Borehamwood WD6 .... 170 B8
Cheshunt EN8 .... 162 E7
Guilden Morden SG7 .... 1 C2
Harpenden AL5 .... 86 C4
Sawbridgeworth CM21 .... 97 E4
Northfields SG6 .... 11 F1
Northfields Inf Sch SG6 .... 11 F1
Northgate HA6 .... 174 C3
Northgate End CM23 .... 76 F8
Northgate Ho EN8 .... 148 D2
Northgate Jun Mix Inf Sch CM23 .... 76 E8
Northgate Path WD6 .... 169 F8
Northlands EN6 .... 159 D8
Northolt Ave CM23 .... 59 B1
Northridge Way HP1 .... 124 A3
Northside AL4 .... 108 B1
Northumberland Ave EN1 .... 162 B1
Northview Rd LU2 .... 45 F2
Northway
Rickmansworth WD3 .... 165 D2
1 Welwyn Garden City AL7 .... 89 F1
Northwell Dr LU3 .... 44 F7
Northwick Rd WD1 .... 175 C6
Northwood AL7 .... 111 D6
Northwood Cl EN7 .... 147 F4
Northwood Coll HA6 .... 174 D3
Northwood Comp Sch HA6 .... 175 B2
Northwood Hills Cir HA6 .... 175 A2
Northwood Hills Sta HA6 .... 175 A1
Northwood & Pinner District Hospl HA6 .... 175 A2
Northwood Prep Boys Sch WD3 .... 174 C8
Northwood Rd UB9 .... 173 E3
Northwood Sta HA6 .... 174 E3
Northwood Way
Harefield UB9 .... 173 D2
Northwood HA6 .... 175 A3
Norton Bury La SG6 .... 12 C2
Norton Cl WD6 .... 170 A8
Norton Cres SG7 .... 23 E8
Norton Gn SG1 .... 50 B3
Norton Green Rd SG1 .... 50 C4
Norton Mill La SG6 .... 12 D3
Norton Rd Letchworth SG6 .... 12 C2
Luton LU3 .... 44 F4
Stevenage SG1 .... 50 D4
Stotfold SG5 .... 12 A4
Norton Road Prim Sch LU3 .... 44 F4
Norton Sch SG6 .... 23 A8
Norton Way N SG6 .... 23 A7
Norton Way S SG6 .... 23 A5
Nortonstreet La SG4 .... 67 B7
Norvic Rd HP23 .... 80 A1
Norwich Cl SG1 .... 37 B1
Norwich Way WD3 .... 166 B5
Norwood Cl SG14 .... 112 F7
Norwood Rd EN8 .... 148 E1
Nottingham Cl WD2 .... 154 A6
Nottingham Rd WD3 .... 164 C1
Novello Way WD6 .... 170 D8
Nugent's Pk HA5 .... 175 F2
Nugents Ct HA5 .... 175 E2
Nun's Cl SG5 .... 34 E7
Nunfield WD4 .... 152 B8
Nunnery Cl AL1 .... 127 E1
Nunnery La LU3 .... 45 B5
Nunnery Stables AL1 .... 127 D1
Nuns La AL1 .... 141 E8
Nunsbury Dr EN10 .... 148 E6
Nunsbury Drive Cotts EN10 .... 148 E6
Nup End Cl HP22 .... 60 B3
Nup End La HP22 .... 60 B3
Nupton Dr EN5 .... 171 C3
Nurseries Rd AL4 .... 108 E7
Nursery Cl
Bishop's Stortford CM23 .... 76 F6
Stevenage SG2 .... 69 A8
Nursery Cotts SG1 .... 50 A6
Nursery Fields CM21 .... 97 D2
Nursery Gdns
Goff's Oak EN7 .... 147 D3
Tring HP23 .... 100 B4
Ware SG12 .... 93 E1
Welwyn Garden City AL7 .... 89 E1
Nursery Hill AL7 .... 89 E1
Nursery Par LU3 .... 44 E5
Nursery Rd
Bishop's Stortford CM23 .... 76 F6
Cheshunt EN10 .... 148 F6
Hoddesdon EN11 .... 115 B1
Lower Nazeing EN9 .... 135 D2
Luton LU3 .... 44 F5
Nut Gr AL8 .... 89 D1
Nut Slip SG9 .... 40 E6
Nutcroft SG3 .... 69 D2
Nutfield AL7 .... 90 A1
Nuthampstead Rd SG8 .... 17 E2
Nutleigh Gr SG5 .... 21 D1
Nuttfield Cl WD3 .... 166 B3
Nye Way HP3 .... 137 A3
Nymans Cl LU2 .... 46 D3

O

Oak Ave Bricket Wood AL2 .... 141 A1
Enfield EN2 .... 160 F1
Oak Cl
Hemel Hempstead HP3 .... 138 F7
Waltham Abbey EN9 .... 163 D5
Oak Ct HA6 .... 174 D4
Oak Dr Berkhamsted HP4 .... 122 D3
Sawbridgeworth CM21 .... 118 C8
Oak End SG9 .... 40 D7
Oak Farm WD6 .... 170 C4
Oak Glade HA6 .... 174 B2
Oak Gn WD5 .... 153 E7
Oak Gr Hatfield AL10 .... 129 F5
Hertford SG13 .... 113 E4
Oak Green Way WD5 .... 153 E7
Oak Hall CM23 .... 76 E8
Oak La Cholesbury HP23 .... 120 B2
Cuffley EN6 .... 146 F3
Graveley SG4 .... 36 C4
Oak Piece AL6 .... 89 E7
Oak Piece Ct AL6 .... 89 E7
Oak Rd Luton LU4 .... 63 C8
Woolmer Green SG3 .... 69 B1
Oak St
Bishop's Stortford CM23 .... 76 F6
Hemel Hempstead HP3 .... 138 F7
Oak Tree Cl
Abbots Langley WD5 .... 153 D7
Benington SG2 .... 52 F4
Hatfield AL10 .... 130 A6
Hertford Heath SG13 .... 114 C3
Oak Tree Ct Elstree WD6 .... 169 D3
Oaklands AL6 .... 89 E8
Oak Way AL5 .... 107 A5
Oak Wood HP4 .... 121 F3
Oakbank WD7 .... 156 B3
Oakcroft Cl HA5 .... 175 B1
Oakdale AL8 .... 89 D1
Oakdale Ave HA6 .... 175 A1
Oakdale Cl WD1 .... 175 C6
Oakdale Rd WD1 .... 175 C6
Oakdene EN8 .... 148 E1
Oakdene Cl HA5 .... 175 F3
Oakdene Rd
Hemel Hempstead HP3 .... 138 F7
Watford WD2 .... 154 B3
Oakdene Way AL1 .... 128 C3
Oaken Gr AL7 .... 110 E3
Oakfield WD3 .... 165 A2
Oakfield Ave SG4 .... 35 B5
Oakfield Cl EN6 .... 158 F8
Oakfield Rd AL5 .... 107 A5
Oakfields SG2 .... 51 C1
Oakfields Ave SG3 .... 69 A6
Oakfields Cl SG2 .... 51 C1
Oakfields Rd SG3 .... 69 A6
Oakhill SG6 .... 23 D4
Oakhill Ave HA5 .... 175 E1

200 Oak–Par

Oakhill Cl WD3 . . . . 172 E6
Oakhill Dr AL6 . . . . 89 A6
Oakhill Rd WD3 . . . . 172 D6
Oakhurst Ave AL5 . . . . 107 A5
Oakhurst Pl WD1 . . . . 166 F5
Oakhurst Rd EN3 . . . . 162 D3
Oakington AL7 . . . . 111 D6
Oakland's Coll AL4 . . . . . . 128 D1
Oaklands HP4 . . . . 122 A4
Oaklands Ave
Brookmans Park AL9 . . . . . . 144 E4
Watford WD1 . . . . 167 B1
Oaklands Cl CM23 . . . . 59 B2
Oaklands Coll AL1 . . . . 127 E3
Oaklands Coll (Boreham Wood Campus) WD6 . . . 170 C7
Oaklands Coll (Lemsford Lane Campus) AL8 . . . . 110 B4
Oaklands Coll (Welwyn Garden City Campus) AL8 . . . . 110 D7
Oaklands Ct WD1 . . . . 167 A8
Oaklands Dr CM23 . . . . 59 B2
Oaklands Gate HA6 . . . . . . 174 E4
Oaklands Gr EN10 . . . . 148 E7
Oaklands (Herts Coll of Agriculture & Horticulture) AL4 . . . . . 128 E4
Oaklands La Barnet EN5 . . 171 B5
St Albans AL4 . . . . 128 F5
Oaklands Pk CM23 . . . . 59 B2
Oaklands Rd Barnet EN7 . . 171 F2
Hammond Street EN7 . . . . 147 E5
Oaklands Rise AL6 . . . . 89 F7
Oaklands Sch AL6 . . . . 89 E7
Oaklawn HP23 . . . . 100 A3
Oaklea AL6 . . . . 89 E7
Oaklea Cl AL6 . . . . 89 E8
Oaklea Wood AL6 . . . . 89 E7
Oakleigh Dr WD3 . . . . 166 C3
Oakleigh Rd HA5 . . . . 175 F4
Oakley Cl LU4 . . . . 44 D4
Oakley Ct SG8 . . . . 7 D7
Oakley Rd Harpenden AL5 . 107 D7
Luton LU4 . . . . 44 E3
Oakmeade Barnet EN5 . . . . 171 D5
Pinner HA5 . . . . 176 A4
Oakmere Ave EN6 . . . . 159 C6
Oakmere Cl EN6 . . . . 159 D8
Oakmere La EN6 . . . . 159 C7
Oakmere Prim Sch EN6 . 159 D7
Oakridge AL2 . . . . 140 F2
Oakridge Ave WD7 . . . . . . 155 F6
Oakridge La WD2 . . . . 155 E5
Oakroyd Ave EN6 . . . . 158 F6
Oakroyd Cl EN6 . . . . 158 F6
Oaks Cl Hitchin SG4 . . . . 34 F5
Radlett WD7 . . . . 155 F4
Oaks Cross SG2 . . . . 51 B1
Oaks Ret Pk CM20 . . . . 117 F3
Oaks The
Berkhamsted HP4 . . . . 122 A4
Slip End LU1 . . . . 63 C1
Watford WD1 . . . . 167 C1
Oaktree Cl 14 CM23 . . . . 76 F7
Oaktree Garth AL7 . . . . . . 110 E5
Oakview Cl
Cheshunt EN7 . . . . 148 B3
Harpenden AL5 . . . . 106 F5
Oakway LU6 . . . . 82 B7
Oakwell Cl SG2 . . . . 69 D7
Oakwell Dr EN6 . . . . 160 B7
Oakwood EN9 . . . . 163 E5
Oakwood Ave WD6 . . . . 170 B5
Oakwood Cl SG2 . . . . 51 C2
Oakwood Dr Luton LU3 . . . . 44 C8
St Albans AL4 . . . . 128 C4
Oakwood Est CM20 . . . . . . 118 B4
Oakwood Prim Sch AL4 . . 128 C4
Oakwood Rd
Bricket Wood AL2 . . . . 140 F2
Pinner HA5 . . . . 175 B1
Oban Terr LU1 . . . . 63 B8
Oberon Cl WD6 . . . . 170 C8
Obrey Way CM23 . . . . 76 E3
Occupation Rd WD1 . . . . . . 167 B4
Octagan The SG12 . . . . 93 D2
Octavia Ct WD2 . . . . 167 C7
Oddy Hill Tring HP23 . . . . . 100 C3
Wigginton HP23 . . . . 100 C2
Odessey Rd WD6 . . . . 170 B8
Offa Rd AL3 . . . . 127 C3
Offas Way AL4 . . . . 108 D8
Offerton Ho WD1 . . . . 175 C7
Offley Cross SG5 . . . . 34 B5
Offley Endowed Prim Sch SG5 . . . . 33 C3
Offley Hill SG5 . . . . 33 C3
Offley Rd SG5 . . . . 34 D6
Ogard Rd EN11 . . . . 135 C8
Okeford Cl HP23 . . . . 99 F4
Okeford Dr HP23 . . . . 99 F4
Okeley La HP23 . . . . 99 E3
Old Bakery SG5 . . . . 34 E7
Old Barn La WD3 . . . . 165 F4
Old Bedford Rd Luton LU2 . . 45 E4
Luton, Warden Hill LU2 . . . . 45 D6
Old Bell Cl CM24 . . . . 59 D6
Old Bourne Way SG1 . . . . . 37 A3
Old Brewery Cl SG5 . . . . 11 F7
Old Brewery Pl SG4 . . . . . . 66 D1
Old Chantry La SG4 . . . . 35 F2
Old Charlton Rd SG5 . . . . . . 34 E6
Old Church La SG12 . . . . . . 93 E7
Old Coach Rd The SG14 . . 112 C4
Old Common The SG9 . . . . 43 B4
Old Crabtree La HP2 . . . . . 124 E2
Old Cross SG14 . . . . 113 C6
Old Dean HP3 . . . . 137 A4
Old Dr The AL8 . . . . 110 B5
Old Farm LU7 . . . . 80 D4
Old Fishery La
Hemel Hempstead HP1 . . . 123 F1
Hemel Hempstead HP1 . . . 137 F8
Old Fold Cl EN5 . . . . 171 F8
Old Fold La EN5 . . . . 171 F8
Old Fold View EN5 . . . . . . 171 C6
Old Forge Cl
Abbots Langley WD5 . . . . . 154 A6
Welwyn Garden City AL7 . . . 89 F2
Old Forge Rd EN1 . . . . 161 F1
Old French Horn La AL10 130 B6
Old Gannon Cl HA6 . . . . . . 174 C6
Old Garden Ct AL3 . . . . . . 127 C3
Old Hale Way SG5 . . . . 21 E2
Old Hall Cl HA5 . . . . 175 E2
Old Hall Dr HA5 . . . . 175 E2
Old Harpenden Rd AL3 . . 127 E6
Old Hat Factory The 1 LU2 . . . . 45 D1
Old Herns La AL7 . . . . 111 C8
Old Hertford Rd AL9 . . . . . 130 C7
Old Highway EN11 . . . . . . 135 C8
Old House Ct HP2 . . . . 124 F3
Old House La
Lower Nazeing EN9 . . . . . . 149 F8
Sarratt WD4 . . . . 152 F4
Old House Rd HP2 . . . . 124 F3
Old Knebworth La SG3,SG2 . . . . 68 D8
Old La SG3 . . . . 69 B5
Old Leys AL10 . . . . 130 A2
Old London Rd
Hertford SG13 . . . . 113 E6
St Albans AL1 . . . . 127 E2
Old Maltings The 2 CM23 . 77 A7
Old Maple HP2 . . . . 104 F1
Old Meadow Cl HP4 . . . . . 122 A2
Old Mill Gdns HP4 . . . . 122 D4
Old Mill La CM22 . . . . 98 B6
Old Mill Rd WD4 . . . . 153 C5
Old Nazeing Rd EN10 . . . . 135 C1
Old North Rd
Kneesworth SG8 . . . . 2 B4
Royston SG8 . . . . 7 C8
Old Oak AL1 . . . . 141 E8
Old Oak Cl SG15 . . . . 11 A8
Old Oak Gdns HP4 . . . . . . 121 E7
Old Oaks EN9 . . . . 163 E7
Old Orch Luton LU1 . . . . 63 D5
Park Street AL2 . . . . 141 D5
Old Orchard Cl EN4 . . . . . 159 D1
Old Orchard Mews HP4 . . 122 C3
Old Park Rd SG5 . . . . 34 E7
Old Parkbury La AL2 . . . . . 141 F1
Old Parkway Sch AL8 . . . 110 C5
Old Priory Pk AL1 . . . . 127 E2
Old Rd CM17 . . . . 118 D5
Old Rectory Cl AL5 . . . . 86 A2
Old Rectory Dr AL10 . . . . . 130 B5
Old Rectory Gdns AL4 . . . 108 D8
Old Redding HA3 . . . . 176 C6
Old River La CM23 . . . . 76 F7
Old School Cl SG4 . . . . 67 F1
Old School Gn SG2 . . . . 52 E5
Old School Orch SG14 . . . . 70 E3
Old School Wlk
Arlesey SG15 . . . . 11 A4
Slip End LU1 . . . . 63 C1
Old Shire La
Chalfont St Peter WD3 . . . 172 B6
Chorleywood WD3 . . . . 164 A2
Old Sopwell Gdns AL1 . . . 127 E1
Old Uxbridge Rd WD3 . . . . 172 E3
Old Vicarage Gdns AL3 . . . 83 D6
Old Walled Garden The SG1 . . . . 36 C1
Old Watford Rd AL2 . . . . . 140 E2
Old Watling St AL3 . . . . 84 B3
Old's App WD1 . . . . 166 C1
Old's Cl WD1 . . . . 166 B1
Olden Mead SG6 . . . . 23 B3
Oldfield Cl EN8 . . . . 148 E3
Oldfield Ct AL1 . . . . 127 E3
Oldfield Dr EN8 . . . . 148 E3
Oldfield Farm Rd
Henlow SG16 . . . . 10 B4
Henlow SG16 . . . . 10 C4
Oldfield Rd
Hemel Hempstead HP1 . . . 123 E2
London Colney AL2 . . . . . . 142 D6
Oldfield Rise SG4 . . . . 66 E7
Oldhall Ct SG4 . . . . 66 E7
Oldhall St SG14 . . . . 113 D6
Oldhouse Croft CM20 . . . . 117 E2
Oldings Cnr AL9 . . . . 110 B1
Oldpark Ride EN7 . . . . 161 D7
Oldwood AL6 . . . . 89 D7
Olive Taylor Ct HP2 . . . . . . 124 F7
Oliver Cl
Hemel Hempstead HP3 . . . 138 E7
Park Street AL2 . . . . 141 D4
Oliver Ct SG12 . . . . 92 E4
Oliver Rd HP3 . . . . 138 F7
Oliver Rise HP3 . . . . 138 E7
Oliver's La SG5 . . . . 11 F7
Olivers Cl HP4 . . . . 123 C7
Olivia Gdns UB9 . . . . 173 C2
Olleberrie La WD3 . . . . 151 D7
Olwen Mews HA5 . . . . 175 D1
Olyard Ct LU1 . . . . 63 B6
Olympus Rd SG16 . . . . 10 B4
Omega Ct 4 SG12 . . . . 93 D1
Omega Maltings 2 SG12 . . 93 E1
On-The-Hill WD1 . . . . 175 E8
Onslow Cl AL10 . . . . 130 B5
Onslow Rd LU4 . . . . 44 D5
Onslow St Audrey's Sch AL10 . . . . 130 B5
Opening The SG4 . . . . 88 F8
Openshaw Way SG6 . . . . . . 23 A6
Oram Pl HP3 . . . . 138 D8
Orbital Cres WD2 . . . . 153 F4
Orchard Ave
Berkhamsted HP4 . . . . 122 A4
Harpenden AL5 . . . . 85 F1
Watford WD2 . . . . 154 B8
Orchard Cl
Borehamwood WD6 . . . . . . 169 F6
Bushey WD2 . . . . 168 D1
Chorleywood WD3 . . . . 164 D5
Cuffley EN6 . . . . 146 E3
Hemel Hempstead HP2 . . . . 124 F5
Kneesworth SG8 . . . . 2 A5
Letchworth SG6 . . . . 22 F8
Little Berkhamsted SG13 . . . 132 C4
Radlett WD7 . . . . 155 E3
St Albans AL1 . . . . 127 F2
St Ippolyts SG4 . . . . 34 F3
Stanstead Abbotts SG12 . . . 115 C4
Ware SG12 . . . . 93 D2
Watford WD1 . . . . 166 F7
Wingrave HP22 . . . . 60 B3
Orchard Cres SG1 . . . . 50 C7
Orchard Croft CM20 . . . . . 118 A2
Orchard Ct HP9 . . . . 137 A4
Orchard Dr
Chiswellgreen AL2 . . . . 141 B5
Chorleywood WD3 . . . . 164 D5
Watford WD1 . . . . 166 F8
Orchard Gdns EN9 . . . . . . 163 C5
Orchard House La AL1 . . . 127 D2
Orchard Lea CM21 . . . . 97 C1
Orchard Mead AL10 . . . . . 129 F5
Orchard On The Green The WD3 . . . . 165 F4
Orchard Prim Sch WD2 . . 153 F3
Orchard Rd Baldock SG7 . . . 12 E1
Barnet EN5 . . . . 171 F5
Bishop's Stortford CM23 . . . . 59 B1
Hitchin SG4 . . . . 22 B1
Royston SG8 . . . . 7 B7
Stevenage SG1 . . . . 50 C7
Tewin AL6 . . . . 90 C5
Welwyn AL6 . . . . 89 C5
Orchard Sq EN10 . . . . 148 F7
Orchard St
Hemel Hempstead HP3 . . . 138 D8
St Albans AL3 . . . . 127 C2
Orchard The Baldock SG7 . . . 23 F8
Codicote SG4 . . . . 67 F1
Hertford SG14 . . . . 92 C1
Kings Langley WD4 . . . . . . 139 A2
Tonwell SG12 . . . . 92 E7
Welwyn Garden City AL8 . . . 110 D8
Orchard Way
Bovingdon HP3 . . . . 137 A3
Breachwood Green SG4 . . . . 47 E1
Brookmans Park EN6 . . . . . 145 B2
Goff's Oak EN7 . . . . 147 B3
Knebworth SG3 . . . . 68 E5
Letchworth SG6 . . . . 22 F8
Lower Stondon SG16 . . . . . . 10 B3
Luton LU4 . . . . 44 C4
Pitstone LU7 . . . . 80 E5
Rickmansworth WD3 . . . . . 165 A2
Royston SG8 . . . . 7 C8
Orchards The
Sawbridgeworth CM21 . . . . . 97 E3
Slip End LU1 . . . . 63 C2
Tring HP23 . . . . 99 F3
Orchid Ho AL1 . . . . 127 F3
Ordelmere SG6 . . . . 11 F1
Ordnance Rd EN3 . . . . 162 E2
Oregon Way LU3 . . . . 45 A8
Organ Hall Rd WD6 . . . . . . 169 E8
Orient Cl AL1 . . . . 127 E1
Orient Ctr The WD2 . . . . . 154 D2
Oriole Cl WD5 . . . . 154 A8
Oriole Way CM23 . . . . 76 C6
Orion Way HA6 . . . . 175 A6
Orkney Ho WD1 . . . . 166 F3
Orlando Cl SG4 . . . . 35 A6
Ormesby Dr EN6 . . . . 158 D7
Ormonde Rd HA6 . . . . 174 D6
Ormsby Cl LU1 . . . . 63 E5
Ormskirk Rd WD1 . . . . 175 D5
Oronsay HP3 . . . . 125 B1
Orphanage Rd WD1 . . . . . 167 C7
Orpington Cl LU4 . . . . 44 A3
Orton Cl AL4 . . . . 128 A7
Orwell Ct 5 WD2 . . . . 167 D7
Orwell View SG7 . . . . 13 B1
Osborn Way AL8 . . . . 110 D6
Osborne Ct 8 LU1 . . . . 63 F6
Osborne Gdns EN6 . . . . . . 145 B1
Osborne Rd Cheshunt EN8 . 148 E4
Hoddesdon EN10 . . . . 135 A4
Luton LU1 . . . . 63 F6
Potters Bar EN6 . . . . 145 B1
Watford WD2 . . . . 154 C1
Osborne Way HP23 . . . . . . 100 D1
Osbourne Ave WD4 . . . . . . 138 F3
Osbourne Gdns 5 CM23 . . . 76 E5
Osmington Pl HP23 . . . . 99 F4
Osprey Cl WD2 . . . . 154 E5
Osprey Gdns SG2 . . . . 51 D2
Osprey Ho 3 SG12 . . . . 93 C3
Osprey Wlk LU4 . . . . 44 A5
Oster St AL3 . . . . 127 C4
Osterley Cl SG2 . . . . 69 C7
Ostler Cl CM23 . . . . 76 C4
Oswald Rd AL1 . . . . 127 E2
Otley Way WD1 . . . . 175 C7
Otter Gdns AL10 . . . . 130 B4
Otterspool La WD2 . . . . . . 154 E1
Otterspool Way WD2 . . . . 154 F1
Otterton Cl AL5 . . . . 85 F3
Ottoman Terr WD1 . . . . . . 167 C6
Ottway Wlk AL6 . . . . 89 C4
Otway Gdns WD2 . . . . 168 E2
Otways Cl EN6 . . . . 159 B6
Oudle La SG10 . . . . 74 F2
Oughton Cl SG5 . . . . 34 C8
Oughton Head Way SG5 . . 34 D8
Oughtonhead Jun & Inf Schs SG5 . . . . 21 C1
Oughtonhead Jun Sch SG5 . . . . 34 C8
Oughtonhead La SG5 . . . . . 34 C8
Oulton Cres EN6 . . . . 158 D7
Oulton Rise AL5 . . . . 86 C3
Oulton Way WD1 . . . . 175 F6
Oundle Ave WD2 . . . . 168 C3
Oundle Ct SG2 . . . . 69 C8
Oundle Path SG2 . . . . 69 C8
Oundle The SG2 . . . . 69 C8
Our Lady's Jun Mix Inf Sch AL7 . . . . 110 E4
Our Lady's RC Jun Mix Inf Sch SG5 . . . . 21 E2
Ousden Cl EN8 . . . . 148 E1
Ousden Dr EN8 . . . . 148 E1
Ouseley Cl LU4 . . . . 44 D3
Oval The Cheshunt EN10 . . 148 E7
Henlow SG16 . . . . 10 C3
Stevenage SG1 . . . . 37 A1
Overfield Rd LU2 . . . . 46 C1
Overlord Cl EN10 . . . . 134 E3
Overstone Rd
Harpenden AL5 . . . . 86 C1
Luton LU4 . . . . 44 D1
Overstream WD3 . . . . 165 B5
Overtrees AL5 . . . . 85 F3
Oving Cl LU2 . . . . 46 D2
Owen Dr SG8 . . . . 2 D1
Owen Jones Cl SG16 . . . . . . 10 C5
Owens Way WD3 . . . . 166 A5
Owles La SG9 . . . . 41 A6
Ox La AL5 . . . . 86 B3
Oxcroft CM23 . . . . 76 F3
Oxen Rd LU2 . . . . 45 F1
Oxendon Dr EN11 . . . . 135 A5
Oxfield Cl HP4 . . . . 122 A3
Oxford Ave AL1 . . . . 128 C2
Oxford Cl Cheshunt EN8 . . . 148 D2
Kneesworth SG8 . . . . 2 A7
Moor Park HA6 . . . . 174 D6
Oxford Rd
Breachwood Green SG4 . . . . . 47 E1
2 Luton LU1 . . . . 63 E6
Oxford St WD1 . . . . 167 B4
Oxhey Ave WD1 . . . . 167 D2
Oxhey Dr WD1 . . . . 175 B7
Oxhey Inf Sch WD2 . . . . . . 167 E4
Oxhey La Pinner HA5 . . . . . 176 A5
South Oxhey WD1 . . . . 175 F7
Watford WD1 . . . . 167 D2
Oxhey Rd WD1 . . . . 167 D2
Oxhey Ridge Cl HA6 . . . . . 175 B5
Oxhey Wood Prim Sch WD1 . . . . 175 C7
Oxlease Dr AL10 . . . . 130 B4
Oxleys Rd SG2 . . . . 51 B3
Oxleys The CM17 . . . . 118 E4
Oysterfields AL3 . . . . 127 C4

P

Pacatian Way SG1 . . . . 51 C8
Packhorse Cl AL4 . . . . 128 C6
Packhorse La EN6 . . . . 157 D8
Paddick Cl EN11 . . . . 134 F7
Paddock Cl Hunsdon SG12 . 95 D1
Letchworth SG6 . . . . 23 A5
Watford WD1 . . . . 167 E3
Paddock Ho AL7 . . . . 111 B6
Paddock Rd SG9 . . . . 40 E8
Paddock The
Bishop's Stortford CM23 . . . . 76 D3
Hatfield AL10 . . . . 130 A6
Hitchin SG4 . . . . 35 A5
Hoddesdon EN10 . . . . 135 A3
Paddock Wood AL5 . . . . . . 107 E7
Paddocks Cl SG2 . . . . 51 B4
Paddocks The
Chorleywood WD3 . . . . 164 F5
Codicote SG4 . . . . 68 A1
Hertford Heath SG13 . . . . . 114 B3
Kimpton AL4 . . . . 87 B6
Stevenage SG2 . . . . 51 B3
Welwyn Garden City AL7 . . . 111 B7
Padgate Ho WD1 . . . . 175 C7
Page Cl SG7 . . . . 23 F6
Page Hill SG12 . . . . 93 C2
Page Rd SG13 . . . . 114 A6
Pageant Rd AL1 . . . . 127 D2
Pages Cl CM23 . . . . 76 D5
Pages Croft HP4 . . . . 122 A6
Paget Cotts SG12 . . . . 71 F7
Paignton Cl LU4 . . . . 44 D4
Paine's La HA5 . . . . 175 E1
Paines Orch LU7 . . . . 80 A8
Painters La EN3 . . . . 162 E4
Palace Cl WD4 . . . . 139 A1
Palace Gdns
Bishop's Stortford CM23 . . . . 76 E5
Royston SG8 . . . . 7 C6
Palfrey Cl AL3 . . . . 127 D5
Pallas Rd HP2 . . . . 124 F5
Palmer Ave WD2 . . . . 168 B4
Palmer Cl SG14 . . . . 113 C8
Palmer Ct SG12 . . . . 92 E4
Palmer Gdns EN5 . . . . 171 D4
Palmer Rd SG14 . . . . 113 D8
Palmers Gr EN9 . . . . 135 F1
Palmers La 8 CM23 . . . . 76 F7
Palmers Rd WD6 . . . . 170 B8
Palmers Way EN8 . . . . 148 E2
Palmerston Cl AL8 . . . . 110 C6
Palmerston Ct SG2 . . . . 51 B7
Pamela Ave HP3 . . . . 138 F8
Pams La SG4 . . . . 66 D1
Pancake La HP2 . . . . 125 D2
Pankhurst Cres SG2 . . . . . . 51 C5
Pankhurst Pl WD2 . . . . 167 C6
Panshanger Dr AL7 . . . . . . 111 C6
Panshanger Prim Sch AL7 . . . . 111 A7
Pantiles The WD2 . . . . 168 D1
Panxworth Rd 1 HP3 . . . 124 D1
Paper Mill La SG11 . . . . 55 E1
Parade The Hatfield AL10 . 130 C7
Letchworth SG6 . . . . 11 F1
Luton LU3 . . . . 44 C7
South Oxhey WD1 . . . . 175 D7
South Oxhey, Carpenders Park WD1 . . . . . 175 E7
Watford WD1 . . . . 167 B6
Paradise HP2 . . . . 124 D2
Paradise Cl EN7 . . . . 148 B3
Paradise Rd EN9 . . . . 163 C5
Paradise Wildlife Park EN10 . . . . 133 F2
Paramount Ind Est WD2 . 154 C1
Parish Cl WD2 . . . . 154 C5
Parishes Mead SG2 . . . . 51 D4
Park Ave
Bishop's Stortford CM23 . . . . 76 F3
Bushey WD2 . . . . 167 E7
Luton LU3 . . . . 44 C7
Potters Bar EN6 . . . . 159 D6
Radlett WD7 . . . . 156 B6
Rickmansworth WD3 . . . . . 165 A5
St Albans AL1 . . . . 128 A4
Watford WD1 . . . . 167 A5
Park Ave N AL5 . . . . 85 F1
Park Ave S AL5 . . . . 85 F1
Park Avenue Trad Est LU3 . . . . 44 C7
Park Cl Baldock SG7 . . . . 23 F7
Brookmans Park AL9 . . . . . . 145 A5
Bushey WD2 . . . . 167 D6
Harrow HA3 . . . . 176 E2
Hatfield AL9 . . . . 130 C6
Markyate AL3 . . . . 83 D5
Rickmansworth WD3 . . . . . 174 B6
Stevenage SG2 . . . . 51 B1
Park Cres Baldock SG7 . . . . 23 E7
Borehamwood WD6 . . . . . . 169 F6
Harrow HA3 . . . . 176 E2
Park Ct Harlow CM20 . . . . . 117 D2
Letchworth SG6 . . . . 23 A6
Luton LU2 . . . . 45 D1
Park Dr Baldock SG7 . . . . . . 23 E7
Potters Bar EN6 . . . . 159 B8
Standon SG11 . . . . 55 D3
Stanmore HA3 . . . . 176 E4
Park Farm Cl SG16 . . . . 10 D8
Park Farm Ind Est
Buntingford SG9 . . . . 40 D8
Nuthampstead SG8 . . . . 18 C2
Park Farm Ind Pk SG8 . . . . 18 F2
Park Farm La SG8 . . . . 18 C2
Park Gate SG4 . . . . 34 F6
Park Gdns SG7 . . . . 23 E7
Park Hill Harlow CM17 . . . . 118 B4
Harpenden AL5 . . . . 85 F2
Park Hill Rd HP1 . . . . 124 B3
Park Ho Berkhamsted HP4 . 122 B5
Welwyn Garden City AL8 . . 110 D7
Park Ind Est AL2 . . . . 141 E4
Park La
Bishop's Stortford CM23 . . . . 76 F4
Cheshunt EN7 . . . . 162 D6
Colney Heath AL4 . . . . 129 C1
Hammond Street EN7 . . . . . 148 A4
Harefield UB9 . . . . 173 B2
Harlow CM20 . . . . 117 D2
Hemel Hempstead HP2 . . . . 124 D2
Hoddesdon EN10 . . . . 134 F3
Kimpton SG4 . . . . 66 C1
Knebworth SG3 . . . . 68 D5
Standon SG11 . . . . 55 D3
Park Lane Paradise EN7 . 148 A6
Park Lodge WD2 . . . . 154 D5
Park Mansions HA6 . . . . . . 174 C7
Park Mdw AL9 . . . . 130 C6
Park Mead CM20 . . . . 117 B1
Park Mews AL9 . . . . 130 C6
Park Mount AL5 . . . . 85 F3
Park Nook Gdns EN2 . . . . 161 D2
Park Pl Harefield UB9 . . . . 173 C2
Park Street AL2 . . . . 141 D4
Stevenage SG1 . . . . 50 D5
Park Place Chambers SG1 . . . . 50 D5
Park Rd Barnet EN5 . . . . . . 171 F5
Bushey WD2 . . . . 168 A3
Cheshunt EN8 . . . . 162 D6
Enfield EN3 . . . . 162 E3
Hemel Hempstead HP1 . . . . 124 C1
Hertford SG13 . . . . 113 E6
Hoddesdon EN11 . . . . 135 A6
Northaw EN6 . . . . 146 A1
Radlett WD7 . . . . 156 A4

Par–Por 201

Park Rd *continued*
Rickmansworth WD3 . . . . . .165 E2
Stansted Mountfitchet CM24 .59 E6
Tring HP23 . . . . .100 A3
Ware SG12 . . . . .93 B2
Watford WD1 . . . . .167 B8
Park Rise
Berkhamsted HP4 . . . . .121 E6
Harpenden AL5 . . . . .85 E3
Harrow HA3 . . . . .176 E2
Park Rise Cl AL5 . . . . .85 E3
Park Sq LU1 . . . . .63 E7
Park St Baldock SG7 . . . . . . .23 E8
Berkhamsted HP4 . . . . .122 B5
Hatfield AL9 . . . . .130 C6
Hitchin SG4 . . . . .34 E6
Luton LU1 . . . . .63 F6
Park Street AL2 . . . . .141 D5
Tring HP23 . . . . .100 A3
Park St W LU1 . . . . .63 E7
Park Street La AL2 . . . . . .141 C3
Park Street Sch AL2 . . . . .141 D4
Park Terr Enfield EN3 . . . . .162 E1
2 Luton LU1 . . . . .63 F6
Much Hadham SG10 . . . . .74 F3
Park The Redbourn AL3 . . . .106 B5
St Albans AL1 . . . . .128 A5
Park Viaduct LU1 . . . . .63 F6
Park View
Great Hormead SG9 . . . . . . .42 A7
Hatfield AL9 . . . . .130 C7
Hoddesdon EN11 . . . . .135 A5
Pinner HA5 . . . . .175 F2
Potters Bar EN6 . . . . .159 C6
Stevenage SG2 . . . . .51 B1
Park View Cl Luton LU3 . . . .44 D6
St Albans AL1 . . . . .128 A2
Park View Ct HP4 . . . . . . .122 B4
Park View Dr AL3 . . . . .83 D6
Park View Rd
Berkhamsted HP4 . . . . .122 B4
Pinner HA5 . . . . .175 B3
Park Way Hitchin SG5 . . . . . . .34 E6
Rickmansworth WD3 . . . . . .165 C1
Parker Ave SG14 . . . . .113 D8
Parker Cl SG6 . . . . .22 E4
Parker St WD2 . . . . .167 B8
Parker's Field SG2 . . . . . . .51 C4
Parkfield
Chorleywood WD3 . . . . .164 F5
Letchworth SG6 . . . . .23 D4
Parkfield Ave HA2 . . . . . . .176 C1
Parkfield Cres
Harrow HA2 . . . . .176 C1
Kimpton SG4 . . . . .66 D1
Parkfield Ho HA2 . . . . .176 B2
Parkfield Rd AL3 . . . . .83 D5
Parkfields AL8 . . . . .110 D6
Parkgate Inf Sch WD2 . . .154 C2
Parkgate Jun Sch WD2 . .154 C2
Parkgate Rd WD2 . . . . . . .154 C2
Parkhurst Rd SG14 . . . . . .113 C7
Parkinson Cl AL4 . . . . .108 D8
Parkland Cl EN11 . . . . . . .115 B1
Parkland Dr LU1 . . . . .63 D5
Parklands Bushey WD2 . . .168 C3
Hemel Hempstead HP1 . . . .123 F5
Royston SG8 . . . . .7 E6
Waltham Abbey EN9 . . . . . .163 D7
Parklands Cl EN4 . . . . . . .159 D1
Parklands Dr AL3 . . . . . . .127 A2
Parkmead 6 LU1 . . . . .63 F6
Parkside
Potters Bar EN6 . . . . .159 C7
Watford WD1 . . . . .167 C3
Welwyn AL6 . . . . .89 C5
Wyddial SG9 . . . . .27 D2
Parkside Comm Sch
WD6 . . . . .156 F1
Parkside Ct EN7 . . . . .148 B3
Parkside Dr WD1 . . . . .166 F7
Parkside Rd HA6 . . . . .174 F5
Parkview Ho WD1 . . . . . . .167 D3
Parkway
Sawbridgeworth CM21 . . . . . .97 F1
Stevenage SG2 . . . . .51 A1
Welwyn Garden City AL8 . . .110 C6
Parkway Cl AL8 . . . . .110 C6
Parkway Ct AL1 . . . . .142 B8
Parkway Gdns AL8 . . . . . .110 D5
Parkwood Cl EN10 . . . . . . .134 F4
Parkwood Dr HP1 . . . . . . .123 F3
Parliament Sq SG14 . . . . .113 D6
Parmiter's Sch WD2 . . . . .154 C8
Parndon Mill La CM20 . . . .117 B3
Parnel Rd SG12 . . . . .93 F2
Parnell Cl HA8 . . . . .139 F1
Parr Cres HP2 . . . . .125 B8
Parrott's La HP23 . . . . . . .120 A4
Parrotts Cl WD3 . . . . .166 A4
Parrotts Field EN11 . . . . .135 B7
Parson's Cl AL3 . . . . .84 B1
Parsonage Cl
Abbots Langley WD5 . . . . . .139 E1
Tring HP23 . . . . .100 A4
Parsonage Farm
Rickmansworth WD3 . . . . . .165 C2
Wingrave HP22 . . . . .60 B3
Parsonage Farm Trad Est
CM24 . . . . .59 F3
Parsonage La Albury SG11 .57 A6
Bishop's Stortford CM23 . . . .77 C8
Spellbrook CM21 . . . . .97 D6
Stansted Mountfitchet CM24 .59 F4
Welham Green AL9 . . . . . . .144 B8
Parsonage Pl HP23 . . . . . .100 A3
Parsonage Rd
Rickmansworth WD3 . . . . . .165 D2

Parsonage Rd *continued*
Welham Green AL9 . . . . . . .144 B8
Parsons Green Est SG1 . . .37 C2
Parthia Cl SG8 . . . . .7 E6
Partridge Cl Barnet EN5 . .171 C3
Bushey WD2 . . . . .168 C1
Luton LU4 . . . . .44 A5
Partridge Hill SG7 . . . . .4 C3
Partridge Rd AL3 . . . . .127 D7
Parva Cl AL5 . . . . .107 D6
Parvills EN9 . . . . .163 D7
Parys Rd LU3 . . . . .45 B6
Pascal Way SG6 . . . . .23 B8
Pasfield EN9 . . . . .163 D6
Passfield Cotts SG11 . . . . . .72 F1
Passingham Ave SG4 . . . . .35 A6
Paston Rd HP2 . . . . .124 E5
Pasture Cl WD2 . . . . .168 C2
Pasture La SG4 . . . . .65 E8
Pasture Rd SG6 . . . . .22 E3
Pastures Ct LU4 . . . . .44 A3
Pastures The Barnet N20 . .171 F1
Chiswellgreen AL2 . . . . . . .141 A7
Hatfield AL10 . . . . .130 B4
Hemel Hempstead HP1 . . . .123 E4
Stevenage SG2 . . . . .51 D8
Ware SG12 . . . . .93 C3
Watford WD1 . . . . .167 C2
Welwyn Garden City AL7 . . .111 B4
Pastures Way LU4 . . . . .44 A4
Pat Larner Ho AL1 . . . . . . .127 D2
Paternoster Cl EN9 . . . . . .163 F6
Paternoster Hill EN9 . . . . .163 F7
Pathway The Radlett WD7 .155 F3
Watford WD1 . . . . .167 D1
Patmore Cl CM23 . . . . .76 C8
Patmore Heath (Nature Reserve) SG11 . . . . .57 D8
Patmore Link Rd HP2 . . .125 C2
Patmore Rd EN9 . . . . .163 E5
Patricia Gdns CM23 . . . . . .76 E5
Patrick Gr EN9 . . . . .163 B6
Paul's Gn EN8 . . . . .162 E6
Pauls La EN11 . . . . .135 A6
Paxton Rd
Berkhamsted HP4 . . . . .122 D4
St Albans AL1 . . . . .127 E2
Payne End SG9 . . . . .15 B1
Payne's Pk SG5 . . . . .34 E7
Paynes Cl SG6 . . . . .12 A1
Paynes La EN9 . . . . .149 C7
Paynesfield Rd WD2 . . . . .168 F2
Pea La HP4 . . . . .121 D7
Peabody Ct EN3 . . . . .163 A2
Peace Cl EN7 . . . . .148 B2
Peace Dr WD1 . . . . .167 A6
Peace Gr AL6 . . . . .90 A7
Peace Prospect WD1 . . . .167 A6
Peach Ct LU1 . . . . .63 F6
Peacock Wlk WD5 . . . . . . .154 A8
Peacocks Cl HP4 . . . . .121 F6
Peakes La EN7 . . . . .147 F4
Peakes Pl AL1 . . . . .127 F3
Peakes Way EN7 . . . . .147 F4
Pear Tree Cl SG16 . . . . .10 B3
Pear Tree Dell SG6 . . . . . . .23 B3
Pear Tree Wlk EN7 . . . . . .147 E5
Pearl Ct EN11 . . . . .135 A6
Pearman Dr SG12 . . . . .71 E7
Pearsall Cl SG6 . . . . .23 B5
Pearson Ave SG13 . . . . . . .113 C4
Pearson Cl SG13 . . . . .113 C4
Peartree Cl
Hemel Hempstead HP1 . . . .124 A4
Welwyn Garden City AL7 . . .110 E6
Peartree Ct Watford WD2 .154 D3
Welwyn Garden City AL7 . . .110 E5
Peartree Farm AL7 . . . . . .110 E6
Peartree La AL7 . . . . .110 E6
Peartree Prim Sch AL7 . . .110 E5
Peartree Rd
Hemel Hempstead HP1 . . . .124 A4
Luton LU2 . . . . .46 C4
Peartree Spring Inf Sch
SG2 . . . . .51 B3
Peartree Spring Jun Sch
SG2 . . . . .51 B3
Peartree Way SG2 . . . . .51 A3
Peascroft Rd HP3 . . . . . . .125 B1
Peasecroft SG9 . . . . .39 C7
Peasmead SG9 . . . . .40 E6
Pebbles The SG7 . . . . .12 C4
Peck's Hill EN9 . . . . .135 E2
Peckworth Ind Est SG16 . . .10 A4
Pedlars La SG8 . . . . .15 E7
Pedley Hill HP4,LU6 . . . . . .82 C1
Peel Cres SG14 . . . . .113 C8
Peel Pl 7 LU1 . . . . .63 D7
Peel St 6 LU1 . . . . .63 D7
Peerglow Ctr SG12 . . . . . . .114 E8
Peerglow Ind Est WD1 . . .166 B1
Peg's La SG13 . . . . .113 D5
Pegmire La WD2 . . . . .168 C8
Pegs La SG12 . . . . .95 D5
Pegsdon Cl LU3 . . . . .45 B7
Pegsdon Way SG5 . . . . .19 E1
Pelham Ct
Hemel Hempstead HP2 . . . .125 C3
Welwyn Garden City AL7 . . .111 C5
Pelham Rd SG11 . . . . .55 F7
Pelhams The WD2 . . . . . . .154 D4
Pelican Way SG6 . . . . .11 F1
Pemberton Cl AL1 . . . . . . .141 D8
Pembridge Chase HP3 . . .137 A3
Pembridge La EN10 . . . . . .133 E2
Pembridge Rd HP3 . . . . . .137 A3
Pembroke Ave
Enfield EN1 . . . . .162 B1

Pembroke Ave *continued*
Luton LU4 . . . . .44 F3
Pembroke Cl EN10 . . . . . .148 E8
Pembroke Dr EN7 . . . . . . .147 B2
Pembroke Rd Baldock SG7 .23 F8
Moor Park HA6 . . . . .174 C7
Pemsel Ct HP3 . . . . .124 E1
Penda Cl LU3 . . . . .44 F7
Pendennis Ct AL5 . . . . . . .107 D7
Penfold Cl SG7 . . . . .24 A7
Penfold Trad Est WD2 . . .167 C8
Pengelly Cl EN7 . . . . .148 B1
Penhill LU3 . . . . .44 E6
Penhill Ct LU3 . . . . .44 E6
Penman Cl AL2 . . . . .141 A4
Penn Cl WD3 . . . . .164 D3
Penn Ho Moor Park HA6 . . .174 C7
South Oxhey WD1 . . . . .175 C7
Penn Pl WD3 . . . . .165 D2
Penn Rd
Chiswellgreen AL2 . . . . . . .141 C4
Rickmansworth WD3 . . . . . .165 A1
Stevenage SG1 . . . . .50 E4
Penn Way
Chorleywood WD3 . . . . .164 D3
Letchworth SG6 . . . . .23 B3
Pennard Ho WD1 . . . . .175 D7
Penne Cl WD7 . . . . .156 A5
Pennine Ave LU3 . . . . .44 D8
Pennine Way HP2 . . . . . . .125 A7
Penningtons CM23 . . . . . . .76 C5
Penny Croft AL5 . . . . .107 A4
Penny Ct WD1 . . . . .167 B7
Pennyfathers La AL6 . . . . . .90 B4
Pennymead CM20 . . . . .118 A1
Penrose Ave WD1 . . . . . . .175 E8
Penrose Ct HP2 . . . . .124 E7
Penscroft Gdns WD6 . . . .170 D5
Penshurst CM17 . . . . .118 C3
Penshurst Cl AL5 . . . . .85 D4
Penshurst Rd EN6 . . . . . . .159 D7
Pentland HP2 . . . . .124 F6
Pentland Rd WD2 . . . . . . .168 C3
Pentley Cl AL8 . . . . .89 D1
Penton Dr EN8 . . . . .148 D2
Pentrich Ave EN1 . . . . . . .162 A1
Penzance Cl UB9 . . . . .173 D1
Peplins Cl AL9 . . . . .144 E5
Peplins Way AL9 . . . . .144 E5
Peppard Cl AL3 . . . . .106 A6
Pepper Ct SG7 . . . . .23 F8
Pepper Hill SG12 . . . . .114 F4
Peppercorn Wlk SG4 . . . . . .35 B7
Peppett's Gn HP5 . . . . . . .120 D1
Pepsal End SG2 . . . . .69 B8
Pepsal End Rd LU1 . . . . . . .84 C7
Pepys Cres EN5 . . . . .171 C4
Pepys Way SG7 . . . . .23 E8
Percheron Dr LU4 . . . . .44 A3
Percheron Rd WD6 . . . . . .170 D3
Percival Ct EN8 . . . . .148 E1
Percival Way LU2 . . . . .64 C7
Percy Rd WD1 . . . . .167 B5
Peregrine Cl
Bishop's Stortford CM23 . . . .76 D6
Watford WD2 . . . . .154 E5
Peregrine Ho 1 SG12 . . . . . .93 C3
Peregrine Rd LU4 . . . . .44 A4
Perham Way AL2 . . . . .142 D6
Perivale Gdns WD2 . . . . .154 B5
Periwinkle Cl SG8 . . . . .17 C5
Periwinkle La SG5 . . . . .21 F1
Permain Cl WD7 . . . . .156 E6
Perowne Way SG11 . . . . . . .55 E3
Perram Cl EN10 . . . . .148 E5
Perriors Cl EN7 . . . . .148 A4
Perry Dr SG8 . . . . .7 E7
Perry Gn HP2 . . . . .105 A1
Perry Hill EN9 . . . . .149 F8
Perry Mead WD2 . . . . .168 C3
Perrymead LU2 . . . . .46 F2
Perrysfield Rd EN8 . . . . . .148 E5
Perrywood AL8 . . . . .110 D8
Perrywood La SG14 . . . . . . .91 B7
Pescot Hill HP1 . . . . .124 B5
Petard Cl LU4 . . . . .44 A2
Peter Kirk Sch CM24 . . . . . .59 F6
Peter's Pl HP4 . . . . .121 E6
Peterlee Ct 2 HP2 . . . . . . .124 F7
Peters Ave AL2 . . . . .142 C5
Peters Way SG3 . . . . .68 F6
Peters Wood Hill SG12 . . . .114 E7
Petersfield AL3 . . . . .127 E7
Pettys Cl EN8 . . . . .148 D3
Petunia Ct LU3 . . . . .45 C1
Petworth Cl SG2 . . . . .69 C7
Pevensey Cl LU2 . . . . .46 D4
Pewterers Ave CM23 . . . . .76 C4
Pheasant Cl
Berkhamsted HP4 . . . . .122 C3
Tring HP23 . . . . .100 B6
Pheasants Way WD3 . . . . .165 B2
Phillimore Ct WD7 . . . . . .155 E3
Phillimore Pl WD7 . . . . . .155 E3
Phillipers WD2 . . . . .154 E4
Phillips Ave SG8 . . . . .7 C8
Phipps Hatch La EN2 . . . . .161 C1
Phoenix Cl HA6 . . . . .174 F6
Phoenix Ct EN3 . . . . .162 C1
Phyllis Courtnage Ho
HP2 . . . . .124 D5
Piccotts End HP1 . . . . .124 C6
Piccotts End La HP2 . . . . .124 D7
Piccotts End Rd HP1 . . . . .124 B7
Pick Hill EN9 . . . . .163 F7
Pickets Cl WD2 . . . . .168 E1
Picketts AL8 . . . . .89 D1
Pickford Hill AL5 . . . . .86 C3

Pickford Rd AL3 . . . . .83 C3
Picknage Cnr SG8 . . . . .9 A2
Picknage Rd SG8 . . . . .9 A2
Pie Cnr AL3 . . . . .84 B1
Pie Gdn AL3 . . . . .84 C1
Pierian Spring HP1 . . . . . .124 B5
Pietley Hill AL3 . . . . .84 A1
Pig La CM22 . . . . .77 A3
Pigeonwick AL5 . . . . .86 B3
Piggotts La LU4 . . . . .44 D4
Piggotts Way CM23 . . . . . . .76 E5
Piggottshill La AL5 . . . . . .107 D8
Pightle Cl SG8 . . . . .7 D7
Pike End SG1 . . . . .50 D6
Pilgrim Cl
Chiswellgreen AL2 . . . . . . .141 C4
Watford WD2 . . . . .154 D6
Pilgrims Row SG9 . . . . .40 F3
Pilgrims Way SG1 . . . . .37 B2
Piltdown Rd WD1 . . . . . . .175 D6
Pin Green Ind Est SG1 . . . .37 C2
Pin Green Jun Mix Inf Sch SG1 . . . . .50 F6
Pinchfield WD3 . . . . .172 D5
Pindar Rd EN11 . . . . .135 C7
Pine Cl Berkhamsted HP4 . .122 B4
Cheshunt EN8 . . . . .148 D3
Northwood HA6 . . . . .174 E4
Pine Crest AL6 . . . . .89 E8
Pine Gr Barnet N20 . . . . . . .171 F1
Bishop's Stortford CM23 . . . .77 B6
Bricket Wood AL2 . . . . .140 F1
Brookmans Park AL9 . . . . . .145 B6
Bushey WD2 . . . . .167 F8
Pine Ridge AL1 . . . . .142 A8
Pine Tree Cl HP2 . . . . .124 D4
Pine Wlk HP4 . . . . .121 D7
Pinecroft HP3 . . . . .138 F7
Pinecroft Cres EN5 . . . . . .171 E5
Pinehill Hospl SG4 . . . . . . .35 A7
Pinehurst Cl WD5 . . . . . . .153 E7
Pinelands CM23 . . . . .58 F1
Pineridge Ct EN5 . . . . . . .171 D5
Pines Ave EN1 . . . . .162 B3
Pines Hill CM24 . . . . .59 D5
Pines Jun Mix Inf Sch The SG13 . . . . .114 B7
Pines The
Borehamwood WD6 . . . . . . .169 F7
Hemel Hempstead HP3 . . . .137 F7
Pinetree Ho WD2 . . . . . . .154 E3
Pinewood AL7 . . . . .110 E4
Pinewood Ave HA5 . . . . . .176 B4
Pinewood Cl
Borehamwood WD6 . . . . . . .170 D7
Pinner HA5 . . . . .176 B4
St Albans AL4 . . . . .128 C3
Watford WD1 . . . . .167 A8
Pinewood Dr EN6 . . . . . . .158 F8
Pinewood Gdns
Hemel Hempstead HP1 . . . .124 B3
5 Hemel Hempstead HP2 . .124 E2
Pinewood Sch SG12 . . . . . .114 D7
Pinewoods 4 SG2 . . . . .50 F1
Pinfold Rd WD2 . . . . .167 F7
Pinford Dell 4 LU2 . . . . . . .46 D1
Pinnacles EN9 . . . . .163 E5
Pinnate Pl AL7 . . . . .110 E2
Pinner Gn HA5 . . . . .175 C1
Pinner Hill HA5 . . . . .175 B3
Pinner Hill Rd HA5 . . . . . .175 C1
Pinner Park Ave HA2 . . . . .176 C1
Pinner Park Gdns HA2 . . .176 C1
Pinner Rd Northwood HA6 .175 A1
Watford WD1 . . . . .167 E2
Pinner Wood Fst & Mid Schs HA5 . . . .175 C2
Pinnocks Cl SG7 . . . . .23 F7
Pinnocks La SG7 . . . . .23 F8
Pinto Cl WD6 . . . . .170 D3
Pioneer Way WD1 . . . . . . .166 F3
Pipers Ave AL5 . . . . .107 D7
Pipers Cl AL3 . . . . .106 A6
Pipers Hill HP1 . . . . .103 D3
Pipers La
Caddington AL3,LU1 . . . . . . .62 F1
Wheathampstead AL5 . . . . .107 F7
Pippens AL8 . . . . .89 E1
Pippin Cl WD7 . . . . .156 E6
Pirton Cl
Hemel Hempstead HP2 . . . .124 F4
Hitchin SG5 . . . . .34 D6
St Albans AL4 . . . . .128 C8
Pirton Cross SG5 . . . . .34 A7
Pirton Hill Inf Sch LU4 . . . .44 B6
Pirton Hill Jun Sch LU4 . . . .44 B6
Pirton Jun Mix Inf Sch
SG5 . . . . .20 D4
Pirton Rd Hitchin SG5 . . . . .34 C6
Holwell SG5 . . . . .21 A7
Luton LU4 . . . . .44 D5
Pishiobury Dr CM21 . . . . .118 D8
Pitsfield AL8 . . . . .89 D1
Pitsford Terr LU2 . . . . .46 A1
Pitstone Cl AL4 . . . . .128 C8
Pitstone Windmill LU7 . . . .80 F4
Pitt Ct SG2 . . . . .51 B1
Pitt Dr AL4 . . . . .142 C8
Pittman's Field CM20 . . . .117 F1
Pix Ct SG15 . . . . .11 A8
Pix Farm La HP1 . . . . .123 C2
Pix Rd Letchworth SG6 . . . . .23 A6
Stotfold SG5 . . . . .11 E5
Pixies Hill Cres HP1 . . . . .123 F2
Pixies Hill Jun Mix Inf Sch HP1 . . . .123 F2
Pixies Hill Rd HP1 . . . . . . .123 F2
Pixmore Ave SG6 . . . . .23 B6

Pixmore Ind Est SG6 . . . . . .23 A6
Pixmore Jun Sch SG6 . . . . .23 A5
Pixmore Way SG6 . . . . .23 A5
Plaistow Way SG8 . . . . .9 E2
Plaiters Cl HP23 . . . . .100 B4
Plaitford Cl WD3 . . . . .173 E8
Plantaganet Pl EN9 . . . . . .163 B6
Plantation Rd LU3 . . . . .44 D7
Plantation Wlk HP1 . . . . .124 A6
Plash Dr SG1 . . . . .50 E5
Plashes Cl SG11 . . . . .55 D2
Plashets CM22 . . . . .98 D1
Platt Cl LU4 . . . . .44 D4
Plaw Hatch Cl CM23 . . . . . .77 B8
Plaw Hatch Cnr CM23 . . . . .77 D8
Playford Sq LU4 . . . . .44 D5
Pleasance The AL5 . . . . . . .85 D4
Pleasant Pl WD3 . . . . .172 E3
Pleasant Rd CM23 . . . . .76 E8
Pleasant Rise AL9 . . . . . . .130 C8
Plewes Cl LU6 . . . . .82 E8
Plough Hill EN6 . . . . .146 E2
Plough La Harefield UB9 . . .173 C4
King's Walden SG4 . . . . .48 A5
Potten End HP4 . . . . .123 B7
Sarratt WD3 . . . . .151 F6
Ploughmans Cl CM23 . . . . .76 C5
Ploughmans End AL7 . . . . .111 C5
Plover Cl HP4 . . . . .122 C3
Plum Tree Rd SG16 . . . . . . .10 B2
Plummers La LU2 . . . . .65 C2
Plumpton Cl LU2 . . . . .46 D3
Plumpton Rd EN11 . . . . . .135 C8
Pluto Rise HP2 . . . . .124 F5
Plymouth Cl LU2 . . . . .46 B1
Poets Cl HP1 . . . . .124 B4
Poets Ct AL5 . . . . .86 B1
Poets Gate EN7 . . . . .147 E3
Poets Gn LU4 . . . . .44 A2
Polayn Garth AL8 . . . . . . .110 C7
Polegate LU2 . . . . .46 D2
Polehanger La HP1 . . . . . .123 E5
Poles Hill WD3 . . . . .151 E6
Poles La Thundridge SG12 . .93 C6
Ware SG12 . . . . .93 C3
Poles Pk SG12 . . . . .93 C6
Police Row SG8 . . . . .15 F7
Police Station La WD2 . . .168 B2
Pollard Gdns SG1 . . . . .50 F8
Pollards WD3 . . . . .172 D5
Pollards Cl EN7 . . . . .147 C2
Pollards Way SG5 . . . . .20 D4
Pollicott Cl AL4 . . . . .128 C8
Pollywick Rd HP23 . . . . . .100 D1
Polzeath Cl LU2 . . . . .64 C8
Pomeroy Cres WD2 . . . . . .154 B3
Pomeroy Gr LU2 . . . . .45 E6
Pomfret Ave LU2 . . . . .45 F1
Pond Cl Harefield UB9 . . . .173 C1
Luton LU4 . . . . .44 B5
Stevenage SG1 . . . . .50 C7
Tring HP23 . . . . .100 A4
Pond Croft Hatfield AL10 . .129 F5
Welwyn Garden City AL7 . . .110 E5
Pond Field AL7 . . . . .90 A1
Pond La Baldock SG7 . . . . . .23 E8
Little Gaddesden HP4 . . . . .102 E7
Pond Lodge SG4 . . . . .67 F1
Pond Rd HP3 . . . . .139 A6
Pondcroft Rd SG3 . . . . .69 A4
Pondfield Cres AL4 . . . . . .128 B7
Pondside SG4 . . . . .36 C4
Pondsmeade AL3 . . . . .106 B5
Pondwick Rd AL5 . . . . .85 E2
Pondwicks Cl AL1 . . . . . . .127 C2
Pondwicks Rd LU1 . . . . .63 F7
Ponsbourne Park Cotts SG13 . . . . .146 F8
Ponsbourne St Mary's CE Sch SG13 . . . . .146 E7
Pooleys La AL9 . . . . .144 C8
Pope Paul RC Prim Sch
EN6 . . . . .158 F6
Pope's Rd WD5 . . . . .153 E8
Popes Ct LU2 . . . . .45 D1
Popes La WD2 . . . . .154 B1
Popes Row SG12 . . . . .93 D3
Popis Gdns SG12 . . . . .93 E2
Poplar Ave Hatfield AL4 . . .129 D5
Luton LU3 . . . . .45 C8
Poplar Cl Hitchin SG4 . . . . . .35 B6
Pinner HA5 . . . . .175 D2
Royston SG8 . . . . .7 E7
Thundridge SG11 . . . . .72 F2
Poplar Dr SG8 . . . . .7 E7
Poplar Rd LU6 . . . . .82 E8
Poplar Shaw EN9 . . . . .163 F6
Poplar View SG14 . . . . .92 E4
Poplars AL7 . . . . .111 B7
Poplars Cl Hatfield AL10 . .129 D5
Luton LU2 . . . . .46 B3
Watford WD2 . . . . .154 B7
Poplars The Arlesey SG15 . . .11 A8
Great Hallingbury CM22 . . . .77 F4
Hammond Street EN7 . . . . .147 E5
Harefield UB9 . . . . .173 C2
Hemel Hempstead HP1 . . . .124 B2
Ickleford SG5 . . . . .21 F5
St Albans AL1 . . . . .142 B7
Popple Way SG1 . . . . .50 E6
Poppy Cl HP1 . . . . .123 E4
Poppy Mead SG1 . . . . .50 F4
Poppy Wlk EN7 . . . . .147 D3
Poppyfields AL7 . . . . .111 C5
Porlock Dr LU2 . . . . .46 C1

202 Por–Reg

Port Hill SG14 113 C7
Port La CM22 77 B2
Port Vale SG14 113 C6
Porters Cl SG9 40 E8
Porters Hill AL5 86 C4
Porters Park Dr WD7 156 E7
Porters Wood AL3 127 F7
Portland Ct LU4 45 A1
Portland Dr Cheshunt EN7 162 A8
Enfield EN2 161 E1
Portland Hts HA6 174 F6
Portland Ind Est SG15 11 A3
Portland Pl
[17] Bishop's Stortford CM23 76 F7
Hertford Heath SG13 114 C4
Portland Rd
Bishop's Stortford CM23 76 F7
Luton LU4 45 A1
Portland St AL3 127 C4
Portman Cl Hitchin SG5 21 D2
St Albans AL4 128 C7
Portman Ho AL3 127 D6
Portmill La SG5 34 F7
Post Office Cotts CM22 98 C8
Post Office Rd CM20 117 D1
Post Office Row SG4 24 B1
Post Wood Rd SG12 114 E7
Postfield AL7 90 A1
Postwood Gn SG13 114 C3
Potash La HP23 79 A5
Potten End CE First Sch HP4 123 B6
Potten End Hill HP1 123 E8
Potter St
Bishop's Stortford CM23 76 F7
Pinner HA5 175 B2
Potter Street Hill HA5 175 B3
Potters Bar Hospl EN6 159 C5
Potters Bar Sta EN6 158 F7
Potters Field AL3 127 E7
Potters Heights Cl HA5 175 B3
Potters La
Borehamwood WD6 170 C8
Stevenage SG1 50 B4
Potters Mews WD6 169 D3
Potterscrouch La AL2,AL3 140 E7
Pottersheath Rd AL6 68 D1
Pottery Cl LU3 44 F7
Potton Rd SG8 1 F6
Pouchen End La HP1 123 D3
Poulteney Rd CM24 59 E8
Poultney Cl WD7 156 F7
Pound Ave SG1 50 D6
Pound Cl
Lower Nazeing EN9 149 E8
Sandridge AL4 108 C2
Pound Field WD2 153 F4
Pound Gn SG8 1 F5
Pound La WD7 156 F6
Poundwell AL7 111 A5
Powdermill La EN9 163 B6
Powdermill Mews EN9 163 B6
Powdermill Way EN9 163 B6
Power Ct LU1 63 F7
Power Dr EN3 162 F3
Powis Ct Bushey WD2 168 D1
Potters Bar EN6 159 C5
Powys Ct WD6 170 D6
Poynders Hill HP2 125 C3
Poynders Mdw SG4 88 F8
Poynings Cl AL5 107 F8
Poynters Rd LU5 44 A1
Prae Cl AL3 127 B3
Prae Wood Prim Sch AL3 127 A1
Praetorian Ct AL1 141 C8
Prebendal Dr LU1 63 B2
Precinct The EN10 134 F3
Premier Ct EN3 162 D1
Prentice Way LU2 64 D7
Prescott Rd EN8 148 E4
Presdales Dr SG12 114 E8
Presdales Sch SG12 114 D7
Presentation Ct LU1 63 F6
President Way LU2 64 D8
Prestatyn Cl SG1 50 B8
Preston Gdns Enfield EN3 162 E2
Luton LU2 45 F2
Preston Path LU2 45 F2
Preston Prim Sch SG4 48 D6
Preston Rd Preston SG4 48 E7
St Ippolyts SG4 34 F1
Prestwick Cl LU2 45 E5
Prestwick Dr CM23 59 B1
Prestwick Rd WD1 175 D6
Pretoria Rd WD1 167 A5
Pretty Cnr HA6 175 A5
Priestleys LU1 63 A7
Primary Way SG15 11 A4
Primett Rd SG1 50 C7
Primley La CM22 98 C1
Primrose Cl Arlesey SG15 11 A4
Bishop's Stortford CM23 76 C6
Hatfield AL10 130 B4
Primrose Cotts WD7 156 A4
Primrose Ct SG1 50 D7
Primrose Dr SG13 114 B6
Primrose Gdns WD2 168 B2
Primrose Hill WD4 139 B3
Primrose Hill Rd SG1 50 D7
Primrose La SG15 11 A4
Primrose Path EN7 162 A8
Primrose View SG8 7 F5
Prince Andrew's Cl SG8 7 D5
Prince Edward St HP4 122 C4
Prince of Wales Inf & Jun Sch EN3 162 F2
Prince Pk HP1 124 A2
Prince St WD1 167 C6
Prince Way LU2 64 D8
Prince's St SG5 11 F7
Princes Ave Enfield EN3 162 E4
Watford WD1 167 A5
Princes Cl HP4 122 A6
Princes Ct CM23 76 C7
Princes Gate
Bishop's Stortford CM23 76 C7
Harlow CM20 117 E3
Princes Mews SG8 7 C6
Princes Pl [15] LU2 45 D1
Princes St SG12 93 D2
Princess Alexandra Hospl CM20 117 C1
Princess Diana Dr AL4 128 D2
Princess Helena Coll SG4 48 E6
Princess St LU1 63 D7
Printers Way CM20 118 A5
Priors [9] CM23 77 A7
Priors Cl SG13 114 B3
Priors Ct CM22 98 A2
Priors Hill SG5 20 C4
Priors Wood Prim Sch SG12 94 A3
Priors Wood Rd SG13 114 C3
Priory Ave CM17 118 C5
Priory Cl Barnet N20 171 F2
Cheshunt EN10 148 E7
Hoddesdon EN11 135 A5
Royston SG8 7 E6
Stanmore HA7 176 F7
Priory Ct
Berkhamsted HP4 122 C4
Bishop's Stortford CM23 76 F7
Bushey WD2 168 C1
[11] Hertford SG14 113 D6
Hitchin SG4 34 F5
St Albans AL1 127 E2
Priory Dell SG1 50 F5
Priory Dr Stanmore HA7 176 F7
Stansted Mountfitchet CM24 59 E5
Priory End SG4 34 F5
Priory Gate EN8 148 F4
Priory Gdns
Berkhamsted HP4 122 C4
Luton LU1 45 D4
Priory La
Great Wymondley SG4 35 F4
Royston SG8 7 D6
Priory Lo WD3 165 D2
Priory Orch AL3 84 B2
Priory Sch The SG5 21 E2
Priory St Hertford SG14 113 D6
Ware SG12 93 C1
Priory View Bushey WD2 168 E2
Little Wymondley SG4 35 E4
Priory Way SG4 34 F4
Priory Wharf [10] SG14 113 D6
Priory Wlk AL1 141 E8
Proctor Way LU2 64 C7
Proctors Way CM23 77 A4
Progress Way LU4 44 B7
Progression Ctr HP2 125 A6
Prospect La AL5 107 A4
Prospect Pl AL6 89 C5
Prospect Rd
Cheshunt EN8 148 C2
St Albans AL1 127 D1
Prospect Way LU2 64 C7
Protea Way SG6 23 B6
Providence Gr SG1 50 E8
Providence Way SG7 23 F7
Provost Way LU2 64 C8
Prowse Ave WD2 176 C8
Pryor Cl WD5 153 F7
Pryor Rd SG7 23 F6
Pryor Way SG6 23 D5
Pryors Cl CM23 77 A6
Pryors Ct SG7 12 F1
Puddephat's La AL3 104 D7
Pudding La Barley SG8 9 A1
Hemel Hempstead HP1 124 A5
Puddingstone Dr AL4 128 C1
Pudgell The SG8 9 E2
Pulham Ave EN10 134 E3
Pullar Memorial Jun Mix Inf Sch SG11 72 E2
Puller Rd Barnet EN5 171 E7
Hemel Hempstead HP1 124 A2
Pulleys Cl HP1 123 F4
Pulleys La HP1 123 F4
Pullman Dr SG4 35 B7
Pulter's Way SG4 35 A6
Pump Hill SG9 30 A2
Punch Bowl La AL3 126 B8
Purbeck Ho [8] WD1 166 F3
Purbrock Ave WD2 154 C3
Purcell Cl
Datchworth AL6 90 E6
Radlett WD6 169 D8
Purcell Ct SG1 50 C8
Purcell Sch of Music WD2 168 A7
Purkiss Rd SG13 113 C3
Purley Ctr LU3 44 E7
Purlings Rd WD2 168 B4
Pursley Gdns WD6 157 A1
Purway Cl LU3 44 E7
Purwell La SG4 35 C8
Purwell Prim Sch SG4 35 D8
Putney Rd EN3 162 D3
Puttenham Cl WD1 175 D8
Putteridge High Sch LU2 46 C5
Putteridge Inf Sch LU2 46 C5
Putteridge Jun Sch LU2 46 C5
Putteridge Par LU2 46 B4
Putteridge Rd LU2 46 C4
Putteridge Recn Ctr LU2 46 C5
Putterills The AL5 86 A1
Putters Croft HP2 124 F8
Puttocks Cl AL9 144 C8
Puttocks Dr AL9 144 C8
Pye Cnr CM20 117 D5
Pyghtle Ct LU1 63 A7
Pyghtle The
Buntingford SG9 40 D7
Luton LU1 63 A7
Pyms Cl SG6 23 B8
Pynchbek CM23 76 E3
Pynchon Paddocks CM22 98 D7
Pynefield Ho WD3 164 F2
Pytchley Cl LU2 45 E5

Q

Quadrangle The AL8 110 C7
Quadrant The
Letchworth SG6 22 F6
Royston SG8 7 C8
St Albans AL4 128 B6
Stevenage SG1 50 D4
Quaker La EN9 163 C5
Quaker Rd SG12 93 E3
Quakers La EN6 159 B8
Quantock Cl Luton LU3 45 B8
St Albans AL4 128 C7
Quantock Rise LU3 31 B1
Quantocks HP2 124 F6
Quartermass Cl HP1 124 A4
Quartermass Rd HP1 124 A4
Queen Anne's Cl SG5 11 F5
Queen Elizabeth Ct EN5 171 F5
Queen Elizabeth II Hospl AL7 111 A2
Queen Elizabeth's Boys Sch EN5 171 D6
Queen Elizabeth's Girls Sch EN5 171 F5
Queen Hoo La AL6 90 F6
Queen Mary's Ave WD1 166 E5
Queen St
Chipperfield WD4 152 A7
Hitchin SG4,SG5 34 F7
Pitstone LU7 80 D4
St Albans AL3 127 C3
Stotfold SG5 12 A6
Tring HP23 100 A3
Queen Victoria Memorial Hospl AL6 89 B4
Queen's Cl CM21 97 F4
Queen's Ct
Aspenden SG9 40 D5
Hertford SG13 113 D5
St Albans AL1 128 B3
Queen's Dr EN8 163 A5
Queen's Dr The WD3 165 A3
Queen's Pl WD1 167 C6
Queen's Rd
Cheshunt EN8 162 E6
Harpenden AL5 107 B7
Hertford SG13 113 D5
Watford WD1 167 C6
Queen's Sq The HP2 124 F4
Queens Ave WD1 166 F5
Queens Cl [4] Luton LU1 63 E6
Stansted Mountfitchet CM24 59 E8
Queens Cres
Bishop's Stortford CM23 76 E5
St Albans AL4 128 B6
Queens Ct [14] Luton LU2 45 D1
Watford WD1 167 C6
Queens Dr WD5 153 F7
Queens Head Wlk EN10 148 E8
Queens Rd Barnet EN5 171 D6
Berkhamsted HP4 122 A5
Royston SG8 7 D7
Ware SG12 93 F2
Queens' Sch WD2 168 A6
Queens Way
Cheshunt EN8 162 F5
Shenley WD7 156 E7
Queensgate EN8 162 F5
Queensgate Ctr CM20 117 F4
Queensway
[1] Hatfield AL10 130 A6
Hemel Hempstead HP1, HP2 124 E4
Royston SG8 7 D7
Stevenage SG1 50 D5
Queenswood Cres WD2 154 A6
Queenswood Dr SG4 22 C1
Queenswood Sch AL9 145 D3
Quendell Wlk HP2 124 E3
Quendon Dr EN9 163 D6
Quickbeams AL7 90 A1
Quickley La WD3 164 C4
Quickley Rise WD3 164 C3
Quickly Brow WD3 164 B3
Quickmoor La WD4 152 C6
Quickswood LU3 45 A7
Quickwood Cl WD3 165 A3
Quills SG6 23 D4
Quilter Cl LU3 44 F4
Quinces Croft HP1 124 A5
Quincey Rd SG12 93 C4
Quinn Ct SG11 55 F7
Quinn Way SG6 23 C5
Quinta Dr EN5 171 C4

R

Raans Rd HP6 150 A1
Raban Cl SG2 51 C1
Raban Ct SG7 12 F1
Rabley Heath Rd AL6 68 B2
Rackman Dr LU3 45 C5
Radburn Prim Sch SG6 23 C5
Radburn Way SG6 23 C4
Radcliffe Rd SG5 35 A8
Radlett Inf Sch WD7 156 B3
Radlett La WD7 156 E6
Radlett Park Rd WD7 156 A4
Radlett Rd
London Colney AL2 141 E2
Watford WD1,WD2 167 D7
Radlett Sta WD7 156 A4
Radnor Ct HA3 176 F2
Radstone Pl LU2 46 E1
Radwell La SG7 12 C4
Raebarn Gdns EN5 171 B4
Raffin Cl SG3 69 E3
Raffin Green La SG3 69 F4
Raffin Pk SG3 69 E3
Ragged Hall La AL2 140 E7
Raglan Ave EN8 162 D5
Raglan Gdns WD1 167 B1
Raglan Ho HP4 122 A4
Rags La EN7 147 E4
Railway Pl SG13 113 E6
Railway Rd EN8 162 F6
Railway St SG13,SG14 113 D6
Railway Terr WD4 139 A4
Rainbow Cl AL3 105 F6
Rainbow Ct WD1 167 C3
Rainer Cl EN8 148 D2
Rainsford Rd CM24 59 E8
Raleigh Cres SG2 51 B8
Raleigh Gr LU4 44 D1
Rally The SG15 11 A7
Ralph Sadleir Sch SG11 55 E3
Ralston Way WD1 175 D8
Ram Gorse CM20 117 B2
Ramblers Way AL7 111 C5
Rambling Way HP4 123 C6
Ramerick Gdns SG15 11 A2
Ramney Dr EN3 162 E2
Ramparts The AL3 127 B2
Ramridge Inf Sch LU2 46 B2
Ramridge Jun Sch LU2 46 B2
Ramridge Rd LU2 46 A2
Ramryge Ct AL1 127 D1
Ramsay Cl EN10 134 E2
Ramsbury Rd AL1 127 E2
Ramsdell SG1 50 F5
Ramsey Cl
Brookmans Park AL9 145 D4
St Albans AL1 128 A1
Ramsey Lodge Ct AL1 127 E4
Ramson Rise HP1 123 E2
Rand's Cl SG5 21 B7
Rand's Cotts SG5 21 B7
Rand's Mdw SG5 21 B7
Randalls Ride HP2 124 E5
Randalls Wlk AL2 140 F1
Randals Hill SG2 51 C3
Randolph Ct HA5 176 A3
Randon Cl HA2 176 B1
Ranelagh Rd HP2 125 B3
Ranleigh Wlk AL5 107 D6
Ranock Cl LU3 44 D8
Ranskill Rd WD6 170 A8
Ransom Cl SG4 34 F4
Ransome Cl WD1 167 C2
Rant Mdw
Hemel Hempstead HP3 125 A1
Hemel Hempstead HP3 125 A2
Ranulf Cl CM17 118 C6
Ranworth Ave
Hoddesdon EN11 115 B2
Stevenage SG2 69 C7
Ranworth Cl [2] HP3 124 D1
Raphael Cl WD7 156 E7
Raphael Dr WD2 167 D7
Rapper Ct LU3 63 D8
Rasehill Cl WD3 165 C4
Rathlin HP3 139 B8
Ratty's La EN11 135 D6
Raven Cl WD3 165 D2
Raven Ct AL10 130 A4
Ravenbank Rd LU2 46 C5
Ravenfield Rd AL7 110 F6
Ravenhill Way LU4 44 B4
Ravens La HP4 122 D4
Ravens Wharf HP4 122 D4
Ravenscroft
Harpenden AL5 107 D6
Hoddesdon EN10 134 F3
Watford WD2 154 E4
Ravenscroft Pk EN5 171 D5
Ravenscroft Sch N20 171 F2
Ravensdell HP1 123 F4
Ravensthorpe LU2 46 B4
Ravenswood Pk HA6 175 A4
Rawdon Dr EN11 135 A5
Ray's Hill HP5 120 C2
Rayburn Rd HP1 124 A5
Raydon Rd EN8 162 D7
Rayfield AL8 89 D1
Rayleigh Ho WD5 153 F7
Raymer Cl AL1 127 E4
Raymond Cl WD5 153 D7
Raymond Cotts SG5 21 E4
Raymond Ct EN6 159 C5
Raymonds Cl AL7 110 E4
Raymonds Plain AL7 110 E4
Raynham Rd CM23 77 B8
Raynham St SG13 113 E6
Raynham Way LU2 46 D1
Raynsford Rd SG12 93 E1
Raynton Rd EN3 162 D2
Readings The WD3 164 F6
Recreation Ground CM24 59 E6
Rectory Cl
Bishop's Stortford CM23 76 D3
Essendon AL9 131 F6
Hunsdon SG12 116 C8
Rectory Gdns AL10 130 B5
Rectory La
Berkhamsted HP4 122 C4
Farnham CM23 58 D6
Kings Langley WD4 139 A3
Lilley LU2 32 D2
Rickmansworth WD3 165 D1
Shenley WD7,AL2 157 B7
Stevenage SG1 36 D1
Watton at Stone SG14 70 D3
Welwyn SG3 69 C2
Rectory Rd
Rickmansworth WD3 165 D2
Welwyn Garden City AL8 89 B1
Rectory Wood CM20 117 C1
Red House Cl SG12 114 E8
Red Lion Cl WD2 155 C2
Red Lion Cotts SG5 33 D2
Red Lion Ct [5] CM23 77 A7
Red Lion La
Hemel Hempstead HP3 139 A5
Sarratt WD3 152 A4
Red Lodge WD6 169 F6
Red Lodge Gdns HP4 122 A3
Red Rails LU1 63 C5
Red Rails Ct LU1 63 C5
Red Rd WD6 169 F6
Redan Rd SG12 93 E3
Redbourn Ind Est AL3 106 B5
Redbourn Inf Sch AL3 106 A6
Redbourn Jun Sch AL3 106 A6
Redbourn La AL3,AL5 106 E6
Redbourn Rd
Hemel Hempstead HP2 125 B8
St Albans AL3 126 E7
Redbourn Recn Ctr AL3 106 A7
Redbournbury La AL3 106 D2
Redbournbury Water Mill AL3 106 E2
Redbrick Row CM22 98 B8
Redcar Dr SG1 50 A6
Redding Ho WD1 166 E3
Redding La AL3 105 F8
Reddings
Hemel Hempstead HP3 125 A1
Welwyn Garden City AL8 110 C7
Reddings Ave WD2 168 B4
Reddings Cty Prim Sch The HP3 125 A1
Reddings The WD6 169 F6
Redferns Cl LU1 63 A6
Redferns Ct LU1 63 A6
Redgrave Gdns LU3 44 F7
Redhall Cl AL10 129 F1
Redhall Dr AL10 129 F1
Redhall La
Colney Heath AL4 129 E1
Sarratt WD3 165 E8
Redheath Cl WD2 153 F4
Redhill Rd SG5 34 D8
Redhoods Way E SG6 22 E7
Redhoods Way W SG6 22 E6
Redhouse The EN10 134 F1
Redlands Rd EN3 162 E1
Redmire Cl LU4 44 B6
Redoubt Cl SG4 22 A1
Redricks La CM21 118 A6
Redvers Cl CM23 59 A2
Redwell Ct EN8 162 F5
Redwing Cl SG2 51 D4
Redwing Gr WD5 154 A8
Redwood Cl WD1 175 D6
Redwood Dr
Hemel Hempstead HP3 124 E1
Luton LU3 44 C8
Redwood Rise WD6 157 B2
Redwood Way EN5 171 D4
Redwoods Hertford AL8 113 C7
Welwyn Garden City AL8 89 D3
Reed Cl AL2 142 E4
Reed Fst Sch SG8 16 E5
Reed Pl AL5 85 F3
Reedham Cl AL2 141 A2
Reedings Jun Sch CM21 97 E3
Reedings Way CM21 97 F4
Reeds Cres WD1 167 C7
Reeds The AL7 110 D5
Reedsdale LU2 46 F2
Reeves Ave LU3 45 B4
Reeves Pightle SG8 9 F3
Regal Cl SG11 55 E2
Regal Ct [4] SG5 34 F8
Regal Way WD2 154 C1
Regency Cl CM23 76 E7
Regency Ct
Hemel Hempstead HP2 124 D3
Hoddesdon EN10 148 F8
Regent Cl
Kings Langley WD4 139 A3
St Albans AL4 128 C7
Welwyn Garden City AL7 110 E5
Regent Ct SG5 11 F7
Regent Gate EN8 162 E5
Regent St Luton LU1 63 E7
Stotfold SG5 11 F7
Watford WD2 154 B1
Regents Cl WD7 156 A5
Regina Cl EN5 171 D6

Reg–Rus 203

Reginald Rd HA6 . . . . .174 F3
Reginald St LU2 . . . . .45 E1
Rendlesham Ave WD7 . . .155 F2
Rendlesham Cl SG12 . . . . . .93 B2
Rendlesham Rd EN2 . . . . .161 B1
Rendlesham Way WD3 . . .164 C3
Rennie Ct EN3 . . . . .163 A1
Rennison Cl EN7 . . . . .147 F4
Renshaw Cl LU2 . . . . .46 E2
Repton Cl LU3 . . . . .44 F6
Repton Gn AL3 . . . . .127 D6
Repton Way WD3 . . . . . . .166 A4
Reson Way HP1 . . . . .124 B2
Reston Cl WD6 . . . . .157 B1
Reston Path LU2 . . . . .46 E2
Retford Cl WD6 . . . . .157 A1
Retreat The WD5 . . . . .153 C8
Revels Cl SG14 . . . . .113 D8
Revels Rd SG14 . . . . .113 D8
Reynard Copse CM23 . . . . .58 F1
Reynard Way SG13 . . . . . .114 B6
Reynard's Way AL2 . . . . . .140 F2
Reynards Rd AL6 . . . . .89 C7
Reynolds SG6 . . . . .11 F1
Reynolds Cl HP1 . . . . .124 A4
Reynolds Cres AL4 . . . . . .128 B8
Rhee Spring SG7 . . . . .13 B1
Rhodes Ave CM23 . . . . .76 F5
Rhodes Memorial Mus & Commonwealth Ctr CM23 . . . . .77 A6
Rhodes Way WD2 . . . . . . .167 D8
Rhymes HP1 . . . . .124 B5
Rib Cl SG11 . . . . .55 E2
Rib Vale SG14 . . . . .92 D1
Ribbledale AL2 . . . . .142 F4
Ribblesdale HP2 . . . . .124 E6
Ribocon Way LU4 . . . . .44 B7
Ribston Cl WD7 . . . . .156 D6
Rice Cl HP2 . . . . .124 F4
Richard Ct EN5 . . . . .171 E6
Richard Hale Sch SG13 . .113 D5
Richard Stagg Cl AL1 . . . .128 C1
Richard Wittington Jun Mix Inf Sch CM23 . . .76 E4
Richards Cl Bushey WD2 . .168 D2
Luton LU1 . . . . .63 B6
Richards Ct LU1 . . . . .63 B5
Richardson Cl AL2 . . . . . . .142 E4
Richardson Cres EN7 . . . .147 B6
Richardson Pl AL4 . . . . . . .129 B1
Richfield Rd WD2 . . . . . . .168 C2
Richmond Cl
Bishop's Stortford CM23 . . . .76 C7
Cheshunt EN8 . . . . .148 C2
Ware SG12 . . . . .93 B3
Richmond Ct
4 Hatfield AL10 . . . . .130 B3
Hoddesdon EN10 . . . . .134 F3
Luton LU2 . . . . .45 F1
Potters Bar EN6 . . . . .159 C8
Richmond Dr WD1 . . . . . .166 E7
Richmond Gdns HA3 . . . . .176 F3
Richmond Hill LU2 . . . . .45 F2
Richmond Hill Sch LU2 . . . .45 E2
Richmond Rd EN6 . . . . . . .159 C8
Richmond Way WD3 . . . . .166 C5
Richmond Wlk AL4 . . . . . .128 D7
Rickfield Cl AL10 . . . . .130 A3
Rickmansworth La SL9 . . .172 A5
Rickmansworth Park Jun Mix Inf Sch WD3 . . .165 E2
Rickmansworth Rd
Chorleywood WD3 . . . . .164 F6
Harefield UB9 . . . . .173 D3
Northwood HA6 . . . . .174 D3
Pinner HA5 . . . . .175 C1
Watford WD1 . . . . .166 E5
Rickmansworth Sch WD3 . . . . .165 F3
Rickmansworth Sta WD3 . . . . .165 D2
Rickyard Cl LU2 . . . . .46 B3
Rickyard Mdw AL3 . . . . . .106 A5
Rickyard The Ashwell SG7 . . .4 D3
Letchworth SG6 . . . . .12 C1
Riddell Gdns SG7 . . . . .23 F8
Riddy Hill Cl SG4 . . . . .35 A6
Riddy La Hitchin SG4 . . . . . .35 A6
Luton LU3 . . . . .45 C5
Riddy The SG4 . . . . .88 F8
Ridge Ave Harpenden AL5 . .85 E4
Letchworth SG6 . . . . .23 A6
Ridge Ct LU2 . . . . .46 A1
Ridge La WD1 . . . . .153 F2
Ridge Lea HP1 . . . . .123 F2
Ridge Rd SG6 . . . . .23 A6
Ridge St WD2 . . . . .154 B1
Ridge The Barnet EN5 . . . . .171 F4
Letchworth SG6 . . . . .23 A6
Northwood HA6 . . . . .174 F3
Ridge View HP23 . . . . .100 C5
Ridge Way WD3 . . . . .165 B2
Ridgedown AL3 . . . . .106 A5
Ridgefield WD1 . . . . .153 E2
Ridgehurst Ave WD2 . . . . .153 F5
Ridgeview Cl EN5 . . . . . . .171 D3
Ridgeway
Berkhamsted HP4 . . . . .121 F4
Harpenden AL5 . . . . .85 E4
Kensworth Common LU6 . . . . .82 E8
Little Hadham SG11 . . . . . . .57 B1
Stevenage SG1 . . . . .50 F5
Welwyn Garden City AL7 . . .111 B6
Ridgeway Cl HP3 . . . . .138 F5
Ridgeway Ct HA5 . . . . .176 A3
Ridgeway The
Codicote SG4 . . . . .67 F1
Ridgeway The *continued*
Cuffley EN6 . . . . .146 A4
Hadley Wood EN2,EN4 . . . . .160 D3
Hertford SG14 . . . . .112 F7
Hitchin SG5 . . . . .34 D6
Radlett WD7 . . . . .155 F2
St Albans AL4 . . . . .128 C7
Ware SG12 . . . . .93 C3
Watford WD1 . . . . .153 E2
Ridgewood Dr AL5 . . . . . . .85 E4
Ridgewood Gdns AL5 . . . . .85 E4
Ridgmont Rd AL1 . . . . . . .127 E2
Ridgway Rd LU2 . . . . .45 F1
Ridings The
Bishop's Stortford CM23 . . . .76 D4
Hertford SG14 . . . . .113 A5
Latimer HP5 . . . . .150 D3
Luton LU3 . . . . .45 C1
Markyate AL3 . . . . .83 E6
Stevenage SG2 . . . . .51 B3
Ridler Rd EN1 . . . . .161 E1
Ridlins End SG2 . . . . .51 C2
Rigby Pl EN3 . . . . .163 A2
Rigery La SG11 . . . . .72 F6
Riley Rd EN3 . . . . .162 C1
Ringmer Ct LU2 . . . . .46 C3
Ringshall Dr HP4 . . . . .102 C8
Ringshall Rd HP4 . . . . .81 B3
Ringtale Pl SG7 . . . . .13 B1
Ringway Rd AL2 . . . . .141 C4
Ringwood Rd LU2 . . . . .45 D7
Ripley Rd Enfield EN2 . . . . .161 C1
Luton LU4 . . . . .44 C1
Ripley Way Cheshunt EN7 . .148 B1
Hemel Hempstead HP1 . . . .123 E4
Ripon Rd SG1 . . . . .37 A2
Ripon Way
Borehamwood WD6 . . . . . .170 D4
St Albans AL4 . . . . .128 D7
Rise Cotts SG12 . . . . .95 D2
Rise The Baldock SG7 . . . . . .23 E7
Borehamwood WD6 . . . . . .169 F4
Park Street AL2 . . . . .141 D6
Risedale Cl HP3 . . . . .138 E8
Risedale Hill HP3 . . . . .138 E8
Risedale Rd HP3 . . . . .138 E8
Rising Hill Cl HA6 . . . . . . .174 C4
Risingholme Cl
Bushey WD2 . . . . .168 B2
Harrow HA3 . . . . .176 E2
Risingholme Rd HA3 . . . .176 E1
Ritcroft Cl HP3 . . . . .125 B2
Ritcroft Dr HP3 . . . . .125 B2
Ritcroft St HP3 . . . . .125 B2
Ritz Ct EN6 . . . . .159 A8
Rivenhall End AL7 . . . . . . .111 C6
River Ave EN11 . . . . .135 B7
River Cl EN8 . . . . .163 A5
River Ct Ickleford SG5 . . . . . .21 F4
Sacombe SG14 . . . . .92 E4
Sawbridgeworth CM21 . . . . . .97 F3
River Gn SG9 . . . . .40 E8
River Hill AL3 . . . . .84 B2
River Lee Ctry Pk EN9 . . . .149 B1
River Mead SG5 . . . . .21 C2
River Meads SG12 . . . . . . .115 C4
River Park Ind Est HP4 . . .122 A5
River Pk HP1 . . . . .124 A1
River St SG12 . . . . .93 E1
River View AL7 . . . . .89 F2
River Way Harlow CM20 . . .118 B5
Luton LU3 . . . . .44 E5
Riverbanks Cl AL5 . . . . .86 C4
Riverfield La CM21 . . . . .97 E3
Riverford Cl AL5 . . . . .86 B4
Rivermill CM20 . . . . .117 C2
Rivermill Ct SG8 . . . . .7 C7
Rivers Hospl The CM21 . . . .97 C1
Riversend Rd HP3 . . . . . . .138 C8
Rivershill SG14 . . . . .70 E3
Riverside
Bishop's Stortford CM23 . . . .76 F7
Buntingford SG9 . . . . .40 E7
London Colney AL2 . . . . . . .142 E4
Welwyn AL6 . . . . .89 B5
Riverside Ave EN10 . . . . .135 A1
Riverside Cl
Kings Langley WD4 . . . . . . .139 B2
St Albans AL1 . . . . .127 E1
Riverside Cotts SG12 . . . .115 C4
Riverside Ct Harlow CM20 118 C6
St Albans AL1 . . . . .127 E1
Riverside Dr WD3 . . . . . . .165 D1
Riverside Est AL5 . . . . .86 C4
Riverside Gdns HP4 . . . . .122 A5
Riverside Mews
Hoddesdon EN10 . . . . .148 E8
10 Ware SG12 . . . . .93 D1
Riverside Path EN8 . . . . . .148 C2
Riverside Rd Luton LU3 . . . . .45 A5
St Albans AL1 . . . . .127 E2
Watford WD1 . . . . .167 B3
Riverside Wlk 16 CM23 . . . .76 F7
Riversmead EN11 . . . . .135 A5
Riversmeet SG14 . . . . .113 B5
Rivett Cl SG7 . . . . .13 A1
Roan Wlk SG8 . . . . .7 E6
Roaring Meg Ret & L Pk SG1 . . . . .50 E3
Robbery Bottom La AL6 . . . .90 A8
Robbs Cl HP1 . . . . .124 A5
Robe End HP1 . . . . .123 F5
Robert Allen Ct 3 LU1 . . . . .63 E6
Robert Ave AL1 . . . . .141 C7
Robert Cl EN6 . . . . .158 E6
Robert Humbert Ho SG6 . . .23 A5
Robert Saunders Ct SG6 . . .22 E4
Robert Tebbutt Ct SG5 . . . .34 E6
Robert Wallace Cl CM23 . .58 F1
Roberts Cl EN8 . . . . .148 E1
Roberts La SL9 . . . . .172 B5
Roberts Rd WD1 . . . . .167 C4
Roberts Way AL10 . . . . . . .129 F3
Roberts Wood Dr SL9 . . . .172 A5
Robertson Cl EN10 . . . . . . .148 E5
Robeson Way WD6 . . . . . .170 C8
Robin Cl SG12 . . . . .115 C3
Robin Ct AL5 . . . . .86 B4
Robin Hill HP4 . . . . .122 C3
Robin Hood Dr
Bushey WD2 . . . . .167 F8
Harrow HA3 . . . . .176 F3
Robin Hood La AL10 . . . . .130 A6
Robin Hood Mdw HP2 . . .124 F8
Robin Mead AL7 . . . . .90 A1
Robin Way EN6 . . . . .146 E3
Robina Cl HA6 . . . . .174 F2
Robins Cl AL2 . . . . .142 E4
Robins Nest Hill SG13 . . . .132 C6
Robins Rd HP3 . . . . .125 A1
Robins Way AL10 . . . . .129 F2
Robinsfield HP1 . . . . .124 A3
Robinson Ave EN7 . . . . . . .147 B3
Robinson Cl CM23 . . . . .76 F5
Robinson Cres WD2 . . . . .168 C1
Robinsway EN9 . . . . .163 E5
Robinswood LU2 . . . . .45 E5
Robsons Cl EN8 . . . . .148 C2
Rochdale Ct 6 LU1 . . . . . . .63 E6
Rochester Ave LU2 . . . . . . .46 C4
Rochester Dr WD2 . . . . . .154 C4
Rochester Way
Croxley Green WD3 . . . . . . .166 B5
Royston SG8 . . . . .7 D8
Rochford Ave EN9 . . . . . .163 D5
Rochford Cl
Cheshunt EN10 . . . . .148 E5
Stansted Mountfitchet CM24 .59 E8
Rochford Dr LU2 . . . . .46 E2
Rochford Ho EN9 . . . . . . .163 D6
Rochford Rd CM23 . . . . . . .59 C1
Rock Rd SG8 . . . . .7 C8
Rockfield Ave SG12 . . . . . . .93 D3
Rockingham Gate WD2 . .168 C3
Rockingham Way SG1 . . . .50 E4
Rockleigh SG14 . . . . .113 C6
Rockley Rd LU1 . . . . .63 A7
Rockliffe Ave WD4 . . . . . .139 A1
Rockways EN5 . . . . .170 F3
Rodeheath LU4 . . . . .44 D3
Roden Cl CM17 . . . . .118 F4
Rodgers Cl WD6 . . . . .169 D3
Rodings The EN5 . . . . .171 E5
Rodney Ave AL1 . . . . .128 A1
Rodney Cres EN11 . . . . . .135 A8
Roe Cl SG5 . . . . .11 E5
Roe End La AL3 . . . . .83 B4
Roe Green Cl AL10 . . . . . .129 F4
Roe Green Ctr AL10 . . . . .129 F4
Roe Green La AL10 . . . . . .129 F5
Roe Hill Cl AL10 . . . . .129 F4
Roebuck Cl Hertford SG13 114 A6
Luton LU1 . . . . .63 B6
Roebuck Ct 1 SG2 . . . . . . .50 F1
Roebuck Gate SG2 . . . . . . .50 F1
Roebuck Jun & Inf Schs SG2 . . . . .50 F2
Roebuck Ret Pk SG1 . . . . . . .50 E2
Roecroft Lower Sch SG5 . .11 F6
Roedean Ave EN3 . . . . . . .162 C1
Roedean Cl LU2 . . . . .46 D3
Roedean Ho 3 WD1 . . . . .167 C7
Roefields Cl HP3 . . . . .138 A7
Roehyde Way AL10 . . . . . .129 E2
Roestock Gdns AL4 . . . . . .129 E1
Roestock La AL4 . . . . .129 E1
Rofant Rd HA6 . . . . .174 E4
Rogate Rd LU2 . . . . .46 C5
Roger de Clare CE Fst Sch SG11 . . . . .55 E2
Rogers Ruff HA6 . . . . .174 C2
Rokewood Mews 3 SG12 .93 D2
Roland St AL1 . . . . .128 B2
Rolleston Cl SG12 . . . . .93 C3
Rollswood AL7 . . . . .110 E3
Rollswood Rd AL6 . . . . .89 B8
Rollys La SG7 . . . . .4 D4
Roman Gdns
Kings Langley WD4 . . . . . . .139 B1
Letchworth SG6 . . . . .22 E6
Roman La SG7 . . . . .24 A8
Roman Mews 7 EN11 . . . .135 A7
Roman Rd LU4 . . . . .44 E3
Roman Rise CM21 . . . . .97 D2
Roman St 8 EN11 . . . . . . .135 A7
Roman Vale CM17 . . . . . . .118 C5
Roman Way Markyate AL3 . . .83 E6
Standon SG11 . . . . .55 D3
Welwyn AL6 . . . . .89 C6
Roman Way Fst Sch SG8 . . . .7 C8
Romans End AL3 . . . . .127 C1
Romany Cl SG6 . . . . .22 C6
Romany Ct HP2 . . . . .125 C4
Romeland Elstree WD6 . . .169 D3
St Albans AL3 . . . . .127 C3
Waltham Abbey EN9 . . . . . .163 C6
Romeland Hill AL3 . . . . . .127 C3
Romilly Dr WD1 . . . . .175 F6
Rondini Ave LU3 . . . . .45 B3
Rook Tree Cl SG5 . . . . .12 A6
Rook Tree La SG5 . . . . .12 A6
Rookery Dr LU2 . . . . .45 E6
Rookery The Hatfield AL9 .144 D8
Stansted Mountfitchet CM24 .59 E8
Westmill SG9 . . . . .40 F3
Rookery Yd SG1 . . . . .50 C7
Rookes Cl SG6 . . . . .23 B3
Rooks Cl AL8 . . . . .110 D5
Rooks Hill
Rickmansworth WD3 . . . . . .165 D5
Welwyn Garden City AL8 . . .110 C5
Rooks Nest La SG8 . . . . . . .16 A5
Rookwood Dr SG2 . . . . .51 B1
Rosary Ct EN6 . . . . .145 B1
Rosary Gdns WD2 . . . . . . .168 E2
Rose Acre AL3 . . . . .105 F6
Rose Cl AL10 . . . . .130 A8
Rose Cotts Arlesey SG15 . . . .11 A6
Meesden SG9 . . . . .30 A5
Wyddial SG9 . . . . .28 A3
Rose Ct
Hammond Street EN7 . . . . .148 A4
St Albans AL4 . . . . .128 C5
Rose Gdns WD1 . . . . .167 A4
Rose La Essendon AL9 . . . .131 C5
Wheathampstead AL4 . . . . . .87 C2
Rose Lawn WD2 . . . . .168 C1
Rose Mdw SG11 . . . . .41 E4
Rose Mead EN6 . . . . .145 C1
Rose Vale EN11 . . . . .135 A6
Rose Wlk Royston SG8 . . . . . .7 C7
St Albans AL4 . . . . .128 C5
Rose Wlk The WD7 . . . . . .156 B3
Rose Wood Cl LU2 . . . . .45 F3
Roseacre Gdns AL7 . . . . .111 D6
Roseacres CM21 . . . . .97 D3
Rosebank EN9 . . . . .163 E6
Roseberry Ct WD1 . . . . . .167 A8
Rosebery CM23 . . . . .77 C6
Rosebery Ave AL5 . . . . .85 F1
Rosebery Mews LU7 . . . . . .61 D4
Rosebery Rd WD2 . . . . . . .168 B2
Rosebery Way HP23 . . . . .100 B5
Rosebriar Wlk WD2 . . . . . .153 F3
Rosecroft Ct HA6 . . . . .174 C4
Rosecroft Dr WD1 . . . . . . .153 E3
Rosecroft La AL6 . . . . .90 A8
Rosedale AL7 . . . . .89 F2
Rosedale Ave EN7 . . . . . . .147 F2
Rosedale Cl
Bricket Wood AL2 . . . . .140 E1
Luton LU3 . . . . .44 C7
Rosedale Way EN7 . . . . . .148 A3
Roseheath HP1 . . . . .123 E4
Rosehill HP4 . . . . .122 B4
Rosehill Cl EN11 . . . . .134 F6
Rosehill Ct HP1 . . . . .124 A1
Rosehill Gdns WD5 . . . . . .153 C7
Rosehill Hospl SG6 . . . . . . .22 D2
Roselands Ave EN11 . . . . .114 F1
Roselands Prim Sch EN11 . . . . .114 F1
Roseley Cotts CM20 . . . . .117 B4
Rosemary Cl CM17 . . . . . .118 C4
Rosemont Cl SG6 . . . . .22 E6
Rosewood Ct HP1 . . . . . . .123 E4
Rosewood Dr EN2 . . . . . . .161 A4
Roslyn Cl EN10 . . . . .134 E2
Ross Cl Luton LU1 . . . . .63 B6
Stanmore HA3 . . . . .176 C3
Ross Cres WD2 . . . . .154 A4
Ross Ct SG2 . . . . .51 B7
Ross Haven Pl HA6 . . . . . .174 F2
Ross Way HA6 . . . . .174 F6
Rossfold Rd LU3 . . . . .44 D8
Rossgate HP1 . . . . .124 A5
Rossgate Prim Sch HP1 . .124 A5
Rossington Ave WD6 . . . .156 E1
Rossington Cl EN1 . . . . . . .162 B1
Rossiter Fields EN5 . . . . .171 F3
Rosslyn Cres LU3 . . . . .45 C5
Rosslyn Rd WD1 . . . . .167 B6
Rossway LU1 . . . . .63 B1
Rossway Dr WD2 . . . . .168 D4
Rossway La HP4 . . . . .121 A7
Roswell Cl EN8 . . . . .148 E1
Rothamsted Ave AL5 . . . . .86 A1
Rothamsted Ct AL5 . . . . . .86 A1
Rothamsted Experimental Sta AL5 . .107 A8
Rother Cl WD2 . . . . .154 C5
Rother Field LU2 . . . . .46 D3
Rotheram Ave LU1 . . . . . . .63 B5
Rotherfield Rd EN3 . . . . . .162 D2
Rothesay Ct HP4 . . . . .122 A4
Rothesay Rd LU1 . . . . .63 D7
Roughdown Ave HP3 . . . .138 A8
Roughdown Rd HP3 . . . . .138 B8
Roughdown Villas Rd HP3 . . . . .138 A8
Roughs The HA6 . . . . .174 E7
Roughwood Cl WD1 . . . . .153 E1
Round Diamond Prim Sch SG1 . . . . .51 B8
Roundabout Ho HA6 . . . . .175 A2
Roundabout La AL6 . . . . . . .89 F8
Roundcroft EN7 . . . . .147 F5
Roundfield Ave AL5 . . . . . .86 D3
Roundhaye SG11 . . . . .55 D3
Roundhedge Way EN2 . . . .160 F1
Roundhills EN9 . . . . .163 E4
Roundings The SG13 . . . . .114 C2
Roundmoor Dr EN8 . . . . . .148 E2
Roundway The WD1 . . . . .166 F2
Roundwood HP3 . . . . .138 E4
Roundwood Cl
Hitchin SG4 . . . . .22 C2
Oaklands AL6 . . . . .89 D8
Roundwood Dr AL8 . . . . . .110 C7
Roundwood Gdns AL5 . . . .85 E2
Roundwood La AL5 . . . . . . .85 D3
Roundwood Park Sch AL5 . . . . .85 E2
Roundwood Pk AL5 . . . . . . .85 E3
Roundwood Prim Sch AL5 . . . . .85 E2
Rounton Rd EN9 . . . . .163 E6
Rousebarn La WD3 . . . . . .166 C7
Rowan Cl
Bricket Wood AL2 . . . . .155 A8
Harrow HA7 . . . . .176 F4
Luton LU1 . . . . .63 B7
Shenley WD7 . . . . .156 E6
St Albans AL4 . . . . .128 E3
Weston SG4 . . . . .37 B8
Rowan Cres
Letchworth SG6 . . . . .22 E7
Stevenage SG1 . . . . .50 E7
Rowan Dr EN10 . . . . .148 F6
Rowan Gr SG4 . . . . .35 A4
Rowan Way AL5 . . . . .107 C8
Rowan Wlk 2 AL10 . . . . . .130 A2
Rowans AL7 . . . . .90 A1
Rowans Prim Sch The AL7 . . . . .90 A1
Rowans The Baldock SG7 . . . .23 E7
Hemel Hempstead HP1 . . . .124 A3
Hoddesdon EN10 . . . . .134 F4
Rowcroft HP1 . . . . .123 F2
Rowelfield LU2 . . . . .46 C1
Rowington Cl LU2 . . . . .46 E2
Rowland Pl HA6 . . . . .174 E3
Rowland Rd SG1 . . . . .50 F4
Rowland Way SG6 . . . . .22 F6
Rowlands Ave HA5 . . . . . .176 B4
Rowlands Cl EN8 . . . . .148 D1
Rowlands Ct 3 EN8 . . . . .148 D1
Rowlatt Ct AL1 . . . . .127 E4
Rowlatt Dr AL3 . . . . .127 A1
Rowley Cl WD1 . . . . .167 E3
Rowley Gdns EN8 . . . . . . .148 D3
Rowley Green Rd EN5 . . . .171 A4
Rowley La Barnet EN5 . . . .170 F5
Borehamwood WD6 . . . . . .170 D7
Rowley Wlk HP2 . . . . .125 C8
Rowley's Rd SG13 . . . . . . .113 F7
Rowney Gdns CM21 . . . . .118 C8
Rowney La SG12 . . . . .72 B5
Rowney Wood CM21 . . . . . .97 C1
Rows The CM20 . . . . .117 D1
Roxley Cotts SG6 . . . . .23 B2
Roy Rd HA6 . . . . .174 F3
Royal Ave EN8 . . . . .162 E6
Royal Ct HP3 . . . . .138 E8
Royal Masonic Sch WD3 .165 D4
Royal National Orthopaedic Hospl HA7 .169 B1
Royal Oak Cl SG9 . . . . .27 D5
Royal Oak Gdns 6 CM23 . .76 F6
Royal Oak La SG5 . . . . .20 D4
Royal Rd AL1 . . . . .128 B3
Royal Veterinary Coll AL9 . . . . .144 D3
Royce Cl EN10 . . . . .134 F2
Roydon Cl LU4 . . . . .44 A4
Roydon Ct HP2 . . . . .105 A1
Roydon Lodge Chalet Est CM19 . . . . .116 C1
Roydon Mill CM19 . . . . . . .116 A1
Roydon Rd Harlow CM19 . . .116 E1
Stanstead Abbotts SG12 . . .115 E4
Roydon Sta CM19 . . . . .116 B2
Royse Gr SG8 . . . . .7 D4
Roysia Mid Sch SG8 . . . . .7 D8
Royston Cl SG14 . . . . .113 B6
Royston & District Mus SG8 .7 C6
Royston Gr HA5 . . . . .176 A4
Royston Hospl SG8 . . . . .7 D4
Royston Park Rd HA5 . . . .176 A5
Royston Rd Baldock SG7 . . .13 D2
Barkway SG8 . . . . .17 C5
Barley SG8 . . . . .8 F3
St Albans AL1 . . . . .128 B2
Royston Sta SG8 . . . . .7 C7
Rucklers La WD4 . . . . .138 C4
Ruckles Cl SG1 . . . . .50 E5
Rudd Cl SG2 . . . . .51 B3
Rudham Gr SG6 . . . . .23 C3
Rudolf Steiner Sch WD4 .138 E2
Rudolph Rd WD2 . . . . .168 A3
Rudyard Cl LU4 . . . . .44 D3
Rue de St Lawrence EN9 . . . . .163 C5
Rueley Dell Rd LU2 . . . . . . .32 D2
Rufford Cl WD1 . . . . .153 F2
Rugby Way WD3 . . . . .166 B4
Ruins The AL3 . . . . .106 B5
Rumballs Cl HP3 . . . . .139 A8
Rumballs Rd HP3 . . . . . . .139 A8
Rumbold Rd EN11 . . . . . . .135 C8
Rumsley EN7 . . . . .148 A4
Runcie Cl AL4 . . . . .128 A7
Runcorn Cres HP2 . . . . . . .124 F7
Rundells SG6 . . . . .23 D4
Runfold Ave LU3 . . . . .45 A5
Runham Cl LU4 . . . . .44 A4
Runham Rd HP3 . . . . .124 E1
Runley Rd LU1 . . . . .62 F7
Runnalow SG6 . . . . .22 E7
Runsley AL7 . . . . .90 A1
Rural Bygones Mus LU7 . . .80 D4
Ruscombe Dr AL2 . . . . . . .141 C5
Rush Cl SG12 . . . . .115 C4
Rushall Gn LU2 . . . . .46 E2
Rushby Mead SG6 . . . . .23 A5
Rushby Pl SG6 . . . . .23 A5
Rushby Wlk SG6 . . . . .23 A6
Rushden Rd SG9 . . . . .26 A8

204 Rus–Sal

Rushen Dr SG13 114 C3
Rushendon Furlong LU7 80 E5
Rushes Ct CM23 77 A5
Rushfield Potters Bar EN6 158 E6
Sawbridgeworth CM21 97 E2
Rushfield Rd SG12 93 F3
Rushleigh Ave EN8 148 D1
Rushleigh Gn CM23 76 D4
Rushmere La HP5 136 B3
Rushmoor Cl WD3 173 D8
Rushmore Cl LU1 62 E4
Rushton Ave WD2 154 A4
Rushton Ct EN8 148 D2
Ruskin Ave EN9 163 E5
Ruskin Cl EN7 147 E5
Ruskin La SG4 35 C7
Rusper Gn LU2 46 D3
Russell Ave AL3 127 D3
Russell Cl
Kensworth Common LU6 82 E8
Moor Park HA6 174 C5
Stevenage SG2 51 B2
Russell Cres WD2 153 F4
Russell Ct AL2 141 A1
Russell La WD1 153 D3
Russell Pl HP3 138 B8
Russell Rd Enfield EN1 161 F1
Moor Park HA6 174 C6
Russell Rise LU1 63 D6
Russell Sch The WD3 164 B5
Russell St Hertford SG14 113 C6
Luton LU1 63 D6
Russell Way WD1 167 B2
Russell's Ride EN8 162 E8
Russellcroft Rd AL8 110 C7
Russet Cl EN7 147 E5
Russet Dr Shenley WD7 156 E7
St Albans AL4 128 C2
Russett Ho AL7 111 D6
Russett Wood AL7 111 D5
Rutherford Cl
Borehamwood WD6 170 C7
Stevenage SG1 50 B6
Rutherford Way WD2 168 E1
Ruthin Cl LU1 63 D5
Ruthven Ave EN8 162 D6
Rutland Cres LU2 64 A7
Rutland Ct LU2 64 A7
Rutland Hall LU2 64 A7
Rutland Pl WD2 168 D1
Rutts The WD2 168 D1
Ryall Cl AL2 140 E2
Ryan Way WD2 167 C8
Ryans Ct LU2 45 F1
Rydal Ct WD2 154 B7
Rydal Mount EN6 158 E6
Rydal Way LU3 44 F5
Ryde Sch The AL9 130 C8
Ryde The AL9 130 C8
Ryder Ave SG5 21 D3
Ryder Cl Bovingdon HP3 137 A4
Bushey WD2 168 B3
Hertford SG13 114 B7
Ryder Seed Mews AL1 127 D2
Ryder Way SG5 21 D3
Ryders Ave AL4 129 E3
Rye Cl AL5 86 B4
Rye Gdns SG7 13 B1
Rye Hill Harpenden AL5 86 B4
2 Luton LU2 45 D1
Rye House Gatehouse EN11 135 D8
Rye House Sta EN11 135 C8
Rye Mead Cotts EN11 135 C8
Rye Rd EN11 135 C8
Rye St CM23 58 F1
Ryecroft Hatfield AL10 129 F3
Stevenage SG1 50 E7
Ryecroft Cl HP2 125 C2
Ryecroft Cres EN5 171 B4
Ryecroft Ct AL4 128 F3
Ryecroft Way LU2 46 A4
Ryefeld Cl EN11 115 B2
Ryefield LU3 31 A1
Ryefield Cres HA6 175 A1
Ryelands AL7 110 F3
Ryelands Prim Sch EN11 135 B7
Rylands Heath LU2 46 F2
Ryley Cl SG16 10 B5
Ryman Ct WD3 164 C3
Rymill Cl HP3 137 A3
Ryton Cl LU1 63 B6

S

Saberton Cl AL3 105 F4
Sabine Ho WD5 153 F7
Sacombe Gn LU3 31 B1
Sacombe Green Rd SG12 71 E4
Sacombe Pound SG12 71 E3
Sacombe Rd
Hemel Hempstead HP1 123 F5
Hertford SG14 92 C1
Stapleford SG14 92 B4
Sacombs Ash La SG10 96 E7
Sacred Heart High Sch HA3 176 E1
Sacred Heart Inf Sch LU2 46 A3
Sacred Heart Jun Sch
Luton LU2 46 A3
St Albans AL3 127 B1
Sacred Heart RC Prim Sch SG12 93 D1
Sacred Heart RC Prim Sch The WD2 167 F3
Saddlers Cl Baldock SG7 23 E8
Barnet EN5 171 B4
Bishop's Stortford CM23 76 C4
Borehamwood WD6 170 D3
Pinner HA5 176 A4
Saddlers Path WD6 170 D4
Saddlers Pl SG8 7 C7
Saddlers Wlk WD4 139 A2
Sadleir Rd AL1 127 E1
Sadler Cl EN7 147 C6
Sadlers Way SG14 113 A6
Sadlier Rd SG11 55 E2
Saffron Cl Arlesey SG15 11 A7
Hoddesdon EN11 134 F7
Luton LU2 45 D7
Saffron Green Fst Sch WD6 170 E5
Saffron Hill SG6 22 E6
Saffron La HP1 124 B4
Saffron Mdw SG11 55 E2
Saffron St SG8 7 F5
Sainfoin End HP2 125 A5
St Adrian's RC Prim Sch AL1 141 C8
St Agnell's Farm Mews HP2 105 A1
St Agnells Ct HP2 125 A7
St Agnells La HP2 125 A8
St Alban & St Stephen RC Inf Sch AL1 127 F2
St Alban & St Stephen RC Jun Sch AL1 128 A3
St Alban's Cath AL3 127 D3
St Albans City Hospl AL3 127 C5
St Albans City Sta AL1 127 F3
St Albans Dr SG1 36 E1
St Albans Girls' Sch AL3 127 E7
St Albans High Sch for Girls AL1 127 E4
St Albans Hill HP3 124 F1
St Albans La WD5 140 A5
St Albans Link SG1 36 E1
St Albans Music Sch AL3 127 D6
St Albans RC Prim Sch CM20 117 F2
St Albans Rd Barnet EN5 171 F7
Codicote SG4 88 F7
Harpenden AL5 107 B6
Hemel Hempstead HP2,HP3 124 E2
Potters Bar EN5 158 C3
Redbourn AL3 106 C3
Ridge EN6 157 F8
St Albans Rd
Sandridge AL4 108 B1
St Albans AL4 128 A8
Watford WD1,WD2 154 B2
St Albans Rd E AL10 130 B6
St Albans Rd W AL4 129 D5
St Albans Sch AL3 127 C3
St Albert the Great RC Prim Sch HP3 125 A2
St Aldates Ct LU3 45 B3
St Andrew St SG14 113 C6
St Andrew's Ave AL5 85 F1
St Andrew's CE Prim Sch
Hertford SG14 112 F7
Hitchin SG4 35 A7
St Andrew's Cl LU1 63 B1
St Andrew's Ho CM20 117 F2
St Andrew's Pl 2 SG4 34 F6
St Andrew's Rd HP3 138 D7
St Andrews CE Prim Sch
Much Hadham SG10 74 F2
Stanstead Abbotts SG12 115 D4
St Andrews Dr SG1 36 F2
St Andrews Mews
1 Hertford SG14 113 C6
Luton LU3 45 A4
St Andrews Rd WD1 175 D7
St Andrews Terr WD1 175 C5
St Andrews Wlk LU1 63 C1
St Ann's Rd LU1 63 F7
St Anna Rd EN5 171 D4
St Anne's Cl EN7 148 A3
St Anne's Ct 7 SG5 34 F8
St Anne's Pk EN10 135 A4
St Anne's Rd Hitchin SG5 34 F8
London Colney AL2 142 D4
St Annes Cl WD1 175 C6
St Anthonys Ave HP3 125 B1
St Anthonys RC Prim Sch WD1 166 E4
St Audreys Cl AL10 130 B2
St Audreys Gn AL7 110 F5
St Augusta Ct AL3 127 D5
St Augustine Ave LU3 45 C3
St Augustine Cl 1 SG5 34 F8
St Augustine's RC Prim Sch EN11 135 B6
St Augustines Cl EN10 134 F3
St Augustines Dr EN10 134 F3
St Barnabas Ct
Harrow HA3 176 C2
Hemel Hempstead HP2 125 A3
St Bartholomew's CE Prim Sch HP23 100 D1
St Barts Cl AL4 128 D2
St Bernadette's RC Prim Sch AL2 142 D4
St Bernard's Cl LU3 45 C3
St Bernard's Rd AL3 127 E4
St Brelades Pl AL4 128 D7
St Catharine's Rd EN10 135 A4
St Catherine of Siena RC Jun Mix Inf Sch WD2 154 D6
St Catherine's CE Prim Sch SG12 93 B2
St Catherines Ave LU3 45 B3
St Catherines Ct CM23 76 E7
St Christopher Sch SG6 22 F3
St Clement Danes Sch WD3 164 D7
St Clement's CE Jun Sch EN8 148 E4
St Clements Ct EN9 163 C6
St Columba's Coll AL3 127 C1
St Cross Ct EN11 135 A4
St Cross RC Prim Sch EN11 135 A4
St Cuthbert Mayne RC Jun Sch HP1 124 B4
St Cuthberts Gdns 1 HA5 175 F3
St Cuthberts Rd EN11 115 C1
St David's Cl HP2 125 D2
St David's Dr EN10 134 F4
St Davids Cl SG1 36 F2
St Dominic RC Prim Sch AL5 107 B8
St Dunstan's Rd SG12 116 D8
St Edmund's Coll SG11 73 A8
St Edmund's Way CM17 118 C4
St Edmunds HP4 122 C3
St Edmunds Wlk AL4 128 D2
St Edward's Coll N20 171 B1
St Elizabeth's Sch & Home SG10 96 C6
St Elmo Ct SG4 34 F5
St Ethelbert Ave LU3 45 C4
St Etheldreda's Dr AL10 130 C5
St Evroul Ct 5 SG12 93 D2
St Faiths Cl SG4 22 B1
St Francis Cl
Buntingford SG9 40 F6
Potters Bar EN6 159 C5
Watford WD1 167 B1
St Francis' Coll SG6 22 E4
St Francis de Sales Ind Prim Sch HP23 99 F3
St George's CE Inf Sch EN3 162 D3
St George's Dr WD1 175 E6
St George's Rd
Enfield EN1 161 F1
Hemel Hempstead HP3 138 C7
Watford WD2 154 B1
St George's Sch AL5 86 B2
St George's Way SG1 50 D5
St Giles' Ave EN6 158 B7
St Giles' CE Prim Sch EN6 158 A7
St Giles Rd SG4 67 F2
St Helen's CE Prim Sch AL4 108 D8
St Helen's Cl AL4 108 D8
St Helen's Sch HA6 174 E4
St Heliers Rd AL4 128 B8
St Hilda's Sch
Bushey WD2 168 B2
Harpenden AL5 85 F2
St Ignatius Coll EN1 162 B2
St Ippolyts CE Prim Sch SG4 35 B3
St Ives Cl Luton LU3 45 B3
Welwyn AL6 89 F3
St James Ctr CM20 118 A4
St James Rd AL5 86 B4
St James' Rd LU3 45 B3
St James Rd WD1 167 B4
St James Way CM23 76 C3
St James's Ct AL5 86 B3
St James's Rd EN7 147 D3
St Joan of Arc RC Sch WD3 165 E2
St John Cl LU1 63 B5
St John Fisher RC Jun Mix Inf Sch AL4 128 C6
St John The Baptist CE Prim Sch SG12 115 A5
St John's Ave CM17 118 D4
St John's CE Prim Sch
Hatfield AL8 109 F5
Welwyn Garden City AL6 89 F2
St John's Cl EN6 159 C6
St John's Cres CM24 59 E7
St John's Ct
Harpenden AL5 107 C7
18 Hertford SG13 113 D6
St John's La CM24 59 E7
St John's Prim Sch EN2 161 B2
St John's RC Jun Mix Inf Sch SG7 23 F7
St John's RC Prim Sch WD3 165 B1
St John's Rd
Arlesey SG15 11 A4
Harpenden AL5 107 C7
Hemel Hempstead HP1 124 B1
Hitchin SG4 34 F6
Stansted Mountfitchet CM24 59 E7
Watford WD1 167 B7
St John's St SG13 113 D6
St John's Terr EN2 161 D2
St John's Well Ct HP4 122 B5
St John's Well La HP4 122 B5
St Johns SG11 55 E3
St Johns CE Inf Sch WD7 155 F4
St Johns Cl AL6 89 C6
St Johns Ct Luton LU1 63 B5
St Albans AL1 128 B5
St Johns La SG12 115 A6
St Johns Wlk CM17 118 C4
St Joseph's Cl LU3 45 A4
St Joseph's Inf Sch LU3 45 A4
St Joseph's Jun Sch LU3 45 A4
St Joseph's RC Jun Mix Inf Sch CM23 76 E6
St Joseph's RC Prim Sch
Hertford SG14 113 A7
South Oxhey WD1 175 C7
St Joseph's RC Sch EN8 162 E7
St Joseph's Rd EN8 162 E6
St Joseph's Sch SG14 113 A4
St Joseph's Wlk AL5 107 A8
St Julian's Rd AL1 127 D1
St Katharines Cl SG5 21 D3
St Katherine's Way HP4 121 F7
St Laurence Dr EN10 148 F8
St Lawrence CE Jun Sch EN9 163 F6
St Lawrence Cl
Abbots Langley HP3 139 E1
Bovingdon HP3 137 A4
St Lawrence Way AL2 140 F1
St Lawrences Ave LU3 45 C3
St Leonard's Ct AL4 108 C1
St Leonard's Rd SG14 113 D8
St Leonards Cl
Hertford SG14 113 E8
Watford WD2 167 E5
St Leonards Cres AL4 108 C1
St Leonards Rd EN9 149 D6
St Luke's Ave EN2 161 D1
St Luke's Cl LU4 44 E2
St Luke's Sch AL3 106 A6
St Magnus Ct HP3 125 C1
St Margaret Clitherow RC Prim Sch SG2 50 F2
St Margaret of Scotland Inf Sch LU1 63 B5
St Margaret of Scotland Jun Sch LU1 63 B5
St Margaret's Cl HP4 122 D3
St Margaret's Rd SG12 115 B2
St Margaret's Sch WD2 168 A2
St Margarets SG2 50 F2
St Margarets Ave LU3 45 B3
St Margarets Cl LU3 31 A6
St Margarets Sta SG12 115 C4
St Margarets Way HP2 125 D3
St Mark's Cl SG5 21 D1
St Marks Cl AL4 129 B1
St Martha's Jun Sch EN5 171 E5
St Martin de Porres RC Inf Sch LU4 44 A4
St Martin de Porres RC Jun Sch LU4 44 A4
St Martin's Ave LU2 45 F2
St Martin's Rd SG3 69 A5
St Martin's Sch HA6 174 D5
St Martins Cl
Harpenden AL5 86 C4
South Oxhey WD1 175 C6
St Mary's Ave
Berkhamsted UB2 121 D6
Moor Park HA6 174 E5
Stotfold SG5 11 F6
St Mary's CE Fst Sch HP4 121 E6
St Mary's CE High Sch EN7 148 B1
St Mary's CE Jun Mix Inf Sch AL9 144 B8
St Mary's CE Jun Sch SG12 93 D3
St Mary's CE Prim Sch CM24 59 E7
St Mary's Cl
Letchworth SG6 22 F2
Pirton SG5 20 D4
Redbourn AL3 106 A4
St Mary's Ct
4 Hemel Hempstead HP2 124 D4
Potters Bar EN6 159 B7
Welwyn AL6 89 C4
St Mary's Ctyd 3 SG12 93 D1
St Mary's Dr CM24 59 F5
St Mary's Inf Sch SG7 23 E6
St Mary's Jun Mix Sch SG7 23 E6
St Mary's La SG14 112 F3
St Mary's Prim Sch AL6 89 B4
St Mary's RC Prim Sch SG8 7 D7
St Mary's RC Sch CM23 76 E7
St Mary's Rd
Cheshunt EN8 148 C2
Hemel Hempstead HP2 124 D4
Luton LU1 63 F7
Standon SG11 55 D2
Watford WD1 167 B5
St Mary's Rise SG4 47 D1
St Mary's (Stotfold) Lower Sch SG5 12 A6
St Mary's Way SG7 23 E6
St Marys Cl SG2 51 E2
St Marys Rd AL6 89 C5
St Marys Wlk AL4 128 B7
St Matthew's Inf Sch LU2 45 E1
St Matthews Cl Luton LU2 63 E8
Watford WD1 167 D3
St Meryl Jun Mix Inf Sch WD1 175 E7
St Michael's CE Prim Sch
Bishop's Stortford CM23 76 F7
St Albans AL3 127 B3
St Michael's Cres LU3 45 D3
St Michael's Ct AL3 127 B3
St Michael's Mount SG4 35 A8
St Michael's RC Sch WD2 154 D7
St Michael's Rd EN10 135 A3
St Michael's St AL3 127 B3
St Michaels Ave HP3 125 B1
St Michaels Cl
Harlow CM20 117 E1
Harpenden AL5 107 D7
St Michaels Ct SG1 51 B8
St Michaels Dr WD2 154 B6
St Michaels Rd SG4 35 B7
St Michaels View AL10 130 B7
St Michaels Way EN6 145 B1
St Mildreds Ave LU3 45 C3
St Monicas Ave LU3 45 B3
St Neots Cl WD6 157 A1
St Nicholas Ave AL5 86 A1
St Nicholas CE Jun Mix Inf Sch
Harpenden AL5 86 A1
Letchworth SG6 12 C1
St Nicholas CE Prim Sch SG2 50 F4
St Nicholas Cl WD6 169 D3
St Nicholas Ct AL5 85 F3
St Nicholas Elstree CE Prim Sch WD6 169 D3
St Nicholas House Sch HP3 139 B6
St Nicholas Mount HP1 123 F3
St Nicholas Sch CM17 118 F3
St Ninian's Ct 7 LU2 63 D8
St Olam's Cl LU3 45 B6
St Olives SG5 11 E6
St Pancras Ho SG8 2 D1
St Paul's CE Inf Sch EN11 135 B6
St Paul's CE Prim Sch WD4 152 A8
St Paul's Gdns LU1 63 E5
St Paul's Rd
Hemel Hempstead HP2 124 E4
Luton LU1 63 E5
St Paul's Walden SG4 49 A1
St Paul's Walden Prim Sch SG4 66 D7
St Pauls CE Prim Sch WD4 153 C5
St Pauls Ct 3 SG2 50 F1
St Pauls Pl AL1 128 A3
St Pauls RC Prim Sch EN7 148 B4
St Pauls Way
Waltham Abbey EN9 163 D6
Watford WD2 167 C7
St Peter's Ave SG15 11 A7
St Peter's CE Prim Sch WD3 165 B1
St Peter's Cl Barnet EN5 171 B4
Bushey WD2 168 D1
Rickmansworth WD3 165 B1
St Albans AL1 127 D4
St Peter's Rd AL1 127 E4
St Peter's Sch AL1 127 E2
St Peter's St AL1 127 D4
St Peters Cl Hatfield AL10 130 A6
London Colney AL2 142 C5
St Peters Hill HP23 100 A4
St Peters Rd LU1 63 B7
St Peters Way WD3 164 B5
St Philip Howard RC Prim Sch AL10 130 B5
St Raphaels Ct AL1 127 E4
St Ronans Cl EN4 159 D1
St Rose's Inf Sch HP1 124 A1
St Saviors View AL1 127 F4
St Saviours's Cres LU1 63 D6
St Stephen's Ave AL3 141 B8
St Stephen's Cl AL3 141 B8
St Stephen's Hill AL1 127 C1
St Stephen's Rd EN3 162 D2
St Stephens Rd EN5 171 D4
St Teresa's Fst & Mid RC Sch HA3 176 C2
St Teresa's RC Prim Sch WD6 170 B7
St Thomas' Dr HA5 175 E2
St Thomas More RC Jun Mix Inf Sch SG6 22 D4
St Thomas More RC Prim Sch HP4 122 A4
St Thomas of Canterbury RC Prim Sch SG11 55 C3
St Thomas Pl AL4 108 D8
St Thomas's Rd LU2 46 A4
St Vincent de Paul RC Prim Sch SG1 51 A6
St Vincent Dr AL1 128 A1
St Vincent Gdns LU4 44 D3
St Vincent's Way EN6 159 C6
St Winifreds Ave LU3 45 C3
St Yon Ct AL4 128 E3
Sale Dr SG7 13 A1
Salisbury Ave
Harpenden AL5 86 A1
St Albans AL1 128 B4
Salisbury Cl
Bishop's Stortford CM23 76 F5
Potters Bar EN6 159 C7
Salisbury Cres EN8 162 D7
Salisbury Gdns AL7 110 F5
Salisbury Ho AL3 127 C2
Salisbury Inf Sch AL10 130 B7
Salisbury Rd Baldock SG7 12 F1
Barnet EN5 171 E6

Sal–Smi 205

Salisbury Rd continued
Enfield EN3 162 F2
Harpenden AL5 86 D3
Hoddesdon EN11 135 C8
Luton LU1 63 D6
Stevenage SG1 37 A2
Watford WD2 154 C1
Welwyn Garden City AL7 111 A5
Salisbury Sq Hatfield AL9 130 C6
7 Hertford SG14 113 D6
Sally Deards La AL6 68 B3
Salmon Cl AL7 90 A1
Salmons Cl SG12 93 D4
Saltdean Cl LU2 46 D4
Salter's Cl HP4 121 F6
Salters CM23 76 C4
Salters Cl WD3 165 E1
Salters Gdns WD1 167 A8
Saltfield Cres LU4 44 C4
Salusbury La SG5 33 C2
Salvatorian Coll HA3 176 E1
Salwey Cres EN10 134 F3
Samian Gate AL3 126 F1
Sampson Ave EN5 171 D4
Samuel Lucas Jun Mix Inf Sch SG5 34 D7
Sancroft Rd HA3 176 F1
Sanctuary Cl UB9 173 C3
Sandalls Spring HP1 123 F5
Sandalwood Cl LU3 45 B7
Sanday Cl HP3 125 B1
Sandbrook La HP23 79 C1
Sandell Cl LU2 45 F2
Sanderling Cl SG6 22 E8
Sanders Cl
Hemel Hempstead HP3 138 F7
London Colney AL2 142 D4
Sanders Rd HP3 139 A7
Sandfield Rd AL1 128 A3
Sandgate Rd LU4 44 D2
Sandhurst Ct AL5 107 D6
Sandifield AL10 130 B2
Sandle Rd CM23 77 A7
Sandmere Cl HP2 125 A2
Sandon Cl HP23 99 F4
Sandon Jun Mix Inf Sch SG9 15 C1
Sandon Rd EN8 148 C1
Sandover Cl SG4 35 B6
Sandown Rd
Stevenage SG1 37 C1
Watford WD2 154 C1
Sandown Road Ind Est WD2 154 C2
Sandpit Hill Cotts HP23 120 B3
Sandpit La AL1,AL4 128 C5
Sandpit Rd AL7 110 E4
Sandridge Cl HP2 105 A1
Sandridge Ct AL4 128 D7
Sandridge Rd AL1 127 F5
Sandridge Sch AL4 108 D1
Sandridgebury La
Sandridge AL3,AL4 108 A2
St Albans AL3 127 E8
Sandringham Cres AL4 128 C8
Sandringham Gdns 6 CM23 76 E5
Sandringham Rd
Potters Bar EN6 145 B1
Watford WD2 154 C2
Sandringham Sch AL4 128 B7
Sandringham Way EN8 162 D5
Sandy Cl SG14 113 B6
Sandy Gr SG4 34 F6
Sandy La Bushey WD2 168 C6
Moor Park HA6 175 A5
Sandy Lodge HA6 174 E8
Sandy Lodge Ct HA6 174 E5
Sandy Lodge La HA6 174 E8
Sandy Lodge Rd WD3 174 C8
Sandy Lodge Way HA6 174 E4
Sandycroft Rd HP6 150 C1
Sanfoin Rd LU4 44 A4
Sanfoine Cl SG4 35 C8
Santers La EN6 158 E6
Santingfield N LU1 63 B6
Santingfield S LU1 63 B6
Sappers Cl CM21 97 F2
Saracen Est HP2 125 B5
Saracens Head HP2 125 A4
Sark Ho Enfield EN3 162 D1
10 Watford WD1 166 F3
Sarratt Ave HP2 125 A8
Sarratt Jun Mix Inf Sch WD3 152 A3
Sarratt La
Rickmansworth WD3 165 C6
Sarratt WD3 165 D8
Sarratt Rd WD3 165 C8
Sarum Pl HP2 124 E7
Sarum Rd LU3 44 F4
Satinwood Ct 1 HP3 124 E1
Saturn Way HP2 124 F6
Sauncey Ave AL5 86 B3
Sauncey Wood AL5 86 E4
Sauncey Wood La AL5 86 E6
Saunders Cl
Cheshunt EN8 148 D4
Letchworth SG6 23 C7
Savanna Ct WD1 166 F5
Savill Cl EN7 147 C6
Savoy Cl UB9 173 D1
Sawbridgeworth Rd
Hatfield Heath CM22 98 E3
Little Hallingbury CM22 98 B6
Sawbridgeworth Sta CM21 98 A3
Sawells EN10 134 F2
Sawtry Cl LU3 45 A6
Sawtry Way WD6 157 A1
Sawyers La EN6 158 D5
Sawyers Way HP2 124 F3
Sax Ho SG6 11 E1
Saxon Ave SG5 11 F8
Saxon Cl Harpenden AL5 86 C4
Letchworth SG6 11 F1
Saxon Ct WD6 169 E8
Saxon Rd Luton LU3 45 C2
Welwyn AL6 89 B3
Wheathampstead AL4 108 D7
Saxon Way Baldock SG7 13 B1
Waltham Abbey EN9 163 C6
Saxtead Cl LU2 46 D1
Sayer Way SG3 68 F4
Sayers Gdns HP4 122 A6
Sayes Gdns CM21 97 F2
Sayesbury Ave CM21 97 E3
Sayesbury Rd CM21 97 E2
Saywell Rd LU2 46 B1
Scammell Way WD1 166 F3
Scarborough Ave SG1 50 B7
Scatterdells La WD4 138 A2
Scholar's Hill SG12 95 A4
Scholars Cl AL4 143 C8
Scholars Mews AL8 110 D8
Scholars The WD1 167 C4
Scholars Wlk 4 AL10 130 A2
School Cl Essendon AL9 131 F6
Stevenage SG2 51 B3
School Gdns HP4 123 B6
School La Ardeley SG2 38 F3
Aston SG2 51 E2
Barley SG8 9 A1
Bricket Wood AL2 155 A7
Bushey WD2 168 B2
Essendon AL9 131 F6
Great Offley SG5 33 C3
Harlow CM20 117 E2
Hatfield AL10 130 C6
Luton LU4 44 D4
Preston SG4 48 E5
Tewin AL6 90 E2
Watton at Stone SG14 70 E3
Welwyn AL6 89 B4
Weston SG4 24 C1
School Mead WD5 153 D7
School Rd EN6 145 C1
School Row HP1 123 F2
School Wlk SG6 23 B6
Schoolfields SG6 23 C5
Schubert Rd WD6 169 D3
Scot Gr HA5 175 D3
Scotfield Ct LU2 46 D3
Scots Hill WD3 165 F3
Scots Hill Cl WD3 165 F3
Scotscraig WD7 155 F4
Scott Ave SG12 115 B4
Scott Cl SG8 2 D1
Scott Rd
Bishop's Stortford CM23 76 E6
Luton LU3 44 C7
Stevenage SG2 51 B6
Scott's Grotto SG12 114 D8
Scott's Rd SG12 114 D8
Scotts Cl SG12 114 D8
Scotts Mill La WD3 165 F3
Scotts View AL8 110 C5
Scottswood Cl WD2 167 E7
Scottswood Rd WD2 167 E7
Scratchwood Nature Trail NW7 170 D2
Scriveners Cl HP2 124 E3
Scrubbitts Sq WD7 156 A4
Scrubbitts Park Rd WD7 156 A4
Seabrook LU4 44 B3
Seabrook Rd WD5 139 D4
Seacroft Gdns WD1 175 D7
Seaford Cl LU2 46 C3
Seaforth Dr EN8 162 D5
Seal Cl LU4 44 D3
Seaman Cl AL2 141 D6
Searches La WD5 140 C4
Seaton Rd
Hemel Hempstead HP3 124 E1
London Colney AL2 142 D5
Luton LU4 44 F3
Sebright Rd Barnet EN5 171 E6
Hemel Hempstead HP1 124 A1
Markyate AL3 83 E5
Sebright Sch AL3 83 C4
Secker Cres HA3 176 C2
Second Ave
Letchworth SG6 23 C6
Watford WD2 154 D4
Sedbury Cl LU3 45 A6
Sedge Gn EN9 135 E3
Sedgwick Ct HP2 105 B1
Sedgwick Rd LU4 44 B7
Sedley Cl EN1 162 B1
Seebohm Cl SG5 21 C1
Seeleys CM17 118 C4
Sefton Ave HA3 176 D2
Sefton Cl AL1 127 F4
Sefton Rd SG1 37 B1
Selbourne Rd LU4 45 A2
Selby Ave AL3 127 D3
Selden Hill HP2 124 D2
Sele Mill SG14 113 B6
Sele Rd SG14 113 B6
Sele Sch The SG14 112 F6
Selina Cl LU3 44 C7
Sell Cl EN7 147 B5
Sellers Cl WD6 170 C8
Sells Rd SG12 93 F2
Sellwood Dr EN5 171 D4
Selsey Dr LU2 46 D4
Selwyn Ave AL10 129 E4
Selwyn Cres AL10 129 E5
Selwyn Dr AL10 129 E5
Sempill Rd HP3 124 E1
Senate Pl SG1 37 B3
Sentis Ct HA6 174 F4
Sequoia Cl WD2 168 D1
Sequoia Pk HA5 176 B4
Serby Ave SG8 7 D8
Sergehill La WD5 140 A5
Serpentine Cl SG1 37 C2
Service Industry Bays CM20 117 F2
Service Rd The EN6 159 A7
Seven Acres HA6 175 A4
Sevenoaks Ct HA6 174 C3
Severalls The LU2 46 B3
Severn Dr EN1 162 A1
Severn Way WD2 154 C5
Severnmead HP2 124 E6
Severnvale AL2 142 F4
Sewardstone Rd EN9 163 D3
Sewardstone St EN9 163 C5
Sewell Cl AL4 128 E3
Sewell Harris Cl CM20 117 F1
Sewells AL8 89 E2
Sexton Cl EN7 147 B6
Seymour Ave LU1 63 F5
Seymour Cl HA5 175 F2
Seymour Cres HP2 124 E3
Seymour Ct HP4 121 E6
Seymour Mews CM21 118 E7
Seymour Rd
Berkhamsted HP4 121 E6
Luton LU1 63 F5
St Albans AL3 127 E6
Shackledell SG2 50 F2
Shacklegate La SG4 66 E5
Shackleton Spring SG2 51 A3
Shackleton Way
Abbots Langley WD5 154 A7
Welwyn Garden City AL7 111 D6
Shady Bush Cl WD2 168 C2
Shady La WD1 167 B7
Shaftenhoe End Rd
Barley SG8 9 A1
Nuthampstead SG8 18 B8
Shaftesbury Ct
Croxley Green WD3 166 C4
Stevenage SG1 50 E4
Shaftesbury Ind Ctr SG6 23 B7
Shaftesbury Quay 9 SG14 113 D6
Shaftesbury Rd Luton LU4 45 B1
Watford WD1 167 C6
Shaftesbury Sch HA3 176 B2
Shaftesbury Way
Abbots Langley WD4 139 C3
Royston SG8 7 E5
Shakespeare SG8 7 D8
Shakespeare Ct EN11 115 A2
Shakespeare Ind Est WD2 154 A1
Shakespeare Rd
Harpenden AL5 86 C1
Luton LU4 44 B2
Shakespeare St WD2 154 B1
Shalcross Dr EN8 148 F1
Shallcross Cres 6 AL10 130 A2
Shambrook Rd EN7 147 B6
Shangani Rd CM23 76 F5
Shanklin Cl
Goff's Oak EN7 147 F2
Luton LU3 45 A7
Shanklin Gdns WD1 175 C6
Shantock Hall La HP3 136 E1
Shantock La HP3 136 E1
Sharmans Cl AL6 89 F4
Sharose Ct AL3 83 E5
Sharpcroft 1 HP2 124 D5
Sharpenhoe Rd LU3 31 A5
Sharpes La HP1 123 B1
Sharples Gn LU3 45 B8
Sharps Way Hitchin SG4 22 A1
Hitchin SG4 35 A8
Shaw Cl Bushey WD2 176 E8
Cheshunt EN8 148 C3
Shaw's Corner AL6 88 A6
Shaws The AL7 111 C5
Shearers The CM23 76 C4
Sheares Hoppit SG12 95 D2
Shearwater Cl SG2 51 D4
Sheepcot Dr WD2 154 C5
Sheepcot La WD2 154 B6
Sheepcote AL7 111 A3
Sheepcote La AL4 87 F1
Sheepcote Rd HP2 124 F3
Sheepcroft Hill SG2 51 D3
Sheephouse Rd HP3 124 F1
Sheering CE Prim Sch CM22 98 D1
Sheering Dr CM17 118 E4
Sheering Lower Rd CM21 98 A2
Sheering Mill La CM21 97 F2
Sheering Rd CM17 118 F4
Sheethanger La HP3 138 A7
Shefton Rise HA6 175 A3
Sheldon Cl EN7 147 E5
Shelford Rd EN5 171 C3
Shelley Cl Hitchin SG4 35 C7
Moor Park HA6 174 F5
Royston SG8 2 D1
Shelley Ct Cheshunt EN7 148 A3
16 Harpenden AL5 86 B1
Waltham Abbey EN9 163 F6
Shelley La UB9 173 A3
Shelley Rd LU4 44 B2
Shelton Way LU2 46 A3
Shendish Edge HP3 138 F6
Shenley Ct HP2 125 B8
Shenley Hill WD7 156 B4
Shenley La AL2 142 C4
Shenley Prim Sch WD7 156 F5
Shenley Rd
Borehamwood WD6 170 B6
Hemel Hempstead HP2 105 B1
Radlett WD7 156 C4
Shenleybury WD7,AL2 156 E8
Shenleybury Cotts WD7 156 E8
Shenlybury Villas WD7 156 E8
Shenstone Hill HP4 122 E5
Shenval Ho CM20 118 A4
Shephall Gn SG2 51 B2
Shephall Green Inf Sch SG2 51 B2
Shephall View SG1 51 A5
Shephall Way SG2 51 C3
Shepherd Cl SG8 7 E5
Shepherd Inf Sch WD3 165 A1
Shepherd Jun Mix Inf Sch WD3 165 A1
Shepherd's La WD3 164 E2
Shepherd's Row AL3 106 B5
Shepherds Cl CM23 76 C4
Shepherds Ct SG14 92 C1
Shepherds Gn HP1 123 E2
Shepherds La SG1 50 A6
Shepherds Mead SG5 21 F2
Shepherds Rd WD1 166 F5
Shepherds Way
Brookmans Park AL9 145 D4
Harpenden AL5 85 D4
Rickmansworth WD3 165 B2
Shepherds Wlk WD2 176 D8
Shepley Mews EN3 163 A2
Sheppard Cl EN1 162 B1
Sheppards Cl AL3 127 E6
Shepperton Cl WD6 170 D8
Sheppey's La WD5 139 E3
Sheraton Cl WD6 169 F4
Sheraton Ho WD3 164 C5
Sheraton Mews WD1 166 E5
Sherborne Ave LU2 45 D6
Sherborne Cotts WD1 167 C4
Sherborne Pl HA6 174 D4
Sherborne Way WD3 166 B5
Sherbourne Cl HP2 124 E2
Sherd Cl LU3 44 F7
Sheredes Cty Prim Sch EN11 134 F4
Sheredes Dr EN11 134 F4
Sheredes Sch EN11 134 F5
Sherfield Ave WD3 173 E8
Sheridan Cl HP1 124 B2
Sheridan Rd Luton LU3 45 C2
Watford WD1 167 D2
Sheriden Wlk EN10 134 E3
Sheriff Way WD2 154 A5
Sheringham Ave SG1 36 B1
Sheringham Cl LU2 45 C7
Sherington Ave HA5 176 A3
Sherland Ct WD7 156 A4
Shernbroke Rd EN9 163 F5
Sherrards Mews AL8 89 B1
Sherrardspark Rd AL8 110 D8
Sherrardswood Sch AL6 89 D4
Sherwood SG6 22 F8
Sherwood Ave
Potters Bar EN6 158 E7
St Albans AL4 128 B6
Sherwood Ct 20 CM23 76 F7
Sherwood Ho HA2 153 F8
Sherwood Pl 1 HP2 124 F7
Sherwood Rd LU4 45 A2
Sherwoods Rd WD1 167 E2
Sherwoods Rise AL5 107 D8
Shetland Cl WD6 170 D3
Shetland Ho 13 WD1 166 F3
Shillington Rd SG5 20 B5
Shillitoe Ave EN6 158 E7
Shingle Cl LU3 45 A8
Shire Cl EN10 148 F5
Shire La
Chalfont St Peter WD3 172 C4
Chorleywood WD3 164 C4
Maple Cross WD3 172 B5
Tring HP23 120 B4
Shiremeade WD6 169 F4
Shires The Luton LU2 45 D1
Royston SG8 7 E6
Shirley Cl Cheshunt EN8 148 C2
Hoddesdon EN10 148 F7
Stevenage SG2 51 C8
Shirley Rd
Abbots Langley WD5 153 F7
Luton LU1 63 C8
St Albans AL1 127 F2
Shootersway HP4 121 E4
Shootersway La HP4 121 F4
Shootersway Pk HP4 121 F3
Shoplands AL8 89 D2
Shoreham Cl SG1 50 A8
Short Hale LU7 80 C3
Short La Aston SG2 51 E4
Bricket Wood AL2 140 E2
Shortcroft CM23 77 D7
Shortlands Gn AL7 110 F5
Shortlands Pl CM23 76 F8
Shortmead Dr EN8 162 E8
Shothanger Way HP3 137 D6
Shott La SG6 23 A5
Shottfield Cl AL4 108 D2
Shrub Hill Rd HP1 123 F2
Shrubbery Gr SG8 7 D4
Shrubbery The HP1 123 E4
Shrublands AL9 145 B5
Shrublands Ave HP4 122 A4
Shrublands Rd HP4 122 A5
Shrublands The EN6 158 E6
Shugars Gn HP23 100 B5
Sibley Ave AL5 107 E7
Sibley Cl LU2 46 B3
Sibthorpe Rd AL9 144 D7
Siccut Rd SG4 35 E4
Sicklefield Cl EN7 147 F5
Siddons Rd SG2 51 C6
Sidford Cl HP1 123 F3
Sidings The Hatfield AL10 129 E4
Hemel Hempstead HP2 124 D3
Hoddesdon EN10 135 A1
Sidmouth Cl WD1 175 B8
Sidney Terr CM23 76 F6
Silam Rd SG1 50 E5
Silecroft Rd LU2 64 B8
Silk Mill Ct WD1 167 B2
Silk Mill Rd Redbourn AL3 106 B4
Watford WD1 167 B2
Silk Mill Way HP23 100 A5
Silkin Ct SG2 51 D3
Silver Cl HA3 176 D3
Silver Ct SG5 34 F8
Silver Dell WD2 153 F4
Silver Hill WD6 157 B3
Silver St Anstey SG9 29 A5
Ashwell SG7 4 D4
Goff's Oak EN7 147 D1
Guilden Morden SG8 1 F4
Luton LU1 63 E7
Stansted Mountfitchet CM24 59 D6
Waltham Abbey EN9 163 C6
Silver Trees AL2 140 F1
Silverbirch Ave SG5 11 F8
Silverdale Rd WD2 167 E4
Silverfield EN10 134 F1
Silverthorn Dr HP3 139 B7
Silverwood Cl HA6 174 C2
Simmonds Rise HP3 124 D1
Simon Balle Sch SG13 113 E5
Simon Dean HP3 137 A4
Simpson Cl LU4 44 D2
Simpson Dr SG7 23 F8
Simpsons Ct SG7 23 F8
Sinderby Cl WD6 169 E8
Sinfield Cl SG1 51 A5
Singlets La AL3 84 C2
Sir Frederic Osborn Sch AL7 111 B7
Sir Herbert Janes Village The LU4 44 D4
Sir James Altham Pool WD1 175 E5
Sir John Lawes Sch AL5 86 C3
Sir John Newsom Sch AL7 110 E3
Sir Peter's Way HP4 81 E6
Sirita Cl HA3 176 D1
Sirus Rd HA6 175 A5
Sish Cl SG1 50 D6
Sish La SG1 50 D6
Siskin Cl
Borehamwood WD6 170 A5
Watford WD2 167 E5
Sisson Cl SG2 51 C2
Sitwell Gr HA7 176 F5
Six Acres HP3 139 A8
Six Hills Way SG1,SG2 50 C4
Sixth Ave Letchworth SG6 23 C6
Watford WD2 154 D4
Skegness Rd SG1 50 A8
Skegsbury La SG4 65 F1
Skelton Cl LU3 31 B1
Skidmore Way WD3 165 E1
Skimpans Cl AL9 144 D7
Skimpot Rd LU4 44 A1
Skinners St CM23 76 C4
Skipton Cl SG2 68 F8
Skua Cl LU4 44 A5
Skye Ho 11 WD1 166 F3
Skylark Cnr SG2 51 D3
Skys Wood Rd AL4 128 B7
Skyswood Prim Sch AL4 128 C6
Slade Ct WD7 156 A4
Sleaford Gn WD1 175 D7
Sleapcross Gdns AL4 129 C2
Sleaps Hyde SG2 51 C1
Sleapshyde La AL4 129 C2
Sleddale HP2 124 E6
Sleets End HP1 124 B5
Slimmons Dr AL4 128 A7
Slip End Lower Sch LU1 63 B1
Slip La SG3,AL6 68 C4
Slipe La EN10 148 F7
Slipe The LU7 80 A7
Slippers Hill HP2 124 D4
Sloan Ct SG1 50 F6
Sloansway AL7 90 A1
Slowmans AL2 141 C3
Slype The AL5,AL4 87 B5
Small Acre HP1 123 F3
Smallcroft AL7 111 B7
Smallford La AL4 129 B2
Smallwood Cl AL4 108 E7
Smarts Gn EN7 147 F5
Smeaton Cl EN9 163 E7
Smeaton Rd EN3 163 A2
Smith St WD1 167 C5
Smith's End La Barley SG8 17 F8
Nuthampstead SG8 18 A8
Smithfield HP2 124 D5
Smiths La EN7 147 D5
Smiths Lane Mall 5 LU1 63 E7

206 Smi–Sto

Smiths Sq 6 LU1 63 E7
Smithy The SG11 57 B2
Smug Oak Bsns Ctr AL2 141 B1
Smug Oak La AL2 141 D1
Snailswell La SG5 21 E5
Snatchup AL3 106 A5
Snells Mead SG9 40 F7
Snipe The SG4 24 B1
Snowdrop Cl CM23 76 C6
Snowford Cl 1 LU3 45 A7
Snowley Par CM23 59 B1
Soham Rd EN3 162 F2
Solar Ct WD1 166 F4
Solar Way EN3 162 F3
Solesbridge Cl WD3 164 F6
Solesbridge La WD3 165 B7
Sollershott E SG6 22 F4
Sollershott Hall SG6 22 F4
Sollershott W SG6 22 E4
Solomon's Hill WD3 165 D2
Solway HP2 124 F5
Solway Rd N LU3 45 A4
Solway Rd S LU3 45 A3
Somerby Cl EN10 135 A2
Someries Inf Sch LU2 46 C3
Someries Jun Sch LU2 46 C3
Someries Rd
Harpenden AL5 86 C4
Hemel Hempstead HP1 123 F5
Somers Rd AL9 144 C7
Somers Sq AL9 144 C8
Somers Way WD2 168 C2
Somersby Cl LU1 63 E5
Somerset Ave LU2 46 A1
Somerset Rd EN3 163 A1
Somersham AL7 111 D6
Sonia Cl WD1 167 C2
Soothouse Spring AL3 127 F7
Soper Mews EN3 163 A1
Sopers Rd EN6 146 F2
Sopwell La AL1 127 D2
Sorrel Cl Luton LU3 45 B8
Royston SG8 7 F5
Sorrel Garth SG4 35 A6
Sotheron Rd WD1 167 C6
Souberie Ave SG6 22 F5
Souldern St WD1 167 B4
South App HA6 174 D7
South Bank Rd HP4 121 F6
South Block CM21 97 F2
South Charlton Mead La
EN11 135 D5
South Cl Baldock SG7 23 F7
Barnet EN5 171 F6
Chiswellgreen AL2 141 B6
Pinner HA5 175 D2
Royston SG8 7 B7
South Cottage Dr WD3 164 F4
South Cottage Gdns
WD3 164 F4
South Dr Cuffley EN6 146 E1
St Albans AL4 128 E4
South Drift Way LU1 63 B5
South Hill Cl SG4 35 A6
South Hill Prim Sch HP1 124 C2
South Hill Rd HP1 124 C3
South Ley AL7 110 E3
South Ley Ct AL7 110 E3
South Luton High Sch
LU1 63 F5
South Ordnance Rd EN3 163 A2
South Par EN9 163 C6
South Park Ave WD3 164 F4
South Park Gdns HP4 122 B5
South Pl Harlow CM20 118 A4
Hitchin SG5 34 D8
South Rd Baldock SG7 24 A7
Bishop's Stortford CM23 77 A5
Chorleywood WD3 164 C4
Harlow CM20 118 A4
Luton LU1 63 D6
Standon SG11 55 D2
South Riding AL2 141 A1
South St
Bishop's Stortford CM23 76 F6
Hertford SG14 113 D6
Stanstead Abbotts SG12 115 C4
South Street Commercial
Ctr 1 CM23 76 F6
South View SG6 22 F5
South View Rd HA5 175 B4
South Way
Abbots Langley WD5 153 E6
Hatfield AL10 130 B2
Waltham Abbey EN9 163 C3
South Weald Dr EN9 163 D6
Southacre Way HA5 175 C2
Southall Cl SG12 93 D2
Southbrook CM21 97 E1
Southbrook Dr 2 EN8 148 D3
Southdown Ct AL10 130 A2
Southdown Ho AL5 107 C8
Southdown Ind Est AL5 107 C7
Southdown Rd
Harpenden AL5 107 B8
Hatfield AL10 130 A2
Southend Cl SG1 50 D7
Southern Ave SG16 10 C3
Southern Rise LU2 85 F7
Southern Terr EN11 115 B1
Southern Way
Letchworth SG6 22 E8
Studham LU6 82 C4
Southernwood Cl HP2 125 A4
Southerton Way WD7 156 E6
Southfield Barnet EN5 171 D3
Braughing SG11 55 F7
Welwyn Garden City AL7 110 D4
Southfield Ave WD2 154 C1
Southfield Rd
Cheshunt EN8 162 E7
Hoddesdon EN11 135 A7
Southfield Sch AL10 130 B1
Southfield Way AL4 128 D6
Southfields Letchworth SG6 11 F1
Standon SG11 55 E2
Southgate SG1 50 D4
Southgate Cotts WD3 165 C8
Southgate Ct 5 AL5 86 A2
Southgate Ho 1 EN8 148 D1
Southgate Rd EN6 159 C6
Southlynn Ho 2 LU2 63 F8
Southmead Cres EN8 148 F1
Southmill Rd CM23 77 A5
Southmill Trad Ctr CM23 77 A6
Southsea Ave WD1 167 A5
Southsea Rd SG1 50 B8
Southside SG9 28 A3
Southview Cl EN7 147 E5
Southview Rd AL5 86 D3
Southwark Cl SG1 37 B2
Southwold Cl SG1 50 A6
Southwold Rd WD2 154 C2
Sovereign Ct WD1 167 A5
Sovereign Pk HP2 125 B5
Sowerby Ave LU2 46 C3
Sparhawke SG6 12 A1
Sparrow Cl LU4 44 A4
Sparrow Dr SG2 51 D4
Sparrows Herne WD2 168 C2
Sparrows Way WD2 168 C1
Sparrowswick Ride AL3 127 C8
Spayne Cl LU3 45 B8
Spear Cl LU3 44 E6
Speedwell Cl LU3 45 A8
Speke Cl SG2 51 D5
Spellbrook La E CM22 97 F8
Spellbrook La W CM23 97 E7
Spellbrook Prim Sch
CM23 97 F7
Spellbrooke 5 SG5 34 D8
Spencer Ave EN7 147 E5
Spencer Cl CM24 59 E6
Spencer Gate AL1 127 E5
Spencer Ho SG5 11 F6
Spencer Jun Sch AL3 127 E6
Spencer Mews AL1 127 E4
Spencer Pl AL4 108 C2
Spencer Rd Harrow HA3 176 E1
Luton LU3 45 C2
Spencer St Hertford SG13 113 E7
St Albans AL3 127 D3
Spencer Way HP1 124 A6
Spencer Wlk WD3 165 C4
Spenser Cl SG8 2 D1
Spenser Rd AL5 86 C1
Sperberry Hill SG4 35 B2
Sphere Ind Est The AL1 128 A2
Spicer St AL3 127 C3
Spicersfield EN7 148 A4
Spindle Berry Cl AL6 90 A7
Spinney Ct CM21 97 E2
Spinney Jun & Inf Schs
The CM20 118 A1
Spinney La AL6 68 E3
Spinney Rd LU3 44 D7
Spinney St SG13 114 A6
Spinney The Baldock SG7 23 E7
Berkhamsted HP4 121 F3
Cheshunt EN7 148 B1
Harpenden AL5 85 E3
Hertford SG13 113 F6
Hoddesdon EN10 134 F4
Potters Bar EN6 159 D8
Stansted Mountfitchet CM24 59 E6
Stevenage SG2 51 D7
Watford WD1 167 A8
Welwyn Garden City AL7 110 E5
Spinneys Dr AL3 127 B1
Spires The EN5 171 E6
Spittlesea Rd LU2 64 C7
Spooners Dr AL2 141 C4
Spratts La LU6 82 F8
Spreckley Cl SG16 10 B5
Spring Cl Barnet EN5 171 D4
Borehamwood WD6 170 A8
Harefield UB9 173 D2
Latimer HP5 150 D3
Spring Court Rd EN2 161 A1
Spring Crofts WD2 168 A4
Spring Dr SG2 69 B8
Spring Field Rd HP4 122 A6
Spring Gdns WD2 154 C3
Spring Glen AL10 129 F4
Spring Hills CM20 117 B1
Spring La Cottered SG9 39 C5
Hemel Hempstead HP1 124 A4
Spring Mews CM21 97 E2
Spring Pl 5 LU1 63 D6
Spring Rd Harpenden AL5 85 A4
Letchworth SG6 22 E4
Letchworth SG6 22 E6
Spring View Rd SG12 114 C8
Spring Way HP2 125 C5
Spring Wlk EN10 134 C2
Springfield WD2 168 D1
Springfield Cl
Croxley Green WD3 166 B4
Northaw EN6 159 E8
Springfield Cres AL5 86 B5
Springfield Ct
Bishop's Stortford CM23 76 E8
Rickmansworth WD3 165 B1
Springfield Rd
Cheshunt EN8 162 E7
Hemel Hempstead HP2 124 F4
Luton LU3 45 C6
St Albans, Smallford AL4 129 B3
St Albans, The Camp AL1 128 A2
Watford WD2 154 B6
Springfields
Hoddesdon EN10 134 F4
Waltham Abbey EN9 163 E5
Welwyn Garden City AL8 110 B4
Springfields Ho AL8 110 C4
Springhall Ct CM21 97 E2
Springhall La CM21 97 E1
Springhall Rd CM21 97 E2
Springhead SG7 4 D4
Springle La SG13 114 F2
Springmead
Jun Mix Inf Sch AL7 111 C7
Springs Cotts EN10 148 E7
Springs The
Cheshunt EN10 148 E6
Hertford SG13 113 F7
Springshott SG6 22 E5
Springwell Ave WD3 173 A8
Springwell La WD3 173 A6
Springwood EN7 148 A5
Springwood Cl UB9 173 D2
Springwood Wlk AL4 128 D6
Spruce Way AL2 141 B4
Spur Cl WD5 153 D6
Spur The
3 Cheshunt EN8 148 D3
Stevenage SG1 50 E4
Spurcroft LU3 31 C1
Spurrs Cl SG4 35 B7
Square The Braughing SG11 55 F7
Buckland SG9 27 D5
Hemel Hempstead HP1 124 C3
Hoddesdon EN10 148 E8
Much Hadham SG10 74 F3
Redbourn AL3 105 F6
Sawbridgeworth CM21 97 E2
Watford WD2 154 B2
Squires Cl CM23 76 C8
Squires Ct EN11 135 A5
Squires Ride HP2 104 F1
Squirrel Chase HP1 123 E4
Squirrels Cl 2 CM23 76 F8
Squirrels The
Bushey WD2 168 D3
Hertford SG13 114 B6
Welwyn Garden City AL7 111 C5
Stable Ct AL1 127 E5
Stable Mews AL1 127 E4
Stacey Ct 9 CM23 76 F6
Stackfield CM20 118 A3
Stacklands AL8 110 B4
Staddles CM22 98 B8
Stadium Est The LU4 44 B1
Stadium Way CM19 116 F1
Stafford Cl EN8 148 B2
Stafford Ct EN10 135 A3
Stafford Dr EN10 135 A3
Stafford Ho
Bishop's Stortford CM23 76 F5
Hoddesdon EN10 135 A3
Stafford Rd HA3 176 C3
Staffords CM17 118 E4
Stag Ct WD3 164 C5
Stag Green Ave AL9 130 C7
Stag La Berkhamsted HP4 122 B5
Chorleywood WD3 164 C3
Stagg Hill EN4 159 E3
Stainer Rd
Borehamwood WD6 156 D1
Radlett WD6 169 D8
Stains Cl EN8 148 F3
Stake Piece Rd SG8 7 C5
Stakers Ct AL5 86 B1
Stamford Ave SG8 7 D7
Stamford Cl Harrow HA3 176 E3
Potters Bar EN6 159 D7
Stamford Ct SG8 7 D7
Stamford Rd WD1 167 B7
Stamford Yd SG8 7 C6
Stanborough Ave WD6 157 B1
Stanborough Cl AL8 110 C5
Stanborough Gn AL8 110 C4
Stanborough La AL8 110 C4
Stanborough Prim Sch
WD2 154 C4
Stanborough Rd AL8 110 C4
Stanborough Sch
Watford WD2 154 B4
Welwyn Garden City AL8 110 B4
Stanbury Ave WD1 153 E2
Standalone Farm SG6 22 D7
Standard Rd EN3 162 E2
Standfield WD5 139 E1
Standhill Cl SG4 34 F6
Standhill Rd SG4 34 F6
Standon Bsns Pk SG11 55 E1
Standon Ct SG11 55 F1
Standon Hill SG11 55 D2
Standon Rd SG11 56 E3
Standring Rise HP3 138 B8
Stane Cl CM23 58 F1
Stane Field SG6 23 B3
Stane St SG7 13 A1
Stanelow Cres SG11 55 D2
Stanfields Ct CM20 117 E1
Stanford Rd LU2 46 A1
Stangate Cres WD6 170 E4
Stanhope Ave HA3 176 D2
Stanhope Rd Barnet EN5 171 D3
Cheshunt EN8 162 E6
St Albans AL1 127 F3
Stanier Rise HP4 121 F7
Stanley Ave AL2 141 A6
Stanley Dr AL10 130 B3
Stanley Gdns
Borehamwood WD6 169 E8
Tring HP23 99 F3
Stanley Livingstone Ct
LU1 63 D6
Stanley Rd Hertford SG13 113 E5
Northwood HA6 175 A2
Stevenage SG2 51 B7
Streatley LU3 31 A5
Watford WD1 167 C5
Stanley St LU1 63 D6
Stanmore Chase AL4 128 D2
Stanmore Cres LU3 44 F4
Stanmore Rd
Stevenage SG1 50 D7
Watford WD2 167 B8
Stanmount Rd AL2 141 A6
Stannington Path WD6 170 A8
Stanstead Dr EN11 135 B8
Stanstead Rd
Hertford SG13 114 A6
Hertford Heath SG13 114 D5
Hoddesdon EN11 115 B1
Stansted Hill SG10 75 A1
Stansted Mountfitchet Sta
CM24 59 E6
Stansted Rd
Birchanger CM23 59 C4
Bishop's Stortford CM23 59 B2
Stanton Cl AL4 128 D7
Stanton Rd LU4 44 C1
Stantons CM20 117 B1
Staplefield Cl HA5 175 E3
Stapleford AL7 111 D6
Stapleford
Jun Mix Inf Sch SG14 92 A6
Stapleford Rd LU2 46 C4
Stapleton Cl EN6 159 D8
Stapleton Rd WD6 157 A2
Stapley Rd AL3 127 D4
Staplyton Rd EN5 171 E6
Star Holme Ct SG12 93 E1
Star St SG12 93 E1
Starkey Cl EN7 147 C6
Starlight Way AL4 128 C1
Starling La EN6 146 F3
Startpoint LU1 63 C7
Stately Ct LU3 45 D1
Statham Cl LU3 31 B1
Station App Cheshunt EN8 162 E5
Chorleywood WD3 164 D5
Harlow CM20 118 C5
Harpenden AL5 86 B1
Hitchin SG4 35 A8
Kings Langley WD4 139 B1
Knebworth SG3 68 F5
Northwood HA6 174 E3
Radlett WD7 156 A4
South Oxhey WD1 175 D7
Station Cl
Brookmans Park AL9 144 E5
Potters Bar EN6 158 F8
Station Ct 15 SG12 93 D1
Station Footpath WD4 139 B1
Station Mews EN6 159 A8
Station Par SG6 22 F6
Station Pl SG6 22 F6
Station Rd Aldbury HP23 101 B5
Arlesey SG15 11 A4
Ashwell SG7 4 F4
Baldock SG7 12 F1
Berkhamsted HP4 122 D4
Bishop's Stortford CM23 77 A7
Borehamwood WD6 170 A5
Braughing SG11 55 E5
Bricket Wood AL2 155 A8
Brookmans Park AL9 144 D6
Buntingford SG9 40 E7
Cheddington LU7 79 F8
Cuffley EN6 146 F2
Harlow CM17 118 C4
Harpenden AL5 86 C2
Hemel Hempstead HP1 124 C1
Hertingfordbury SG14 112 B3
Hoddesdon EN10 135 A3
Holdbrook EN9 163 A5
Kings Langley WD4 139 B1
Knebworth SG3 69 A5
Letchworth SG6 22 F6
Long Marston HP23 79 B4
Lower Stondon SG16 10 A4
Luton, High Town LU1 63 E8
Luton, Leagrave LU4 44 E5
Much Hadham SG10 74 E1
Pitstone LU7 80 E5
Radlett WD7 156 A4
Rickmansworth WD3 165 D2
Sawbridgeworth CM21 97 F3
St Albans AL4 129 B3
Standon SG11 55 E2
Stanstead Abbotts SG12 115 C4
Stansted Mountfitchet CM24 59 E6
Steeple Morden SG7,SG8 5 C5
Tring HP23 100 D4
Ware SG12 93 E1
Watford WD1 167 B7
Watton at Stone SG14 70 D3
Welwyn AL6 89 E3
Wheathampstead AL4 87 D1
Station Terr Hitchin SG4 35 A8
Park Street AL2 141 D5
Station Way SG6 22 E6
Staveley Rd LU4 44 C1
Steeplands WD2 168 B2
Steeple View CM23 76 F8
Sten Cl EN3 163 A2
Stephens Cl LU2 46 A3
Stephens Gdns LU2 46 A2
Stephens Way AL3 105 F5
Stephenson Cl SG8 7 B7
Stephenson Way WD2 167 D7
Stepnells HP23 80 A1
Stepping Stones The
LU3 44 E5
Sterling Ave EN8 162 D5
Sterling Rd EN2 161 D1
Stevenage Cres WD6 169 E8
Stevenage Mus SG1 50 E5
Stevenage Rd Hitchin SG4 34 F5
Knebworth SG2,SG3 68 F7
Little Wymondley SG4 35 E3
Little Wymondley,
Titmore Green SG4 35 E2
St Ippolyts SG4 35 C2
Walkern SG2 51 E8
Stevenage Rise HP2 124 F7
Stevenage Sta SG1 50 C5
Stevens Gn WD2 168 C1
Steward Cl EN8 148 E1
Stewart Cl WD5 154 A7
Stewart Rd AL5 86 B2
Stewarts The CM23 76 E6
Stirling Bsns Pk EN8 162 F5
Stirling Cl Hitchin SG4 35 C7
Stevenage SG2 69 D7
Stirling Cnr EN5 170 D3
Stirling Ho WD6 170 C5
Stirling Way
Borehamwood WD6 170 D4
Watford WD5 154 A7
Welwyn Garden City AL7 111 E6
Stoat Cl SG13 114 A6
Stobarts Cl SG3 68 F6
Stock Bank SG8 8 D1
Stockbreach Cl AL10 130 A6
Stockbreach Rd AL10 130 A6
Stockens Dell SG3 68 F4
Stockens Gn SG3 68 F4
Stockers Farm Rd WD3 173 D8
Stockfield Ave EN11 135 B8
Stockholm Way LU3 44 E8
Stocking Hill SG9 39 B8
Stocking La SG8 18 C1
Stockings La SG13 132 D6
Stockingstone Rd LU2 45 E3
Stockmen Field CM23 76 C5
Stockport Rd WD3 164 C2
Stocks Mdw HP2 125 A4
Stocks Rd HP23 101 D7
Stockwell Cl EN7 148 E3
Stockwell La EN7 148 B3
Stockwood Craft Mus &
Gdns LU1 63 D4
Stockwood Cres LU1 63 D6
Stockwood Ct 16 LU1 63 D6
Stockwood Pk LU1 63 D3
Stone Cross CM20 117 D1
Stonecroft SG3 68 F5
Stonecross AL1 127 E4
Stonecross Rd AL10 130 B7
Stonehill
Jun Mix Inf Sch SG6 11 E1
Stonehills AL8 110 D7
Stonelea Rd HP3 138 F8
Stoneleigh CM21 97 D3
Stoneleigh Ave EN1 162 B1
Stoneleigh Cl
Cheshunt EN8 162 D6
Luton LU3 45 B7
Stoneleigh Dr EN11 115 B1
Stoneley SG6 11 F1
Stonemason Cl AL5 86 A3
Stonemead AL8 89 D3
Stonesdale LU4 44 C4
Stoneways Cl LU4 44 C6
Stoney Cl HP4 121 F6
Stoney Comm CM24 59 E5
Stoney Common Rd CM24 59 D5
Stoney Croft HP23 101 C5
Stoney La Bovingdon HP3 137 C5
Chipperfield HP3 137 E1
Hemel Hempstead HP1 137 B8
Stoney Pl CM24 59 E5
Stoneycroft
Hemel Hempstead HP1 124 A3
Welwyn Garden City AL7 111 A7
Stoneyfield Dr CM24 59 E6
Stoneygate Rd LU4 44 D3
Stonnells Cl SG6 22 F8
Stony Croft SG1 50 E6
Stony Hills SG14 92 C7
Stony La Chenies HP5,HP6 150 E1
Great Offley LU2,SG4 47 C4
Stonyshotts EN9 163 E6
Stookslade HP22 60 A3
Stopsley High Sch LU2 45 F4
Stopsley Inf Sch LU2 46 A4
Stopsley Jun Sch LU2 46 A4
Stopsley Way LU2 46 A3
Storehouse La SG4 34 F6
Storey Ct WD2 168 B4
Storey St HP3 138 D7
Stormont Rd SG5 21 F1
Stormont Sch EN6 159 D8
Stornoway HP3 125 B1
Stort Lodge CM23 76 D8
Stort Mill CM20 118 B6
Stort Rd CM23 76 F6
Stort Valley Ind Pk CM23 59 B2
Stortford Hall Ind Pk
CM23 77 B7
Stortford Hall Pk CM23 77 B8
Stortford Hall Rd 3 CM23 77 B8

Sto–Thr 207

Stortford Rd
Hatfield Heath CM22 ... 98 E4
Hoddesdon EN11 ... 135 C7
Little Hadham SG11 ... 57 C2
Standon SG11 ... 55 F2
Stotfold Ho SG5 ... 11 F6
Stotfold Rd Arlesey SG15 ... 11 C7
Hinxworth SG7 ... 3 C1
Hitchin SG6 ... 22 C4
Letchworth SG6 ... 11 D1
Stow The CM20 ... 117 F2
Stox Mead HA3 ... 176 D2
Strafford Cl EN6 ... 159 A7
Strafford Ct SG3 ... 69 A5
Strafford Gate EN6 ... 159 A7
Strafford Rd EN5 ... 171 E6
Straits The EN9 ... 163 B7
Strandburgh Pl HP3 ... 125 B1
Strangers Way LU4 ... 44 C4
Strangeways WD1 ... 153 E3
Stratfield Dr EN10 ... 134 E4
Stratfield Rd WD6 ... 170 A7
Stratford Lodge WD1 ... 167 B8
Stratford Rd Luton LU4 ... 45 B1
Watford WD1 ... 167 A7
Stratford Way
Bricket Wood AL2 ... 140 F2
Hemel Hempstead HP3 ... 138 B8
Watford WD1 ... 167 A7
Strathmore Ave
Hitchin SG5 ... 21 F1
Luton LU1 ... 63 F5
Strathmore Ct SG5 ... 21 F1
Strathmore Inf Sch SG5 ... 21 E2
Strathmore Rd SG4 ... 66 E6
Strathmore Wlk LU1 ... 63 F6
Stratton Ave EN2 ... 161 D2
Stratton Gdns LU2 ... 45 D4
Straw Plait SG15 ... 10 F4
Strawberry Field
8 Hatfield AL10 ... 130 A2
Luton LU3 ... 44 E7
Strawberry Fields SG12 ... 93 B2
Strawfields AL7 ... 111 B7
Strawmead AL10 ... 130 B7
Strawplaiters Cl SG3 ... 69 A2
Straws Hadley Ct HP22 ... 60 B2
Strayfield Rd EN2 ... 161 B2
Stream Woods
Jun Mix Inf Sch AL10 ... 130 B4
Street The Braughing SG11 ... 55 F7
Chipperfield WD4 ... 152 A8
Dane End SG11 ... 53 F3
Furneux Pelham SG9 ... 43 A4
Sheering CM22 ... 98 E1
Wallington SG7 ... 25 C8
Stretton Way WD6 ... 156 E1
Stringers La SG2 ... 51 E2
Stripling Way WD1 ... 167 A3
Stroma Cl HP3 ... 125 C1
Stronnell Cl LU2 ... 46 B3
Stronsay HP3 ... 125 C1
Stroud Wood Bsns Ctr
AL2 ... 141 E4
Stuart Ct WD6 ... 169 D3
Stuart Dr Hitchin SG4 ... 35 B7
Royston SG8 ... 7 D8
Stuart Ho EN9 ... 163 F6
Stuart Rd AL6 ... 89 B3
Stuart St LU1 ... 63 D7
Stuart Way EN7 ... 162 B8
Stuarts Cl 3 HP3 ... 124 D1
Stud Gn WD2 ... 154 B7
Studham La Dagnall HP4 ... 81 D4
Whipsnade LU6 ... 82 A7
Studham Lower Sch LU6 ... 82 B4
Studio Way WD6 ... 170 C8
Studios The WD2 ... 168 A3
Studlands Rise SG8 ... 7 E6
Studlands Rise Fst Sch
SG8 ... 7 E5
Studley Rd LU3 ... 45 D1
Sturgeon's Rd SG4 ... 22 B2
Sturla Cl SG14 ... 113 B7
Sturlas Way EN8 ... 162 D6
Sturmer Cl AL4 ... 128 C2
Sturrock Way SG4 ... 35 C6
Stylemans La CM22 ... 77 B5
Styles Cl LU2 ... 46 C2
Such Cl SG6 ... 23 B7
Sudbury Ct AL1 ... 127 E2
Sudbury Rd LU4 ... 44 B6
Suffolk Cl
Borehamwood WD6 ... 170 D4
London Colney AL2 ... 142 C6
Luton LU4 ... 44 A3
Suffolk Rd
Potters Bar EN6 ... 158 E7
Royston SG8 ... 7 E6
Sugar La HP1 ... 123 B1
Sulgrave Cres HP23 ... 100 C5
Sullivan Cres UB9 ... 173 D1
Sullivan Way WD6 ... 169 C3
Summer Ct HP2 ... 124 D5
Summer Dale AL8 ... 89 D1
Summer Gr WD6 ... 169 D3
Summer Hill WD6 ... 170 A4
Summer St LU1 ... 63 C1
Summer Wlk AL3 ... 83 E5
Summercroft
Jun & Inf Schs CM23 ... 77 C8
Summerfield AL10 ... 130 A2
Summerfield Cl AL2 ... 142 C5
Summerfield Rd Luton LU1 ... 62 F8
Watford WD2 ... 154 A4
Summerhill Ct AL1 ... 127 F4
Summerhouse La
Harefield UB9 ... 173 A3
Summerhouse La *continued*
Radlett WD2 ... 168 C8
Summerhouse Way WD5 ... 139 F1
Summers Rd LU2 ... 46 C1
Summers Way AL2 ... 142 E4
Summersland Rd AL4 ... 128 C7
Summerswood Fst Sch
WD6 ... 170 B5
Summerswood La WD6 ... 157 E4
Summit Rd EN6 ... 144 E1
Sumpter Yd AL1 ... 127 D3
Sun Hill SG8 ... 7 C5
Sun La AL5 ... 86 A2
Sun Sq 2 HP1 ... 124 D4
Sun St Baldock SG7 ... 23 E8
Hitchin SG5 ... 34 E6
Sawbridgeworth CM21 ... 97 F1
Waltham Abbey EN9 ... 163 C6
Sunbury Ct 2 EN5 ... 171 E5
Sunderland Ave AL1 ... 128 A4
Sundew Rd HP1 ... 123 E2
Sundon Park Jun Sch
LU3 ... 44 C8
Sundon Park Rd LU3 ... 44 C7
Sunmead Rd HP2 ... 124 D5
Sunningdale
Bishop's Stortford CM23 ... 76 E6
Luton LU2 ... 45 F3
Sunningdale Mews AL7 ... 89 F2
Sunny Bank LU7 ... 79 F7
Sunny Bank Prim Sch
EN6 ... 159 A5
Sunny Hill SG9 ... 40 F7
Sunnybank Rd EN6 ... 159 A6
Sunnydell AL2 ... 141 B5
Sunnyfield AL9 ... 130 D8
Sunnyhill Rd
Hemel Hempstead HP1 ... 124 B3
Maple Cross WD3 ... 172 D4
Sunnyside
Lower Nazeing EN9 ... 135 F1
Stansted Mountfitchet CM24 ... 59 E6
Sunnyside Rd SG4 ... 35 A5
Sunridge Ave LU2 ... 45 E2
Sunrise Cres HP3 ... 138 F8
Sunset Dr LU2 ... 45 F3
Sunset View EN5 ... 171 E7
Surrey Pl HP23 ... 100 A3
Surrey St LU1 ... 63 E6
Surrey Street Prim Sch
LU1 ... 63 F6
Sursham Ct AL3 ... 83 E5
Sussex Cl EN11 ... 135 A7
Sussex Pl LU2 ... 46 D2
Sussex Rd WD2 ... 154 A1
Sutcliffe Cl Bushey WD2 ... 168 C5
Stevenage SG1 ... 51 A8
Sutherland Ave EN6 ... 146 D3
Sutherland Cl EN5 ... 171 E5
Sutherland Ct
Moor Park WD1 ... 166 C2
Welwyn Garden City AL7 ... 110 F7
Sutherland Pl LU1 ... 63 D5
Sutherland Way EN6 ... 146 E3
Sutton Acres CM22 ... 98 D7
Sutton Cl Hoddesdon EN10 ... 134 E4
Tring HP23 ... 100 B6
Sutton Cres EN5 ... 171 D4
Sutton Gdns LU3 ... 44 D6
Sutton Path WD6 ... 170 A6
Sutton Rd St Albans AL1 ... 128 B3
Watford WD1 ... 167 C6
Swallow Cl Bushey WD2 ... 168 C1
Luton LU4 ... 44 A4
Rickmansworth WD3 ... 165 C2
Swallow Ct Hertford SG14 ... 113 C6
Welwyn Garden City AL7 ... 110 F6
Swallow End AL7 ... 110 F6
Swallow Gdns AL10 ... 130 A3
Swallow Oaks WD5 ... 153 F7
Swallowdale La HP2 ... 125 B6
Swallowfields AL7 ... 110 F6
Swallows CM17 ... 118 C4
Swallows The AL7 ... 89 F2
Swan Cl WD3 ... 165 D2
Swan Ct
2 Bishop's Stortford CM23 ... 76 F6
Chorleywood WD3 ... 164 C5
Swan La SG8 ... 1 F4
Swan Mead
Hemel Hempstead HP3 ... 138 F6
Luton LU4 ... 44 B4
Swan & Pike Rd EN3 ... 163 A1
Swan St SG7 ... 4 D4
Swanfield Rd EN8 ... 162 E6
Swangley's La SG3 ... 69 B4
Swanhill AL7 ... 90 A1
Swanland Rd EN6 ... 144 B3
Swanley Bar La EN6 ... 145 B3
Swanley Cres EN6 ... 145 B2
Swanley Ct WD2 ... 154 C2
Swannells Wood LU6 ... 82 C4
Swans Cl AL4 ... 128 E2
Swans Ct EN8 ... 162 E5
Swanstand SG6 ... 23 D4
Swanston Grange LU4 ... 44 B2
Swanston Path WD1 ... 175 C7
Swasedale Rd LU3 ... 45 A6
Sweet Briar
Bishop's Stortford CM23 ... 76 B6
Welwyn Garden City AL7 ... 111 A5
Sweetbriar Cl HP1 ... 124 A6
Sweyns Mead SG2 ... 51 C7
Swift Cl Letchworth SG6 ... 22 E8
Royston SG8 ... 2 D1
Stanstead Abbotts SG12 ... 115 C3
Swiftfields AL7 ... 111 A7
Swifts Green Cl LU2 ... 46 B5
Swifts Green Rd LU2 ... 46 B5
Swinburne Ave SG5 ... 21 C1
Swinburne Cl SG8 ... 2 D1
Swing Gate Fst Sch HP4 ... 122 D3
Swing Gate La HP4 ... 122 D2
Swingate SG1 ... 50 D5
Swinnell Cl SG8 ... 2 B5
Swiss Ave WD1 ... 166 E6
Swiss Cl WD1 ... 166 E6
Sword Cl EN10 ... 134 D3
Sworders Yd 3 CM23 ... 76 F7
Sycamore Ave AL10 ... 130 A4
Sycamore Cl Bushey WD2 ... 167 E7
Hammond Street EN7 ... 147 F4
Hitchin SG4 ... 35 A4
Watford WD2 ... 154 B4
Sycamore Dr
Park Street AL2 ... 141 D4
Tring HP23 ... 100 B4
Sycamore Rd WD3 ... 166 D4
Sycamore Rise HP4 ... 122 D3
Sycamores The
Baldock SG7 ... 23 E8
Bishop's Stortford CM23 ... 77 B6
Hemel Hempstead HP3 ... 137 F8
Radlett WD7 ... 156 B5
St Albans AL1 ... 127 D2
Sydney Rd WD1 ... 166 F4
Sylam Cl LU3 ... 44 E7
Sylvan Cl HP3 ... 125 A2
Sylvan Way AL7 ... 111 C5
Sylvandale AL7 ... 111 C5
Sylvia Ave HA5 ... 175 F4
Symonds Green La SG1 ... 50 A6
Symonds Green Rd SG1 ... 50 A7
Symonds Rd SG5 ... 34 D8

T

Tabbs Cl SG6 ... 23 B7
Tacitus Cl 2 SG1 ... 51 C8
Tailors CM23 ... 76 B5
Takeley Cl EN9 ... 163 D6
Talbot Ave WD1 ... 167 E2
Talbot Ct HP3 ... 124 D1
Talbot Rd Harrow HA3 ... 176 F1
Hatfield AL10 ... 130 A8
Luton LU2 ... 45 F2
Rickmansworth WD3 ... 165 E1
Talbot St Hertford SG13 ... 113 E6
Hitchin SG5 ... 34 C8
Talbot Way SG6 ... 12 B1
Talisman St SG4 ... 35 C6
Tall Trees Hitchin SG4 ... 35 A4
Royston SG8 ... 7 E6
Tallack Cl HA3 ... 176 E3
Tallents Cres AL5 ... 86 D3
Tallis Way WD6 ... 169 E8
Tamar Cl SG1 ... 37 A3
Tamar Gn HP2 ... 124 F8
Tamarisk Cl AL3 ... 127 D7
Tameton Cl LU2 ... 46 F2
Tamworth Rd SG13 ... 113 F7
Tancred Rd LU2 ... 46 A4
Tanfield Cl EN7 ... 148 A4
Tanfield Gn LU2 ... 46 E1
Tanglewood
Harpenden AL5 ... 85 F2
Welwyn AL6 ... 90 A7
Tanglewood Cl HA7 ... 176 E8
Tanner Ho WD1 ... 167 B2
Tanners Cl AL3 ... 127 C4
Tanners Cres SG13 ... 113 C4
Tanners Hill WD5 ... 154 A8
Tanners Way SG12 ... 116 D8
Tanners Wood Cl WD5 ... 153 E7
Tanners Wood Ct WD5 ... 153 E7
Tanners Wood
Jun Mix Inf Sch WD5 ... 153 E7
Tanners Wood La WD5 ... 153 E7
Tannery Cl SG8 ... 7 C6
Tannery Drift SG8 ... 7 C6
Tannery Drift Sch SG8 ... 7 C6
Tannery The SG9 ... 40 E7
Tannery Yd SG4 ... 66 F6
Tannsfield Dr 1 HP2 ... 124 F5
Tannsmore Cl 2 HP2 ... 124 F5
Tansycroft AL7 ... 111 B7
Tanworth Cl HA6 ... 174 C4
Tanworth Gdns HA5 ... 175 C1
Tany's Dell CM20 ... 118 A3
Tany's Dell
Cty Prim Sch CM20 ... 118 A3
Tanyard La AL6,SG4 ... 88 B8
Tapster St EN5 ... 171 F6
Taransay HP3 ... 125 B1
Tarlings CM20 ... 117 F3
Tarpan Way EN10 ... 148 F6
Tarrant SG1 ... 36 B1
Tarrant Dr AL5 ... 107 D7
Tassell Hall AL3 ... 105 F6
Tate Gdns WD2 ... 168 E2
Tatlers La SG2 ... 51 E4
Tatsfield Ave EN9 ... 149 D8
Tattershall Dr HP2 ... 105 B1
Tattle Hill SG14 ... 91 E2
Tattlers Hill HP22 ... 60 B3
Tauber Cl WD6 ... 169 F5
Taunton Rd LU2 ... 46 B1
Taverners HP2 ... 124 E5
Taverners Way EN11 ... 135 A6
Tavistock Ave AL1 ... 141 D8
Tavistock Cl
Potters Bar EN6 ... 159 D8
St Albans AL1 ... 141 D8
Tavistock Cres LU1 ... 63 E5
Tavistock Rd WD2 ... 167 D8
Tavistock St LU1 ... 63 E6
Taylor Cl Harefield UB9 ... 173 C1
St Albans AL4 ... 128 A8
Taylor St LU2 ... 63 F8
Taylor Trad Est SG13 ... 114 B7
Taylor's Hill SG4 ... 34 F6
Taylor's La EN5 ... 171 F8
Taylor's Rd SG5 ... 11 F8
Taylors Ave EN11 ... 135 A5
Taywood Cl SG2 ... 51 B2
Teal Dr HA6 ... 174 C3
Teal Ho WD2 ... 154 E3
Teasdale Cl SG8 ... 2 D1
Teasel Cl SG8 ... 7 E5
Tedder Ave SG16 ... 10 B5
Tedder Rd HP2 ... 125 A4
Tee Side SG13 ... 114 B7
Teesdale
Hemel Hempstead HP2 ... 124 E6
Luton LU4 ... 44 C5
Telford Ave SG2 ... 51 B6
Telford Cl WD2 ... 154 D4
Telford Ct Hatfield AL10 ... 129 F3
St Albans AL1 ... 127 E2
Telford Rd AL2 ... 142 C4
Telford Way LU1 ... 63 D8
Telmere Ind Est 16 LU1 ... 63 E6
Telscombe Way LU2 ... 46 C3
Temperance St AL3 ... 127 C3
Tempest Ave EN6 ... 159 D7
Templar Ave SG7 ... 23 F6
Templars Dr HA3 ... 176 D4
Templars La SG4 ... 48 D6
Temple Bank CM20 ... 118 B5
Temple Cl Cheshunt EN7 ... 162 A8
Luton LU2 ... 45 E5
Preston SG5 ... 34 B4
Watford WD1 ... 166 F7
Temple Ct Baldock SG7 ... 23 F6
Hertford SG14 ... 92 D1
Potters Bar EN6 ... 158 D8
Temple Fields SG14 ... 92 D1
Temple Gdns
Letchworth SG6 ... 23 C8
Moor Park WD3 ... 174 B6
Temple La SG12 ... 92 F8
Temple Mead
Hemel Hempstead HP2 ... 124 D5
Roydon CM19 ... 116 B1
Temple View AL3 ... 127 C5
Templefields Ent Ctr
CM20 ... 118 A3
Templepan La WD3 ... 152 E2
Templewood AL8 ... 89 D1
Templewood
Jun Mix Inf Sch AL8 ... 110 D8
Tempsford AL7 ... 111 D6
Tempsford Ave WD6 ... 170 D5
Temsford Cl HA2 ... 176 C1
Tenby Dr LU4 ... 44 F3
Tenby Mews LU4 ... 44 E3
Tene The SG7 ... 23 F8
Tennand Cl EN7 ... 147 F5
Tennison Ave WD6 ... 170 B4
Tennyson Ave
Hitchin SG4 ... 35 C7
Waltham Abbey EN9 ... 163 E5
Tennyson Cl SG8 ... 2 E1
Tennyson Ho LU1 ... 63 E5
Tennyson Rd
Chiswellgreen AL2 ... 141 B5
Harpenden AL5 ... 86 A2
Luton LU1 ... 63 E5
Tennyson Road Prim Sch
LU1 ... 63 E5
Tenterfield Ho AL6 ... 89 C4
Tenth Ave LU3 ... 44 C7
Tenzing Gr LU1 ... 63 C6
Tenzing Rd HP2 ... 125 A3
Teresa Gdns EN8 ... 162 D5
Terminus St CM20 ... 117 D1
Terrace Gdns WD1 ... 167 B7
Terrace The
Essendon AL9 ... 131 E6
Redbourn AL3 ... 106 A5
Tring HP23 ... 100 A3
Tethys Rd HP2 ... 124 F6
Tewin Cl St Albans AL4 ... 128 C7
Tewin AL6 ... 90 C5
Tewin Ct AL7 ... 110 F7
Tewin Hill AL6 ... 90 F5
Tewin Rd
Hemel Hempstead HP2 ... 125 C3
Welwyn Garden City AL7 ... 110 F7
Thackeray Cl SG8 ... 2 D1
Thames Ave HP2 ... 124 F8
Thames Ct LU3 ... 45 B3
Thames Tallis
Cty Inf Sch The EN9 ... 163 F6
Thamesdale AL2 ... 142 F4
Thanet Ho 1 WD1 ... 166 F3
Thatchers Croft HP2 ... 124 E7
Thatchers End SG4 ... 35 D8
Thatchers The CM23 ... 76 C5
Thaxted Cl LU2 ... 46 F2
Thaxted Way EN9 ... 163 D6
Thaynesfield EN6 ... 159 D8
The Riverside Club
(Tennis Ctr) HA6 ... 174 B3
Theabald's Grove Sta
EN8 ... 162 D7
Thelby Cl LU3 ... 44 F6
Thele Ave SG12 ... 115 D4
Thele Est SG12 ... 115 E4
Theleway Cl EN11 ... 115 B1
Thellusson Way WD3 ... 165 A2
Thelusson Ct WD7 ... 156 A3
Theobald Bsns Ctr SG4 ... 22 A3
Theobald Cres HA3 ... 176 C2
Theobald St
Borehamwood WD6 ... 169 F7
Radlett WD7 ... 156 D2
Theobald's La
Cheshunt EN8 ... 162 B7
Cheshunt EN8 ... 162 D7
Theobald's Rd EN6 ... 146 F1
Theobalds Cl EN6 ... 146 F1
Theobalds Park Coll
EN7 ... 162 A6
Theobalds Park Rd EN2 ... 161 B3
Therfield Fst Sch SG8 ... 15 F7
Therfield Heath Nature
Reserve SG8 ... 7 B5
Therfield Rd AL3 ... 127 D6
Thetford Gdns LU2 ... 45 E6
Thieves' La SG14 ... 112 F7
Third Ave Letchworth SG6 ... 23 C7
Luton LU3 ... 44 D7
Watford WD2 ... 154 D4
Thirlestane AL1 ... 127 F4
Thirlestone Rd LU4 ... 44 D1
Thirlmere SG1 ... 37 C2
Thirlmere Dr AL1 ... 128 B1
Thirlmere Gdns HA6 ... 174 C4
Thirsk Rd WD6 ... 157 A1
Thirston Path WD6 ... 170 A7
Thistle Cl HP1 ... 123 E2
Thistle Gr AL7 ... 111 C3
Thistle Rd LU1 ... 63 F7
Thistlecroft HP1 ... 124 B2
Thistles The HP1 ... 124 B4
Thistley La SG4 ... 34 F1
Thomas Alleyne Sch The
SG1 ... 50 C8
Thomas Coram
CE Mid Sch The HP4 ... 122 D2
Thomas Ct HP4 ... 121 F5
Thomas Heskin Ct 11
CM23 ... 77 A7
Thomas Rochford Way
EN8 ... 148 F4
Thomas Watson
Cottage Homes The
EN5 ... 171 E4
Thomas Way SG8 ... 2 D1
Thompson Way WD3 ... 165 A1
Thompsons Cl
Goff's Oak EN7 ... 147 F2
Harpenden AL5 ... 86 A1
Thompsons Mdw SG8 ... 1 F4
Thorley Ctr CM23 ... 76 D4
Thorley High CM23 ... 76 F2
Thorley Hill CM23 ... 76 F5
Thorley Hill
Jun Mix Inf Sch CM23 ... 76 F4
Thorley La Bishop's Stortford,
Thorley CM23 ... 76 D3
Bishop's Stortford,
Thorley Houses CM23 ... 76 B4
Bishop's Stortford,
Thorley Street CM23 ... 76 F3
Thorley Park Rd CM23 ... 76 F4
Thorn Ave WD2 ... 168 C1
Thorn Gr CM23 ... 77 B6
Thorn Grove
Jun Mix Inf Sch CM23 ... 77 B6
Thorn Tree Dr HP23 ... 99 F4
Thornage Cl LU2 ... 45 D7
Thornbera Cl CM23 ... 76 F4
Thornbera Gdns CM23 ... 76 F4
Thornbera Rd CM23 ... 76 F4
Thornbury AL5 ... 86 D1
Thornbury Cl
Hoddesdon EN11 ... 115 B2
Stevenage SG2 ... 69 A8
Thornbury Gdns WD6 ... 170 C5
Thorncroft HP3 ... 125 B1
Thorndyke Ct HA5 ... 175 F3
Thorne Cl HP1 ... 124 B1
Thorne Ho AL1 ... 127 E4
Thorne Way HP22 ... 99 B4
Thorneycroft Dr EN3 ... 163 A2
Thornfield Rd CM23 ... 76 E8
Thornhill Rd Luton LU4 ... 44 F2
Moor Park HA6 ... 174 C6
Thornton Gr HA5 ... 176 A4
Thornton Rd Barnet EN5 ... 171 E6
Potters Bar EN6 ... 145 C1
Thornton St
Hertford SG14 ... 113 D6
St Albans AL3 ... 127 C4
Thorntondale 5 LU4 ... 44 C5
Thorpe Cres WD1 ... 167 C2
Thorpe Rd AL1 ... 127 D2
Thorpefield Cl AL4 ... 128 D6
Thrales Cl LU3 ... 44 E7
Three Cherrytrees La
HP2 ... 125 B7
Three Close La HP4 ... 122 C4
Three Closes SG5 ... 20 C4
Three Corners HP3 ... 125 A1
Three Houses La SG4 ... 67 D5
Three Rivers Mus of
Local History WD3 ... 165 E2
Three Stiles SG2 ... 52 E4
Three Valleys Way WD2 ... 167 E4
Thremhall Ave CM23 ... 77 F8
Thresher Cl CM23 ... 76 C5
Thricknells Cl LU3 ... 44 E7
Thrift Farm La WD6 ... 170 C7
Thristers Cl SG6 ... 23 B3
Throcking La SG9 ... 27 C1
Thrums WD2 ... 154 B2

208 Thr–Vic

Thrush Ave AL10 ....130 A3
Thrush Gn WD3 ....165 C2
Thrush La EN6 ....146 F3
Thumbswood AL7 ....111 A3
Thumbswood Inf Sch AL7 ....111 A5
Thumpers HP2 ....124 E5
Thunder Hall 1 SG12 ....93 D2
Thundercourt SG12 ....93 D2
Thundridge Cl AL7 ....111 B5
Thurgood Rd EN11 ....135 A8
Thurlow Cl SG1 ....36 D2
Thurnall Ave SG8 ....7 D5
Thurnall Cl SG7 ....23 F8
Tibbles Cl WD2 ....154 E4
Tibbs Hill Rd WD5 ....139 F1
Tiberius Rd LU3 ....44 F6
Tichborne WD3 ....172 D5
Tile Kiln Cl HP3 ....125 B2
Tile Kiln Cres HP3 ....125 B2
Tile Kiln La HP3 ....125 B2
Tilecroft AL8 ....89 D1
Tilehouse Cl WD6 ....169 F6
Tilehouse La UB9 ....172 E2
Tilehouse St SG5 ....34 E6
Tilekiln Cl EN7 ....147 F2
Tilgate LU2 ....46 D3
Tillers Link SG2 ....51 A2
Tillotson Rd HA3 ....176 B3
Tilsworth Wlk AL4 ....128 C8
Timber Orch SG14 ....92 A2
Timber Ridge WD3 ....165 D5
Timbercroft AL7 ....89 F1
Timbers Ct AL5 ....85 F2
Times Cl SG5 ....21 D2
Timplings Row HP1 ....124 B5
Timworth Cl LU2 ....46 D1
Tingeys Cl AL3 ....106 A5
Tinkers La HP23 ....121 A6
Tinsley Cl LU1 ....63 B5
Tintagel Cl
Hemel Hempstead HP2 ....124 D8
Luton LU3 ....45 B4
Tintern Cl Harpenden AL5 ....85 C4
Stevenage SG2 ....69 A7
Tinwell Mews WD6 ....170 D4
Tippendell La AL2 ....141 C5
Tippet Ct SG1 ....50 D3
Titan Ct LU4 ....44 F1
Titan Rd HP2 ....124 F6
Titchfield Rd EN3 ....162 E2
Tithe Barn Cl AL1 ....141 C8
Tithe Cl SG4 ....67 F1
Titian Ave WD2 ....168 E2
Titmore Ct SG4 ....35 E2
Titmus Cl SG1 ....50 E6
Tiverton Ct AL5 ....107 E6
Tiverton Rd EN6 ....159 E8
Toddington Rd LU4 ....44 C6
Toland Cl LU4 ....44 C1
Tolcarne Dr HA5 ....175 A1
Tollgate Cl WD3 ....164 F5
Tollgate Rd
Colney Heath AL4,AL9 ....143 E7
Enfield EN3 ....162 D4
Welham Green AL4 ....144 A6
Tollpit End HP1 ....124 A6
Tollsworth Way SG11 ....55 D3
Tolmers Ave EN6 ....146 E3
Tolmers Gdns EN6 ....146 F2
Tolmers Mews SG13 ....146 E6
Tolmers Rd EN6 ....146 E3
Tolpits Cl WD1 ....166 F4
Tolpits La WD1 ....166 E2
Tom's Hill WD3 ....152 E3
Tomkins Cl WD6 ....169 E8
Toms Croft HP2 ....124 E2
Toms Field AL10 ....129 E4
Toms Hill Rd HP23 ....101 D5
Toms La WD4,WD5 ....139 D3
Tomshill Cl HP23 ....101 D5
Tonwell St Mary's CE Prim Sch SG12 ....92 E7
Tooke Cl HA5 ....175 E2
Toorack Rd HA3 ....176 D1
Tooveys Mill Cl WD4 ....139 A2
Topstreet Way AL5 ....107 C8
Torquay Cres SG1 ....50 B7
Torquay Dr LU4 ....44 D4
Torridge Wlk 2 HP2 ....124 F8
Torrington Dr EN6 ....159 D7
Torrington Rd HP4 ....122 B4
Tortoiseshell Way HP4 ....121 F6
Torwood Cl HP4 ....121 F4
Torworth Rd WD6 ....157 A1
Tot La CM23 ....59 D4
Totteridge Comm N20 ....171 D1
Totteridge Pk N20 ....171 C1
Totteridge Rd EN3 ....162 D2
Totteridge Village N20 ....171 F1
Totton Mews AL3 ....106 B5
Totts La SG2 ....38 C1
Toulmin Dr AL3 ....127 C7
Tovey Cl AL2 ....142 D5
Tower Cl
Berkhamsted HP4 ....122 A3
Kneesworth SG8 ....2 A5
Little Wymondley SG4 ....35 F3
Tower Ct LU2 ....46 A1
Tower Ctr 10 EN11 ....135 A7
Tower Hill
Chipperfield HP3,WD4 ....137 F1
Much Hadham SG10 ....74 F2
Tower Hill La AL4 ....108 F4
Tower Hts EN11 ....135 A6
Tower Prim Sch SG12 ....93 E3
Tower Rd Codicote SG4 ....67 F2
Luton LU2 ....64 A8
Ware SG12 ....93 F2
Tower St SG14 ....113 C8
Tower View SG4 ....66 D6
Tower Way LU2 ....64 A8
Towers Rd
Hemel Hempstead HP2 ....124 E4
Pinner HA5 ....175 E2
Stevenage SG1 ....50 D4
Towers The SG1 ....50 D4
Town Ctr AL10 ....130 A6
Town Farm
Cheddington LU7 ....80 A7
Wheathampstead AL4 ....108 D8
Town Farm Cl SG8 ....1 F4
Town Farm Cres SG11 ....55 F2
Town Fields AL10 ....130 A6
Town La SG2 ....52 E4
Town Mead Rd EN9 ....163 C5
Town Sq SG1 ....50 D5
Towne Rd SG8 ....7 D5
Townfield WD3 ....165 C2
Townley SG6 ....23 D4
Townsend HP2 ....124 D5
Townsend Ave AL1 ....127 E4
Townsend CE Sch AL3 ....127 C8
Townsend Cl Barkway SG8 ....17 C3
Harpenden AL5 ....85 F1
Townsend Dr AL3 ....127 D5
Townsend La AL5 ....85 F1
Townsend Rd AL5 ....86 A2
Townsend Way HA6 ....175 A3
Townshend St SG13 ....113 E6
Townsley Cl LU1 ....63 E6
Tracey Ct 15 LU1 ....63 E6
Trafalgar Ave EN10 ....134 F2
Trafford Cl Shenley WD7 ....156 E7
Stevenage SG1 ....36 E1
Traherne Cl 2 SG4 ....34 F5
Trajan Gate SG2 ....37 D1
Trapstyle Rd SG12 ....93 A2
Travellers Cl AL9 ....144 C8
Travellers La
Hatfield AL9,AL10 ....130 B2
Welham Green AL9 ....130 C1
Treacle La SG9 ....25 F3
Treacy Cl WD2 ....176 C8
Trebellan Dr HP2 ....124 F4
Tree Cl HP3 ....125 B1
Tree Ct WD6 ....169 D3
Treehanger Cl HP23 ....100 B4
Treetops AL6 ....89 E7
Treetops Cl HA6 ....174 D5
Trefoil Cl LU4 ....44 A4
Trefusis Wlk WD1 ....166 E8
Tremaine Gr HP2 ....124 E7
Trent Cl Shenley WD7 ....156 E7
Stevenage SG1 ....50 E8
Trent Rd LU3 ....45 B4
Tresco Rd HP4 ....121 F5
Trescott Cl LU2 ....46 E2
Tresilion Sq HP2 ....125 A8
Treslian Sq 1 HP2 ....124 F8
Trevalga Way HP2 ....124 E7
Trevellance Way WD2 ....154 D6
Trevelyan Way HP4 ....122 B6
Trevera Ct EN11 ....135 A7
Trevero Ct EN8 ....162 E6
Trevor Cl HA3 ....176 F3
Trevor Rd SG4 ....35 A8
Trevose Way WD1 ....175 D7
Trewenna Dr EN6 ....159 D7
Triangle The SG4 ....34 F6
Trident Ave AL10 ....129 E6
Trident Ind Est EN11 ....135 C7
Trident Rd WD2 ....153 F5
Triggs Way LU2 ....46 E3
Trimley Cl LU4 ....44 B5
Trinder Rd EN5 ....171 C4
Tring Bsns Ctr HP23 ....99 E4
Tring Ford Rd HP23 ....100 A7
Tring Hill HP23 ....99 C3
Tring Ho WD1 ....166 E2
Tring Rd
Berkhamsted HP4 ....121 D7
Long Marston HP23 ....79 C3
Wingrave HP22 ....60 C1
Tring Sch HP23 ....100 B4
Tring Sta HP23 ....101 A5
Trinity Cl
Bishop's Stortford CM23 ....76 F6
Northwood HA6 ....174 E4
Trinity Ct SG14 ....113 C8
Trinity Gr SG14 ....113 C8
Trinity Hall Cl WD2 ....167 C6
Trinity La EN8 ....162 E7
Trinity Mews HP2 ....125 D2
Trinity Pl SG1 ....50 D6
Trinity Rd
Hertford Heath SG13 ....114 C3
Luton LU3 ....45 A4
Stevenage SG1 ....50 C6
Stotfold SG5 ....11 F7
Ware SG12 ....93 E2
Trinity St CM23 ....76 F6
Trinity Way CM23 ....76 F6
Trinity Wlk SG13 ....114 C3
Tristram Rd SG4 ....22 B2
Triton Way HP2 ....124 F5
Trojan Terr CM21 ....97 E3
Troon Gdns LU2 ....45 E7
Trooper Rd HP23 ....101 C5
Trotter's Gap SG12 ....115 E4
Trotters Bottom EN5 ....158 B2
Trotts Hill Prim Sch SG1 ....36 F1
Trout Rise WD3 ....165 B6
Troutstream Way WD3 ....165 B5
Trouvere Pk HP1 ....124 B5
Trowbridge Gdns LU2 ....45 E3
Trowley Bottom AL3 ....105 B8
Trowley Hill Rd AL3 ....84 B1
Trowley Hts AL3 ....84 B2
Trowley Rise WD5 ....153 F8
Truemans Rd SG5 ....21 D2
Trumper Rd SG1 ....36 F1
Trumpington Dr AL1 ....141 D8
Truncals LU1 ....63 D5
Trundlers Way WD2 ....168 E1
Truro Gdns LU3 ....45 C5
Trust Cotts HP4 ....81 A1
Trust Rd EN8 ....162 E5
Tucker St WD1 ....167 C4
Tucker's Row 4 CM23 ....76 F6
Tudor Ave Cheshunt EN7 ....162 B8
Watford WD2 ....154 D2
Tudor Cl Cheshunt EN7 ....162 B8
Hatfield AL10 ....129 F2
Hunsdon SG12 ....116 D8
Stevenage SG1 ....36 C1
Tudor Cres EN2 ....161 C1
Tudor Ct
Borehamwood WD6 ....169 E7
Hitchin SG5 ....34 D6
Kneesworth SG8 ....2 B4
Rickmansworth WD3 ....165 A1
Sawbridgeworth CM21 ....97 E3
Tudor Dr WD2 ....154 D2
Tudor Jun Mix Inf Sch HP3 ....124 E1
Tudor Manor Gdns WD2 ....154 D7
Tudor Par WD3 ....165 A2
Tudor Rd Harrow HA3 ....176 D1
Luton LU3 ....45 B2
Pinner HA5 ....175 C1
St Albans AL3 ....127 E7
Welwyn AL6 ....89 B3
Wheathampstead AL4 ....108 E8
Tudor Rise EN10 ....134 E2
Tudor Way Hertford SG14 ....113 A7
Rickmansworth WD3 ....165 A2
Waltham Abbey EN9 ....163 D6
Tudor Wlk WD2 ....154 D2
Tuffnells Way AL5 ....85 D4
Tunfield Rd EN11 ....115 B1
Tunnel Wood Cl WD1 ....153 F2
Tunnel Wood Rd WD1 ....153 F2
Tunnmeade CM20 ....118 A1
Turf La SG4 ....36 B4
Turkey St EN1,EN3 ....162 C2
Turkey Street Sta EN3 ....162 C2
Turmore Dale AL8 ....110 C5
Turn Braemar HP2 ....105 B1
Turnberry Ct WD1 ....175 C7
Turnberry Dr AL2 ....140 E1
Turner Cl SG1 ....36 C2
Turner Rd WD2 ....168 C5
Turners Cl Bramfield SG14 ....91 C4
Harpenden AL5 ....86 C4
Turners Cres CM23 ....76 C4
Turners Ct EN8 ....162 D8
Turners Hill
Cheshunt EN8 ....148 D1
Hemel Hempstead HP2 ....124 E2
Turners Orch WD3 ....164 D4
Turners Rd N LU2 ....46 A2
Turners Rd S LU2 ....46 A2
Turnford Sch EN8 ....148 E3
Turnford Villas EN8 ....148 F5
Turnpike Dr LU3 ....31 C1
Turnpike Gn HP2 ....124 F7
Turnpike La SG5 ....21 E3
Turnstones The WD2 ....154 E3
Turpin Cl EN3 ....163 A2
Turpin's Ride SG8 ....7 D5
Turpin's Rise SG2 ....50 F1
Turpin's Way SG7 ....23 F7
Turpins Chase AL6 ....89 F7
Turpins Cl SG14 ....112 F6
Turpins Ride AL6 ....89 F7
Tuthill Ct SG8 ....15 E7
Tuxford Cl WD6 ....156 E1
Tweed Cl HP4 ....122 B5
Twelve Acres AL7 ....110 E4
Twelve Leys HP22 ....60 B3
Twickenham Gdns HA3 ....176 E3
Twigden Ct LU3 ....44 E5
Twin Foxes SG3 ....69 A1
Twinwoods SG1 ....50 F4
Twist The HP23 ....100 D2
Twitchell The SG7 ....23 F8
Two Acres AL7 ....110 F3
Two Beeches HP2 ....124 F8
Two Dells La HP5 ....136 A4
Two Oaks Dr AL6 ....90 C6
Two Waters Prim Sch HP3 ....138 D6
Two Waters Rd
Hemel Hempstead HP3 ....124 C1
Hemel Hempstead HP3 ....138 D8
Twyford Bsns Ctr The CM23 ....77 A4
Twyford Bury La CM22 ....77 A4
Twyford Cl CM23 ....77 A5
Twyford Dr LU2 ....46 D1
Twyford Gdns CM23 ....76 F4
Twyford Mill CM22 ....77 A3
Twyford Rd
Bishop's Stortford CM23 ....77 A5
St Albans AL4 ....128 D7
Tye End SG2 ....69 B8
Tyfield Cl EN8 ....148 C1
Tylers AL5 ....86 D1
Tylers Cl Buntingford SG9 ....40 D7
Kings Langley WD4 ....138 F3
Tylers Cswy SG13 ....132 C1
Tylers Hill Rd HP5 ....150 A8
Tylers Mead LU2 ....45 E5
Tylers Way WD2 ....168 E4
Tylers Wood AL6 ....90 C6
Tylersfield WD5 ....154 A8
Tynedale AL2 ....142 F4
Tynemouth Dr EN1 ....162 A1
Typleden Cl HP2 ....124 D5
Tysoe Ave EN3 ....162 F2
Tythe Rd LU4 ....44 C6
Tyttenhanger Gn AL1 ....142 E8

U

Uckfield Rd EN3 ....162 D2
Ufford Cl HA3 ....176 B3
Ufford Rd HA3 ....176 B3
Ullswater Cl SG1 ....37 C2
Ullswater Rd HP3 ....125 C1
Underacres Cl HP2 ....125 A4
Underhill Jun & Inf Schs EN5 ....171 E4
Underwood Rd SG1 ....36 C2
Union Chapel Ho 1 LU1 ....63 E6
Union Gn HP2 ....124 D4
Union St Barnet EN5 ....171 E6
Luton LU1 ....63 E6
Union Terr SG9 ....40 E7
Unity Rd EN3 ....162 D2
University Cl WD2 ....168 A5
University of Hertfordshire AL10 ....129 F3
University of Hertfordshire (Hertford Campus) SG13 ....113 E4
Unwin Cl SG6 ....22 E4
Unwin Pl SG2 ....51 C3
Unwin Rd SG2 ....51 C3
Updale Cl EN6 ....158 E6
Upland Dr AL9 ....145 B6
Uplands Braughing SG11 ....55 F6
Croxley Green WD3 ....165 F3
Luton LU3 ....44 D8
Stevenage SG2 ....51 D7
Ware SG12 ....93 F2
Welwyn Garden City AL8 ....89 C2
Uplands Ave SG4 ....35 B6
Uplands Ct LU1 ....63 E4
Uplands The
Bricket Wood AL2 ....140 E1
Harpenden AL5 ....107 A4
Upper Ashlyns Rd HP4 ....122 B3
Upper Barn HP3 ....138 F8
Upper Bourne End La HP1 ....137 B8
Upper Clabdens SG12 ....93 F2
Upper Culver Rd AL1 ....127 F5
Upper Dagnall St AL3 ....127 D3
Upper George St LU1 ....63 D7
Upper Gn AL6 ....90 D3
Upper Green Rd AL6 ....90 E3
Upper Hall Pk HP4 ....122 E2
Upper Heath Rd AL1 ....127 F5
Upper Highway WD5 ....153 D6
Upper Hill Rise WD3 ....165 B3
Upper Hitch WD1 ....167 E1
Upper Icknield Way
Aldbury LU7 ....80 E1
Aston Clinton HP22 ....99 A3
Tring HP23 ....100 D8
Upper King St SG8 ....7 D6
Upper Lattimore Rd AL1 ....127 E3
Upper Marlborough Rd AL1 ....127 E3
Upper Marsh La EN11 ....135 A5
Upper Maylins SG6 ....23 C3
Upper Paddock Rd WD1 ....167 E3
Upper Pk CM20 ....117 B1
Upper Sales HP1 ....123 F2
Upper Sean SG2 ....51 A3
Upper Shot AL7 ....111 A7
Upper Shott EN7 ....147 F5
Upper Station Rd WD7 ....156 A4
Upper Tail WD1 ....175 E7
Upper Tilehouse St SG5 ....34 E7
Upperfield Rd AL7 ....110 F5
Upperstone Cl SG5 ....11 F6
Upshire Rd EN9 ....163 F7
Upton Ave AL3 ....127 D4
Upton Cl Luton LU2 ....45 D6
Park Street AL2 ....141 D6
Upton Lodge Cl WD2 ....168 C2
Upton Rd WD1 ....167 B6
Upwell Rd LU2 ....46 B2
Uranus Rd HP2 ....124 F6
Urban Rd CM23 ....77 B7
Uxbridge Rd WD3 ....173 A8
Uxbridge Rd (Harrow Weald) HA3 ....176 D3
Uxbridge Rd (Hatch End) HA5 ....175 F3
Uxbridge Rd (Pinner) HA5 ....175 D2
Uxbridge Rd (Stanmore) HA7 ....176 F4

V

Vadis Cl LU3 ....44 E7
Vale Ave WD6 ....170 B4
Vale Cl AL5 ....85 D4
Vale Ct AL4 ....108 D7
Vale Ind Pk WD1 ....166 C1
Vale Rd WD2 ....167 E4
Valence Dr EN7 ....148 A3
Valency Cl HA6 ....174 F6
Valerian Way SG2 ....51 D8
Valerie Cl AL1 ....128 B3
Valerie Ct WD2 ....168 C2
Valeside SG14 ....113 A5
Vallance Pl AL5 ....107 C7
Vallans Cl SG12 ....93 D3
Vallansgate SG2 ....51 B1
Valley Cl Hertford SG13 ....113 D5
Pinner HA5 ....175 B1
Studham LU6 ....82 B4
Waltham Abbey EN9 ....163 C7
Ware SG12 ....93 B2
Whipsnade HP4 ....81 E7
Valley Gn HP2 ....105 B1
Valley Gn The AL8 ....110 C7
Valley La AL3 ....83 E1
Valley Rd
Berkhamsted HP4 ....121 F6
Codicote SG4 ....67 F1
Letchworth SG6 ....22 D7
Rickmansworth WD3 ....165 B3
St Albans AL3 ....127 F7
Studham LU6 ....82 B3
Welwyn Garden City AL8 ....110 B6
Valley Rise Lea Valley AL4 ....86 F2
Royston SG8 ....7 E6
Watford WD2 ....154 B6
Valley Sch The SG2 ....50 F2
Valley The SG4 ....66 E7
Valley View Barnet EN5 ....171 E3
Goff's Oak EN7 ....147 C3
Valley Way SG2 ....51 A3
Valley Wlk WD3 ....166 C4
Valleyside HP1 ....123 F3
Valpy Cl HP23 ....100 D1
Vanda Cres AL1 ....127 F2
Vantorts Cl CM21 ....97 E2
Vantorts Rd CM21 ....97 E2
Vardon Rd SG1 ....50 F8
Varna Cl LU3 ....45 A3
Varney Cl
Hammond Street EN7 ....148 A4
Hemel Hempstead HP1 ....123 F3
Varney Rd HP1 ....123 F3
Vaughan Mead AL3 ....106 A4
Vaughan Rd
Harpenden AL5 ....86 B1
Stotfold SG5 ....11 E7
Vauxhall Rd
Hemel Hempstead HP2 ....125 B3
Luton LU1,LU2 ....64 B5
Vauxhall Way LU2 ....46 B1
Vega Cres HA6 ....175 A5
Vega Rd WD2 ....168 C2
Velizy Ave CM20 ....117 D1
Venetia Rd LU2 ....46 A4
Ventnor Gdns LU3 ....45 A7
Ventura Pk AL2 ....141 F2
Venus Hill HP3 ....151 A8
Ver Rd Redbourn AL3 ....106 C6
St Albans AL3 ....127 C3
Vera Ct WD1 ....167 D2
Vera La AL6 ....90 B4
Verdure Cl WD2 ....154 E7
Verity Way SG1 ....51 B8
Veritys AL10 ....130 A5
Verney Cl
Berkhamsted HP4 ....121 F5
Tring HP23 ....100 C5
Vernon Ave EN3 ....162 E3
Vernon Ct CM23 ....76 E4
Vernon Dr UB9 ....173 C2
Vernon Rd Luton LU1 ....63 C8
Watford WD2 ....167 E4
Vernon's Cl AL1 ....127 E2
Veronica Ho AL7 ....111 B4
Verulam Cl AL7 ....110 F6
Verulam Gdns LU3 ....44 F6
Verulam Rd Hitchin SG5 ....34 F8
St Albans AL3 ....127 C4
Verulam Sch AL1 ....128 A4
Verulamium Mus AL3 ....127 B3
Verulamium Roman Town AL3 ....127 A3
Verwood Rd HA2 ....176 C1
Vespers Cl LU4 ....44 A2
Vesta Ave AL1 ....141 C8
Vestry Cl LU1 ....63 D7
Veysey Cl HP1 ....124 B1
Viaduct Cotts LU1 ....85 F8
Viaduct Rd SG12 ....114 E8
Viaduct Way AL7 ....89 F2
Vian Ave EN3 ....162 E4
Vicarage Cl Arlesey SG15 ....11 A8
18 Bishop's Stortford CM23 ....76 F7
Hemel Hempstead HP1 ....124 C2
Northaw EN6 ....145 F1
Shillington SG5 ....19 F8
St Albans AL1 ....141 C8
Standon SG11 ....55 E2
Vicarage Cswy SG13 ....114 B4
Vicarage Gdns
Flamstead AL3 ....84 B1
Marsworth HP23 ....80 A2
Potten End HP4 ....123 B7
Vicarage La
Bovingdon HP3 ....137 B4
Kings Langley WD4 ....138 F2
Pitstone LU7 ....80 F5
Stapleford SG14 ....92 B2
Vicarage Rd
Buntingford SG9 ....40 E8
Marsworth HP23 ....80 A2
Pitstone LU7 ....80 D3
Potten End HP4 ....123 A7
Ware SG12 ....93 E1

Vic–Wes 209

Vicarage Rd continued
Watford WD1 167 A4
Wigginton HP23 100 D1
Vicarage Road Prec WD1 167 B5
Vicarage St LU1 63 F7
Vicarage Wood CM20 118 A1
Vicerons Pl CM23 76 D4
Victoria CE Fst Sch HP4 122 C4
Victoria Cl
Rickmansworth WD3 165 D2
Stevenage SG1 50 D7
Victoria Cres SG8 7 D7
Victoria Ct WD1 167 C6
Victoria Dr SG5 12 A5
Victoria La EN5 171 F5
Victoria Pl HP2 124 D3
Victoria Rd
Berkhamsted HP4 122 C4
Bushey WD2 168 B1
7 Harpenden AL5 86 B1
Waltham Abbey EN9 163 C5
Watford WD2 154 B1
Victoria St Luton LU1 63 E6
St Albans AL1 127 E3
Victoria Way SG5 34 D8
Victors Way EN5 171 F6
Victory Ct SG8 7 E5
Victory Rd HP4 122 A5
View Point SG1 50 A5
View Rd EN6 159 C7
Vigors Croft AL10 129 F4
Villa Ct 5 LU2 63 D8
Villa Rd LU2 63 D8
Village Ct AL4 128 D7
Village St SG4 49 F1
Villiers Cl LU4 44 D3
Villiers Cres AL4 128 D6
Villiers Rd WD1 167 E3
Villiers St SG13 113 E6
Villiers-Sur-Marne Ave CM23 76 D4
Vincent SG6 23 C4
Vincent Cl EN8 148 E3
Vincent Ct HA6 174 F2
Vincent Rd LU4 44 D5
Vincenzo Cl AL9 144 C8
Vine Cl AL8 110 E8
Vine Gr CM20 117 E5
Vines The SG5 11 E6
Vineyard The Ware SG12 94 A2
Welwyn Garden City AL8 110 E8
Vineyards Rd EN6 146 B2
Vinters Ave SG1 50 F5
Violet Ave EN2 161 D1
Violet Way WD3 165 C5
Violets La SG9 43 B5
Virgil Dr EN10 148 F8
Virginia Cl LU2 45 F3
Viscount Cl LU3 45 A5
Viscount Ct 11 LU2 45 D1
Vivian Cl WD1 167 A1
Vivian Gdns WD1 167 A1
Vixen Dr SG13 114 A6
Vyse Cl EN5 171 C5

W

Wacketts EN7 148 A4
Waddesdon Cl LU2 46 D2
Waddeston Ct EN2 161 E1
Waddington Rd 1 AL3 127 D3
Wade The AL7 111 A3
Wades The AL10 130 A2
Wadesmill Rd
Tonwell SG14 92 D3
Ware SG12 93 D2
Wadham Rd WD5 153 F8
Wadhurst Ave LU3 45 C4
Wadley Cl 1 HP2 124 F2
Wadnall Way SG3 68 F3
Waggon Rd EN4 159 E2
Waggoners Yd 4 SG12 93 D2
Wagon Rd EN4 159 B2
Wagon Way WD3 165 C6
Wain Cl EN6 145 B2
Wakefield Wlk EN8 162 E8
Walcot Ave LU2 46 B1
Waldeck Rd LU3 63 C8
Waldegrave Pk AL5 86 D1
Walden End SG1 50 E4
Walden Pl AL8 110 D8
Walden Rd AL8 110 D8
Waleran Cl HA7 176 F4
Waleys Cl LU3 44 E8
Walfords Cl CM17 118 C3
Walk The EN6 159 B7
Walkern Prim Sch SG2 52 B8
Walkern Rd Benington SG2 52 D5
Stevenage SG1 50 D8
Watton at Stone SG14 70 D5
Walkers Ct AL5 107 C7
Walkers' Ct SG7 23 F8
Walkers Rd AL5 107 B7
Wall Hall (Univ Campus) WD2 155 B3
Wallace Way SG4 22 A2
Waller Ave LU4 44 F3
Waller Dr HA6 175 A2
Waller Street Mall 3 LU1 63 E7
Waller's Cl SG8 9 F2
Wallers Way EN11 115 B1
Wallingford Wlk AL1 141 D8
Wallington Rd SG7 13 D1
Walnut Ave SG7 24 A7
Walnut Cl
Chiswellgreen AL2 141 B4
Walnut Cl continued
Hitchin SG4 35 A6
Luton LU2 46 B4
Much Hadham SG10 74 F2
Royston SG8 7 D6
Stotfold SG5 11 F6
Walnut Cotts CM21 97 E3
Walnut Ct
Welwyn Garden City AL7 110 E3
Wheathampstead AL4 108 D8
Walnut Dr CM23 76 D3
Walnut Gn WD2 167 F7
Walnut Gr
Hemel Hempstead HP2 124 D3
Welwyn Garden City AL7 110 E3
Walnut Ho AL7 110 F3
Walnut Tree Ave CM21 97 E4
Walnut Tree Cl Aston SG2 51 D4
Cheshunt EN8 162 D8
Hoddesdon EN11 135 A6
Walnut Tree Cres CM21 97 E3
Walnut Tree La CM23 58 E4
Walnut Tree Rd SG5 20 D3
Walnut Tree Wlk SG12 114 E6
Walnut Way SG5 21 E4
Walpole Cl HA5 176 A4
Walpole Ct SG2 69 C7
Walsh Cl SG5 34 D7
Walsham Cl SG2 69 C7
Walshford Way WD6 157 A1
Walsingham Cl
Hatfield AL10 129 F6
Luton LU2 45 D7
Walsingham Way AL2 142 C4
Walsworth Rd SG4 35 A8
Walter Rothschild Zoological Mus The HP23 100 A3
Walters Cl EN7 147 B6
Waltham Abbey EN9 163 C6
Waltham Cross Sta EN8 162 F5
Waltham Ct LU2 46 C3
Waltham Gate EN8 148 F5
Waltham Gdns EN3 162 C2
Waltham Holy Cross Cty Jun Sch EN9 163 D6
Waltham Rd 4 Hitchin SG4 34 F6
Waltham Abbey EN9 149 F5
Walton Ct EN11 135 C8
Walton Gdns EN9 163 B6
Walton Rd
Hoddesdon EN11 135 C8
Ware SG12 114 D8
Watford WD2 167 E5
Walton St AL1 127 F5
Walverns Cl WD1 167 C3
Wandon Cl LU2 46 C4
Wannions Cl HP5 136 A1
Wansbeck Cl SG1 37 A3
Wansford Pk WD6 170 E5
Warburton Cl HA3 176 D4
Ward Cl
Hammond Street EN7 148 A4
Ware SG12 93 C2
Ward Cres CM23 76 E6
Ward Hatch CM20 118 A3
Warden Hill Cl LU2 45 C8
Warden Hill Gdns LU2 45 C8
Warden Hill Inf Sch LU3 45 C7
Warden Hill Jun Sch LU3 45 C7
Warden Hill Rd LU2 45 C8
Wardown Cres LU2 45 E2
Wardown Ct LU3 45 D2
Ware Mus SG12 93 D1
Ware Park Rd SG14 113 E8
Ware Rd Hertford SG13 113 E6
Hoddesdon EN11 115 A1
Tonwell SG12 92 F6
Watton at Stone SG14,SG12 71 C3
Widford SG12 95 D4
Ware Sta SG12 114 E8
Wareham's La SG14 113 C5
Warenford Way WD6 170 A8
Wareside HP2 105 A1
Wareside CE Prim Sch SG12 94 E3
Wareside Cl AL7 111 B5
Warham Rd HA3 176 F1
Warmark Rd HP1 123 E5
Warminster Cl LU2 46 F1
Warneford Pl WD1 167 E3
Warner Rd SG12 114 D8
Warners Ave EN11 134 F4
Warners Cl SG2 51 C3
Warners End Rd HP1 124 B4
Warren Cl Hatfield AL10 130 B8
Letchworth SG6 22 D7
Warren Dale AL8 89 D1
Warren Dell Prim Sch WD1 175 C7
Warren Dr The LU1 64 C1
Warren Gn AL10 130 B8
Warren Gr WD6 170 D5
Warren La Clothall SG7 24 D7
Cottered SG9 39 B6
Stanmore HA7 176 F8
Warren Park Rd SG14 113 D7
Warren Pl 14 SG14 113 D6
Warren Rd Bushey WD2 168 D1
Luton LU1 62 F8
St Albans AL1 141 C7
Warren Terr SG14 113 D8
Warren The
Harpenden AL5 107 A6
Radlett WD7 156 B6
Royston SG8 7 D5
Warren Way AL6 89 E4
Warrenfield Cl EN7 162 A8
Warrengate La EN6 158 C8
Warrengate Rd AL9 144 C4
Warrensgreen La SG4 37 D5
Warton Gn LU2 46 E2
Warwick Ave EN6 146 D4
Warwick Cl Bushey WD2 168 E2
Cuffley EN6 146 D4
Hertford SG13 113 C4
Warwick Ct
Chorleywood WD3 164 F6
Luton LU4 63 B8
Warwick Dr EN8 148 D3
Warwick Rd
Bishop's Stortford CM23 77 B6
Borehamwood WD6 170 D6
Enfield EN3 162 F2
St Albans AL1 127 F5
Stevenage SG2 51 C6
Warwick Rd E LU4 63 B8
Warwick Rd W LU4 63 B8
Warwick Way WD3 166 C5
Wash La Potters Bar, Dancers Hill EN6 158 C4
Potters Bar, South Mimms EN6 158 C5
Wash The
Furneux Pelham SG9 43 D5
Hertford SG14 113 D6
Washington Ave HP2 124 E8
Watchlytes AL7 111 C6
Watchlytes Sch AL7 111 C6
Watchmead AL7 111 A6
Water End HP1 103 F2
Water End Rd HP4 123 C7
Water Hall Farm SG4 66 F7
Water La
Abbots Langley WD4 139 B2
Berkhamsted HP4 122 C4
Bishop's Stortford CM23 76 F8
Bovingdon HP3 137 B1
Hertford SG14 113 C5
Hitchin SG5 21 F1
Stansted Mountfitchet CM24 59 E6
Watford WD1 167 D5
Water Row 11 SG12 93 D1
Waterbeach AL7 111 D6
Watercress Cl SG2 51 D5
Watercress Rd EN7 147 D5
Waterdale SG13 113 C4
Waterdell La SG4 35 A2
Waterend La
Ayot St Peter AL4,AL6 88 E1
Redbourn AL3 106 B5
Waterfield
Chorleywood WD3 164 C2
Welwyn Garden City AL7 111 B7
Waterfields Way WD1,D2 167 D5
Waterford Comm SG14 92 B2
Waterford Gn AL7 111 B6
Watergate The WD1 175 D8
Waterhouse Gate AL1 127 D3
Waterhouse St HP1 124 C2
Waterhouse The HP1 124 C3
Waterloo La SG5 21 A6
Waterlow Mews SG4 35 E3
Waterman Cl WD1 167 B3
Watermark Way SG13 113 F6
Watermead Rd LU3 44 F6
Watermill Ind Est SG9 40 E6
Watermill La SG14 113 D8
Waters Dr WD3 165 E1
Waters End SG5 11 E6
Waterside
Berkhamsted HP4 122 D4
Kings Langley WD4 139 A2
London Colney AL2 142 E4
Radlett WD7 156 B5
Stansted Mountfitchet CM24 59 E6
Welwyn Garden City AL7 90 B1
Waterside Ct WD4 139 B2
Waterside Ind Est EN11 135 D5
Waterside Pl CM22 98 A2
Waterslade Gn LU3 45 B6
Watersplash Ct AL2 142 F4
Watery La Flamstead AL3 84 E3
Hatfield AL10 129 E4
Marsworth HP23 79 F1
Watford Arches Ret Pk WD1 167 D4
Watford By-Pass WD6 169 C2
Watford Coll (annex) WD2 167 D6
Watford County Ct WD1 167 C5
Watford Ent Ctr WD1 166 E3
Watford Field Jun Mix Sch WD1 167 C4
Watford Field Rd WD1 167 C4
Watford Football Gd WD1 167 B4
Watford General Hospl (Shrodells Wing) WD1 167 B4
Watford Gram Sch for Boys WD1 166 F5
Watford Gram Sch for Girls WD1 167 B5
Watford Heath WD1 167 D2
Watford Heath Farm WD1 167 D2
Watford High Street Sta WD1 167 C5
Watford Junction Sta WD1 167 C7
Watford Mus WD1 167 C5
Watford North Sta WD2 154 C2
Watford Rd
Abbots Langley WD4 153 C6
Chiswellgreen AL2 141 A6
Watford Rd continued
Croxley Green WD3 166 B3
Elstree WD6 169 C3
Kings Langley WD4 139 A1
Moor Park HA6 175 A4
Radlett WD7 155 F4
Watford Sch of Music WD1 154 A1
Watford Sta WD1 166 F6
Watling Cl 1 HP2 124 E6
Watling Ct WD6 169 D3
Watling Knoll WD7 155 F6
Watling St
Park Street AL2 141 D6
St Albans AL1 141 C8
Watling View AL1 141 C8
Watling View Sch AL1 141 D7
Watlington Rd CM17 118 D4
Watson Ave AL3 127 F6
Watson's Wlk AL1 127 E2
Watton at Stone Prim Sch SG14 70 D3
Watton at Stone Sta SG14 70 D3
Watton Ho SG14 70 F3
Watton Rd Knebworth SG3 69 A5
Ware SG12 93 C2
Watton at Stone SG3,SG14 70 B2
Watts Cl SG11 57 C2
Waulud Prim Sch LU3 44 E7
Wauluds Bank Dr LU3 44 E7
Wavell Cl EN8 148 E4
Wavell Ho AL1 128 A2
Waveney HP2 124 F8
Waveney Rd AL5 86 C3
Waverley Cl SG2 69 A8
Waverley Gdns HA6 175 A2
Waverley Rd AL3 127 D5
Waxwell Cl HA5 175 D1
Waxwell La HA5 175 D1
Wayfarers Pk HP4 121 F4
Wayletts Dr CM23 77 B7
Wayre St CM17 118 C4
Wayre The CM17 118 C4
Waysbrook SG6 23 B5
Wayside Chipperfield WD4 138 B1
Potters Bar EN6 159 D6
Shenley WD7 156 D6
Wayside Ave WD2 168 D3
Wayside The HP3 125 C2
Waysmeet SG6 23 B4
Waytemore Rd CM23 76 E6
Waytmore Castle CM23 77 A7
Weald Fst & Mid Sch HA3 176 F3
Weald La HA3 176 D2
Weald Rise HA3 176 F2
Wealdwood Gdns HA5 176 B4
Weall Gn WD2 154 B7
Weardale Ct EN5 171 C4
Weatherby Rd LU4 44 D2
Weaver St CM23 76 C4
Weavers Rd HP23 99 E4
Weavers Way SG7 24 A8
Webb Cl SG6 23 C5
Webb Rise SG1 50 F7
Webber Cl WD6 169 D3
Wedgewood Cl HA6 174 C4
Wedgewood Pk SG1 37 C2
Wedgewood Rd SG4 35 B7
Wedgwood Ct SG1 37 C2
Wedgwood Gate SG1 37 B2
Wedgwood Way SG1 37 B2
Wedmore Rd SG4 35 A6
Wedon Way SG7 13 C4
Weedon Cl SG16 10 C5
Weighton Rd HA3 176 D2
Welbeck Cl WD6 170 A6
Welbeck Rd 3 LU2 63 E8
Welbeck Rise AL5 107 D6
Welbury Ave LU3 45 C7
Welch Pl HA5 175 C2
Welclose St AL3 127 C3
Welcote Dr HA6 174 D4
Weldon Cl LU2 46 E1
Welham Cl AL9 144 C7
Welham Ct AL9 144 C7
Welham Green Sta AL9 144 D8
Welham Manor AL9 144 C7
Welkin Gn HP2 125 C4
Well App EN5 171 C4
Well Croft HP1 124 B4
Well End Rd WD6 157 D1
Well Garth AL7 110 E5
Well Gn SG14 91 C4
Well La Harlow CM19 117 A1
Mentmore LU7 61 B8
Well Rd Barnet EN5 171 C4
Northaw EN6 145 E2
Well-Row SG13 132 F6
Wellands AL10 130 A7
Wellbrook Mews HP23 100 B4
Wellcroft LU7 80 F5
Wellcroft Cl AL7 111 A4
Wellcroft Rd AL7 111 A4
Wellen Rise HP3 138 E8
Wellers Gr EN7 148 A3
Wellesley Ave HA6 174 F5
Wellesley Cres EN6 158 E6
Wellfield Ave LU3 44 C8
Wellfield Cl AL10 130 A6
Wellfield Ct SG1 37 B1
Wellfield Rd AL10 130 A7
Wellgate Rd LU4 44 D2
Wellhouse Cl LU1 63 A7
Wellhouse La EN5 171 D5
Wellingham Ave SG5 21 D1
Wellington Ave HA5 175 F2
Wellington Cl WD1 175 F7
Wellington Cotts SG11 73 B7
Wellington Ct 3 LU1 63 D6
Wellington Dr AL7 111 C6
Wellington Ho 1 WD1 167 C7
Wellington Pl
Cheshunt EN10 148 C8
Kneesworth SG8 2 B5
Wellington Rd
London Colney AL2 142 D5
Pinner HA5 175 F2
St Albans AL1 128 B2
Stevenage SG2 51 C5
Watford WD1 167 B7
Wellington St
Hertford SG14 113 B7
Luton LU1 63 D7
Wells Cl
Hammond Street EN7 147 C6
Harpenden AL5 85 E4
St Albans AL3 127 C4
Wells Yd 8 Ware SG12 93 D1
Watford WD1 167 B6
Wellside Cl EN5 171 C5
Wellstones WD1 167 B5
Wellswood Cl HP2 125 B4
Welsummer Way EN8 148 D3
Weltmore Rd LU3 44 F6
Welwyn By Pass Rd AL6 89 C5
Welwyn Campus Liby (Tourist Information) AL8 110 D7
Welwyn Ct HP2 124 F7
Welwyn Garden City Sta AL8 110 D6
Welwyn Hall Gdns AL6 89 C5
Welwyn North Sta AL6 89 F3
Welwyn Rd SG14 112 F7
Wendover Cl
Harpenden AL5 86 D1
St Albans AL4 128 C8
Wendover Ct AL6 89 C5
Wendover Dr AL6 89 C5
Wendover Ho WD1 166 E2
Wendover Way
Bushey WD2 168 C3
Luton LU2 45 F3
Wengeo La SG12 93 B2
Wenham Ct SG2 52 B8
Wenlock Jun Sch LU2 64 B8
Wenlock St LU2 63 E8
Wensley Cl AL5 107 D6
Wensleydale
Hemel Hempstead HP2 124 F6
Luton LU2 45 E1
Wensum Way WD3 165 D1
Wentbridge Path WD6 157 A1
Wentworth Ave
Borehamwood WD6 169 F4
Luton LU4 44 C6
Wentworth Cl
Potters Bar EN6 159 A8
Watford WD1 153 F1
Wentworth Cotts EN10 134 E1
Wentworth Ct EN5 171 E6
Wentworth Dr CM23 76 D6
Wentworth Rd
Barnet EN5 171 D6
Hertford SG13 113 C3
Wenwell Cl HP22 99 A3
Wesley Cl Arlesey SG15 11 A4
Goff's Oak EN7 147 C3
Wesley Rd AL3 83 E5
Wessex Ct EN5 171 D5
Wessex Dr HA5 175 E3
West Alley 3 SG5 34 E7
West Ave Baldock SG7 23 E8
Chiswellgreen AL2 141 B6
West Burrowfield AL7 110 D4
West Chantry HA3 176 B2
West Cl Barnet EN5 171 B4
Hitchin SG4 22 B1
Hoddesdon EN11 135 A8
Stevenage SG1 50 F5
West Comm
Harpenden AL5 107 B6
Redbourn AL3 106 A4
West Common Cl AL5 107 B5
West Common Gr AL5 107 B5
West Common Way AL5 107 A5
West Ct CM21 97 E3
West Dene HP2 104 A8
West Dr Arlesey SG15 11 B4
Stanmore HA3 176 D4
Watford WD2 154 B3
West Drive Gdns HA3 176 D4
West End SG7 4 C3
West End La Barnet EN5 171 D5
Essendon AL9 131 C5
West End Rd
Brickendon EN7 147 F8
Cheddington LU7 79 F7
West Herts Coll Cassio Campus WD1 154 A1
West Herts Coll Leggatts Campus WD2 154 A3
West Herts Coll Watford Campus WD1 167 A6
West Herts Coll Watford Campus Sch of Art & Design WD2 154 B1
West Hill SG5 34 D7
West Hill Rd
Hoddesdon EN11 134 F8
Luton LU1 63 E5
West Hyde La SL9 172 A4

210 Wes–Win

West La Great Offley SG5 ...33 C2
Pirton SG5 ...20 D5
West Lieth HP23 ...99 F1
West Lodge Cotts LU2 ...46 D5
West Mead AL7 ...111 B3
West Pas HP23 ...100 A3
West Rd Berkhamsted HP4 .122 A5
Bishop's Stortford CM23 ...76 E6
Harlow CM20 ...118 A4
Sawbridgeworth CM21 ...97 C3
Stansted Mountfitchet CM24 .59 E6
West Reach SG2 ...50 F2
West Riding
Bricket Wood AL2 ...140 F1
Tewin AL6 ...90 D5
West Side EN10 ...148 E6
West Sq CM20 ...117 C1
West St Hertford SG13 ...113 C5
Lilley LU2 ...32 D1
Ware SG12 ...93 D1
Watford WD1 ...167 B7
West Valley Rd HP3 ...138 D7
West View Hatfield AL10 ...130 A7
Letchworth SG6 ...22 E5
West View Gdns WD6 ...169 D3
West View Rd AL3 ...127 D4
West Way Harpenden AL5 ..86 C2
Rickmansworth WD3 ...165 B1
West Ways HA6 ...175 A1
Westall Cl SG13 ...113 C5
Westall Mews SG13 ...113 C5
Westbourne Mews AL1 ..127 D3
Westbourne Rd LU4 ...45 B1
Westbrook Cl SG8 ...5 B8
Westbrook Hay
Ed Trust Ltd HP3 ...137 D7
Westbury EN8 ...148 D1
Westbury Cl SG5 ...34 D8
Westbury Gdns LU2 ...45 E3
Westbury
Jun Mix Inf Sch SG6 ...22 E5
Westbury Pl SG6 ...22 E5
Westbury Rd
Moor Park HA6 ...174 E7
Watford WD1 ...167 B4
Westbush Cl EN11 ...114 F1
Westcott AL7 ...111 D7
Westcroft Cl EN3 ...162 C1
Westell Cl SG7 ...24 A8
Westerdale
Hemel Hempstead HP2 ...124 E6
Luton LU4 ...44 B5
Western Ave SG16 ...10 B3
Western Cl SG6 ...11 E1
Western House Hospl
SG12 ...93 E2
Western Rd
Lower Nazeing EN9 ...135 E1
Luton LU1 ...63 D6
Tring HP23 ...99 F3
Western Terr EN11 ...115 B1
Western Way SG6 ...11 E1
Westfield
Welham Green AL9 ...144 F8
Welwyn Garden City AL7 ..111 A7
Westfield Ave
Harpenden AL5 ...86 A3
Watford WD2 ...154 D1
Westfield Cl
Bishop's Stortford CM23 ...76 E8
Cheshunt EN8 ...162 F8
Hitchin SG5 ...34 D7
Westfield Ct AL4 ...128 D6
Westfield Dr AL5 ...86 B4
Westfield Fst Sch HP4 ...121 F5
Westfield
Jun Mix Inf Sch EN11 ...134 F7
Westfield La SG5 ...34 D7
Westfield Pk HA5 ...175 F3
Westfield Pl AL5 ...86 B4
Westfield Rd
Berkhamsted HP4 ...121 F5
Bishop's Stortford CM23 ...76 E8
Harpenden AL5 ...86 B4
Hertford SG14 ...113 C8
Hoddesdon EN11 ...134 F7
Pitstone LU7 ...80 C3
Westfield Sch WD1 ...166 F3
Westfield Wlk EN8 ...162 F8
Westfields AL3 ...141 A8
Westgate SG1 ...50 D5
Westgate Ct EN3 ...162 D4
Westholm SG6 ...23 A8
Westholme SG6 ...22 F8
Westland Dr AL9 ...144 E4
Westland Rd WD1 ...167 B7
Westlea Ave WD2 ...154 E2
Westlea Cl EN10 ...148 F8
Westlea Rd EN10 ...148 F8
Westlecote Gdns LU2 ...45 D4
Westly Wood AL7 ...111 A7
Westmeade Cl EN7 ...148 B2
Westmill La Hitchin SG5 ...21 C2
Ickleford SG5 ...21 C3
Westmill Lawns SG5 ...21 D1
Westmill Rd Hitchin SG5 ...21 D1
Thundridge SG12 ...93 A3
Westminster Ct AL1 ...127 C1
Westminster Ho 6 WD1 .167 C7
Westmorland Ave LU3 ...44 F5
Weston Ave SG8 ...7 C7
Weston Cl EN6 ...158 F7
Weston
Jun Mix Inf Sch SG4 ...24 C1
Weston Rd Stevenage SG1 ..36 E1
Weston Rd *continued*
Stevenage SG1 ...37 A3
Weston Way SG7 ...23 E7
Westray HP3 ...125 C1
Westridge Cl HP1 ...123 F3
Westron Gdns HP23 ...100 B4
Westview Ct WD6 ...169 D3
Westview Rise HP2 ...124 D4
Westway LU2 ...46 C4
Westwick Cl HP2 ...125 D2
Westwick Pl WD2 ...154 C5
Westwick Row HP2 ...125 E2
Westwood Ave SG4 ...35 A6
Westwood Cl EN6 ...145 A1
Wetherby Cl SG1 ...51 C8
Wetherby Rd
Borehamwood WD6 ...169 E8
Enfield EN2 ...161 C1
Wetherfield CM24 ...59 D7
Wetherly Cl CM17 ...118 F4
Wetherne Link LU4 ...44 C5
Wexham Cl LU3 ...44 E8
Weybourne Cl AL5 ...86 D2
Weybourne Dr LU2 ...45 C7
Weymouth St HP3 ...138 D7
Weyver Ct AL1 ...127 E4
Whaley Rd EN6 ...159 C6
Wharf La
Berkhamsted HP4 ...121 C8
Rickmansworth WD3 ...165 E1
Wharf Rd
12 Bishop's Stortford CM23 ...76 F6
Hemel Hempstead HP1 ...124 B1
Hoddesdon EN10 ...148 F8
Wharf Row HP22 ...99 B4
Wharfdale 7 LU4 ...44 C5
Wharfedale HP2 ...124 E6
Wheat Cl AL4 ...128 A7
Wheat Croft CM23 ...76 E4
Wheat Hill SG6 ...22 F8
Wheatbarn AL7 ...111 B7
Wheatcotes SG3 ...69 C1
Wheatcroft EN7 ...148 B3
Wheatcroft Prim Sch
SG13 ...114 A7
Wheatfield Hatfield AL10 ..130 B6
Hemel Hempstead HP2 ...124 D5
Wheatfield Ave AL5 ...107 A5
Wheatfield Cres SG8 ...7 E6
Wheatfield Rd AL5 ...107 A4
Wheatfields CM17 ...118 D6
Wheatfields Inf Sch AL4 .128 B7
Wheatfields
Jun Mix Sch AL4 ...128 B7
Wheathampstead Rd
Harpenden AL5 ...107 E8
Wheathampstead AL5,AL4 ..108 A8
Wheathampstead Sch
AL4 ...108 C7
Wheatlands SG2 ...51 C7
Wheatley Cl
Sawbridgeworth CM21 ...97 C1
Welwyn Garden City AL7 ..111 A4
Wheatley Rd AL7 ...111 A4
Wheatleys AL4 ...128 C5
Wheatlock Mead AL3 ...106 A5
Wheatsheaf Dr SG12 ...93 B3
Wheatsheaf Rd SG12 ...95 D1
Wheelers Cl EN9 ...135 F1
Wheelers La HP3 ...124 E1
Wheelright Cl WD2 ...168 B3
Wheelwrights Cl CM23 ...76 C4
Whempstead La SG12 ...71 B6
Whempstead Rd SG12 ...71 B7
Whetstone Cl AL6 ...89 E8
Whinbush Gr SG5 ...34 F8
Whinbush Rd SG5 ...34 F8
Whippendell Hill WD4 ...138 C1
Whippendell Rd WD1 ...166 F4
Whipperley Ct LU1 ...63 C5
Whipperley Inf Sch LU1 ...63 A6
Whipperley Ring LU1 ...63 A6
Whipperley Way LU1 ...63 C5
Whipsnade Wildlife
Animal Park LU6 ...81 E7
Whisper Wood WD3 ...165 B6
Whisperwood Cl HA3 ...176 E3
Whit Hern Ct EN8 ...148 C1
Whitby Rd LU3 ...45 C1
White Bear CM24 ...59 E8
White Craig Cl HA5 ...176 A5
White Crofts SG5 ...11 F6
White Gate Gdns HA3 ...176 F3
White Hart Cl SG9 ...40 E8
White Hart Ct HP2 ...125 A2
White Hart Dr HP2 ...124 F2
White Hart Rd HP2 ...125 A2
White Hart St HP11 ...138 D7
White Hedge Dr AL3 ...127 C5
White Hill
Ashley Green HP5 ...136 C7
Flamstead AL3 ...105 B8
Hemel Hempstead HP1 ...123 F2
Rickmansworth WD3 ...174 A4
Walkern SG2 ...38 C2
Welwyn AL6 ...89 A3
White Ho The 6 EN8 ...148 D3
White Horse La
London Colney AL2 ...142 E5
Welwyn AL6 ...90 C7
White House Cl SG14 ...70 E3
White House The SG6 ...23 B5
White La SG4 ...49 C7
White Orchards N20 ...171 F1
White Post Field CM21 ...97 D2
White Shack La WD3 ...152 F2
White Stubbs La
EN10,SG13 ...133 C2
White Way The SG2 ...51 C7
Whitebarns SG9 ...43 A5
Whitebarns La SG9 ...43 A6
Whitebeam Cl EN7 ...147 E5
Whitebeams
Chiswellgreen AL2 ...141 C3
Hatfield AL10 ...130 A2
Whitebroom Rd HP1 ...123 E5
Whitechurch Cl LU2 ...46 D2
Whitechurch Gdns SG6 ...23 C3
Whitecroft AL1 ...142 B8
Whitecroft Rd LU2 ...64 A8
Whitefield Ave LU3 ...44 C7
Whitefield Ho AL10 ...130 C7
Whitefield Inf Sch LU3 ...44 E8
Whitefield Jun Sch LU3 ...44 E8
Whitefields Rd EN8 ...148 C3
Whitefriars Ave HA3 ...176 E1
Whitefriars Dr HA3 ...176 E1
Whitefriars
Fst & Mid Sch HA3 ...176 E1
Whitefriars Teaching Sch
HA3 ...176 D1
Whitefriars Trad Est
HA3 ...176 D1
Whitegale Cl SG4 ...35 A6
Whitegates Cl WD3 ...166 A5
Whitehall Cl EN9 ...135 E1
Whitehall Coll CM23 ...58 E1
Whitehall La CM23 ...58 F1
Whitehall Rd CM23 ...58 E1
Whitehands Cl EN11 ...134 F6
Whitehart Cross HP3 ...136 F3
Whitehicks SG6 ...12 A1
Whitehill HP4 ...122 D5
Whitehill Ave LU1 ...63 D5
Whitehill Cotts AL6 ...89 A3
Whitehill Ct HP4 ...122 D5
Whitehill Jun Sch SG4 ...35 A5
Whitehill Rd SG4 ...35 A6
Whitehorse Ct SG8 ...17 D4
Whitehorse St SG7 ...23 F8
Whitehorse Vale LU3 ...31 A1
Whitehouse Ave WD6 ...170 B5
Whitehouse La WD5 ...140 C4
Whitehurst Ave SG5 ...21 F1
Whitelands Ave WD3 ...164 C5
Whiteleaf Rd HP3 ...138 C8
Whiteley Cl SG12 ...71 E7
Whiteley La SG9 ...27 C8
Whitesmead Rd SG1 ...50 E7
Whitestone Wlk HP1 ...124 A6
Whitethorn AL7 ...111 B5
Whitethorn La SG6 ...23 A4
Whitethorn Way LU1 ...63 A6
Whitewaits CM20 ...117 E1
Whiteway SG6 ...23 C4
Whitewaybottom La
LU2,SG4 ...66 A3
Whitewebbs La EN2 ...161 F4
Whitewebbs Mus of
Transport EN2 ...161 B4
Whitewebbs Park
Ctry Pk EN2 ...161 D4
Whitewebbs Rd EN2 ...161 C4
Whitewood Rd HP4 ...122 A4
Whitfield Way WD3 ...164 F1
Whitings Cl AL5 ...86 D4
Whitings Hill
Jun Mix & Inf Sch EN5 .171 C4
Whitings Rd EN5 ...171 C4
Whitlars Dr WD4 ...138 F3
Whitley Cl WD5 ...154 A7
Whitley Ct EN11 ...135 B8
Whitley Gn LU2 ...46 D2
Whitley Rd EN11 ...135 B8
Whitmores Wood HP2 ...125 B4
Whitney Dr SG1 ...36 C1
Whittingham Cl LU2 ...46 F1
Whittingstall Rd EN11 ...135 C8
Whittington La SG1 ...50 E4
Whittington Way CM23 ...76 F3
Whittle Cl SG16 ...10 B4
Whittlesea Cl HA3 ...176 C3
Whittlesea Path HA3 ...176 C2
Whittlesea Rd HA3 ...176 C2
Whittlesea Sch HA3 ...176 C3
Whitwell Cl LU3 ...45 B8
Whitwell Rd WD2 ...154 D4
Whitworth Jones Ave
SG16 ...10 C5
Whitworth Rd SG1 ...37 B3
Whomerley Rd SG1 ...50 E4
Whydale Rd SG8 ...7 E5
Whytingham Rd HP23 ...100 C4
Wick Ave AL4 ...108 D8
Wick Hill LU6 ...82 F8
Wick Rd HP23 ...120 D8
Wick The SG14 ...92 C1
Wicken Fields SG12 ...93 C3
Wickets End WD7 ...156 E6
Wickets The LU2 ...45 E1
Wickfield SG3 ...69 A2
Wickfield Cl SG3 ...69 A2
Wickham Cl UB9 ...173 D2
Wickham Rd HA3 ...176 D1
Wickham Way SG11 ...55 E3
Wickhams Wharf SG12 ...93 E1
Wicklands Rd SG12 ...116 D8
Wickmere Cl LU2 ...45 C7
Wickstead Ave LU4 ...44 E4
Wickwood Ct AL1 ...128 B5
Widbury Gdns SG12 ...93 F1
Widbury Hill SG12 ...93 F1
Widford
Jun Mix Inf Sch SG12 ...95 D4
Widford Rd Hunsdon SG12 ..95 D2
Much Hadham SG10 ...95 F7
Widford Rd *continued*
Welwyn Garden City AL7 ...111 B6
Widford Terr HP2 ...105 A1
Widgeon Way WD2 ...154 E2
Widmore Dr HP2 ...125 A5
Wieland Rd HA6 ...175 A3
Wiggenhall Rd WD1 ...167 C4
Wiggington Bottom
HP23 ...120 E8
Wight Ho WD1 ...166 F4
Wigmore La LU2 ...46 D2
Wigmore Park Ctr LU2 ...46 E1
Wigmore Pl LU2 ...46 E1
Wigmore Prim Sch LU2 ...46 E2
Wigmores N AL8 ...110 D7
Wigram Way SG2 ...51 B3
Wilbury Cl SG6 ...22 C7
Wilbury Hills Rd SG6 ...22 C7
Wilbury Jun Sch SG6 ...22 D6
Wilbury Lodge EN5 ...171 D5
Wilbury Rd SG6 ...22 E8
Wilbury Way SG4 ...22 A3
Wilcot Ave WD1 ...167 E2
Wilcot Cl WD1 ...167 E2
Wilcox Cl WD6 ...170 C8
Wild Cherry Dr LU1 ...63 D5
Wild March Ct EN8 ...162 E2
Wild Oaks Cl HA6 ...174 F4
Wilderness The HP4 ...122 C4
Wildhill rd AL9 ...131 B2
Wildwood HA6 ...174 D4
Wildwood Ave AL2 ...140 F1
Wildwood Ct WD3 ...164 F5
Wildwood La SG1 ...50 E3
Wilford Cl HA6 ...174 D3
Wilga Rd AL6 ...89 B5
Wilkin's Green La AL4 ...129 C4
Wilkins Gr AL8 ...110 D5
Wilkinsgreen Terr AL4 ...129 B3
Wilkinson Cl EN7 ...147 C6
Willenhall Cl LU3 ...45 A7
William Austin Inf Sch
LU3 ...45 C4
William Austin Jun Sch
LU3 ...45 C4
William Covell Cl EN2 ...160 F1
William Ct HP3 ...138 D7
William Pl SG2 ...51 A3
William Ransom
Prim Sch The SG4 ...35 B7
William St
Berkhamsted HP4 ...122 D4
Luton LU2 ...45 E1
Markyate AL3 ...83 E5
Watford WD2 ...167 D6
William Sutton Ct LU2 ...46 B5
Williams Way WD7 ...156 C4
Williamson St 1 LU1 ...63 E7
Williamson Way WD3 ...165 A1
Willian Church Rd SG6 ...23 A2
Willian Rd
Great Wymondley SG4 ...35 F7
Hitchin SG4 ...22 E1
Willian Way Baldock SG7 ...23 E6
Letchworth SG6 ...23 A3
Willinghall Cl EN9 ...163 D7
Williton Rd LU2 ...46 C2
Willoughby Cl EN10 ...134 E2
Willoughby Rd AL5 ...86 B4
Willoughby Way SG4 ...35 A6
Willow Cl
Bishop's Stortford CM23 ...76 E8
Great Hormead SG9 ...42 A8
Hammond Street EN7 ...147 E5
Reed SG8 ...16 D5
Willow Corner SG13 ...132 F5
Willow Cres AL1 ...128 C3
Willow Ct Harrow HA3 ...176 F2
Luton LU3 ...44 E5
Willow Dean HA5 ...175 D1
Willow Dene WD2 ...168 E2
Willow Dr EN5 ...171 E5
Willow Edge WD4 ...139 A2
Willow End HA6 ...175 A4
Willow Gn WD6 ...170 D4
Willow Gr AL8 ...89 D3
Willow La Hitchin SG5 ...34 D6
Watford WD1 ...167 A4
Willow Mead CM21 ...97 E2
Willow Path EN9 ...163 E5
Willow Springs CM23 ...76 D8
Willow Tree Way SG5 ...21 F2
Willow Way
Chiswellgreen AL2 ...141 A4
Harpenden AL5 ...86 C4
Hatfield AL10 ...129 F2
Hemel Hempstead HP1 ...124 B5
Luton LU3 ...44 E5
Potters Bar EN6 ...159 B6
Radlett WD7 ...155 E3
Willow Wlk AL6 ...89 C8
Willowby Ct AL2 ...142 D5
Willowdene EN8 ...148 E4
Willowfield Lower Sch
LU1 ...62 F4
Willowgate Trad Est LU3 ...44 B8
Willowmead SG14 ...113 B5
Willows Cl HA5 ...175 C1
Willows Link
Stevenage SG2 ...51 A1
Stevenage SG2 ...69 A8
Willows The
Buntingford SG9 ...40 D8
Hemel Hempstead HP2 ...125 B5
Hitchin SG4 ...35 A5
Rickmansworth WD3 ...173 A8
St Albans AL1 ...142 B7
Stevenage SG2 ...51 A1
Willows The *continued*
Watford WD1 ...167 B2
Willowside AL2 ...142 E4
Willowside Way SG8 ...7 C8
Willowtree Lo HA6 ...174 F5
Wilsden Ave LU1 ...63 C6
Wilshere Ave AL1 ...127 C1
Wilshere Cres SG4 ...35 C8
Wilshere Rd AL6 ...89 A5
Wilshere-Dacre Jun Sch
SG5 ...34 E8
Wilsmere Dr HA3 ...176 E3
Wilson Cl
Bishop's Stortford CM23 ...76 F5
Stevenage SG1 ...36 D1
Wilsons La SG7 ...4 C4
Wilstone Dr AL4 ...128 C8
Wilton Cl CM23 ...77 B7
Wilton Cres SG13 ...113 C4
Wilton Ct WD1 ...167 C6
Wilton Rd SG5 ...21 E1
Wilton Way SG13 ...113 C4
Wiltshire Rd SG2 ...51 A4
Wimborne Cl CM21 ...97 D2
Wimborne Gr WD1 ...153 E2
Wimborne Rd LU1 ...63 C8
Wimple Rd LU4 ...44 A2
Winch Cl SG4 ...88 F8
Winch St LU2 ...45 F1
Winchdells HP3 ...139 A8
Winchester Cl
Bishop's Stortford CM23 ...76 D4
Stevenage SG1 ...37 B2
Winchester Ho AL3 ...127 C2
Winchester Rd HA6 ...174 F1
Winchester Way WD3 ...166 B4
Winchfield Way WD3 ...165 C2
Windermere Ave AL1 ...128 B1
Windermere Cl
Chorleywood WD3 ...164 D4
Hemel Hempstead HP3 ...125 C2
Windermere Cres LU3 ...44 F5
Windermere Ct 5 WD1 ..167 A7
Windermere
Jun Mix Inf Sch AL1 ...128 B1
Windhill
Bishop's Stortford CM23 ...76 E7
Welwyn Garden City AL7 ..111 A7
Windhill Old Rd CM23 ...76 E7
Winding Hill SG10 ...75 A4
Winding Shot HP1 ...124 A4
Winding Shott SG14 ...91 C4
Windmill Ave AL4 ...128 C7
Windmill Cl Barkway SG8 ..17 C5
Pitstone LU7 ...80 F5
Waltham Abbey EN9 ...163 E5
Windmill Dr WD3 ...165 F3
Windmill Field SG12 ...114 D8
Windmill Fields CM17 ...118 F4
Windmill Hill
Buntingford SG9 ...40 F6
Chipperfield WD4 ...151 F7
Hitchin SG4 ...34 F7
Windmill La Barnet EN5 ...170 F3
Bushey WD2 ...168 E1
Cheshunt EN8 ...148 E1
Windmill Rd
Breachwood Green SG4 ...47 D2
Hemel Hempstead HP2 ...124 F2
Luton LU1 ...63 F6
Markyate AL3 ...84 B6
Windmill St WD2 ...168 E1
Windmill Way
Much Hadham SG10 ...74 E1
Tring HP23 ...99 F4
Windmills SG12 ...71 E8
Windmore Ave EN6 ...158 C8
Windridge Cl AL3 ...127 A1
Winds End Cl HP2 ...125 A5
Windsor Cl
Borehamwood WD6 ...170 A8
Bovingdon HP3 ...137 A3
Cheshunt EN7 ...148 A1
Hemel Hempstead HP3 ...124 E2
Northwood HA6 ...175 A1
Stevenage SG2 ...69 B7
Welwyn AL6 ...89 B3
Windsor Ct Bushey WD2 ..168 C2
Kings Langley WD4 ...139 B2
10 Luton LU1 ...63 D6
St Albans AL1 ...128 A2
Windsor Gdns CM23 ...76 C7
Windsor Rd Barnet EN5 ...171 E3
Enfield EN3 ...162 D3
Harrow HA3 ...176 D2
Pitstone LU7 ...80 C3
Royston SG8 ...7 F6
Watford WD2 ...154 C1
Welwyn AL6 ...89 B3
Windsor St LU1 ...63 D6
Windsor Way WD3 ...165 A1
Windsor Wlk 7 LU1 ...63 D6
Windsor Wood EN9 ...163 E6
Windward Cl EN3 ...162 D4
Windy Rise SG12 ...71 F7
Winford Dr EN10 ...134 F1
Wingate Ct LU4 ...44 F2
Wingate Gdns AL6 ...89 B5
Wingate Rd LU4 ...44 F2
Wingate Way AL1 ...128 A2
Wingrave CE Comb Sch
HP22 ...60 A3
Wingrave Rd Tring HP23 ..100 B6
Wilstone HP23 ...79 D1
Winifred Ho
(Conv Hospl for Children)
EN5 ...170 F3
Winifred Rd HP3 ...138 D7

Win–Zam 211

Winkfield Cl LU4 ... 44 B1
Winnington Rd EN3 ... 162 C2
Winsdon Ct [1] LU1 ... 63 D6
Winsdon Rd LU1 ... 63 D6
Winslow Cl LU3 ... 45 C4
Winslow Rd HP22 ... 60 B3
Winston Churchill Way
EN8 ... 162 D6
Winston Cl Harrow HA3 ... 176 F4
Hitchin SG5 ... 34 D7
Winston Ct HA3 ... 176 B3
Winston Gdns HP4 ... 121 F4
Winston Way EN6 ... 159 A6
Winstre Rd WD6 ... 170 A8
Winters La SG2 ... 38 C1
Winterscroft Rd EN11 ... 134 F7
Winton App WD3 ... 166 C4
Winton Cl Letchworth SG6 ... 23 D8
Luton LU2 ... 45 D6
Winton Cres WD3 ... 166 B4
Winton Dr Cheshunt EN8 ... 148 E2
Croxley Green WD3 ... 166 C4
Winton Rd SG12 ... 93 F1
Wisden Rd SG1 ... 36 F1
Wiseman Cl LU2 ... 45 E7
Wisemans Gdns CM21 ... 97 C1
Wistlea Cres AL4 ... 129 B1
Wistow Rd LU3 ... 45 A6
Witchford AL7 ... 111 D6
Withy Cl LU4 ... 44 B4
Withy Pl AL2 ... 141 C3
Witney Cl HA5 ... 175 F4
Witsend SG13 ... 113 E1
Witter Ave SG5 ... 21 E4
Wiveton Cl LU2 ... 45 D7
Woburn Ave CM23 ... 76 C7
Woburn Cl Bushey WD2 ... 168 C3
Stevenage SG2 ... 69 C7
Woburn Ct LU4 ... 44 D5
Wodecroft Rd LU3 ... 45 B6
Wodson Park
Sports & L Ctr SG12 ... 93 D4
Wolfsburg Ct [4] LU4 ... 44 C5
Wolsey Ave EN7 ... 147 F2
Wolsey Bsns Pk WD1 ... 166 D2
Wolsey Mansions HA6 ... 174 C7
Wolsey Rd
Hemel Hempstead HP2 ... 124 D2
Moor Park HA6 ... 174 D7
Wolston Cl LU1 ... 63 C7
Wolves Mere SG3 ... 69 A2
Wolvescroft SG3 ... 69 A2
Wood Cl AL10 ... 130 B5
Wood Comm AL10 ... 130 B8
Wood Cres HP3 ... 124 E1
Wood Dr SG2 ... 51 B2
Wood End AL2 ... 141 C3
Wood End Cl HP2 ... 125 C4
Wood End Hill AL5 ... 85 D4
Wood End
Jun Mix Inf Sch AL5 ... 85 D3
Wood End La AL3 ... 104 E8
Wood End Rd AL5 ... 85 D3
Wood Farm Rd HP2 ... 124 E2
Wood Green Cl LU2 ... 46 B5
Wood Green Rd LU2 ... 46 C5
Wood Green Way EN8 ... 162 E8
Wood House La EN10 ... 134 A2
Wood La Birchanger CM23 ... 59 E2
Hemel Hempstead HP2 ... 124 D2
Meesden SG9 ... 30 A6
Wood Lane End HP2 ... 125 B4
Wood St Barnet EN5 ... 171 D5
Luton LU1 ... 63 F6
Wood Vale AL10 ... 130 B5
Wood View Cuffley EN6 ... 146 E4
Hemel Hempstead HP1 ... 124 B5
Woodacre Dr AL6 ... 90 A8
Woodbine Gr EN2 ... 161 D1
Woodbridge Cl LU4 ... 44 E4
Woodbrook Gdns EN9 ... 163 E6
Woodbury Hill LU2 ... 45 E2
Woodcock Hill
Rickmansworth WD3 ... 173 E4
Sandridge AL4 ... 108 E1
Woodcock Rd Luton LU1 ... 63 A7
Stevenage SG2 ... 51 D2
Woodcote Cl EN8 ... 148 C1
Woodcote Ho [1] SG4 ... 34 F7
Woodcroft SG5 ... 34 E6
Woodcroft Ave SG12 ... 115 E4
Woodfall Ave EN5 ... 171 F4
Woodfield Ave HA6 ... 174 E6
Woodfield Cl CM24 ... 59 E6
Woodfield Dr HP3 ... 125 D1
Woodfield Gdns HP3 ... 125 D1
Woodfield La AL9 ... 145 E8
Woodfield Rd
Radlett WD7 ... 156 A3
Stevenage SG1 ... 36 C1
Welwyn Garden City AL7 ... 110 F6
Woodfield Rise WD2 ... 168 D2
Woodfield Sch HP3 ... 125 C1
Woodfield Terr CM24 ... 59 E6
Woodfield Way AL4 ... 128 C6
Woodfields
Stansted Mountfitchet CM24 ... 59 E6
[2] Watford WD1 ... 167 C5
Woodford Cres HA5 ... 175 B1
Woodford Rd WD1 ... 167 C7
Woodforde Cl SG7 ... 4 E4
Woodgate WD2 ... 154 B6
Woodgate Ave EN6 ... 160 B7
Woodgate Cres HA6 ... 175 A4
Woodgrange Ct EN11 ... 135 A5
Woodhall Ave HA5 ... 175 E2
Woodhall Cl SG14 ... 113 C8
Woodhall Ct AL7 ... 110 E5
Woodhall Dr HA5 ... 175 E2
Woodhall Gate HA5 ... 175 D2
Woodhall Gr CM23 ... 76 D6
Woodhall Ho AL7 ... 110 F4
Woodhall La
Hemel Hempstead HP2 ... 124 E4
Shenley WD7 ... 156 F4
South Oxhey WD1 ... 175 E6
Welwyn Garden City AL7 ... 110 E4
Woodhall Sch WD1 ... 175 E6
Woodham Way SG12 ... 115 C4
Woodhouse Eaves HA6 ... 175 A5
Woodhurst SG6 ... 22 F8
Woodhurst Ave WD2 ... 154 D4
Woodland Ave
Hemel Hempstead HP1 ... 124 B2
Luton LU3 ... 45 B2
Woodland Cl
Hemel Hempstead HP1 ... 124 B2
Tring HP23 ... 99 F2
Woodland Dr
St Albans AL4 ... 128 C4
Watford WD1 ... 166 F8
Woodland La WD3 ... 164 D6
Woodland Mount SG13 ... 113 F6
Woodland Pl
Chorleywood WD3 ... 164 F5
Hemel Hempstead HP1 ... 124 B2
Woodland Rd
Hertford Heath SG13 ... 114 C3
Maple Cross WD3 ... 172 D5
Woodland Rise
Studham LU6 ... 82 B7
Welwyn Garden City AL8 ... 110 C8
Woodland Way
Abbots Langley WD5 ... 139 F4
Baldock SG7 ... 23 F6
Goff's Oak EN7 ... 147 B3
Stevenage SG2 ... 51 A1
Welwyn AL6 ... 90 A7
Woodlands
Bishop's Stortford CM23 ... 77 C8
Brookmans Park AL9 ... 145 B4
Caddington LU1 ... 62 E3
Chiswellgreen AL2 ... 141 C4
Harpenden AL5 ... 85 E3
Radlett WD7 ... 156 A5
Royston SG8 ... 7 E6
Woodlands Ave HP4 ... 122 D3
Woodlands Cl
Borehamwood WD6 ... 170 B5
Hoddesdon EN11 ... 135 A5
Woodlands Dr
Abbots Langley WD4 ... 139 C3
Harrow HA7 ... 176 F4
Hoddesdon EN11 ... 135 A4
Woodlands Inf Sch WD6 ... 170 A8
Woodlands Meade SG4 ... 37 B8
Woodlands Rd
Abbots Langley HP3 ... 139 A4
Enfield EN2 ... 161 D1
Hertford SG13 ... 113 F6
Thundridge SG12 ... 93 D6
Watford WD2 ... 167 E4
Woodlea AL2 ... 141 A6
Woodlea Gr HA6 ... 174 C4
Woodley Rd SG12 ... 93 F2
Woodleys CM20 ... 118 A1
Woodman Rd [4] HP3 ... 124 E1
Woodmere LU3 ... 31 A1
Woodmere Ave WD2 ... 154 E1
Woodmill Mews EN11 ... 135 B8
Woodpecker Cl
Bishop's Stortford CM23 ... 76 C6
Bushey WD2 ... 168 C1
Harrow HA3 ... 176 F2
Hatfield AL10 ... 129 F2
Woodridge Way HA6 ... 174 E4
Woodridings Ave HA5 ... 175 F2
Woodridings Cl HA5 ... 175 F3
Woods Ave AL10 ... 130 B4
Woods Pl HP23 ... 100 A3
Woods The Radlett WD7 ... 156 B5
South Oxhey HA6 ... 175 A5
Woodshots Mdw WD1 ... 166 D4
Woodside
Bishop's Stortford CM23 ... 77 D8
Borehamwood WD6 ... 169 F5
Cheshunt EN7 ... 162 A8
Hertford Heath SG13 ... 114 C2
Watford WD2 ... 154 A3
Woodside Farm &
Wildfowl Park LU1 ... 84 A8
Woodside Ho AL8 ... 110 C7
Woodside Ind Pk SG6 ... 23 B7
Woodside La AL9 ... 131 A1
Woodside Prim Sch EN7 ... 147 B2
Woodside Rd
Abbots Langley WD5 ... 154 B8
Bricket Wood AL2 ... 140 F2
Welwyn AL6 ... 89 F3
Woodside LU1 ... 63 B3
Woodstock SG3 ... 68 F3
Woodstock Cl SG13 ... 114 B4
Woodstock Rd
Bushey WD2 ... 168 F2
Hoddesdon EN10 ... 134 E4
Woodstock Rd N AL1 ... 128 B4
Woodstock Rd S AL1 ... 128 B3
Woodvale EN8 ... 162 C4
Woodville Court Mews
WD1 ... 167 A7
Woodville Ct WD1 ... 167 A7
Woodville Pl SG14 ... 113 B8
Woodward Gdns HA7 ... 176 F3
Woodwaye WD1 ... 167 C2
Woodwicks WD3 ... 172 D5
Woolenwick Inf Sch SG1 ... 50 B6
Woolenwick Jun Mix Sch
SG1 ... 50 B6
Woolgrove Ct SG4 ... 22 B1
Woolgrove Rd SG4 ... 22 B1
Woolgrove Sch SG6 ... 23 D5
Woollam Cres AL3 ... 127 C7
Woollams AL3 ... 106 A4
Woollard St EN9 ... 163 C5
Woolmans Cl EN10 ... 134 F1
Woolmer Cl WD6 ... 157 A1
Woolmer Dr HP2 ... 125 C3
Woolmer Green
Jun Mix Inf Sch SG3 ... 69 A1
Woolmerdine Ct WD2 ... 167 D6
Woolmers La SG14 ... 112 B2
Woolners Way SG1 ... 50 C6
Woolston Ave SG6 ... 23 A4
Wootton Cl LU3 ... 45 B7
Wootton Dr HP2 ... 124 F8
Worboys Ct SG8 ... 1 F5
Worcester Ct AL1 ... 128 A2
Worcester Rd AL10 ... 129 F6
Worcesters Ave EN1 ... 162 A1
Worcesters Prim Sch
EN1 ... 161 F1
Wordsworth Cl SG8 ... 2 D1
Wordsworth Rd
Harpenden AL5 ... 86 A3
Luton LU4 ... 44 A2
Works Rd SG6 ... 23 C7
Worley Rd AL3 ... 127 D4
Wormley Ct EN10 ... 148 F7
Wormley Lodge Cl EN10 ... 148 F8
Wormley Prim Sch EN10 ... 148 E8
Worsdell Way SG4 ... 35 B7
Worsted La SG9 ... 41 E7
Wortham Rd SG8 ... 7 E4
Wortham Way SG2 ... 51 B3
Wraglins The CM23 ... 77 B5
Wratten Cl SG5 ... 34 E6
Wratten Rd E SG5 ... 34 E6
Wratten Rd W SG5 ... 34 E6
Wrayfields SG5 ... 12 B8
Wraysbury Cl LU4 ... 44 D3
Wren Cl Kimpton SG4 ... 66 B1
Luton LU2 ... 46 C6
Stevenage SG2 ... 51 B6
Wren Cres WD2 ... 168 C1
Wren Wood AL7 ... 111 B7
Wrenbrook Rd CM23 ... 76 F6
Wrensfield HP1 ... 124 B3
Wrestlers Cl AL10 ... 130 C7
Wrexham Terr SG8 ... 7 D7
Wright Cl AL4 ... 108 E7
Wright's Bldgs WD1 ... 167 B7
Wright's Green La CM22 ... 98 D8
Wrights Green La CM22 ... 98 D7
Wrights Mdw SG2 ... 52 B8
Wrights Orch SG2 ... 51 E2
Wrotham Park EN5 ... 158 E3
Wrotham Rd EN5 ... 171 E7
Wroxham Ave HP3 ... 124 D1
Wroxham Gdns
Crews Hill EN2 ... 161 B4
Potters Bar EN6 ... 158 D8
Wroxham Sch The EN6 ... 158 D8
Wroxham Way AL5 ... 86 C3
Wulfrath Way SG12 ... 93 C3
Wulstan Pk EN6 ... 159 D7
Wulwards Cl LU1 ... 63 B6
Wulwards Ct LU1 ... 63 B6
Wyatt Cl Bushey WD2 ... 168 E2
Ickleford SG5 ... 21 D4
Wyatt's Cl WD3 ... 165 A6
Wyatt's Rd WD3 ... 165 A6
Wyburn Ave EN5 ... 171 F6
Wych Elm CM20 ... 117 C1
Wych Elm La AL6,SG3 ... 68 F2
Wych Elms AL2 ... 141 B3
Wychdell SG2 ... 69 C8
Wychford Dr CM21 ... 97 C1
Wychwood Ave LU2 ... 45 E3
Wychwood Way HA6 ... 174 F3
Wycklond Cl SG5 ... 11 E6
Wycliffe Cl LU3 ... 45 C6
Wycliffe Ct WD5 ... 153 E7
Wycombe Way Luton LU3 ... 45 C8
St Albans AL4 ... 128 B6
Wyddial Gn AL7 ... 111 B6
Wyddial Rd SG9 ... 40 E8
Wye The HP2 ... 125 A8
Wyedale AL2 ... 142 F4
Wykeham Rise N20 ... 171 E1
Wyken Cl LU3 ... 45 A7
Wyldwood Cl CM17 ... 118 C6
Wyllyotts Cl EN6 ... 158 F7
Wyllyotts Pl EN6 ... 158 F7
Wylo Dr EN5 ... 171 A3
Wymondley Cl SG4 ... 35 A7
Wymondley
Inf Sch SG4 ... 35 E4
Wymondley Rd Hitchin SG4 ... 35 B6
Letchworth SG6 ... 23 A1
Wynches Farm Dr AL4 ... 128 D3
Wynchgate HA3 ... 176 E3
Wynchlands Cres AL4 ... 128 D3
Wynd Arc The SG6 ... 22 F6
Wynd The SG6 ... 22 F6
Wyndham Rd LU4 ... 44 C2
Wyndhams End AL7 ... 110 F2
Wynlie Gdns HA5 ... 175 B1
Wynn Cl SG7 ... 13 A1
Wyrley Dell SG6 ... 23 A3
Wysells Ct SG6 ... 22 D7
Wyton AL7 ... 111 D6
Wyvern Cl LU4 ... 44 E3

Y

Yardley SG6 ... 23 C4
Yardley Ave LU7 ... 80 D4
Yardley Ct [14] AL5 ... 86 B1
Yarmouth Rd
Stevenage SG1 ... 50 A7
Watford WD2 ... 154 C1
Yately Cl LU2 ... 45 D7
Ye Cnr WD1 ... 167 E3
Yearling Cl SG12 ... 114 F7
Yeatman Ho WD2 ... 154 B3
Yeats Cl SG8 ... 2 D1
Yeomanry Dr SG7 ... 13 A1
Yeomans Ave AL5 ... 85 D3
Yeomans Cl CM23 ... 76 D6
Yeomans Dr SG2 ... 51 E2
Yeomans Ride HP2 ... 105 A1
Yeovil Ct LU2 ... 46 B2
Yeovil Rd LU2 ... 46 B2
Yew Cl EN7 ... 147 E4
Yew Gr AL7 ... 111 C5
Yew Tree Cl Botley HP5 ... 136 A1
Pitstone LU7 ... 80 E5
Yew Tree Ct HP1 ... 124 A1
Yew Tree Dr HP3 ... 137 B3
Yew Tree Pl CM23 ... 76 F8
Yew Wlk EN11 ... 135 A5
Yewlands
Hoddesdon EN11 ... 135 A5
Sawbridgeworth CM21 ... 97 E1
Yewlands Dr EN11 ... 135 A5
Yews Ave EN1 ... 162 B3
Yewstone Ct WD1 ... 167 A6
Yewtree End AL2 ... 141 B4
York Cl WD4 ... 139 A2
York Cres WD6 ... 170 D7
York Ho AL3 ... 127 C2
York Mead Prim Sch
WD3 ... 166 A4
York Rd Cheshunt EN8 ... 162 E6
Hitchin SG5 ... 34 E8
Northwood HA6 ... 175 A1
St Albans AL1 ... 127 F4
Stevenage SG1 ... 36 F1
Watford WD1 ... 167 C4
York St LU2 ... 63 F8
York Terr EN2 ... 161 C1
York Way
Hemel Hempstead HP2 ... 124 E2
Royston SG8 ... 7 B8
Watford WD2 ... 154 E3
Welwyn Garden City AL6 ... 89 C3
Yorke Gate WD1 ... 167 A7
Yorke Rd WD3 ... 166 A3
Youngfield Rd HP1 ... 123 F4
Youngs Rise AL8 ... 110 C6
Youngsbury La SG12 ... 93 E8
Yule Cl AL2 ... 140 F1

Z

Zambesi Rd CM23 ... 76 F5

Notes

Using the Ordnance Survey National Grid

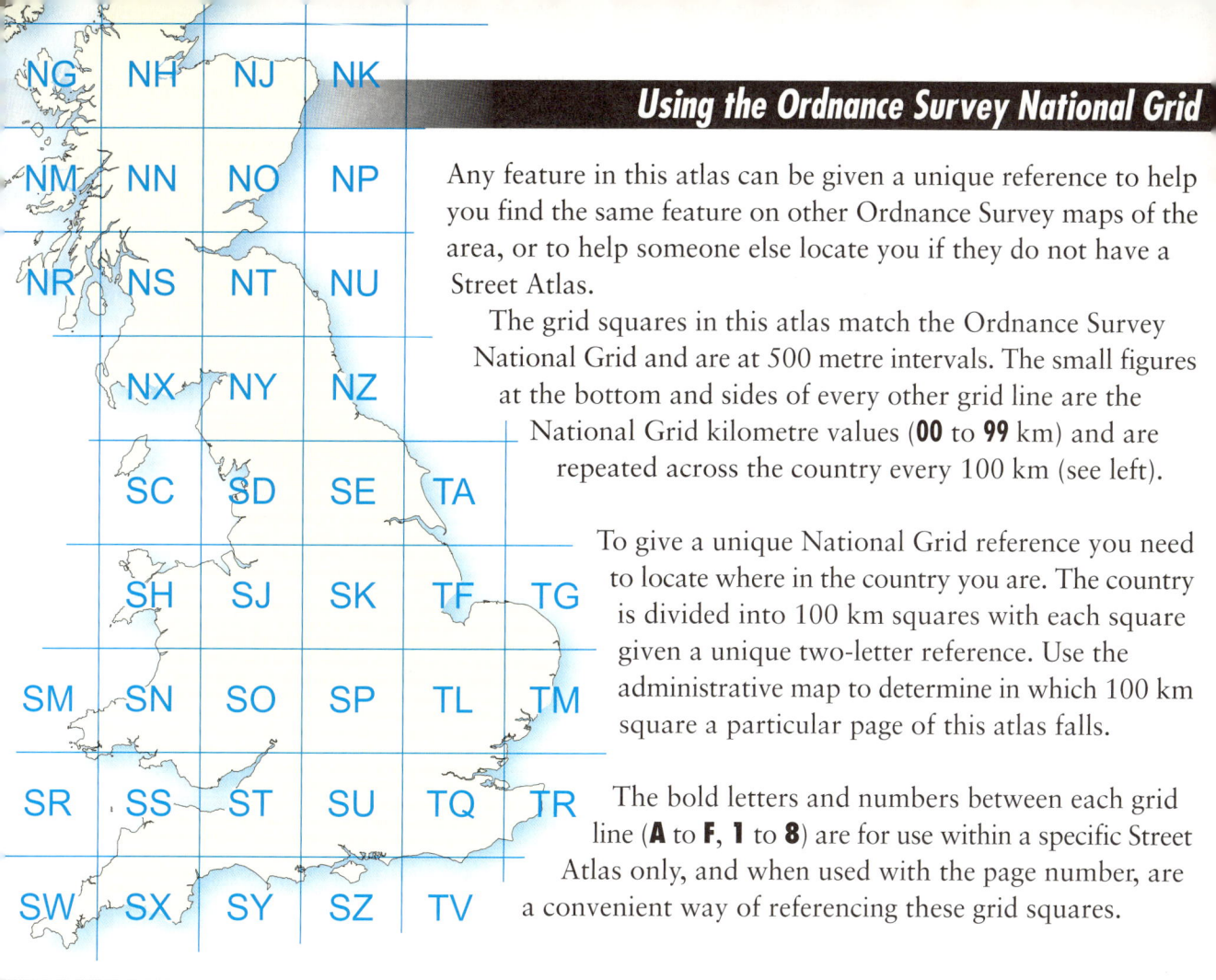

Any feature in this atlas can be given a unique reference to help you find the same feature on other Ordnance Survey maps of the area, or to help someone else locate you if they do not have a Street Atlas.

The grid squares in this atlas match the Ordnance Survey National Grid and are at 500 metre intervals. The small figures at the bottom and sides of every other grid line are the National Grid kilometre values (**00** to **99** km) and are repeated across the country every 100 km (see left).

To give a unique National Grid reference you need to locate where in the country you are. The country is divided into 100 km squares with each square given a unique two-letter reference. Use the administrative map to determine in which 100 km square a particular page of this atlas falls.

The bold letters and numbers between each grid line (**A** to **F**, **1** to **8**) are for use within a specific Street Atlas only, and when used with the page number, are a convenient way of referencing these grid squares.

Example *The railway bridge over DARLEY GREEN RD in grid square B1*

Step 1: Identify the two-letter reference, in this example the page is in **SP**

Step 2: Identify the 1 km square in which the railway bridge falls. Use the figures in the southwest corner of this square: Eastings **17**, Northings **74**. This gives a unique reference: **SP 17 74**, accurate to 1 km.

Step 3: To give a more precise reference accurate to 100 m you need to estimate how many tenths along and how many tenths up this 1 km square the feature is (to help with this the 1 km square is divided into four 500 m squares). This makes the bridge about **8** tenths along and about **1** tenth up from the southwest corner.

This gives a unique reference: **SP 178 741**, accurate to 100 m.

Eastings (read from left to right along the bottom) come before Northings (read from bottom to top). If you have trouble remembering say to yourself "Along the hall, THEN up the stairs"!

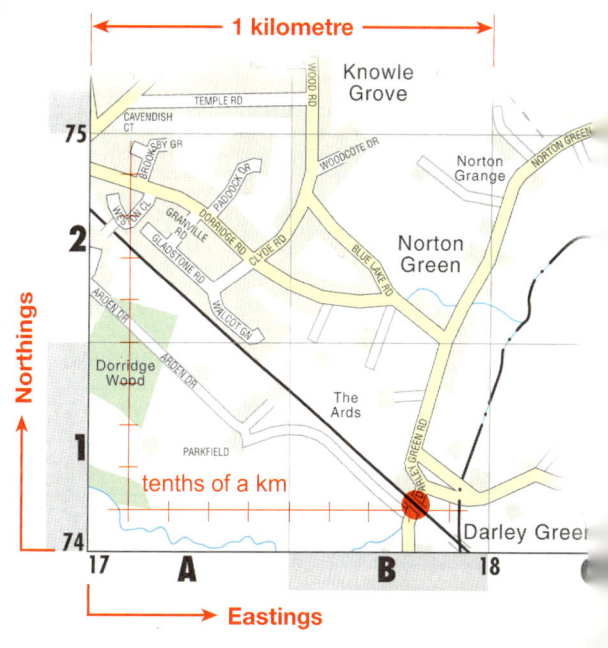

Ordnance Survey
STREET ATLASES ORDER FORM

The Street Atlases are available from all good bookshops or by mail order direct from the publisher. Orders can be made in the following ways.

By phone Ring our special Credit Card Hotline on **01933 443863** during office hours (9am to 5pm) or leave a message on the answering machine, quoting your full credit card number plus expiry date and your full name and address.

By post or fax Fill out the order form below (you may photocopy it) and post it to: Philip's Direct, 27 Sanders Road, Wellingborough, Northants NN8 4NL or fax it to: **01933 443849**.

Before placing an order by post, by fax or on the answering machine, please telephone to check availability and prices.

COLOUR REGIONAL ATLASES	SPIRAL Quantity @ £7.99 each	PAPERBACK Quantity @ £6.99 each	POCKET spiral Quantity @ £5.99 each	POCKET paperback Quantity @ £4.99 each	£ Total
LONDON	☐ 0 540 07812 3	☐ 0 540 07811 5	☐ 0 540 07810 7	☐ 0 540 07809 3	

COLOUR REGIONAL ATLASES	HARDBACK Quantity @ £12.99 each	SPIRAL Quantity @ £9.99 each	POCKET Quantity @ £5.99 each	£ Total
BEDFORDSHIRE	☐ 0 540 07801 8	☐ 0 540 07802 6	☐ 0 540 07803 4	
BERKSHIRE	☐ 0 540 07676 7	☐ 0 540 07677 5	☐ 0 540 07679 1	
BIRMINGHAM & WEST MIDLANDS	☐ 0 540 07603 1	☐ 0 540 07604 X	☐ 0 540 07605 8	
BUCKINGHAMSHIRE	☐ 0 540 07466 7	☐ 0 540 07467 5	☐ 0 540 07468 3	
CHESHIRE	☐ 0 540 07507 8	☐ 0 540 07508 6	☐ 0 540 07509 4	
DERBYSHIRE	☐ 0 540 07531 0	☐ 0 540 07532 9	☐ 0 540 07533 7	
EDINBURGH & East Central Scotland	☐ 0 540 07653 8	☐ 0 540 07654 6	☐ 0 540 07656 2	
NORTH ESSEX	☐ 0 540 07289 3	☐ 0 540 07290 7	☐ 0 540 07292 3	
SOUTH ESSEX	☐ 0 540 07294 X	☐ 0 540 07295 8	☐ 0 540 07297 4	
GLASGOW & West Central Scotland	☐ 0 540 07648 1	☐ 0 540 07649 X	☐ 0 540 07651 1	
NORTH HAMPSHIRE	☐ 0 540 07471 3	☐ 0 540 07472 1	☐ 0 540 07473 X	
SOUTH HAMPSHIRE	☐ 0 540 07476 4	☐ 0 540 07477 2	☐ 0 540 07478 0	
HERTFORDSHIRE	☐ 0 540 07681 3	☐ 0 540 07682 1	☐ 0 540 07684 8	
EAST KENT	☐ 0 540 07483 7	☐ 0 540 07276 1	☐ 0 540 07287 7	
WEST KENT	☐ 0 540 07366 0	☐ 0 540 07367 9	☐ 0 540 07369 5	
LEICESTERSHIRE	☐ 0 540 07854 9	☐ 0 540 07855 7	☐ 0 540 07856 5	
NORTHAMPTONSHIRE	☐ 0 540 07745 3	☐ 0 540 07746 1	☐ 0 540 07748 8	
OXFORDSHIRE	☐ 0 540 07512 4	☐ 0 540 07513 2	☐ 0 540 07514 0	
SURREY	☐ 0 540 07794 1	☐ 0 540 07795 X	☐ 0 540 07796 8	
EAST SUSSEX	☐ 0 540 07306 7	☐ 0 540 07307 5	☐ 0 540 07312 1	
WEST SUSSEX	☐ 0 540 07319 9	☐ 0 540 07323 7	☐ 0 540 07327 X	
WARWICKSHIRE	☐ 0 540 07560 4	☐ 0 540 07561 2	☐ 0 540 07562 0	
SOUTH YORKSHIRE	☐ 0 540 06330 4	☐ 0 540 07667 8	☐ 0 540 07669 4	

STREET ATLASES ORDER FORM

Ordnance Survey

COLOUR REGIONAL ATLASES

	HARDBACK	SPIRAL	POCKET	
	Quantity @ £12.99 each	Quantity @ £9.99 each	Quantity @ £5.99 each	£ Total
WEST YORKSHIRE	☐ 0 540 07671 6	☐ 0 540 07672 4	☐ 0 540 07674 0	

COLOUR REGIONAL ATLASES

	HARDBACK	SPIRAL	POCKET	
	Quantity @ £10.99 each	Quantity @ £8.99 each	Quantity @ £4.99 each	£ Total
MERSEYSIDE	☐ 0 540 06480 7	☐ 0 540 06481 5	☐ 0 540 06482 3	
	Quantity @ £12.99 each	Quantity @ £9.99 each	Quantity @ £4.99 each	£ Total
DURHAM	☐ 0 540 06365 7	☐ 0 540 06366 5	☐ 0 540 06367 3	
	Quantity @ £12.99 each	Quantity @ £9.99 each	Quantity @ £5.50 each	£ Total
GREATER MANCHESTER	☐ 0 540 06485 8	☐ 0 540 06486 6	☐ 0 540 06487 4	
TYNE AND WEAR	☐ 0 540 06370 3	☐ 0 540 06371 1	☐ 0 540 06372 X	

COLOUR REGIONAL ATLASES

	HARDBACK	SPIRAL	POCKET	
	Quantity @ £14.99 each	Quantity @ £9.99 each	Quantity @ £5.99 each	£ Total
LANCASHIRE	☐ 0 540 06440 8	☐ 0 540 06441 6	☐ 0 540 06443 2	
NOTTINGHAMSHIRE	☐ 0 540 07541 8	☐ 0 540 07542 6	☐ 0 540 07543 4	
	Quantity @ £14.99 each	Quantity @ £10.99 each	Quantity @ £5.99 each	£ Total
STAFFORDSHIRE	☐ 0 540 07549 3	☐ 0 540 07550 7	☐ 0 540 07551 5	

BLACK AND WHITE REGIONAL ATLASES

	HARDBACK	SOFTBACK	POCKET	
	Quantity @ £11.99 each	Quantity @ £8.99 each	Quantity @ £3.99 each	£ Total
BRISTOL & AVON	☐ 0 540 06140 9	☐ 0 540 06141 7	☐ 0 540 06142 5	
	Quantity @ £12.99 each	Quantity @ £9.99 each	Quantity @ £4.99 each	£ Total
CARDIFF, SWANSEA & GLAMORGAN	☐ 0 540 06186 7	☐ 0 540 06187 5	☐ 0 540 06207 3	

COLOUR LOCAL ATLASES

	PAPERBACK	Quantity @ £3.50 each	£ Total
CANNOCK, LICHFIELD, RUGELEY		☐ 0 540 07625 2	
DERBY AND BELPER		☐ 0 540 07608 2	
NORTHWICH, WINSFORD, MIDDLEWICH		☐ 0 540 07589 2	
PEAK DISTRICT TOWNS		☐ 0 540 07609 0	
STAFFORD, STONE, UTTOXETER		☐ 0 540 07626 0	
WARRINGTON, WIDNES, RUNCORN		☐ 0 540 07588 4	

Name..

Address......................................

....

....

....

..........................Postcode...........

- ◆ Add £2 postage and packing per order
- ◆ All available titles will normally be dispatched within 5 working days of receipt of order but please allow up to 28 days for delivery

☐ Please tick this box if you do not wish your name to be used by other carefully selected organisations that may wish to send you information about other products and services

Registered Office: 2-4 Heron Quays, London E14 4JP
Registered in England number: 3597451

Total price of order £ ☐
(including postage and packing at £2 per order)

I enclose a cheque/postal order, for £ ☐

made payable to **Octopus Publishing Group Ltd**,

or please debit my ☐ Mastercard ☐ American Express ☐ Visa account by £ ☐

Account no
☐☐☐☐ ☐☐☐☐ ☐☐☐☐ ☐☐☐☐

Expiry date ☐☐ ☐☐

Signature..

Post to: Philip's Direct, 27 Sanders Road, Wellingborough, Northants NN8 4NL

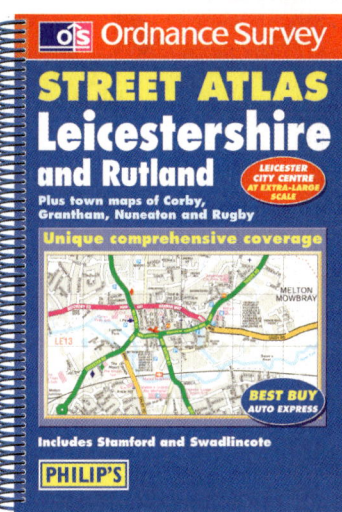

Ordnance Survey STREET ATLAS Leicestershire and Rutland
LEICESTER CITY CENTRE AT EXTRA-LARGE SCALE
Plus town maps of Corby, Grantham, Nuneaton and Rugby
Unique comprehensive coverage
BEST BUY AUTO EXPRESS
Includes Stamford and Swadlincote
PHILIP'S

Ordnance Survey STREET ATLAS Northamptonshire
Plus town maps of Banbury, Buckingham, Rugby and Stamford
Unique comprehensive coverage
Includes Market Harborough
PHILIP'S

Ordnance Survey STREET ATLAS South Essex
BEST BUY AUTO EXPRESS
Unique comprehensive coverage
Plus Chingford, Dagenham, Ilford, Romford
PHILIP'S

Ordnance Survey STREET ATLAS North Essex
BEST BUY AUTO EXPRESS
Unique comprehensive coverage
Plus Bishop's Stortford, Felixstowe, Ipswich
PHILIP'S

Ordnance Survey

MOTORING ATLAS
Britain

Updated annually

The best-selling *OS Motoring Atlas Britain* uses unrivalled and up-to-date mapping from the Ordnance Survey digital database. The exceptionally clear mapping is at a large scale of 3 miles to 1 inch (Orkney/Shetland Islands at 5 miles to 1 inch).

A special feature of the atlas is its wealth of tourist and leisure information. It contains comprehensive directories, including descriptions and location details, of the properties of the National Trust in England and Wales, the National Trust for Scotland, English Heritage and Historic Scotland. There is also a useful diary of British Tourist Authority Events listing more than 300 days out around Britain during the year.

Available from all good bookshops or direct from the publisher:
Tel: 01933 443863

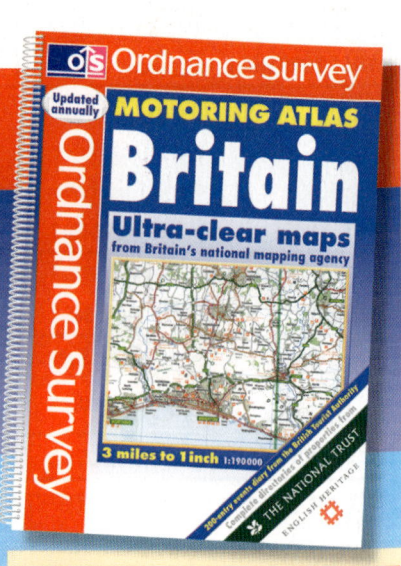

The atlas includes:

- 112 pages of fully updated mapping
- 45 city and town plans
- 8 extra-detailed city approach maps
- route-planning maps
- restricted motorway junctions
- local radio information
- distances chart
- county boundaries map
- multi-language legend